복원본 무량수경술의기
復元本 無量壽經述義記

동국대학교 불교기록문화유산아카이브사업단(ABC)
본서는 문화체육관광부 지원으로 동국대학교 불교학술원에서 간행하였습니다.

한글본 한국불교전서 신라 26
복원본 무량수경술의기

2020년 10월 10일 초판 1쇄 인쇄
2020년 10월 20일 초판 1쇄 발행

지은이 의적
옮긴이 한명숙
펴낸이 윤성이
펴낸곳 동국대학교출판부

주소 04620 서울시 중구 필동로 1길 30
전화 02-2260-3483~4
팩스 02-2268-7851
Homepage http://dgpress.dongguk.edu
E-mail book@dongguk.edu
출판등록 제2-163(1973. 6. 28)
편집디자인 다름
인쇄처 네오프린텍(주)

© 2020, 동국대학교(불교학술원)

ISBN 978-89-7801-988-0 93220

값 25,000원

이 책의 무단 전재나 복제 행위는 저작권법 제98조에 따라 처벌받게 됩니다.

한글본 한국불교전서 신라 26

복원본 무량수경술의기
復元本 無量壽經述義記

의적義寂
한명숙 옮김

동국대학교출판부

복원본 무량수경술의기 復元本無量壽經述義記 해제

한 명 숙
동국대학교 불교학술원 조교수

1. 복원본 『무량수경술의기』의 성격

1) 복원본의 편찬 과정

『무량수경술의기』(이하 『술의기』로 약칭)는 신라 스님 의적義寂이 7세기경 찬술한 『무량수경』[1]에 대한 주석서이다.[2] 본서는 현재 일실되어 전해지지

---

1 『無量壽經』에는 여러 가지 이역본이 있다. 본서는 그 주석 내용을 검토할 때 현재 전해지는 것 중 강승개康僧鎧의 『無量壽經』을 대본으로 한 것으로 추정된다.
2 찬술 연대의 추산은 미나미 히로노부(南宏信)가 "『無量壽經』 앞부분에서 설한 불보살의 생애를 주석하면서 의적은 『普曜經』을 인용하고 그 이역본으로 유식학자들에게 중시되는 『方廣大莊嚴經』(685년 한역)은 인용하지 않았다. 예를 들어 경흥憬興은 이 부분을 해석하면서 『方廣大莊嚴經』을 인용하고 있다. 따라서 의적은 본 경이 번역되기 전, 곧 685년 이전에 본서를 지었다고 해야 한다. 본서에 인용된 경론 중 가장 늦은 시기에 번역된 것은 『大般若經』의 별생경別生經인 『最勝王般若經』(663년)이다. 그러므로 663년 이후에 본서를 지었다고 해야 한다. 따라서 본서의 찬술 연대는 663~685년으로 추산할 수 있다. 단, 의적이 이 책을 신라에서 찬술했다고 한다면, 그 책을 접한 것은 의상義湘이 귀국한 시기, 곧 671년부터 685년이라고 보아야 한다."라고 한 것에 의거한 것이다.[「新羅義寂撰『無量壽經述記』의 撰述年代考」(『身延論叢』18, 2013, 身延山大學佛教學會),

않는다. 본서는 일찍이 일본에 전해져서 활발하게 유통·연구되다가 무로마치 시대(1338~1573) 이후에 일실된 것으로 추정된다. 현재『한국불교전서』에 수록된 책은 일본의 학자 에타니 류카이(惠谷隆戒)가『淨土敎の新硏究』(1976)라는 책³에 수록한 복원본『무량수경술의기』를 저본으로 삼은 것이다.

본서에 대한 최초의 복원본 편찬은 1940년 가스가 레이치(春日禮智)에 의해 이루어졌다.⁴ 이 책에 의해 많은 연구가 진행되었지만 단지 원융국원源隆國(1004~1077)의『안양집安養集』만 중점적으로 발췌하였고 여타 문헌은 반영하지 않았으며 그 분량도 적어서 의적의 정토사상을 연구하기에 충분하지 않다는 한계를 지니고 있었다.

이러한 문제를 보충한 두 번째 복원본의 편찬은 1976년 에타니에 의해 이루어졌다. 그는 기존의 발췌 대상 문헌을 확장하여 복원본을 완성하였는데, 그 문헌은 원융국의『안양집』, 양경良慶의『안양초安養抄』, 요혜了慧의『무량수경초無量壽經鈔』(『대경초大經鈔』), 양원良源의『극락정토구품왕생의極樂淨土九品往生義』(『구품의九品義』), 혜심惠心(원신源信)의『왕생요집往生要集』, 양충良忠의『선택전홍결의초選擇傳弘決疑鈔』, 성광聖光의『정토종요집淨土宗要集』(『동종요東宗要』), 양영良榮의『정토종요집견문淨土宗要集見聞』, 성총聖聰의『대경직담요주기大經直談要註記』, 요혜의『왕생론주습유초往生論註拾遺鈔』(『습유초拾遺鈔』)이다. 이들 문헌은 모두 일본인이 찬술하였고 또 대부분 일본 헤이안 시대(794~1185)와 가마쿠라 시대(1185~1333)에 찬술되었다는 공통점이 있다. 이 시기 일본 불교는 특히 신라 정토교의 영향을 많이 받은 것으로 알려져 있다. 그 당시 중국과의 교통이 단절되어 중국으로부터 불교 문헌의 유입이 어려웠고 신라와도 교통이 단절되기는 하

---

pp.13~35.]
3 惠谷隆戒,『淨土敎の新硏究』(山喜房佛書林, 1976).
4 春日禮智 編, 義寂 撰,『無量壽經述義記』(眞宗學硏究所, 1940).

였지만 지리적 근접성으로 인해 상대적으로 문헌을 입수하는 것이 용이했던 것이 그 원인으로 지목된다.[5] 이 책이 복원본임에도 불구하고 상당히 많은 분량의 주석을 편찬할 수 있었다는 것도 이 시대 일본에 미친 신라 정토교 혹은 의적의 영향을 입증하는 것이다.

이 책은 먼저 대상 문헌에 인용문의 형태로 제시된 『술의기』의 단편을 모으고 그 주석의 내용에 의거할 때 의적이 대본으로 삼은 것으로 추정되는 강승개康僧鎧가 번역한 『무량수경』 경문을 앞에 배치하고 바로 이어서 그것과 관련된 의적의 주석을 집어넣는 형식으로 구성되어 있다. 일본 정토종 스님 장서長西(1184~1266)는 『정토의빙경론장소목록淨土依憑經論章疏目錄』에서 본서의 분량이 130정丁이라고 하였는데 이것을 기준으로 할 때 에타니의 복원본은 원본의 3분의 2에 해당한다.[6]

2) 복원본의 한계

에타니의 복원본은 의적 찬술에 대한 연구를 좀 더 발전시킬 수 있는 계기를 제공하였지만 또한 몇 가지 문제 혹은 한계를 지니고 있다.

첫째, 집중적인 발췌 대상 문헌인 『안양집』은 1070년 편찬되었지만 현재 전해지는 것은 명력明曆 연간(1655~1657) 순흥舜興이 각지에 서사하는 사람을 파견하여 모은 고서古書 사본 중 하나이다. 이때 파견된 사람들은 불교에 대한 식견이 깊지 않았기에 본서에는 오자가 많이 발견된다. 에타니에 의해 편찬된 복원본은 이 『안양집』의 인용문을 그대로 수록하면서 본문을 교감하지 않았고 『한국불교전서』도 다른 문헌과 마찬가지로 전혀 교감하지 않았다. 또 『한국불교전서』에는 저본을 옮기는 과정에서 발생한

---

5 惠谷隆戒, 1976.
6 惠谷隆戒, 1976.

오류가 종종 눈에 띈다.

둘째, 의적의 글을 발췌하면서 잘못 끊어 온 것이 자주 발견된다. 의적의 글인데 누락한 것과 의적의 글이 아닌데 덧붙인 것을 하나씩 제시하면 다음과 같다. 복원본 『술의기』 상권 첫머리는 "여덟째, 『무량수경』이다.(第八無量壽經)"[7]라고 하는 것에서 시작한다. 그런데 이는 바로 앞에서 의적이 "부류가 같지 않다는 것은 다음과 같다.(部黨不同者)"라고 하여 정토 관련 경전을 여덟 가지 제시한 것 중 앞의 일곱 가지를 전부 누락시키고 마지막 여덟 번째만 발췌한 것이다.[8] 또한 양경의 『안양초』에 양원의 『극락정토구품왕생의』[9]를 인용한 글이 있다.[10] 여기에 인용된 『구품왕생의』의 내용은 ① 자신의 논지를 전개하고 ② 의적의 글을 인용하며 ③ 의적의 글에 대한 양원의 견해를 밝히는 구조로 이루어져 있는데, 에타니는 이 글에서 ②와 ③을 모두 『술의기』라고 하여 발췌하였다. 여기에서 ③에 해당하는 108글자는 삭제해야 한다.

셋째, 의적이 주석한 글 앞에 배치한 『무량수경』 본문이 지나치게 간략하여 이 책만으로는 의적의 주석이 갖는 의미를 파악하기 어려운 점이 많다. 이는 본서를 이해하기 위해 다시 『무량수경』 본문을 직접 확인해야 하는 번거로움을 발생시킨다. 또한 주석의 내용과 발췌된 경의 본문이 일치하지 않는 경우도 있다.

넷째, 복원본은 상권·중권·하권으로 이루어졌는데 그중 상권의 분량

---

[7] 『無量壽經述義記』 권상(H2, 320c).
[8] 발췌 대상 문헌인 『安養抄』와 『安養集』 원문을 읽어 보면 현재의 복원본은 앞의 일곱 가지를 누락시킨 것을 확인할 수 있다.[南宏信, 「新出 義寂撰 『無量壽經述義記』 寫本の檢討」(『불교학리뷰』 7호, 2010), pp.101~124 참조].
[9] 『極樂淨土九品住生義』(J15, 33a).
[10] 『安養抄』(T84, 164b)에서 "九品往生義云。① 問曰。引彼經文。…… ② 然寂法師壽經疏云。觀經所說。下輩三生。……是故不說久在花中。③ 今詳此解。似不盡理。終無違矣。【文】"라고 한 것을 참조할 것.

이 다른 부분에 비교할 때 상대적으로 현저하게 적다. 이는 의적의 정토사상을 전반적으로 이해하는 것을 어렵게 만드는 요인으로 작용한다.

3) 한계 극복을 위한 시도 및 미래적 방안의 제시

첫 번째 문제는 대상 문헌을 일일이 찾아서 원문을 대조하고 의적이 인용한 문헌 중 현존하는 것은 낱낱이 찾아서 원문을 대조하여 교감함으로써 해소하려고 하였다. 예를 들어 의적이 『기신론起信論』에서 설한 발심發心과 관련된 내용을 인용한 글에서는 50회 넘는 오류가 나타났는데 역자가 이를 일일이 교감하여 각주에 그 내용을 밝혔다. 그러나 대조할 자료를 찾을 수 없는 글에 나타난 오류는 그 해결책을 찾는 것이 가능하지 않았다. 또 『한국불교전서』에서 발생한 오류는 저본과 원문을 대조하여 다시 교감함으로써 시정하였다.

두 번째 문제는 역자가 대상 문헌을 대조하여 검토하면서 교감하였다. 인용문을 잘못 발췌한 것은 역자가 자료를 입수할 수 있는 범위에서 보충하거나 삭제하고 각주를 달아 문제점을 낱낱이 밝혔다.

세 번째 문제는 『무량수경』 본문과 주석이 서로 일치하지 않는 부분은 새롭게 추가하고 각주를 통해 밝혔으며, 『무량수경』 본문이 더 보충되어야 하는 부분도 역시 동일한 방식으로 작업을 행함으로써 극복하고자 하였다.

네 번째 한계는 새로운 문헌이 발견되지 않는 한 극복하기 어려운 문제이다. 그런데 2009년 일본 동아시아불교사본연구회에서 야마나시현(山梨縣) 일련종日蓮宗 총본산 구온지(久遠寺) 내에 설립된 미노부문고(身延文庫)에 소장된 문헌을 조사하면서 저자가 기록되지 않은 『무량수경술기권제1無量壽經述記卷第一』을 발견하였다. 미나미 히로노부(南宏信)는 이를 에타니의 복원본과 대조한 결과 의적의 『술의기』 중 상권의 일부에 해당하는 글임을 밝혔다.[11] 미노부문고본은 2013년에 그 원문이 공개되었는데[12] 그 분량이 41정이기 때문에 계량적으로 환산하면 에타니의 복원본과 합칠 경우 130정이라는 본래의 분량을 모두 복원할 수 있다. 특히 현재의 복원본에서 부족한 상권의 내용을 담고 있기 때문에 그 의미는 한층 크다고 할 수 있다. 역자는 미나미 히로노부에 의해 이루어진 미노부문고본에 대한 번각본翻刻本을 입수하여 에타니의 복원본과 대조 후 누락된 부분을 보충함으로써 네 번째 문제를 해결하였다.

복원본을 편찬할 때 무엇보다 고민스러운 것은 '간접인용문'을 편입시킬 것인지를 결정하는 것이다. 본서는 전체적으로 직접인용문만 발췌하는 방식을 택하고 있다. 그런데 역자가 직접 발췌 대상 문헌을 검토한 결과 간접인용문도 많이 찾을 수 있었다. 또 직접인용문만 참조할 때는 뚝뚝 끊어져서 맥락이 잘 연결되지 않는 부분이 많은데 간접인용문은 의적의 견해를 좀 더 분명하게 확충적으로 이해할 수 있는 내용을 담고 있는 경우가 많았다. 더 나아가서 간접인용문은 동일한 경의 글에 대한 여러 학자들의 견해를 비교 검토할 수 있는 기회를 제공한다. 이런 점을 고려하면 복원본의 구성에 있어서 간접인용문을 온전히 배제할 것인가, 수용할 것인가의 문제는 지속적으로 고민해야 할 과제이다.

---

11 南宏信, 2010.
12 國際佛敎學大學院大學 日本古寫經硏究所 文科省戰略プロジェクト實行委員會, 『書陵部藏 玄一撰 無量壽經記, 身延文庫藏 新羅義寂撰 無量壽經述記』(日本古寫經善本叢刊 第五輯, 2013).

2. 저자

1) 저술

현재 의적의 저술로 알려진 것은 다음과 같다.

『대반야경강요大般若經綱要』,『대반야경유찬大般若經幽贊』,『반야이취분경유찬般若理趣分經幽贊』,『반야이취분술찬般若理趣分述贊』
『법화경요간法華經料簡』,『법화경강목法華經綱目』,『법화경집험기法華經集驗記』,『법화경론술기法華經論述記』
『열반경강목涅槃經綱目』,『열반경의기涅槃經義記』,『열반경소涅槃經疏』,『열반경운하게涅槃經云何偈』
『무량수경술의기』,『무량수경소無量壽經疏』,『관무량수경강요觀無量壽經綱要』,『칭찬정토경소稱讚淨土經疏』,『미륵상생경요간彌勒上生經料簡』
『보살계본소菩薩戒本疏』,『범망경소梵網經疏』,『범망경문기梵網經文記』
『본업영락경소本業瓔珞經疏』
『성유식론미상결成唯識論未詳訣』,『백법론총술百法論總述』,『백법론주百法論註』,『마명생론소馬鳴生論疏』,『대승의림장大乘義林章』[13]

이 가운데『무량수경소』와『무량수경술의기』,『보살계본소』와『범망경소』등은 동일한 문헌일 개연성이 높다. 또한『대승의림장』은 규기窺基의 저술이라는 기록이 있는 것에 의거하여 의적의 저술로 확정할 수 없다는 반론도 제기되고 있다. 혹은 규기의 제자들이 참여하여 만든 책이고 의적은 그중 한 명이라는 주장도 있다.

---

13 최연식,「義寂의 思想傾向과 海東法相宗에서의 위상」(『불교학연구』6호, 2003).

저술 목록을 통해 『반야경』·『법화경』·『열반경』 및 정토계 경전과 유식계 논서가 중심이 되고 화엄계의 경향은 희박하다는 것을 확인할 수 있다. 이는 법상종 학자로서 의적의 지위를 자리매김하려는 시도를 지지하는 근거로 작용할 수 있다. 의적이 이렇게 여러 경에 두루 관심을 보인 것은 당시 신라 불교에서 불교의 여러 분야를 두루 학습하던 경향성과 관련된 것이라는 지적도 있다.[14]

2) 행적

의적에 대한 독립된 전기는 전해지지 않기 때문에 그 생몰 연대나 연대기적 행적은 확인하기 어렵다. 의상義湘(625~702)의 제자 여부, 소속 학파, 여타 정토학자와의 선후 관계 등에 대한 다양한 논의를 검토함으로써 그 행적에 대한 설명을 대신하기로 한다.

① 소속 학파의 문제

ㄱ. 화엄종 중심설

의적은 일반적으로 본래 법상종 소속이었다가 의상을 만나서 화엄종으로 전환했던 것으로 알려져 있다. 이는 『삼국유사』에서 의상의 10대 제자 중 한 명으로 의적을 나열한 것,[15] 균여均如(923~973)가 『석화엄교분기원통초釋華嚴敎分記圓通鈔』에서 "법상종의 의적이 의상에게 그의 가르침과 법장의 『화엄경탐현기華嚴經探玄記』가 서로 어긋남을 들어 이의를 제기하였고, 의상

---

14 惠谷隆戒, 1976.
15 『三國遺事』(H6, 349b).

이 법장으로부터 다른 자료를 전해 받아 그의 의심을 풀어 주었다."[16]라고 한 기록에 의거한 것이다. 이 관점에 의거할 때 의적의 활동 시기는 『화엄경탐현기』가 우리나라에 전해진 시기, 곧 690년경으로 추산할 수 있다.

ㄴ. 법상종 중심설

의적이 의상을 만난 것은 사실이지만, 그것은 서로 대등한 관계에서 학문적 논의를 주고받은 것이고 실제 그의 학문적 계통은 법상종에 해당한다는 주장도 제기되었는데 그 근거는 다음과 같다.

첫째, 현재 전해지는 의적의 저술에서 의상의 사상을 계승했다고 할 만한 것을 찾아보기 어렵고 그 저술 목록을 전체적으로 살펴볼 때도 법상종과 관련된 것이 대부분이다.

둘째, 일본 법상종 선주善珠(723~797)의 『유식의등증명기唯識義燈增明記』에서 "원측圓測의 제자인 도증道證이 지은 『성유식론요집成唯識論要集』은 여섯 학자, 곧 규기(632~682)·원측(613~696)·보광普光·혜관慧觀·현범玄範·의적의 글을 모은 것이다. 의적의 글은 『성유식론미상결』이다."라고 하였다. 의적을 제외한 나머지 다섯 학자가 모두 현장玄奘(602~664)의 제자라는 행적이 뚜렷하므로 의적 역시 현장의 제자 혹은 꼭 그렇지는 않더라도 동시대 학자라고 할 수 있다. 또한 의적은 신라의 유식을 대표하는 학자이다. 이러한 가정에 의거할 때 의적의 활동 연대는 664년 이전으로 소급될 수 있다.

셋째, 고려 중기 스님 의천義天의 글을 모은 『대각국사문집大覺國師文集』에서 "고금산사故金山寺 적공寂公"[17]이라고 하였다. 금산사는 법상종 사찰

---

16 『釋華嚴敎分記圓通抄』(H4, 257a).
17 『大覺國師文集』(H4, 555b).

이기 때문에 의적이 화엄종으로 전환하지 않았다고 추정할 수 있다.[18]

ㄷ. 화엄종 중심설의 확장적 증거 및 그에 대한 비판적 논의

의적의 소속에 대한 논의는 화엄종 중심설이 유력했다가 새로운 기록에 의거하여 법상종 중심설이 제기되었으며, 이후 화엄종 중심설의 확장적 근거를 제시하는 방향으로 논의가 진행되어 왔다.

에타니는 의적의 저술 목록에 의거할 때에는 화엄종과 관련된 면모를 찾기 어렵다는 것을 인정하였지만 다른 측면에서는 그 관련 가능성을 배제하지 않아 다음과 같은 근거를 제시하였다. 첫째, 의적이 사십팔원四十八願의 전체 구조를 해석하면서 "혹은 여러 가지 서원이 합해져서 한 가지 공덕을 얻고 혹은 한 가지 서원으로 여러 가지 공덕을 얻는다.(或多願合。得一功德。或以一願。得多功德。)"라고 한 것은 화엄종의 "일즉일체一卽一切"와 관련된 것이다. 둘째, 의적은 『술의기』에서 의상의 스승인 지엄智儼이 『공목장孔目章』에서 인용한 『미륵문경彌勒問經』의 십념十念을 언급하고 있다. 이것은 의상을 통해 지엄의 글을 인용한 것이다.[19]

『술의기』의 미노부문고본을 처음으로 학계에 소개한 미나미 히로노부는 이 문헌에 의해 의적이 화엄사상을 계승했다는 근거를 다음과 같이 제시하였다. 『무량수경』 앞부분에는 불보살이 중생을 구제하기 위해 하생下

---

18 최연식, 2003.
19 惠谷隆戒, 1976. 『彌勒問經』은 『彌勒發問經』・『彌勒所問經』 등이라고도 한다. 원효의 『無量壽經宗要』와 회감懷感의 『釋淨土群疑論』 등에도 두루 인용되어 있고 인용문마다 내용은 차이가 없지만 몇몇 글자의 차이는 존재한다. 또한 『孔目章』에서는 그 출처를 밝히지 않고 단지 "십념十念"이라고 하여 본 내용을 서술하고, 다시 훨씬 뒷부분에서 "『彌勒發問經』의 십념을 성취하는 것에 의해 왕생한다."라고 하였다. 역자가 이들 문장을 대조해 본 결과 의적이 반드시 지엄의 『孔目章』에 나오는 『彌勒問經』을 인용했다고 할 만한 결정적 근거는 찾을 수 없었다.

生하고 열반에 들기까지의 과정을 서술한 글이 있다.[20] 이 글을 해석하는 가운데 화엄종의 영향이 두드러지게 나타난다. 먼저 이 부분을 분과하면서 그 내용을 열 가지 상(十相)[21]으로 나누었다. 다음에 열 가지 상을 개별적으로 해석하면서 『화엄경』에서 고행하는 모습을 나타내는 열 가지 이유를 설한 것, 『화엄경』에서 열반하는 모습을 나타내는 열 가지 뜻을 설한 것 등을 인용하였다. 이 밖에도 많은 부분에서 『화엄경』을 인용하였는데 이는 여타 정토학자와 차이가 있다.[22]

이러한 주장에 대해 박광연은 미노부문고본에서 『화엄경』의 '10' 개념에 의거한 해석이 두드러진 것은 사실이지만 이는 화엄종 소속이 아닌 학자에게도 종종 나타나는 현상이기 때문에 이를 의적이 화엄종에 속한다는 직접적 증거로 삼기는 어렵다고 이의를 제기하였다. 예를 들면 규기의 『법화현찬法華玄贊』에도 역시 동일한 모습이 나타난다는 것이다. 그리고 신라 불교학자의 제종겸학諸宗兼學이라는 학문 경향을 고려할 때 본서에 보이는 의적의 화엄사상은 화엄을 공부하는 이들이 보여 주는 일반적 이해의 수준을 넘어서지 않는다고 하였다.[23]

---

[20] 『無量壽經』 권상(T12, 265c), "處兜率天。弘宣正法。捨彼天宮。降神母胎。~示現滅度。拯濟無極。"
[21] 하늘에 머무는 상, 입태하는 상, 출태하는 상, 동자의 상, 결혼하여 아내를 맞이하는 상, 출가하는 상, 도량으로 가는 상, 정각을 보이는 상, 법륜을 굴리는 상, 열반에 드는 상 등의 열 가지이다. 이는 혜원慧遠과 경흥이 『無量壽經』 본문 자체를 아홉 가지 상으로 나눈 것과는 차별된다.
[22] 南宏信, 「義寂撰 『無量壽經述記』 所引經論に見る思想的特色」, 『잊혀진 한국의 불교사상가』, 금강대·동국대HK연구단공동학술대회, 2013).
[23] 박광연, 「身延文庫藏 『無量壽經述記』와 義寂의 사상 경향」(동국사학, 56권, 2014). 박광연은 화엄종과 관련된 구절로 "여기에서의 열 가지는 차례대로 저것(『華嚴經』)에서의 열 가지 일에 배대된다. 혹은 이 열 가지의 낱낱의 구절에 저 과거의 서원 등의 열 가지 일이 갖추어져 있을 수 있다.(此十如次配彼十事。或可此十。一一句中。具彼過去願等十事。)"라고 한 것을 추가로 제시하였다.

② 경흥의 『무량수경연의술문찬』과 의적의 『술의기』 찬술의 선후 문제

신라 시대 『무량수경』 관련 주석서로는 원효元曉·법위法位·의적·현일玄一·경흥憬興의 글이 전해진다. 이 가운데 법위·의적·현일의 글은 복원본이기 때문에 그 사상의 전모를 확인할 수 없다는 한계가 있다. 이들 다섯 명의 주석서에 대해서 현재 전해지는 글에 의거할 때 원효와 법위의 글이 뒤의 세 학자보다 앞서 찬술된 것이라는 점에는 이의가 없지만[24] 뒤의 세 학자의 글의 선후 관계에 대한 논의는 아직 확정되지 않은 상황이다.

현일은 『무량수경기』에서 "의적 스님이 말했다.(義積師云)"[25]라고 하고 의적의 글을 인용하였는데 여기에서 "義積"이 "義寂"이라면 현일을 의적의 후배라고 할 수 있다는 견해가 제시되기는 하였지만,[26] 현재 복원본 『술의기』에서 현일이 인용한 것에 상응하는 글을 찾을 수 없기 때문에 크게 신뢰할 수는 없다. 경흥의 『무량수경연의술문찬無量壽經連義述文贊』(이하 『술문찬』으로 약칭)과 의적의 『술의기』의 선후 문제는 『술의기』→『술문찬』설이 지배적인 가운데 두 가지 방향으로 연구가 진전되고 있다. 하나는 『술의기』 우선설에 대한 반론으로 『술문찬』 우선설이 제기되는 것이고, 다른 하나는 『술의기』 우선설을 지지하는 새로운 근거를 제시하는 것이다.

---

24 가케하시 노부아키(梯信曉)는 "첫째, 원효·법위의 설이 현일·경흥의 저작에 인용되어 있다. 둘째, 원효의 『無量壽經宗要』와 법위의 『無量壽經義疏』에는 『成唯識論』과 자은慈恩 이후의 법상종 전적이 나오지 않지만 의적의 『述義記』, 현일의 『無量壽經記』, 경흥의 『述文贊』에는 나온다. 따라서 원효·법위는 의적·현일·경흥보다 선배라고 말할 수 있다."라고 하였다.[梯信曉,「新羅淨土教の展開(一)」(『印度學佛教學研究』 通號 84, 1994);「新羅義寂『無量壽經述義記』の一考察」(『印度學佛教學研究』 通號 75, 1989).]
25 『無量壽經記』(H2, 245c).
26 안계현,「의적의 미타정토왕생사상」(『동국사학』 7, 1964); 박광연,「신라 중대의 정불국토 인식과 의미」(『불교학보』 68호, 2014).

ㄱ. 『술의기』→『술문찬』설 및 그에 대한 비판적 검토

화정 의산華頂義山(1647~1717)은 현재 전해지는 경흥의 『술문찬』을 간행하면서 쓴 기문記文에서 "『소疏』는 진실로 경을 장엄한 것이어서 세상에서 한번 크게 볼만한 것이다. 정영淨影이 이것을 지었고 가상嘉祥도 이것을 지었으며, 의적·법위 등의 여러 저명한 사람들이 모두 이것을 지어 세상에 내어놓았다. 대사大師(憬興)가 이것을 궁구하고 공부하였는데 누구보다 빼어나고 부지런히 연구했다고 할 만하다."[27]라고 하였다. 이 글에서 경흥이 자신의 책을 지으면서 의적의 글을 연구하였다고 한 말을 전적으로 신뢰한다면 『술의기』→『술문찬』은 타당하다. 그러나 이 글을 지지할 만한 다른 근거를 제시하지 않고 있기 때문에 이것을 확정적 증거로 삼을 수는 없다.

모치즈키 신코(望月信亨)는 『지나정토교리사支那淨土敎理史』에서 "경흥은 의적이 제18원을 하품, 제19원을 상품, 제20원을 중품의 원願이라고 한 것을 파척하였다."[28]라고 진술하였다. 이 글은 의산의 글과 함께 향후 『술의기』→『술문찬』설이 일반적으로 통용되는 데 결정적 기여를 하였다. 그런데 실제로 『술문찬』에서 제18원·제19원·제20원을 하품·상품·중품에 배대하는 글에는 의적의 주장이라는 말이 나오지 않고 오직 유설有說이라고만 하였다. 또한 『술의기』 해당처에는 모치즈키가 의적의 주장이라고 한 말이 나오지 않는다.

가케하시 노부아키(梯信曉)는 "십념"의 해석에 대한 분석을 통해 신라 정토학자의 선후 문제를 검토하였다. 그에 따르면 "원효보다는 법위가, 법위보다는 의적이, 의적보다는 경흥이 '십념'의 내용을 더 쉬운 것으로

---

27 『無量壽經連義述文贊』(H2, 77a).
28 望月信亨, 『支那淨土敎理史』(法藏館, 1942), p.225.

해석하려고 한다. 이렇게 '십념'을 실행하기 쉬운 것으로 해석하는 것은 수행이 쉽지 않은 범부의 구제를 중시하는 사상이 내재된 것이고 이러한 방향성은 정토사상의 흐름에서 지극히 자연스러운 것이다. 정토사상의 흐름 속에서 파악할 때 『술문찬』은 『술의기』보다 뒤에 찬술되었다."[29]라고 하였다.

ㄴ. 『술문찬』→『술의기』설 및 그에 대한 비판적 검토

마쓰바야시 히로유키(松林弘之)에 따르면 모치즈키가 의적과 경흥의 주장이라고 한 것에는 다음과 같은 오류가 내재한다. 첫째, 경흥의 『술문찬』을 직접 검토하면 모치즈키가 "경흥의 글에서 '의적의 설'이라고 했다."라고 한 것은 단지 "어떤 사람의 설(有說)"이라고만 하였을 뿐이고 의적이라는 이름을 적시하고 있지 않다. 또한 의적의 『술의기』에는 제18원·제19원·제20원에 대한 해석이 모두 들어 있는데 이 글에서 "어떤 사람의 설"이라고 한 것에 상응하는 내용을 찾을 수 없다.[30] 따라서 『술의기』 우선설은 타당하지 않다.

마쓰바야시 히로유키에 따르면 다음과 같은 증거에 의거할 때 오히려 『술문찬』이 먼저 찬술되었다고 할 수 있다. 첫째, 의적의 『술의기』에는 회감懷感의 『석정토군의론釋淨土群疑論』이 인용되어 있지만 경흥의 『술문찬』에는 인용되어 있지 않다. 둘째, 의적의 『술의기』에는 비교적 늦은 시기인 8세기 초에 역출된 『불공견삭경不空羂索經』이 인용되어 있다. 따라서 『술

---

[29] 梯信曉, 1994.
[30] 『述文贊』을 직접 검토해 보면 경흥은 의적이라고 적시하지 않고 단지 "유설有說"이라고만 하였다. 또한 복원본 『述義記』에서 제18원을 『觀無量壽經』 하품하생에 의해 해석하였으므로 하품이라고 한 것은 확인할 수 있지만 나머지 제19원, 제20원의 주석에서는 삼품과 관련된 내용을 특별히 언급한 것은 없다.

의기』는 『술문찬』보다 뒤에 찬술되었다.[31]

마쓰바야시 히로유키의 견해 가운데 『불공견삭경』 인용과 관련된 것은 문제의 소지가 있다. 『술의기』에서 본 경을 한 번 인용하였는데 그 문장은 경의 글을 요약한 것[32]이고, 그 내용은 『불공견삭경』의 다양한 번역본에 모두 나온다. 예를 들면 사나굴다闍那崛多가 587년 번역한 『불공견삭주경不空羂索呪經』[33]과 현장이 659년 번역한 『불공견삭신주심경不空羂索神呪心經』[34] 등에도 모두 해당 내용이 나오고 있다. 따라서 문장 자체도 꼭 일치하지 않는 글을 어떤 설명도 없이 반드시 보리류지菩提流支가 709년 번역한 『불공견삭신변진언경不空羂索紳變眞言經』이라고 지목하는 것은 문제가 있다. 또 『석정토군의론』도 그 편찬 연대를 확정하기 어렵기 때문에 결정적 증거로 삼기에는 충분하지 않다.

3. 『무량수경술의기』의 구성과 내용

1) 전체 구성

복원본에는 글의 전체 구조를 알 수 있는 목차와 관련된 글은 실려 있지 않다. 따라서 의적이 이 책을 어떤 형태로 서술하였는지는 확인할 수 없다. 본 번역본의 목차는 현재 전해지는 의적의 글을 검토하고 그것에 의거하여 역자가 구성한 것으로 전체를 크게 두 단락으로 나누었다.

---

31 松林弘之(源弘之), 「朝鮮淨土敎に於ける憬興・義寂の一考察」(『佛敎學硏究』 22, 1966).
32 『述義記』에서 "『不空羂索經』에서 '그 하늘을 교화하여 보리심을 일으키게 하였다.'"라고 한 것을 참조할 것.
33 『不空羂索呪經』(T20, 399a).
34 『不空羂索神呪心經』(T20, 402b).

① 부류가 같지 않음

"부류가 같지 않다는 것은 다음과 같다.(部黨不同者)"라고 하여 『무량수경』 본문을 주석하기에 앞서 네 부의 정토부 경전을 제시하고 그 번역 현황을 설명하였다.[35] 먼저 『무량수경』의 11가지 이역본을 제시하고 『술의기』의 대본과 관련하여 "주석 대상인 『무량수경』 번역자가 축법호竺法護라고 하는 사람도 있다. 그러나 그 글의 양상에 의거할 때 축법호가 번역하였다고 할 수 없다."라고 하여 역자에 대한 이의를 제기하였다. 이에 비해 경흥은 『술문찬』에서 축법호본을 대본으로 삼았음을 밝혔을 뿐이고 역자에 대해 어떤 의문도 제기하지 않았다.[36] 현재 강승개본이라고 전해지고 있는 것이 현재 전해지지 않는 축법호본과 거의 동일한 것으로 판정된 것을 고려할 때 이는 의적이 『무량수경』과 관련하여 좀 더 진전된 논의를 보여 주는 것으로 이해된다. 다음에 『관무량수경』·『아미타경阿彌陀經』·『고음성다라니경鼓音聲陀羅尼經』에 대해서도 번역과 관련된 현황을 상세히 설명하였다.

② 본문을 해석함

본서에는 의적이 『무량수경』 본문을 어떤 형태로 분과하였는지 확인할 수 있는 글도 또한 실려 있지 않다. 다만 요혜가 『무량수경초』에서 『무량수경』을 서분·정종분·유통분의 셋으로 나눈 것을 소개하고 그 세주에서 "정영사 혜원慧遠, 길장吉藏, 의적이 모두 지금 서술한 것과 같이 분과하

---

[35] 이 부분은 현행 복원본에는 나오지 않는다. 이미 서술한 것처럼 들어가야 할 것이 누락되었으므로 역자가 번역하면서 첨가하였다.
[36] 『無量壽經連義述文贊』(H2, 18b).

였다.(淨影嘉祥義寂同今)"³⁷라고 한 것에 의거하여 역자가 본문을 서분·정종분·유통분의 셋으로 나누었다.

2) 내용

의적은 신라 정토학자 중에서도 그 해석에 있어서 독자성이 강한 것으로 평가받고 있다. 이제 당대 신라 정토학자들이 공통적으로 관심을 가졌던 주제를 중심으로 본서에 나타난 의적의 사상적 특성을 확인해 보겠다.

① 사십팔원의 구조

먼저 사십팔원을 섭정토원攝淨土願·섭법신원攝法身願·섭중생원攝衆生願의 세 가지 범주에 배속하였다. 그 자신은 "유석有釋"이라고 하여 이름을 밝히지 않았지만 이는 혜원이 행한 분류법과 일치한다.³⁸ 그러나 세 범주 각각에 해당하는 서원을 배속한 것의 구체적 내용은 혜원과 같지 않다. 또 혜원의 설에 대해 "이것은 대체로 나타난 상相을 좇아서 설한 것이다."라고 하고 더 나아가서 "자세하게 논하면 사십팔원은 낱낱이 세 가지를 갖추고 있다. 예를 들어 첫 번째 서원에서 '만약 제가 부처가 되었을 때'라고 한 것은 법신을 섭수하는 것이고 '국토에'라고 한 것은 국토를 섭수하는 것이며 '지옥 등이 없게 할 것이다.'라고 한 것은 중생을 섭수하는 것이다."라고 하여 진전된 해석을 보이고 있다. 또한 사십팔원과 『왕생론往生論』(『정토론』)에서 설한 29가지 공덕을 원인과 결과의 구조로 파악하여, 섭정토원은 국토를 장엄하는 17가지 공덕, 섭법신원은 불신을 장엄하는

---

37 『無量壽經抄』(J14, 5b).
38 『無量壽經義疏』(T37, 103b).

여덟 가지 공덕, 섭중생원은 보살을 장엄하는 네 가지 공덕에 배대하였는데, 이는 의적에게만 나타나는 독자적인 해석이다.

이상에서 서술한 내용을 도표로 나타내면 다음과 같다.

	혜원	의적	
		사십팔원(因)	『왕생론』 29가지 장엄(果)
섭정토원	제31/제32	제1~제32	불국토장엄 17공덕
섭법신원	제12/제13/제17	제33~제40	불신장엄 8공덕
섭중생원	나머지	제41~제48	보살장엄 4공덕

② 별시의설

별시의別時意(별시의취)는 『섭대승론攝大乘論』에서 "별시의취別時意趣라는 것은 만약 다보여래多寶如來의 명호를 외우면 바로 무상정등보리無上正等菩提를 결정코 얻는다고 설하는 것과 같은 것을 말하고 또 오직 서원을 일으키는 것으로 말미암아 바로 극락세계에 왕생할 수 있다고 말하는 것과 같은 것을 말한다."[39]라고 하였다. 부처님의 가르침 가운데 먼 훗날에 이익을 얻는 것인데도 중생 교화를 위한 방편으로 지금 당장 이익을 얻는 것처럼 설한 것을 별시의라고 한다. 『섭대승론』에서 별시의라고 한 염불念佛·발원發願은 정토종에서 극락왕생과 관련하여 특히 주요 원인으로 제시하는 것이다. 따라서 정토학자에게 있어서 『섭대승론』의 가르침을 정토종의 교리 속에서 해명하는 것은 주요한 일이었다.

예를 들어 회감은 『석정토군의론』에서 『섭대승론』의 글 중 염불은 무상보리와 관련된 것이고 발원만 극락왕생과 관련된 것이므로 후자만 들어

---

39 『攝大乘論本』 권중(T31, 141a).

서 정토종의 교리와 서로 어긋남을 지적하고 "헛되이 서원을 일으키는 것만 하고 염불은 행하지 않는다면 별시의라고 할 수 있다. 『섭대승론』은 바로 이런 경우를 서술한 것이다. 정토종에서는 서원을 일으키는 것과 염불을 행하는 것을 함께 설하고 있다. 그러므로 염불과 발원을 함께 하면 극락왕생한다고 하는 것은 별시의가 아니다."[40]라고 해석하였다.

의적은 이와 달리 미타정토를 변화토變化土와 수용토受用土의 두 가지로 분류하여 이 문제를 해소하였다. 곧 "변화토는 오직 보살만 왕생하는 곳이고 수용토는 이승과 이생범부가 섞여서 왕생하는 곳이다. 오직 서원만으로도 왕생한다고 한 것은 수용토이든 변화토이든 모두 별시의이다. 그런데 삼배구품三輩九品은 서원과 염불행을 겸하였기 때문에 이들이 변화토에 왕생할 수 있다고 한 것은 별시의가 아니다."라고 하였다. 의적은 삼배구품은 서원과 염불을 함께 일으켰으므로 변화토에 왕생할 수 있다고 주장하였다. 그러나 여기에서 그 왕생의 범위를 '변화토'에 한정한 것은 서원과 염불만으로는 수용토에는 왕생할 수 없다는 것을 의미하는 것이어서 주목된다.

③ 극락정토는 변화토인가, 수용토인가?

불국토는 그 성격에 따라 부처님의 수용신이 머무는 국토인 수용토, 변화신이 머무는 국토인 변화토 등으로 나뉜다. 따라서 정토학에서 극락정토가 어떤 국토에 속하는 것인지도 주요 논제로 다루어지고 있다.

예를 들어 선도善導는 극락정토를 보토報土, 곧 수용토이고 화토化土가 아니라고 하였다.[41] 그러나 의적은 『왕생론』에서 "곧 저 부처님을 뵙고

---

40 『釋淨土群疑論』 권2(T47, 38c).
41 『觀無量壽佛經疏』(T37, 250b).

아직 정심淨心을 증득하지 못한 보살도 끝내는 평등법신平等法身을 얻는다."⁴²라고 한 것을 근거로 수용토와 변화토가 모두 존재한다고 하였는데 그 논지는 다음과 같다. 곧 『왕생론』의 글에 따르면 지전地前의 보살도 극락정토에 왕생할 수 있다. 그런데 수용토는 지상地上의 보살만 왕생할 수 있다. 만약 변화토가 없다면 지전의 보살이 왕생한다는 『왕생론』의 말은 오류이다. 이것이 오류가 아니려면 지전의 보살이 왕생하는 국토인 변화토가 있어야 한다.

이렇게 정토를 수용토와 변화토의 두 가지로 구분하는 것은 법위에게도 나타나지만 그의 글은 변화토와 수용토의 성격을 설명하는 것에 중점을 두었고 그것이 『무량수경』·『관무량수경』과 어떤 관련이 있는지를 해명한 글은 찾을 수 없다.

의적은 더 나아가서 네 부의 정토경전을 총괄하여 각 경에서 설한 정토의 성격을 다음과 같이 구명하였다. 『무량수경』은 직접적으로는 수용토를 나타내었지만 『무량수경』에서 "부처님의 지혜 등을 의심하는 사람들은 태생胎生한다."라고 설한 것에 따르면 겸하여 변화토를 나타내었다고 할 수 있다. 『관무량수경』과 『고음성다라니경』은 삼배구품이 모두 왕생할 수 있다고 하였으니 변화토이다. 『소아미타경小阿彌陀經』에서는 그곳에는 오직 불퇴위不退位의 보살만이 있다고 하였기 때문에 수용토이다.

마지막으로 미타정토에 이렇게 두 가지가 있는 이유에 대해 『대지도론大智度論』에서 "모든 부처님이 중생을 삼승三乘으로 제도할 것을 서원하였다."라고 한 것에 의거하여 "다양한 중생을 제도하기 위한 것이다. 따라서 두 정토는 실제로 두 가지로 존재하는 것이 아니고 동일한 처소가 중생의 근기에 따라 다르게 나타나는 것일 뿐이다."라고 하였다.

---

42 『往生論』(T26, 232a).

④ 『무량수경』 십념의 의미 및 『미륵문경』 십념과의 관계

ㄱ. 십념의 의미

『무량수경』에서는 "십념十念에 의한 극락왕생"[43]을 설하고 "십념"이 무엇인지에 대해서는 구체적으로 설명하지 않았다. 그러므로 "십념"의 내용에 대한 다양한 해석이 제시되었다.

의적은 제18원의 글을 『관무량수경』 하품하생에서 "십념이 갖추어지도록 나무아미타불을 칭하면 극락에 왕생한다."[44]라고 한 것과 동일한 것으로 풀이하였다. 곧 "일념"은 '나무아미타불'이라는 여섯 글자를 외우는 것이고 "십념"은 이것을 열 번 반복하는 것이다. 그러나 의적은 "일념一念이란 마음으로 도를 관찰하는 것과 같은 것으로 한 대상에 대해 그 구경을 이루는 것"이라는 해석을 덧붙임으로써 계량적으로 이해하는 것을 경계하였다. 이러한 의적의 의도는 이어서 서술할 『미륵문경』의 십념과의 관계에서도 잘 드러난다.

ㄴ. 『미륵문경』 십념과의 관계

『미륵문경』은 『대보적경大寶積經』 「발승지락회發勝志樂會」의 이역본으로 현재 전해지지 않는다. 신라 정토학자의 주석서에는 대체로 이 경에서 "아미타불에 대해 십념을 성취하면 극락에 왕생한다. 십념이란 무엇인가? 십념은 범부의 생각이 아니고 착하지 않은 생각이 아니며, 번뇌가 뒤섞인 생각이 아닌 것이다. 십념은 구체적으로 자애로운 마음, 깊이 슬퍼

---

[43] 제18원[『無量壽經』(T12, 268a)]과 성취문[『無量壽經』(T12, 272c)]에 나온다.
[44] 『觀無量壽經』(T12, 346a).

하는 마음, 법을 호지하려는 마음, 인욕 가운데 결정심을 내는 것, 깊은 마음을 청정히 하여 이양에 물들지 않는 것, 일체종지심一切種智心을 내고 날마다 항상 생각하여 잊어버리지 않는 것, 일체중생에 대해 존중심을 일으키고 나에게 속하는 것이라는 마음을 제거하며 겸손하게 자신을 낮추어 말하는 것, 세상의 담화에 맛이 들어 집착하는 마음을 내지 않는 것, 각의覺意를 가까이하여 온갖 선근의 인연을 깊이 일으키고 어수선하며 산란한 마음을 멀리 여의는 것, 정념正念(바른 집중)으로 부처님을 관찰하여 모든 상념을 제거하는 것이다."라고 한 것을 인용하고 이것이 『무량수경』에서 설한 십념과 어떤 관련이 있는 것인지를 해명하는 글이 나타난다.[45]

그런데 대부분의 정토학자들은 "범부의 생각이 아니고"라는 것을 문자 그대로 이해하여 양자를 질적으로 다른 것으로 파악하였다. 예를 들면 원효는 "십념에는 현료의顯了義와 은밀의隱密義가 있는데 전자는 지전의 범부가 왕생하는 국토에 대한 원인이고 후자는 지상의 성자가 왕생하는 순정토에 대한 원인이다. 『미륵문경』의 십념은 은밀의이다. 『무량수경』의 십념은 은밀의와 현료의 두 가지를 모두 갖추고 있고 『관무량수경』의 십념은 현료의이다."[46]라고 하였고, 법위는 "『무량수경』 제18원의 십념은 상품을 위한 서원이고 따라서 『미륵문경』의 성자가 일으키는 십념(十法)을 열 번 염하는 것(十念)이다. 『관무량수경』의 십념은 하품하생을 위한 것이다. 따라서 범부가 일으키는 칭명의 십념, 곧 부처님의 명호(一法)를 열 번 칭념하는 것(十念)이다."[47]라고 하였다.

의적은 이 글을 "범부가 일상적으로 행하는 것이 쉽지 않다는 말이지

---

45 선도는 『彌勒問經』을 거론하지 않았고 가재迦才는 『彌勒問經』을 거론하지만 "범부의 일이 아니다."라는 글에 의거하여 염불과 관련이 없는 것으로 파악하였다. 그러나 신라의 정토학자들은 이를 배제하기보다는 『無量壽經』과 어떤 식으로든 상호 관련성을 해석하려 하였고 이는 신라 정토교의 특성으로 평가된다.
46 『無量壽經宗要』(T37, 129a).
47 『無量壽經義疏』(H2, 12a).

범부가 할 수 없다는 말은 아니다."라고 해석함으로써 양자를 일체화한다. 곧 의적은 전일한 마음으로 부처님의 명호를 칭하면 그 속에 『미륵문경』의 열 가지 생각이 갖추어지는 것이라고 하였다. 의적은 또 한편으로 한 번 칭할 때마다 열 가지 생각을 모두 갖추어야 하는 것일 수도 있음을 인정하였는데 이는 결과적으로는 전자와 동일한 의미이다. "『미륵문경』의 십념이 갖추어지도록 하는 『무량수경』의 일념"이나 "『무량수경』의 일념마다 『미륵문경』의 십념을 갖추는 것"이나 방법의 차이가 있을 뿐이고 양자가 일체화되어야 한다는 것에는 차이가 없다. 그리고 의적은 이렇게 『미륵문경』의 십념을 내재화한 염念이라면 염불의 숫자와 무관하게 왕생할 수 있다고 하였다. 의적에게 "십념"이란 수직적으로는 열 번 부처님의 명호를 칭하는 것이고 수평적으로는 『미륵문경』의 열 가지 생각을 실현하는 것이었다.

이것에 의거할 때 의적이 선도의 구칭염불口稱念佛을 계승하였다[48]는 평가는 의적의 견해를 지나치게 단순화한 것이라는 생각이 든다. 염불의 이행성을 강조하는 것이 구칭염불인데 이렇게 『미륵문경』의 십념을 내재화할 것을 강조하는 것은 그러한 이행성의 추구와는 결이 다른 것으로 보이기 때문이다.

⑤ 『무량수경』에서 오역죄를 지은 이와 정법을 비방한 이를 제외한 것과 『관무량수경』 하품하생에서 오역죄를 지은 이도 포함시킨 것, 그 모순의 문제

『무량수경』에서는 "오역죄를 지은 이와 정법을 비방한 이는 제외한다."[49]라고 하였고 『관무량수경』에서는 "오역죄와 십악十惡을 지은 사람도

---

48 惠谷隆戒, 1976; 松林弘之, 「朝鮮淨土教における十念說の展開」(『印度學佛教學研究』 通号 31, 1967).
49 『無量壽經』(T12, 268a); 『無量壽經』(T12, 272b).

왕생한다."⁵⁰라고 하였는데 이는 서로 모순되는 뜻을 내포하고 있기 때문에 정토학에서 주된 논의의 주제가 되었다.

의적은 이를 세 가지 측면에서 해석하였는데 여타 학자와 비교할 때 좀 더 엄밀하고 상세하다고 할 수 있다.

첫째는 가행加行(신업身業과 어업語業)과 의요意樂(의업意業)의 관점에서 해석하였다. 오역죄를 짓는 것은 두 가지가 있다. 첫째는 오역죄를 지었지만 믿음은 무너지지 않아 정법을 비방하지 않은 것이고, 둘째는 오역죄를 짓고 믿음도 무너져서 정법을 비방하는 것이다. 전자는 가행은 무너졌지만 의요는 무너지지 않은 것이고 후자는 가행과 의요가 모두 무너진 것이다. 그러므로 전자는 제외하지 않고 후자는 제외한다.

둘째는 분위分位와 이숙異熟의 관점에서 해석하였다. 업에는 네 가지가 있다. 첫째는 분위가 결정되고 이숙은 결정되지 않은 것이다. 둘째는 분위와 이숙이 모두 결정되지 않은 것이다. 이 두 가지 업은 변화할 수 있다. 셋째는 이숙이 결정되고 분위는 결정되지 않은 것이다. 완전한 변화는 가능하지 않더라도 무거운 것을 가벼운 것으로 변화시킬 수는 있다. 그러므로 앞의 세 가지는 참회하면 변화할 수 있는 것이다. 넷째는 분위와 이숙이 모두 결정된 것이다. 이는 결코 변화시킬 수 없다. 따라서 부처님께서 제외한 것이다.

셋째는 『대승아비달마잡집론大乘阿毗達磨雜集論』에서 설한 다섯 가지 고사업故思業의 관점에서 해석하였다. 본 논에서 "첫째는 즐겨 하고자 하는 마음에 의거한 것이 아니고 다른 사람의 가르침에 의해 고의적인 생각으로 짓는 업이다. 둘째는 즐겨 하고자 하는 마음에 의거한 것이 아니고 다른 사람의 권유에 의해 고의적인 생각으로 짓는 업이다. 셋째는 행위의 득실을 알지 못하고 집착이 없이 욕망에 따라 고의적인 생각으로 짓는 업

---

50 『觀無量壽經』(T12, 346a).

이다. 넷째는 탐욕·분노 등의 모든 불선근不善根이 그 마음을 덮어 맹렬하게 집착하면서 고의적인 생각으로 짓는 업이다. 다섯째는 전도에 의한 분별에 의거하여, 고통을 즐거움이라고 여기는 삿된 법을 좋아하면서 미래세에 좋아할 만한 이숙을 추구하고자 하여 고의적인 생각으로 짓는 업이다. 앞의 세 가지는 반드시 이숙과異熟果를 초래하는 것은 아니기 때문에 부증장업不增長業·부정업不定業 등이라고 하고, 뒤의 두 가지는 반드시 이숙과를 초래하기 때문에 증장업增長業·정업定業 등이라고 한다."[51]라고 하였는데, 이것에 의거하면 앞의 세 가지 업은 변화할 수 있으니 제외하지 않고 뒤의 두 가지 업은 변화할 수 없으니 제외하는 것이다.

의적은 극락왕생과 관련하여 비록 신업과 어업을 지었어도 의업을 짓지 않았다면 제외되지 않지만 정법을 비방한 이는 의업까지 지은 것이기 때문에 제외되는 것이라고 하였다. 또 과보가 확정된 업은 변화시키는 것이 가능하지 않은데 정법을 비방하는 것은 이것에 해당하기 때문에 제외되는 것이라고 하였다.

4. 신라 정토교에서 본서의 지위 및 후대의 영향

에타니는 신라 정토학을 정영사 혜원 계통과 현장·자은慈恩 계통으로 구분하여 전자에는 자장慈藏·원효·의상·의적·법위·현일 등이 속하고 후자에는 원측·경흥·태현太賢·둔륜遁倫 등이 속한다고 하였다. 이에 대해 후카가이 지코(深貝慈孝)는 경흥의 글에는 혜원을 필두로 하여 그 계통에 속하는 학자들에 대한 비판적 태도가 보이기 때문에 수용할 수 있지만 의적·법위 등은 유식학적 면모가 강하게 드러나고 이들의 글에서 혜원의

---

[51] 『大乘阿毘達磨雜集論』 권7(T31, 727c).

영향을 직접적으로 확인할 수는 없기 때문에 단순히 혜원계로 분류하는 것은 문제의 소지가 있다고 지적하였다.[52] 실제로 『술의기』에서는 『성유식론成唯識論』, 『유가사지론瑜伽師地論』 등의 유식 논서를 활용하고 있고, 인간의 행위는 내적으로는 알라야식에 기록되고 외적으로는 천신이 기록한다고 해석하여 유식사상과 관련된 글을 종종 찾을 수 있다.

『술의기』는 정창원문서正倉院文書에 따르면 일본에서 748년 서사되었다. 따라서 본서는 매우 이른 시기에 일본에 전해졌다는 것을 알 수 있다. 또한 본서는 신라의 정토교 학자의 책 가운데 일본 정토교에 가장 많은 영향을 끼친 것으로 평가되고 있다. 특히 『술의기』에 선도의 『왕생예찬게往生禮讚偈』와 회감의 『석정토군의론』이 인용되고 있는 것, 의적 자신의 글에서도 그들의 주요 사상인 본원염불本願念佛·구칭염불의 특성이 나타나고 있는 것 등이 일본 정토교의 흐름과 관련이 깊은 것으로 지목되고 있다. 그러나 이미 살펴본 것처럼 의적이 이들의 사상을 충실히 계승하고 있느냐 아니냐에 대해서는 아직 더 많은 논의가 필요한 것으로 보인다.

5. 참고 문헌

惠谷隆戒, 『淨土敎の新硏究』, 山喜房佛書林, 1976.
松林弘之, 「朝鮮淨土敎における十念說の展開」, 『印度學佛敎學硏究』
   通号 31, 1967.
南宏信, 「新出 義寂撰『無量壽經述記』寫本の檢討」, 『불교학리뷰』 7
   호, 2010.
_____, 「義寂撰『無量壽經述記』所引經論に見る思想的特色」, 『잊혀

---

52 深貝慈孝, 「新羅法位淨土敎の硏究」(『淨土敎論集 : 戸松敎授古稀記念』 通号, 1987).

진 한국의 불교사상가」, 금강대·동국대HK연구단공동학술대회, 2013.

_____, 「新羅義寂撰『無量壽經述記』の撰述年代考」, 『身延論叢』 18, 2013.

최연식, 「義寂의 思想傾向과 海東法相宗에서의 위상」, 『불교학연구』 6호, 2003.

梯信曉, 「新羅淨土教の展開(一)」, 『印度學佛教學研究』 通號 84, 1994.

_____, 「新羅義寂『無量壽經述義記』の一考察」, 『印度學佛教學研究』 通號 75, 1989.

차례

복원본 무량수경술의기復元本無量壽經述義記 해제 / 5
일러두기 / 35

무량수경 술의기 복원본 상권 無量壽經述義記 卷上【復元】

1. 부류가 같지 않음 39
   1) 양권무량수경 39
   2) 관무량수경 47
   3) 아미타경 48
   4) 고음성다라니경 49
2. 본문을 해석함 50
   1) 서분序分 50

무량수경 술의기 복원본 중권 無量壽經述義記 卷中【復元】

   2) 정종분正宗分 183
      ① 영국무악취원令國無惡趣願 216
      ② 명종부불갱악취원命終復不更惡趣願 218
      ③ 신개금색원身皆金色願 218
      ④ 영형무호추원令形無好醜願 219
      ⑤ 영원식숙명원令遠識宿命願 220
      ⑥ 영천안철시원令天眼徹視願 220
      ⑦ 영천이통청원令天耳洞聽願 221

⑧ 명감타심원明鑒他心願 222
⑨ 영신족신속원令神足迅速願 222
⑩ 영불기루염원令不起漏染願 223
⑪ 영주정취원令住定聚願 224
⑫ 득승광명원得勝光明願 226
⑬ 득수구주원得壽久住願 227
⑭ 섭다권속원攝多眷屬願 227
⑮ 권속장수원眷屬長壽願 228
⑯ 권속무불선원眷屬無不善願 229
⑰ 제불동찬명자원諸佛同讚名字願 230
⑱ 섭취지심욕생원攝取至心欲生願 231
⑲ 섭취수덕욕생원攝取修德欲生願 238
⑳ 섭취문명욕생원攝取聞名欲生願 238
㉑ 영구제상원令具諸相願 239
㉒ 영지보처원令至補處願 240
㉓ 영봉변시제불원令奉遍侍諸佛願 242
㉔ 소구공양구여의원所求供養具如意願 243
㉕ 설일체지여불원說一切智如佛願 244
㉖ 영득견고신원令得堅固身願 244
㉗ 영물엄정원令物嚴淨願 245
㉘ 도량고승원道場高勝願 246
㉙ 수법령득변혜원受法令得辯慧願 250
㉚ 혜변령무한량원慧辨令無限量願 250
㉛ 국토광색철조원國土光色徹照願 251
㉜ 국토엄식기묘원國土嚴飾奇妙願 252
㉝ 광명섭익원光明攝益願 253
㉞ 음성섭익원音聲攝益願 254
㉟ 영리예형원令離穢形願 254
㊱ 영립범행원令立梵行願 255
㊲ 영성존덕원令成尊德願 255
㊳ 의복자연원衣服自然願 256

39 수락무염원受樂無染願 257
40 수의득견시방국토원隨意得見十方國土願 257
41 문명령득단엄보원聞名令得端嚴報願 258
42 문명령득청정해탈삼매원聞名令得淸淨解脫三昧願 259
43 문명령득생존귀가원聞名令得生尊貴家願 260
44 문명령득구족덕본원聞名令得具足德本願 260
45 문명령득보등삼매원聞名令得普等三昧願 261
46 수득원문소욕문법원隨得願聞所欲聞法願 261
47 문명령득지불퇴전원聞名令得至不退轉願 262
48 문명령득지삼법인원聞名令得至三法忍願 263

무량수경 술의기 복원본 하권 無量壽經述義記 卷下【復元】

3) 유통분流通分 485

찾아보기 / 487

일러두기

1 '한글본 한국불교전서'는 문화체육관광부의 지원을 받아 동국대학교 불교학술원에서 수행하고 있는 '불교기록문화유산아카이브(ABC)사업'의 결과물을 출간한 것이다.
2 이 책은 『한국불교전서』(동국대학교출판부 간행) 제1책의 『무량수경술의기』를 저본으로 하였다.
3 번역문에 이어 원문을 병기하고 간단한 표점 부호를 삽입하였다.
4 본 역서의 차례는 본문에 대한 이해의 편의를 위해 역자가 임의로 넣은 것이다.
5 본문에서 '問'은 문으로 '答'은 답으로 처리하였다.
6 원문의 교감 사항은 번역문의 각주와 별도로 원문 아래 부분에 제시하였다.
　원은 『한국불교전서』 편찬자가 교감한 내용이다.
　영은 번역자가 교감한 내용이다.
7 약물은 다음과 같다.
　『　』: 서명
　「　」: 편명, 산문 작품
　〈　〉: 시 작품, 노래(歌)
　T : 대정신수대장경
　X : 만속장경
　H : 한국불교전서
　N : 일본대장경
　J : 정토종전서
　S : 범어

무량수경술의기 복원본 상권
| 無量壽經述義記 卷上【復元*】** |

신라 의적 지음
新羅 義寂 撰

에타니 류카이 복원
惠谷隆戒 復元

---

* ㉲ 저본에 따르면 '元' 뒤에 '本'이 누락되었다. 또한 '復元本'은 괄호 처리하지 않고 '記' 뒤에 두어야 한다.
** ㉲ 저본은 에타니 류카이가 지은 『淨土敎の新硏究』에 실려 있는 것이다. 출전은 원융국원隆國의 『安養集』, 『安養抄』, 요혜了慧의 『無量壽經鈔』(『大經鈔』), 양원良源의 『極樂淨土九品往生義』(『九品義』), 혜심惠心(원신源信)의 『往生要集』, 양충良忠의 『選擇傳弘決疑鈔』, 『淨土宗要集』(『東宗要』), 양영良榮의 『淨土宗要集見聞』, 성총聖聰의 『大經直談要註記』, 요혜의 『往生論註拾遺鈔』(『拾遺鈔』)이다. ㉲ 앞의 글은 『韓國佛敎全書』 편찬자가 집어넣은 것인데 에타니 류카이의 책에 따르면 『安養抄』 앞에 양경良慶이 누락되었다. 다만 『安養抄』의 저자가 양경이라는 것은 아직 확정적이지 않다. 『韓國佛敎全書』의 찬자가 이 때문에 이름을 밝히지 않은 것일 수도 있다. 발췌 대상 문헌 가운데 가장 이른 시기에 성립된 원융국(1004~1077)의 『安養集』은 1070년(延久 2) 정토왕생을 위해 수행하던 이들과 함께 포교용으로 제작한 것이다. 다만 현재 전해지는 것은 17세기 순흥舜興이 사자생寫字生(필사를 직업으로 삼은 사람)을 통하여 자료를 수집하고 서사한 것이기 때문에 오자가 많은 것이 결점으로 지적되고 있다. 또 『安養抄』는 구조와 인용 경론에 의거할 때 『安養集』을 모방하여 제작한 것으로 추정된다. 찬술 태도로 볼 때 『安養集』은 앞서 이루어졌음에도 불구하고 인용 문헌을 갖춘 이름으로 기록하고, 저자를 반드시 기록한다는 점 등에서 더욱 정밀하다는 평가를 받고 있다. 이 밖에 『淨土宗要集』은 성광聖光이 찬술하였다. 본서에서 역자는 에타니 류카이의 복원본(이하 에타니본이라고 함)을 일본에서 새롭게 발견된 미노부문고본에 대한 미나미 히로노부의 번각본翻刻本 『無量壽經述記卷第一』과 대조하여 중복되는 부분을 제외한 나머지 부분을 해당처에 삽입하였다.

1. 부류가 같지 않음[1]

기 부류가 같지 않다는 것은 다음과 같다. 서방정토를 설한 경에는 여러 가지 부류가 있다. 첫째는 『양권무량수경兩卷無量壽經』이니 여기에서 설한 것이고 둘째는 『관무량수경觀無量壽經』이며 셋째는 『아미타경阿彌陀經』이고 넷째는 『고음성다라니경鼓音聲陀羅尼經』이다.

部黨不同者。說西方淨土經。部黨多種。一兩卷無量壽經。之此所說也。二觀無量壽。三阿彌陀經。四鼓音聲陀羅尼經。

1) 양권무량수경

처음에 『양권무량수경』의 번역본에는 또한 여러 가지가 있다.
첫째, 『무량수경』 2권이다. 한나라 때 안식국安息國의 왕태자로 이름은 청淸이고 자字는 세고世高인 안세고安世高[2]가 번역하였다.[3] 사문 담란曇鸞[4]

---

1 본서는 복원본이기 때문에 일목요연하게 분과하여 제목을 붙이는 것이 가능하지 않다. 이하에서 "1, 1)" 등으로 숫자를 부여하고 제목을 붙인 것은 의적의 주석 내용을 참조하여 역자가 집어넣은 것이다.
2 안세고安世高 : 중국 불교 초기의 역경승. '안'은 출신국의 이름에서 유래한 성이다. 안식국의 왕자였으나 아버지가 죽은 후 왕위를 버리고 불교에 귀의하여 경·아비달마·선禪에 두루 통달하였다. 동한 환제 건화 2년(148) 중국에 들어와 20여 년간 역경에 종사하면서 34부 40권에 달하는 경론을 번역하였다.

이 주석서를 지었다.[5]

둘째, 『무량수경』 2권이다. 위나라 소제少帝 방방芳[6] 가평 연간(249~254)에 천축天竺 사문 강승개康僧鎧[7]가 낙양 백마사白馬寺에서 번역하였다.[8] 안세고가 번역한 것과 조금 다르다.

셋째, 『무량청정평등각경無量淸淨平等覺經』 2권 혹은 4권이다. 전위前魏 고귀경공高貴卿公[9] 때인 감로 연간(256~260)에 번역하였다. 『장방록長房錄』[10]에서 "폐제廢帝(고귀경공) 감로 3년(258)에 서역 사문 백연白延[11]이 낙양 백마사에서 번역하였다. 안세고·강승개가 번역한 것과 원본(범본)은 동일

---

[3] 이 책은 현재 전해지지 않는다.
[4] 담란曇鸞(476~?) : 남북조시대 정토교 염불문의 고승. 출가하여 처음에는 여러 경전을 두루 익히다가 병에 걸린 후 불로장생을 추구하여 선학仙學에 관심을 기울였다. 보리류지菩提流支를 만나 『觀無量壽經』을 전수받은 후 선학을 버리고 오직 정토학에 매진하였다. 일본에서 정토오조淨土五祖의 초조와 진종칠조眞宗七祖의 제3조로 존숭되어 왔다.
[5] 현재 담란이 안세고가 한역한 『無量壽經』의 주석서를 지었다는 기록은 찾을 수 없다. 다만 『無量壽經』에 대한 세친世親의 논서인 『無量壽經優婆提舍願生偈』(『往生論』·『淨土論』 등이라고도 함)를 주석한 『無量壽經優婆提舍願生偈註』(『往生論註』·『淨土論註』 등이라고도 함)를 지었고 이 책은 현존한다.
[6] 방방芳 : 방은 소제의 휘諱이다. 소제의 자字는 난경蘭卿이고 성은 조曹이다. 위나라 3대 황제이다.
[7] 강승개康僧鎧 : '강'이라는 성에 의해 중앙아시아 강거국康居國 출신일 것으로 추정한다. 조위曹魏 때인 252년(가평 4) 낙양에 들어와 역경에 종사하였다. 여러 곳에 전기가 보이기 때문에 반드시 가공인물이라고 할 수는 없지만 그 실체가 그다지 명확하지는 않다.
[8] 이 책은 현재 T12(No.360)에 수록되어 있다.
[9] 고귀경공高貴卿公 : 위나라 4대 황제. 휘는 모髦이고 자는 언사彦士이며 성은 조曹이다.
[10] 『장방록長房錄』: 『歷代三寶紀』(597년 지음)를 그 저자인 비장방費長房의 이름에 의거하여 달리 부르는 이름이다.
[11] 백연白延 : 삼국시대 조위의 스님. 백연帛延이라고도 한다. 출처에 따라 생존 연대가 다르다. 『佛祖統紀』 권35(T49, 332a)에 따르면 조위 때인 256년(감로 1) 낙양에 들어와 『無量淸淨平等覺經』 등 6부를 번역하였다. 또 『開元釋敎錄』 권4(T55, 519a)에 따르면 구자국龜玆國의 왕자로 동진 간문제簡文帝 때인 373년(함안 3) 양주涼州에서 지시륜支施崙과 함께 『首楞嚴經』·『須賴經』·『上金光首經』·『如幻三昧經』 등을 번역하였다. 양자가 동일 인물인지는 확정할 수 없다.

하지만 문장과 명칭이 약간 다르다."[12]라고 하였다.[13]

『무량청정경無量淸淨經』 2권은 또한 『무량청정평등각경』이라고도 한다. 환제桓帝(146~167) 때 월지국月支國[14] 사문 지루가참支婁迦讖[15]이 번역하였다.[16] 『당록唐錄』[17]에서는 (역출의) 차례를 말하지 않았고[18] 『장방록』에서는 "세 번째 번역본이다."[19]라고 하였다. 지금 생각건대 두 번째 번역본으로 삼아야 하니 한나라 때 안세고와 동일한 시기에 살았기 때문이다.

初兩卷經本亦多種。第一無量壽經二卷。漢代安息國王太子。名淸字世高所譯。沙門曇鸞注解。第二無量壽經二卷。魏世少帝芳嘉平年。天竺沙門康僧鎧。於洛陽白馬寺譯。安世高所出少異。第三無量淸淨平等覺經。二卷或四卷。前魏高貴卿公世。甘露年中。長房錄云。廢帝甘露三年。西域沙門白延。於洛陽1)寺譯。與世高僧鎧所出同本。2) 文相3) 小4) 異。無量淸淨二卷。亦名無量淸淨平等覺經。桓帝世。月支國沙門支婁迦讖所譯。唐錄不云次第。房云初5)出。今案應在第二出。同在漢時而世高故。

1) ㊋ 『歷代三寶紀』에 따르면 '陽' 뒤에 '白馬'가 누락되었다. 2) ㊋ 『歷代三寶紀』

---

12 『歷代三寶紀』 권5(T49, 56c)의 취의요약이다.
13 이 책은 현재 전해지지 않는다.
14 월지국月氏國 : '월지月氏'는 월지月支라고도 한다. 월지는 B.C. 3세기~A.D. 5세기경 중국 서북 지방과 서역, 인도 서북쪽, 갠지스강 유역 등에서 활동하던 종족의 이름이다. 월지국은 월지족이 건설한 나라의 이름으로 지금의 아프가니스탄 인근에 위치했던 것으로 전해진다. 후대 거주 지역에 따라 소월지小月氏와 대월지大月氏로 나뉘었다.
15 지루가참支婁迦讖(147~?) : 후한 때 대월지국 출신의 역경승. '지'는 월지국 출신임을 나타내고 '루가참'은 Ⓢ Lokaṣema의 음역어이다. 환제 말기 낙양에 와서 영제靈帝 때까지 『道行般若經』・『般舟三昧經』 등의 주요 경전 20여 부를 번역하였다. 중국에 최초로 대승불교의 반야사상을 전파한 것으로 평가된다.
16 이 책은 현재 T12(No.365)에 수록되어 있다.
17 『당록唐錄』 : 당나라 때 율승律僧 도선道宣(596~667)이 편찬한 『大唐內典錄』을 가리키는 것 같다.
18 『大唐內典錄』 권1(T55, 223c).
19 『歷代三寶紀』 권5(T49, 56c).

에 따르면 '同本'은 '本同'이다. 3) ㉢『歷代三寶紀』에 따르면 '相'은 '名'이다. 4) ㉣『歷代三寶紀』에 따르면 '小'는 '少'이다. 5) ㉤『歷代三寶紀』에 따르면 '初'는 '第三'이다.

넷째, 『제불아미타삼야삼불살루불단과도인도경諸佛阿彌陀三耶三佛薩樓佛檀過度人道經』이니, 일명 『무량수경』이라고도 한다.[20] 오나라 때 월지국 출신의 우바새優婆塞[21] 지겸支謙[22]이 황무 연간(229~252)에 무창武昌에서 번역하였다. 『장방록』에서 "위 문제 때 지겸이 번역하였다. 세고·승개가 번역한 것과 약간 다르다."[23]라고 하였다.

다섯째, 『무량수경』 1권이다. 또한 『아미타경』이라고도 한다. 진秦나라 홍시 4년(402) 2월 8일에 나집羅什[24]이 번역하였다.[25] 지겸·승개·백연·법호法護[26]가 번역한 『양권무량수경』과 약간 다르다.[27]

---

20 이 책은 현재 T12(No.362)에 수록되어 있다.
21 우바새優婆塞 : Ⓢ upāsaka의 음역어. 의역어는 근사남近事男이다. 재가자로서 삼보를 가까이하고 봉사하며 오계五戒를 수지하는 남성 신자를 가리키는 말이다. 여성 재가 신자는 우바이優婆夷(Ⓢ upāsikā)라고 하고 의역어는 근사녀近事女이다.
22 지겸支謙 : 삼국시대 오나라 때 역경승. 생몰 연대는 미상이다. 다만 3세기경 그 행적이 보인다. 자는 공명恭明. 조상은 월지국 출신으로 아버지 혹은 할아버지 대에 중국으로 귀화하였다. 지루가참의 제자 지량支亮에게 배웠는데 지혜가 뛰어나 "지혜의 주머니(智囊)"라고 불렸다. 오나라 왕 손권孫權의 극진한 예우를 받으며 태자 손량孫亮을 가르쳤다. 30여 년 동안 역경에 힘을 기울여 『維摩詰經』·『太子瑞應本經』 등을 번역하였다. 실질적인 의미에서 불교를 중국 강남 지역에 전파한 최초의 인물로 평가된다.
23 『歷代三寶紀』 권5(T49, 57b)의 취의요약이다.
24 나집羅什(344~413 또는 350~409) : 중국 4대 역경가 중 한 명. 갖추어서 구마라집鳩摩羅什(Ⓢ Kumārajīva)이라고 한다. 줄여서 집什이라고도 하고 경칭을 붙여 집공什公이라고도 한다. 구자국龜玆國 출신으로 대승과 소승을 두루 섭렵하여 명망이 높았다. 401년 후진의 요흥姚興이 그 명성을 듣고 흠모하여 장안으로 맞아들이고 극진히 대하였다. 이후 그의 전폭적 지원 아래 소요원 등에 머물면서 승조僧肇·승엄僧嚴 등의 걸출한 제자를 배출했으며 또한 이들과 함께 많은 불전을 번역하였다.
25 이 책은 현재 T12(No.366)에 수록되어 있다.
26 법호法護 : Ⓢ Dharmarakṣa의 의역어. 진晉나라 때 역경승. 음역어는 담마라찰曇摩羅刹이다. 월지국 출신으로 선대부터 돈황敦煌에 거주하였다. 인도 출신의 사문 축고좌竺高座를 스승으로 삼아 배웠기 때문에 '축竺'을 붙여 축법호竺法護라고 부른다. 구마

여섯째, 『무량수지진등정각경無量壽至眞等正覺經』이다. 일명 『극락불토경極樂佛土經』이라고도 한다. 동진 원희 원년(418)에 사문 축법력竺法力[28]이 번역하였다.[29] 지겸·승개·백연·법호·나집 등이 번역한 것과 원본은 같지만 문장은 다르다.[30]

第四諸佛阿彌陀三昧[1)]三佛薆[2)]佛檀過度人道經。一名無量壽經。吳世支國優婆塞支謙。黃武年中。於武昌譯。房錄云。魏文帝世支謙出。與世高僧鎧所出少異。第五無量壽經一卷。亦名阿彌陀經。秦弘始四年二月八日。羅什出。與支謙僧鎧白延法護所出多[3)]卷少異。第六無量壽經平[4)]等正覺經。一名極樂佛土經。東晉元熙元年中。沙門竺法護[5)]譯。與支謙僧鎧白延護法[6)]羅什等所出本同文異。

1) ㉠ '眛'는 '耶'인 것 같다. 2) ㉠ '薆'는 '薩樓'인 것 같다. 3) ㉠ 『歷代三寶紀』에 따르면 '多'는 '兩'인 것 같다. 4) ㉠ 『歷代三寶紀』에 따르면 '經平'은 '至眞'이다. 5) ㉠ 『歷代三寶紀』에 따르면 '護'는 '力'이다. 6) ㉠ 『歷代三寶紀』에 따르면 '護法'은 '法護'이다.

일곱째, 『신무량수경新無量壽經』 2권이다. 송조 사문 보운寶雲[31]이 역출하였다.[32] 지겸·승개·백연·법호·나집·법력이 번역한 것과 같지 않다. 도혜道惠[33]의 『송제록宋齊錄』[34]에 보인다.[35]

라집 이전의 역경승 중 가장 뛰어난 것으로 평가된다. 자세한 생몰 연대는 알 수 없다. 다만 266년에서 308년까지 역경에 종사한 행적이 보인다.
27 『歷代三寶紀』 권8(T49, 78a)의 취의요약이다.
28 축법력竺法力: 동진 때 역경승. 본 경을 번역한 것과 관련된 것 이외의 행적은 알려져 있지 않다. 서역 출신으로 청정하게 생활하였고 중국어에 능통하였다고 전해진다.
29 이 책은 현재 전해지지 않는다.
30 『歷代三寶紀』 권7(T49, 72a)에 동일한 내용이 나온다.
31 보운寶雲(376~449): 동진 때 역경승. 서역을 순례하고 돌아와 『普曜經』·『雜阿含經』·『勝鬘經』 등을 공역하였다.
32 이 책은 현재 전해지지 않는다.
33 도혜道惠: 도혜道慧라고도 한다. 생몰 연대 및 자세한 행적은 알 수 없다. 『梁高僧傳』

또 『신무량수경』 2권이 있다. 동진 안제安帝[36] 때 북천축 삼장선사 불타발라佛陀跋羅[37]가 영초 2년(421)에 도량사道場寺에서 번역하였으며[38] 『보창록寶唱錄』[39]에 보인다.[40] 『당록』과 『수록隋錄』[41]에서 (역출의) 차례를 말하지 않았다.[42] 상고해 보건대 『역대삼보기』에서 '영초'라고 한 것은 송나라 무제[43] 때 연호이고 진晉의 연호는 아니다.[44]

또 『무량수경』 2권이 있다. 서진 때 월지국 사문 축법호가 회제懷帝 영가 2년(308)에 번역하였다.[45] 『당록』에서 (역출의) 차례를 말하지 않았다.[46] 『장방록』에서 "네 번째로 번역한 것이다. 서진 때 법호가 회제 영가 2년 1월 21일에 번역하였다. 지겸·강승개·백연 등이 역출한 것과 원본은 동

권8(T50, 375b)에 도혜 스님의 전기가 수록되어 있지만 『宋齊錄』의 편찬자인 도혜와 동일 인물인지는 알 수 없다.
34 이 책은 현재 전해지지 않는다. 『歷代三寶紀』·『大唐內典錄』 등의 여러 경록에 그 이름이 보인다.
35 『歷代三寶紀』 권10(T49, 89c)에 동일한 내용이 나온다.
36 안제安帝 : 동진의 왕. 재위 기간은 396~418년이다. 성은 사마司馬이고 자는 안덕安德이며 이름은 덕종德宗이다.
37 불타발라佛陀跋羅(359~429) : 갖추어서 불타발타라佛陀跋陀羅(⑤ Buddhabhadra)라고 하고 각현覺賢이라 의역한다. 북인도 출신의 역경승. 17세에 출가하여 경·율·선을 두루 배우고 408년 지엄智嚴의 요청에 의해 장안에 들어와 선학禪學을 전하는 데 힘썼다. 구마라집과 장안에서 함께 머물며 교류하였으나 끝내 결별하고 제자 혜관慧觀 등 40여 명과 함께 여산廬山 혜원慧遠의 처소에 머물렀다. 『達摩多羅禪經』·『摩訶僧祇律』·『華嚴經』 등을 번역하였다.
38 이 책은 현재 전해지지 않는다.
39 『寶唱錄』 : 양나라 천감 17년(518)에 보창寶唱 등이 찬술한 『衆經目錄』 4권을 가리킨다. 현재 전해지지 않는다. 『梁代衆經目錄』이라고도 한다.
40 『歷代三寶紀』 권7(T49, 71a)에 동일한 내용이 나온다.
41 『수록隋錄』 : 『歷代三寶紀』를 가리키는 것 같다.
42 『歷代三寶紀』 권7(T49, 71a); 『大唐內典錄』 권3(T55, 247a).
43 무제武帝 : 유송劉宋의 제1대 왕 유유劉裕를 가리킨다. 재위 기간은 420~422년이다.
44 영초는 유송 무제 때의 연호로 해당 기간은 420~422년이다. 동진의 안제는 이보다 앞선 시대의 왕으로 영초에 해당하는 연호와는 무관하다는 것을 말하는 것이다.
45 이 책은 현재 전해지지 않는다.
46 『大唐內典錄』 권2(T55, 233b).

일하지만 문장은 다르다."⁴⁷라고 하였다.

여덟째, 『무량수경』이다. 송나라 때 천축 삼장법사 구나발타라求那跋陀羅,⁴⁸ 의역어로는 공덕현功德賢이 효건 연간(453~464)에 번역하였다.⁴⁹ 도혜의 『송제록』에 보인다. 승개·지겸·백연·법호·나집·법력·보운 등이 역출한 것과 원본은 동일하지만 글에 있어서 자세함과 간략함의 차이가 있다.⁵⁰

第七新無量壽經二卷。宋朝沙門寶雲出。與支謙僧鎧白延法譯¹⁾羅什法力所出不同。見道惠宋濟²⁾錄。又新無量壽經二卷。東晋安代³⁾世。北天竺三藏禪師佛陀跋羅。永初二年中。於道⁴⁾寺出。見法⁵⁾寶唱錄。唐隨二錄。不出次第。案歷代記。永初。在宋武帝。非晋年號也。又無量壽⁶⁾二卷。西晋月支沙門竺法護。永嘉二年譯。唐錄不出次第。房云第四出。西晋法護。懷帝永嘉二年正月二十一日譯。與支謙康⁷⁾鎧白延等出同本⁸⁾文異。⁹⁾ 第八無量壽經。宋朝天竺三藏法師求那跋陀羅云功德賢。於孝建年中出。見道惠宋齊錄。與僧鎧支謙白延法護羅什法力法¹⁰⁾雲等所出同本。¹¹⁾ 文廣略異。

1) ㉕『歷代三寶紀』에 따르면 '譯'은 '護'이다. 2) ㉕『歷代三寶紀』에 따르면 '濟'는 '齊'이다. 3) '代'는 '帝'이다. 4) ㉕『歷代三寶紀』에 따르면 '道' 뒤에 '場'이 누락되었다. 5) ㉕『歷代三寶紀』에 따르면 '法'은 연자衍字이다. 6) ㉕ '壽' 뒤에 '經'이 누락되었다. 7) ㉕『歷代三寶紀』에 따르면 '康' 뒤에 '僧'이 누락되었다. 8) ㉕『歷代三寶紀』에 따르면 '同本'은 '本同'이다. 9) ㉕ '部黨不同者……文異'는 역자가 추가로 발췌한 것이다.『安養抄』(T84, 176b)에서『安養集』의 내용을 발췌하면서 "無量壽

---

47 『歷代三寶紀』 권6(T49, 62b).
48 구나발타라求那跋陀羅(394~468) : Ⓢ Guṇabhadra의 음역어. 유송 때 스님. 중인도 바라문가 출신으로 여러 학문을 두루 익히다가『雜阿毘曇心論』을 읽고 출가하여 소승과 대승을 두루 익혔다. 435년 해로를 경유하여 광주廣州에 도착하자 문제가 사신을 파견하여 맞이하고 건강建康 기원사祇洹寺에 주석하게 하였다. 이곳에서 혜엄慧嚴·혜관慧觀 등과 함께『雜阿含經』을 번역하였다. 이후 역경에 힘을 기울여『大法鼓經』·『勝鬘經』등을 비롯하여 52부 134권을 번역하였다.
49 이 책은 현재 전해지지 않는다.
50 『歷代三寶紀』 권10(T49, 91b).

經述記云部黨不同者"라고 한 것에 따르면 "部黨不同者"부터 의적의 글로 보아야 하기 때문이다. 이는 그 발췌 대상 문헌으로 역자가 입수하지 못한 『安養集』에 의거할 때도 타당하다.[『安養集』관련 사항은 南宏信,「新出 義寂撰『無量壽經述記』寫本の檢討」(『불교학리뷰』 7권, 2010, 금강대학교)를 참조한 것임. 본 논문은 미노부문고에서 발견된 의적의 『無量壽經述義記』 상권 일부에 대한 연구 성과를 발표한 것이다. 미나미 히로노부(南宏信)는 이 논문에서, 에타니 류카이의 복원본과 새롭게 발굴된 사본을 비교하기 위해 전자의 원문을 제시하면서 복원본에서 『安養集』에서 누락시킨 부분을 보충하여 집어넣었다.] 10) ㉢ 『歷代三寶紀』에 따르면 '法'은 '寶'이다. 11) ㉢ 『歷代三寶紀』에 따르면 '同本'은 '本同'이다.

앞에서 소개한 것을 합하면 11가지 번역본이 있는데 모두 같은 원본에 대한 다른 번역이다. 지금 여기에는 모든 경 가운데 오직 세 가지 번역본만 있고 나머지는 모두 없다.

上來所引。總有十一本。皆同本異譯。此間一切經中。唯有三本。余皆無也。

지금 주석의 대상이 되는 경을 어떤 사람은 축법호가 번역한 것이라고 하였다.[51] 지금 글의 특성을 자세히 살펴보면 법호가 번역한 것이 아니다. 또한 아직 누가 번역한 것인지 분명하지 않다. 대대로 전해지기를 "이 경은 조식曹植 자건子建[52]이 그 번역된 내용을 적는 일을 담당하였다."라고 하였다. 이와 같다면 위나라 때 승개가 번역하였다고 해야 한다.[53]

---

51 경흥憬興은 『無量壽經連義述文贊』 권상(H2, 18a)에서 위나라 백연의 번역본과 오나라 지겸의 번역본, 서진의 축법호본을 세 대에 걸친 것이라고 하여 삼대경三代經이라고 하고 자신은 축법호본을 대본으로 삼아 주석하는 것임을 밝혔는데, 그 주석에 서술된 경문을 분석해 보면 강승개본과 경문이 대부분 일치한다. 지금 의적의 글을 통해서 당시 동일한 책에 대해 그 역자에 대한 논란, 곧 강승개설과 축법호설이 혼재했던 것을 알 수 있다.
52 조식曹植 자건子建(192~232) : 위 무제 조조曹操의 아들이고 문제 조비曹丕의 아우이다. 시인으로 명성이 높았고 후대에까지 많은 영향을 미쳤다.
53 강승개는 252년 중국에 들어왔고 조식은 그 이전에 죽었다. 따라서 이 글은 논리적으로 타당성을 결여하고 있다. 오자가 있는 것 같지만 확정할 자료가 없어서 그대로 풀

今所釋者。或云是竺法護所譯。今詳文相非法護。又未詳何譯。相傳云。此
經曹植建[1]執筆。若爾。應是魏時僧鎧所出。

1) ㉠『安養集』에 따르면 '建'은 연자이다. 전혀 무관한 글자가 아니므로 연자로 처리하지 않았다.

2) 관무량수경

『관무량수경』 1권이 있고 또『관무량수경觀無量壽經』이 있다. 이 두 책은『승우록僧祐錄』[54]에 나오는데 아울러「실역失譯」에 실었다.[55]『무량수관경』은 송나라 문제 때 서역 사문 강량야사畺良耶舍[56] 의역어로는 시칭時稱이 원가 연간(424~453)에 경읍京邑에서 번역하였다.[57]『장방록』에서 "『관무량수경』 2권"[58]이라고 하고「동진록東晉錄」의「실역」에 실었다. 또 "『관무량수불경』 1권"[59]이라고 하고「후한록後漢錄」의「실원失源」에 실었다.

觀無量壽經一卷。又觀無量壽經。此二本。出僧祐錄。竝在失譯。無量壽觀
經。宋文帝世。西域沙門。畺良耶舍。宋云時稱。元嘉年中。於京邑譯。房錄

이하였다.
54 『승우록僧祐錄』:『出三藏記集』을 그 저자인 승우(445~518)의 이름에 의해 달리 일컫는 말이다.
55 『出三藏記集』 권4「失譯」(T55, 22a)에『觀無量壽經』이라는 경명이 한 번 나온다. 경의 이름이 동일하기 때문에 본래 두 가지인데 하나로 합쳤다는 말인 것 같다.
56 강량야사畺良耶舍(383~442) : Ⓢ Kālayaśas의 음역어. 유송 때의 역경승. 서역 출신으로 경·율·논을 두루 통달하였지만 특히 선관禪觀에 전념하였다. 424년 건업建業에 와서 종산鍾山 도림정사道林精舍에 머물며『觀無量壽經』·『觀藥王藥上二菩薩經』을 번역하였다.
57 이 책은 현재 T12(No.365)에『觀無量壽佛經』이라는 이름으로 수록되어 있다. 미주에 따르면 유포본에서는『觀無量壽經』이라고 하였다.
58 『歷代三寶紀』 권7(T49, 74a).
59 『歷代三寶紀』 권4(T49, 54b).

云。觀無量壽經二卷。在東晋失譯。又觀無量壽佛經一卷。在漢[1]錄失源。

1) ㉯『歷代三寶紀』에 따르면 '漢' 앞에 '後'가 누락되었다.

3) 아미타경

『아미타경』은 송나라 문제 때 천축 삼장법사 구나발타라가 원가 연간 (424~453)에 양도楊都에서 번역하였다.[60] 또한『소무량수경』이라고도 한다. 『무량수불경』은 후진 때 나집이 홍시 연간(399~416)에 번역하였다.[61]『칭찬 정토불섭수경稱讚淨土佛攝受經』은 당나라 때 현장玄奘[62] 삼장이 번역하였다.[63] 앞의 세 경은 원본이 동일하다.

『무량락불토경無量樂佛土經』 1권은 나집이 번역하였는데『무량수경』과 같은 부류인지는 알 수 없다.[64]

阿彌陀經。宋文帝世。天竺三藏法師求那跋陀羅。元嘉年中。於楊都譯。亦名小無量壽經。無量壽佛經。後秦羅什。弘始年中譯。稱讚淨土佛攝受經。唐世玄奘[1]三藏譯。右三經同本。無量樂弘[2]經。羅什所出。不知是無量壽經類不。

---

60 이 책은 현재 전해지지 않는다.
61 이 책은 현재 T12(No.366)에『阿彌陀經』이라는 이름으로 수록되어 있다.
62 현장玄奘(602~664) : 당나라 때 스님. 법상종의 개조. 인도에서 오랫동안 머물면서 당대의 뛰어난 논사에게『瑜伽師地論』·『俱舍論』등을 두루 배웠다. 645년 많은 경론을 가지고 중국으로 돌아왔다. 이후 19년 동안 여러 사람들과 함께 75부 1,335권에 달하는 경론을 번역하였다.
63 이 책은 현재 T12(No.367)에 수록되어 있다.
64 『歷代三寶紀』권8(T49, 78b)에 그 경명이 나오고『大周刊定衆經目錄』권1(T55, 377a)에서 "나집이 장안 소요원에서 번역하였다."라고 하였지만 그 밖의 자세한 내용은 서술되어 있지 않다. 현재 전해지지 않는다.

1) ㉭ 저본에 따르면 '獎'은 '奬'이다. 『韓國佛敎全書』의 오식이다. 이하 오식 여부는 별도로 밝히지 않는다.   2) ㉭ 『歷代三寶紀』에 따르면 '弘'은 '佛土'이다.

4) 고음성다라니경

『고음성다라니경』은 역자를 알 수 없다.[65] 【『안양초』 권5·『안양집』 권10】

鼓音聲陀羅尼經。失譯。【安養抄五·安養集十】

---

65 이 책은 현재 T12(No.370)에 『阿彌陀鼓音聲王陀羅尼經』이라는 이름으로 수록되어 있다.

2. 본문을 해석함

1) 서분序分[66]

경 나는 이와 같이 들었다.

我聞如是。

기 순서를 뒤집은 것[67]은 번역의 차이이고 뜻에 있어서는 차이가 없다.【『대경초』권1】

翻者譯殊。於義無殊。【大經鈔一】

경 한때 부처님께서 왕사성王舍城[68] 기사굴산耆闍崛山[69]에 머물며 뛰어난

---

66 서분·정종분·유통분의 셋으로 분과한 것은 『大經鈔』(J14, 5b)에서 『無量壽經』을 서분·정종분·유통분의 셋으로 나눈 것을 소개하고 세주에서 "정영사 혜원慧遠, 길장吉藏, 의적이 모두 지금 서술한 것과 같이 분과하였다.(淨影嘉祥義寂同今)"라고 한 것에 의거한 것이다.
67 보통 '如是我聞'이라 하는데 여기에서는 '我聞如是'라고 한 것을 말한다.
68 왕사성 : ⓢ Rājagṛha의 의역어. 중인도 마갈다국摩羯陀國(마가다국)의 도성. 부처님께서 오랫동안 머물면서 불법을 전한 주요 지역 중 하나이다.
69 기사굴산耆闍崛山 : ⓢ Gṛdhrakūṭa의 음역어. 영취산靈鷲山이라 의역한다. 왕사성 동북쪽에 있는 산으로 그 정상이 독수리(鷲)와 닮았고 산에 독수리가 많은 데서 붙여진 이름이라 한다.

비구 대중 1만 2천 명과 함께 계셨다. (이들은) 모두 위대한 성자로 신통력神通力[70]을 이미 성취하였다.

一時佛住王舍城耆闍崛山中。與大比丘衆萬二千人俱。[1] 一切大聖。神通已達。

1) ㉠ '一時佛住王舍城耆闍崛山中與大比丘衆萬二千人俱'는 저본에 없는 것을 역자가 집어넣은 것이다. 저본에서는 원칙적으로 주석과 관련된 경문經文만 수록하였지만 그것만으로는 전후 문맥이 이어지지 않는 경우가 종종 있다. 이하 이런 부분은 역자가 보충하고 별도로 밝히지 않는다. 보충하는 경문은 『大正新修大藏經』(이하 『大正藏』으로 약칭함)에 수록된 강승개 역 『無量壽經』에서 교감주의 유포본을 저본으로 삼는다.

기 소승의 과果(성문과聲聞果)를 얻고 나서 대보리大菩提를 향해 나아갔기 때문에 "위대한 성자"라고 하였다.【『대경초』 권1】

得小果已。趣大菩提。故名大聖。【大經鈔一】

경 그 이름은 존자 요본제了本際,[71] 존자 정원正願, 존자 정어正語, 존자 대호大號, 존자 인현仁賢……존자 나운羅云,[72] 존자 아난阿難[73]이다. 이들은

---

70 신통력神通力 : 인간의 일반적 능력을 넘어서는 불가사의한 능력을 가리킨다. 예를 들어 신경통神境通(신족통神足通)은 마음대로 걸림 없이 몸을 나타내는 능력을 가리키고 천안통天眼通은 중생의 윤회의 형태를 모두 아는 능력을 가리킨다.
71 요본제了本際 : ⓢ Ājñāta-Kauṇḍinya의 의역어. 갖춘 음역어는 아야교진여阿若憍陳如이고, 줄여서 교진여·진여 등이라고도 한다. 부처님께서 최초로 제도하신 다섯 비구 중 한 명으로 부처님의 제자 중 가장 먼저 아라한과를 증득하였다.
72 나운羅云 : ⓢ Rāhula의 음역어. 나후라羅睺羅라고도 한다. 부처님의 십대제자 중 한 명. 부처님이 출가하기 전에 낳은 아들이다. 나후라 아수라왕阿修羅王이 달을 가려서 장애할 때 태어났기 때문에 붙여진 이름이라는 설, 6년 동안 태내에 머물러 있었던 것에서 유래한 이름이라는 설 등이 있다. 그 생모에 대해서도 구이瞿夷라는 설, 야수다라耶輸陀羅라는 설 등이 있다. 밀행제일密行第一로 일컬어진다.
73 아난阿難 : ⓢ Ānanda의 음역어. 갖추어서 아난다阿難陀라고도 하고, 의역어는 환희

모두 상수上首[74] 존자들이었다.

其名曰。尊者了本際。尊者正願。尊者正語。尊者大號。尊者仁賢……尊者羅云。尊者阿難。皆如斯等。上首者也。

기

문 나머지 네 사람 가운데 누가 먼저 아라한과阿羅漢果[75]를 얻었는가?[76]

답 담무덕曇無德[77]이 말하기를 "아습비阿濕卑(ⓈAśvajit)와 마하남摩訶男(ⓈMahānāma) 두 사람이 얻고 다음에 바제婆提(ⓈBhadrika)가 얻었으며 바부婆敷(ⓈVāspa)가 나중에 얻었다."[78]라고 하였다.『대경초』 권1

("정원"은) 발제跋提[79]이다.『대경초』 권1 ("정어"는) 바파婆頗(바부)이고

환희·경희慶喜·무염無染 등이다. 부처님의 십대제자 중 한 명. 다문제일多聞第一로 일컬어진다. 출가 후 20여 년 동안 부처님을 떠나지 않고 그 곁에 머물면서 시중을 들었다. 부처님께서 열반에 드신 후 이루어진 교단의 1차 결집結集(경률의 편찬)에서 경장經藏 편찬의 중심인물로 참여하였다.

74 상수上首 : Ⓢpramukha의 의역어. 대중 가운데 가장 윗자리에 앉는 사람을 가리킨다.
75 아라한과阿羅漢果 : 성문의 수행 계위를 여덟 단계로 분류한 것 중 가장 최종적인 과果를 일컫는 말. '아라한'은 Ⓢarahat의 음역어로 응공應供·무학無學 등으로 의역한다.
76 이 글은 『大經鈔』에서 발췌한 것이다. 따라서 전후 문맥을 살펴보아야 이 말의 의미가 드러난다. 『大經鈔』에서는 이 글 바로 앞에서 "부처님께서 최초로 제도하신 비구는 진여陳如·아섭비阿葉鞞·하남訶男·바제婆提(발제)·바부婆敷의 다섯 명인데 이 중 진여가 최초로 아라한과를 얻었고 나머지는 순결택분順決擇分의 지위에 있었다."라고 하였다. 그러므로 '나머지 네 사람'이라는 것은 요본제, 곧 진여(교진여)를 제외한 나머지 네 비구를 가리키고, 그렇다면 이 글은 진여를 제외한 나머지 네 사람 중에서는 누가 먼저 아라한과를 얻었는지를 물은 것이다.
77 담무덕曇無德 : ⓈDharmaguptaka의 음역어. 의역어는 법장法藏이다. 소승 20부 중 담무덕부曇無德部(법장부法藏部)의 개조. 부법장付法藏 제5조 우바급다優婆笈多(優婆掘多)의 다섯 제자가 율에 대한 견해를 달리하여 다섯 부로 갈라졌는데 담무덕은 이들 제자 중 한 명이다. 담무덕이 종래에 전해 오던 율장을 편찬한 것이 『四分律』이다.
78 『四分律』 권32(T22, 788c).
79 발제跋提 : ⓈBhadrika의 음역어. 부처님께서 최초로 제도한 다섯 비구 중 한 명. 바제

("대호"는) 마하납摩訶納(마하남)이다.『대경초』권1」 ("인현"은) 알비頞鞞(아습비)이다.[80]『대경초』권1」

問。餘四人中。誰先得道。答。曇無德說。阿濕卑摩訶男二人。次得婆提。婆敷後乃得也。【大經鈔一】應是跋提。【大經鈔一】應是婆頗。應是摩訶網。[1]【大經鈔一】應是頞鞞。[2]【大經鈔一】

1) 엮 '網'은 '納'이다. 2) 엮 '應是頞鞞'는 역자가 추가로 발췌한 것이다.

경 또 대승의 대중인 보살과 함께 계셨다. 보현보살과 묘덕(文殊)보살이 있고, 자씨보살慈氏菩薩[81] 등이 있었는데 이들은 현겁賢劫[82] 가운데 일체의 보살이었다. 또 현호(善守) 등 16명의 정사正士[83]가 있었고, 선사의보살·신혜보살·공무보살·신통화보살·광영보살·혜상보살·지당보살·적근보살·원혜보살·향상보살·보영보살·중주보살·제행보살·해탈보살이 있었다.

又與大乘衆菩薩俱。普賢菩薩。妙德菩薩。慈氏菩薩等。此賢劫中一切菩薩。又賢護等十六正士。善思議菩薩。信慧菩薩。空無菩薩。神通華菩薩。光英菩薩。慧上菩薩。智幢菩薩。寂根菩薩。願慧菩薩。香象菩薩。寶英菩

婆提라고도 한다.
80 앞에 나오는 비구의 이름과 여기에서 제시한 비구의 이름이 차이가 있는데 이는 전자는 『四分律』에 의거하였고 후자는 『五分律』(T22, 105a)에 의거하였기 때문이다. 『解深密經疏』권5(X21, 288b)를 참조할 것.
81 자씨보살慈氏菩薩 : 미륵보살彌勒菩薩을 일컫는 말. '미륵'은 ⑤ Maitreya의 음역어로 자씨慈氏라고 의역한다. 현재 도솔천兜率天에 머물고 있으며 미래세에 이 세상에 태어나면 석가모니불의 뒤를 이어 성불한 후 중생을 구제할 것이 예정된 보살이다. 이 때문에 일생보처一生補處보살이라고도 한다.
82 현겁賢劫 : ⑤ bhadrakalpa의 의역어. 삼겁三劫(三大劫)의 하나. 과거의 주겁住劫을 장엄겁莊嚴劫이라 하고, 현재의 주겁을 현겁이라 하며, 미래의 주겁을 성수겁星宿劫이라 한다.
83 정사正士 : 보살의 다른 이름. 정도正道를 추구하는 대사大士(⑤ mahāsattva)라는 뜻이다.

薩。中住菩薩。制行菩薩。解脫菩薩。

기 첫째는 보현과 묘덕이 한 부류이고, 둘째는 자씨 등의 현겁의 보살이 한 부류이며,[84] 셋째는 현호 등 16명의 정사가 한 부류이고, 넷째는 선사의 등 14명의 보살이 한 부류여서 모두 1,033명[85]의 (보살이) 있었다.{중략}[86] 『대지도론』에서 "선수善守 등 16명의 보살은 거가居家[87] 보살이다. 발타바라颰陀婆羅[88]는 거사居士[89] 보살로 왕사성王舍城(⑤ Rājagṛha)에 살았던 사람이고,[90] 보적寶積(⑤ Ratnākara)은 왕자인 보살로 비야리국毘耶離國(⑤ Vaiśālī) 사람이며, 성득星得(⑤ Śubhagupta)은 장자長者의 아들인 보살로 첨파국瞻波國(⑤ Campā) 사람이고, 도사導師(⑤ Sārthavāha)는 거사 보살로 사위국舍衛國(⑤ Śrāvastī) 사람이며, 나라달那羅達(⑤ Naradatta)은 바라문 보살로 미제라국彌梯羅國(⑤ Mithilā) 사람이고, 수천水天(⑤ Varuṇadatta)은 우바새 보

---

[84] 『大經鈔』(J14, 12a)에서 "현겁에 1,005명의 부처님이 출현하신다. 석가모니 이상의 네 부처님은 이미 성불하셨고 미륵 이하의 1,001명은 아직 성불하지 않았다. 따라서 자씨를 시작으로 하여 나머지 현겁의 부처님을 한 부류로 묶었다."라고 하였다.

[85] 1,033명 : 보현과 묘덕(2), 자씨 등 현겁의 보살(1,001), 현호 등 16명의 정사(16), 선사의 등 14명의 보살(14)을 모두 합하면 1,033명이 된다.

[86] {중략} : 해당 원문은 "中略"이다. 본서의 편찬자 자신이 의적의 일문逸文을 발췌하면서 대상 문헌에 쓰인 글 중 의적의 인용문이 나오고 중간에 의적과 관련이 없는 글이 나오고 또 그 이후에 다시 의적의 인용문이 나올 경우 그 중간에 의적과 관련이 없는 부분을 생략하였음을 나타내는 말이다. 뒤에 나오는 '乃至'와 구별되지만 그 의미는 동일하기 때문에 편의상 모두 이렇게 표시하기로 한다.

[87] 거가居家 : ⑤ gṛha-stha의 의역어. 출가出家의 상대어로 재가在家와 같은 말이다.

[88] 발타바라颰陀婆羅 : ⑤ Bhadrapāla의 음역어. 의역어는 선수善守·현호賢護 등이다. 왕사성 출신으로 재가 보살 중 가장 뛰어나고 한량없는 공덕을 갖추어서 부처님께서 친히 칭찬하셨다고 전해진다.

[89] 거사居士 : ⑤ gṛha-pati의 의역어. 음역어는 가라월迦羅越이고 장자長者·가주家主 등으로도 의역한다. 인도 신분제도인 사성四姓 중 바이샤(⑤ vaiśya) 출신의 부호를 가리키는 말이다. 혹은 재가자로서 덕이 있는 사람을 가리키는 말로도 쓰인다. 『大智度論』 범본에서는 바이샤(⑤ vaiśya)라고만 하였다.

[90] 이 글은 왕사성을 중심 공간으로 한 것이기 때문에 왕사성의 토박이를 그동안 쭉 살아왔던 사람(舊人)이라고 하여 객인客人과 구별한 것이다.

살이다."⁹¹라고 하여 이 여섯 명의 보살만 거론하고 나머지는 생략하였다.[중략] ("보현보살"은) 또한 변길遍吉보살이라고도 한다. 그 덕이 두루하며 현명하고 길상하지 않음이 없기 때문이다.『대경초』권1]

一普賢妙德爲一類。二慈氏等賢劫菩薩爲一類。三賢護等十六正士爲一類。四善思議等十四菩薩爲一類。並有一千三十三也。【中略】智度論云。善守等十六菩薩。是居家菩薩。颰陀婆羅居士菩薩是王舍城舊人。寶積王子菩薩是毘耶離國人。皇德¹⁾長者子菩薩是瞻波國人。導師居士菩薩是舍衛國人。那羅達婆羅門菩薩是浮²⁾梯羅國人。水天優婆塞菩薩。且擧此六。餘存略也。【中略】亦名遍吉菩薩。其德普遍。無不賢吉故。【大經鈔一】

1) ㊥『大智度論』에 따르면 '皇德'은 '星得'이다. 2) ㊥『大智度論』에 따르면 '浮'는 '彌'이다.

경 모두 보현 대사의 덕을 좇아, 모든 보살의 한량없는 수행과 서원을 갖추었고 일체의 공덕을 지닌 법에 안주하였으며, 시방세계를 두루 다니며 권방편權方便을 행하였으며,⁹² 불법장佛法藏에 들어가서 피안彼岸⁹³에 도달하였으며, 한량없는 세계에서 등각等覺⁹⁴을 이루는 모습을 나타내었다.

---

91 『大智度論』권7(T25, 111a).
92 혜원은 『無量壽經』권상(T37, 94c)에서 "'시방세계를 두루 다니며'라는 것은 몸의 형상이 장애가 없는 것이고 '권방편을 행하였으며'라는 것은 교화하는 행이 뛰어나서 중생의 근기와 상황에 따라 여러 가지 다른 모습으로 나타나는 것을 권방편이라고 한다.(遊步十方。身形無礙。行權方便。化行善巧。隨物所宜。種種異現。名權方便)"라고 하였다.
93 피안彼岸 : ⓢ pāra의 의역어. 상대어는 차안此岸이다. 미혹의 세계를 이쪽 언덕이라고 하여 차안이라 하고 깨달음의 세계를 저쪽 언덕이라고 하여 피안이라 한다. 곧 업과 번뇌를 이쪽 언덕과 저쪽 언덕 사이에 흐르는 강물이라고 할 때 생사의 경계는 차안이고 그것을 모두 벗어난 열반의 세계는 피안이 된다.
94 등각等覺 : ⓢ saṃbuddha의 의역어. 부처님의 열 가지 명호 중 하나. 보살수행의 궁극적 지위를 가리키는 말. 정등각正等覺(ⓢ samyak-saṃbodhi)이라고도 한다.

皆遵普賢大士之德。具諸菩薩無量行願。安住一切功德之法。遊步十方。行權方便。入佛法藏。究竟彼岸。於無量世界。現成等覺。

기 다음에 개별적으로 설한 것 가운데 크게 아홉 단락으로 나뉜다. 첫 번째는 하늘에 머무는 상을 밝혔고 다음에 "그 (천궁을) 버리고" 이하는 입태하는 상을 밝혔다. 세 번째로 "오른쪽 옆구리에서" 이하는 출태하는 상을 밝혔고 네 번째로 "(일곱 걸음을 걷는 모습을) 나타내 보였다." 이하는 동자의 상을 밝혔다. 다섯 번째로 "(뒷동산에서) 노닐며" 이하는 결혼하여 아내를 맞이하는 상을 밝혔고 여섯 번째로 "늙고 (병들고 죽는 것을) 보고" 이하는 출가의 상을 밝혔다. 일곱 번째로 "다섯 가지 혼탁함(五濁)에 물든 (찰토刹土에) 나타나서" 이하는 성도成道의 상을 밝혔고 여덟 번째로 "제석천과 범천" 이하는 법륜을 굴리는 상을 밝혔다. 아홉 번째로 "(멸도를) 나타내 보이고" 이하는 열반에 드는 상을 밝혔다. 정영사淨影寺 혜원慧遠[95]과 같은 경우는 "비록 주태住胎를 더하여 열 가지 상으로 나누어야 하지만 지금 이 경(『무량수경』)에는 해당하는 글이 없다."[96]라고 하였다. 의적은 비록 (출가의 상과 성도의 상 사이에 별도로) 도량으로 가는 것을 열어서 또한 열 가지 상으로 나누었지만 오히려 이것은 성도의 상에

---

95 혜원慧遠(523~592) : 수나라 때 지론종 남도파 스님. 동진의 여산廬山 혜원(334~416)과 구별하기 위하여 그가 머물던 절인 정영사淨影寺에 의거하여 정영이라고 부르기도 한다.

96 혜원의 『無量壽經義疏』 권상(T37, 94c)에서 "여기에서 갖추어서 논하면 열 가지 상이 있어야 한다. 첫째는 도솔천에 올라가는 것이고 둘째는 하생하여 입태하는 것이며, 셋째는 태내에 머무는 것이고 넷째는 출생하는 것이며, 다섯째는 동자의 상이고 여섯째는 결혼하여 아내를 맞이하는 상이며, 일곱째는 출가하는 상이고 여덟째는 불도를 이루는 상이며, 아홉째는 법륜을 굴리는 상이고 열째는 반열반하는 상이다. 지금 이 글에는 태내에 머무는 것 한 가지는 없고 나머지 아홉 가지 상은 갖추어져 있다.(於中具論。應有十相。一昇兜率天。二來下入胎。三住胎中。四者出生。五童子相。六娉妻相。七出家相。八成佛道相。九轉法輪相。十般涅槃相。今此文中。少一住胎。有餘九相。)"라고 한 것을 참조할 것.

포함된다. 그러므로 지금 경흥憬興[97] 법사에 의거하여[98] 글을 아홉 가지 상으로 나눌 뿐이다.[99]【『대경초』권1】

> 次別說中。大分爲九。初明上天相。次捨彼下明入胎相。三從右下明出胎相。四示現下明童子相。五遊於下明娉妻相。六見老下明出家相。七現五下明成道相。八釋梵下明轉法輪相。九示現下明入涅槃相。如淨影者。雖加住胎。而爲十相。今經無文。義寂雖開往詣道場。亦爲十相。猶是成道之所攝也。是故今依興師。分文爲九相耳。[1]【大經鈔一】

---

1) ㉮ '次別說中……分文爲九相耳'는 역자가 추가로 발췌한 것이다. 직접인용문 혹은 그에 준하는 것만 발췌하는 에타니본의 편집 원칙과 어긋나지만 본서의 분과分科와 관련된 내용을 담은 중요한 글로 판단되어서 집어넣었다.

---

97 경흥憬興 : 신라 법상종 스님. 7세기 중반에서 8세기 초반까지 활동한 행적이 보인다. 백제 지역인 웅천주熊川州 출신이다. 저술로 『無量壽經連義述文贊』·『三彌勒經疏』·『金光明最勝王經略贊』 등이 있다.

98 경흥의 『無量壽經連義述文贊』 권상(H2, 23a)에서 "첫째는 이 세계를 버리고 하늘로 올라간 것이고 둘째는 강신降神하여 태내에 들어간 것이며, 셋째는 태에서 나오면서 범상치 않은 모습을 보인 것이고 넷째는 기예技藝가 갖추어지고 지해知解가 넓혀진 것이며, 다섯째는 기예를 드러내 보이고 아내를 맞이한 것이고 여섯째는 속세를 벗어나 삿된 견해를 좇은 것이며, 일곱째는 마구니를 항복시키고 깨달음을 이룬 것이고 여덟째는 법으로 교화하여 두루 윤택하게 적신 것이며, 아홉째는 진여의 세계로 돌아가서 중생을 이롭게 한 것이다.(一捨此昇天。二降神入胎。三出胎異常。四伎備解寬。五效藝納妻。六出俗從邪。七伏魔成覺。八法化普洽。九歸眞利物。)"라고 한 것을 참조할 것. 본문에서 여섯째는 『無量壽經』 권상(T12, 266a)에서 "나무 아래 단정히 앉아 6년 동안 열심히 고행하고 행해야 할 것을 그대로 행하였다.(端坐樹下。勤苦六年。行如所應。)"라고 한 부분을 가리킨다. 집을 떠나서 당대 외도의 사상을 접한 것을 말한다.

99 『無量壽經』에서 설한 도솔천에 머문 것에서부터 열반에 들기까지의 행적에 대한 세 학자의 해석을 도표로 나타내면 다음과 같다. 혜원은 보살이 도솔천에 상생하고 하생하여 성도하기까지의 행적을 열 가지로 나누어야 한다는 견해를 제시하였고, 『無量壽經』 자체에 서술된 것에는 아홉 가지만 있다고 하여 아홉 단락으로 나누었고 의적은 『無量壽經』 자체에 서술된 것을 열 가지로 나누었다.

경 도솔천兜率天[100]에 머물며 정법을 널리 베풀고

處兜率天。弘宣正法。

기 『보요경』에서 "그 도솔천에는 고당高幢이라는 큰 천궁天宮이 있는데 너비와 길이가 2,560리이다. 보살이 항상 그곳에 앉아서 여러 하늘과 사람을 위하여 경전을 연설하였다."[101]라고 하였다.【『대경초』 권1】

혜원(이 가운데 갖추어서 논하면 열 가지 상이지만 이 경에는 주태가 없고 나머지 아홉만 있다.)	의적	경흥
1. 하늘에 머무는 상(도솔천~)	1. 하늘에 머무는 상	혜원이 본 경에는 없다고 하여 제시하지 않은 주태상을 제외한 아홉 가지 상을 제시하였음. 열 가지 상을 운운한 내용은 없고, 그것을 제외한 나머지는 혜원과 동일함.
2. 입태하는 상(천궁을 버리고~)	2. 입태하는 상	
3. 주태하는 상(해당처가 본 경에는 없음)		
4. 출태하는 상(오른쪽 옆구리~)	3. 출태하는 상	
5. 동자의 상[수학(算計)과 시와 글씨(文)와 예제禮制와 음악(藝)과 활쏘기(射)와 말타기(御)를 배우는 모습을 나타내 보이~]	4. 동자의 상	
6. 결혼하여 아내를 맞이하는 상(뒷동산에서 노닐며~)	5. 결혼하여 아내를 맞이하는 상	
7. 출가하는 상(늙고 병들고~)	6. 출가하는 상 * 이상 1~6은 『大經鈔』 및 경흥과 혜원의 글 등을 통해 구성한 것이다.	
8. 성도하는 상(다섯 가지 혼탁함에 물든 찰토~)	7. 도량으로 가는 것(다섯 가지 혼탁함에 물든 찰토~) 8. 정각을 보인 것(길상을 만나 징조를~)	
9. 법륜을 굴리는 상(제석천과 범천~정각을 이루었다.)	9. 법륜을 굴리는 것(제석천과 범천~)	
10. 열반에 드는 상(멸도를 나타내 보이고~)	10. 열반에 드는 것(도를 얻으려는 뜻의 한량없는 공덕~) * 이상 7~10은 미나미본에 의해 구성한 것이다.	

100 도솔천兜率天 : '도솔'은 ⑤ Tuṣita의 음역어. '천'은 ⑤ deva의 의역어. 욕계에 속하는 여섯 하늘 중 네 번째 하늘. 지족천知足天·희족천喜足天·도사다천覩史多天 등이라고도 한다. 한 번만 태어나면 성불할 것이 예정된 보처보살補處菩薩이 머무는 곳. 이곳의 중생은 자신이 감수感受한 것에 대해 기쁘고 만족하는 마음을 내기 때문에 붙여진 이름이다.

101 『普曜經』 권1(T3, 486c).

普曜經云。其兜率天。有大天宮。名曰高幢。廣長二千五百六十里。菩薩常坐。爲諸天人。敷演經典。【大經鈔一】

경 그 천궁을 버리고 모태에 강신降神하며

捨彼天宮。降神母胎。

기 (보살이 천궁에 머물다 수명이 다하여) 장차 하생下生하려고 할 때 먼저 네 가지 일을 관찰하였다. 첫째는 시분時分을 관찰하였으니 여기에 살고 있는 사람의 수명이 8만 세에서부터 시작하여 100세에 이른 것을 말한다. 둘째는 처소를 관찰하였으니 섬부주贍部州[102]의 중인도中印度를 말한다. 셋째는 종성을 관찰하였으니 찰제리刹帝利[103] 혹은 바라문婆羅門[104]을 말한다. 넷째는 의기依器(의탁할 그릇)를 관찰하였으니 어머니가 될 이의 태장胎藏이 넓고 흠결이 없는 것을 말한다. 이와 같이 관찰하고 나서 행도천자行道天子에게 말하였다. "그대는 도솔천의 여러 하늘 대중을 찾아다니며 말하여라. '바로 7일이 지난 후 보살이 여기에서 입몰入沒하고 인도에 태어나서 널리 불사佛事를 지을 것이다.'" 행도천자가 기뻐하며 두루

---

102 섬부주贍部州 : ⓢ Jambu-dvīpa의 음역어. 염부제閻浮提·염부리閻浮利 등이라고도 하고 예주穢洲·예수성穢樹城으로 의역한다. 불교의 세계관에 따르면 세계의 중심인 수미산須彌山의 남쪽에 위치한 대륙으로 현재 우리가 사는 세계를 가리킨다. 이곳에 '염부'라는 이름의 큰 나무가 있는데, 밑동의 너비는 7유순이고 잎은 50유순을 덮으며, 높이는 100유순이다. 이 나무로부터 이름을 지어 염부제라 하였고, 그 위치를 더하여 남염부제라 하기도 한다. 혹은 염부단금閻浮檀金을 산출하는 곳이라는 뜻에서 붙여진 것이라는 설도 있다. 이 경우 의역어는 승금주勝金洲·호금토好金土 등이라고 한다.
103 찰제리刹帝利 : ⓢ kṣatriya의 음역어. 전주田主라고 의역한다. 인도 사성四姓 계급의 두 번째에 해당하는 왕족과 무사 계급을 가리킨다. 정치와 관련된 영역을 담당한다.
104 바라문婆羅門 : ⓢ brāhmaṇa의 음역어. 정행淨行·승습承習 등으로 의역한다. 인도 사성 계급의 최상위층인 사제 계급을 가리킨다. 종교·교육과 관련된 일을 담당한다.

찾아다니면서 (이 사실을) 알려 주니 500명의 천자가 하생하려는 소원을 일으켰다. 일곱 번째 날이 되자 보살은 바로 500명의 천자와 함께 동시에 하생하였다. 모두 석종釋種(석가 종족)으로 태어나 불사를 베푸는 것을 도왔다.

이것은 석가보살을 말한 것이고 다른 보살의 경우는 각각 상응하는 것에 따른다는 것을 알아야 한다.[105]【중략】

將下生時。先觀四事。一觀時分。謂此人壽八萬乃至百歲時也。二觀處所。謂贍部州中印度也。三觀種姓。謂刹帝利。或波羅門。四觀依器。謂母胎藏。寬博無失。如是觀已。告行道天。[1] 汝可迻[2]告兜[3]率諸天。[4] 却後七日。菩薩。此沒可生印度。施[5]作佛事。行道天子。歡喜。遍告。五百天子。發下生願。至第七日。菩薩。便與五百天子。一時下生。皆爲釋種。助宣佛事。當知。此說釋迦菩薩。若餘菩薩。隨其所應。【中略】

1) ㉠『大毘婆沙論』에 따르면 '天' 뒤에 '子'가 누락되었다. 2) ㉠『大經鈔』에 따르면 '迻'는 '迻'이다. 『大毘婆沙論』에 따르면 '巡'이다. 3) ㉠ 저본에 따르면 '兜'는 '覩'이다. 4) ㉠『大毘婆沙論』에 따르면 '天' 뒤에 '衆'이 누락되었다. 5) ㉠『大毘婆沙論』에 따르면 '施'는 '廣'이다.

『대반야경』 제6분에 의거하면 "모든 하늘 대중이 영원히 살 것이라고 계탁하여 (그곳에서 다른 곳으로) 떨어지는 일이 없다고 말한다. 그들의 집착을 무너뜨리기 위하여 영원하지 않은 모습을 나타내어 도솔천에서의 수명을 버린다."[106]라고 하였다. 『대비바사론』에 의거하면 "(어떤 사람은

---

105 "(보살이 천궁에 머물다 수명이 다하여) 장차"에서부터 여기까지는 『大毘婆沙論』 권 178(T27, 893b)에서 설한 것과 내용이 거의 동일하다.
106 『大般若經』 권568(T7, 931b)의 취의요약이다. 부연하자면 하늘로 하여금 '세간에서 가장 뛰어나서 욕망에 물들지 않은 분도 다른 곳으로 떨어지거늘 하물며 하늘 대중이 영원함을 얻을 수 있겠는가?'라는 생각을 일으켜 영원할 것이라는 집착에서 벗어나게 하는 것이다.

말하였다.) 하늘에서 (인도人道로) 올 때는 신통력을 지니고 있기 때문이고 인도에서 (인도로) 올 때는 이러한 일(신통력)이 없기 때문이다."[107]라고 하였다.

依大般若第六分。[1)] 諸天計常。謂無墮落。爲破彼執。示現無常。捨天壽也。依毘婆沙。從天來時。有神變故。若從人來。無此事故。

1) ㉯『大經鈔』에 따르면 '分' 뒤에 '云'이 누락되었다.

(『대비바사론』에서) 또 말하기를 "모든 부처님께서는 인도人道에서 성불하였으니 그러한 사례에 수순하기 위해서이다."[108]라고 하였고, 또 말하기를 "인간은 (이 세계를) 싫어하여 여의려는 마음(厭離心)이 있기 때문이고 맹렬하고 날카로운 지혜(猛利智)가 있기 때문이다."[109]라고 하였으며, 또 말하기를 "인도와 천도의 중생(機)은 (모두 법기法器이니 이들을) 모두 섭수하고자 했기 때문이다. 곧 하늘에 있게 되면 사람이 (법을 듣기 위해 그곳으로) 갈 수 없지만 인도에 있게 되면 하늘이 내려올 수 있기 때문이다."[110]라고 하였다.【중략】

又諸佛。皆於人中成佛。能順彼故。又人間。卽有厭離心故。有猛智故。又爲欲俱攝。人天機故。謂若在天則人無往。若在人則天可來故。【中略】

『보요경』에서 "보살이 하늘에게 물었다. '나는 어떤 모습으로 모태에 들어가야 할까?' 어떤 하늘은 대답하기를 '어린아이의 모습입니다.'라고 하

---

107 『大毘婆沙論』권178(T27, 893a).
108 『大毘婆沙論』권178(T27, 893a).
109 『大毘婆沙論』권178(T27, 893a).
110 『大毘婆沙論』권178(T27, 893a).

였고, 어떤 하늘은 대답하기를 '제석천帝釋天[111]과 범천梵天[112]의 모습입니다.'라고 하였으며, 어떤 하늘은 대답하기를 '금시조金翅鳥[113]의 모습입니다.'라고 하였다. 그때 강위強威라는 범천이 말하였다. '코끼리의 모습이 가장 좋습니다. 토끼와 말과 코끼리가 함께 물을 건널 때 (토끼와 말은 밑바닥까지 닿지 못하지만) 코끼리는 밑바닥까지 닿을 수 있습니다. 성문과 연각은 토끼와 말과 같습니다. 오직 보살과 코끼리만이 법을 통달하고 물의 밑바닥까지 도달합니다. 그러므로 흰 코끼리의 모습을 나타내어 모태에 들어가야 합니다.'"[114]라고 하였다.

대중부大衆部[115] 등도 또한 이 설과 같다.[116] 유부有部[117]는 인정하지 않으니 91겁[118] 동안 (묘상妙相의 업을 닦아) 방생傍生(동물)의 모습을 버렸기

---

111 제석천帝釋天: ⓈŚakkra-devānām-indra. 도리천忉利天의 천주天主. 본래 힌두교의 신이었으나 불교에 흡수되어 호법신이 되었다.
112 범천梵天: Ⓢ Brahmā. 인도 사상에서 만물의 근원이 되는 것을 '범梵'이라고 하는데 이를 신격화한 것이다. 힌두교에서는 시바(Ⓢ Śiva)·비슈누(Ⓢ Viṣṇu)와 함께 3대 신으로 존숭된다. 불교에서는 제석천과 함께 불법 수호를 담당하는 호법신으로 편입되었다. 구체적으로는 색계의 초선천初禪天에 속하는 범중천梵衆天·범보천梵輔天·대범천大梵天을 총괄하여 범천이라고 한다.
113 금시조金翅鳥: Ⓢ Garuḍa의 의역어. 음역하여 가루라조迦樓羅鳥라고 한다. 인도 고대 신화에 나오는 새의 이름으로 불교에서는 팔부중八部衆의 하나로 유입되었다. 날개가 금색이기 때문에 금시조라고 하였다.
114 『普曜經』권1(T3, 488b).
115 대중부大衆部: 소승 18부 혹은 20부의 하나. 불멸 후 100년경 근본 분열에 의해 나뉜 부파로 상좌부上座部와 함께 최초로 성립한 부파이다. 소의율전은 『摩訶僧祇律』이다.
116 『異部宗輪論』(T49, 15c).
117 유부有部: 소승 18부 혹은 20부의 하나. 불멸 후 300년 무렵 상좌부에서 갈라져 나온 부파이다. 삼세의 일체법이 모두 실유實有라고 주장한 데서 유래한 이름이다. 소의율전은 『十誦律』이다.
118 91겁: 보살이 불도를 성취하는 데 걸리는 시간은 3아승기겁 100겁이다. 3아승기겁 동안 바라밀을 수행하고 그 후 100겁은 삼십이상三十二相을 갖추는 인연이 되는 일을 행한다. 100겁은 최대한의 시간을 설정한 것인데 석가모니보살은 과거세에 불사불弗沙佛을 공경하고 찬탄한 인연으로 이 중 9겁을 뛰어넘었고 이 때문에 91겁이라고 하는 것이다.

때문이다.[119] 그런데 대승에서는 이것을 모두 나타내니 뜻에 있어서 허물이 없다.[120] 『대경초』권1]

普曜經云。菩薩問天。我以何形。而入母胎。或天答曰孺童之形。或曰釋梵形。或曰金翅鳥。時有梵天。名曰強威。象形第一。謂兎馬象。俱度水時。象能盡底。聲聞緣覺。猶如兎馬。唯菩薩象。達法水底。故現白象。入母胎也。大衆部等。亦同此說。有部不許。九十一劫。捨傍生故。然大乘中。此皆示現。於義無過。【大經鈔一】

경 오른쪽 옆구리에서 태어나서

從右脇生。

기 중생을 교화하기 위하여 좌도左道(정도가 아닌 것)를 여의었기 때문이다.[『대경초』권1]

爲化衆生。離左道故。【大經鈔一】

경 일곱 걸음을 걷는 모습을 나타내 보였다.

現行七步。

기 (의적은)『화엄경』에서 설한 열 가지 일을 인용하였는데 그 여덟 번

---

119 『俱舍論』권18(T29, 95a); 같은 책 권9(T29, 45c).
120 여기까지는 보살이 강신하여 입태할 때의 모습에 대해 논한 것이다.

째에서 "일곱 가지 각(七覺)¹²¹이라는 보배를 닦는 모습을 나타내기 위하여 (일곱 걸음을 걸었다.)"¹²²라고 하였다.¹²³『대경초』권1】

引華嚴十事。彼第八云。現七覺法¹⁾相故。【大經鈔一】
1) ㉘『華嚴經』에 따르면 '法'은 '寶'이다.

경 수학(算計)과 시서詩書(文)와 예악禮樂(藝)과 활쏘기(射)와 수레를 모는 법(御)을 배우는 모습을 나타내 보이고 도술道術을 두루 섭렵하고 온갖 서적을 꿰뚫어 익혔다. 뒷동산에서 노닐며 무술을 연마하고 기예를 점검하였으며 궁전에 머물며 여색을 탐미하며 지내는 모습을 나타내 보였다.

---

121 일곱 가지 각(七覺): 일곱 가지 각지(七覺支), 일곱 가지 각의(七覺意) 등이라고도 한다. 지혜를 추구하고 열반의 경계에 들어가기 위한 37가지 수행 방법을 일곱 부류로 묶은 것 중 여섯 번째에 해당한다. '각'은 보리지혜菩提智慧를 뜻하는 말이다. 일곱 가지 법은 보리지혜의 개현을 돕기 때문에 '각지'라고 한다. 첫째, 염각지念覺支는 항상 선정과 지혜에 집중하여 잊지 않는 것이다. 둘째, 택법각지擇法覺支는 지혜에 의지하여 진법眞法을 선택하고 허위법을 버릴 수 있는 것이다. 셋째, 정진각지精進覺支는 정법에 정진하여 게을리하지 않는 것이다. 넷째, 희각지喜覺支는 정법을 얻고 희열을 느끼는 것이다. 다섯째, 경안각지輕安覺支는 몸과 마음이 경쾌하고 안온해지는 것이다. 여섯째, 정각지定覺支는 선정에 들어가 마음이 산란하지 않은 것이다. 일곱째, 사각지捨覺支는 마음에 치우침이 없어서 집착하지 않고 평정함을 유지하는 것이다.
122 『華嚴經』권43(T9, 667b)에서 "보살은 ① 보살의 힘을 나타내기 위하여 ② 일곱 가지 보배를 나타내기 위하여 ③ 지신地神의 소원을 만족시키기 위하여 ④ 삼계에서 벗어난 모습을 나타내기 위하여 ⑤ 대상왕大象王·우왕牛王·사자왕師子王의 가장 뛰어난 행을 나타내기 위하여 ⑥ 금강지金剛地의 모습을 나타내기 위하여 ⑦ 중생에게 힘을 주기 위하여 ⑧ 칠각七覺이라는 보배를 닦는 모습을 나타내기 위하여 ⑨ 일체의 불법을 완전히 성취하되 다른 사람으로 말미암아 깨닫지 않기 위하여 ⑩ 스스로를 일컬어 '나는 세상에서 가장 뛰어나 견줄 만한 이가 없다'고 말하기 위하여 일곱 걸음을 두루 걸었다."라고 하였다.
123 이 글은 직접 인용문이 아니다. 『大經鈔』에서 "又義寂引華嚴十事彼第八云現七覺法相故"라고 하였기 때문이다. 이하 글의 뜻을 분명히 드러내기 위해 이런 형식의 글은 이렇게 번역하고 별도로 이유를 밝히지 않는다.

示現算計文藝射御。博綜道術。貫練群籍。遊於後園。講武試藝。現處宮中色味之間。

🗝 ("도술"은) 모든 내도와 외도의 뛰어난 술법이다.【중략】("온갖 서적을 꿰뚫어 익혔다."라는 것은) 나라를 다스리는 방법을 설한 책과 참기식記(미래를 예언한 글)를 익힌 것이다.【중략】

內外諸道異術也。【中略】治國圖書識[1)]記也。【中略】
---
1) ㉠ 저본에 따르면 '識'은 '識'이다.

(의적이)『수행본기경修行本起經』을 인용하여 말하였다.

引本起經云。

태자가 17세가 되었는데 밤낮으로 우수에 젖어 일찍이 기뻐한 적이 없고 항상 출가할 것만 생각하였다.
부왕父王이 시종에게 물었다.
"태자는 어떠한가?"
"날마다 근심에 젖어 초췌해져 가고 있습니다."
그때 어떤 신하가 말하였다.
"태자께서 이미 어른이 되었으니 아내를 맞이하여 그 뜻을 돌리게 해야 할 것입니다."
(부왕은) 명문가의 여인을 채택하려고 하였으나 (마땅한 이가 없었다.) 작은 나라의 왕 선각善覺[124]에게 구이裘夷[125]라는 딸이 있었는데 (단

---
124 선각善覺 : ⓢ Suprabuddha의 의역어. 음역어는 수파불須波佛이다. 싯다르타 태자의

정하고 고결하여) 천하에 견줄 만한 이가 없었다. 여덟 나라의 왕들이 아들을 위해 딸을 줄 것을 요청하였지만 (누구에게도 허락하지 않았다.) 부왕이 이 말을 듣고 바로 선각을 불러 구이를 보내 줄 것을 요청하였다.

선각이 대답하였다.

"이 딸에게 어머니와 여러 신하와 국사와 범지가 있으니 서로 의논하여 적절함을 헤아리고 나서 말씀드리겠습니다."

太子十七。晝夜憂念。未曾歡娛。[1] 常念出家。父王問僕。太子云何。日日憂怖。[2] 時。一臣言。太子已長。[3] 宜當妻娶。以廻其心。[4] 因[5]擇名女。小國之王善覺。有女名曰裘夷。天下無[6]雙。八國諸王。爲子求之。父王聞已。卽召善覺。而求裘夷。善覺答言。此女有母及諸群臣國師梵志。相議宜啓。

---
1) ㉑『修行本起經』에 따르면 '娛'는 '樂'이다. 2) ㉑『修行本起經』에 따르면 '怖'는 '悴'이다. 3) ㉑『修行本起經』에 따르면 '長'은 '大'이다. 4) ㉑『修行本起經』에 따르면 '心'은 '志'이다. 5) ㉑『修行本起經』에 따르면 '因'은 '探'이다. 6) ㉑『修行本起經』에 따르면 '無'는 '少'이다.

선각이 귀국하였는데 시름에 빠져 음식을 먹지 않았다.

그때 딸이 아버지에게 물었다.

"무엇 때문에 괴로워하는 것입니까?"

아버지가 바로 대답하였다.

"여러 왕이 너를 보내 줄 것을 요청했지만 나는 허락하지 않았다. 또 백정왕白淨王[126]이 지금 너를 보내 줄 것을 요청하였다. 내가 보내 주지

장인이다.
125 구이裘夷 : ⓢ Gopī의 음역어. 싯다르타 태자의 부인으로 명녀明女·부장覆障 등으로 의역한다.
126 백정왕白淨王 : '백정'은 ⓢ Śuddhodana의 의역어로 정반淨飯이라고도 한다. 싯다르타 태자의 아버지이다.

않으면 왕은 바로 나를 처벌할 것이고 그 요구에 따라 너를 보내 준다면 여러 왕과 원한을 맺게 될 것이다."

딸이 말하였다.

"걱정하지 마십시오. 제가 7일이 지난 뒤에 처소에서 성문으로 나가 싸움에서 이긴 강한 사람을 선택하겠습니다."

그때 (구이의) 아버지가 백정왕에게 (이 사실을) 말하였다.

백정왕은 다시 근심스러운 마음으로 생각하였다. '태자는 아직 수련한 적이 없는데 어떻게 이길 수 있겠는가.'

그때 딸이 성문에 이르렀고 술사術士가 구름처럼 몰려들었다. 그때 태자는 바로 우타優陀[127]·난다難陀[128]·조달調達[129] 등 500명과 함께 예악禮樂과 활 쏘는 기예(射藝)를 겨루는 도구를 마련하여 성문으로 나갔다.

善覺歸國。愁不飮食。時女問父。何故不樂。父則答云。諸王求汝。我不許之。又白淨王。今求汝。我若不與者。王卽罰我。適與汝者。諸王結怨。女云。勿憂。我却七日。自處城[1)]門。用勝强者。時父白王。王更憂念。太子未練。云何得勝。時女至門。術士雲集。爾時太子。卽與憂[2)]陀難陀調達等五百人。

---

127 우타優陀 : 구체적으로 누구인지 확정할 수 없다. 다만 『修行本起經』에서는 백정왕의 명령을 태자에게 전하고 태자가 경쟁에서 승리하고 구이를 만나러 갈 때 시중을 들면서 여러 가지 조언을 하는 역할을 하고 있다.
128 난다難陀 : 갖춘 음역어는 손달라난다孫達羅難陀(S Sundara-nanda)이고 염희艷喜라고 의역한다. '희'는 자신의 이름이고 '염'은 아내의 이름이다. 소를 기르는 일을 했던 난다難陀(S Nanda)와 구별하기 위해 아내의 이름을 더하여 나타냈다. 싯다르타 태자의 친동생이다.
129 조달調達 : S Devadatta의 음역어. 갖춘 음역어는 제바달다提婆達多이고 줄여서 달다達多라고도 한다. 싯다르타 태자의 사촌 동생. 승단의 일인자가 되려는 욕심에 부처님에게 위해를 가하였고 늘 부처님을 적대시했던 악비구惡比丘로 알려져 있다. 단, 일부 기록에 의거하여 계율에 대한 원리주의적 태도, 곧 철저히 걸식만 할 것, 산속에만 머물 것 등을 주장함으로써 승단의 갈등을 유발한 것이 악비구로 설정된 배경이 되었다고 주장하는 학자도 있다.

取於禮樂射藝之具。而出城門。

1) ㉯『修行本起經』에 따르면 '城'은 '出'이다. 2) ㉯『修行本起經』에 따르면 '憂'는 '優'이다.

    그때 먼저 조달이 성문을 막고 있는 코끼리를 때렸더니 코끼리가 바로 갑자기 죽었다. 난다가 이를 끌어다가 길옆에 두었다. 다음에 또 태자가 코끼리를 성문 밖으로 던졌는데 코끼리가 되살아나 본래 모습을 회복하였다. 또다시 조달이 여러 역사와 서로 힘을 겨루었는데 대적할 이가 없었다. (왕의 명령으로 조달은) 난다와 대결하였는데 달다達多(조달)가 땅에 넘어져 정신을 잃었다.
    왕이 난다에게 말하였다.
    "너는 태자와 겨루어 승부를 가리도록 하라."
    난다가 대답하였다.
    "형님은 수미산須彌山[130]과 같고 저는 겨자씨와 같은데 어떻게 승부를 가리겠습니까?"
    예배를 드리고 사양하면서 물러났다.
    또 활쏘기를 겨루기 위해서 먼저 철북을 두었다. 10리마다 한 개씩 두어서 일곱 개의 북을 두었다. 조달이 활을 쏘아 첫 번째 북을 뚫고 두 번째 북을 적중하였다. 다음에 또 난다는 두 번째 북을 통과하고 세 번째 북을 뚫었다.
    그때 태자는 활을 당길 때마다 모두 끊어져서 바로 시종에게 말하였다.

---

130 수미산須彌山 : ⓢ Sumeru의 음역어. 의역어는 묘고산妙高山이다. 불교의 세계관에 따르면 세계의 중심에 있는 산. 이 산을 중심으로 여러 개의 산이 동심원을 그리며 둘러싸고 있다. 그 마지막 산의 밖에 동·서·남·북으로 네 개의 큰 대륙이 있고, 다시 그 네 개의 대륙 밖을 철위산이 두르고 있다. 산 중에 가장 크기 때문에 이러한 뜻을 나타내어 수미산왕須彌山王이라고도 한다.

"조왕祖王에게 활이 있었는데 지금 천묘天廟에 있으니 네가 가서 가지고 오너라."

(그 활은) 두 사람이 힘을 합쳐야 겨우 들 수 있었는데 (그곳에 모인) 어떤 사람도 이것을 들지 못하였다. 태자가 활을 당겨 쏘았더니 일곱 개의 쇠북을 뚫고 철위산鐵圍山[131]에 이르렀다. 이로 인해 구이를 아내로 맞이하였다.[132] 『대경초』 권1]

時先調達。撲塞門象。象卽忽死。難陀。牽之置於道側。次又太子。擲象城外。象蘇如故。又復調達。與諸力士。相撲無對。與難陀決。達多。躃地心神悶絕。王告難陀。汝與太子。而決勝負。難陀答曰。兄如須彌。自如芥子。云何勝負。拜謝而退。又爲射決。先安鐵鼓。十里置一。至干[1] 七鼓。調達射之。徹一中二。次又難陀。徹二貫三。爾時太子。挽弓皆折。卽告僕曰。祖王有弓。今在天廟。汝可取來。二人膝[2] 擧。衆人不擧。太子牽弓。徹七鐵鼓。至鐵圍山。因妻裘夷。【大經鈔一】

1) ㉠ 『修行本起經』에 따르면 '干'은 '于'이다. 2) ㉠ 『修行本起經』에 따르면 '膝'은 '勝'이다.

경 늙고 병들고 죽는 것을 보고 세상이 영원하지 않음을 깨달아 나라와 재물과 지위를 버리고 산에 들어가 도를 배웠다. 타고 온 힘 말과 몸에 걸쳤던 보배 관冠과 영락瓔珞[133]을 벗어서 돌려보내고 진귀하고 절묘한 옷을 버리고 법복法服을 입고 수염과 머리카락을 깎았다. 나무 아래에 단

---

131 철위산鐵圍山 : Ⓢ Cakravāḍa-parvata. 수미산을 둘러싼 여덟 개의 산 중 가장 밖에 있는 산. 금강산金剛山·금강철위산金剛鐵圍山 등이라고도 한다.
132 『修行本起經』권상(T3, 465b). 문장을 그대로 옮기지 않고 취의요약한 것이다.
133 영락瓔珞 : Ⓢ keyūra, muktāhāra의 의역어. 음역어는 길유라吉由羅이다. 구슬이나 꽃을 꿰거나 엮어서 만든 장식물. 머리·목·가슴 등에 걸 수 있도록 만들어졌다. 인도에서는 일반적으로 귀족의 부인이 몸을 치장하는 데 사용하였다.

정히 앉아 6년 동안 부지런히 고행하면서 수행해야 할 것을 그대로 행하였다.

見老病死。悟世非常。棄國財位。入山學道。服乘白馬。寶冠瓔珞。遣之令還。捨珍妙衣。而著法服。剃除鬚髮。端坐樹下。勤苦六年。行如所應。

기 (『수행본기경』에서 말하였다.)

(실달태자悉達太子[134]가 병사왕瓶沙王[135]에게) 대답하였다.
"제가 보고 깨달은 것은 다음과 같습니다. 이 세상의 사람과 만물은 태어나면 죽음이 있습니다. 매우 고통스러운 것에 세 가지가 있으니 늙고 병들고 죽는 것이고 이것은 벗어날 수 없는 것입니다.[136] 몸은 고통의 그릇이니 근심과 두려움이 한량없이 일어납니다. 존귀하고 총애를 받는 지위에 있으면 교만하고 방일한 마음이 일어나고 뜻에 맞는 것을 탐욕스럽게 추구하여 천하를 환란에 빠뜨립니다. 이것은 내가 싫어하는 것이기 때문에 산에 들어가려는 것입니다."
장로長老들이 말하였다.
"무릇 늙고 병들고 죽는 것은 예로부터 세상의 변하지 않는 이치이거늘 어찌 홀로 미리 근심하는 것입니까? 이로 인해 아름다운 이름을 버리고 은둔하여 숨어 살며 그 형체를 수고롭게 하는 것도 또한 근심스러

---

134 실달태자悉達太子 : '실달'은 ⑤ Siddhārtha의 음역어로 실달다悉達多라고도 하며 의역어는 일체사성一切事成이다. 석가모니불의 세속에서의 이름이다.
135 병사왕瓶沙王 : '병사'는 ⑤ Bimbisara의 의역어로 빈바사라頻婆娑羅라고 음역한다. 부처님 재세 시 중인도 마가다국의 왕으로 부처님께 귀의하여 교단의 외호자가 되었다.
136 "제가 보고 깨달은 것은……벗어날 수 없는 것입니다."라고 한 부분은 『無量壽經』 본문과 관련된 내용이기 때문에 역자가 첨가한 것이다.

운 일이 아니겠습니까?"[137]

身[1)·2)] 爲苦器。憂畏無量。若在尊寵。則有憍逸。貪求快意。天下被患。此吾所猒。故欲入山。諸老[3)]長曰。夫老病死。自世之常。何獨預憂。乃棄美號。隱通讚[4)]居。以勞其形。不亦難耶。[5)]

---

1) ㉠ 파손 등에 의해 판독이 불가능한 글자, 읽기 어려운 글자는 공격空格(□)으로 표시하였다. 또 해당처의 글자 수가 분명하지 않을 경우는 귀갑괄호龜甲括弧(〔 〕)로 표시하였다. 경전을 인용한 부분이 에타니본과 일치하여 글자의 예상이 가능한 경우, 문맥에서 예상 가능한 경우는 공격의 가운데에 글자를 보충해 넣었다.(예 : 空) ㉡ 본서에서는 이를 그대로 따랐다. 이하 별도로 밝히지 않는다. 2) ㉠『無量壽經』 본문을 참조할 때 '身' 앞에 '太子答言以吾所見天地人物出生有死劇痛有三老病死苦不可得離'가 있었을 것으로 추정된다. 3) ㉠『修行本起經』에 따르면 '老'는 '耆'이다. ㉡ 미나미본에서는 해당 글자 옆에 세주 형식으로 교감한 글자를 넣었는데 역자가 이를『韓國佛敎全書』교감주 형식으로 처리하였다. 단, 역자의 교감주와 구별하기 위해 앞에 ㉠을 넣었다. 이하 동일하다. 4) ㉠『修行本起經』에 따르면 '讚'은 '潛'이다. 5) ㉠ 축대력竺大力·강맹상康孟詳 공역『修行本起經』 권하(T3, 468b23). ㉡ 이하 역자 관련 부분은 생략한다. 다른 경도 마찬가지이다.

태자가 말하였다.

"여러분이 말씀하신 것처럼 미리 근심하는 것이 타당하지 않다고 한다면, 설령 제가 왕이 된다고 하더라도 늙고 병에 걸리며 또 죽음에 임박했을 때, 어찌 저를 대신하여 이 재앙을 감당할 사람이 있겠습니까? 만약 대신할 사람이 없다면 어떻게 근심하지 않을 수 있겠습니까? 세상에 자애로운 아버지와 효성스러운 아들이 있어 사랑이 골수에 사무친다고 해도 죽음에 이르렀을 때에는 서로 대신해 줄 수 없습니다. 제가 모든 행行(유위법有爲法)을 보니 모든 것은 영원하지 않고 모두 변화하며 참된 것이 아닙니다. 즐거움은 적고 고통은 많습니다. 몸은 자신의 소유가 아니고 세간은 허무하니 오랫동안 머물기 어렵습니다. 만물은 생겨나면

---

[137]『修行本起經』 권하(T3, 468b).

죽음이 있고 일은 이루어지면 무너지는 때가 있습니다. 평안하면 바로 위험이 닥치고 얻고 나면 바로 잃음이 있습니다. 만물은 북적거려 어수선하며 시끄럽게 움직이다가 모두 허공으로 돌아갑니다. 정신은 형체가 없으니 조급하고 혼탁하여 분명하지 않은 채로 가서 죽고 태어남의 재앙에 이르는데 다만 한 번 받는 것에 그치지 않습니다. 다만 탐욕과 애착을 위하여 살아가고 어리석음의 그물에 덮여 생사의 강물에 빠진 채 깨닫지 못합니다. 그러므로 저는 산에 들어가서 한마음으로 욕망을 추구하는 일을 끊고 공空을 생각하며 누군가를 친근히 여기거나 소원하게 여기는 일을 하지 않을 것입니다. 이로써 장차 그 근원을 돌아보고 그 본질로 돌아갈 것입니다. 제가 원하는 일이 이루어지면 비로소 크게 안락해질 수 있을 것입니다."

왕과 장로들이 기뻐하며 그 뜻을 이해하고 말하였다.

"태자의 뜻이 미묘하니 세간에는 있기 어려울 것입니다. 반드시 불도를 얻어 저를 먼저 제도하소서."

태자는 잠자코 떠났다. 또 앞으로 가다가 생각하였다.

'지금 내가 산에 들어가면서 보배 옷을 입고 있어서야 되겠는가? 세간의 어리석은 사람들은 재물로 인해 재앙을 받는다.'

문득 사냥꾼이 법의法衣(법에 맞는 옷)를 입고 유행하는 것을 보고 태자는 생각하였다.

'이것이 바로 참된 사람의 옷이고 세상을 제도하는 자비의 옷이다.'

마음속으로 생각하기를 '바꾸어서 내가 뜻을 일으켜 서원한 것을 이루어야겠다.'라고 하고 바로 금실로 짠 옷을 법에 맞는 옷(震越)[138]과 바꾸었다. 사냥꾼은 내심으로 기뻐하였고 보살도 또한 그러하였다.

---

138 옷(震越) : 진월震越은 ⓢ cīvara의 음역어이고 의역어는 의복衣服이다. 와구臥具를 가리키는 말이라는 설도 있다.

태자가 옷을 입으니 부드럽고 곱고 깨끗하였다. 승가리僧伽梨[139]를 돌아보았더니 과거의 부처님과 차별이 없었다. 이에 산에 들어가니 빛이 환히 비추었다. 두 명의 도사가 있었는데 한 명은 아란阿蘭이고 다른 한 명은 가란伽蘭이었다. 학문을 익혀 온 지 여러 해가 되어 네 가지 선(四禪)[140]을 완전히 갖추고 다섯 가지 신통(五通)[141]을 얻었는데 빛이 비추는 것을 보고 놀라고 기이하게 여겼다.[142]

太子言。如諸君言。不當預憂。使我爲王。老到病至。若當死時。寧有代我受此危[1)]者。如無有代。胡何[2)]勿憂。天下有慈父孝子。愛徹骨髓。至當死時。不得相代。吾覩衆行。一切無常。皆化非眞。樂少苦多。身非己有。世間虛無。難得久居。物生有死。事成有敗。安則有危。得則有云。[3)] 萬物紛擾。皆當歸空。精神無形。■[4)・5)]濁不明。行致死生之厄。非直一受而已。但爲貪愛。弊[6)]在癡網。沒生死河。莫之能覺。故吾欲入山。一心斷求念空。無所適莫。是將反其原。而歸其本。如我願得。乃可大安。王及諸者。歡喜意解。太子志妙。世間難有。必得佛道。願先度我。太子嘿[7)]然而逝。復前念言。今我入山。當用寶衣爲。世愚人。爲財所危。卽便見獵師。遊被法衣。太子念言。此則眞人因。度世慈悲服。心念貿易。成我志所願。便持金縷因。貿取[8)]法震越。獵者內歡喜。菩薩亦俱然。太子被震越。柔濡[9)]鮮且潔。領[10)]視僧伽梨。過佛無差別。於是入山。光明照耀。有二道士。一名阿蘭。二名伽蘭。學

---

139 승가리僧伽梨 : ⓢ saṃghāṭi의 음역어. 스님들이 입는 세 가지 옷 중 하나. 의역어는 대의大衣・중의重衣・정장의正裝衣 등이다. 구조가사九條袈裟로 걸식, 설법, 왕궁의 출입 등과 같이 중요한 일을 할 때 정장의 형태로 입는 옷이다.
140 네 가지 선(四禪) : 삼계 중 색계에 속하는 네 가지 하늘. 혹은 그것에 상응하는 네 가지 선을 가리키는 말이다. 여기에서는 후자의 의미이다.
141 다섯 가지 신통(五通) : 네 가지 근본정려(四根本靜慮)에 의해 얻는 다섯 가지 불가사의하고 자유자재한 능력. 신족통神足通・천안통天眼通・천이통天耳通・타심지통他心智通・숙명통宿命通이다. 자세한 것은 뒤의 각주 224를 참조할 것.
142 『修行本起經』 권하(T3, 469a).

來積年。四神[11]具足。獲致五通。見光驚怪。[12]

1) 원『修行本起經』에 따르면 '危'는 '厄'이다.   2) 원『修行本起經』에 따르면 '何'는 '可'이다.   3) 원『修行本起經』에 따르면 '云'은 '亡'이다.   4) 원 경전과 대조가 가능한 곳에서 오사誤寫의 가능성이나 동이同異를 지적할 수 있는 경우, 또 읽기 어려운 글자이면서 문자의 예상이 가능한 경우는 번자翻字·흑사각黑四角(■)의 옆에 환괄호丸括弧[( )]를 붙이고 해당하는 글자를 보충하였다. 역 이를 그대로 따랐다. 단, 옆에 보충한 글자는 각주로 처리하였다. 또한 역자의 교감주와 구별하기 위하여 앞에 원이라는 표시를 붙였다.   5) 원『修行本起經』에 따르면 '■'는 '躁'이다.   6) 원『修行本起經』에 따르면 '弊'는 '蔽'이다.   7) 원『修行本起經』에 따르면 '嘿'은 '默'이다.   8) 원『修行本起經』에 따르면 '取'는 '所'이다.   9) 원『修行本起經』에 따르면 '濡'는 '軟'이다.   10) 원『修行本起經』에 따르면 '領'은 '顧'이다.   11) 원『修行本起經』에 따르면 '神'은 '禪'이다.   12) 원『修行本起經』 권하(T3, 469a11).

(아란과 가란이) 게송으로 말하였다.

而作頌曰。

해가 처음 떠오를 때
산 정상에 있는 것 같습니다.
그러므로 지혜의 광명으로
모든 중생을 비출 것입니다.

日王初出時。在於山頂上。
是故惠[1]明照。一切諸群臣。[2]

1) 역『修行本起經』에 따르면 '惠'는 '慧'이다.   2) 원『修行本起經』에 따르면 '臣'은 '生'이다.

얼굴 모습을 자세히 보아도
끝내 싫증을 낼 줄 모릅니다.
그러므로 도덕이 가장 뛰어나

견줄 만한 짝이 없고 비견할 이가 없을 것입니다.

若有觀面像。終竟不知厭。
是故道德最。無雙無有比。

그때 보살이 게송을 설하여 말하였다.

是時菩薩。而說偈言。

비록 네 가지 정의定意**143**를 닦았어도
위없는 지혜를 알지 못합니다.
도를 추구하는 마음은 바른 것을 근본으로 삼고
삿된 신을 섬기는 것에 마음을 두지 않습니다.

雖脩¹⁾四定意。不知無上惠。²⁾
道心正爲本。不在事邪神。

---
1) ㉠『修行本起經』에 따르면 '脩'는 '修'이다. 2) ㉠『修行本起經』에 따르면 '惠'는 '慧'이다.

세속의 일을 행하면서 진실이라 여기고
오랫동안 범천에 태어날 것을 구하여 왔습니다.
그러므로 도를 알지 못하고
수레바퀴처럼 굴러 생사의 세계에 떨어질 것입니다.

---
143 네 가지 정의定意 : '정의'는 ⓢ samādhi의 의역어로 삼매三昧라고 음역한다. 마음을 한 곳에 집중하여 안정시키는 것이다. 네 가지 정의란 네 가지 선(四禪)과 같은 말로 미혹을 다스리고 공덕을 낳는 네 가지 근본선정을 가리킨다.

行俗謂爲眞。長夜求梵天。
是𠮷不識道。輪轉墮生死。[1)]

[1)] ㉯『修行本起經』권하(T3, 469b9).

　　두 번째 선정의 수행을 이루고 다시 앞으로 나아가 사나천斯那川에 이르렀다. 그 냇물은 평평하고 곧게 흘렀고 온갖 과일나무가 많이 심어져 있었으며 샘물이 흐르고 목욕하는 연못이 있었다. 냇가에는 사나斯那라는 도사가 제자 500명을 가르치고 있었다.

行。[1)] 復前到斯那川。其川平正。多衆菓[2)]樹。流泉浴流。[3)] 川中道士。名爲斯那。敎授弟子五百人。[4)]

[1)] ㉯『修行本起經』권하(T3, 469b)에 따르면 '行' 앞에 '成二禪'이 누락되었다. [2)] ㉯『修行本起經』에 따르면 '菓'는 '果'이다. [3)] ㉯『修行本起經』에 따르면 '流'는 '池'이다. [4)] ㉯ '荊爲苦器……弟子五百人'은 미나미본을 삽입한 것이다.

　　이에 보살은 사라수娑羅樹[144] 아래 앉아 바로 모든 이를 위하여 위없고 바르고 참된 도를 얻는 것에 뜻을 두었다. 여러 하늘이 감로甘露를 봉양했으나 전혀 받지 않고 스스로 하루에 한 알의 참깨와 한 알의 쌀알만 먹을 것을 맹세하고 이것으로 정기精氣를 이어 가면서 6년 동안 단정히 앉아 있었다.
　　형체는 여위어 살갗과 뼈가 서로 맞붙었지만, 현묘하고 청정하며 고요하고 맑으며 조용하고 묵묵히 한마음으로 안으로 안반安般[145]을 생각

144 사라수娑羅樹 : '사라'는 ⓢ śāla의 음역어. 과거칠불過去七佛 중 세 번째 부처님인 비사부불毘舍浮佛의 도량수道場樹이다. 곧 비사부불이 이 나무 아래에서 정각을 성취하였다. 또한 석가불은 네 쌍의 사라수가 둘러싸인 곳에서 입멸하였다.
145 안반安般 : ⓢ ānāpāna의 음역. 갖추어서 안나반나安那般那라고 한다. 들숨과 날숨을 관찰하여 산란한 마음을 여의고 고요한 마음을 얻게 하는 것. 의역하여 수식관數息觀·수식관隨息觀 등이라고 한다.

하여 들숨과 날숨을 있는 그대로 헤아리고(數) 들숨과 날숨의 흐름을 그대로 따라가며(隨) 들숨과 날숨을 바탕으로 특정한 곳에 마음을 두고(止) 들숨과 날숨을 바탕으로 몸과 마음 그리고 마음 작용을 관찰하며(觀) 들숨과 날숨을 바탕으로 마음을 거두어 본래의 모습을 비추어 보고(還) 들숨과 날숨을 바탕으로 마음을 청정하게 하였다(淨). 뜻을 세 종류의 네 가지 선에 두어 노닐며 열두 가지 문(十二門)[146]을 넘어섰다.[147]

於是菩薩。坐沙[1]羅樹下。便爲一切。志求無上正眞之道[2]。諸天奉甘露。一不肯受。自誓[3]食一麻一米。以續精氣。端坐六年。形體羸瘦。皮骨相連。玄清靜漠。寂嘿[4]一心。內思安般。數隨止觀還淨。極[5]志三四。出十二門[6]。

1) ⓰『修行本起經』에 따르면 '沙'는 '娑'이다. 2) ⓰『便爲……眞之道'는 미나미본을 삽입한 것이다. 3) ⓰『修行本起經』에 따르면 '誓' 뒤에 '曰'이 누락되었다. 4) ⓰『修行本起經』에 따르면 '嘿'은 '默'이다. 5) ⓰『修行本起經』에 따르면 '極'은 '遊'이다. 6) ⓰『修行本起經』권하(T3, 469b28).

이것을 일러 "나무 아래 단정히 앉아 6년 동안 부지런히 고행하면서"라고 하였다.

"수행해야 할 것을 그대로 행하였다."라는 것은 외도의 잘못된 형태의 고행과는 같지 않기 때문이다. 그러므로 경에서 말하기를 "열 가지 일이 있기 때문에 고행하는 모습을 나타낸다. 말하자면 소승의 근기를 지닌 중생을 교화하여 성숙하게 하고자 하기 때문이고, 삿된 견해에 빠진 중생의 집착을 뿌리 뽑기 위해서이며, 업보가 없다는 삿된 견해를 가진 중생으로

---

146 열두 가지 문(十二門) : 십이문선十二門禪이라고도 한다. 열두 가지 선정을 가리킨다. 곧 초선初禪·이선二禪·삼선三禪·사선四禪의 네 가지 선정(四禪定)과 자慈·비悲·희喜·사捨의 네 가지 무량(四無量)과 공무변처空無邊處·식무변처識無邊處·무소유처無所有處·비상비비상처非想非非想處의 네 가지 공정(四空定)을 합한 것을 말한다.

147 『修行本起經』권하(T3, 469b).

하여금 업보를 알게 하기 위해서이고, 다섯 가지 혼탁함에 물든 세계에 살아가는 중생에게 수순하기 위해서이며, 게으른 중생을 위해서이고, 중생으로 하여금 즐겨 법을 구하게 하기 위해서이며, 욕망의 즐거움과 자아(我)의 즐거움에 집착하는 중생을 위해서이고, 보살의 뛰어난 행을 나타내 보이기 위해서이며, 미래의 중생으로 하여금 정진하려는 마음을 일으키게 하기 위해서이고, 모든 하늘과 세간의 사람들이 아직 근기가 성숙하지 않았기에 성숙해질 때까지 기다리기 위해서이다."[148]라고 하였다.

이렇게 고행하는 일은 모든 부처님에게 반드시 이러한 일이 있는 것은 아니다. 예컨대 미륵은 바로 출가한 날 밤에 성도하기 때문에 6년 동안 고행하는 일이 없다. 그러므로 여덟 가지 상(八相)[149] 가운데 별도로 세우지 않는 경우도 있다.【『대경초』권1·「무량수경술기권제일」】

是謂端坐樹下勤苦六年。行如所應者。不同外道邪苦行故。故經中云。有十事故。示現苦行。所謂欲教化成就[1)]小心衆生故。爲拔着[2)]邪見衆生故。爲無業報邪見衆生。欲令知業報囚[3)]。囻隨順五濁世界衆生故。爲懈怠衆生故。爲[4)]令衆生欲[5)]求法故。爲著欲樂[6)]衆生故。爲顯菩薩殊勝行故。欲令未來衆生發精進故。諸天世人。諸根未熟。侍[7)]時熟囚[8)]·[9)]此苦行事。一切諸佛。未必有之。如彌勒。卽出家夜成道故。無六年苦行。故八相中。有不別立。【大經鈔一·無量壽經述記卷第一[10)]】

1) 웹『華嚴經』에 따르면 '就'는 '熟'이다. 2) 웹『華嚴經』에 따르면 '着'은 '著'이다.
3) 웹『華嚴經』에 따르면 '囚'는 '故'이다. ㉮ 미나미본의 편찬 원칙의 일관성을 고려할 때 □는 삭제되어야 한다. 미노부문고본에 확연히 '依'라는 글자가 쓰여 있기 때문이다. 4) 웹『華嚴經』에 따르면 '爲'는 '欲'이다. 5) 웹『華嚴經』에 따르면 '欲'은

---

148 『華嚴經』 권43(T9, 668a).
149 여덟 가지 상(八相) : 부처님의 일생에 걸친 화의化儀를 여덟 가지로 나타낸 것. 소승의 팔상은 강도솔상降兜率相·탁태상托胎相·강생상降生相·출가상出家相·항마상降魔相·성도상成道相·설법상說法相·열반상涅槃相이다. 대승의 팔상은 강도솔상·탁태상·주태상住胎相·강생상·출가상·성도상·설법상·열반상이다.

'樂'이다. 6) ㉺『華嚴經』에 따르면 '樂' 뒤에 '我樂'이 누락되었다. 7) ㉺『華嚴經』에 따르면 '侍'는 '待'이다. 8) ㉾ 불타발다라佛馱跋陀羅 역『大方廣佛華嚴經』권43(T9, 668a5). 9) ㉺ '形體羸瘦……侍時熟䰟'는 미나미본을 삽입한 것이다. 10) ㉺ '無量壽經述記卷第一'은 역자가 미나미본을 추가하였음을 밝힌 것이다. 이하 별도로 이유를 설명하지 않는다.

경 다섯 가지 혼탁함(五濁)[150]에 물든 찰토刹土[151]에 나타나서 중생에게 수순하여 번뇌가 있는 모습을 보였다. 금류金流[152]에 몸을 씻으니 하늘이 나뭇가지를 당겨서 드리웠고 이것을 부여잡고 연못에서 나왔다. 신령스러운 새가 보좌하며 따르는 가운데 나아가 도량에 이르렀다.

現五濁刹。隨順群生。示有塵垢。沐浴金流。天按樹枝。得攀出池。靈禽翼從。往詣道場。

기 경에서 "다섯 가지 혼탁함에 물든 찰토에 나타나서……도량에 이르렀다."라고 한 것을 서술하여 말한다.

이것은 곧 일곱 번째로 가서 도량에 이른 것이다. 이 가운데 두 가지가 있다. 첫째는 목욕하는 모습을 보인 것이고 둘째는 가서 이른 것이다.

"다섯 가지 혼탁함에 물든 찰토에 나타나서 중생에게 수순하여"라는 것은 의미상 두 가지 뜻을 겸하였다. 앞의 글에 속할 경우는 고행을 행하는 뜻을 나타낸 것이고 뒤의 글에 속할 경우는 번뇌를 씻는 뜻을 나타낸 것이다.

---

150 다섯 가지 혼탁함(五濁) : 감겁減劫(인간의 수명이 점차 짧아지는 시대)에 일어나는 다섯 가지 더럽고 혼탁한 현상을 일컫는 말. 자세한 것은 뒤에서 의적이『瑜伽師地論』에서 설한 다섯 가지 혼탁함을 인용한 것을 참조할 것.
151 찰토刹土 : '찰'은 ⓢ kṣetra의 줄인 음역어. 토土·국토 등으로 의역한다. 찰토는 의역어와 음역어를 합친 것이다.
152 금류金流 : 니련하尼連河(ⓢ Nairañjanā)를 가리킨다. 갠지스강의 지류로 중인도 마가다국 가야성의 동쪽에 있다. 부처님께서 고행을 그만둘 것을 결심하고 몸을 씻었던 곳으로 전해지는 강이다.

經現五濁刹乃至往詣道場。述曰。此即第七往詣道場。於中有二。一示沐浴。二示往詣。現五濁刹隨順衆生者。義兼兩意。屬上顯示行苦行意。屬下顯示浴塵垢意。

"다섯 가지 혼탁함"이라는 것은 『유가사지론』에서 "또 보살들은 유정세간에 온갖 혼탁함이 있으면 탁세濁世가 증가하는 때이고 온갖 혼탁함이 없으면 탁세가 감소하는 때라는 것을 여실하게 분명히 안다. 말하자면 다섯 가지 혼탁함에 의거하는 것이니 첫째는 수탁壽濁이고 둘째는 유정탁有情濁이며 셋째는 번뇌탁煩惱濁이고 넷째는 견탁見濁이며 다섯째는 겁탁劫濁이다. 지금과 같은 때에는 사람의 수명이 아주 짧아 가장 오래 사는 사람도 100년을 넘지 못한다. 예전에는 그렇지 않았으니 이를 수탁이라고 한다. 지금과 같은 때에는 유정이 대부분 부모를 알아보지 못하고 사문이나 바라문을 알아보지 못하며, 가장家長과 존경할 만한 사람과 이치에 맞고 이익이 되는 일을 하는 사람과 해야 할 것을 하는 사람을 알아보지 못하고 현세에서 지은 죄와 후세에 지을 죄에 대해 두려워할 줄 모르며, 은혜를 베푸는 행위를 닦지 못하고 복업을 짓지 못하며, 재법齋法[153]을 받아들이지 않고 청정한 계를 수지하지 않는다. 예전에는 그렇지 않았으니 이것을 유정탁이라고 한다. 지금과 같은 때에는 유정이 대부분 법에 맞지 않은 탐욕[154]과 불평등한 탐욕[155]을 익히고 행하며 칼을 잡고 무기를 잡고 싸우고 다투며, 대부분 아첨과 사기와 거짓말을 행하고 삿된 법을 받아들이며, 한량없는 종류의 악하여 선하지 않은 법이 눈앞에

---

153 재법齋法 : 몸과 마음을 청정하게 유지하기 위해 지켜야 하는 법식을 통칭하는 말이다.
154 법에 맞지 않은 탐욕 : 『瑜伽論記』 권11(T42, 553b)에서 "모녀와 자매 등을 피하지 않는 것이다.(不避母女及以姊妹等)"라고 하였다.
155 불평등한 탐욕 : 『瑜伽論記』 권11(T42, 553b)에서 "다른 사람의 재물을 탐하여 취하는 것이다.(貪取他物)"라고 하였다.

분명히 알 수 있을 정도로 나타난다. 예전에는 그렇지 않았으니 이것을 번뇌탁이라고 한다. 지금과 같은 때에는 유정이 대부분 정법을 파괴하고 정법을 소멸시키며, 온갖 정법과 유사하지만 실제는 그렇지 않은 허망한 법을 만들어 내고 허망하게 삿된 법과 삿된 이치를 추구하며 이것을 우선으로 삼는다. 예전에는 그렇지 않았으니 이를 견탁이라고 한다. 지금과 같은 때에는 점차로 기근饑饉의 재난이 일어나는 중겁中劫[156]으로 들어가서 현재 온갖 굶주림에 시달리는 모습을 마주할 수 있고 역병의 재난이 일어나는 중겁과 도병刀兵의 재난이 일어나는 중겁도 또한 그러하다. 예전에는 그렇지 않았으니 이것을 겁탁이라고 한다."[157]라고 한 것과 같다.

言五濁者。如瑜伽論卅[1)]四云。又諸菩薩。如實了知。有情世間。有諸讚[2)]濁。濁世增時。無諸穢濁。濁世咸[3)]時。謂依五濁。一者壽濁。二者有情濁。三者煩惱濁。四者見濁。五者劫濁。如於今時。人壽短促。極長壽者。不過百年。昔時不爾。是名壽濁。如於今時。有情多分。不識父母。不識沙門。若婆羅門。不識家長。可尊敬者。作義利者。作所作者。於今世罪及後世罪。不見怖畏。不脩[4)]惠施。不作福業。不受齋法。不受淨戒。昔時不爾。是有[5)]情濁。如於今時。有福多分。習非法貪。不平等貪。執持刀劍。執持器仗。鬪訟諍競。多行諂誑。詐偽妄語。攝受邪法。有無量種惡不善法。現可了知。昔時不爾。是一[6)]名煩惱濁。如於今時。有情多。[7)]爲壞正法。爲滅正法。造

---

156 기근饑饉의 재난이 일어나는 중겁中劫 : 사겁四劫[세계가 형성되고(成劫) 지속되며(住劫) 파괴되고(壞劫) 텅 비어 있는 상태(空劫)] 중 주겁住劫에는 사람의 수명이 8만 4천 세에서 점차 줄어서 10세까지 이르고 다시 점차 늘어서 8만 4천 세에 이른다. 이렇게 한 번 감소하고 한 번 증가하는 것을 20회 반복하는데 이를 20중겁이라고 한다. 각 중겁의 말기, 곧 수명이 극도로 줄어든 때에 역병疫病(돌림병)의 재난, 기근의 재난, 도병刀兵(무기를 들고 싸우는 것)의 재난이 일어난다.
157 『瑜伽師地論』 권44(T30, 538a).

立衆多。像似正法。虛妄推求。邪法邪義。以爲先故。昔時不爾。是名見濁。如於爾[8]時。漸次趣入飢[9]饉中劫。現有衆多飢[10]饉可得。疫病刀兵中劫。亦爾。昔時不爾。是名劫濁。[11]

1) ㉘『瑜伽師地論』에 따르면 '卅'은 '冊'이다. 2) ㉘『瑜伽師地論』에 따르면 '讚'은 '穢'이다. 3) ㉘『瑜伽師地論』에 따르면 '咸'은 '減'이다. 4) ㉕『瑜伽師地論』에 따르면 '脩'는 '修'이다. 5) ㉕『瑜伽師地論』에 따르면 '有' 앞에 '名'이 누락되었다. 6) ㉕『瑜伽師地論』에 따르면 '一'은 연자이다. 7) ㉕『瑜伽師地論』에 따르면 '多' 뒤에 '分'이 누락되었다. 8) ㉘『瑜伽師地論』에 따르면 '爾'는 '今'이다. 9) ㉘『瑜伽師地論』에 따르면 '飢'는 '饑'이다. 10) ㉘『瑜伽師地論』에 따르면 '飢'는 '饑'이다. 11) ㉘ 현장玄奘 역『瑜伽師地論』권44(T30, 538a4).

여기에서 "다섯 가지 혼탁함"이라는 것은『순정리론順正理論』에서 "('탁'이라고 하는 것은) 지극히 하천한 것이기 때문이고 버려야 할 것이기 때문이며 더러운 찌꺼기와 같기 때문이다. 問 수탁과 겁탁과 유정탁의 세 가지는 서로 떨어지지 않는 것이고 견탁은 바로 번뇌를 본성으로 삼으니, 다섯 가지 혼탁함은 성립될 수 없는 것이 아닌가? 答 이치상으로는 실로 그러해야 하지만 단지 다섯 가지의 쇠퇴가 지극히 증가하는 때를 차례대로 나타내기 위하여 그렇게 한 것이다. 무엇을 다섯 가지라고 하는가? 첫째는 수명이 쇠퇴하는 것이니 시간이 지극히 짧아지기 때문이다. 둘째는 자구資具(생활용품)가 쇠퇴하는 것이니 윤택함이 적어지기 때문이다. 셋째는 선품善品이 쇠퇴하는 것이니 악행을 즐겨 행하기 때문이다. 넷째는 평온함이 쇠퇴하는 것이니 전전하며 서로 어긋나서 시끄럽게 싸우기 때문이다. 다섯째는 중생 자체(自體)가 쇠퇴하는 것이니 출세간의 공덕을 쌓을 근기가 되지 않기 때문이다. 이 다섯 가지가 쇠퇴하는 현상이 나타나는 시기가 동일하지 않음을 차례대로 나타내고자 하여 다섯 가지 혼탁함으로 나눈 것이다."[158]라고 한 것과 같다.

158『順正理論』권33(T29, 524a).

이것으로 말미암아 그 논(『순정리론』)에서 다섯 가지를 차례대로 열거하였으니 수탁과 겁탁과 번뇌탁과 견탁과 유정탁이다.¹⁵⁹

此五濁者。如正理論云。極■¹⁾下故。應棄捨故。如滓穢故。豈不壽劫有情濁三。不²⁾相離。見濁即用煩惱爲體。五應不成。理實應然。但爲次第顯五衰損極增盛時。何荅³⁾爲五。一壽命衰損。時極短故。二資具衰損。少光釋⁴⁾故。三善品衰損。傾⁵⁾惡行故。四寂靜衰損。展轉相違。成諠諍故。五自體衰損。非出世間功德器故。爲欲次第顯此五種衰損不同。故分五濁。⁶⁾由斯彼論列五次第。壽劫煩惱見及有情。

1) ㉘『順正理論』에 따르면 '■'는 '鄙'이다. 2) ㉘『順正理論』에 따르면 '不' 앞에 '互'가 누락되었다. 3) ㉘『順正理論』에 따르면 '荅' 뒤에 '名'이 누락되었다. 4) ㉘『順正理論』에 따르면 '釋'은 '澤'이다. 5) ㉘『順正理論』에 따르면 '傾'은 '欣'이다. 6) ㉘ 현장 역 『順正理論』 권33(T29, 524a9).

문 어느 때를 탁세라고 하고 어느 때를 탁세가 아니라고 하며, 어느 때를 탁증(濁增)이라 하고 어느 때를 탁증이 아니라고 하는가?

답 인간의 수명이 천 세 이하인 때를 탁세라고 하고 천 세 이상인 때를 탁세가 아니라고 한다. 100세 이하인 때를 탁증이라고 한다. 그러므로 『문수사리문경』에서 "무엇을 명탁(命濁)이라 하는가? 수명이 10세인 중생에서부터 천 세인 중생에 이르기까지 수명의 길고 짧음이 있는 것이다."¹⁶⁰라고 하였다. 그러므로 이것을 준거로 삼으면 천 세로 줄어들기 이전까지는 탁세가 아니다. 100세 이상이면 부처님께서 세상에 출현하시고 그 이후에는 출현하지 않는다. 그러므로 100세 이하는 탁증이고 100세 이상은 탁증이 아니라는 것을 알 수 있다.

---

159 『順正理論』 권29(T29, 524a)에서 설한 것을 의적이 설명의 방식으로 서술한 것이다.
160 『文殊師利問經』 권하(T14, 503c).

問。何時是濁世。何時非濁世。何時是濁增。何時非濁囲。答。¹⁾ 人壽千歲
已還。是名濁世。千歲已上。名非濁世。百歲已還。名濁增。故文殊問經
云。云何命濁。十歲衆生乃至千歲。有長短。故準²⁾此。千歲已前。非濁世
也。百歲已上佛出³⁾世。已⁴⁾後不出。故知。百歲已下是濁增。已⁵⁾上非濁
增。⁶⁾

1) ㉠ '經現五濁利……何時非濁囲答'은 미나미본을 삽입한 것이다. 2) ㉠ 미나미
본에 따르면 '準'은 '准'이다. 3) ㉠ 미나미본에 따르면 '出'은 연자이다. 4) ㉠ 미나
미본에 따르면 '已'는 '以'이다. 5) ㉠ 미나미본에 따르면 '已'는 '以'이다. 6) ㉠ 미나
미본에 따르면 '增' 뒤에 '也'가 누락되었다.

수명이 100년 (이하로) 줄어들 때에는 무엇 때문에 부처님께서 세상에
출현하지 않는 것인지에 대해 『순정리론』에서 해석하였다.¹⁶¹

咸¹⁾百年時。何故無佛。順正理釋。

1) ㉡ 『順正理論』에 따르면 '咸'은 '減'이다.

이와 같이 수명이 짧아질 때에는 부처님께서 해야 할 것을 모두 이룰
수 없음을 보기 때문이다. 말하자면 모든 부처님께서 (그때) 세간에 출
현하면 반드시 다섯 번째 부분의 수명(第五分壽)¹⁶²을 버리신다. 선정에
서 일어난 명행命行¹⁶³의 소의신所依身은 그때에 교화할 중생을 즐겨 보
지 않는다. 설령 세상에 출현한다고 해도 그들을 위해 불사佛事를 지을
일이 거의 없다. 그러므로 그런 시기에는 부처님께서 세간에 출현하지

---

161 '減百年時何故無佛'은 『順正理論』 권32(T29, 523c)에 나오는 글이지만 의적의 서술
방식에 따라 해석하였다.
162 다섯 번째 부분의 수명(第五分壽) : 부처님의 본래 수명인 100세를 다섯 부분으로 나
눈 가운데 마지막 다섯 번째에 해당하는 것. 곧 81~100세를 가리킨다.
163 명행命行 : 명근命根(목숨)을 가리키는 말. '행行'은 명근이 찰나마다 생멸변천하는
유위생멸법임을 나타내는 말이다.

않는다.

　(그런데) 경주經主[164]는 이것을 해석하여 말하기를 "다섯 가지 혼탁함이 지극히 증가하여 교화하기 어렵기 때문이다."[165]라고 하였다.

　(그러나) 지금 세상에 사는 사람들이 수명이 100년 이하로 줄어들었고 다섯 가지 혼탁함이 비록 증가하였다고 하더라도, 어찌 정결정正決定의 지위에 들어가 염오를 여의고 과果를 얻는 일을 완성할 수 있는 이가 있지 않겠는가? 부처님께서는 오직 이들을 위하여 세간에 출현하신다. 그러므로 그가 말한 것은 좋은 해석이 아니다.

　(또) 수명이 100년인 상태라고 해서 부처님이 세상에 출현하셨을 때 모든 사람이 다 성스러운 가르침을 따르고 우러르며 정결정에 들어가서 염오를 여의고 과를 얻는 것은 아니다. (다만) 100세의 일부가 감소되었을 때에는 이러한 불사를 모두 이룰 수 없기 때문에 부처님께서 출현하지 않는다고 말할 수는 있다. 그러나 100년 이하로 감소했을 때에도 만약 부처님께서 세상에 출현하시면 또한 일부의 중생은 100년일 때처럼 가르침을 따르는 것 등을 행할 수 있을 것이니 부처님께서 어찌 출현하지 않겠는가?

　만약 100년 이하로 줄어들면 교화를 받을 만한 중생이 매우 적어지기 때문에 부처님께서 출현하지 않는다고 말한다면, 이것은 바로 앞에서 제시한 이유, 곧 "부처님께서 해야 할 것을 모두 이룰 수 없기 때문이다."라고 한 것을 말한 것이라고 해야 한다. 비록 100년 이하로 줄었을 때 다섯 가지 혼탁함이 지극히 증가하여 부처님께서 해야 할 것을 모두 이룰 수 없고, 이로 말미암아 부처님께서 세간에 출현하지 않는다고

---

164 경주經主 : 『俱舍論』을 지은 세친世親을 달리 부르는 말이다. 이런 이름이 붙은 유래는 정확하지 않다. 다만 세친이 "경을 지식의 근거로 삼는다.(經量)"라고 하는 경량부의 사유에 의거하여 『俱舍論』을 지은 데서 유래한 것이라고 하는 설이 있다.
165 『俱舍論』 권12(T29, 64a).

할지라도, 이것¹⁶⁶이 직접적 원인이고 그가 말한 것¹⁶⁷이 (직접적 원인인 것은) 아니다.¹⁶⁸

見於如是壽短促時。不能具成佛所作故。謂一切佛。出現世間。決定捨於第五分壽。從定所起命行依身。非於爾時所化樂見。以說¹⁾出世。爲佛事少。故於爾時。佛不出世。經主於此。作是一釋言。五濁極增。難可化故。豈不今世人。咸²⁾百年。五濁唯增。而固能辦。入正決定。離欲³⁾得果。佛唯爲此。田⁴⁾現世間。故彼所言。非爲善釋。非百年位。佛出世時。一切皆能遵宗⁵⁾聖敎。入正決定。離欲⁶⁾得果。可言咸⁷⁾百一分。不能辦斯佛事。故無佛出。然於咸⁸⁾百。設佛出世。亦有一分能遵敎等。如百年時。佛何不出。若謂咸⁹⁾百。堪化有情。以¹⁰⁾極¹¹⁾少故。佛不出者。是則應說前所立因。不能具成佛所作故。謂¹²⁾於咸¹³⁾百。五濁極增。不能具成佛所作事。由斯故佛不出世間。不出¹⁴⁾現¹⁵⁾因。非彼所說。¹⁶⁾

1) 웑『順正理論』에 따르면 '說'은 '設'이다. 2) 웑『順正理論』에 따르면 '咸'은 '減'이다. 3) 옙『順正理論』에 따르면 '欲'은 '染'이다. 4) 옙『順正理論』에 따르면 '田' 앞에 '應'이 누락되었다. 5) 웑『順正理論』에 따르면 '宗'은 '崇'이다. 6) 웑『順正理論』에 따르면 '欲'은 '染'이다. 7) 웑『順正理論』에 따르면 '咸'은 '減'이다. 8) 웑『順正理論』에 따르면 '咸'은 '減'이다. 9) 웑『順正理論』에 따르면 '咸'은 '減'이다. 10) 옙『順正理論』에 따르면 '以'는 연자이다. 11) 웑『順正理論』에 따르면 '極' 뒤에 '鮮'이 누락되었다. 12) 웑『順正理論』에 따르면 '謂'는 '雖'이다. 13) 웑『順正理論』에 따르면 '咸'은 '減'이다. 14) 웑『順正理論』에 따르면 '不出'은 '而此'이다. 15) 웑『順正理論』에 따르면 '現'은 '親'이다. 16) 웑『順正理論』 권32(T29, 857a21). 옙 '857a21'은 '523c22'로 고쳐야 한다.

그런데 지금 그 본종本宗의 뜻을 살펴보면 경주가 설한 뜻과 같아야 한

---

166 이것 : "부처님께서 해야 할 것을 모두 이룰 수 없기 때문이다."라고 한 것을 말한다.
167 그가 말한 것 : 세친이 "다섯 가지 혼탁함이 지극히 증가하여 교화하기 어렵기 때문이다."라고 한 것을 말한다.
168 『順正理論』 권32(T29, 523c).

다. 그러므로 『대지도론』에서 그 뜻을 서술하여 말하기를 "비록 보살이 중생을 불쌍히 여기고 부처님께서는 때를 기다리지 않는다고 하더라도, 수명이 8만 세가 넘으면 사람들이 장수하여 즐거움이 많고 애염 등의 번뇌가 두터워지며 근기가 둔하여 교화할 만한 때가 아니고, 수명이 100세 이하가 되면 사람이 단명하여 고통이 많고 분노 등의 번뇌가 두터워져서 또한 도를 얻을 만한 때가 아니니, 그러므로 부처님께서 세상에 출현하지 않으시는 것인가?"[169]라고 하였다.

然今尋彼本宗意者。應如經主所說理趣。故智度論。敍彼義言。唯[1)]諸菩薩。憐愍眾生。法[2)]不待時。過八萬歲。人長壽多樂。染愛等結使原。[3)] 根鈍非可化時。若百歲後。人短壽苦多。瞋恚等結使原。[4)] 亦非得道時。以是故。佛不出世。[5)]

1) ㉠『大智度論』에 따르면 '唯'는 '雖'이다. 2) ㉠『大智度論』에 따르면 '法'은 '諸佛'이다. 3) ㉠『大智度論』에 따르면 '原'은 '厚'이다. 4) ㉠『大智度論』에 따르면 '原'은 '厚'이다. 5) ㉠ 구마라집鳩摩羅什 역『大智度論』권4(T25, 93a17).

"중생에게 수순하여 번뇌가 있는 모습을 보였다."라는 것은 다음과 같다. 『보요경』에서 "보살은 6년 동안 결가부좌結跏趺坐[170]를 하고 앉아 있었다. 위의와 예절은 일찍이 넘치거나 모자람이 없었다. 항상 들판(露精)[171]에 머물고 또 가릴 것을 구하지 않았다. 바람과 비도 피하지 않고 머리 위에 먼지와 흙이 쌓이는 것도 개의치 않았으며, 일어나 여기저기 돌아다니지 않고 대변과 소변을 보지도 않았으며, 몸을 굽히고 펴거나 고개를 숙

---

169 『大智度論』 권4(T25, 93a). 『大智度論』 본문에서는 바로 앞에 "問曰"이라고 하고 본 내용을 서술하였기 때문에 질문의 형식으로 번역하였다.
170 결가부좌結跏趺坐 : 좌법의 하나. 가장 편안하고 쉽게 피로해지지 않는 좌법으로 두 발을 서로 교차하여 앉는 것이다.
171 들판(露精) : '노정露精'의 의미가 불분명하지만 '노'는 아무것도 가린 것이 없이 노출된 장소, '정'은 정사라는 뜻으로 보아 들판이라고 풀이하였다.

이거나 올려 보지도 않았으며, 몸을 기울이지도 않았다. 혹은 비바람이 몰아치고 번개와 천둥과 벼락이 내리쳐도 봄·여름·가을·겨울이 지나도록 보살은 잠자코 앉아 있었다. 이러한 온갖 재난을 당하여도 일찍이 방도를 찾아 스스로 막으려고 하지 않았다.【중략】 마을의 남녀와 늙은이나 젊은이가 땔감을 메고 풀을 짊어지고 주변을 지나가며 먼지를 일으켜도 개의치 않고 그것에 의해 더럽혀질 것을 근심하는 일도 없었다."[172]라고 하였다.

이것을 "번뇌가 있는 모습을 보였다."라고 한 것이다.

隨順衆生示有塵垢者。普曜經云。菩薩六年之中。結跏趺坐。威儀禮節。未曾進退。常存露精。亦無覆蓋。不避風雨。不障頭首塵土之思。不起左右行大小便。不屈伸低[1)·2)]仰。亦不傾側。身不猗[3)]臥。或興雲雨。雷電[4)]礔礰。[5)] 春秋冬夏。菩薩嘿[6)]坐。值此衆難。未曾擧手。以自障弊。[7)] 乃至聚落男女大小。擔薪負草。過邊興塵。不以爲患。無所汚難。[8)] 是爲示有塵垢。

1) ⑲ '低'는 미노부문고본에 확연히 나타난다. 그러므로 □는 삭제해야 한다. 2) ㉑ 『普曜經』에 따르면 '伸低'는 '申俯'이다. ㉑ 『大正藏』 미주에 따르면 전자는 송본·원본·명본과 일치하기 때문에 어느 것이 옳은지는 확정할 수 없다. 문맥상 전자가 옳은 것 같다. 3) ㉑ 『普曜經』에 따르면 '猗'는 '倚'이다. ㉑ 『大正藏』 미주에 따르면 전자는 송본과 일치하기 때문에 어느 것이 옳은지는 확정할 수 없다. 문맥상 후자가 옳은 것 같다. 4) ㉑ 『普曜經』에 따르면 '雷電'은 '電雷'이다. ㉑ 『大正藏』 미주에 따르면 전자는 송본·원본·명본과 일치하기 때문에 어느 것이 옳은지는 확정할 수 없다. 문맥상 전자가 옳은 것 같다. 5) ㉑ 『普曜經』에 따르면 '礔礰'은 '霹靂'이다. 6) ㉑ 『普曜經』에 따르면 '嘿'은 '默'이다. 7) ㉑ 『普曜經』에 따르면 '弊'는 '蔽'이다. 8) ㉑ 축법호竺法護 역 『普曜經』 권5(T3, 511a19).

"금류에 몸을 씻으니 하늘이 나뭇가지를 당겨서 드리웠고 이것을 부여잡고 연못에서 나왔다."라는 것은 다음과 같다.

---

172 『普曜經』 권5(T3, 511a).

(『보요경』에서) "보살은 6년 동안 고행하기를 마치고 나서 마음속으로 생각하였다. '비록 신통력이 있고 성스럽고 밝은 지혜의 힘을 지녔다고 할지라도 지금 내가 이렇게 여위고 마른 몸으로 불수佛樹[173]에 간다면 장차 후세에 변두리에 있는 여러 나라에서 「굶어야 도를 얻는 것인가?」라고 하면서 비난하는 이가 있지 않겠는가? 나는 차라리 부드러운 음식을 먹고 본래대로 그 몸을 회복하여 기력을 갖추는 것이 좋겠다. 그렇게 한 후에 바로 가서 그 나무 아래에 가서 불도를 이루어야겠다.'"[174]라고 하고, (『보요경』에서) "바로 신통력으로 강가로 가서 갑자기 모습을 나타내고 그 습속에 따라 물에 들어가 목욕하는 모습을 나타내 보였다. 그때 8만 명의 천자가 각각 나뭇가지를 당겨 보살에게 공양하였고 가지를 잡아당기며 나와서 강가에 머물렀다. 그 몸은 가볍고 편안하며 청정하여 아무런 때가 없었다. 보살은 전일한 모습으로 머물렀다. 그때 이구광離垢光이라는 도술천兜術天의 천자가 천의天衣로 만든 가사袈裟인 승가리를 가지고 사문의 형상으로 변화하여 보살에게 받들어 올렸다. 이때 보살이 바로 이것을 받아서 입고 조용히 머물렀다. 강에 살고 있던 용龍의 아내가 땅에서 변화하여 나타나 미묘한 평상을 보살에게 바쳤고 보살이 바로 앉았다. 수사만가修舍慢加[175]라는 마을의 장자의 딸이 범지梵志들과 함께 보살의 처소로 와서 머리를 숙여 발에 대고 오른쪽으로 세 번 돌고 나서는 빈건賓乾[176]에 담긴 물을 보살의 손에 붓고 맛있는 우유죽을 바쳤다. 보살

---

173 불수佛樹 : ⓢ bodhi-druma의 의역어. 보리수菩提樹·도량수道場樹·원길수元吉樹 등이라고도 한다. 부처님께서 깨달음을 얻은 곳에 있던 나무를 달리 일컫는 말이다.
174 『普曜經』 권5(T3, 511c).
175 수사만가修舍慢加 : 고행을 마친 싯다르타 태자에게 우유죽을 바친 사람들이 살던 마을의 이름. 의역어는 평체不體이다.
176 빈건賓乾 : 무엇을 가리키는 것인지 무슨 뜻인지 확정하기 어렵다. 다만 『普曜經』 권5(T3, 512a)에서 "그때 장자의 딸이 천신의 말을 듣고 바로 우유죽을 금발우에 가득 담고 손에 빈건을 쥐고 800명의 범지와 함께 모두 니련하의 강가로 갔다.(時長者女。聞天神言。即取乳糜。盛滿金鉢。手執賓乾。與八百梵志。俱往尼連水邊。)"라고 한 것에 따

이 받아서 먹고 기력을 충전하고 미련 없이 금발우를 가져다 강물에 던졌다."¹⁷⁷라고 하였다.

이것을 일러 "금류에 몸을 씻으니" 등이라고 한 것이다. 또 앞의 글에 준하면 보살이 처음 출가할 때에는 사냥꾼에게 가서 가사를 바꾸어 입었고[178] 성불하려고 할 때에는 도솔천의 천자가 가사를 주었다.

沐浴金流因按樹枝得攀出池者。菩薩苦行。竟六年已。心自念言。雖有神通聖明惠[1]力。今吾以是羸瘦之體。往詣佛樹。將無後世。邊地諸國。有譏者乎。謂餓得道。吾身寧可。服柔濡[2]食。平復其體。使有勢力。然復[3]乃往。至其樹下。能成佛道。[4] 即以神力。還江水邊。忽然而度。隨其習俗。示現入水。而自洗浴。時四萬天子。各按樹枝。困養菩薩。牽枝出在岸邊。其身輕便。清淨無垢。菩薩適住。時兜率[5]天子。名[6]離垢光。尋取天衣袈裟僧迦梨。[7]化沙門形。奉上菩薩。於時菩薩。即取置之。靜然而住。注[8]水龍妻。從地化出。以微妙床。量[9]進菩薩。即坐。修舍慢伽持[10]落長者女。與諸梵志。詣菩薩所。稽首足下右遶三匝。以賓乾水。灌菩薩手。以美乳■[11]進奉上之。菩薩受食。氣力得死。[12] 心無所應。[13] 持金鉢。投之法[14]水。[15] 是謂洛[16]金流等。又准上文。菩薩利[17]出家時。從獵師邊資[18]袈裟。將成佛時。兜率天子。授袈裟也。

1) 원『普曜經』에 따르면 '惠'는 '慧'이다. 2) 원『普曜經』에 따르면 '濡'는 '軟'이다. 3) 원『普曜經』에 따르면 '復'는 '後'이다. 4) 원『普曜經』 권5(T3, 511c18). 5) 원『普曜經』에 따르면 '率'은 '術'이다. 6) 원『普曜經』에 따르면 '名'은 '號'이다. 7) 원『普曜經』에 따르면 '梨'는 '黎'이다. 역 전자는 『大正藏』에 수록된 『普曜經』 본문의 글자이고 후자는 그 미주에서 명본이라고 하였다. 지금까지 『大正藏』 본문을 원칙으로 교감하다가 이 부분에서만 미주를 들어서 교감한 이유는 알 수 없다. 또한 승가리를 승가려라고 한 용례는 찾을 수 없다. 문맥상 전자가 옳은 것 같다. 8) 원『普曜經』에 따르면 물을 담는 병인 것 같다.

177 『普曜經』 권5(T3, 512a).
178 앞에서 『修行本起經』을 인용한 것을 참조할 것.

면 '注'는 '江'이다. 9) ⑭『普曜經』에 따르면 '量'은 '貢'이다. 10) ⑭『普曜經』에 따르면 '伽持'는 '加村'이다. 11) ⑭『普曜經』에 따르면 '■'는 '麋'이다. 12) ⑭『普曜經』에 따르면 '死'는 '充'이다. 13) ⑭『普曜經』에 따르면 '應'은 '戀'이다. 14) ⑭『普曜經』에 따르면 '法'은 '江'이다. 15) ⑭『普曜經』 권5(T3, 512a13). 16) ⑭『無量壽經』에 따르면 '洛'은 '浴'이다. 17) ㉟ '利'는 '初'인 것 같다. 18) ㉟ '資'는 '賢'인 것 같다.

"신령스러운 새가 보좌하며 따르는 가운데 나아가 도량에 이르렀다."라는 것은 바로 도착한 것이다.

(『보요경』에서) "보살은 음식을 먹고 나서 시방의 중생을 불쌍하게 여겨 위험에서 구제하려고 하였다. 나무 아래 앉아 불도를 이루는 모습을 나타내어 중생을 제도하여 해탈하게 하려고 하였다. 시방세계의 여러 부처님이 모두 위의를 변화시킨 모습을 보여 그 상서로운 감응을 나타내었다. 500마리의 변화한 새가 저절로 와서 나타나고 그 처소에 와서 보살의 몸을 에워싸고 슬픈 소리를 내며 그 과거세에 행한 한량없이 쌓은 공덕을 찬탄하였으니 모든 중생을 위하셨기 때문이다. 다섯 가지 취(五趣)를 교화하고자 하기 때문에 500마리의 새를 나타내었으니, 다섯 가지 음(五陰)을 떠나고 다섯 가지 개(五蓋)[179]를 제거하며 다섯 가지 도(五道)[180]의 행(行)을 뿌리 뽑고 다섯 가지 신통(五神通)을 얻게 하려는 것이었다. 다섯으로 이루어진 다섯 가지의 일, 곧 25가지의 일을 교화하여 번뇌를 제거하게 하려고 하였다."[181]라고 하였다.【『대경초』 권1 ·『습유초』 권상 ·『무량수경술의기권제일』】

靈禽翼從往詣道場者。此正詣也。菩薩飲[1)]食已竟。[2)] 愍念十方救濟危厄。

---

179 다섯 가지 개(五蓋) : 심성心性을 가리워 선법이 일어나지 못하게 하는 다섯 가지 번뇌. 탐욕개貪欲蓋 · 진에개瞋恚蓋 · 혼면개惛眠蓋 · 도회개掉悔蓋 · 의개疑蓋를 가리킨다.
180 다섯 가지 도(五道) : 윤회의 세계를 다섯 가지 범주로 분류한 것. 지옥 · 축생 · 아귀 · 인도 · 천도를 가리킨다. 여기에 아수라를 더하여 여섯 가지 범주로 분류하기도 한다.
181 『普曜經』 권5(T3, 512c).

欲坐樹下。現成佛道。度脫衆生。十方諸佛。咸示威變。顯其瑞應。五百化鳥。自然來現。往詣其所。遶菩薩身。暢悲和³⁾音。顯其宿世所行無量積功累⁴⁾德。爲一切故。欲化五趣。令因五陰。消除五蓋。救⁵⁾五道行。五⁶⁾神通。化去五五廿五事。⁷⁾故現五百。⁸⁾·⁹⁾【大經鈔一·拾遺抄上·無量壽經述記卷第一】

1) 麗『普曜經』에 따르면 '飮'은 '飯'이다. 2) 麗『普曜經』에 따르면 '竟'은 '充'이다. 3) 麗『普曜經』에 따르면 '和'는 '哀'이다. 永 '和'는 미노부문고본에 그 글자가 선명하게 드러난다. 따라서 □는 삭제해야 한다. 4) 麗『普曜經』에 따르면 '功累'는 '累功'이다. 5) 麗『普曜經』에 따르면 '救'는 '拔'이다. 6) 麗『普曜經』에 따르면 '五' 앞에 '逮'가 누락되었다. 7) 麗『普曜經』 권5(T3, 512c6). 8) 永『普曜經』에 따르면 '故現五百'은 앞의 '趣' 뒤에 들어가야 한다. 9) 永 '咸百年時……故現五百'은 미나미본을 삽입한 것이다.

경 길상吉祥이라는 사람을 만나 징조를 감응하고 앞으로 이루게 될 공덕과 복덕을 나타내었다.¹⁸² 불쌍히 여기는 마음으로 그가 바친 풀을 받아 불수佛樹 아래 펼치고 가부좌를 하고 앉았다. 큰 광명을 떨쳐 마구니가 알아차리게 하니 마구니가 관속官屬을 이끌고 와서 핍박하며 시험하였지만 바른 지혜와 신통력으로 제압하여 모두 항복시키고 미묘한 법을 얻고 최정각最正覺을 이루었다.

吉祥感徵。表章功祚。哀受施草。敷佛樹下。跏趺而坐。奮大光明。使魔知之。魔率官屬。而來逼試。制以智力。皆令降伏。得微妙法。成最正覺。

182 혜원이『無量壽經義疏』권상(T37, 96a)에서 "세 번째 단락에서 처음은 길상을 보고 상서로운 징조로 삼았다. 길상이라는 사람은 풀을 베는 사람이다. 경에서 또한 길안吉安이라고도 하였다. '안安'과 '상祥'은 뜻이 같다. 부처님께서 장차 불도를 이루려고 할 때 이 사람을 보고 상서로운 징조로 삼음으로써 자신이 반드시 길상과를 이룰 것을 알았으니, 그러므로 '길상을 보고 상서로운 징조를 감응하고'라고 하였다. 바로 이 사람으로 자신이 이룰 공덕과 복덕을 나타내었으니, 그러므로 '공덕과 복덕을 나타내었다.'라고 하였다.(第三段中。初感吉祥。而爲徵瑞。其吉祥者。是刈草人。經中亦名爲吉安也。安祥義同。佛將成道。感見此人。而爲徵瑞。知己定當成吉祥果。是故名爲吉祥感徵。卽以此人。表己所成功果福祚。是故名爲表彰功祚。)"라고 한 것을 참조하여 풀었다.

기 경에서 "길상이라는 사람을 만나 징조를 감응하고……최정각을 이루었다."라고 한 것에 대해 서술하여 말한다. 이것은 곧 여덟 번째로 정각을 이룬 것이다. 여기에 세 가지가 있다. 첫째는 도량에 앉은 것이고 둘째는 마구니의 군대를 항복시킨 것이며 셋째는 정각을 이룬 것이다.

經吉祥感徵乃至成正覺。述曰。此即第八成正覺也。於中有三。一坐道場。二降魔軍。三成正覺。

"길상이라는 사람을 만나 징조를 감응하고 앞으로 이루게 될 공덕과 복덕을 나타내었다."라는 것은 다음과 같다.

(『보요경』에서) "이에 보살은 스스로 생각하였다. '과거의 부처님들께서는 어떤 자리에 앉아서 위없는 바르고 진실한 도를 증득하신 것일까?' 또다시 생각하였다. '과거의 모든 부처님께서는 풀로 만든 자리에 앉아 최정각을 이루셨다.' 허공의 여러 하늘이 보살의 마음을 알고 즉시 대답하였다. '큰 성인의 뜻처럼 과거에도 그러하여 모두 풀로 만든 자리에 앉아 최정각을 이루셨습니다.' 그때 보살은 오른쪽 길가에서 길상이라는 사람이 싱싱하고 푸른 풀을 베는 것을 보았다. 그 풀은 부드럽고 윤기가 흐르며 가지런하고 흩어지지 않아서 천의天衣처럼 뛰어났다. 그때 보살이 보고 바로 길을 건너 길상에게 가서 자애롭고 온화한 마음으로 함께 대화하면서 말하였다.[183] '나는 풀을 얻으려고 합니다. 길상이여, 나에게 주시오. 오늘 삿된 힘을 항복시키고 위없는 깨달음을 이루고자 합니다.'[184] 길상이 맑고 온화한 말씀을 듣고 뛸 듯이 기뻐하며 부드러운 풀을 바쳐 큰 공덕과 복덕을 얻어 무극無極(열반)의 세계로 건너갈 단서를 일으켰

---

[183] 『普曜經』 권5(T3, 514c).
[184] 『普曜經』 권5(T3, 514c).

다.[185] 풀로 만든 자리를 보시하자마자 대지가 크게 진동하고 하늘은 허공에서 모두 함께 합장하면서 찬탄하여 말하였다. '오늘 마구니와 그 관속의 힘을 항복시키고 감로와 같이 위없고 바르며 진실한 도를 이룰 것입니다.'[186]라고 하였다.

이것을 일러 "징조를 감응하고 앞으로 이루게 될 공덕과 복덕을 나타내었다."라고 한 것이다. "감응"이라는 말은 움직이는 것이고 "징조"라는 말은 표징이다. 길상이라는 사람이 길상초를 바치고 보살의 징험을 감동한 것을 말한다.

吉祥感徵表章功祚者。於是[1]菩薩[2]自念言。過[3]去諸佛。坐於草蓐。[4]成[5]最正覺。[6]復更念言。過去諸佛。坐於草蓐。成最正覺。虛空諸天。覩菩薩心。即時報言。如大聖教。[7]過去如來。[8]皆坐草蓐。成最正覺。[9]於時菩薩。見路右邊。有一人。名曰吉祥。又[10]生青草。柔濡[11]滑澤。整齊不亂。好若天衣。時菩薩見。即便越道。詣吉祥所。以慈和心。與共談語。而謂之言。[12]吾欲得草。吉祥與我。今日欲得。當伏邪力。成無上覺。[13]吉祥。聞說清和之辭。歡喜踊躍。圉柔濡[14]茵。[15]與[16]大功祚。度於無極。[17]適施草坐。地則大動。天在虛空。圉共合掌。今[18]歎曰。魔[19]及官屬力。乃逮甘呂[20]無上正眞。[21]是謂感徵表功祚也。感之言動。徵之言驗。謂吉祥人。奉吉祥草。感動菩薩之徵驗也。

---
1) ㉵ '吉祥感徵表章功祚者於是'는 미나미본을 삽입한 것이다. 2) ㉵ 미나미본에 따르면 '薩' 뒤에 '心'이 누락되었다. 『普曜經』에 따르면 '心'이 들어가는 것이 맞다. 3) ㉵ 미나미본에 따르면 '過' 앞에 '諸'가 누락되었다. 『普曜經』에 따르면 '諸'가 들어가는 것이 맞다. 4) ㉵ 미나미본에 따르면 '坐於草蓐'은 '爲在何坐'이다. 『普曜經』에 따르면 후자가 맞다. 5) ㉵ 미나미본에 따르면 '成' 앞에 '得'이 누락되었다. 6) ㉵ 미나미본에 따르면 '最正覺'은 '無上正眞道乎'이다. 『普曜經』에 따르면 후자가 맞다. 7) ㉚ 『普曜經』에 따르면 '教'는 '意'이다. 8) ㉚ 『普曜經』에 따르면 '來'는 '是'이다.

---
185 『普曜經』 권5(T3, 515a).
186 『普曜經』 권5(T3, 515a).

㈐『大正藏』 미주에 따르면 송본·원본·명본에서는 '來'라고 하였다. 따라서 어느 글자가 옳은지는 확정할 수 없다. 문맥상 '來'인 것 같다. 9) '復更念言……最正覺'은 미나미본을 삽입한 것이다. 에타니본에서는 '乃至'라고 하여 생략하였다. 10) ㉰『普曜經』에 따르면 '又'는 '刈'이다. ㈐『大正藏』 미주에 따르면 송본에서는 '又'라고 하였다. 따라서 어느 글자가 옳은지는 확정할 수 없다. 문맥상 '刈'인 것 같다. 11) ㉰『普曜經』에 따르면 '濡'는 '軟'이다. 12) ㉰『普曜經』 권5(T3, 514c12). 13) ㉰『普曜經』 권5(T3, 514c28). 14) ㉰『普曜經』에 따르면 '濡'는 '軟'이다. ㉠에타니본에 따르면 '濡'는 '輭'이다. 15) ㉠에타니본에서는 '又生靑……囶柔濡(軟)囸'를 '菩薩詣吉祥所而謂之言吾欲得草吉祥與我吉祥歡喜奉柔輭草'라고 요약하였다. 따라서 미나미본으로 교체하였다. 이하 동일한 원칙을 적용한다. 16) ㉰『普曜經』에 따르면 '與'는 '輿'이다. 17) ㉰『普曜經』 권5(T3, 515a3). 18) ㉰『普曜經』에 따르면 '今'은 연자이다. 19) ㉰『普曜經』에 따르면 '魔' 앞에 '今日降'이 누락되었다. 20) ㉰『普曜經』에 따르면 '呂'는 '露'이다. 21) ㉰『普曜經』 권5(T3, 515a10).

"공덕과 복덕을 나타내었다."라는 것은 보살이 오늘 이룰 공덕과 복덕을 나타낸 것이다. 혹은 자신이 미래세에 이룰 공덕과 복덕을 나타낸 것일 수도 있다. 그러므로 그 동자가 풀로 만든 자리를 바치고 나서 바로 서원을 일으켜 말하기를 "저는 감로와 같은 열반을 성취할 것이니 길상하게 자리를 바쳤기 때문입니다. 불도를 얻을 것이니 풀을 바쳤기 때문입니다."[187]라고 하였다. 또 다른 사람의 공덕과 복덕을 나타낸 것일 수도 있다. 그러므로 "도량에 이르면 다른 사람을 가르쳐 끝내 서원한 것을 얻게 할 것입니다. 제가 성불하여 감로법을 분별하여 설할 것이니 미래에 법을 듣고 최고의 현인과 성인의 지위에 이를 것을 알게 할 것입니다."[188]라고 하였다.

또 『수행본기경』에서 "동자가 게송으로 물었다. '성왕의 지위를 버리고 일곱 가지 보배와 옥녀玉女와 처妻도 버리며 금은으로 만든 평상과 걸상도 버리고 모직과 비단에 수를 놓아 만든 침구도 버리셨네. 파랑새처럼 애절한 소리 팔부八部의 참된 음성이니 범천梵天을 훨씬 넘어서는데 지금

---

187 『普曜經』 권5(T3, 515a).
188 『普曜經』 권5(T3, 515a).

보잘것없는 풀로 무엇을 하시렵니까?' 보살이 게송으로 답하였다. '소원을 일으켜 아승기겁 동안 오도五道에 윤회하는 중생을 제도하려 하였네. 이제 가서 본래의 서원을 원만하게 이루려고 하여 풀을 얻으려고 하네. 그대가 헝클어진 풀을 주면 바로 가지고 수왕樹王이 있는 곳으로 갈 것이네. 세간의 뜻 모두 어지러우니 내가 그 뜻을 바르게 할 것이네.'"[189]라고 하였다.

> 表章功祚者。謂表章於菩薩。今日所成功祚。或表章於自己。當來所成功祚。故彼童子。奉草坐已。便發願言。吾成甘呂,[1] 吉祥施草。[2] 當得佛道。用施草故。[3] 又亦表章餘人功祚。由是故言。若至道場。當敎餘人。果得所願。知吾得佛。分別甘呂。[4] 當來聽法。逮賢聖地。[5]·[6] 又本起經。童子偈問。以棄聖王位。七寶玉女妻。金銀之林楡。[7] 氍氀錦繡辱。[8] 羯律鳥哀[9]聲。八部眞音響。超越過梵天。今用芻草爲。菩薩偈答。發願阿僧祇。欲度五道人。今往滿本願。是故欲得茔。人與把亂草。便持向樹王。世間意皆亂。我當正其志。[10]

1) 웡『普曜經』에 따르면 '呂'는 '露'이다.   2) 웡『普曜經』에 따르면 '草'는 '座'이다. 3) 웡『普曜經』 권5(T3, 515a6). 옉 '515a6'은 '515a5'로 바꾸어야 한다.   4) 웡『普曜經』에 따르면 '呂'는 '露'이다.   5) 웡『普曜經』에 따르면 '賢聖地'는 '最賢聖'이다.   6) 웡『普曜經』 권5(T3, 515a8).   7) 웡『修行本起經』에 따르면 '林楡'는 '床榻'이다.   8) 웡『修行本起經』에 따르면 '辱'은 '褥'이다.   9) 웡『修行本起經』에 따르면 '羯律鳥哀'는 '吉祥哀樂'이다.   옉『大正藏』 미주에 따르면 송본·원본·명본에서는 '鶏鵩鳥哀'라고 하였다. 그러므로 '羯律'은 '鶏鵩'의 오류일 수도 있다. 현재 어느 것이 옳은지는 확정할 수 없다. 문맥상 전자를 따랐다.   10) 웡『修行本起經』 권하(T3, 470b3).

"불수佛樹 아래 펼치고"라는 것은 원길수元吉樹는 모든 나무의 왕이어서 보시한 풀을 이 나무 아래 펼치고 앉았으니 이것은 불수를 얻은 것이다.

189『修行本起經』 권하(T3, 470b).

敷佛樹下者。如無[1]吉樹等。衆樹中王。以所施草。敷此樹下坐。此得佛樹。

1) ㉠ '無'는 '元'인 것 같다. 미노부문고본에도 역시 '元'이라고 하였다. 미나미본의 오류인 것 같다.

"가부좌를 하고 앉았다."라는 것은 『대지도론』에서 "問 좌법은 여러 가지가 있는데 부처님께서는 무엇 때문에 오직 결가부좌를 하고 앉으셨는가? 答 모든 좌법 가운데 결가부좌는 가장 편안하여 지나치게 피로해지지 않는다. 이것은 좌선하는 사람의 좌법이다. 손과 발을 거두어 지니면 마음도 흩어지지 않는다. 또 일체의 몸으로 행하는 네 가지 위의 중 가장 편안하다. 이것은 선정의 좌법이고 도법道法을 취하는 좌법이다. 마왕이 이것을 보면 그 마음에 근심과 두려움이 일어난다. 이와 같이 앉는 것은 출가인의 법도이다. 숲의 나무 아래 결가부좌를 하고 앉으면 모든 사람이 보고 크게 즐거워하며 이 도인이 반드시 도를 취할 것임을 안다. (다음에) 게송으로 설한 것과 같다. '결가부좌를 하고 앉으면 몸이 편안해지며 삼매에 들어가니 위엄과 덕망을 사람들이 공경하고 우러름이 해가 세상을 비추는 것과 같네. 졸음과 게으름과 선법을 가린 번뇌의 마음을 제거하고 몸은 가벼워져 피로하여 느슨해지는 일이 없으며 깨어나도 또한 몸이 가볍고 편안하니 용이 서리어 있는 것처럼 편안하게 앉아 있네. 결가부좌를 하고 앉은 그림만 보아도 마왕이 또한 두려워하니 하물며 도에 들어간 사람이 편안히 앉아 동요하지 않음에랴.'"[190]라고 하였고, (『대지도론』에서) 또 말하기를 "외도의 무리는 혹은 항상 한 발로 서고 혹은 항상 서 있으며 혹은 발을 어깨에 걸쳐 멘다. 이와 같이 상식을 벗어난 행동을 하여 마음은 삿된 바다에 빠지고 형체는 편안하지 않다. 그러므로 부처님께서 제자를 가르쳐서 결가부좌하고 몸을 곧게 하여 앉게 하였다. 그 몸을 곧게 하

190 『大智度論』 권7(T25, 111b).

여 앉으면 마음이 나태해지지 않으니 마음을 바르게 하고 뜻을 바르게 하여 마음을 바로 앞에 묶어 두고 만약 마음이 달아나 산만해지면 거두어 돌아가게 한다. 여러 가지 치달리는 생각을 모두 역시 거두어들이니 이와 같이 마음을 묶어 두어 삼매왕삼매三昧王三昧에 들어간다."[191]라고 하였다.

그러므로 가르쳐서 결가부좌를 하고 앉게 하였다. 보살이 오늘 정각을 취하고자 하였기 때문에 나무 아래에서 결가부좌를 하고 앉은 것이다.

跏趺而坐者。䨱度。問曰。多有坐法。何[1]故唯用結跏[2]趺坐。答曰。諸坐法中。結跏[3]趺坐。最安隱不疲極。此是坐禪人坐法。攝持手足。心亦不散。又於一切身[4]四威[5]儀中。最爲安隱。此是禪坐。取道法坐。魔王見之。其心憂怖。如此[6]坐者。出家人法。在林樹下。結跏[7]趺坐。衆人見之。皆大歡喜。知此道人。必當取道。如偈說。若結跏[8]趺坐。身安入三昧。威德人敬禮[9]。如日照天下。除睡嬾覆心。身輕不疲寄[10]。覺悟亦輕便。安坐如龍蟠。見書[11]跏[12]趺坐。魔王亦壞[13]怖。何況入道人。安坐不傾動[14]。又外道輩。或常翹足。或常立。或荷足。如是狂■[15]。心浮[16]邪海。形不安穩。是故佛教弟子。結跏[17]趺坐。身[18]坐。其身直坐。則心不嬾。踹[19]而[20]意。繋念在䨱。若心馳散。攝之念[21]還。種種馳念。皆亦攝之。如此斂念。□[22]入三昧[23]·[24]。是故教令結跏趺坐。菩薩今日。欲取正覺。故於樹下。加趺而坐。

1) ⓨ『大智度論』에 따르면 '何' 앞에 '佛'이 누락되고 뒤에 '以'가 누락되었다. 2) ⓦ『大智度論』에 따르면 '跏'는 '加'이다. ⓨ『大正藏』 미주에 따르면 송본에서는 '跏'라고 하였다. 그러므로 어느 것이 옳은지는 확정할 수 없다. 다만 일반적 용법에 의거하여 '跏'를 택하였다. 이하 동일하다. 3) ⓦ『大智度論』에 따르면 '跏'는 '加'이다. 4) ⓨ『大智度論』에 따르면 '身'은 연자이다. 5) ⓦ『大智度論』에 따르면 '威'는 '種身'이다. 6) ⓦ『大智度論』에 따르면 '此'는 '是'이다. ⓨ『大正藏』 미주에 따르면 송본·원본·명본·궁본·성본·석본에서는 '此'라고 하였다. 그러므로 어느 것이 옳은지는 확정할 수 없다. 7) ⓦ『大智度論』에 따르면 '跏'는 '加'이다. 8) ⓦ『大智度論』에 따르면 '跏'는 '加'이다. 9) ⓦ『大智度論』에 따르면 '禮'는 '仰'이다. 10) ⓦ『大智度論』에

---

191 『大智度論』 권7(T 25, 111b).

따르면 '㝛'는 '懈'이다. ㉭『大正藏』 미주에 따르면 성본에서는 '㝛'라고 하였다. 따라서 어느 것이 옳은지는 확정할 수 없다. 문맥상 '懈'인 것 같다. 11) ㉮『大智度論』에 따르면 '書'는 '畫'이다. ㉭『大正藏』 미주에 따르면 성본에서는 '晝'라고 하였다. 그러므로 '書'는 '畫'의 오자일 수도 있으며, '晝'와 '畫' 중 어느 것이 옳은지는 확정할 수 없다. 다만 문맥상 '晝'인 것 같다. 12) ㉮『大智度論』에 따르면 '跡'는 '加'이다. 13) ㉮『大智度論』에 따르면 '壞'는 '愁'이다. ㉭『大正藏』 미주에 따르면 성본에서는 '懷'라고 하였다. 그러므로 '壞'는 '懷'의 오자일 수도 있다. 이 경우 '懷'와 '愁' 중 어느 것이 옳은지는 확정할 수 없다. 미나미본의 글자에 준하면 '懷'가 맞는 것 같다. 14) ㉮ 용수龍樹 저 구마라집 역『大智度論』 권7(T25, 111b8). 15) ㉮『大智度論』에 따르면 '■'는 '狷'이다. 16) ㉮『大智度論』에 따르면 '浮'는 '没'이다. 17) ㉮『大智度論』에 따르면 '跡'는 '加'이다. 18) ㉭『大智度論』에 따르면 '身' 앞에 '直'이 누락되었다. 19) ㉮『大智度論』에 따르면 '踹'은 '端'이다. 20) ㉮『大智度論』에 따르면 '而'는 '心正'이다. 21) ㉮『大智度論』에 따르면 '念'은 '令'이다. 22) ㉭『大智度論』에 따르면 '□'는 연자이다. 23) ㉭『大智度論』에 따르면 '昧' 뒤에 '王三昧'가 누락되었다. 24) ㉮『大智度論』 권7(T 25, 111b23).

"큰 광명을 떨쳐 마구니가 알아차리게 하니"라는 것은 다음과 같다.

奮大光明使魔知之者。

『보요경』에서 말하였다.

普曜經云。

보살에게는 소마궁장消魔宮場이라는 광명이 있었다. 이 광명을 펼쳐서 삼천대천의 부처님 국토를 두루 비추어 이르지 않는 곳이 없었다. 마구니의 궁전에도 비추어 모두 덮어서 가려지게 하였다.
그 광명에서 마왕 파순으로 하여금 이러한 상교像敎를 듣게 하였다.
"매우 청정한 분께서는 헤아릴 수 없는 겁부터 공덕을 쌓아 나라를 버리고 왕의 자리도 버렸네. 중생을 불쌍히 여기고 바르고 참된 도리를 얻으려는 마음으로 감로甘露를 얻고자 불수 아래 앉아 자신을 이미 제도하셨고 다른 사람을 제도하여 남은 이가 없게 할 것이네. 그대의 세계를 비우고 그대의 목을 묶어 세력을 없애고 온갖 권속을 잃게 할 것이네."

그때 마왕 파순은 이 게송의 가르침을 듣고 잠결에 꿈속에서 32가지의 변화가 일어나는 것을 보았다.[192]

그때 두려운 마음으로 온몸의 털이 곤두서서 대신大臣과 병사들을 불러 모았다. 마구니 가운데 사자안師子安이라는 지혜로운 신하가 있었다. 왕이 이 대신과 모인 사람들에게 물었다.[193]

"꿈꾼 일이 그대로 일어난다면 어떤 방편으로 그 경로를 끊어서 일어나지 못하게 할 수 있겠는가? 많은 병사를 이끌고 가서 항복시킬 것이다."[194]

菩薩有光明。名消魔官[1]場。演斯光明。普照三千大千佛國。靡不周遍。耀[2]魔宮殿。皆便[3]覆■。[4] 從其光明。便[5]魔波旬。聞此像敎。大淸淨土。[6] 從無數劫。積功累德。棄國捐王。愍哀正眞。欲成甘呂。[7] 在佛樹下。己身已度。當度餘人。令無有餘。當空汝界。加縛卿頸。使無勢力。失衆眷屬。時魔波旬。是[8]頌敎。臥寐夢中。見三十二反。[9]·[10] 時起心怖。衣毛爲竪。召會大臣及諸兵衆。魔有智臣。名師子安。王問大[11]臣及諸會者。[12] 如所夢事。以何方便。斷其住[13]路。令不成就。以大兵衆。而往伏之。[14]

1) 원『普曜經』에 따르면 '官'은 '宮'이다. 2) 원『普曜經』에 따르면 '耀'는 '曜'이다. 3) 원『普曜經』에 따르면 '便'은 '使'이다. 4) 원『普曜經』에 따르면 '■'는 '蔽'이다. 5) 원『普曜經』에 따르면 '便'은 '使'이다. 6) 원『大正藏』미주에 따르면 송본·원본·명본에서는 '土'를 '士'라고 하였다. 후자를 따랐다. 7) 원『普曜經』에 따르면 '呂'는 '露'이다. 8) 역『普曜經』에 따르면 '是' 앞에 '聞'이 누락되었다. 9) 원『普曜經』에 따르면 '反'은 '變'이다. 10) 원『普曜經』권5(T3, 516c27). 11) 역『普曜經』에 따르면 '大' 앞에 '此'가 누락되었다. 12) 원『普曜經』권5(T3, 517b10). 역 '517b10'은

192 『普曜經』 권5(T3, 516c).
193 『普曜經』 권5(T3, 517b).
194 『普曜經』 권5(T3, 517b).

'517b11'의 오류이다. 13) ㉑『普曜經』에 따르면 '住'는 '徑'이다. 14) ㉑『普曜經』권 5(T3, 517b19).

(『보요경』에서) 마구니가 말한 것을 (서술하면 다음과 같다.) "【중략】모든 마구니의 아들로, 청백부淸白部¹⁹⁵와 또 흑명부黑冥部¹⁹⁶에 속하는 이들이 각각 게송으로 말하였다."¹⁹⁷

魔說乃至。一切魔子。有¹⁾淸白部。又嘿²⁾冥部。各各說偈。³⁾

1) ㉑『普曜經』에 따르면 '有'는 연자이다. 2) ㉑『普曜經』에 따르면 '嘿'은 '黑'이다.
3) ㉑『普曜經』권6(T3, 518b28). '권6'은 '권5'의 오류이다.

(『보요경』에서) 승부와 관련된 일을 논하고 나서¹⁹⁸ 말하였다.

論勝負事。

이에 파순은 마음이 어지럽고 두려움으로 낯빛이 변하였지만 굳건한 안색을 버리지 않고 물러나려 하지 않았기 때문에 거짓말을 하였다.
"내가 하는 일이 맞다."

---

195 청백부淸白部 : 마왕 파순의 천 명의 아들 중 보살에게 귀의한 500명의 아들을 가리킨다.
196 흑명부黑冥部 : 마왕 파순의 천 명의 아들 중 보살에게 귀의하지 않고 파순의 말을 따르는 500명의 아들을 가리킨다.
197 『普曜經』권5(T3, 518b). 이는 전후 문맥을 보충하면 "마왕의 천 명의 아들 중 500명은 보살에게 귀의하였는데 그 오른편에 서 있고 500명은 파순을 따랐는데 그 왼편에 서 있었다. 마구니 파순이 아들에게 어떻게 대책을 세워야 할 것인지를 물었는데 보살에게 귀의한 아들들은 보살을 항복시킬 수 없음을 말하였고 파순을 따르는 아들들은 보살을 쳐부술 것을 말하였다."라는 뜻이다.
198 현천賢天이라는 마구니의 장군이 게송을 설하여 결국 보살이 이기고 마구니가 패배할 것이라고 하면서 회군할 것을 권유한 것을 말한다.

(그리고) 그 병사의 무리에게 말하였다.

"그대들은 마음을 합쳐서 모두 함께 화합하라. (여러 하늘과 귀신들이) 보살을 핍박하여 제멋대로 하지 못하게 하고 있으니 함께 그를 항복시켜야 할 것이다. 그래야 이곳을 버리고 떠날 것이다."[199]

於是波旬。心中憒[1)]亂。恐怖色反[2)]。強顏不去。不欲退還。故說[3)]訛言。我所爲是。告其兵衆。卿等幷[4)]心。自[5)]共和同。逼迴菩薩。莫使縱逸。當共伏之。爾乃捨去。[6)]

1) ㉠『普曜經』에 따르면 '憒'은 '憤'이다. 2) ㉠『普曜經』에 따르면 '反'은 '變'이다. ㉡ '反'은 미노부문고본에서 그 글자가 뚜렷하다. 따라서 □는 삭제해야 한다. 3) ㉠『普曜經』에 따르면 '說'은 '作'이다. 4) ㉠『普曜經』에 따르면 '幷'은 '倂'이다. 5) ㉠『普曜經』에 따르면 '自'는 '皆'이다. 6) ㉠『普曜經』 권6(T3, 519a20).

(마구니왕 파순은) 사부四部의 병사(四部兵)[200]를 소집하였다. 그 18억의 무리가 각각 사자·곰 등으로 변화하고 이빨과 손톱과 발톱을 내밀며 산을 둘러메고 불을 토해 내며 천둥과 번개로 사방을 둘러싸며 창을 부여잡고 달려들었지만, 보살은 자애로운 마음으로 놀라지도 않고 두려워하지도 않으며 털끝 하나 움직이지 않으며 낯빛은 더욱 뛰어나게 빛났으므로 귀신인 병사들이 접근할 수 없었다. 마왕이 스스로 앞으로 나와 부처님과 서로 비난하며 물었다.

召四部兵。十八億衆。各各反[1)]爲師子熊等。齒牙爪距。擔山吐火。攜[2)]推[3)]戈矛。雷電四繞。[4)]菩薩慈[5)]不驚不怖。一毛不動。光顏益好。鬼兵不能得

---

199 『普曜經』 권6(T3, 519a).
200 사부四部의 병사(四部兵) : 고대 인도에서 전쟁할 때의 군대 조직을 통칭하는 말. 사병四兵·사군四軍 등이라고도 한다. 첫째, 상병象兵으로 4인 1조가 한 부대를 이룬다. 둘째, 마병馬兵으로 8인 1조가 한 부대를 이룬다. 셋째, 거병車兵으로 18인 1조가 한 부대를 이룬다. 넷째, 보병步兵으로 32인 1조가 한 부대를 이룬다.

近。魔王自前。與佛相難詰。

1) ㉑『普曜經』에 따르면 '反'은 '變'이다. 2) ㉑『普曜經』에 따르면 '攜'는 '繞攜'이다. ㉙ '繞'는 뒤에서 '雷電四繞'가 나오는데 이것을 '火' 뒤로 옮길 경우 중복되기 때문에 삭제해야 한다. 3) ㉑『普曜經』에 따르면 '推'는 '持'이다. ㉙『普曜經』 본문에 따르면 '攜推戈矛'는 '攜戈矛戟'이다. 그리고 그 미주에서 송본·원본·명본에 따르면 '攜持戈矛'라고 하였다. 그렇다면 미나미본은 이 부분에서는 미주에 따라 교감하였는데 그 이유는 알 수 없다. 번역은 미나미본의 교감주를 따랐다. 4) ㉙『普曜經』에 따르면 '雷電四繞'는 앞의 '火' 뒤에 두어야 한다. 5) ㉑『普曜經』에 따르면 '慈' 뒤에 '心'이 누락되었다.

그가 말하였다.

其辭曰。

비구여, 나무 아래 앉아 무엇을 구하는가?
우거진 숲에서 독기 서린 짐승 속에 있는 것을 즐기는 것인가?
두려워할 만한 구름이 일어나고 하늘은 어두워지고
하늘의 귀신이 주위를 둘러싸고 있는데 겁나지 않는가?[201]

比丘何求坐樹下。樂於林藪毒狩[1)]間。
雲起可畏窈冥。[2)] 天鬼圍繞不以驚。[3)]

1) ㉑『普曜經』에 따르면 '狩'는 '獸'이다. 2) ㉙『普曜經』에 따르면 '冥' 앞에 '冥'이 누락되었다. 3) ㉑『普曜經』 권6(T3, 521a24).

보살이 대답하였다.

菩薩答。[1)]

---

[201] 『普曜經』 권6(T3, 521a).

1) ㉠ '菩薩答'은 『普曜經』에는 나오지 않는다. 의적이 하나로 이어진 게송에 대해 그 주체를 밝히기 위해 집어넣은 것이다. 뒤에 나오는 '魔王云'도 동일하다. 이하 별도로 밝히지 않는다.

    옛날 부처님께서 행한 참된 도가 있으니
    무명을 제거하여 욕심 없고 깨끗하여 두려움이 없다네.[202]
    가장 뛰어난 법을 마음에 가득 담았으니
    나는 이 자리에서 얻어 마왕을 무너뜨리리.[203]

古有眞道佛所行。澹泊不[1)]畏除無明。
其成最勝[2)]滿藏。吾求斯坐決魔王。[3)]

1) ㉡ 『普曜經』에 따르면 '不'은 '無'이다.　2) ㉠ 『普曜經』에 따르면 '勝' 뒤에 '法'이 누락되었다.　3) ㉡ 『普曜經』 권6(T3, 521b7).

    마왕이 말하였다.

魔王云。

    그대가 금륜왕金輪王[204]이 되어
    일곱 가지 보배[205]가 저절로 이르러 사방을 다스리면
    누리는 오욕五欲 가장 뛰어나 견줄 것 없을 것이네.

202 『普曜經』 권6(T3, 521b).
203 『普曜經』 권6(T3, 521b).
204 금륜왕金輪王 : 네 부류의 전륜성왕 중 가장 뛰어난 왕. 금륜을 지니고 사주四洲를 다스린다.
205 일곱 가지 보배(七寶) : 전륜성왕의 통치를 돕는 일곱 가지 보배를 가리키는 말. 일곱 가지는 윤보輪寶 · 상보象寶 · 마보馬寶 · 주보珠寶 · 여보女寶 · 거사보居士寶 · 주병신보主兵臣寶이다.

이곳에는 도가 없으니 일어나 궁전으로 돌아가라.²⁰⁶

汝當作王¹⁾金輪。七寶自至典四方。
所受五欲最無比。斯處無道起入宮。²⁾

1) ㉠『普曜經』에 따르면 '王' 뒤에 '轉'이 누락되었다.　2) ㉘『普曜經』 권6(T3, 521b9).

보살이 답하였다.

菩薩答。

나는 욕망의 왕성함을 불에 달궈진 구리를 삼킨 것처럼 여기고
침을 뱉듯이 나라를 버려 탐내는 것이 없네.
왕의 지위 얻어도 또한 늙고 죽는 근심은 사라지지 않네.
이렇게 이익이 없는 것 버렸으니 허망한 말일랑 하지 말라.²⁰⁷

五¹⁾覩欲盛吞火銅。棄國如唾無所貪。
得王亦有老死憂。去此無利勿妄談。²⁾

1) ㉘『普曜經』에 따르면 '五'는 '吾'이다. 2) ㉘『普曜經』 권6(T3, 521b11).

마왕이 말하였다.

魔王云。

---

206 『普曜經』 권6(T3, 521b).
207 『普曜經』 권6(T3, 521b).

어째서 숲에 편안히 앉아서 큰소리치며

나라와 재물과 왕위를 다 버리고 텅 비고 한가한 곳이나 지키고 있는 것인가?

나와 사부의 병사를 보지 못하는 것인가?

상병, 마병, 보병 등이 18억 명이나 되거늘.

何安坐林圃大語。委國財位守空閑。

不見我與四部民。象馬步兵十八億。

원숭이와 사자의 얼굴이며

호랑이와 들소와 독사와 코끼리와 귀신의 형상을 나타내고

모두 칼을 쥐고 창을 잡은 채

날뛰고 으르렁거리며 허공을 가득 메우고 있거늘.[208]

以見獲猨[1]師子面。席[2]囧毒蛇象鬼形。

皆持刀劍攫戈矛。超[3]躍哮呼滿空[4]中。[5],[6]

1) ㉕『普曜經』에 따르면 '獲猨'은 '猨猴'이다. ㉓『大正藏』 미주에 따르면 송본·원본·명본에서는 '猴猨'이라고 하였다. 따라서 '獲'이 '猴'의 오자일 수도 있다. 어느 것이 옳은지는 확정할 수 없다. 2) ㉕『普曜經』에 따르면 '席'은 '虎'이다. 3) ㉕『普曜經』에 따르면 '超'는 '跳'이다. 4) ㉕『普曜經』에 따르면 '空'은 '虛'이다. ㉓『大正藏』 미주에 따르면 송본·원본·명본에서는 '空'이라고 하였다. 5) ㉕『普曜經』에 따르면 '中'은 '空'이다. ㉓『大正藏』 미주에 따르면 송본·원본·명본에서는 '中'이라고 하였다. 6) ㉕『普曜經』 권6(T3, 521b13).

보살이 답하였다.

---

208 『普曜經』 권6(T3, 521b).

菩薩答。

설령 또 억億·해姟²⁰⁹에 달하는 신들이 무기를 갖추고
마구니를 위해 그대가 온 것처럼 와서 여기에 모여
화살을 쏘고 칼을 휘두르며 불을 질러 비바람처럼 공격해도
성불하기 이전에는 끝내 일어나지 않으리.

設復億■¹⁾神武備。爲魔如汝來會此。
矢刃火次²⁾如風雨。不先得佛終不起。

1) 원『普曜經』에 따르면 '■'는 '姟'이다. 2) 원『普曜經』에 따르면 '次'는 '攻'이다.

마구니는 본래 나를 물러나게 할 것을 맹세하였고
나는 또한 헛되이 물러나지 않겠다고 서원하였네.
지금 그대가 복된 지위로 여기는 것이 어찌 부처님과 같겠는가?²¹⁰
이에 누가 승리할 것인지 알 수 있으리라.

魔有本意¹⁾令我退。吾亦自誓不虛還。
今汝福地何如佛。於是可知誰得勝。²⁾

1) 원『普曜經』에 따르면 '意'는 '要'이다. 2) 원『普曜經』 권6(T3, 521b17).

마왕이 말하였다.

---

209 억億·해姟: 두 가지 모두 수를 나타내는 단위. 그 수의 크기에 대해서는 확정된 설이 없다.『無量壽經連義述文贊』(H2, 244a)에서 "황제산법皇帝算法에 세 품이 있는데 그중 하나를 제시하면 다음과 같다. 10천억은 조兆이고 10천조는 경京이며, 10천경은 해姟이고 10천해는 자秭이며, 10천자는 필匹이고 10천필은 재載이다."라고 하였다.
210 『普曜經』 권6(T3, 521b).

魔王云。

> 나는 일찍이 한평생 즐겨 보시하였기에
> 여섯 번째 하늘(六天)²¹¹을 관장하는 마왕이 되었네.
> 비구여, 내가 과거에 행한 복된 행위를 알겠는가?
> 자칭 한량없다고 하는 그대의 복덕은 누가 증명할 것인가?

吾曾終身快布施。故典六天爲魔王。
比丘知我宿福行。自稱無量誰爲證。¹⁾

―――――
1) ㉚『普曜經』권6(T3, 521b21).

보살이 답하였다.

菩薩答。

> 옛날 나는 수행과 서원으로 정광불에게
> 석가문(釋迦文)이라는 부처가 될 것이라 수기를 받았네.
> 두려움이라는 상(相)이 다했기 때문에 여기에 앉았으니
> 뜻을 한 곳에 집중하여 반드시 그대의 군대를 해체하고 파괴하리라.

昔吾行願從椗¹⁾光。受莂爲佛釋迦牟。²⁾
怒³⁾畏想⁴⁾盡故坐斯。意定必解壞汝軍。

―――――
211 여섯 번째 하늘(六天) : 욕계에 속하는 여섯 하늘 중 가장 위의 하늘인 타화자재천(他化自在天)을 가리킨다. 마왕 파순이 이 하늘을 관장한다. 타화자재천이란 다른 하늘이 화작한 욕망의 경계를 빼앗아서 자신의 것으로 삼아 즐거움을 누리기 때문에 붙여진 이름이고, 육천이란 여섯 번째 하늘이라는 뜻에서 붙여진 이름이다.

1) ㉠『普曜經』에 따르면 '樴'은 '錠'이다.   2) ㉠『普曜經』에 따르면 '牟'는 '乎'이다.
㉡『普曜經』에 따르면 '牟'는 '文'이다.   3) ㉠『普曜經』에 따르면 '怒'는 '恐'이다.   4)
㉠『普曜經』에 따르면 '想'은 '相'이다.

나는 많은 부처님을 받들어 섬기고

재물과 보배와 옷과 음식을 항상 남에게 보시하였으며

어진 마음으로 계율을 지키며 덕을 쌓은 것은 땅보다 두텁네.

이로써 모든 상념에서 벗어나니 근심하고 걱정할 일 전혀 없다네.

我所奉¹⁾諸佛多。財寶衣食常施人。

仁戒積德厚於地。是以脫想無畏想²⁾無患難。

1) ㉡『普曜經』에 따르면 '奉' 뒤에 '事'가 누락되었다.   2) ㉡『普曜經』에 따르면 '無畏想'은 연자이다.

보살이 바로 지혜의 힘으로

손을 펼쳐 땅을 만지며 이것이 나를 알리라 말하였네.

바로 그때 온 땅이 우렛소리처럼 크게 흔들리고

마구니와 그 관속官屬은 거꾸로 떨어졌네.

菩薩即以智惠¹⁾力。申²⁾手按地是囧我。

應時普地斬³⁾大動。魔與官屬顚倒墮。

1) ㉡『普曜經』에 따르면 '惠'는 '慧'이다.   2) ㉠『普曜經』에 따르면 '申'은 '伸'이다.
3) ㉠『普曜經』에 따르면 '斬'은 '轟'이다. ㉡『大正藏』 미주에 따르면 원본·송본에서는 '斬'을 '軒'이라고 하였다. 따라서 '斬'은 '軒'의 오자일 수도 있다.

마왕은 패배하여 이익을 잃은 것을 슬퍼하며

정신이 혼미한 채 물러나 쭈그리고 앉아 손가락으로 땅에 금을 그었네.

그는 상황을 이해하고 마음이 밝아져서

바로 스스로 귀의하고 앞으로 나와 잘못을 참회하였네.

魔王㽷績悵失利。悟迷却踞前書[1)]地。
其了又曉心乃[2)]悟。即時自歸前悔過。

1) ㉑『普曜經』에 따르면 '書'는 '畫'이다.　2) ㉑『普曜經』에 따르면 '了又曉心乃'는 '有曉心乃了'이다. ㉟『大正藏』 미주에 따르면 송본·원본·명본에서는 '子又曉心乃'라고 하였다. 따라서 오직 '了'만 '子'의 오자일 수도 있다. 문맥상 후자인 것 같다.

나는 다시는 병기를 사용하지 않고
평등하게 대하는 행과 자애로운 마음으로 원수인 마구니를 물리치리라.
세상에서는 병기로 사람의 마음을 움직이지만
나는 중생을 평등하게 똑같이 여기네.[212]

吾以不復用兵器。等行慈心却魔怨。
世用兵器動人心。而我以等如衆生。[1)]

1) ㉑『普曜經』 권6(T3, 521b23).

이것을 일러 "지혜와 신통력으로 제압하여 모두 항복시키고"라고 한 것이다.

是謂制以智力皆令降伏。

앞에서 인용한 것은 단지 석가보살에 의거한 것이지만 여기에서의 모든 보살들이 다 이와 같을 수 있다.【『습유초』 권중·『무량수경술기권제일』】

---

212 『普曜經』 권6(T3, 521b).

上來所引。但依釋迦。此諸菩薩。皆能如此。[1]【拾遺抄中·無量壽經述記卷第一】

1) ㉓ '與大功祚……皆能如此'는 미나미본을 삽입한 것이다.

기 또 마구니를 항복시키는 일은 모든 보살에게 반드시 모두 일어나는 것은 아니다. 예컨대 미륵보살 등은 마구니를 항복시키는 일이 없다. 과거세에 있었던 수행의 원인에 차이가 있고, (성불할) 그 당시 교화할 중생의 근기에도 또한 차별이 있기 때문에 같지 않은 것이다.

"미묘한 법을 얻고 최정각을 이루었다."라는 것은 열 가지 힘(十力)[213] 등의 미묘한 정법을 얻고 불보리佛菩提를 이룬 것이다.【『대경초』 권1·『무량수경술기권제일』】

又降魔事。一切菩薩。不必皆有。如彌勒等。無降魔事。因宿世中。行因有異。爾[1]時化宜。亦有差別。故不同也。得微妙法成最正覺者。得十力等微妙正法。成佛菩提。[2]【大經鈔一·無量壽經述記卷第一】

1) ㉓ 미나미본에 따르면 '爾'는 '今'이다. 2) ㉓ '得微妙法……成佛菩提'는 미나미본을 삽입한 것이다.

---

213 열 가지 힘(十力) : 오직 부처님만 갖추고 있는 열 가지 지혜의 힘. 첫째는 처비처지력處非處智力이니 이치에 맞는 것과 이치에 맞지 않는 것을 아는 것이다. 둘째는 업이숙지력業異熟智力이니 어떤 업이 어떤 이숙과異熟果를 초래하는지를 아는 것이다. 셋째는 정려해탈등지등지지력靜慮解脫等持等至智力이니 온갖 정려의 자성과 명칭 등을 여실히 아는 것이다. 넷째는 근상하지력根上下智力이니 중생이 가진 근품根品의 차별과 그에 따른 과보의 크고 작음을 여실히 두루 아는 것이다. 다섯째는 종종승해지력種種勝解智力이니 모든 중생이 향수하려는 희喜·낙樂의 차별을 여실히 아는 것이다. 여섯째는 종종계지력種種界智力이니 온갖 법성의 차별을 여실히 아는 것이다. 일곱째는 변취행지력遍趣行智力이니 모든 중생이 자신이 지은 유루행有漏行과 무루행無漏行에 의해 그 과보로서 도달하게 될 곳을 여실히 아는 것이다. 여덟째는 숙주수념지력宿住隨念智力이니 자신과 타인의 과거세를 여실히 아는 것이다. 아홉째는 사생지력死生智力이니 중생들이 죽고 태어나는 때와 미래에 자신이 지은 과보에 따라 태어나는 곳, 태어나는 양태(미추美醜·빈천貧賤 등)를 여실히 아는 것이다. 열째는 누진지력漏盡智力이니 모든 번뇌를 다 끊어 없애 다시는 태어나지 않음을 여실히 아는 것이다.

경 제석천과 범천이 간절하게 법륜을 굴려 주실 것을 권청하였다.

釋梵祈勸請轉法輪。

기 경에서 "제석천과 범천이 간절하게 법륜을 굴려 주실 것을 권청하였다."라고 한 것에 대해 서술하여 말한다.

이 이하는 아홉 번째로 법륜을 굴린 것이다. 여기에 세 가지가 있다. 첫째는 법륜을 굴려 주실 것을 요청한 것이고 둘째는 바로 법륜을 굴린 것이며 셋째는 법륜을 굴린 것을 전파한 것이다. 제석천과 범천이 간절하게 법륜을 굴려 주실 것을 권청한 것은 법륜을 굴려 주실 것을 요청한 것이다.

經釋梵祈勸請轉法輪。述曰。此下第九轉法輪也。於中有三。一請轉。二正轉。三傳。[1] 釋梵祈勸請法輪。是請轉也。

1) ㉠ 뒤의 글을 참조할 때 '傳' 뒤에 '轉'이 누락된 것 같다.

『대지도론』에서 "**문** 모든 부처님의 법은 기연機緣에 응하여 설법하면서 중생을 널리 제도하는 것이다. 요청하든 요청하지 않든 법대로 저절로 응할 뿐이니 무엇 때문에 요청하기를 기다린 것인가? **답** 모든 부처님께서는 비록 반드시 설법을 하고 다른 사람이 요청하기를 기다리지 않지만, 요청하는 사람도 또한 복을 받아야 하기 때문에 (그런 일이 있기도 한 것이다.) 예를 들어 큰 나라의 왕은 비록 맛난 음식이 많지만 다른 사람이 초청하여 공양한다면 반드시 은혜와 복을 받을 수 있는 것과 같으니 그 마음에 기록되어 있기 때문이다."[214]라고 하였다.

---

214 『大智度論』 권7(T25, 109b).

智度論。問曰。諸佛之法。應說法廣度衆生。請與不請。法自應爾。何以須請。答曰。諸佛雖必應說法。不待人請。請者亦應得福。如大國王。雖多美膳。[1] 有人請者。必得恩福。踰其心故。[2]

1) ⑳『大智度論』에 따르면 '膳'은 '饍'이다.   2) ⑳『大智度論』권7(T25, 109b13).

(『대지도론』에서) 또 말하기를 "어떤 부처님께서는 다른 사람이 요청하지 않으면 바로 열반에 들어 설법하지 않는 경우도 있다. 예를 들면 다보불多寶佛의 경우는 다른 사람이 요청하지 않았기 때문에 바로 열반에 들고, 나중에 불신佛身과 일곱 가지 보배로 이루어진 탑(七寶塔)을 변화하여 나타내어 (그 탑에 앉아) 『법화경』을 설하는 것을 듣고 증명하기 위해 한때 출현하였다.[215] 또 수선다불須扇多佛의 경우는 제자의 근본이 되는 수행이 아직 성숙하지 않았기 때문에 바로 열반에 들고 화신불을 1겁 동안 남겨 두어 중생을 제도하게 하였다. 지금 석가불께서는 불도를 얻은 후 57일 동안 조용히 계시며 설법하지 않고 스스로 말씀하시기를 '나의 법은 매우 심오하여 이해하기 어렵다. 모든 중생은 세간의 법에 묶여 있으니 이해할 수 있는 이가 없다. 차라리 침묵하고 열반의 즐거움에 드는 것이 나을 것이다.'라고 하였다. 그때 보살과 제석천과 범천 등이 법륜을 굴려 주실 것을 요청하였다. 부처님께서 잠자코 요청을 받아들이고 이후 녹림鹿林(녹야원)에 도착하여 법륜을 굴렸다."[216]라고 하였다.

又有諸佛無人請者。便入涅槃。而不說因。如多寶佛。[1] 無人請故。便入涅槃。後化佛[2]身及七寶塔。證說法花[3]經故。一時出現。亦如須扇多佛。弟子本行未熟。便入涅槃。留化佛一劫。以度衆生。今釋迦佛。得道後五十七

215 『法華經』 권4(T9, 32c).
216 『大智度論』 권7(T25, 109b).

日。寂不說法。自言。我法甚深難知。一切衆生。縛著世。無能解者。不如嘿⁴⁾然入涅槃樂。時菩薩及釋梵等。請轉法輪。佛時嘿⁵⁾然受請。後到鹿林初⁶⁾轉法輪。⁷⁾

<small>1) 웹 『大智度論』에 따르면 '佛'은 '世尊'이다. 2) 영 『大智度論』에 따르면 '佛'은 연자이다. 3) 웹 『大智度論』에 따르면 '花'는 '華'이다. 4) 웹 『大智度論』에 따르면 '嘿'은 '默'이다. 5) 웹 『大智度論』에 따르면 '嘿'은 '默'이다. 6) 영 『大智度論』에 따르면 '初'는 '中'이다. 7) 웹 『大智度論』 권7(T25, 109b22).</small>

(『대지도론』에서) 또 말하기를 "불법은 중생을 평등하게 관찰하여 귀하게 여기거나 천하게 여기는 일이 없다. 다른 사람의 요청이 있으면 그 요청한 사람을 위해 바로 설법한다."라고 하고, 또 말하기를 "요청하지 않았는데 설하면, 어떤 외도가 말하기를 '도를 체득한 이는 항상 선정에 들어 고요한데 무엇 때문에 법에 집착하여 많은 말을 하고 많은 일을 하는 것인가?'라고 하기 때문에, 요청하기를 기다려서 설한다. 외도의 무리들은 스스로 법에 집착하여 요청하든 요청하지 않든 스스로 남을 위해 설하지만 부처님께서는 모든 법에 집착하지 않고 애착하지 않으니 중생을 불쌍하게 여기시기 때문에 요청에 따라 설한다. 요청하지 않았다면 처음에 법륜을 굴리는 일도 있지 않았을 것이다."라고 하였다.

又佛法等¹⁾衆生。無貴賤故。²⁾ 有人請者。爲其請故。便爲說法。又若不請而說。有外道言。體道常定。何以著法。多言多事。是故。須請而說。諸外道輩。自著於法。若請不請。自爲人說。佛於諸法。不著貪故但。³⁾ 爲憐愍。隨請而說。⁴⁾ 不以無請初轉因輪。

<small>1) 영 『大智度論』에 따르면 '等' 뒤에 '觀'이 누락되었다. 2) 영 『大智度論』에 따르면 '故'는 연자이다. 3) 웹 『大智度論』에 따르면 '貪故但'은 '不愛'이다. 4) 영 '隨請而說'은 『大智度論』의 글을 요약한 것이다.</small>

그러므로 게송으로 설한 말씀이 있다. (『대지도론』에서 말하였다.)

故有頌言。

모든 부처님께서 말씀하셨네, 무엇이 진실인가?
무엇이 진실하지 않은 것인가?
진실한 것과 진실하지 않은 것
두 가지 일은 얻을 수 없네.

諸佛說何實。何㐫是不實。
實¹⁾與不實。二事不可得。

1) ㉓『大智度論』에 따르면 '實' 뒤에 '之'가 누락되었다.

이와 같은 것이 진실한 모습이니
모든 법에 대해 희론하지 않으시네.
중생을 불쌍히 여기시므로
방편으로 법륜을 굴리실 뿐이네.

如是眞實相。不戲於諸法。
憐愍衆生故。方便轉法輪。

(『대지도론』에서) 또 말하기를 "만약 부처님께서 요청한 일이 없는데 스스로 설법하신다면 이것은 스스로를 드러내기 위한 것이고 스스로 법에 집착하는 것이니, 열네 가지 확정하기 어려운 문제에 대한 질문(十四難)²¹⁷에 대해서도 대답했어야 할 것이다. 이제 여러 하늘이 설법을 요청

---

217 열네 가지~대한 질문(十四難) : 외도가 삿된 견해에 근거하여 부처님께 제기한 열네 가지 질문으로 십사문난十四問難이라고도 한다. 이 질문에 대한 부처님의 대답을 나타낼 때에는 십사무기十四無記·십사불가기十四不可記라고 한다. 열네 가지 질문이

한 것은 단지 늙고 병들고 죽는 일을 끊기 위한 것일 뿐이고 희론을 하려는 것은 아니다. 그러므로 열네 가지 어려운 문제에 대한 질문에 대답하지 않는 것에는 허물이 없다."라고 하였다.

又佛若無請而自說法。[1] 是爲自顯自執法。應答十四難。今諸天請說。但爲斷老病死無戲論。是故不答十四難無咎。

1) 영 『大智度論』에 따르면 '法' 뒤에 '者'가 누락되었다.

(『대지도론』에서) 또 말하기를 "대인법大人法[218]에서는 비록 큰 자비로움이 있다고 해도 요청하지 않으면 설하지 않으신다."라고 하였고, 또 말하기를 "모든 외도는 범천을 뛰어난 것으로 섬긴다. 범천이 스스로 요청하는 모습을 보면 외도가 복종하는 마음을 갖는다."[219]라고 하였다.【『무량수경술기권제일』】

又曰[1]大人法故。雖有大悲。不請不說。又諸外道。■[2]事梵天。梵天自請。

란 "세간과 자아는 영원한가, 영원하지 않은가, 영원하기도 하고 영원하지 않기도 한가, 영원하지도 않고 영원하지 않은 것도 아닌 것인가, 끝이 있는가, 끝이 없는가, 끝이 있기도 하고 없기도 한가, 끝이 있는 것도 아니고 끝이 없는 것도 아닌 것인가, 부처님은 사후에 존재하는가, 존재하지 않는가, 존재하기도 하고 존재하지 않기도 하는가, 존재하지도 않고 존재하지 않는 것도 아닌 것인가, 영혼과 신체는 동일한가, 다른 것인가?"라는 것이다. 여기에 "영혼과 신체는 동일기도 하고 다르기도 한가, 영혼과 신체는 동일하지도 않고 다르지도 않은 것인가?"의 두 가지를 합쳐서 십육무기十六無記라고 한다. 부처님께서는 이 질문의 내용을 허망하여 진실한 일이 아니고, 제법의 실상은 어느 한쪽을 옳다고 할 수 없는 것이어서 어떤 것으로 판정하여도 진실이 아니며, 해탈과 열반에 도움이 되지 않는다고 하여 대답하지 않았다.

218 대인법大人法 : '대인'이란 부처님·보살·전륜성왕 등과 같이 이상적 인격을 갖춘 위대한 인물을 일컫는 말이다. 여기에서 '대인'이란 부처님을 가리키고 따라서 대인법이란 불법을 가리킨다.

219 "불법은 중생을 평등하게 관찰하여……외도가 복종하는 마음을 갖는다."는 약간의 생략과 변형이 있기는 하지만 모두 『大智度論』 권7(T25, 109c)에 나오는 글이다.

則外道心伏。[3]【無量壽經述記卷第一】

1) ㉠『大智度論』에 따르면 '曰'은 '用'이다. 또한 미노부문고본의 글자도 '用'인 것 같다. 2) ㉮『大智度論』에 따르면 '■'는 '宗'이다. 3) ㉮『大智度論』 권7(T25, 109b22). ㉠ '109b22'는 '109c4'이다.

경 부처님의 위의를 나타내어 유행하며 부처님의 사자후師子吼[220]로 설법하였다. 법의 북을 두드리고 법의 소라를 불며, 법의 검을 잡고 법의 깃발을 세우며, 법의 천둥을 울리고 법의 번개를 번쩍이며, 법의 비를 내려 적시고 법의 보시를 펼쳐 윤택하게 하였으며, 항상 법의 음성으로 모든 세간을 깨닫게 하였고, 광명을 내어 한량없는 부처님의 국토를 두루 비추었으며, 모든 세계를 여섯 가지 형태로 진동하게 하였고, 마구니의 세계를 모두 포섭하고 마구니의 궁전을 동요하게 하여 온갖 마구니가 두려움에 떨며 귀의하고 항복하지 않음이 없게 하였으며, 삿된 그물을 힘껏 쳐서 찢고 모든 견해를 소멸시키며 모든 번뇌를 흩어 버리고 모든 욕망의 참호를 무너뜨렸다.

以佛遊步。佛吼而吼。扣法鼓吹法螺。執法劍建法幢。震法雷曜法電。澍法雨演法施。常以法音。覺諸世間。光明普照無量佛土。一切世界。六種震動。總攝魔界。動魔宮殿。衆魔慴怖。莫不歸伏。摑裂邪網。消滅諸見。散諸塵勞。壞諸欲塹。

기 경에서 "부처님의 위의를 나타내어 유행하며……모든 욕망의 참호를 무너뜨렸다."라고 한 것에 대해 서술하여 말한다. 두 번째로 바로 법륜을 굴린 것을 밝혔다.

『화엄경』에서 "정각을 이루고 나서 십행의 청정한 법륜을 굴린다. 그

---

220 사자후師子吼 : 부처님께서 두려움이 없는 음성으로 설법하는 것을 사자의 포효에 비유한 것이다.

열 가지란 무엇인가? 첫째는 청정한 네 가지 두려움이 없음(四無所畏)[221]을 온전히 갖추는 것이다."라고 하였는데 바로 이것을 "부처님의 위의를 나타내어 유행하며 부처님의 사자후로 설법하였다."라고 한 것이다. 말하자면 부처님께서 내적으로는 모든 것을 아는 지혜(一切智) 등에서 유행하고 외적으로는 진실한 말씀을 일으켜 "나는 모든 것을 아는 지혜 등을 얻은 사람이다."라고 하니 이것을 "부처님의 위의를 나타내어 유행하는 것과 부처님의 사자후로 설하는 것"이라고 한다.

(『화엄경』에서) "둘째는 네 가지 변재(四辯)[222]의 청정하고 미묘한 음성을 내는 것이다."라고 하였는데, 바로 이것을 "법의 북을 두드리고 법의

---

221 네 가지 두려움이 없음(四無所畏) : 오직 부처님만 갖추고 있는 것으로 네 가지 측면에서 두려움이 없음을 일컫는 말. 첫째는 제법현등각무외諸法現等覺無畏(一切智無所畏·正等覺無畏·等覺無畏)이니 모든 법을 바르게 깨달았음을 선언함에 있어서 어떤 두려움도 없는 것이다. 둘째는 일체누진지무외一切漏盡智無畏(漏永盡無畏·漏盡無所畏·流盡無畏)이니 모든 번뇌를 다하였음을 선언함에 있어서 어떤 두려움도 없는 것이다. 셋째는 장법불허결정수기무외障法不虛決定授記無畏(說障法無畏·說障道無所畏·障法無畏)이니 장애가 되는 법의 부류를 설함에 있어서 그 설법으로 인해 비난받을 일이 생겨날 것을 두려워하지 않는 것이다. 넷째는 위증일체구족출도여성무외爲證一切具足出道如性無畏(說出道無畏·說盡苦道無所畏·出苦道無畏)이니 세간을 벗어나는 도리를 설함에 있어서 두려움이 없는 것이다.

222 네 가지 변재(四辯) : 자유자재하고 걸림이 없는 네 가지의 이해 능력(智解)과 언어구사 능력(辯才)을 가리킨다. 네 가지 걸림이 없는 변재(四無礙辯), 네 가지 걸림이 없는 지혜(四無礙智), 네 가지 걸림이 없는 이해(四無礙解) 등이라고도 한다. 법무애변法無礙辯·의무애변義無礙辯·사무애변辭無礙辯·변무애변辯無礙辯의 네 가지를 가리킨다. 이 중 변무애변은 요설무애변樂說無礙辯이라고도 한다. 어느 측면으로 보나 모두 지혜를 본질로 하기 때문에 '지혜'라 하고, 이해하는 능력으로 말할 경우 '해'라 하며, 상대와 상황에 따라 자유롭게 언어로 표현하는 능력으로 말하면 '변'이라 한다. 또한 중생을 교화하는 네 가지 법이기 때문에 네 가지 교화법(四化法)이라고도 한다. 제9지인 선혜지善慧地(미묘한 사무애해를 성취하여 시방에 두루 미치도록 뛰어나게 법을 설하는 지위)에서 성취하는 지혜로 간주된다. 법무애는 명신名身(단어)·구신句身(문장)·문신文身(낱낱의 글자) 등을 소연所緣(대상)으로 하는 걸림이 없는 지혜를 가리킨다. 의무애는 소전所詮(언어에 담긴 뜻)의 의義(의미)를 소연으로 하는 걸림이 없는 지혜를 가리킨다. 사무애는 모든 종류의 언사를 소연으로 하는 걸림이 없는 지혜를 가리킨다. 변무애는 바른 이치에 의거하여, 중생의 근기에 맞추어 걸림이 없이 자유자재하게 설법할 수 있는 지혜를 가리킨다.

소라를 불며"라고 한 것이다. 법무애변法無礙辯과 의무애변義無礙辯을 일으키는 것을 "법의 북을 두드리고"라고 하고 사무애변辭無礙辯과 요설무애변樂說無礙辯을 떨치는 것을 "법의 소라를 불며"라고 하였다.

(『화엄경』에서) "셋째는 네 가지 진리(四諦)²²³를 분명하게 이해하는 것이다."라고 하였는데, 바로 이것을 "법의 검을 잡고 법의 깃발을 세우며"라고 한 것이다. 고제苦諦를 알고 집제集諦를 끊는 것을 "법의 검을 잡고"라고 하였고, 멸제集諦를 깨닫고 도제道諦를 닦는 것을 "법의 깃발을 세우며"라고 하였다.

經以佛遊步至壞諸欲慚。¹⁾ 述曰。第二明正轉也。花嚴經云。成正覺已。能轉十行淸淨法輪。何等爲十。一者具足淸淨四無所畏。卽是以佛遊步佛吼。謂佛內遊於一切智等。外發誠言我是一切智等。是名佛遊及佛吼也。二者出生四辯淸淨²⁾音聲。卽是扣法鼓吹法螺。動法義二辨。名扣法鼓。振詞樂二辨。名吹法螺。三者明了四諦。卽是執法劍建因幢。知苦斷集。名執法劍。證滅修道。名建法幡。

1) 원『無量壽經』에 따르면 '慚'은 '塹'이다.　2) 역『華嚴經』에 따르면 '淨'은 '妙'이다.

(『화엄경』에서) "넷째는 모든 부처님의 걸림이 없는 법문에 수순하는 것이다."라고 하였다. 바로 이것을 "법의 천둥을 울리고 법의 번개를 번쩍이며"라고 한 것이다. (『화엄경』의) 법운지法雲地를 설하는 부분에서 "여섯 가지 신통(六通)²²⁴과 세 가지 지혜(三明)²²⁵와 무외無畏를 번갯불로 삼아

223　네 가지 진리(四諦) : 성문승을 깨달음으로 이끄는 네 가지 근본적인 진리. 고제苦諦(일체는 고통이라는 진리)·집제集諦(고통의 원인은 집착이라는 진리)·멸제滅諦(고통을 소멸한 경지인 열반이 있다고 하는 진리)·도제道諦(고통의 소멸로 이끄는 실천도가 있다는 진리) 등을 가리킨다.
224　여섯 가지 신통(六通) : 인간의 능력을 넘어서는 자유자재하고 걸림이 없는 여섯 가지 능력. 첫째, 신경통神境通(神足通)은 마음대로 걸림 없이 몸을 나타낼 수 있는 능

큰 천둥소리를 내며 설법하여 마구니를 항복시킨다."²²⁶라고 하였다. 이러한즉 내적으로는 육통과 삼명을 밝게 빛내고 외적으로는 삼전三轉²²⁷으로 가르쳐서 인도하니 이것을 걸림이 없는 법문에 수순하는 것이라고 한다.

(『화엄경』에서) "다섯째는 청정하고 평등한 마음으로 모든 중생을 모두 두루 감싸는 것이다."라고 하였는데 바로 이것을 "법의 비를 내려 적시

력이다. 공중을 나는 것, 물 위를 걷는 것, 신체를 크게 혹은 작게 하는 것, 한 몸을 여럿으로 나누는 것 등이 모두 여기에 해당한다. 둘째, 천안통天眼通은 중생의 윤회의 형태를 모두 아는 능력이다. 셋째, 천이통天耳通은 세상의 모든 음성을 빠짐없이 들을 수 있는 능력이다. 넷째, 타심통他心通은 중생의 마음을 모두 꿰뚫어 볼 수 있는 능력이다. 다섯째, 숙명통宿命通은 자신과 중생의 과거세의 일을 모두 알 수 있는 능력이다. 여섯째, 누진통漏盡通은 번뇌의 인과因果를 모두 알고 일체의 미혹을 끊어 다시는 삼계에 태어나 윤회하는 몸을 받지 않는 능력이다.

225 세 가지 지혜(三明) : 세 가지 일에 있어서 통달하여 걸림이 없는 밝은 지혜. 첫째, 숙명지증명宿命智證明은 과거의 생사인과를 아는 지혜이다. 둘째, 생사지증명生死智證明은 미래의 선악생사의 인연을 아는 지혜이다. 셋째, 누진지증명漏盡智證明은 이치를 증득하고 속박에서 벗어나 일체의 번뇌를 제거하는 지혜이다.

226 『華嚴經』 권27(T9, 573b). 미나미본에서는 『華嚴經』에서 십행十行을 설한 부분을 전체적으로 묶어서 하나의 각주로 처리하였는데, 법운지와 관련된 것은 그 출처가 다르기 때문에 역자가 별도로 밝혔다. 이하 동일하다.

227 삼전三轉 : 사제四諦의 교법 형식과 관련된 용어. 곧 사제 각각을 시상전示相轉·권상전勸相轉·증상전證相轉의 세 가지 교법 형식에 의해 설한 것을 가리킨다. 개별적인 관점에서 볼 때 한 가지 제諦에 대해 세 가지 교법의 형식(1×3)을 설했으므로 이를 삼전이라 하고, 총괄적인 관점에서 볼 때 고제·집제·멸제·도제 등의 네 가지 제諦에 대해 세 가지 교법의 형식(4×3)을 설했으므로 이를 십이전十二轉이라 한다. 시상전이란 '이것은 고(苦)이고, 이것은 집(集)이며, 이것은 멸(滅)이고, 이것은 도(道)이다.'라고 말씀하신 것이고, 권상전이란 '고를 알아야 하고, 집을 끊어야 하며, 멸을 깨달아야 하고, 도를 닦아야 한다.'라고 말씀하신 것이며, 증상전이란 '고는 내가 이미 알았고, 집은 내가 이미 끊었으며, 멸은 내가 이미 깨달았고, 도는 내가 이미 닦았다.'라고 스스로 자신의 깨달음을 들어 보임으로써 다른 이들이 깨닫도록 한 것이다. 사제에 대한 삼전의 교법을 설할 때 이를 수용하는 이에게 차례대로 안안眼(S cakṣus, 보는 것)·지智(S jñāna, 결단하는 것)·명명明(S vidyā, 비추어 아는 것)·각각覺(S buddhi, 조심스럽게 성찰하는 것)의 네 가지 행상行相이 일어난다. 이 행상을 사제 각각의 개별적인 관점에서 말하자면, 한 가지 제諦에 대해 시상전·권상전·증상전을 행할 때마다 네 가지 행상이 일어나서(1×3×4), 모두 열두 가지 행상이 일어나니, 이를 십이행상이라 한다. 사제를 통틀어서 말하자면 네 가지 제諦에 48가지 행상(4×3×4)이 일어나니, 이를 사십팔행상四十八行相이라 한다.

고 법의 보시를 펼쳐 윤택하게 하였으며"라고 한 것이다. (『화엄경』의) 법운지를 설한 부분에서 "한 생각에 한 때에 모두 두루 다니면서 훌륭한 법인 감로법甘露法의 비를 내려 모든 중생이 마음이 좋아하는 것을 따르고 무명無明에 빠져서 일어난 번뇌의 불꽃을 소멸시키기 때문에 (법운지라고 한다.)"²²⁸라고 하였다.

(『화엄경』에서) "여섯째는 설한 것이 허망하지 않아 끝까지 흔들림 없이 중생의 고통을 남김없이 제도하는 것이다."라고 하였는데 바로 이것을 "항상 법의 음성으로 모든 세간을 깨닫게 하였고"라고 한 것이다. 항상 법의 음성으로 모든 세간을 깨닫게 하기 때문에 그 설한 것이 허망하지 않으며, 방편을 시설하여 끝까지 흔들림 없이 중생의 고통을 남김없이 제도한다. 설한 법이 허망하다면 응당 항상 설하지 않았어야 할 것이기 때문이다.

(『화엄경』에서) "일곱째는 과거세로부터 쌓아 온 큰 자비를 지니는 것이다."라고 하였는데 바로 이것을 "광명을 내어 한량없는 부처님의 국토를 두루 비추었으며"라고 한 것이다. 내적으로는 과거세로부터 쌓아 온 큰 자비를 지니고 외적으로는 광명을 베풀어 일체중생을 두루 구제한다. 『범망경』에서 밝힌 것²²⁹과 같으니 설한 그대로 알아야 한다.

四者隨順諸佛無礙法門。即是震法雷曜法電。法雲地云。通明無畏。爲¹⁾電光。震大雷音。說降²⁾魔。此則內朗六通三明。外■三轉示導。此名云爲顯³⁾無礙法。五者淸淨等心。悉能普覆一切衆生。即是樹⁴⁾法雨演法施。法雲地云。一念一時。皆悉周普。以雨善法甘露法雨。滅諸衆生隨心所樂無明所起煩惱炎⁵⁾故。六者所說不虛。決定濟度衆生苦際。即是常以法音覺諸世間。由常以法音覺諸世間故。其所說不虛。施設決定。濟度衆生苦際。若所說法

---

228 『華嚴經』 권27(T9, 573b).
229 『梵網經』 권상(T24, 997b)・권하(T24, 1003b).

虛。不應常說故。七者宿世大悲所持。卽是光明。普照無量佛土。內以宿世
大悲所持。外施光明。普救一切。如明網經。所說應知。

1) ㉠『華嚴經』에 따르면 '爲' 앞에 '以'가 누락되었다. 2) ㉠『華嚴經』에 따르면 '降' 앞에 '法'이 누락되었다. 3) ㉠ '云爲顯'은 '隨順'인 것 같다. 4) ㉠『無量壽經』에 따르면 '樹'는 '澍'이다. 5) ㉠『華嚴經』에 따르면 '炎'은 '熖'이다.

(『화엄경』에서) "여덟째는 미묘한 법의 음성으로 세계를 가득 채워 모든 중생이 듣고 이해하지 않음이 없게 하는 것이다."라고 하였는데 이것을 "모든 세계를 여섯 가지 형태로 진동하게 하였고"라고 한 것이다. 『열반경』에서 "작은 소리가 나는 것은 땅이 진동하는 것이라고 하고, 큰 소리가 나는 것은 큰 땅(大地)이 진동하는 것이라고 한다."[230]라고 하였다. 법륜을 굴리는 것을 큰 땅이 진동하는 것이라고 한다.

(『화엄경』에서) "아홉째는 아승기겁 동안 항상 정법을 설하여 잠시도 그치는 때가 없는 것이다."라고 하였는데 바로 이것을 "마구니의 세계를 모두 포섭하고 마구니의 궁전을 동요하게 하여 온갖 마구니가 두려움에 떨며 귀의하고 항복하지 않음이 없게 하였으며"라고 한 것이다. 항상 정법을 설하기 때문에 마구니의 세계가 귀의하고 항복하지 않음이 없다. "慴"이라는 것은 두려워하는 것이니 두려워하면서 복종하는 것이다.

(『화엄경』에서) "열째는 다섯 가지 근(五根),[231] 다섯 가지 능력(五力),[232]

---

230 『涅槃經』 권2(T12, 375b).
231 다섯 가지 근(五根) : 서른일곱 가지 보리분(三十七菩提分 : 보리를 증득하기 위해 행해야 할 37가지 도) 중 하나. '근根'은 발생하는 것을 뜻하니 곧 모든 선법을 일으킬 수 있음을 나타낸다. 첫째, 신근信根은 바른 도와 도를 얻는 데 도움이 되는 법을 돈독하게 믿는 것이다. 이것에 의해 모든 무루無漏의 선정禪定과 해탈解脫을 일으킨다. 둘째, 정진근精進根은 정법을 닦아 잠시라도 다른 어떤 것이 뒤섞이지 않는 것이다. 셋째, 염근念根은 정법을 기억하여 잊지 않는 것이다. 넷째, 정근定根은 마음이 적정寂定과 상응하여 산란하게 동요되지 않는 것이다. 다섯째, 혜근慧根은 모든 법을 관찰하여 분명하게 이해하는 것이다.
232 다섯 가지 능력(五力) : 서른일곱 가지 보리분 중 하나. '력力'은 힘의 작용을 뜻하니

일곱 가지 각의(七覺意),²³³ 해탈解脫,²³⁴ 모든 선정과 삼매를 굴려 서로 이어지게 하는 것이다."²³⁵라고 하였는데 바로 이것을 "삿된 그물을 힘껏 쳐서 찢고 모든 견해를 소멸시키며 모든 번뇌를 흩어 버리고 욕망의 참호를 무너뜨렸다."라고 한 것이다.

"근根"은 다섯 가지 근이고 "력力"은 다섯 가지 능력이다. 이것은 견도見道²³⁶의 방편으로 견도에서 끊어야 할 모든 전纏²³⁷을 조복시킨다. 그러

곧 악을 파괴하고 선을 이룰 수 있음을 나타낸다. 첫째, 신력信力은 신근이 증장하여 의혹을 파괴하는 것이다. 둘째, 정진력精進力은 정진근이 증장하여 몸과 마음의 나태함을 파괴하는 것이다. 셋째, 염력念力은 염근이 증장하여 모든 삿된 생각을 파괴하고 출세간의 정념正念의 공덕을 성취하는 것이다. 넷째, 정력定力은 정근이 증장하여 모든 산란한 생각을 파괴하고 모든 선정을 일으키는 것이다. 다섯째, 혜력慧力은 혜근이 증장하여 삼계의 견혹見惑과 사혹思惑을 제지하는 것이다.

233 일곱 가지 각의(七覺意) : 서른일곱 가지 보리분 중 하나. 일곱 가지 각(七覺)이라고도 한다. 주 121 참조.
234 해탈解脫 : 여덟 가지 해탈(八解脫)을 가리킨다. 색과 무색의 탐욕을 벗어나도록 하는 여덟 가지 선정으로 여덟 가지 배사(八背捨)라고도 한다. 첫째는 내심에 색상이 있을 경우, 내심의 색상을 제거하기 위해 외부의 여러 색에 대해 부정관不淨觀(청정하지 않음을 관찰하는 것)을 닦는 것이다. 둘째는 내심의 색상이 이미 제거되었더라도 욕계의 탐욕은 끊기 어렵기 때문에 외부의 색에 대해 청정하지 않은 모양을 관찰하여 싫어하는 마음을 내고 끊어 없앨 것을 추구하는 것이다. 셋째는 선근을 단련시켜서 원만함을 이루기 위해, 앞의 청정하지 않음을 관찰하는 마음을 버리고 외부의 색경色境의 청정한 모양에 대해 관을 닦고 번뇌가 생겨나지 않게 하며, 몸이 정해탈을 증득하여 구족하게 안주하는 것이다. 넷째는 색상을 모두 넘어서고 장애하는 대상이 있다는 생각을 멸하며 여러 가지 생각에 주의를 기울이지 않음으로써 무변공無邊空을 알고 공무변처정空無邊處定에 들어가서 구족하게 안주하는 것이다. 다섯째는 공무변처를 넘어서서 무변식無邊識을 알고 식무변처정識無邊處定에 들어가서 머무는 것이다. 여섯째는 식무변처를 모두 넘어서서 무소유無所有를 알고 무소유처정無所有處定에 들어가서 머무는 것이다. 일곱째는 무소유처를 모두 넘어서 비상비비상처정非想非非想處定에 들어가서 머무는 것이다. 여덟째는 비상비비상처를 모두 넘어서 상수멸정想受滅定(지각과 느낌이 중지된 것)에 들어가서 머무는 것이다.
235 이상의 십행에 대한 인용문은 『華嚴經』 권43(T9, 669a)에 나온다.
236 견도見道 : 진리를 보는 계위를 가리키는 말. 견도 이전의 사람을 범부라 하고 견도에 들어간 이후의 수행자를 성자라고 한다. 견도 이후에 구체적인 사상事相을 마주하여 반복적으로 수행하는 지위를 수도위修道位라고 한다. 이후 궁극적으로 깨달음의 경지에 들어가는 것을 무학도위無學道位라고 한다. 소승에서는 삼현三賢·사선근四

므로 "삿된 그물을 힘껏 쳐서 찢고"라고 하였다. "각의覺意"는 일곱 가지 각의이다. 이것은 견도의 직접적인 체體이니 견도에서 끊어야 할 수면隨眠[238]을 끊는다. 그러므로 "모든 견해를 소멸시키며"라고 하였다. "해탈" 은 부정관不淨觀 등의 온갖 승해勝解[239]로 관찰하는 것이다. 이것은 수도修道의 방편으로 수도에서 끊어야 할 모든 전을 조복시킨다. 그러므로 "모든 번뇌를 흩어 버리고"라고 하였다. "모든 선정과 삼매"라는 것은 근본정根本定[240]에 들어가는 것이다. 이것은 수도의 직접적인 체이니 수도에서 끊어야 할 수면을 끊는다. 그러므로 "모든 욕망의 참호를 무너뜨렸다."라고 하였다. 또 견도에서 끊는 것 가운데 "삿된 그물을 힘껏 쳐서 찢고"라는 것은 소연박所緣縛[241]을 여읜 것이고 "모든 견해를 소멸시키며"라는 것

善根 등의 수행을 준비하는 단계를 출발점으로 삼아 무루지無漏智를 일으켜 견도에 들어간다. 대승에서는 초지初地에 견도에 들어간다. 그러므로 보살수행 십지十地 중 초지를 견도위見道位라 하고 제2지 이상을 수도위라 하며 제10지와 불과를 무학도위 라고 한다.

237 전纏 : ⓢ paryavasthāna의 의역어. 번뇌의 다른 이름. 마음을 묶어서 선을 닦는 것을 방해한다는 뜻을 나타낸다. 혹은 수면隨眠과 상대의 의미로 쓰여, 번뇌의 종자, 곧 번뇌가 잠재적인 상태에 있는 것을 수면이라 하고 번뇌의 현행, 곧 번뇌가 세력을 드러낸 상태를 전이라 하기도 한다. 이때 전자는 근본번뇌根本煩惱라고 하고 후자는 근본번뇌에 종속하여 일어나는 마음 작용이기 때문에 수번뇌隨煩惱라고 한다.

238 수면隨眠 : ⓢ anuśaya의 의역어. 번뇌의 다른 이름. 번뇌가 사람을 따라다니면서 혼미하게 만드는 상태를 가리킨다. 그 작용이 미세하여 알기 어렵고 대상과 그 밖의 온갖 마음 작용에 따라 증장하며 시시때때로 일어나 사람을 속박하기 때문에 붙여진 이름이다.

239 승해勝解 : ⓢ adhimokṣa의 의역어. 법상종에서 시설한 다섯 가지 별경심소別境心所 중 하나로, 대상경계를 인가하고 결정하게 하는 마음 작용을 가리킨다.

240 근본정根本定 : 몸이 아직 욕계에 있어 색계나 무색계에 태어나지 못했을 때임에도 불구하고, 하지下地(욕계)의 수혹修惑을 완전히 끊은 상지上地(색계·무색계)의 선정. 색계의 사선四禪과 무색계의 네 가지 선정(四無色定) 각각에 근본정이 있어 모두 여덟 개의 근본정이 있다. 그런데 수혹을 완전히 끊고 이 근본정을 얻는 것은 결코 용이한 일이 아니므로 먼저 준비해야 할 수행(加行)이 있는데, 그것을 근분정近分定이라고 한다. 이 선정은 아직 수혹을 끊기에는 부족하지만 수혹을 제압하고 있는 단계를 말한다.

241 소연박所緣縛 : 해탈을 장애하는 두 가지 계박 중 하나. 다른 하나는 상응박相應縛이

은 상응박相應縛을 여읜 것이다. 수도에서 끊어야 하는 두 가지 박縛도 또한 그러하니 상응하여 알 수 있을 것이다.【무량수경술기권제일】

八者以妙法音。充滿世界。一切衆生。無不聞知。是一切世界六趣[^1]振動。涅槃經云。有小聲者。名曰地動。囙大聲者。名大地動。[^2] 轉於法輪。名大地動。九者阿僧祇劫。常說正法。未曾蹔[^3]息。即是惣[^4]攝魔界動魔宮殿衆魔懾怖莫不歸伏。以常說正法故。魔界無不歸伏。懾者恐。懼攝服也。十者轉諸根力覺竟[^5]解脫諸禪三昧。相續。[^6] 即捆裂邪網消滅[^7]諸見散諸塵勞壞諸欲慚。[^8] 根謂五根。力即五力。此是見道方便。能伏見斷諸纏。故云捆[^9]裂邪網。覺意卽是七覺意也。此是見道正體。能斷見斷隨眠。故云消滅諸見。解脫即是不淨觀等。諸勝解觀。此是修道方便。能伏修斷諸纏。故云散諸塵勞。諸禪三昧。入根本定。此是修道正體。能斷修斷隨眠。故云壞諸欲漸。[^10] 又見斷中。裂邪網者。離所緣縛。滅諸見者。離相應縛。修斷一[^11]縛亦爾。[^12] 應知。【無量壽經述記卷第一】

1) ㉯『無量壽經』에 따르면 '趣'는 '種'이다. 2) ㉰ 담무참曇無讖 역『涅槃經』권2(T12, 375b23). 3) ㉰『華嚴經』에 따르면 '蹔'은 '暫'이다. 4) ㉯『無量壽經』에 따르면 '惣'은 '總'이다. 5) ㉰『華嚴經』에 따르면 '竟'은 '意'이다. 6) ㉰『華嚴經』권43(T9, 669a8). 7) ㉯『無量壽經』에 따르면 '減'은 '滅'이다. 8) ㉯『無量壽經』에 따르면 '慚'은 '蛰'이다. 9) ㉯『無量壽經』에 따르면 '捆'은 '擺'이다. 10) ㉯『無量壽經』에 따르면 '慚'은 '蛰'이다. 11) ㉯ '一'은 '二'인 것 같다. 12) ㉯ '爾'는 '爾'인 것 같다.

경 법의 성을 장엄하고 수호하며 법의 문을 열어 널리 퍼지게 하며, 때 묻고 더럽혀진 것을 씻어 내고 밝음을 드러내어 맑고 깨끗하게 하였다. 불법을 밝게 드러내어 융통하게 하고 선양하고 유포하며 바르게 교화하였다. 나라

다. 상응박이란 번뇌가 마음과 동시에 상응하여 일어나 마음 자체를 계박하는 것이고, 소연박이란 번뇌가 마음을 대상에 집착하게 하여 대상에 계박되는 것을 말한다.

에 들어가 분위分衛[242]를 행하여 넉넉하게 음식을 얻음으로써 공덕을 쌓아서 복전福田[243]이 되는 것을 나타내 보였다. 법을 설하고자 환하게 웃는 모습을 나타내고 온갖 법의 약으로 삼세에 걸친 삼계의 고통[244]에서 건져 내어 치료해 주었다.

> 嚴護法城。開闡法門。洗濯垢污。顯明淸白。光融佛法。宣流正化。入國分衛。獲諸豊饍。貯功德示福田。欲宣法現欣笑。以諸法藥。救療三苦。

기 경에서 "법의 성을 장엄하고 수호하며······삼세에 걸친 삼계의 고통에서 건져 내어 치료해 주었다."라고 한 것에 대해 서술하여 말한다. 이것은 세 번째로 법륜을 굴린 것을 전파한 것을 밝힌 것이다.

경에서 "여래·정각의 청정한 법륜은 열 가지 희고 깨끗한 법으로 인하여 중생의 마음에 굴러들어 가 무상無相의 지혜를 낳게 하니 결정적이어서 허망하지 않은 것이다. 열 가지는 무엇인가? 이른바 과거에 세운 서원의 힘 때문이고 대비심을 지니기 때문이며, 중생을 버리지 않기 때문이고 지혜가 자재하여 그 교화 대상에 따라 그들을 위해 설법하기 때문이며, (설법의) 시기를 잃지 않기 때문이고 그 법기法器에 따라 더하거나 덜하

---

242 분위分衛 : ⑤ piṇḍapāta. 걸식乞食·탁발托鉢 등이라고도 한다. 음식물을 공양받는 것. '분위'는 범어의 잘못된 축약 음역어라는 설과 의역어라는 설이 혼재한다. 의역어일 경우 걸식이 음식물을 스님들에게 나누어 주어(分) 그 몸을 바르게 유지할 수 있는 기운을 얻고(衛) 이를 기반으로 불도를 닦을 수 있게 하는 역할을 하기 때문에 붙여진 이름이라고 해석한다.

243 복전福田 : ⑤ puṇya-kṣetra. 복덕을 낳을 수 있는 밭이라는 뜻. 밭에 씨앗을 뿌리면 열매를 얻을 수 있는 것처럼 부처님·스님·부모님 등을 공경하고 슬픔과 고통에 빠진 사람 등을 구제하는 것은 모두 선한 씨앗을 심는 행위로서 그 행위자로 하여금 복덕을 얻을 수 있도록 하기 때문에 이런 의미에서 이들 공경과 구제의 대상을 모두 복전이라 한다.

244 뒤에 나오는 의적의 해석 중 첫 번째 것을 따랐다.

는 일이 없기 때문이며, 결정코 삼세의 지혜를 분명히 알기 때문이고 신체적 행위가 가장 뛰어나기 때문이며, 언어적 행위에 허망함이 없기 때문이고 지혜의 행이 자재하여 음성을 따라 모두 깨닫게 하기 때문이다."라고 하여 이것을 열 가지라고 하였다.

지금 이 경에도 또한 열 가지 구절이 있다. 첫째는 법의 성을 장엄하고 수호하였고 둘째는 법의 문을 열었으며, 셋째는 때 묻고 더럽혀진 것을 씻어 내었고 넷째는 밝음을 드러내어 맑고 깨끗하게 하였으며, 다섯째는 불법을 밝게 드러내어 융통하게 하였고 여섯째는 선양하고 유포하고 바르게 교화하였으며, 일곱째는 나라에 들어가 분위를 행하여 넉넉하게 음식을 얻었고 여덟째는 공덕을 쌓아서 복전이 되는 것을 나타내 보였으며, 아홉째는 법을 설하고자 환하게 웃는 모습을 나타내었고 열째는 온갖 법의 약으로 삼세에 걸친 삼계의 고통에서 건져 내어 치료해 주었다.

이 열 가지 구절은 차례대로 저 경에서 설한 열 가지 일과 짝이 된다. 혹은 이 열 가지의 낱낱의 구절 속에 저 경에서 설한 과거에 세운 서원 등의 열 가지 일이 갖추어져 있다고 할 수도 있다.

經嚴護法城至救療三苦。述曰。此是第三明傳轉也。經云。如來正覺淸淨法輪。因十種白淸[1]法故。轉入衆生心。出生無相。決定不虛。何等爲十。所謂。過去願力故。大悲所持故。不捨衆生故。智惠[2]自在。隨其所應。爲說法故。未曾失時故。隨彼法器。不增減故。決定了知三世智故。身行最勝故。口行無虛故。行[3]道[4]音聲悉覺悟故。[5] 是爲十也。今此經中。亦有十句。一嚴護法城。二開闡法門。三洗濯垢汚。四顯明淸白。五光融佛法。六宣流正化。七入同[6]分衞。獲諸豐饍。八貯功德示福田。九欲宣法現欣笑。十以諸法藥救療三苦。此十如次配彼十事。或可此十。一一句中。具彼過去願等十事。

---

1) ㉰『華嚴經』에 따르면 '淸'은 '淨'이다.　2) ㉰『華嚴經』에 따르면 '惠'는 '慧'이다.

3) ㉠『華嚴經』에 따르면 '行' 앞에 '智'가 누락되었다. 혹은 '行'은 '智'일 수도 있다.
4) ㉮『華嚴經』에 따르면 '道'는 '隨'이다.   5) ㉮『華嚴經』 권43(T9, 669a18).   6) ㉮
『無量壽經』에 따르면 '同'은 '國'이다.

"법의 성을 장엄하고 수호하며"라는 것은 정법의 보배로운 성을 장엄하고 수호하는 것이다.『열반경』에서 "무엇이 정법의 보배로운 성을 장엄하는 것인가? 여러 가지 공덕과 진귀한 보배를 완전히 갖추고 계와 선정과 지혜를 담과 참호로 삼는 것이다."²⁴⁵라고 하였다. 이것은 정법의 성을 장엄하고 수호하는 것이다. 모든 현인과 성인이 마음을 안주하는 곳이기 때문이고 또한 번뇌를 방호하여 여의게 하기 때문이다.

"법의 문을 열어 널리 퍼지게 하며"라는 것은 정법의 문을 열어서 널리 퍼지게 하는 것이다. 바로 8만 4천 가지의 모든 법문이니 이것으로 말미암아 열반의 성에 들어가기 때문이다. "때 묻고 더럽혀진 것을 씻어 내고"라는 것은 때 묻은 진실이 바른 지혜의 물로 장애와 때를 제거하기 때문이다. "밝음을 드러내어 맑고 깨끗하게 하였다."라는 것은 때 묻지 않은 진실이 번뇌에서 벗어나 성품이 청정해지기 때문이다.

"불법을 밝게 드러내어 융통하게 하고"라는 것은 진실한 불법을 밝게 드러내어 융통하게 하는 것이다. "선양하고 유포하며 바르게 교화하였다."라는 것은 선양하고 유포하며 방편으로 바르게 교화하는 것이다.

嚴護法城者。謂莊嚴守護正法寶城。涅槃經云。云何莊嚴正法寶城。具足種種功德珍寶戒定智惠。¹⁾ 以爲牆塹。²⁾·³⁾ 此則莫名⁴⁾正法城。囚諸賢聖。安心處故。又能防於煩惱離故。開闢法門者。謂開示闡揚正法之門。即是八萬四千諸法門也。由此能入涅槃城故。洗濯垢汚者。謂有垢眞實。由正智水。障垢除故。顯明清白者。謂無垢眞實。出在累外性潔故。光融佛法者。

245『涅槃經』 권2(T12, 376b).

謂光顯融通眞實佛法。宣流正化者。謂宣暢流傳。方便正化。

1) 옌『華嚴經』에 따르면 '惠'는 '慧'이다. 2) 왠『涅槃經』에 따르면 '灌'은 '輕'이다.
3) 왠『涅槃經』권2(T12, 376b22). 4) 옌 '莫名'은 교감이 잘못된 것 같다. 문맥상으로는 '嚴護'인 것 같다.

"나라에 들어가 분위를 행하여 넉넉하게 음식을 얻음으로써"라는 것은 다음과 같다.

(『유가사지론』)「섭사분攝事分」에서 "열 가지 인연으로 인하여 여래께서는 마을에 들어가 걸식하신다. 첫째는 두다杜多[246]의 공덕을 나타내기 위해서이다. 둘째는 그 일부를 인도하여 걸식에 들어가게 하기 위해서이다. 셋째는 동사행同事行(동일한 일을 행하는 것)으로 그 일부를 섭수하기 위해서이다. 넷째는 미래의 중생에게 큰 조명照明이 되어 주기 위해서이고 나아가 그들로 하여금 잠시 접촉하여 증험하는 일을 할 수 있게 하기 위해서이다. 다섯째는 저 거친 음식을 먹고 낡은 옷을 입는 것만 옳다고 집착하는 외도들을 인도하기 위해서이다. 여섯째는 저 음성을 이어 가면서 비방을 일으키는 이들을 위해서이니, 미묘한 색과 적정한 위의를 나타내어 그들로 하여금 놀라고 감탄하며 귀의하려는 마음을 일으키게 하기 위해서이다. 일곱째는 그 처소에 있는 중생이 적은 공덕으로 많은 복을 심을 수 있게 하

---

246 두다杜多 : ⑤ dhūta의 음역어. 두타頭陀라고도 하고, 기제棄除·수치修治 등으로 의역한다. 의·식·주 등에 있어서 탐착을 버리게 하기 위해 제정된 엄격한 수행 원칙을 가리키는 말. 보통 12가지를 제시하여 12두타행이라고 하는데, 그 구체적인 내용은 출처에 따라 약간 다르다. 왕래하던 집에서 걸식하는 것(常期乞食), 마을에 들어가 분별하지 않고 차례대로 걸식하는 것(次第乞食), 한 번 앉은 자리에서 한 번만 먹는 것(但一坐食), 단지 삼의三衣만 지니는 것, 아란야阿蘭若(마을에서 멀리 떨어진 고요한 곳)에 머무는 것, 항상 나무 밑에 거주하는 것, 항상 가린 것이라곤 아무것도 없는 맨 땅에 머무는 것 등이다. 『大智度論』 권68(T25, 537b28)에서 "12두타는 계라고 하지 않으니, 곧 능히 행하면 계를 장엄하는 것이지만 능히 행하지 않는다고 하여 계를 범하는 것은 아니다. 비유컨대 보시는 행하면 복을 얻지만 행하지 않는 것은 죄가 없다. 두타도 또한 이와 같다."라고 하여, 계율이 타율적이라면 두타는 자율적인 것임을 밝혔다.

기 위해서이다. 여덟째는 믿음을 파괴하고 방일한 사람에 대해 깊이 부끄러워하는 마음을 일으키게 하기 위해서이니 비록 작은 공을 들여도 큰 복을 얻기 때문이다. 방일한 사람을 위한 것과 같이 게으른 사람에 대해서도 또한 그러하다. 아홉째는 저 시각장애·청각장애·신경장애를 가진 중생과 마음이 어지러운 중생이 겪는 여러 가지 재해를 모두 고요하게 하고 그치게 하기 위해서이다. 열째는 한량없고 끝없는 광대한 위덕을 지닌 천·용·약차藥叉·건달박健達縛[247] 등이 여래를 따르며 들어가는 집에 이르면, (그 공양한 사람을) 깊이 사모하고 우러르는 마음을 내며 더욱 따르고 호위하며 괴롭히고 해치는 일이 없게 하기 위해서이다."[248]라고 하였다.

또 경에서 게송으로 말하기를 "나라에 계실 때는 좋고 맛난 음식을 먹고 맛난 반찬으로 그 맛을 더하셨는데 지금 복용하는 음식이 몸을 편안하게 함은 무엇을 의미하는가? 발우를 가지고 분위를 행하여 중생을 복되게 함에 보시한 음식의 좋고 나쁨을 따지지 않고 주문을 외워 보시한 집안이 세세생생 편안하기를 기원하시네."[249]라고 하였다.

入國分衞獲諸豐饍者。攝事分云。由十因緣。如來入於聚落乞食。一者當顯杜多功德故。二者爲欲引彼一分。令入乞食故。三者爲欲以同事行。攝彼一分。四者爲與未來衆生。作大照明故。乃至令彼筳[1)]觸證故。五者爲欲引彼篋弊勝[2)]諸外道故。六者爲囮承起誏故。現妙色寂靜威儀。令其驚囲。心生囲向囡。七者爲彼處中衆生。以其少功。而囲多福故。囚者爲壞信放逸。除[3)]生恥愧。雖用小功。而護[4)]大福故。如爲放逸者。懈怠者亦然。九者爲彼

---

247 건달박健達縛 : Ⓢ Gandharva의 음역어로 건달바乾闥婆라고도 한다. 의역어는 심향尋香·식향食香 등이다. 술과 고기는 전혀 먹지 않고 오직 향기만 먹고 살기 때문에 붙여진 이름이다. 팔부중八部衆의 하나. 긴나라緊那羅와 함께 제석천을 시봉하며 음악을 맡아 연주하는 신이다.
248 『瑜伽師地論』 권86(T30, 784a).
249 『普曜經』 권8(T3, 535b).

盲聾顛⁵⁾狂心亂衆生。種種災害。皆令靜息故。十者爲令無量無邊廣大威德。天龍藥叉。健達縛等。隨從如來。至所入室。⁶⁾ 深生羨仰。勤加賓衞。不爲惱害故。⁷⁾ 又經頌言。在國好美食。甘饍⁸⁾恣⁹⁾其味。今所服食者。安身何等類。執鉢行分衞。福終¹⁰⁾無麤細。呪願布施家。世世令安隱。¹¹⁾

1) ㉑『瑜伽師地論』에 따르면 '筳'은 '暫'이다. ㉓『瑜伽師地論』에 따르면 '暫' 뒤에 '起'가 누락되었다. 2) ㉓『瑜伽師地論』에 따르면 '勝' 뒤에 '解'가 누락되었다. 3) ㉑『瑜伽師地論』에 따르면 '除'는 '深'이다. 4) ㉑『瑜伽師地論』에 따르면 '護'는 '獲'이다. 5) ㉑『瑜伽師地論』에 따르면 '顛'은 '癲'이다. ㉓『大正藏』 미주에 따르면 송본·원본·명본·궁본·성본에서는 '瘨'이라고 하였다. 따라서 어느 글자가 옳은지는 확정할 수 없다. 6) ㉑『瑜伽師地論』에 따르면 '室'은 '家'이다. 7) ㉑『瑜伽師地論』권86(T30, 784a11). 8) ㉓『普曜經』에 따르면 '饍'은 '膳'이다. 9) ㉓『普曜經』에 따르면 '恣'는 '滋'이다. ㉓『大正藏』 미주에 따르면 송본·원본·명본에서는 '恣'라고 하였다. 따라서 어느 것이 옳은지는 확정할 수 없다. 문맥상 전자를 따랐다. 10) ㉑『普曜經』에 따르면 '終'은 '家'이다. 11) ㉑『普曜經』권8(T3, 535b1).

"공덕을 쌓아서 복전이 되는 것을 나타내 보였다."라는 것은 부처님의 몸 가운데 공덕을 쌓아 중생에게 뛰어나게 도움이 되는 복전임을 보인 것이다. "법을 설하고자 환하게 웃는 모습을 나타내고"라는 것은 부처님의 입 가운데 법을 베풀고자 할 때 환하게 웃는 모습을 나타내 보이고 설할 것을 겉으로 드러낸 것이다. 예를 들어『반야경』을 설할 때 털구멍에서 모두 웃음이 번져 나왔고[250]『능가경』을 설할 때 소리 내어 크게 웃은 것[251] 등과 같이 그 시기의 적절함에 따라 나타내는 모습이 한 가지가 아니다. "온갖 법의 약으로 삼세에 걸친 삼계의 고통에서 건져 내어 치료해 주었다."라는 것은 부처님의 지혜 가운데 모든 법의 약을 분명히 알아서 삼세에 걸친 삼계의 고통에서 건져 내어 치료해 준 것이다. 혹은 고고苦苦 등의 세 가지 고통[252]일 수도 있다.【『무량수경술기권제일』】

---

250 『大品般若經』 권1(T8, 217b);『大智度論』 권1(T25, 58b).
251 『入楞伽經』 권1(T16, 517b).
252 고고苦苦 등의 세 가지 고통 : 고고苦苦·괴고壞苦·행고行苦를 가리킨다. 고고는 추

貯功德示福田者。謂佛身中。貯積功德。示衆生良祐福田。欲宣法現欣笑者。
謂佛口中。欲宣法時。示現欣笑。表發所說。如說般若時。毛孔皆笑。諸[1]楞
伽時。呵呵大笑等。隨其時宜。現非一也。以誷法藥救療三苦者。謂佛智中。
了諸法藥。救療三世三界。或苦苦等三等[2]苦也。【無量壽經述記卷第一】

1) ㉄ '諸'는 '說'인 것 같다.　2) ㉄ '等'은 '種'인 것 같다.

경 도를 얻으려는 뜻의 한량없는 공덕을 나타내고 보이고 보살에게 등정각等正覺을 성취할 것이라는 수기를 주었으며 멸도하는 모습을 나타내 보이며 구제함이 다함이 없었다.

顯現道意無量功德。授菩薩記成等正覺。示現滅度。拯濟無極。

기 경에서 "도를 얻으려는 뜻의 (한량없는 공덕을) 나타내 보이고……구제함이 다함이 없었다."라고 한 것에 대해 서술하여 말한다. 이것은 열 번째로 반열반般涅槃[253]을 나타낸 것이다. 여기에 세 가지가 있다. 첫째는 도를 얻으려는 뜻의 공덕을 나타내었고 둘째는 수기를 주는 것을 밝혔으며 셋째는 멸도하는 모습을 나타내 보였다.

經顯現道意至拯濟無極。述曰。此即第十般涅槃也。於中有三。一顯道德。二明授記。三示滅度。

위·더위·질병 등에 의한 고통, 괴고는 집착의 대상인 사물의 변화에 의한 고통, 행고는 유위법有爲法의 무상함에 의한 고통이다.

253 반열반般涅槃 : Ⓢ parinirvāṇa의 음역어. 열반에 드는 것, 또는 완전한 열반이라는 뜻. '반般'은 pari의 음역어로 '완전하다'는 뜻이다. 그러므로 반열반은 '열반'의 의역어인 적적寂에 원圓을 붙여 원적圓寂이라고 의역한다.

해야 할 일을 이미 완전히 마쳤으니 그러므로 도를 얻으려는 뜻의 공덕이 한량없음을 나타내 보였다. 성인의 교화가 끊어지지 않게 하고자 하였으니 그러므로 성불할 것이라는 수기를 주는 모습을 나타내 보였다. 오랫동안 세간에 머물면 싫증을 내는 마음을 일으킬 것을 염려하였으니 그러므로 중생을 거두어 교화하고 나서 멸도를 취하는 모습을 나타내 보였다. 비록 멸도하는 모습을 보였어도 구제함은 한량없으니 그러므로 "구제함이 다함이 없었다."라고 하였다.

> 所應作事。已究竟故。是故顯示道德無量。欲令聖化。不斷絶故。是故示現授記成佛。久在世間。恐生厭意。是故顯示攝化取滅。雖示滅度。所■¹⁾無量。故云拯無有²⁾極也。
>
> 1) ㉠ '■'는 '濟'인 것 같다. 2) ㉠ 『無量壽經』에 따르면 '有'는 연자이다.

그러므로 경에서 말하기를 "열 가지 뜻이 있어서 반열반을 나타내 보인다. 이른바 일체의 행行이 모두 무상함을 밝히기 때문이고 일체의 유위법이 편안하지 않음을 밝히기 때문이며, 반열반의 세계가 가장 편안함을 밝히기 때문이고 반열반은 모든 두려움을 멀리 떠난 것임을 밝히기 때문이며, 모든 하늘과 사람이 색신色身에 즐겨 집착하니 색신이 무상하고 닳아서 없어지는 법임을 밝혀서 상주하는 법신을 구하게 하기 때문이고 무상의 힘은 강하여 바꿀 수 없음을 밝히기 때문이며, 유위법은 애행愛行을 따르지 않아서 자재하지 않음을 밝히기 때문이고 삼계의 법은 모두 질그릇과 같아서 견고하지 못함을 밝히기 때문이며, 반열반은 가장 진실하여 무너뜨릴 수 없음을 밝히기 때문이고 반열반은 생사를 멀리 여의어 생기하지도 않고 소멸하지도 않음을 밝히기 때문이다."[254]라고 하였다.

---

254 『華嚴經』 권43(T9, 669a).

故經說言。有十義。示顯[1)]大寂。[2)] 所謂明一切[3)]悉無常故。一[4)]切有爲非安隱故。涅[5)]槃趣最安隱故。明般涅槃遠離一切諸怖畏故。以諸天人樂著色身。明色身無常是磨滅法。令求常住法身故。明無常力強不可轉故。明有爲法。不隨愛行。不自在故。明三界法。悉如坏[6)]器。無堅牢故。明般涅槃最爲眞實不可壞故。明般涅槃遠離生死非起[7)]故。[8)]

---

1) ㉈『華嚴經』에 따르면 '顯'은 '現'이다. 2) ㉈『華嚴經』에 따르면 '寂'은 '涅槃'이다. ㉭『華嚴經』에 따르면 '般涅槃'이다. 3) ㉈『華嚴經』에 따르면 '切' 뒤에 '行'이 누락되었다. 4) ㉭『華嚴經』에 따르면 '一' 앞에 '明'이 누락되었다. 5) 『華嚴經』에 따르면 '涅' 앞에 '明'이 누락되었다. 6) ㉭『華嚴經』에 따르면 '坏'는 '坯'이다. 7) ㉭『華嚴經』에 따르면 '起' 뒤에 '滅'이 누락되었다. 8) ㉈『華嚴經』 권43(T9, 669a28). ㉭ '669a28'은 '669a27'이다.

또 말하기를 "일체의 정각의 법은 모두 이와 같다. 소원을 이미 이루고 이미 법륜을 굴려 제도해야 할 이를 모두 제도하며, 이미 보살에게 세존의 수기와 명호를 주어서 모든 부처님의 일을 끝까지 다 마치고 나서 변하지 않는 법에 편안히 머물러 대열반을 나타내 보인다."[255]라고 하였다. 차례대로 바로 이 가운데 세 가지 뜻이다. 글이 쉬워서 이해할 수 있을 것이므로 번거롭게 해석하지 않는다.【무량수경술기권제일】

又云。一切正覺法皆如是。所願以[1)]成。已轉法輪。所應度者。皆悉度已。與[2)]諸[3)]菩薩。受[4)]尊記號。一切事。[5)]皆悉究竟。安住不變。示現大寂。[6)·7)] 如次即是此中三意。文易可解。不須煩釋。【無量壽經述記卷第一】

---

1) ㉈『華嚴經』에 따르면 '以'는 '已'이다. 2) ㉭『華嚴經』에 따르면 '與' 앞에 '已'가 누락되었다. 3) ㉭『華嚴經』에 따르면 '諸'는 연자이다. 4) ㉈『華嚴經』에 따르면 '受'는 '授'이다. 『大正藏』 미주에 따르면 궁본·성본에서는 '受'라고 하였다. 문맥상 '授'가 맞는 것 같다. 5) ㉭『華嚴經』에 따르면 '事' 앞에 '佛'이 누락되었다. 6) ㉭『華嚴經』에 따르면 '寂'은 '般涅槃'이다. 7) ㉭『華嚴經』 권3(T9, 669b8)'이 누락되었다.

---

255 『華嚴經』 권43(T9, 669b).

경 모든 번뇌를 없애고 온갖 덕의 근본을 심고 길렀으며 공덕을 낳는 법을 모두 갖추어 헤아릴 수 없이 미묘하였다. 모든 부처님의 국토를 유행하며 불도의 가르침을 두루 나타내 보였으며, 그 닦아야 할 것을 실천하니 청정하여 더러움이 없었다.

비유하면 마술사(幻師)가 갖가지 차별된 형상을 나타내어, 남자가 되게 하기도 하고 여인이 되게 하기도 하면서 변화시켜 나타내지 못하는 것이 없는데, 근본이 되는 학문을 분명하게 깨달았기 때문에 뜻대로 할 수 있는 것처럼 이 보살도 또한 이와 같이 모든 법을 배워서 두루 종합하고 자세하고 정밀하게 분석하였다.

머물러야 할 법에 안주하여 자세히 살피고 교화를 베풀지 않은 곳이 없었으며, 헤아릴 수 없는 부처님의 국토에 모두 두루 출현하여, 일찍이 중생에 대해서 교만하고 방자한 마음을 일으킨 적이 없고 그들을 불쌍히 여기었다.

이와 같은 법을 모두 온전히 갖추고 보살의 경전에 대해 종요와 미묘한 취지를 모두 알고 설하였다.

消除諸漏。植殖衆德本。具足功德。微妙難量。遊諸佛國。普現道敎。其所修行。淸淨無穢。譬如幻師。現衆異像。爲男爲女。無所不變。本學明了。在意所爲。此諸菩薩。亦復如是。學一切法。貫綜縷練。所住安諦。靡不致化。無數佛土。皆悉普現。未曾慢恣。愍傷衆生。如是之法。一切具足。菩薩經典。究暢要妙。

기 경에서 "모든 번뇌를 없애고 온갖 덕의 근본을 심고 길렀으며……보살의 경전에 대해 종요와 미묘한 취지를 모두 알고 설하였다."라고 한 것에 대해 서술하여 말한다.

이것은 바로 앞에서 다섯 번째[256]로 설한 "불법장에 들어가서 피안에 도달한 것"[257]을 자세하게 밝힌 것이다. 『화엄경』에서 "열 가지 장藏이 있으니 삼세의 모든 부처님께서 연설하시는 것이다. 열 가지란 무엇인가? 신장信藏・계장戒藏・참장慚藏・괴장愧藏・문장聞藏・시장施藏・혜장慧藏・정념장正念藏・지장持藏・변장辯藏이다."[258]라고 하였다.

經消除諸漏積殖衆德至菩薩經典究暢要妙。述曰。此即第三[1]廣上第五入佛法藏究竟彼岸。花嚴經云。有十種藏。三世諸佛之所演說。所謂[2]信藏。戒藏。慚[3]藏。愧藏。聞藏。施藏。惠[4]藏。正念藏。持藏。辯藏。[5]

1) ㉻ '第三'은 연자인 것 같다. 2) ㉝『華嚴經』에 따르면 '所謂'는 '何等爲十'이다.
3) ㉝『華嚴經』에 따르면 '慚'은 '慙'이다. ㉻『華嚴經』에 따르면 '慚'이다. 4) ㉻『華嚴經』에 따르면 '惠'는 '慧'이다. 5) ㉝『華嚴經』 권12(T9, 474c29).

지금 이 글에서 차례대로 이것을 나타내었다.

"모든 번뇌를 없애고 온갖 덕의 근본을 심고 길렀으며"라는 것은 신장을 나타낸 것이다. 믿음에 두 가지가 있다. 첫째는 의혹을 제거할 수 있고 둘째는 덕의 근본이 될 수 있는 것이다. 그러므로 경의 게송에서 말하기를 "믿음은 도의 으뜸이고 공덕의 어머니이니, 온갖 선법을 더욱더 자라게 하고 온갖 의혹을 소멸시켜 위없는 도를 나타내 보여 깨닫게 하네."[259]라고 하였다.

"공덕을 낳는 법을 모두 갖추어 헤아릴 수 없이 미묘하였다."라는 것은 계장을 나타낸 것이다. 계에도 또한 두 가지가 있다. 첫째는 공덕을 모두

---

256 다섯 번째 : 전후 문맥을 검토할 때『無量壽經』권상 앞부분(T12, 265c)에서 "모두 보현 대사의 덕을 좇아(1) 모든 보살의 한량없는 수행과 서원을 갖추었고(2), 일체의 공덕을 지닌 법에 안주하였으며(3), 시방세계를 두루 다니며 권방편權方便을 행하였으며(4), 불법장佛法藏에 들어가서 피안彼岸에 도달하였으며(5), 한량없는 세계에서 등각等覺을 이루는 모습을 나타내었다.(6)"라고 한 것 중에 다섯 번째라는 말인 것 같다. 이하 이러한 구분에 준하여 교감하고 별도로 이유를 밝히지 않는다.
257『無量壽經』권상(T12, 265c).
258『華嚴經』권12(T9, 474c).
259『華嚴經』권6(T9, 433a).

갖추는 것이니 보리의 근본을 짓는 것이다. 둘째는 헤아릴 수 없이 미묘한 것이니 여래께서 찬탄하는 것이다. 그러므로 경의 게송에서 말하기를 "계는 위없는 보리의 근본이니 청정한 계를 모두 수지해야 하네. 청정한 계를 모두 수지하면 모든 여래께서 찬탄하리."[260]라고 하였다.

"모든 부처님의 국토를 유행하며 불도의 가르침을 두루 나타내 보였으며"라는 것은 참장慚藏[261]을 나타낸 것이다. 부끄러움이 있기 때문에 현명한 이와 착한 법을 받들어 존중한다. 그러므로 모든 부처님의 국토를 유행하며 널리 말씀하신 도를 나타낼 수 있다. 경에서 "그러므로 나는 참법慚法을 닦아서 완전한 보리를 얻고 널리 중생을 위해 진실한 법을 설하여 온갖 부끄러움이 없는 법을 영원히 여의어 보리를 성취하게 할 것이다."[262]라고 하였다.

"그 닦아야 할 것을 실천하니 청정하여 더러움이 없었다."라는 것은 괴장이다. 부끄러움이 있기 때문에 포악함을 경시하며 거부한다. 그러므로 닦아야 할 것을 행함으로써 청정함을 이루어 더러움이 없다. 경에서 "나는 괴법愧法을 닦아 완전한 보리를 얻고 널리 중생을 위하여 이와 같은 법을 설하여 부끄러움이 없음을 여의고 불도를 성취하게 할 것이다."[263]라고 하였다.

今此文中次顯示。消除諸漏殖衆德者。顯信藏也。信有二義。一能除疑惑。[1]
二能爲德本。故經頌云。信爲道本[2]功德妙。[3] 增長一切諸善法。除滅一切

---

260 『華嚴經』권6(T9, 433b).
261 참장慚藏 : 상대어는 괴장愧藏이다. '참'은 자발적으로 부끄러워하는 것이고 '괴'는 다른 사람을 의식하여 부끄러워하는 것이다. 예컨대 공덕이 많은 이를 공경하면서 자신이 공덕이 부족함을 부끄러워하는 것은 '참'이고 공덕이 있는 사람의 꾸짖음을 받고 부끄러워하는 것은 '괴'이다.
262 『華嚴經』권12(T9, 475c).
263 『華嚴經』권12(T9, 475c).

諸疑惑。示現開發無上。⁴⁾·⁵⁾ 具足功德微妙難量者。顯戒藏也。戒亦有二。一具足功德。佐菩提本。二微妙難量。如來所讚。故經頌云。戒是無上菩提本。應當具足持淨戒。若能具足持淨戒。一切如來所讚嘆。⁶⁾·⁷⁾ 遊諸佛國普現道教者。顯慚藏也。由有慚故。崇重賢善。是故能遊諸佛國土。普皆得示現所說道。經云。是故我應脩⁸⁾習慚法。究竟菩提。廣爲衆生。說眞實法。令其永離諸無慚法。成就菩提。⁹⁾ 其所脩¹⁰⁾行清淨無穢者。顯愧藏也。以有愧故。輕拒暴惡。故能所修清淨無穢。經云。我當修習愧法。究竟菩提。廣爲衆生。說如是法。令離無愧。成就佛道。¹¹⁾

1) ㉡ '或'은 '惑'인 것 같다. 2) ㉠『華嚴經』에 따르면 '本'은 '元'이다. 3) ㉠『華嚴經』에 따르면 '妙'는 '母'이다. 4) ㉠『華嚴經』에 따르면 '上' 뒤에 '道'가 누락되었다. 5) ㉠『華嚴經』권6(T9, 433a26). 6) ㉠『華嚴經』에 따르면 '嘆'은 '歎'이다. 7) ㉠『華嚴經』권6(T9, 433b13). 8) ㉡『華嚴經』에 따르면 '脩'는 '修'이다. 9) ㉠『華嚴經』권12(T9, 475c11). 10) ㉡『無量壽經』에 따르면 '脩'는 '修'이다. 11) ㉠『華嚴經』권12(T9, 475c23).

"비유하면 마술사가 갖가지 차별된 형상을 나타내어……모든 법을 배워서 두루 종합하고 자세하고 정밀하게 분석하였다."라는 것은 문장聞藏을 나타낸 것이다. 듣는 것에도 또한 두 가지가 있다. 첫째는 연기에 대해서 가르침의 방편을 아는 다문多聞이고 둘째는 법상法相에 대해서 명료하게 아는 다문이다. 경에서 "보살이 많이 듣는다는 것은 이른바 이 일이 있기 때문에 이 일이 있고, 이 일이 없기 때문에 이 일이 없으며, 이 일이 일어나기 때문에 이 일이 일어나고 이 일이 소멸하기 때문에 이 일이 소멸한다는 것을 아는 것이다."²⁶⁴라고 하였으니, 이것은 바로 연기에 대해 가르침의 방편을 아는 다문을 나타낸 것이다. 또 말하기를 "이것은 세간법이고 이것은 출세간법이며 이것은 유위법이고 이것은 무위법이며 이것은 유기법有記法이고 이것은 무기법이라는 것을 (아는 것이다.)"²⁶⁵라

264 『華嚴經』권12(T9, 475c).

고 하였으니, 이것은 바로 법상에 대해 명료하게 아는 다문을 나타낸 것이다.

> 譬如幻師現衆異像乃至學一切法貫綜縷練者。顯聞藏也。聞亦二。一於緣起中。善巧多聞。二於法相。多明[1]多聞。如經說云。菩薩多聞者。所謂知是事有故是事有。是事無故。[2] 是事起故是事起。是事滅故是事滅。[3] 此即顯示於緣起中善巧多聞。又云。是世間法。是出世間法。是有爲法。是無爲法。是有記法。是無記法。[4] 此即顯示於法相中明了多聞。

1) ㉠ 뒤의 주석에 따르면 '多明'은 '明了'인 것 같다. 2) ㉠ 『華嚴經』에 따르면 '故' 뒤에 '是事無'가 누락되었다. 3) ㉑ 『華嚴經』 권12(T9, 475c26). 4) ㉠ 『華嚴經』 권12(T9, 475c29)'가 누락되었다.

지금 이 글에서 "마술사"에 비유한 것은 두 가지의 다문을 모두 나타낸 것이다. "남자가 되게 하기도 하고 여인이 되게 하기도 하면서 변화시켜 나타내지 못하는 것이 없는데"라는 것은 개별적으로 연기의 다문을 나타낸 것이다. "근본이 되는 학문을 분명하게 깨달았기 때문에 뜻대로 할 수 있는 것처럼"이라는 것은 개별적으로 법상의 다문을 나타낸 것이다.

지금 이 글 가운데 "모든 법을 배워서"라는 것은 두 가지 다문을 모두 합한 것이다. "두루 종합하고(貫綜)"라는 것은 개별적으로 연기의 다문을 나타낸 것이고 "자세하고 정밀하게 분석하였다.(縷練)"라는 것은 개별적으로 법상의 다문을 나타낸 것이다. "관貫"이라는 것은 통하는 것이고 "종綜"이라는 것은 묶는 것이다. 제법이 비록 많아도 연기에 있어서는 차별이 없어서 두루 묶인다. 이러한 이치 때문에 "두루 종합하고"라고 하였다. "누縷"라는 것은 자세한 것이고 "연練"이라는 것은 정밀한 것이다. 세간·

---
265 『華嚴經』 권12(T9, 475c).

출세간 등의 모든 법은 서로 달라서 자세하고 정밀하게 나뉜다. 이러한 뜻 때문에 "자세하고 정밀하게 분석하였다."라고 하였다.

> 今此文中。幻師喩者。惣顯二種多聞。爲男爲女無所不反¹⁾者。別顯緣起多聞。本學明了在意所爲者。別顯法相多聞。其今²⁾文中。學一切法。惣合二聞。貫綜者別合³⁾緣起多聞。縷練者別顯法相多聞。貫者通也。綜者括也。諸法雖衆。緣起無差通括。此理故云貫綜。縷⁴⁾者委也。練者精也。世出等諸法。參差委精。此義故云縷練。⁵⁾

1) ㉠『無量壽經』에 따르면 '反'은 '變'이다. 2) ㉠ '其今'은 '今此'인 것 같다. 3) ㉠ '合'은 '顯'인 것 같다. 4) ㉮『無量壽經』에 따르면 '縷'는 '纊'이다. 5) ㉠ '貫綜者別合緣起多聞……此義故云縷練'을 에타니본에서는 '貫者通也綜者括也縷者委也練者精也淨影云綜習也【大經鈔二】'라고 하였다. 그 내용이 너무 축약적이어서 미나미본으로 대체하였다.

"머물러야 할 법에 안주하여 자세히 살피고 교화를 베풀지 않은 곳이 없었으며"라는 것은 시장을 나타낸 것이다. 또한 두 가지가 있다. 첫째는 내적으로 세 가지 일[266]이 모두 공이라는 것을 분명하게 아는 것이고, 둘째는 외적으로 열 가지 보시법을 두루 행하는 것이다. 내적으로 보시하는 사람과 받는 사람 등이 공함을 분명히 알기 때문에 "머물러야 할 법에 안주하여 자세히 살피고"라고 하였다. 외적으로 열 가지 보시법을 두루 행하기 때문에 "교화를 베풀지 않은 곳이 없었으며"라고 하였다. 열 가지 보시법이라는 것은 "이른바 보시하는 법, 죽음을 감수해야 하는 어려운 보시법, 내물內物(자신)을 보시하는 법, 외물外物(재물 등)을 보시하는 법, 내물과 외물을 보시하는 법, 모든 것을 다 보시하는 법, 과거와 관련된 법을 보시하는 법, 미래와 관련된 법을 보시하는 법, 현재와 관련된 법을 보시

---

266 세 가지 일 : 보시와 관련하여 보시하는 이, 그것을 받는 이, 보시하는 물건의 세 가지를 가리킨다.

하는 법, 끝까지 남김없이 보시하는 법이다."²⁶⁷라고 하였으니 자세한 것은 경에서 설한 것과 같다.

> 所住安諦靡不致化者。顯施藏也。亦有二。一於內了知三事俱空。二於外普行十種施法。於內了知施受等空。是故所住因諦。於外普行十種施法。是故靡不致化。十種施法者。所謂施法。最後難施法。內施法。外施法。內外施法。一切施法。過去施法。未來施法。現在施法。究竟施法。¹⁾ 廣說如經。
>
> 1) ㉠ '『華嚴經』권12(T9, 476b7)'가 누락되었다.

"헤아릴 수 없는 부처님의 국토에 모두 두루 출현하여"라는 것은 혜장慧藏을 나타낸 것이다. 보살은 이 혜장을 얻었기 때문에 열 가지 불가진不可盡을 완전히 성취한다. 그러므로 헤아릴 수 없는 부처님의 국토에 모두 두루 나타나서 뛰어나게 이익이 되는 일을 한다. 열 가지 불가진이라는 것은 많이 듣고 방편을 잘 운용함의 불가진(多聞善方便不可盡)에서 모든 부처님의 자재함을 얻어 중생을 교화하고 행해야 할 것을 성취하는 모습을 나타내 보임의 불가진(得一切佛自在示現教化衆生所行成就不可盡)까지의 (열 가지이다.)²⁶⁸ 자세한 것은 경에서 설한 것과 같다.

"일찍이 중생에 대해서 교만하고 방자한 마음을 일으킨 적이 없고 그들을 불쌍히 여기었다."라는 것은 염장念藏을 나타낸 것이다. 보살은 이 염장을 얻었기 때문에 과거의 여러 겁 동안 자신이 머물던 곳에서 일찍이 다른 중생에 대해 교만함과 방자함을 일으킨 적이 없고 다시 깊이 불쌍히 여기었던 것을 기억한다. 경에서 "보살이 이러한 생각에 머물 때에는 모든 세간이 어지럽히지 못하고 모든 근이 청정하여 다시 물들지 않으며 온

---

267 『華嚴經』권12(T9, 476b). 열 가지 보시의 자세한 해석은 『大乘義章』권14(T44, 742c)를 참조할 것.
268 『華嚴經』권12(T9, 477c).

갖 마구니와 외도가 파괴할 수 없다. 모든 부처님의 법장을 생각하여 지니고 분명히 알아 일찍이 혼란스럽지 않다."[269]라고 한 것과 같다.

> 無數佛土皆悉普現者。顯惠[1]藏也。菩薩由得此憲[2]藏故。具足成就十不可盡。是故能於無數佛土。皆悉普現。殊勝利益。十不可盡者。謂多聞善方便不可盡。乃至得一切佛自在示現教化衆生所行成就不可盡。[3] 具如經說。未曾慢恣慼傷衆生者。顯念藏也。菩薩由得此念藏故。憶念過去多劫。所經於自所。未曾慢恣於他衆生。復深慼傷。如經云。菩薩作[4]是念時。一切世間。不能嬈亂。諸根清淨。不復染著。衆魔外道。所不能壞。念持一切諸佛法藏。明了未曾錯亂。[5]

1) 옘『華嚴經』에 따르면 '惠'는 '慧'이다. 2) 옘『華嚴經』에 따르면 '憲'는 '慧'이다. 3) 원『華嚴經』 권12(T9, 477c19). 4) 원『華嚴經』에 따르면 '作'은 '住'이다. 옘『大正藏』미주에 따르면 송본·원본·명본·궁본에서는 '作'이다. 어느 것이 옳은지는 확정할 수 없다. 문맥상 후자인 것 같다. 5) 원『華嚴經』 권12(T9, 478a18). 옘 '478a18'은 '478a19'이다.

"이와 같은 법을 모두 온전히 갖추고"라는 것은 지장持藏을 나타낸 것이다. 보살은 이 지장을 얻었기 때문에 모든 부처님의 처소에서 들은 법들을 비록 여러 생을 경유하더라도 일찍이 잊어버린 적이 없다. 그러므로 "이와 같은 법을 모두 온전히 갖추고"라고 하였다. "이와 같은 법"이라는 것은 "한 품의 수다라와 더 나아가서 불가설불가설不可說不可說[270]의 수다라를 들어 지니며,[중략] 한 가지 삼매와 더 나아가서 불가설불가설의 삼

269 『華嚴經』 권12(T9, 478a).
270 불가설불가설不可說不可說 : 십대수十大數 중 가장 큰 수. 1아승기를 최초의 단위로 하여 점차 증대하여 마지막으로 가장 큰 수를 불가설불가설이라 한다. 곧 1아승기의 자승自乘(같은 수를 두 번 곱하는 것)은 아승기전阿僧祇轉이고 아승기전의 자승은 무량無量이니 이것이 두 번째 큰 수이다. 이렇게 해서 마지막에 불가설불가설에 이른다.

매를 들어 지닌다."²⁷¹라고 하였다. 경에서 자세하게 설한 것과 같다.

"보살의 경전에 대해 중요와 미묘한 취지를 모두 알고 설하였다."라는 것은 변장辯藏을 나타낸 것이다. 보살은 이 변장을 얻었기 때문에 모든 보살의 매우 심오한 경전에 대해 중요와 미묘한 취지를 남김없이 모두 드러내어 설한다. 경에서 "보살은 매우 심오한 지혜를 성취하여 중생을 위하여 널리 제법을 연설하니 모든 부처님의 경전과 어긋나지 않는다. 일체의 모든 겁은 오히려 끝나는 때가 있어도 한 글귀(句), 한 글자(味)를 설하는 것은 끝나는 때가 없다."²⁷²라고 한 것과 같다.【『대경초』권2·『무량수경술기권제일』】

如是之法一切具足者。顯持¹⁾也。菩薩由得此持藏故。於諸佛所。所聞法等。雖經多生。未曾忘失。故如是因一切具足。如是法者。謂一品修多羅可說²⁾乃至一三昧至不可說。³⁾·⁴⁾ 如經廣說。菩薩經典究竟要妙者。顯辯藏也。菩薩由得此辯藏故。於諸菩薩甚深經典。究竟顯暢要妙理趣。如經云。菩薩成就甚深智惠。⁵⁾ 廣爲衆生。演說諸法。不違一切諸佛經典。一切諸劫。尚可窮盡。說一句味。⁶⁾ 不可窮盡。⁷⁾【大經鈔二·無量壽經述記卷第一】

1) ㉺ '持' 뒤에 '藏'이 누락되었다. 2) ㉺『華嚴經』에 따르면 '可說' 앞에 '不可說不'이 누락되었다. 3) ㉺『華嚴經』에 따르면 '說' 뒤에 '不可說三昧'가 누락되었다. 4) ㉺『華嚴經』권12(T9, 478a24)'가 누락되었다. 5) ㉺『華嚴經』에 따르면 '惠'는 '慧'이다. 6) ㉺『華嚴經』에 따르면 '味' 앞에 '一'이 누락되었다. 7) ㉻『華嚴經』권12(T9, 478b11). ㉺ '478b11'은 '478b12'이다.

경 명성이 두루 이르고 시방세계의 중생을 인도하고 보살피며, 한량없는 부처님께서 모두 함께 잊지 않고 보살펴 주었으며, 부처님이 머무는 것에 모두 이미 머물고 위대한 성인이 이룬 것을 모두 이미 이루었으며, 여래께서 중

---

271 『華嚴經』권12(T9, 478a).
272 『華嚴經』권12(T9, 478b).

생을 인도하고 교화하는 것처럼 각각 능력에 따라 설법해 주었다.

모든 보살을 위하여 위대한 스승이 되어서 매우 깊은 선정과 지혜로 많은 중생을 깨우치게 하고 인도하였으며, 모든 법의 본성을 꿰뚫고 중생의 특징(相)을 통달하며 모든 국토를 분명하게 알고 모든 부처님께 공양하였다. 그 몸을 번갯불처럼 변화시켜 나타내며, 무외無畏의 그물을 잘 배우고 환화幻化의 법을 깨달으며 마구니의 그물을 파괴하고 모든 번뇌의 속박에서 벗어났다.

성문과 연각의 지위를 넘어서고 공삼매空三昧와 무상삼매無相三昧와 무원삼매無願三昧를 얻었으며 뛰어나게 방편을 세워 삼승三乘을 나타내 보였다. 이 가운데에 하생하여 멸도하는 모습을 나타내 보였지만 지었다고 할 만한 원인도 없었고 있다고 할 만한 결과도 없었다.

> 名稱普至。導御十方。無量諸佛。咸共護念。佛所住者。皆已得住。大聖所立。而皆已立, 如來導化。各能宣布。爲諸菩薩。而作大師。以甚深禪慧。開導衆人。通諸法性。達衆生相。明了諸國。供養諸佛。化現其身。猶如電光。善學無畏之網。曉了幻化之法。壞裂魔網。解諸纏縛。超越聲聞緣覺之地。得空無相無願三昧。善立方便。顯示三乘。於此中下。而現滅度。亦無所作。亦無所有。

기 경에서 "명성이 두루 이르고……이 가운데에 하생하여 멸도하는 모습을 나타내 보였지만 지었다고 할 만한 원인도 없고 있다고 할 만한 결과도 없었다."라고 한 것에 대해 서술하여 말한다. 이 이하는 앞에서 네 번째로 설한 "시방세계를 두루 다니며 권방편權方便을 행한 것"[273]을 자세하게 밝힌 것이다.

---

273 『無量壽經』 권상(T12, 265c).

여기에 열 가지가 있다. (『유가사지론』에서) "첫째는 성인의 가르침을 미워하고 등지는 유정有情의 경우 그 분노의 번뇌를 제거해 주는 것에서 방편을 잘 운용하는 것이다."[274]라고 하였는데 경에서 "명성이 두루 이르고 시방세계의 중생을 인도하고 보살피며"라고 한 것과 같다. (『유가사지론』에서) "둘째는 도중에 머물러 있는 유정의 경우 그들로 하여금 불도에 나아가고 들어가게 하는 것에서 방편을 잘 운용하는 것이다."[275]라고 하였는데 경에서 "한량없는 부처님께서 모두 함께 잊지 않고 보살펴 주었으며"라고 한 것과 같다.

(『유가사지론』에서) "셋째는 이미 불도에 나아가서 들어간 사람의 경우 그들을 성숙하게 하는 것에서 방편을 잘 운용하는 것이다."[276]라고 하였는데 경에서 "부처님이 머무는 것에 모두 이미 머물고"라고 한 것과 같다. (『유가사지론』에서) "넷째는 이미 성숙해진 사람의 경우 해탈을 얻게 하는 것에서 방편을 잘 운용하는 것이다."[277]라고 하였는데 경에서 "위대한 성인이 이룬 것을 모두 이미 이루었으며"라고 한 것과 같다.

(『유가사지론』에서) "앞에서 설한 네 가지 형태의 방편을 잘 운용하는 것으로 말미암아 모든 보살로 하여금 교화의 대상인 유정을 자신에게 이치에 맞고 이익이 되는 일에 바르게 안립하게 한다."[278]라고 하였는데 경에서 "여래께서 중생을 인도하고 교화하는 것처럼 각각 능력에 따라 설법해 주었다."라고 한 것과 같다.

經名稱普至至於[1)]中下而現滅度亦無所作亦無所有。述曰。此下廣上第

---

274 『瑜伽師地論』 권47(T30, 551a).
275 『瑜伽師地論』 권47(T30, 551a).
276 『瑜伽師地論』 권47(T30, 551a).
277 『瑜伽師地論』 권47(T30, 551a).
278 『瑜伽師地論』 권47(T30, 551a).

四遊步十方行摧²⁾方便。於中有十。一憎背聖教有情。除囯悉³⁾惱。方便善巧。⁴⁾如經名稱普至導御十方故。二處中有情。令其趣入。方便善巧。⁵⁾如經無量諸佛咸共護念故。三已趣入者。令其成就。⁶⁾方便善巧。⁷⁾如經佛所住者皆已得住故。四已成就⁸⁾者。令得解脫。方便善巧。⁹⁾如經佛所立者¹⁰⁾而皆已立故。由此¹¹⁾四種方便善巧。令諸菩薩。能正安立。所化有惛。於自義利。¹²⁾如經佛所住者皆已得任故。¹³⁾四已成跳者。金得解脫。方便善巧。如經佛所立者而皆已立故。由此四種方便善巧。令諸菩薩。能正安立。所化有情。於自義利。¹⁴⁾如經如來道¹⁵⁾化各能宣布。

1) ⑳『無量壽經』에 따르면 '於' 뒤에 '此'가 누락되었다. 2) ⑳『無量壽經』에 따르면 '摧'는 '權'이다. 3) ⑳『瑜伽師地論』에 따르면 '悉'은 '恚'이다. 4) ⑳『瑜伽師地論』 권47(T30, 551a8)'이 누락되었다. 5) ⑳『瑜伽師地論』 권47(T30, 551a9)'이 누락되었다. 6) ⑳『瑜伽師地論』에 따르면 '就'는 '熟'이다. 7) ⑳『瑜伽師地論』 권47(T30, 551a10)'이 누락되었다. 8) ⑳『瑜伽師地論』에 따르면 '就'는 '熟'이다. 9) ⑳『瑜伽師地論』 권47(T30, 551a11)'이 누락되었다. 10) ⑳『無量壽經』에 따르면 '佛所立者'는 '大聖所立'이다. 11) ⑳『瑜伽師地論』에 따르면 '此'는 '前'이다. 12) ⑳『瑜伽師地論』 권47(T30, 551a18). ⑳ '551a18'은 '551a19'이다. 13) ⑳ '如經佛所住者皆已得任故'는 중복된 글자이므로 삭제해야 할 것 같다. 14) ⑳ '四已成就者……於自義利'는 중복된 글자이므로 삭제해야 한다. 15) ⑳『無量壽經』에 따르면 '道'는 '導'이다.

(『유가사지론』에서) "여섯째는 보살들의 청정한 계율의 戒律儀[279]에 대해 수지하는 것과 훼범하는 것을 바르게 관찰하는 것에서 방편을 잘 운용하는 것이다."[280]라고 하였는데 경에서 "모든 보살을 위하여 위대한 스승이 되어서"라고 한 것과 같다. (『유가사지론』에서) 이 방편으로 말미암아 "모든 보살들로 하여금 훼범이 되는 것을 범하지 않게 하고 범하고 나서는 빨리 법대로 참회하여 제거하고 착하고 청정한 보살이 수지해야 할 청정한 계율의를 훌륭하게 닦아서 맑아지게 할 수 있다."[281]라고 하였는데

279 계율의戒律儀 : Ⓢ śīlasaṃvara의 의역어. 계율戒律과 같은 말이다.
280 『瑜伽師地論』 권47(T30, 551a).
281 『瑜伽師地論』 권47(T30, 551a).

이 청정한 계를 잘 닦아서 맑아지게 하는 것으로 인해 깊은 선정과 지혜를 일으켜 많은 중생을 깨우치게 하고 인도하니 경에서 "매우 깊은 선정과 지혜로 많은 중생을 깨우치게 하고 인도하였으며"라고 한 것과 같다.

(『유가사지론』에서) "다섯째는 모든 세간에 존재하는 일체의 다른 이론에 대해서 방편을 잘 운용하는 것이다."[282]라고 하였는데 경에서 "모든 법의 본성을 꿰뚫고 중생의 특징(相)을 통달하며"라고 한 것과 같다. (『유가사지론』에서) 이 방편으로 말미암아 "모든 보살들로 하여금 훌륭하게 일체의 다른 이론을 꺾어서 항복시킬 수 있게 한다."[283]라고 하였는데 이렇게 모든 다른 이론을 꺾어서 항복시키기 때문에 바른 법으로 모든 국토를 분명하게 알고 바른 행으로 모든 세존께 공양하니 경에서 "모든 국토를 분명하게 알고 모든 부처님께 공양하였다."라고 한 것과 같다.

五[1])於諸菩薩。淨戒律儀。受持毀犯。能正觀察。方便善巧。[2]) 如經爲諸菩薩而作大師故。由此方便。令諸菩薩。不犯所犯。犯已速疾如法悔[3])除。於善淸淨菩薩所受淨戒律儀。能善修瑩。[4]) 由此淨戒善修瑩故。發深定惠。[5]) 開導衆人。如經以甚深禪惠[6])開導衆人故。於[7])諸世間一切異論。方便善巧。[8]) 如經通諸法性達衆生相。由此方便。令諸菩薩。能善[9])摧伏一切異論。[10]) 由此摧伏諸異論故。以正法明了諸國土。以正行供養諸世尊。如經明了諸國供養諸佛。

1) ⓔ『瑜伽師地論』에 따르면 '五'는 '六'이다.　2) ⓗ『瑜伽師地論』 권47(T30, 551a22). ⓔ '551a22'는 '551a12'이다.　3) ⓔ『瑜伽師地論』에 따르면 '悔'는 '悔'이다.　4) ⓔ『瑜伽師地論』 권47(T30, 551a23)'이 누락되었다.　5) ⓔ『無量壽經』에 따르면 '惠'는 '慧'이다.　6) ⓔ『無量壽經』에 따르면 '惠'는 '慧'이다.　7) ⓔ『瑜伽師地論』에 따르면 '於' 앞에 '五'가 누락되었다.　8) ⓔ '『瑜伽師地論』 권47(T30, 551a11)'이 누락되었다.　9) ⓗ『瑜伽師地論』에 따르면 '能善'은 '善能'이다.　10) ⓔ '『瑜伽師地論』 권47(T30, 551a21)'이 누락되었다.

---

282 『瑜伽師地論』 권47(T30, 551a).
283 『瑜伽師地論』 권47(T30, 551a).

(『유가사지론』에서) "일곱째는 모든 바른 소원에 대해서 방편을 잘 운용하는 것이다."²⁸⁴라고 하였는데 경에서 "그 몸을 번갯불처럼 변화시켜 나타내며"라고 한 것과 같다. 이 방편으로 말미암아 시방세계에 다른 모습으로 형상을 나타내어 중생을 섭수하여 교화한다. (『유가사지론』에서) "보살들로 하여금 미래에 일체의 좋아할 만한 일과 이치를 원만하게 증득할 수 있게 한다."²⁸⁵라고 하였다.

좋아하는 일과 이치에는 다시 네 가지가 있다.

첫째는 정법의 그물을 이해하는 것이니 경에서 "무외의 그물을 잘 배우고"라고 한 것과 같다. '무외의 그물'이라는 것은 바로 하나와 많은 것이 자재한 인다라망因陀羅網이다. 다른 경에서 "하나 가운데 한량없는 것을 통달하고 한량없는 것 가운데 하나를 통달한다. 전전하며 태어남은 실제가 아니니 지혜로운 이는 두려워함이 없다."²⁸⁶라고 한 것과 같다.

둘째는 바른 이치를 통달하는 것이니 경에서 "환화의 법을 깨달으며"라고 한 것과 같다. 셋째는 모든 삿된 연을 꺾는 것이니 경에서 "마구니의 그물을 파괴하고"라고 한 것과 같다. 넷째는 모든 번뇌에 물듦을 여의는 것이니 경에서 "모든 번뇌의 속박에서 벗어났다."라고 한 것과 같다.

七於諸正願。善巧方便。¹⁾·²⁾ 如經化現其身猶如電光。由此方便。分形十方。攝化衆生。令諸菩薩。能證當來一切所愛事義圓滿。³⁾ 所愛事義。復有四種。一解正法■⁴⁾網。如經善學無畏之網。無畏網者。即是一多自在因陀羅網。如餘經云。一中解無量。無量中解一。展轉生死⁵⁾實。智者無所畏。⁶⁾ 二達正義理趣。如經曉了幻化之法。三摧諸邪緣。如經壞裂魔網。四離諸惑染。如經解諸魔⁷⁾縛。

---

284 『瑜伽師地論』 권47(T30, 551a).
285 『瑜伽師地論』 권47(T30, 551a).
286 『華嚴經』 권5(T9, 423a).

1) ㉭『瑜伽師地論』에 따르면 '善巧方便'은 '方便善巧'이다. 2) ㉭ '『瑜伽師地論』 권47(T30, 551a13)'이 누락되었다. 3) ㉭ '『瑜伽師地論』 권47(T30, 551a25)'이 누락되었다. 4) ㉭ 미노부문고본에 따르면 '■'는 '羅'인 것 같다. 5) ㉭『華嚴經』에 따르면 '死'는 '非'이다. 6) ㉭ '『華嚴經』 권5(T9, 423a1)'가 누락되었다. 7) ㉭『無量壽經』에 따르면 '魔'는 '纏'이다.

(『유가사지론』에서) "여덟째는 성문승에 대해 방편을 잘 운용하는 것이고 아홉째는 독각승에 대해서 방편을 잘 운용하는 것이다."[287]라고 하였는데 경에서 "성문과 연각의 지위를 넘어서고"라고 한 것과 같다. 두 가지 지위에 머물러 증득한 것에 취착하면 잘 운용하는 것이 아니기 때문이다. (『유가사지론』에서) "열째는 그 대승에 대해 방편을 잘 운용하는 것이다."[288]라고 하였는데 경에서 "공삼매와 무상삼매와 무원삼매를 얻었으며"라고 한 것과 같다. 공삼매 등에 대해 방편을 잘 운용하는 것으로 말미암아 비록 항상 유有에 머물러도 물들어 집착하지 않는 것이다.

八於聲聞乘方便善巧。九於獨覺乘方便善巧。[1] 如經超越聲聞緣覺之地。住二取證。非善巧故。十於其太[2]乘善巧方便。[3] 如經得空無相不[4]願三昧。由於空等得善巧故。雖恆[5]處有而不染着。

1) ㉭ '『瑜伽師地論』 권47(T30, 551a14)'이 누락되었다. 2) ㉤『瑜伽師地論』에 따르면 '太'는 '大'이다. 3) ㉭ '『瑜伽師地論』 권47(T30, 551a15)'이 누락되었다. 4) ㉭『無量壽經』에 따르면 '不'은 '無'이다. 5) ㉭ '恆'은 '恒'인 것 같다.

(『유가사지론』) 「보살지」에서 말하였다.

菩薩地云。

---

287 『瑜伽師地論』 권47(T30, 551a).
288 『瑜伽師地論』 권47(T30, 551a).

무엇을 보살의 공삼마지라고 하는가? 보살들은 일체의 일이 언설자성言說自性을 멀리 여의고 오직 제법의 이언자성離言自性만 있을 뿐임을 관찰하여 마음이 바르게 안주하니 이것을 보살의 공삼마지라고 한다.

무엇을 보살의 무원삼마지라고 하는가? 보살들은 평등하게 따라서 이언자성의 모든 일은 삿된 분별로 말미암아 일어난 번뇌와 온갖 고통에 섭수되기 때문에 모두 한량없는 과실에 물드는 것을 관찰하여, 미래세에 (어떤 일도) 소원하지 않는 것을 우선으로 하여 마음이 바르게 안주하니 이것을 보살의 무원삼마지라고 한다.

무엇을 보살의 무상삼마지라고 하는가? 보살들은 이언자성의 모든 일은 모든 분별과 희론에 의한 온갖 상을 영원히 소멸시켜 고요하다는 것을 바르게 사유하고 여실하게 분명히 알아서 마음이 바르게 안주하니 이것을 보살의 무상삼마지라고 한다.

問 무엇 때문에 오직 세 가지 삼마지만 세우고 더하거나 덜어 내지 않은 것인가?

答 법에 두 가지가 있으니 유有와 비유非有이다. 유위有爲와 무위無爲를 유有라고 하고 아我와 아소我所를 비유非有라고 한다.

유위 가운데 무원이 있기 때문에 싫어하고 거스를 수 있는 것이니 이것에 의해 무원삼마지를 건립한다는 것을 알아야 한다. 무위 가운데 열반을 원함이 있기 때문에 바른 즐거움을 섭수하는 것이니 이것에 의해 무상삼마지를 건립한다는 것을 알아야 한다.

비유인 일에 대해 보살은 소원하지 않고 또한 소원하지 않는 것도 하지 않는다. 비유인 것을 보살은 비유라고 여실히 본다. 이러한 견해에 의거하기 때문에 공삼마지를 건립한다는 것을 알아야 한다.

이와 같이 보살은 이 세 가지 삼마지 가운데 부지런히 정진하고 수학하여 이렇게 건립한 것을 여실히 분명히 안다. 나머지 행상行相의 세 가지 삼마지에 대해서도 여실히 깨닫고, 이취를 안립하여 여실히 깨달으며, 이취를 수습하여 여실히 깨닫는다. 말하자면 그 가운데에서 모든 성문중은 부지런히 정진하고 수학하여 원만하게 깨달음을 얻는 것이다.[289]

云何菩薩空三摩地。謂諸菩薩。觀一切事。遠離一切言說自性。唯有諸法離言自性。心正安住。是名菩薩空三摩地。云何菩薩無願三摩地。謂諸菩薩。卽等隨觀顯[1]言自性所有諸事。由邪分別。所起煩惱。及以衆苦所攝受故。皆爲無量過失所汚。於當來世。示[2]願爲先。心正安住。是名菩薩無願三摩地。云何菩薩無相三摩地。謂諸菩薩。卽正思惟離言自性所有諸事。一切分別戱論衆相。永滅寂靜。如實了知。心正安住。是名菩薩無相三摩地。問。何故唯立三三摩地。無過無增。答。法有二種。謂有非有。有爲無爲。名之爲有。我及我所。名爲非有。於有爲中。有無願故。可厭逆故。當知依此建立無願三摩地。於無爲事[3]中。願涅槃故。正樂攝故。當知依此建立無相三摩地。於非有事。菩薩不願亦無無願。然於非有。菩薩如實見爲非有。依此見故。當知建立空三摩地。如是菩薩。於此[4]三摩地中。釋[5]勤修學。於是建立。如實了知。於餘行相三三摩地。如實悟入。安立理趣。如實悟入。修習理趣。如實了知。謂於其中。諸聲聞衆。精進[6]勤修學。及圓滿證。[7]

1) 원 『瑜伽師地論』에 따르면 '顯'은 '離'이다. 2) 원 『瑜伽師地論』에 따르면 '示'는 '不'이다. 3) 역 『瑜伽師地論』에 따르면 '事'는 연자이다. 4) 원 『瑜伽師地論』에 따르면 '此' 뒤에 '三種'이 누락되었다. 5) 원 『瑜伽師地論』에 따르면 '釋'은 '精'이다. 6) 역 『瑜伽師地論』에 따르면 '進'은 연자이다. 7) 원 『瑜伽師地論』 권45(T30, 543c7).

(『유가사지론』에서) "삼승에 대해 방편을 잘 운용하기 때문에 보살들이 모든 유정에 대해 그 종성種性과 근기(根)와 승해勝解에 따라서 서로 칭합

---

289 『瑜伽師地論』 권45(T30, 543c).

하는 법을 설하고 바른 것에 수순하는 이치를 설하게 한다."[290]라고 하였
는데 경에서 "뛰어나게 방편을 세워 삼승을 나타내 보였다." 등이라고 한
것과 같다. 비록 다시 방편을 지어 소승의 멸도를 취하는 것을 나타내 보
였지만 그 멸도에는 짓는 것이나 존재하는 것이 없었다. 그러므로 (경에
서) "이 가운데에 하생하여 멸도하는 모습을 나타내 보였지만 지었다고
할 만한 원인도 없었고 있다고 할 만한 결과도 없었다."라고 하였다.

由於三乘方便善巧。令諸菩薩於諸有情。隨其種姓[1]根及勝解。說相稱法。
說順正理。[2] 如經善立方便顯示三乘等。雖復方便。現取小滅。而於彼滅無
所爲在。故言。於此中下而現度滅亦無所作亦無所有。

1) ㉺『瑜伽師地論』에 따르면 '姓'은 '性'이다. ㉢『大正藏』미주에 따르면 송본·원
본·궁본·성본·지본에서는 '姓'이라고 하였다. 따라서 어느 글자가 옳은지는 확정할
수 없다. 뜻은 같다. 2) ㉺『瑜伽師地論』권47(T30, 551a26).

(『유가사지론』에서) "이것을 열 가지 방편을 잘 운용하는 것이 보살들
로 하여금 다섯 가지 일을 짓게 하는 것이라고 한다. 이 다섯 가지 일로
말미암아 보살의 현재와 미래의 모든 일과 이치를 모두 끝까지 이룰 수
있게 한다."[291]라고 하였다.【무량수경술기권제일】

是名十種方便善巧令諸菩薩能作五事。由此五事。能令菩薩現法當來一切
事義。皆得究竟。[1]【無量壽經述記卷第一】

1) ㉺『瑜伽師地論』권47(T30, 551a28).

경 생기하지 않고 소멸하지 않으며 평등한 법을 얻으며, 한량없는 총지

---

290 『瑜伽師地論』권47(T30, 551a).
291 『瑜伽師地論』권47(T30, 551a).

總持[292]를 온전히 성취하고 백천 가지 삼매를 얻으며, 모든 근根[293]과 지혜를 이루고 넓게 두루 적정寂定을 이루며, 보살의 법장에 깊이 들어가고 불화엄삼매佛華嚴三昧[294]를 얻으며, 모든 경전을 연설하고 깊은 선정에 머물러 눈앞에 나타난 한량없는 여러 부처님을 모두 친견하는데 한순간에 두루 이르지 않음이 없었다.

> 不起不滅。得平等法。具足成就無量總持。百千三昧。諸根智慧。廣普寂定。深入菩薩法藏。得佛華嚴三昧。宣暢演說一切經典。住深定門。悉覩現在無量諸佛。一念之頃。無不周遍。

기 경에서 "생기하지 않고 소멸하지 않으며 평등한 법을 얻으며……한순간에 두루 이르지 않음이 없었다."라고 한 것에 대해 서술하여 말한다. 이것은 바로 앞에서 세 번째로 설한 "일체의 공덕을 지닌 법에 안주하였으며"[295]라고 한 것을 자세하게 밝힌 것이다. 여기에 열 가지가 있다. 첫째는 생기하지 않고 소멸하지 않는 공덕이고 둘째는 평등한 법을 얻는 공덕이며, 셋째는 총지를 온전히 성취하는 공덕이고 넷째는 백천 가지 삼매를 얻는 공덕이며, 다섯째는 모든 근과 지혜를 이루는 공덕이고 여섯째는 적정을 넓게 두루 이루는 공덕이며, 일곱째는 보살의 법장에 깊이 들어가는 공덕이고 여덟째는 불화엄삼매를 얻는 공덕이며, 아홉째는 경전

---

292 총지總持 : Ⓢ dhāraṇī의 의역어. 능지能持·능차能遮 등으로도 의역하고, 다라니陀羅尼라고 음사한다. 무량한 불법佛法을 빠짐없이 모두 기억하여 잊어버리지 않는 염혜력念慧力을 가리킨다.
293 모든 근根 : 안근眼根·이근耳根 등의 육근六根을 가리킨다는 설도 있고 신信·정진精進·염念·정定·혜慧의 다섯 가지 무루근無漏根이라는 설도 있다.
294 불화엄삼매佛華嚴三昧 : 불지佛地의 공덕으로 불신을 장엄할 수 있게 하는 삼매를 가리킨다.
295 『無量壽經』권상(T12, 265c).

을 널리 연설하는 공덕이고 열째는 모든 부처님을 두루 친견하는 공덕이다. 글 그대로이니 알 수 있을 것이다.【무량수경술기권제일】

經不起不滅得法平等¹⁾至一念之項²⁾無不周遍。述曰。此即廣上第四³⁾安住一切功德之法。於中有十。一不起不滅功德。二得法平等⁴⁾功德。三具足成就惣⁵⁾持功德。四百千三昧功德。五諸根智惠⁶⁾功德。六廣普寂定功德。七深入菩薩法藏功德。八得佛花⁷⁾嚴三昧功德。九宣說經典功德。十普見諸佛功德。如文可知。【無量壽經述記卷第一】

---

1) ⓥ『無量壽經』에 따르면 '法平等'은 '平等法'이다. 2) ⓦ『無量壽經』에 따르면 '項'은 '頃'이다. 3) ⓥ '四'는 '三'인 것 같다. 4) ⓦ『無量壽經』에 따르면 '法平等'은 '平等法'이다. 5) ⓦ『無量壽經』에 따르면 '惣'은 '總'이다. 6) ⓥ『無量壽經』에 따르면 '惠'는 '慧'이다. 7) ⓥ『無量壽經』에 따르면 '花'는 '華'이다.

【경】 모든 극심한 어려움에 처한 중생과 모든 수행할 여유가 있는 이나 수행할 여유가 없는 이를 구제하며, 진실의 극치를 분별하여 나타내 보이고 모든 여래께서 갖춘 변재辯才의 지혜를 얻으며, 온갖 언어와 음성을 이해하고 모든 중생을 교화하며, 세간의 모든 법을 넘어서고 마음은 항상 세간을 벗어나는 도리에 안주하며, 모든 만물을 뜻대로 자유자재하게 다룰 수 있고 모든 중생을 위해 요청하지 않아도 응해 주는 벗이 되어 주었다.

濟諸劇難。諸閑不閑。分別顯示眞實之際。得諸如來辯才之智。入衆言音。開化一切。超過世間諸所有法。心常諦住度世之道。於一切萬物。而隨意自在。爲諸庶類。作不請之友。

【기】 경에서 "모든 극심한 어려움에 처한 중생을 구제하며……요청하지 않아도 응해 주는 벗이 되어 주었다."라고 한 것에 대해 서술하여 말한다. 이것은 곧 앞에서 두 번째로 설한 "모든 보살의 한량없는 수행과 서원을

갖춘 것"²⁹⁶을 자세히 밝힌 것이다.

여기에 열 가지가 있다.

첫째는 모든 극심한 어려움에 처한 중생을 구제하려는 수행과 서원이고 둘째는 모든 수행할 여유가 있는 이나 수행할 여유가 없는 이를 구제하려는 수행과 서원이다.

"모든 극심한 어려움에 처한 중생을 구제하며"라는 것은 세 가지 악취(三惡趣)²⁹⁷의 어려움에 처한 중생을 가려서 구제하는 것이다. 여덟 가지 어려움 가운데 이것이 가장 극심한 것이기 때문이다. 또한 이것은 한결같이 극심한 어려움에 떨어져 있는 것이기 때문이다. "모든 수행할 여유가 있는 이나 수행할 여유가 없는 이를 구제하며"라는 것은 어려움이 있는 곳이나 어려움이 있지 않은 곳의 인간과 하늘을 모두 구제하는 것이다. 어려움이 있지 않은 사람은 이를 일러 '수행할 여유가 있는 이'라고 하니 모든 성스러운 도를 쉽게 일으킬 수 있기 때문이다. 어려운 곳에 떨어진 사람이라는 것은 '수행할 여유가 없는 이'라고 하니 모든 성스러운 도를 쉽게 일으킬 수 없기 때문이다.

셋째는 진실의 극치를 분별하여 나타내 보이는 수행과 서원이고 넷째는 모든 여래께서 갖춘 변재의 지혜를 얻는 수행과 서원이며, 다섯째는 온갖 언어와 음성을 이해하는 수행과 서원이고 여섯째는 모든 중생을 깨우치도록 교화하는 수행과 서원이며, 일곱째는 세간법을 넘어서는 수행과 서원이고 여덟째는 항상 세간을 벗어나는 도리에 안주하는 수행과 서원이며, 아홉째는 법에 대해 자유자재하게 다룰 수 있는 수행과 서원이고

---

296 『無量壽經』 권상(T12, 265c).
297 세 가지 악취(三惡趣) : 중생이 윤회하는 세계를 여섯 범주로 나눈 것 중 가장 하위에 속하는 세 가지 세계. 곧 지옥·축생·아귀의 세계를 가리킨다. '악취'는 악도惡道라고도 하며 악업을 지음으로써 감득하는 세계라는 뜻이다. 상대어는 세 가지 선취(三善趣=三善道)로 아수라·인간·하늘의 세 가지 세계를 가리킨다. '선취'란 선업을 지음으로써 감득하는 세계라는 뜻이다.

열째는 중생을 거두어들이는 수행과 서원이다. 글에 의거하면 알 수 있을 것이다.【『무량수경술기권제일』】

經濟諸劇難乃至作不請之友。述曰。此即廣上第五¹⁾具諸菩薩無量行願。於中有十。一濟諸劇難行願。二說²⁾閑不閑行願。濟諸劇難者。謂偏救濟三惡趣難。八難中此最劇故。又此一向隨³⁾難處⁴⁾故。諸閑不閑者。謂通救濟難非難處人天趣中非中。⁵⁾ 非難處者。名爲謂閑。以容能起諸聖道故。隨⁶⁾難處者。名爲不閑。以元⁷⁾容起諸聖道故。三分別顯示實際行願。四得諸如來辯智行願。五入衆言音行願。六開化一切⁸⁾願。七超過世法行願。八常住度世行願。九於法自在行願。十於衆攝取行願。恬文可知。【無量壽經述記卷第一】

---

1) ⑳ '五'는 '二'인 것 같다. 2) ㉬ 『無量壽經』에 따르면 '說'은 '諸'이다. 3) ⑳ 『大經鈔』(J14, 42b)에서 동일한 글을 인용하였는데 이것에 따르면 '隨'는 '墮'이다. 4) ⑳ 『大經鈔』(J14, 42b)에 따르면 '處'는 '劇'이다. 5) ⑳ 『大經鈔』(J14, 42b)에 따르면 '非中'은 연자이다. 6) ⑳ 『大經鈔』(J14, 43a)에 따르면 '隨'는 '墮'이다. 7) ⑳ 『大經鈔』(J14, 43a)에 따르면 '元'은 '無'이다. 8) ⑳ '切' 뒤에 '行'이 누락된 것 같다.

경 중생을 짊어져 무겁게 책임을 지고 여래의 매우 깊은 법장을 수지하며, 불종성佛種性²⁹⁸을 보호하여 항상 끊어지지 않게 하고, 대비를 일으켜 중생을 불쌍히 여기고 자애로운 변재를 연설하여 법안法眼을 주며 세 가지 악취를 막고 세 가지 선도善道를 열어 주며, 요청하지 않아도 응하는 법을 모든 중생에게 베풀고, 효심이 깊은 아들이 부모님을 사랑하고 공경하는 것처럼 대하였으며, 모든 중생을 자신과 같이 여기고, 일체의 근본이 되는 선善으로 모두 피안에 도달하게 하며, 모두 모든 부처님의 한량없는 공덕을 얻게

---

298 불종성佛種性 : Ⓢ buddha-garbha. 부처님이 될 수 있는 근거가 되는 것. 불성佛性·불종佛種 등이라고도 한다. '종'은 종자의 의미로 가능성, 곧 부처님이 될 수 있는 가능성을 지니고 있음을 나타내는 말이다.

하고 성인의 지혜와 같은 불가사의한 지혜를 얻게 하였다.

> 荷負群生。爲之重擔。受持如來甚深法藏。護佛種性。常使不絶。興大悲愍
> 衆生。演慈辯授法眼。杜三趣開善門。以不請之法。施諸黎庶。如純孝之子。
> 愛敬父母。於諸衆生。視若自己。一切善本。皆度彼岸。悉獲諸佛無量功德。
> 智慧聖明不可思議。

기 경에서 "중생을 짊어져 무겁게 책임을 지고……성인의 지혜와 같은 불가사의한 지혜를 얻게 하였다."라고 한 것에 대해 서술하여 말한다. 이것은 바로 앞에서 첫 번째로 설한 "보현 대사의 덕을 좇은 것"[299]을 자세히 밝힌 것이다.

여기에 열 가지가 있다.

첫째는 (『화엄경』에서) "모든 중생을 버리지 않는 것이다."[300]라고 하였으니 경에서 "중생을 짊어져 무겁게 책임지고"라고 한 것과 같다. 둘째는 (『화엄경』에서) "보살들에 대해 여래라는 생각을 일으키는 것이다."[301]라고 하였으니 경에서 "여래의 깊은 법장을 수지하며"라고 한 것과 같다. 다른 경에서 또 "보살은 '나는 미래에 존재할 모든 부처님의 숫자에 들어갈 것이기 때문에 모든 부처님의 정법을 수호하고 수지해야 한다.'라고 생각한다."[302]라고 하였다.

---

299 『無量壽經』 권상(T12, 265c).
300 『華嚴經』 권33(T9, 607b).
301 『華嚴經』 권33(T9, 607b).
302 『大般若經』 권327(T6, 677a)에서 "(보살은) 또 이렇게 생각한다. '나도 역시 미래의 부처님의 숫자에 들어갈 것이니 부처님께서 이미 나에게 대보리大菩提를 얻을 것이라는 수기를 주었다. 이 인연으로 인해 모든 부처님의 정법은 바로 나의 법이니 나는 응당 신명을 아끼지 말고 수호해야 할 것이다.'(又作是念。我亦墮在未來佛數。佛已授我大菩提記。由此因緣。諸佛正法。即是我法。我應護持不惜身命。)"라고 한 것을 가리키는 것 같다.

셋째는 (『화엄경』에서) "항상 일체의 불법을 비방하지 않는 것이다."[303] 라고 하였으니 경에서 "불종성을 보호하여 항상 끊어지지 않게 하고"라고 한 것과 같다. 불법을 비방하면 바로 불종성이 끊어지기 때문이다. 넷째는 (『화엄경』에서) "모든 부처님의 국토에 대해 다함이 없는 지혜를 얻는 것이다."[304]라고 하였으니 경에서 "대비를 일으켜 중생을 불쌍히 여기고 자애로운 변재를 연설하여 법안을 주며 세 가지 악취를 막고 세 가지 선도를 열어 주며"라고 한 것과 같다.

이 여섯 구절은 바로 다함이 없는 지혜를 나타낸 것이다.

經荷負群生爲之重擔乃至智惠[1]聖明不了[2]思議。述曰。此即廣上聞〔 〕[3] 普賢大士之德。於中有十。一不捨一切衆生。[4] 如經荷負群生爲之重擔故。 二於諸菩薩。生如來想。[5] 如經受持如來深法藏。餘經亦云。菩薩作念。我 是未來諸佛數故。應當護持諸佛正法。三常不誹謗一切佛法。[6] 如經護佛種 姓[7]常使不絶。若誹謗佛法。便斷佛種故。四於諸佛刹。得無盡智。[8] 如經興 大悲愍衆生演慈辯授法眼植[9]三趣開善門。此六句。即顯無盡智色。[10]

1) 엥『無量壽經』에 따르면 '惠'는 '慧'이다. 2) 왠『無量壽經』에 따르면 '了'는 '可'이다. 3) 엥 어떤 글자인지 확인하기 어려우면서 글자의 숫자가 분명하지 않은 경우에는 〔 〕 표시로 대신하였다. 이하 동일하다. 엥 '〔 〕'는 '一'인 것 같다. 4) 엥 '『華嚴經』권33(T9, 607b27)'이 누락되었다. 5) 엥 '『華嚴經』권33(T9, 607b28)'이 누락되었다. 6) 엥 '『華嚴經』권33(T9, 607b28)'이 누락되었다. 7) 왠『無量壽經』에 따르면 '姓'은 '性'이다. 8) 엥 '『華嚴經』권33(T9, 607b29)'이 누락되었다. 9) 왠『無量壽經』에 따르면 '植'은 '杜'이다. 10) 엥 '色'은 '也'인 것 같다.

다섯째는 (『화엄경』에서) "중생을 교화하면서 지치거나 싫어하는 마음이 없는 것이다."[305]라고 하였으니 경에서 "요청하지 않아도 응하는 법을

---

303 『華嚴經』 권33(T9, 607b).
304 『華嚴經』 권33(T9, 607b).
305 『華嚴經』 권33(T9, 607c).

모든 중생에게 베풀고"라고 한 것과 같다. 여섯째는 (『화엄경』에서) "보살이 행하는 것을 공경하고 믿고 좋아하는 것이다."[306]라고 하였으니 경에서 "효심이 깊은 아들이 부모님을 사랑하고 공경하는 것처럼 대하였으며"라고 한 것과 같다.

일곱째는 (『화엄경』에서) "허공·법계와 같이 평등한 보리의 마음을 버리지 않는 것이다."[307]라고 하였으니 경에서 "모든 중생을 자신과 같이 여기고"라고 한 것과 같다. 중생을 자기의 몸과 같이 여기기 때문에 대보리심을 버리지 않을 수 있다. 여덟째는 (『화엄경』에서) "보리를 잘 알아서 부처님의 힘을 끝까지 이루어 피안에 도달하는 것이다."[308]라고 하였으니 경에서 "일체의 근본이 되는 선으로 모두 피안에 도달하게 하며"라고 한 것과 같다.

아홉째는 (『화엄경』에서) "보살의 모든 변재를 닦아 익히는 것이다."[309]라고 하였으니 경에서 "모두 모든 부처님의 한량없는 공덕을 얻게 하고"라고 한 것과 같다. 바로 이것이 모든 변재이다. 열째는 (『화엄경』에서) "모든 세계에 몸을 받아 태어나는 모습을 나타내되 좋아하며 집착하지 않는 것이다."[310]라고 하였으니 경에서 "성인의 지혜와 같은 불가사의한 지혜를 얻게 하였다."라고 한 것과 같다.

이 열 가지는 『화엄경』「보현보살행품普賢菩薩行品」에서 설한 것과 같다.
【『무량수경술기권제일』】

五教化衆生。心無疲厭。[1)] 如經以不請之法施諸黎庶。六恭敬信樂菩薩所

---

306 『華嚴經』 권33(T9, 607b).
307 『華嚴經』 권33(T9, 607c).
308 『華嚴經』 권33(T9, 607c).
309 『華嚴經』 권33(T9, 607c).
310 『華嚴經』 권33(T9, 607c).

行。[2] 如經如純孝之子愛敬父母。七捨[3]虛空法界等菩提之心。[4] 如經於諸衆生視若自己。以視衆生。如自己身故。能不捨大菩提心。八分別菩提。究竟佛力。到於彼岸。[5] 如經一切善本皆度彼岸。故。九修習菩薩一切諸辯。[6] 如經悉護[7]諸佛無量[8]功德德。[9] 即是諸辯。[10] 十於一切世界。示現受生。而不樂着。[11] 如經智惠[12]聖明不可思議故。此十度。[13] 如花嚴經普賢品說。【無量壽經述記卷第一】

1) ⓐ '『華嚴經』 권33(T9, 607c3)'이 누락되었다. 2) ⓐ '『華嚴經』 권33(T9, 607b29)'이 누락되었다. 3) ⓐ 『華嚴經』에 따르면 '捨' 앞에 '不'이 누락되었다. 4) ⓐ '『華嚴經』 권33(T9, 607c1)'이 누락되었다. 5) ⓐ '『華嚴經』 권33(T9, 607c1)'이 누락되었다. 6) ⓐ '『華嚴經』 권33(T9, 607c2)'이 누락되었다. 7) ⓐ 『無量壽經』에 따르면 '護'는 '獲'이다. 8) ⓐ 『無量壽經』에 따르면 '量'은 연자이다. 9) ⓐ 『無量壽經』에 따르면 '德'은 연자이다. 10) ⓐ '辨'은 '辯'인 것 같다. 11) ⓐ '『華嚴經』 권33(T9, 607c3)'이 누락되었다. 12) ⓐ 『無量壽經』에 따르면 '惠'는 '慧'이다. 13) ⓐ '度'는 '種'인 것 같다.

경 이와 같은 덕을 갖춘 헤아릴 수 없이 많은 보살대사菩薩大士들이 일시에 와서 모였다.

如是之等。菩薩大士。不可稱計。一時來會。

기 경에서 "이와 같은 덕을 갖춘 헤아릴 수 없이 많은 보살대사들이 일시에 와서 모였다."라고 한 것에 대해 서술하여 말한다. 숫자를 나타내며 총괄적으로 맺었다.

"헤아릴 수 없이"라는 것은 그 숫자가 많기 때문이고 덕을 생각으로 헤아릴 수 없기 때문이다.【무량수경술기권제일】

經如是之等菩薩大士不可稱計一時來集。述曰。第四第五[1]顯數惣結。不可稱計者。其數多故。德難思故。【無量壽經述記卷第一】

1) ⓐ '第四第五'는 오자가 있는 것 같다.

경 그때 세존께서는 온몸에 기쁨이 흐르고 용모와 안색은 청정하며 환하게 빛나는 얼굴은 위엄이 넘쳤다.

爾時世尊。諸根悅豫。姿色淸淨。光顏巍巍。

기 경에서 "그때 세존께서는 온몸에 기쁨이 흐르고……빛나는 얼굴은 위엄이 넘쳤다."라고 한 것에 대해 서술하여 말한다. 일에 의해 증명하여 믿음을 불러일으키는 것을 서술하는 것을 앞에서 마쳤고 이 이하에서는 여래께서 상相을 나타내어 깨닫게 하였다.

여기에 다섯 가지가 있다. 첫째는 여래께서 상을 나타내었고 둘째는 아난이 질문을 진술하였으며, 셋째는 그가 질문한 것을 살폈고 넷째는 반드시 답변할 수 있음을 나타내었으며, 다섯째는 공경하는 마음으로 부처님께서 말씀하시기를 기다렸다.

이것은 바로 첫 번째로 여래께서 상을 나타낸 것이다.

"그때"라는 것은 대중이 이미 모이고 여래께서 말씀하시고자 하여 그에 앞서 상을 나타냈을 때이다. "세존"이라는 것은 네 가지 마구니[311]에 대한 두려움을 영원히 제거하였기 때문이다.[312] "온몸에 기쁨이 흐르고"라는 것은 안근眼根 등의 모든 근이 매우 편안한 것이다. "용모와 안색은 청정하며"라는 것은 용모와 안색이 맑은 연못처럼 고요한 것이다. "환하게 빛나는 얼굴은 위엄이 넘쳤다."라는 것은 환하게 빛나는 얼굴이 매우 볼만한 것이다.

장차 기특한 법을 설하려고 했기 때문에 그에 앞서 범상치 않은 모습을 나타내었다.【『대경초』 권2·『무량수경술기권제일』】

---

311 네 가지 마구니 : 온마蘊魔(五蘊魔)·번뇌마煩惱魔(欲魔)·사마死魔·천자마天子魔(他化自在天子魔)를 가리킨다.
312 『金剛般若波羅蜜經破取着不壞假名論』 권상(T25, 887b).

經爾時世尊諸根悅豫乃至光顏巍巍。述曰。敍事證信。竟在於前。此下如來現相開發。於中有五。一如來現相。二阿難申問。三審彼所問。四顯已能答。五敬侍湌[1]說。此即第一如來現相。爾時者。謂大衆已集。如來欲說。先現相時也。世尊者。謂能永蠲夷四魔畏故。[2] 諸根悅豫者。眼等諸根。恨然舒袠。[3] 姿色淸淨者。姿容色像。靜若澄淵。光巍巍者。光暉顏貌。嚴然可觀。[4] 將欲宣說奇特之法。是故。先現非常相也。【大經鈔二·無量壽經述記卷第一】

1) ㉓ '侍湌'은 '待佛'인 것 같다. 2) ㉔ 지바하라地婆訶羅 등 역『金剛般若波羅蜜經破取着不壞假名論』권상(T25, 887b2). 3) ㉓ '袠'은 '泰'인 것 같다. 4) ㉓ '經釋梵祈勸請轉法輪述曰此下第九轉法輪也……嚴然可觀'은 미나미본을 삽입한 것이다.

경 존자 아난이 부처님의 성스러운 뜻을 받들어 바로 자리에서 일어나 오른쪽 어깨를 드러내고 무릎을 꿇고 합장하면서 부처님께 말씀드렸다.

"오늘 세존께서는 온몸에 기쁨이 흐르고 용모와 안색은 청정하며 환하비 빛나는 얼굴은 위엄이 넘치십니다. 마치 밝고 깨끗한 거울이 안팎을 환하게 비추는 것처럼 위의와 용모가 밝게 빛나니 한량없이 뛰어나십니다. 일찍이 지금처럼 뛰어나게 미묘한 것을 뵌 적이 없습니다.

그렇습니다, 위대한 성인이시여! 제가 마음속으로 생각한 것을 말씀드리겠습니다. 오늘 세존께서는 기특한 법에 머물고 오늘 세웅世雄께서는 여러 부처님이 머무는 것에 머물며, 오늘 세안世眼께서는 도사導師(중생을 이끄는 스승)의 행에 머물고 오늘 세영世英께서는 가장 뛰어난 도에 머물며, 오늘 천존天尊께서는 여래의 덕을 행하셨습니다. 과거, 미래, 현재의 부처님께서는 부처님과 부처님이 서로 생각하신다고 하는데 지금 부처님께서 여러 부처님을 생각하셔서 그러는 것이 아닐까 하고 생각하였습니다.

(그렇지 않다면) 무엇 때문에 위엄스럽고 신령하게 안팎으로 빛나는 것이 이와 같은 것입니까?"

尊者阿難。承佛聖旨。即從座起。偏袒右肩。長跪合掌。而白佛言。今日世
尊。諸根悅豫。姿色清淨。光顏巍巍。如明鏡淨。[1] 影暢表裏。威容顯曜。超
絶無量。未曾瞻覩殊妙如今。唯然大聖。我心念言。今日世尊。住奇特法。
今日世雄。住諸佛所住。今日世眼。住導師行。今日世英。住最勝道。今日
天尊。行如來德。去來現佛。佛佛相念。得無今佛念諸佛耶。何故威神光光
乃爾。

1) 영 『大正藏』 미주에 따르면 유포본에서는 '鏡淨'을 '淨鏡'이라고 하였지만 뒤에 나
오는 의적의 주석에서는 '鏡淨'이라고 하였기 때문에 이를 따랐다.

기 경에서 "존자 아난이……안팎으로 빛나는 것이 이와 같은 것입니
까?"라고 한 것에 대해 서술하여 말한다.

이것은 두 번째로 아난이 질문을 진술한 것이다.

"부처님의 성스러운 뜻을 받들어"라는 것은 비록 부처님의 가피의 힘
이 있더라도 질문을 일으키는 것으로 말미암지 않을 수 없는 것이다. "자
리에서 일어나"라는 것은 자리를 떠남으로써 공경을 나타낸 것이다. "오
른쪽 어깨를 드러내고"라는 것은 옷을 정돈하여 간절하고 정성스러운 마
음을 나타낸 것이다. "무릎을 꿇고 합장하면서"라는 것은 몸을 굽혀서 뜻
을 한 곳에 기울임을 나타낸 것이다. 이것은 바로 질문을 일으키기 이전
에 방편을 행한 것이다.

經尊者阿難至光光乃爾。述曰。此即第二阿難申問。承佛聖旨者。雖佛加
力。無[1]由發問。即從座起者。避( )[2]表■器。[3),4] 偏袒右肩者。整服[5]以顯
懇誠。長跪合掌者。曲躬以申專志。此即問前方便。

1) 영 '無' 뒤에 '不'이 누락된 것 같다. 2) 영 '( )'는 '席'인 것 같다. 3) 영 미노부문
고본에 따르면 '器'는 아닌 것 같다. 4) 영 '經尊者阿難至光光乃爾……表■器'는
미나미본을 삽입한 것이다. 5) 영 『大經鈔』에 따르면 '服'은 '報'이다. 미나미본에서
도 '服'이다.

"부처님께 말씀드렸다." 이하는 바로 질문한 것이다. 여기에 세 가지가 있다. 첫째는 본 것을 제시하였고 다음에는 생각한 것을 펼쳤으며 마지막으로는 바로 이유를 질문하였다.

여기에 세 가지가 있다. "마치 밝고 깨끗한 거울이 안팎을 환하게 비추는 것처럼"이라는 것은 마치 밝은 거울의 표면이 매우 청정하여 광채가 밖으로 비추고 다시 스스로 안을 비추는 것처럼 여래의 용모와 안색이 밖으로 빛나는 것도 이것과 같다는 것이다.[313]

而白佛言下正問。於中有三。初擧所見。次曳[1]所念。後正微[2]問。於中有三。如明鏡淨影暢表裏者。謂如明鏡面極淨故。艶采外■。還自內映。如來容色。顯曜同此。

1) ㉠ '曳'는 '申'인 것 같다. 2) ㉠ '微'는 '徵'인 것 같다.

"그렇습니다, 위대한 성인이시여!" 이하는 생각한 것을 진술한 것이다. 여기에서 먼저 진술하고 나중에는 이것을 비교하여 판단하였다.

"그렇습니다, 위대한 성인이시여!"라는 것은 그 뜻을 공경하는 마음으로 따르는 것이다. 이미 성인께서 뜻으로 나타낸 것을 받들어서 가르치신 것을 좇는 것이기 때문에 "그렇습니다."라고 하였다.

"제가 마음속으로 생각한 것을 말씀드리겠습니다."라는 것은 자신이 생각한 것에 의한 것임을 (밝힌 것이다.) 간략하게 다섯 가지 명호[314]를 나타내었다. 다섯 가지 법[315]에 머무는 것은 『현양성교론顯揚聖敎論』 등에

---

313 여래로부터 광명이 밖으로 나오고 그렇게 밖으로 나온 광명이 다시 여래를 비추는 것을 말한다.
314 다섯 가지 명호 : 세존, 세웅, 세안, 세영, 천존을 가리킨다.
315 다섯 가지 법 : 다섯 가지 명호와 상응하는 다섯 가지 법을 가리킨다. 차례대로 기특한 법, 여러 부처님이 머무는 것, 도사의 행, 가장 뛰어난 도, 여래의 덕이다.

서 설하기를 "부처님의 공덕을 찬탄하는 것에 대략 다섯 가지가 있다. 첫째는 미묘한 색이고 둘째는 고요함(寂靜)이며 셋째는 뛰어난 지혜이고 넷째는 바른 행이며 다섯째는 위엄스러운 덕이다. 미묘한 색이라는 것은 서른두 가지 대장부상大丈夫相[316]과 여든 가지 수형호隨形好[317]이다. 고요함(寂靜)이라는 것은 훌륭하게 모든 근根이라는 문 등을 수호하고 번뇌의 습기를 뽑아낼 수 있는 것이다. 뛰어난 지혜라는 것은 과거세·미래세·현재의 세간법과 비세간법非世間法에 걸림이 없는 것이다.[318] 바른 행이라는 것은 자신과 타인에게 이익과 즐거움이 될 수 있는 바른 행이다. 위엄스러운 덕이라는 것은 여래께서 자유자재하게 신통력을 운용하는 것이다."[319]라고 하였다.

"오늘 세존께서는 기특한 법에 머물고"라는 것은 바로 첫 번째인 미묘한 색의 공덕이다. 상과 호를 장엄함이 세상에 동등한 이가 없기 때문이다. 바로 이 덕으로 인해 '세존'이라고 한다. "오늘 세웅께서는 여러 부처님이 머무는 것에 머물며"라는 것은 바로 두 번째인 고요함의 공덕이다. 근이라는 문을 은밀하게 보호하여 번뇌의 습기를 영원히 뿌리 뽑으니 오직 부처님만 얻어 이 법에 머물기 때문이다. 바로 이 덕으로 인해 '세웅'이라고 한다. "오늘 세안께서는 도사의 행에 머물고"라는 것은 바로 세 번째인 뛰어난 지혜의 공덕이다. 세간법과 비세간법을 알아서 온갖 사람들을 인도하기 때문이다. 이 덕으로 인해 '세안'이라고 한다. "오늘 세영께서는 가장 뛰어난 도에 머물며"라는 것은 바로 네 번째인 바른 행의 공덕이

---

316 서른두 가지 대장부상大丈夫相 : 보통 삼십이대인상三十二大人相이라고 한다. 부처님과 보살이 갖춘 서른두 가지 뛰어난 모습을 가리킨다.
317 여든 가지 수형호隨形好 : 부처님과 보살이 갖추고 있는 여든 가지의 뛰어난 모습을 가리킨다. 보통 팔십종호八十種好라고 한다. 삼십이대인상은 눈에 띄어서 쉽게 볼 수 있는 것이라면 팔십종호는 미세하고 은밀하여 보기 어려운 것이다.
318 삼세의 법은 유위법을 가리키고 삼세에 속하지 않는 법은 무위법을 가리킨다.
319 『顯揚聖教論』 권13(T31, 541a).

다. 자신과 타인을 이롭고 즐겁게 하는 행은 가장 뛰어난 도이기 때문이다. 이 덕으로 인해 '세영'이라고 한다. "오늘 천존께서는 여래의 덕을 행하셨습니다."라는 것은 바로 다섯 번째인 위엄스러운 덕이다. 자유자재하게 신통력을 운용하는 것을 "여래의 덕"이라고 한다. 이 덕으로 인해 '천존'이라고 한다.

비교하여 판단한 것 가운데 "과거, 미래, 현재의 부처님께서는 부처님과 부처님이 서로 생각하신다고 하는데"라는 것은 삼세의 부처님께서 서로 머무는 것을 생각하는 것이다. "지금 부처님께서 여러 부처님을 생각하셔서 그러는 것이 아닐까 하고 생각하였습니다."라는 것은 지금 세존께서 반드시 그렇게 생각할 것이라고 한 것이다. "아닐까(得無)"라는 것은 반드시 그렇다는 것이니 뒤에서 "야耶"라고 하였기 때문이다. 바로 우리 세존·석가모니께서 아미타불의 법신이 머물고 계시는 정토의 원인과 결과의 공덕을 생각하고 계시는데, 뜻을 받들고 모양을 보아 반드시 그러함을 안다는 것이다.

唯然大聖下。申所念也。於中先正申。後此決准。[1]·[2] 唯然大聖者。敬諾彼旨也。既承聖所旨。所敎斯從。故唯然也。我心念言者。由自所念也。略標五號。住五法者。顯揚等說。讚佛功德。略有五種。一妙色。二寂靜。三勝智。四正行。五威德。妙色者。謂卅二大丈夫相及八十種隨形好。寂靜者。謂[ ]能守護諸根門等( )[3]拔煩惱習氣。勝智者。謂過去未來現在( )[4]法及非世法。無有罣礙。正行者。謂自他利[5]正行。威德者。所[6]謂如來神通遊戲。[7] 今日世尊住奇特法者。即是第一妙色功德。相好莊嚴。世無倫故。即由此德。名爲世尊。今日世雄住佛所住者。即是第二寂靜功德。密護根門。永拔或[8]習。唯佛獨得。住此法故。即由此德。名爲世雄。今日世眼住導師行者。即是第三勝智功德。知世非世法。能導衆人故。即由此德。名爲世眼。今日世尊[9]住最勝道者。即是第四正行功德。利樂自他行。最爲勝道故。即由此德。

名爲世尊。[10] 今日天尊行如來德者。卽是第五威德。神通遊戲。名如來德。
卽由此德。名爲天尊。[11] 比決中。去來現佛佛佛相念者。謂三世佛。更相互
念所住( )。或無今佛念諸佛耶者。謂今世尊。必有相人( )德也。言得無者。
謂必有也。下量耶故。卽我世( )[12]釋迦牟尼。念於彌陀法身淨土因果功德。
承旨覩相。知必有也。

---

1) ㉠ 미노부문고본에 따르면 '准'은 '唯'인 것 같다. 2) ㉠ 뒤의 주석을 참조할 때 '決准'(교감주에 따르면 '准'은 '唯'이다.)은 '比決'인 것 같다. 3) ㉠ 『顯揚聖教論』에 따르면 '( )'는 '及能'이다. 4) ㉠ 『顯揚聖教論』에 따르면 '( )'는 '世'이다. 5) ㉠ 『顯揚聖教論』에 따르면 '利' 뒤에 '樂'이 누락되었다. 6) ㉠ 『顯揚聖教論』에 따르면 '所'는 연자이다. 7) ㉠ 『顯揚聖教論』권13(T31, 541a1)'이 누락되었다. 8) ㉠ '或'은 '惑'인 것 같다. 9) ㉠ '尊'은 '英'인 것 같다. 10) ㉠ '尊'은 '英'인 것 같다. 11) ㉠ '是第一妙色功德……卽由此德名爲天尊'을 에타니본에서는 '第一妙色功德相好無倫第二寂靜功德護根拔感第三勝者智功德知世非世第四正行功德利自他行第五威德功德神通遊戲以此等義各得佛名【大經鈔二】'이라고 축약하였기 때문에 전체 내용을 미나미본으로 대체하였다. 12) ㉠ '( )'는 '尊'인 것 같다.

바로 이유를 질문한 것 가운데 "(그렇지 않다면) 무엇 때문에 위엄스럽고 신령하게 안팎으로 빛나는 것이 이와 같은 것입니까?"라고 한 것은 만약 부처님과 부처님이 서로 생각하지 않는다면, 무엇 때문에 위엄스러운 빛이 이와 같이 빛나는 것인가라는 것이다. 밖과 안이 아울러 빛나는 것을 "안팎으로 빛나는 것"이라고 한다. 또 구역본에서 "얼굴에 아홉 빛깔의 광명이 흐르고 수천백 가지로 변화하며 광채가 매우 밝게 빛났다."[320]라고 하였다. 이것으로 인해 "안팎으로 빛나는 것"이라고 하였다.【『대경초』권2·『무량수경술기권제일』】

正微問中。何故威神光光乃爾者。謂若無有佛佛相念。何故威光乃如是耶。表裏竝耀。名爲光光。又舊本云。面有九色光。數千百反。[1] 光色甚大明。[2]

---

320 『阿彌陁三耶三佛薩樓佛檀過度人道經』권상(T12, 300a).

由此故名光光。³⁾【大經鈔二·無量壽經述記卷第一】

1) ㉑『阿彌陀經』에 따르면 '反'은 '變'이다.   2) ㉑ 지겸支謙 역『阿彌陀三耶三佛薩樓佛檀過度人道經』권상(T12, 300a21).   3) ㉓ '長跪合掌者……由此故名光光'은 미나미본을 삽입한 것이다.

경 이에 세존께서 아난에게 말씀하셨다.

"어찌 된 것인가? 아난이여, 여러 하늘이 너에게 와서 부처님께 질문하게 한 것인가, 스스로 지혜로운 생각으로 위엄 있는 안색에 대해 질문한 것인가?"

아난이 부처님께 말씀드렸다.

"하늘들이 저에게 와서 그렇게 하게 한 것은 아닙니다. 스스로 생각하여 이러한 뜻을 질문하였을 뿐입니다."

於是世尊。告阿難曰。云何阿難。諸天教汝來問佛耶。自以慧見問威顏乎。阿難白佛。無有諸天來教我者。自以所見問斯義耳。

기 경에서 "이에 세존께서……이러한 뜻을 질문하였을 뿐입니다."라고 한 것에 대해 서술하여 말한다. 이것은 세 번째로 그가 질문한 것을 살핀 것이다. 여기에 두 가지가 있다. 첫째는 여래께서 질문을 살폈고 둘째는 아난이 받들어 답하였다. (여래께서는 다섯 가지 법에) 머문다는 것으로는 충분하지 않으니 질문의 주체를 밝혀 의심을 제거하고자 하여 질문을 살폈다. (아난은) 성인의 뜻을 그윽하게 받들어 스스로 이러한 질문을 일으킨 것이고 다시 여러 하늘이 나를 가르쳐 지금의 질문을 하게 만든 것이 아니라고 하였다. 의의가 이와 같으니 번잡하게 설명하지 않겠다.

經於是世尊至問斯義耳。述曰。此即第三審彼所問。於中有二。一如來審問。二阿難奉答。住居不足。能問除¹⁾義。故審問也。冥承聖旨。自發斯問。

更無諸天敎我今問。義意如此。不順煩文。²⁾

1) ㉈ '除'는 '疑'인 것 같다.   2) ㉈ '經於是世尊······不順煩文'은 미나미본을 삽입한 것이다.

경 부처님께서 말씀하셨다.
"훌륭하다, 아난이여. 질문의 내용이 매우 흐뭇하구나. 깊은 지혜를 일으키고 참되고 미묘한 변재로 중생을 불쌍히 여기어 이러한 지혜의 뜻에 대해 질문하였구나!"

佛言。善哉阿難。所問甚快。發深智慧。眞妙辯才。愍念衆生。問斯慧義。

기 경에서 "부처님께서 말씀하셨다. 훌륭하다······이러한 지혜의 뜻에 대해 질문하였구나!"라고 한 것에 대해 서술하여 말한다. 이 이하는 네 번째로 이제 답변할 수 있음을 나타내었다. 여기에 세 가지가 있다. 첫째는 잘 질문한 것을 찬탄하였고 둘째는 답변할 수 있음을 나타내었으며 셋째는 잘 들으라고 하고 설하는 것을 수락하였다. 이것은 바로 첫 번째에 해당한다.

"훌륭하다, 아난이여."라는 것은 그 사람을 찬미한 것이다. "질문의 내용이 매우 흐뭇하구나."라는 것은 그 질문을 찬탄한 것이다. "깊은 지혜를 일으키고 참되고 미묘한 변재로"라는 것은 '훌륭하다'고 한 것의 뜻을 나타낸 것이다.

지혜가 성인의 뜻에 부합하고 심오한 변재를 지녔으니, 미묘한 지혜와 심오한 변재를 지녔기 때문에 "훌륭하다"라고 하였다. "중생을 불쌍하게 여기어 이러한 지혜의 뜻에 대해 질문하였구나!"라는 것은 '매우 흐뭇하다'고 한 것의 뜻을 나타낸 것이다. 질문한 것은 오직 중생을 불쌍히 여기는 것에 뜻을 두었을 뿐이고 명예와 이익을 추구하기 위한 것은 아니기

때문에 "매우 흐뭇하구나."라고 하였다.【『무량수경술기권제일』】

經佛言善哉致問斯惠[1]義。述曰。此下第四顯已能答。於中有三。一歎善問。二顯能答。三試[2]聽許說。此即初也。善哉阿🈀🈀。美其人也。所問甚釋[3]者。歎其問也。發深🈀惠[4]🈀妙辨[5]才者。顯善哉意。智惁[6]聖旨故。深辨[7]〔 〕故。妙智深辨[8]妙故。善哉也。愍念衆生問斯惠〔 〕[9]者。顯甚快意。所問唯存愍念衆生。不求名利。故🈀快也。[10]【無量壽經述記卷第一】

1) 옌『無量壽經』에 따르면 '惠'는 '慧'이다. 2) 완『無量壽經』에 다르면 '試'는 '諦'이다. 3) 옌『無量壽經』에 따르면 '釋'은 '快'이다. 미노부문고본의 글자도 '快'인 것 같다. 4) 옌『無量壽經』에 따르면 '惠'는 '慧'이다. 5) 옌『無量壽經』에 따르면 '辨'은 '辯'이다. 6) 옌 '惁'는 '符'인 것 같다. 7) 옌『無量壽經』에 따르면 '辨'은 '辯'이다. 8) 옌『無量壽經』에 따르면 '辨'은 '辯'이다. 9) 옌『無量壽經』에 따르면 〔 〕는 '義'인 것 같다. 10) 옌 '經佛言善哉……故🈀快也'는 미나미본을 삽입한 것이다.

경 여래는 무개대비無蓋大悲[321]를 지니어 삼계를 불쌍히 여기신다. 세상에 출현하신 이유는 진실한 가르침(道敎)을 널리 펼쳐 뭇 중생을 구제하고 진실한 이익을 베풀려고 하기 때문이다. 한량없는 억겁 동안 만나기 어렵고 뵙기 어려우니 마치 영서화靈瑞華[322]가 때가 되었을 때만 피어나는 것과 같

---

321 무개대비無蓋大悲 : 그 위를 덮을 것이 없을 정도로 큰 자비를 가리키는 말.『大經鈔』(J14, 49a)에서 "정영(혜원)이『無量壽經義疏』(T37, 100b)에서 '부처님의 자비가 뛰어나서 그 위를 덮을 수 있는 것이 없는 것을 무개비라고 한다.'라고 하였다.【경흥과 의적이 동일하게 해석하였다.】(淨影云。佛悲殊勝。不能蓋上。名無蓋悲。【興寂同之。】)"라고 하였다. 또 길장吉藏은『無量壽經義疏』(T37, 120b)에서 "'무개대비'라는 것은 부처님의 자비가 어떤 것도 덮지 않는 것이 없는 것이다.(無蓋悲者。佛慈悲。無所不覆蓋耳。)"라고 하고, 경흥은『無量壽經連義述文贊』권중(H2, 41c)에서 "지금은 바로 부처님의 큰 자비가 다시 덮을 것이 없기 때문에 '무개'라고 하였다.(今即佛之大悲。更無覆蓋。故名無蓋。)"라고 하였다.

322 영서화靈瑞華 : '영서'는 Ⓢ uḍumbara의 의역어. 뽕나뭇과에 속하는 식물이다. 의역어는 우담優曇·우담발優曇鉢 등이다. 히말라야산맥 기슭과 데칸고원, 스리랑카 등에서 자란다. 높이 3m까지 자라고 잎은 10~18cm까지 자란다. 꽃이 항아리 모양으로 움푹 파인 꽃받침에 숨어 있어 꽃이 없는 식물로 오인되어 왔고 이로 인해 여러 가지

다.[323]

지금 질문한 것은 많은 사람에게 이익이 되는 것이고 모든 하늘과 사람을 깨우치도록 교화하는 것이다. 아난이여, 여래의 정각正覺은 그 지혜를 헤아리기 어렵고 많은 사람을 인도하며 그 지혜로운 견해는 걸림이 없으니 막거나 끊을 수 없는 것임을 알아야 한다.

한 끼의 음식을 먹은 힘으로 백천억의 셀 수 없고 헤아릴 수 없는 기간 동안 수명을 유지한다. 또 이것을 넘어서 온몸에 기쁨이 흐르고 훼손되지 않으며 자태와 안색이 변하지 않으며 빛나는 얼굴은 변화가 없다. 그 이유는 무엇인가? 여래는 선정과 지혜를 끝까지 통달하여 다함이 없고 일체법에 자유자재함을 얻었기 때문이다.

如來。以無蓋大悲。矜哀三界。所以出興於世。光闡道教。欲拯群萌。惠以眞實之利。無量億劫。難値難見。猶靈瑞華。時時乃出。今所問者。多所饒益。開化一切諸天人民。阿難當知。如來正覺。其智難量。多所導御。慧見無礙。無能遏絶。以一飡之力。能住壽命億百千劫無數無量。復過於此。諸根悅豫。不以毀損。姿色不變。光顔無異。所以者何。如來定慧。究暢無極。於一切法。而得自在。

기 경에서 "여래는 무개대비를 지니어……자유자재함을 얻었기 때문이다."라고 한 것에 대해 서술하여 말한다. (두 번째로) 답변할 수 있음을 나타낸 것이다. 여기에 다섯 가지가 있다. 이것은 다시 앞의 다섯 가지 덕을 나타낸 것이니 앞의 것과 단절된 것은 아니다.

"무개대비를 지니어 삼계를 불쌍히 여기신다." 등이라는 것은 앞에서

전설이 생겨난 것으로 전해진다.
323 아난이 부처님께서 기뻐하는 것을 보고 그 이유를 질문한 것에 대해 부처님께서 대답하는 장면이다.

네 번째로 설한 바른 행의 공덕을 나타낸 것이다. "무개"라는 것은 무상無上과 같으니 그 위를 덮을 수 있을 정도의 다른 슬픔은 없기 때문이다. 어떤 판본에서는 "무진無盡"이라고 하였는데 뜻에 있어서 또한 어긋남이 없다. "아난이여, 여래의 정각은 그 지혜를 헤아리기 어렵고……알아야 한다." 등이라는 것은 앞에서 세 번째로 설한 뛰어난 지혜의 공덕을 나타낸 것이다.

"한 끼의 음식을 먹은 힘으로……수명을 유지한다." 등이라는 것은 앞에서 다섯 번째로 설한 위엄스러운 덕의 공덕을 나타낸 것이다. 위엄스러운 힘에 세 가지가 있다. 첫째는 구생俱生[324]이고 둘째는 법法[325]이며 셋째는 신통神通[326]이다. 여기에서는 일단 구생의 위엄스러운 힘을 제시하여 나머지 두 가지를 나타내었다. 구생의 위엄스러운 힘이 이러한데 하물며 다른 두 가지임에랴. "온몸에 기쁨이 흐르고 훼손되지 않으며" 등이라는 것은 앞에서 첫 번째로 설한 미묘한 색의 공덕을 나타낸 것이다.

"여래는 선정과 지혜를 끝까지 통달하여 다함이 없고" 등이라는 것은 앞에서 두 번째로 설한 고요함의 공덕을 나타낸 것이다. 앞의 네 가지 공덕을 얻음으로써 선정과 지혜를 끝까지 통달하여 다함이 없게 되고 일체법에 자유자재함을 얻어 깨달음을 이룬다. 그러므로 여기에서 오직 이것만을 두었다. 미묘한 색으로 모든 근을 수호하며 선정과 지혜를 끝까지 통달하여 번뇌의 습기를 영원히 제거하기 때문에 일체법에 자유자재함을

---

[324] 구생俱生 : 태어날 때부터 갖추어져 있는 것을 가리킨다. 여기에서는 구생위력俱生威力의 줄임말로 쓰였다. 부처님과 보살이 과거세에 광대한 복덕의 자량을 쌓아서 구생의 매우 희유하고 기특한 법을 증득한 것을 가리킨다.
[325] 법法 : 갖추어서 법위력法威力이라고 한다. 부처님과 보살이 과거세에 육바라밀 등과 온갖 뛰어난 법을 닦아서 광대한 과보와 광대한 이익을 얻은 것을 가리킨다.
[326] 신통神通 : 갖추어서 신통위력神通威力이라 하고 성위력聖威力이라고도 한다. 부처님과 보살이 과거세에 선정을 닦아서 얻은 힘으로 지금 선정에 의해 선정의 자재함을 얻고 원하는 대로 모든 일을 이루고 마음을 조절하고 마음을 잘 닦는 것을 가리킨다.

얻는다.【『무량수경술기권제일』】

經如來以無盡[1]大悲至而得自在。述曰。顯能答也。於中有五。此即還顯上五種德。與前不決。以無盡[2]大悲矜哀三界等者。顯前第四正行功德。言無盡[3]者猶無上也。更無餘悲覆蓋上故。有本作無盡。義亦無奕。[4] 阿難當知如來正覺其智難量等者。顯前第三勝智功德。以一湌之力能住壽命等者。顯前第五威德功德。威力有三。一俱生。二法。三神通。此中且擧俱生威力。顯餘二種。俱生尙爾。況餘二種。諸根悅豫不以毀損☐者。顯前第一妙色功德。如來定惠[5]究暢無極☐者。顯前第二寂靜功德。所☐得上四德〔 〕。定惠究暢無極。於一☐法☐[6]自在〔 〕[7]能成領曰。是故此中偏置。微☐能護☐〔 〕。定惠無極。永拔習氣。故於法自在。[8]【無量壽經述記卷第一】

1) ㉡ 『無量壽經』과 의적의 주석을 따르면 '盡'은 '蓋'인 것 같다. 곧 『大正藏』 미주에 따르면 유포본에서는 '蓋'라고 하였고 의적은 전반적으로 유포본을 따르고 있기 때문이다. 또 뒤의 주석의 내용에 따르면 '蓋'가 타당하다. 2) ㉡ 앞에서 서술한 것과 같은 이유로 '盡'은 '蓋'인 것 같다. 3) ㉡ 앞에서 서술한 것과 같은 이유로 '盡'은 '蓋'인 것 같다. 4) ㉡ '奕'은 '爽'인 것 같다. 5) ㉡ 『無量壽經』에 따르면 '惠'는 '慧'이다. 6) ㉡ 『無量壽經』에 따르면 '㊀' 앞에 '而'가 누락되었다. 7) ㉡ 전후 문맥에 따르면 〔 〕는 '者'인 것 같다. 8) ㉡ '經如來以無盡……故於法自在'는 미나미본을 삽입한 것이다.

기 모든 부처님의 법신은 색도 없고 형상도 없다. 머무는 정토도 또한 일정한 처소가 없다. 몸에 색과 형상이 없기 때문에 다시 어떤 모습도 나타내지 않는 것이 없고, 국토에 일정한 처소가 없기 때문에 어떤 곳이라도 있지 않은 곳이 없다. 일정한 형상이 없으니 이를 진신眞身이라 하고 어떤 곳에도 머물지 않으면서 어떤 곳도 여의지 않으니 진토眞土라고 한다. 그러므로 그 실상을 돌이켜 살펴보면 오음신五陰身을 파괴하지 않고 한 털구멍에서 삼세의 여래를 두루 나타내고, 그 근본을 돌이켜서 숙고해 보면 기와나 자갈을 사용하지 않고도 한 톨의 작은 먼지에서 시방의 찰토를 두루 나타낸다.

敍曰.¹⁾ 諸佛法身。無色無形。所居淨土。亦無方所。身無色形故。增無像而不現。土無方處故。無所而不在。無像。是曰眞身也。非方非離。方乃名眞土也。所以反鑒其實者。不壞陰身。於一毛孔。普見三世如來。還熟其本者。不諸瓦礫。於一微塵。遍現十方刹土。

---

1) ㉠ '敍曰'은 편집 체재의 일관성을 고려할 때 삭제되어야 할 것 같다.

그러한즉 불도佛道가 멀리 있겠는가? 마음을 돌리면 바로 그것이다. 정토(정국淨國)가 떨어져 있는 것이겠는가? 예토穢土를 돌이키면 바로 그것이다. 단지 중생은 삼계에 오랫동안 잠들어 무거운 어둠에 처하여도 깨어나지 못하고 영원히 침몰하고 날마다 흘러 다니며 깊은 곳에 빠져 들어 벗어나기 어렵다. 탁세의 악惡[327]이 타오르고 통痛과 소燒[328]가 다투

---

327 악惡 : 『無量壽經』에서 설한 다섯 가지 악. 곧 살생殺生·투도偸盗·사음邪婬·망어妄語·음주飮酒이다.
328 통痛과 소燒 : 『無量壽經』권하(T12, 275c)에서 "지금 내가 이 세간에서 부처가 되어 다섯 가지 악(五惡), 다섯 가지 통(五痛), 다섯 가지 소(五燒)에 처하여 그것으로 인해 매우 극심한 고통을 받고 있는 중생들을 만났으니, 이러한 중생을 교화하여 오악을 버리게 하고 오통을 떠나게 하며 오소를 여의게 할 것이다.(今我於此世間作佛。處於五惡五痛五燒之中。爲最劇苦。敎化群生。令捨五惡。令去五痛。令離五燒。)"라고 하고, 이어서 그 내용을 설하였는데, "첫 번째 악은"이라고 하고 통과 소에 대해서는 "첫 번째 통은"이라든가, "첫 번째 소는"이라는 말을 서술하지 않고 악과 함께 묶어서 설하였기 때문에, 악과 통과 소의 경계가 불분명하고 그 의미의 차이도 분명하지 않다. 혜원은 『無量壽經義疏』권하(T37, 114a)에서 "이 다섯 가지 악을 지음으로써 현세에서 왕법에 의해 치죄治罪를 받아 몸에 액난이 닥치는 것을 다섯 가지 통이라 하고, 이 오악으로 미래세에 세 가지 악도에서 과보를 받는 것을 다섯 가지 소라고 한다.(造此五惡。於現世中。王法治罪。身遭厄難。名爲五痛。以此五惡。於未來世。三途受報。說爲五燒。)"라고 정의하였다. 경흥도 혜원과 동일한 의미로 해석하고 이것을 기준으로 『無量壽經』본문을 분과하였는데 이 가운데 첫 번째 악, 첫 번째 통, 첫 번째 소를 분과한 것만 서술해 보면 다음과 같다. 『無量壽經連義述文贊』(H2, 70b)에서 "『無量壽經』에서 '그 첫 번째 악은 다음과 같다.……모두 과거세에 자애로운 마음으로 사물을 대하고 효도하여 선을 닦고 덕을 쌓음으로써 이룬 것이다.'라고 한 것은 악이고, 『無量壽經』에서 '세상에는 영원히 변치 않는 도리가 있고 왕법에 의해 치죄하는 감옥이 있지만……세간에는 이렇게 눈앞에 명백하게 드러난 일이 있다.'라고 한 것은 통이며, 『無量壽經』에서 '수명을 마치고 후세에는 더욱 깊고 더욱 심해진다.……그때 갑자기 상응하여 선

어 끓어오른다. 형색은 욕망의 대상을 좇아 지쳐 쓰러지고 식識은 저 다섯 가지 온(五蘊)³²⁹에 애착하여 혼미하고 어지럽다. 불종佛種(불종성)을 우러러도 그 마음이 자라나지 않고 뜻을 보방寶方(정토)에 두어도 이를 감히 수용하지 못한다. 보방을 가리켜 인도하고 맞이하며 자취를 드리워 가르쳐 이끌지 않으면 이 예계穢界를 떠나 저 정역淨域(정토)에 의탁할 방법이 없다.

그 교화의 대상을 좇아 불토를 취하고자 하여, 혹은 동토東土에 머물기도 하고 혹은 서토西土에 머물기도 하며 동토와 서토에 모두 머물기도 한다. 중생의 근기에 따라 불신을 나타내어, 거친 모습을 짓기도 하고 미묘한 모습을 짓기도 하며 어떤 때는 큰 모습을 짓기도 하고 어떤 때는 작은 모습을 짓기도 한다.

然則佛道遠乎。廻心而卽。淨國隔乎。反穢而是。但以群生。長寢三界。處重而莫曉。永沒日流。入深間而難出。濁惡熾燃。痛燒競煎。形疲頓於欲塵。識昏亂於愛彼蘊。¹⁾ 崇佛種。而莫能生長。災²⁾ 在寶方。而弗敢受用。非夫指方引接。塵跡訓道。³⁾ 無由離此穢界。託彼淨域。欲隨其所化。而取佛土。或東或西。有雜。任彼機宜。而現佛身。乍麁乍妙。時大時小。

1) ㉠ '蘊'은 '薀'인 것 같다. 2) ㉠ '災'는 '意'인 것 같다. 3) ㉠ '道'는 '導'인 것 같다.

이 경에서 밝히는 것은 곧 아미타불이 한 방위에 나타난 것이다.

처음에 뛰어난 조목을 세웠으니 사십팔원四十八願을 구족하여 성취하

도선도道와 악도惡道에 이르지는 않을지라도 반드시 이러한 과보에 도달한다.'라고 한 것은 소이다."라고 하였다.

329 다섯 가지 온(五蘊) : 일체의 유위법有爲法을 다섯 부류로 구별한 것. 다섯 가지 음(五陰)이라고도 한다. 색온色蘊(물질적인 것 일체)·수온受蘊(감수 작용의 결과물 일체)·상온想蘊(지각 작용의 결과물 일체)·행온行蘊(의지 작용의 결과물 일체)·식온識蘊(안식眼識 등을 비롯한 일체의 인식 작용의 결과물 일체)을 가리킨다.

는 것이고 마지막에 미묘한 과보를 나타내었으니 29가지 공덕[330]으로 원만하게 장엄하는 것이다. 청정함은 삼계를 넘어서고 크기는 허공(空際)과 같아 쇠퇴하지 않고 변화하지 않는다. 세 가지 악취가 없고 춥지도 않고 덥지도 않으며 봄·여름·가을·겨울의 네 계절로 바뀌는 일이 없고 하나의 절기가 그대로 유지된다.

---

[330] 29가지 공덕 : 『往生論』에서 극락정토에 왕생하기 위해 닦아야 할 다섯 가지 수행문(五念門)을 시설한 것 중 제4 관찰문觀察門과 관련된 것. 제4 관찰문에서는 관찰해야 할 대상을 셋으로 나누었다. 첫째는 불국토와 관련된 공덕으로 장엄한 것에 17가지를 설하였고, 둘째는 아미타불과 관련된 공덕으로 장엄한 것으로 여덟 가지를 설하였으며, 셋째는 보살과 관련된 공덕으로 장엄한 것으로 네 가지를 설했으니, 이를 모두 합하면 29가지 공덕이 성립된다.
『往生論』(T26, 231b)에 따르면 그 구체적인 내용은 다음과 같다.
17가지 불국토와 관련된 공덕으로 장엄한 것은 다음과 같다. 첫째는 청정한 것의 공덕을 성취한 것이고 둘째는 크기(量)의 공덕을 성취한 것이며, 셋째는 성性의 공덕을 성취한 것이고 넷째는 형상의 공덕을 성취한 것이며, 다섯째는 온갖 일의 공덕을 성취한 것이고 여섯째는 묘색의 공덕을 성취한 것이며, 일곱째는 촉觸의 공덕을 성취한 것이고 여덟째는 장엄의 공덕을 성취한 것이며, 아홉째는 우雨의 공덕을 성취한 것이고 열째는 광명의 공덕을 성취한 것이며, 열한째는 음성의 공덕을 성취한 것이고 열두째는 주인의 공덕을 성취한 것이며, 열셋째는 권속의 공덕을 성취한 것이고 열넷째는 수용受用의 공덕을 성취한 것이며, 열다섯째는 어떤 재난도 없는 것의 공덕을 성취한 것이고 열여섯째는 대의문大義門의 공덕을 성취한 것이며, 열일곱째는 구하는 것을 모두 만족시키는 공덕을 성취한 것이다.
여덟 가지 부처님과 관련된 공덕으로 장엄한 것은 다음과 같다. 첫째는 좌대를 장엄한 것이고 둘째는 몸(身業)을 장엄한 것이며, 셋째는 입(口業)을 장엄한 것이고 넷째는 마음(意業)을 장엄한 것이며, 다섯째는 대중을 장엄한 것이고 여섯째는 상수上首를 장엄한 것이며, 일곱째는 주인을 장엄한 것이고 여덟째는 헛되게 짓지 않고 책임지고 지키는 것(住持)을 장엄한 것이다.
네 가지 보살과 관련된 공덕으로 장엄한 것은 다음과 같다. 첫째는 한 불토佛土에서 몸이 동요되지 않으면서도 시방에 응화신應化身을 나타내며 여실히 수행하여 항상 불사佛事를 짓는 것이고, 둘째는 그 응화신이 일체시一切時에 앞에 있지도 뒤에 있지도 않고 일심일념一心一念으로 큰 광명을 내면서 시방세계에 두루 미치게 하여 중생을 교화하고 여러 가지 방편수행으로 중생의 고통을 없애는 것이며, 셋째는 일체 세계를 남김없이 포섭하여 제불의 법회에 참여한 대중을 남김없이 비추고 광대하고 무량하게 공양하고 공경하며 제불여래를 찬탄하는 것이고, 넷째는 삼보三寶가 없는 모든 곳에 삼보공덕의 대해大海를 책임지고 지키고(住持) 장엄하여 두루 보여 이해하게 하고 여실히 수행하게 하는 것이다.

此經所明。卽是阿彌陀佛一方之所現也。創建勝目則四十八願具足成就。終標妙果則廿九德圓滿莊嚴。淨過三界。量齊空際。無衰無變。三草濡其處。¹⁾ 不寒不熱。四時不改。其節所押。

1) ㉠ '三草濡其處'는 오식인 것 같다.『無量壽經』에 따르면 '無三惡趣'인 것 같다.

그곳에 노니는 이를 성인이 되게 하고 현인賢人이 되게 하니 바로 현인이 운용하는 것이다. 짓는 이는 오직 덕을 얻을 뿐이니 한 번 왕생하면 정정취正定聚[331]에 들어가 물러나지 않는다. 잠깐 사이에 저 생사의 물결에서 벗어나 뛰어난 인忍을 얻어 과果를 증득한다. 여덟 가지 공덕을 지닌 물[332]로 채워진 연못에서 목욕하여 번뇌를 씻어 내고 업을 청정히 하고, 칠각七覺의 숲에서 노닐며 법미法味(불법)를 얻고 정신을 단련하여, 끝이 없는 지극한 즐거움을 누리며 비록 겁劫이라는 긴 시간이 지나더라도 피로한 줄 모른다.

극락極樂(정토)이라는 이름은 그 뜻이 여기에 있다. 그러므로 여래께서

---

331 정정취正定聚 : 중생을 불도의 성취 능력이나 성취 방법의 차이에 의해 세 부류로 나눈 것 중 하나. 세 부류란 사정취邪定聚·정정취正定聚·부정취不定聚이다. 사정취는 기필코 전도를 무너뜨릴 수 없는 부류의 중생이고, 정정취는 기필코 전도를 무너뜨릴 수 있는 부류의 중생이며, 부정취는 좋은 인연을 만나면 전도를 무너뜨릴 수 있고 그렇지 못하면 무너뜨릴 수 없는 부류의 중생이다.

332 여덟 가지~지닌 물 :『無量壽經』(T12, 271a)에서 "(연못에는) 여덟 가지 공덕을 지닌 물이 가득 채워져 있는데 청정하고 향기롭고 깨끗하며 맛은 감로와 같다."라고 한 것을 참조할 것. 여덟 가지 공덕의 구체적 내용을 본 경에서는 언급하지 않았다.『阿彌陀經』의 이역본인『稱讚淨土佛攝受經』(T12, 348c)에서 "여덟 가지 공덕을 지닌 물이란 무엇인가? 첫째는 맑고 깨끗한 것이고 둘째는 맑고 차가운 것이며, 셋째는 감미로운 것이고 넷째는 가볍고 부드러운 것이며, 다섯째는 윤택한 것이고 여섯째는 편안하고 조화로운 것이며, 일곱째는 마셨을 때 배고픔과 목마름 등의 한량없는 근심이 제거되는 것이고 여덟째는 마시고 나면 반드시 모든 근근과 사대四大를 북돋워 기르고 여러 가지 뛰어난 선근을 증가하게 하는 것이다.(何等名爲八功德水。一者澄淨。二者淸冷。三者甘美。四者輕軟。五者潤澤。六者安和。七者飮時。除飢渴等無量過患。八者飮已。定能長養諸根四大。增益種種殊勝善根)"라고 하였다.

는 이 사바娑婆³³³가 고통은 많고 즐거움은 적은 것을 불쌍히 여기고, 저 안양安養(정토)은 쉽게 왕생할 수 있지만 왕생하는 사람이 없음을 관찰하여, 기특한 법을 생각하며 겹겹의 광명을 펼치고 무개대비에 머물러 여덟 가지 청정한 음성³³⁴을 떨치셨다. 경희慶喜(아난)는 청정한 경지에 도달하였으니 정토를 기쁘게 받드는 문을 진술하였고 아일다阿逸多³³⁵는 거듭하여 윤회의 세계를 전전해 왔으니 예토穢土를 싫어하여 버리는 도리를 가르쳐 주었다.³³⁶ 나중에 비록 다시 통틀어서 두 문을 나타내고 세 가지 청

---

333 사바娑婆 : ⓢ sahā의 음역어. 석가모니불의 교화가 진행되는 현실 세계를 가리키는 말. 인忍·감인堪忍 등으로 의역한다. 이 세계의 중생은 십악十惡에 안주하여 온갖 번뇌를 견디고 받아들이면서 벗어나려고 하지 않기 때문에 '인'이라 하였다. 또한 불보살이 중생을 이롭게 하고 즐겁게 하기 위한 행위를 할 때, 그것으로 인해 발생하는 모든 고뇌를 견디고 받아들이는 것을 뜻하기도 한다. 본래 우리가 사는 염부제를 가리키는 말이었으나, 후세에 한 석가모니불께서 교화하는 영역인 삼천대천세계를 가리키는 말로 쓰이게 되었다. 삼천대천세계에 백억 개의 수미산이 있기 때문에 백억 개의 수미산세계를 통틀어서 사바라고 한다.

334 『無量壽經』에서 "천둥처럼 큰 청정한 음성(梵聲) 여덟 가지 음음으로 미묘한 소리를 내어 대답하시네."라고 한 것을 참조할 것. 경흥의 『無量壽經連義述文贊』 권하(H2, 61a)에서 "'청정한 음성'이란 총괄적으로 든 것이다. '여덟 가지 음'이란 개별적으로 찬탄한 것이다. 『梵摩喩經』(T1, 884b)에서 '첫째는 가장 훌륭한 소리이니 소리가 애잔하고 미묘하기 때문이다. 둘째는 쉽게 이해할 수 있는 소리이니 말을 분명하게 이해할 수 있기 때문이다. 셋째는 조화로운 소리이니 큰 소리와 작은 소리가 적절함을 얻기 때문이다. 넷째는 유연한 소리이니 소리가 부드럽고 가볍기 때문이다. 다섯째는 오류가 없는 소리이니 말에 착오나 과실이 없기 때문이다. 여섯째는 여인과 같지 않은 소리이니 소리가 웅장하고 밝기 때문이다. 일곱째는 존귀하고 지혜로운 소리이니 말에 위엄과 엄숙함이 있기 때문이다. 여덟째는 깊이 있고 멀리까지 울리는 소리이니 소리가 깊고 멀리까지 울리기 때문이다.'라고 한 것과 같다."라고 하였다.

335 아일다阿逸多 : ⓢ Ajita의 음역어. 무승無勝·무능승無能勝 등으로 의역한다. 『大阿彌陀經』·『無量淸淨平等覺經』 등에서 아일보살阿逸菩薩이라고 하였고 『無量壽經』에서는 미륵보살彌勒菩薩이라고 하였다. 아일다는 미륵보살의 자字이다. 『念佛鏡』 권말(T47, 128b)에서 "또 본사께서 『阿彌陀經』을 설하는 날 미륵보살도 그 모임에 있었는데 아일다보살이 그 사람이다.(又復本師。說彌陀經之日。彌勒菩薩。亦在會中。阿逸多菩薩是也。)"라고 하였다.

336 『無量壽經』의 전반적 내용에서 부처님께서 먼저 아난에게 정토의 모습을 설하고 그 다음에 미륵보살(아일보살)에게 예토에서의 생사윤회의 세계를 벗어나기 위해 악을 끊고 선을 행할 것을 설한 것을 간략하게 서술한 것으로 보인다.

정함을 모두 설하였지만 주가 되는 것은 "무량수"이기 때문에 이것으로 인해 이름을 지었다.[337]【『안양집』 권10】

使遊者。乃聖乃賢。乃賢所運。作者唯德。一得往生。入正聚而不退。蹔恭[1] 彼流。獲勝忍而證果。浴八德之池。洗塵勞而淨業。遊七覺之林。探法味而椅神。納至樂於無窮。雖經劫忘疲。極樂之稱。其在玆乎。所以如來。愍此娑婆。苦多樂少。觀彼安養易往無人。念奇特法。演九重之光。住無蓋悲。振八梵之響。慶喜致淸淨。陳欣淨之門。前[2]逸多重盛。啓厭穢之方。後沒[3] 雖復通顯二門。具說三淨。爲主者。無量壽。故因名爲【安養集十】

1) ㉘ '恭'은 '出'인 것 같다. 2) ㉘ '前'은 '阿'인 것 같다. 3) ㉘ '沒'은 오식인 것 같다.

경 아난이여, 잘 들어라. 이제 너를 위하여 설할 것이다.

阿難諦聽。今爲汝說。

기 경에서 "아난이여, 잘 들어라. 이제 너를 위하여 설할 것이다."라는 것은 잘 들을 것을 권하고 설할 것을 수락한 것이다. "잘 들어라."라는 것은 산란함과 방일함과 전도의 세 가지 과실을 여의게 하는 것이기 때문에 "잘 들어라."라고 하였다. 이 설을 듣는 사람은 게으름이 없는 것과 마음의 움직임을 아는 것과 진실한 설을 아는 것의 세 가지를 갖추기 때문에 "너를 위하여 설할 것이다."라고 하였다. 또 "잘 들어라."라는 것은 배움이 다른 사람을 위한 것이 아니기 때문에 "잘 들어라."라고 하였다. 법을 설할 것을 나타낸 것은 법의 그물을 가르쳐 보이는 것이기 때문에 "너

---

337 이상 『安養集』에서 추출한 글은 앞에서 제시한 『無量壽經』 본문과 상응하지 않는 것 같다.

를 위하여"라고 하였다.【무량수경술기권제일】

經阿難諦聽今爲汝說者。試[1]聽許說也。試彼[2]聽者。令顯[3]散亂放逸顚倒三種過失。故云諦聽。顯[4]此說者。具有無倦知心實說三種。故云今爲汝說。又試[5]聽者。學不爲人。故云諦聽。顯說法圖。敎示網已。故云爲汝。[6]【無量壽經述記卷第一】

1) ㉹『無量壽經』에 따르면 '試'는 '諦'이다. 2) ㉹ '試彼'는 '諦'인 것 같다. 3) ㉹ '顯'은 '離'인 것 같다. 4) ㉹ '顯'은 '聽'인 것 같다. 5) ㉺『無量壽經』에 따르면 '試'는 '諦'이다. 6) ㉹ '經阿難諦聽……故云爲汝'는 미나미본을 삽입한 것이다.

경 아난이 대답하였다.
"그렇습니다. 기꺼이 듣고자 합니다."

對曰。唯然。願樂欲聞。

기 경에서 "아난이 대답하였다. '그렇습니다. 기꺼이 듣고자 합니다.'"라고 한 것에 대해 서술하여 말한다. 이것은 다섯 번째로, 공경하는 마음으로 부처님께서 말씀하시기를 기다린 것이다.【무량수경술기권제일】

經對曰唯然願樂欲聞。述曰。此卽第五敬侍湌[1]說。[2]【無量壽經述記卷第一】

1) ㉹ '侍湌'은 '待佛'인 것 같다. 2) ㉹ '經對曰唯然……侍湌說'은 미나미본을 삽입한 것이다.

무량수경술의기 복원본 중권

| 無量壽經述義記 卷中【復元*】 |

신라 의적 지음
新羅 義寂 撰

---

* ㉮ 저본에 따르면 '元' 뒤에 '本'이 누락되었다. 또한 '復元本'은 괄호 처리하지 않고 '記' 뒤에 두어야 한다.

2) 정종분 正宗分

경 부처님께서 아난에게 말씀하셨다.

"지나간 과거, 매우 오래되고 한량없고 불가사의한 무앙수겁無央數劫[1]에 정광여래錠光如來께서 세상에 출현하여 한량없는 중생을 교화하고 제도하여 모두 불도를 얻게 하고 비로소 멸도滅度(열반)를 취하셨다. 다음에 광원이라는 명호의 여래가 계셨고, 다음에 월광, 다음에 전단향, 다음에 선산왕, 다음에 수미천관, 다음에 수미등요, 다음에 월색, 다음에 정념, 다음에 이구, 다음에 무착, 다음에 용천, 다음에 야광, 다음에 안명정, 다음에 부동지, 다음에 유리묘화, 다음에 유리금색, 다음에 금장, 다음에 염광, 다음에 염근, 다음에 지동, 다음에 월상, 다음에 일음, 다음에 해탈화, 다음에 장엄광명, 다음에 해각신통, 다음에 수광, 다음에 대향, 다음에 이진구, 다음에 사염의, 다음에 보염, 다음에 묘정, 다음에 용립, 다음에 공덕지혜, 다음에 폐일월광, 다음에 일월유리광, 다음에 무상유리광, 다음에 최상수, 다음에 보리화, 다음에 월명, 다음에 일광, 다음에 화색왕, 다음에 수월광, 다음에 제치명, 다음에 도개행, 다음에 정신, 다음에 선숙, 다음에 위신, 다음에 법혜, 다음에 난음, 다음에 사자음, 다음에 용음, 다음에 처세라는 명호를 지닌 여래께서 출현하셨다. 이와 같은 여러 부처님께서 모두 이미 세상에 출현하셨다."

佛告阿難。乃往過去。久遠無量。不可思議。無央數劫。錠光如來。興出於世。教化度脫無量衆生。皆令得道。乃取滅度。次有如來名曰光遠。次名月光。次名栴檀香。次名善山王。次名須彌天冠。次名須彌等曜。次名月色。

---

1 무앙수겁無央數劫 : ⓢ asaṃkhyeya-kalpa. 아승기겁阿僧祇劫과 같은 말. '무앙수'는 고대 인도에서 사용되던 52수 가운데 52번째에 해당하는 수이다.

次名正念。次名離垢。次名無著。次名龍天。次名夜光。次名安明頂。次名不動地。次名琉璃妙華。次名琉璃金色。次名金藏。次名炎光。次名炎根。次名地動。次名月像。次名日音。次名解脫華。次名莊嚴光明。次名海覺神通。次名水光。次名大香。次名離塵垢。次名捨厭意。次名寶炎。次名妙頂。次名勇立。次名功德持慧。次名蔽日月光。次名日月琉璃光。次名無上琉璃光。次名最上首。次名菩提華。次名月明。次名日光。次名華色王。次名水月光。次名除癡冥。次名度蓋行。次名淨信。次名善宿。次名威神。次名法慧。次名鸞音。次名師子音。次名龍音。次名處世。如此諸佛。皆悉已過。

기 보리심을 일으킨 연緣을 밝히는 가운데 처음에 먼저 이전 시기에 이미 출현하신 부처님을 열거하였다.{중략} 53분의 부처님을 열거하였으니 처음은 "정광불"이고 이렇게 하여 마지막으로 "처세불"에 이른다.

다른 경에서 석가불이 (제2아승기겁의 마지막이고) 제3아승기겁第三阿僧祇劫[2]의 처음인 시기에 만난 부처님을 연등燃燈[3]이라고 하였고[4] (연등은)

---

2 제3아승기겁第三阿僧祇劫 : '아승기'는 ⑤ asaṃkhyeya의 음역어로 무수無數·무앙수無央數라고 의역한다. 보살이 발심한 뒤 수행을 완성하여 불과佛果를 성취하는 데 필요한 시간은 보통 3아승기겁을 지나고 다시 100겁을 더한 것이라고 설해지는데, 제3아승기겁이란 3아승기겁의 마지막 아승기겁을 가리키는 말이다.
3 연등燃燈 : ⑤ Dīpaṃkara의 의역어. 정광錠光이라고도 하고, 음역어는 제화갈라제和竭羅이다. 과거 석가불께서 보살이었을 때 미래세에 성불할 것이라는 수기를 주었던 부처님이다.
4 『佛本行經』권4(T3, 668b)에 석가모니불이 연등불에게 수기를 받은 일이 나오지만 제3아승기겁이라는 말은 나오지 않는다. 단『大智度論』권4(T25, 87a)에서 "석가문불釋迦文佛(석가모니불)은 다음과 같다. 과거의 석가문불부터 라나시기불剌那尸棄佛까지가 최초의 아승기이다. 이 가운데 보살은 여인의 몸을 영원히 여의었다. 라나시기불로부터 연등불까지가 두 번째 아승기이다. 이 가운데 보살은 일곱 송이의 청련화를 연등불께 공양하고 사슴 가죽 옷을 깔고 머리카락을 풀어 헤쳐 흙을 가렸다. 이때 연등불께서 바로 수기를 주어 '그대는 미래세에 석가모니라는 명호의 부처가 될 것이다.'라고 하였다. 연등불로부터 비바시불毘婆尸佛까지가 세 번째 아승기이다. 세 아승기겁을 지나면 이때 보살은 100대겁 동안 삼십이상을 얻는 업의 인연을 심는다.(釋迦文佛。從過去釋迦文佛。到剌那尸棄佛。爲初阿僧祇……從燃燈佛。至毘婆尸佛。爲第三阿僧祇 若過三阿僧祇

또한 "정광錠光"이라고도 한다.[5] (그런데) 지금 여기(『무량수경』)에서 나열한 것이 이치에 맞으려면 이 부처님(『무량수경』의 정광불)은 (석가불에게 수기를 준) 저 부처님(다른 경의 연등불)이 아니어야 한다.

    問 어째서 그렇다는 것을 아는가?

    答 (『무량수경』에 따르면) 법장法藏[6]보살은 저 부처님(정광불) 이후 53분의 부처님이 출현하고 나서 세요왕불世饒王佛[7]을 만나고 이 부처님(세요왕불)의 처소에서 처음으로 큰 서원을 일으켰으며, 불가사의한 조재兆載[8]의 영겁永劫이 지나도록 (보살행을 닦고)[9] 그렇게 한 후 성불하였으며 (석가불께서 『무량수경』을 설하고 계신) 지금에 이르기까지 10겁이 지났다.[10] 이것으로 말미암아 (이 부처님은 석가불에게 수기를 준) 저 정광불이 아니라는 것을 알 수 있다.

劫。是時菩薩。種三十二相業因緣。)"라고 하였다.

5 『無量壽經』 본문에서 서술한 53불의 처음에 해당하는 "정광불"은 석가불에게 성불의 수기를 준 것으로 전해지는 "연등불"의 다른 번역어이다. 그렇다면 『無量壽經』의 "정광불"은 이 "연등불"과 동일 인물인지에 대한 의문이 일어날 수 있는데 이는 바로 이러한 의문이 발생할 것을 염두에 두고 서술한 글인 것으로 보인다.

6 법장法藏 : ⓢ Dharmākara의 의역어. 무량수불無量壽佛(아미타불阿彌陀佛)의 인위因位(성불 이전의 수행 계위)에서의 이름. 법적法積이라고도 한다.

7 세요왕불世饒王佛 : '세요왕'은 ⓢ Lokeśvararāja의 의역어로 세자재왕世自在王이라고도 하고 음역어는 누이긍라樓夷亘羅이다. 아미타불이 법장비구로 태어났을 때 세상에 출현하신 부처님이다.

8 경흥은 『無量壽經連義述文贊』 권중(H2, 52a)에서 "황제산법에 세 품(상품·중품·하품)이 있는데, 잠시 그 한 가지를 들어 보면, 10천억은 조兆이고, 10천조는 경京이며, 10천경은 해姟이고, 10천해는 자秭이며, 10천자는 필匹이고, 10천필은 재載이다.(黃帝算。有三品。且舉其一。十千億爲兆。十千兆爲京。十千京爲姟。十千姟爲秭。十千秭爲匹。十千匹爲載。)"라고 하였다.

9 『無量壽經』 권상(T12, 269c)에서 "불가사의한 조재의 영겁 동안 보살의 한량없는 덕행을 쌓고 심으면서…….(於不可思議兆載永劫。積植菩薩無量德行。……)"라고 하였다.

10 『無量壽經』 권상(T12, 270a)에서 "아난이 또 물었다. '그 부처님(아미타불)께서는 성불한 지 얼마나 되었습니까?' 부처님(석가불)께서 말씀하셨다. '성불한 지 무릇 10겁이 지났다.'(阿難又問。其佛成道已來。爲經幾時。佛言。成佛已來。凡歷十劫。)"라고 하였다.

發心緣中。初先列前時已過佛。【中略】擧五十三佛。初錠光佛。乃至後處世佛。於餘經中。釋迦第三阿僧祇劫初所値佛。名爲燃燈。亦名錠光。今此列是理[1]准。[2] 是應非彼佛。何以得知然。法藏菩薩。過彼佛已五十三佛。然後。乃値世饒王佛。於此佛所。始發大願。經不可思議兆載永劫。然後成佛已來。於今十劫。由此故知。非彼錠光。

1) ㉠『大經鈔』에 따르면 '理'는 연자이다.   2) ㉠『大經鈔』에 따르면 '准'는 '準'이다.

만약 저 부처님(석가불에게 수기를 준 부처님)이라면 (그 부처님은 제2아승기겁의 마지막이고 제3아승기겁의 처음에 출현하셨으니) 법장은 제2아승기겁이 지난 후에야 정토의 서원과 수행(願行)을 일으켰다고 해야 한다. (그리고) 이와 같다면 (수행의 정도가 뛰어나서 법장비구는) 그때 뛰어난 국토를 보았어야 하는데 무엇 때문에 『대지도론』에서 "아미타불의 국토는 화적세계華積世界[11]만 못하다. 무엇 때문인가? 법적法積(법장)비구는 부처님께서 비록 시방세계로 인도하여 청정한 국토를 관찰하게 했지만, 공덕의 힘이 약하여 최상의 미묘하고 청정한 국토를 볼 수 없었으니 (아미타불의 국토는) 화적세계만 못하다."[12]라고 하였겠는가? 이미 공덕의 힘이 약하다고 하였으니 제2아승기겁이 지나지 않았고 (그렇다면 이 경의 정광여래는 석가불에게 수기를 준 부처님이 아니라는 것을) 알아야 한다.

若是彼佛。應言法藏。過第二劫。然後乃發淨土願行。若爾。彼時應見勝土。何故。論云。阿彌陀佛國土。不如華積世界。何以故。法積比丘。佛雖將至十方。觀淸淨國。迊[1]功德力薄。不能得見上妙淸淨國土。不如華積。旣言

---

11 화적세계華積世界 : 보화불普華佛이 묘덕妙德보살, 선주의善住意보살 등과 함께 머무는 세계. 항상 청정한 꽃이 있는 세계이다. 또 부처님께서 사바세계를 변화시킬 때 가장 뛰어난 국토인 화적세계와 같은 모습으로 바꾼다고 한다.
12 『大智度論』권10(T25, 134b).

功德力薄。當知非過第三²⁾劫也。

1) ㉭ 저본에 따르면 '刼'은 '劫'이고『大智度論』에 따르면 연자이다. 2) ㉭ '三'은 '二'인 것 같다.

경 그때 다음에 세자재왕世自在王 여래·응공·등정각·명행족·선서·세간해·무상사·조어장부·천인사·불세존이라는 부처님이 계셨다.

爾時。次有佛。名世自在王。如來應供等正覺明行足善逝世間解無上士調御丈夫天人師佛世尊。

기 경에서 "그때 다음에 세자재왕世自在王 여래……불세존이라는 부처님이 계셨다."라고 한 것에 대해 서술하여 말한다. 이것은 곧 그(법장비구)가 만난 부처님을 나타낸 것이다. "세자재왕"은 바로 개별적인 명호를 나타낸 것이다. 구역본에서는 누이긍라樓夷亘羅라고 하였는데[13] 이는 범어의 음역어이고 의역어는 세자재왕이라 한다. 저 경(『무량청정평등각경』)의 글에 준하면 "세요왕"이라고 한 것[14]은 법장이 세속에 있을 때 불렀던 이름이다. 그렇다면 여기에서 "세요왕"이라고 한 것은 곧 세자재왕불이다.

經爾時次有佛名世自在王佛¹⁾乃至佛世尊。述曰。此即正顯彰彼所值佛。也²⁾自在王。是標別名。舊本名樓夷亘羅。此存梵音。翻之名爲世自在王。淮³⁾彼經文。世饒王者。亦名寶⁴⁾藏在俗時名。然此中言世饒王者。卽是世自在王佛也。

1) ㉭『無量壽經』에 따르면 '佛'은 연자이거나 '如來'이다. 2) ㉭ '也'는 '世'인 것 같다.
3) ㉭『大經鈔』에 따르면 '淮'는 '準'이다. 4) ㉭『大經鈔』에 따르면 '寶'는 '法'이다.

13 『無量淸淨平等覺經』(T12, 280a).
14 『無量淸淨平等覺經』권1(T12, 280a).

경 그때 국왕이 있었는데 부처님의 설법을 듣고 즐거운 마음을 일으키고 바로 위없는 바르고 참된 도를 얻으려는 뜻을 일으켰다. 나라를 버리고 왕위를 물려주고 길을 떠나 사문이 되어 호를 법장法藏이라 하였다. 재능이 뛰어나고 용감하고 현명하여 세상에서 가장 뛰어났다. 세자재왕여래의 처소를 방문하여 머리를 숙여 부처님의 발에 가져다 대어 예배드리고 오른쪽으로 세 번 돌았다.

時有國王。聞佛說法。心懷悅豫。尋發無上正眞道意。棄國捐王。行作沙門。號曰法藏。高才勇哲。與世超異。詣世自在王如來所。稽首佛足。右遶三匝。

기 【중략】경에서 "국왕이 있었는데……오른쪽으로 세 번 돌았다."라고 한 것에 대해 서술하여 말한다.【중략】

문 여기에서 보리심을 일으킨 것은 어느 계위에서 이루어진 것인가? 또 아미타불은 예전에 무쟁념無諍念이라는 전륜성왕으로 태어났을 때 보장불寶藏佛의 처소에서 또한 정토의 서원을 일으켰다.[15] 이것[16]은 보장불

---

15 『悲華經』 권2(T3, 174c)에서 "선지대겁善持大劫에 무쟁념왕無諍念王(무량정왕無量淨王)이라는 전륜성왕이 천하를 다스렸고 보해寶海라는 대신에게 보장寶藏이라는 아들이 있었다. 장성하여 출가한 후 성불하였는데 그 명호를 보장불이라 하였다. 아미타불의 전신이었던 무쟁념왕은 보장불의 처소에 가서 미래세에 성불하여 아미타불이라는 명호를 얻을 것이라는 수기를 받았다."라고 하였다. 보장불과 세자재왕불은 동일하게 아미타불의 수기를 주었기 때문에 동일성 여부에 대한 문제가 제기되기도 하는데, 현일玄一은 『無量壽經記』(H2, 237c)에서 이러한 문제를 제기하고 양자가 동일 인물이 아니라는 근거를 제시하여 "해석한다. 저곳(『悲華經』)에서는 보장불이 세상에 계실 때 발심하고 발원하였다고 하였고 이곳(『無量壽經』)에서는 세자재왕불이 세상에 계실 때 또한 그렇게 하였다고 하였다. **문** 동일한 부처님을 또한 보장이라고도 하고 또한 세자재왕이라고도 하는 것인가, 다른 부처님인가? **답** 다른 부처님이다. 어떻게 그런 줄 아는가? 또한 다섯 가지 뜻으로 말미암기 때문이다. 첫째는 부처님의 명호가 다르기 때문이고, 둘째는 교화의 대상의 이름이 다르니 그때는 무량정(무쟁념)이고 이때는 법장이기 때문이며, 셋째는 교화의 대상의 재가와 출가가 다르니 그때는 재가의 상태였고 이때는 출가의 상태였기 때문이고, 넷째는 교화의 대상이 정토행淨土行을 사유한 시간이 다르

이전에 있던 일인가, 뒤에 있던 일인가?

> 乃至經有國王至右遶三匝。述曰。乃至。問。此發心。在何位耶。又彌陀佛。昔爲輪王。名無諍念。於寶藏佛所。亦發淨土願。此爲在於寶藏佛前後。

답 먼저 뒤의 질문에 답한다.

이때 보리심을 일으킨 것은 무쟁념 전륜성왕이었을 때보다 뒤의 일이다. 『비화경悲華經』에 준하면 무쟁념왕은 먼저 인도와 천도에 태어나 부귀와 즐거움의 과보를 누릴 것을 추구하였고 나중에 보해범지寶海梵志가 권유하고 이끌어서 보리를 얻으려는 마음을 일으키고 정토를 성취하려는 서원을 세웠다.[17] 그러므로 저 왕이 보리심을 일으킨 것이 (법장보다) 앞선 시기라는 것을 알 수 있다.

이 경의 뒤에서 설하기를 "법장비구는 그 부처님의 처소에서 이러한 큰 서원을 일으켰다. 이러한 서원을 세우고 한결같이 미묘한 국토를 장엄하는 것에 뜻을 두었다. 수행하여 얻으려는 부처님의 국토는 넓고 크며 닦아서 얻으려는 부처님의 국토는 뛰어나고 홀로 미묘하며 세워지면 항상 그대로 존재하여 쇠잔하지 않고 변화하지 않는 것이었다."[18]라고 하였고, 또 말하기를 "(법장비구는) 이와 같은 큰 서원이 진실하여 헛되지 않을 것이라 생각하고 세간을 넘어서 벗어나고 마음 깊이 적멸寂滅을 좋아하였다."[19]라고 하였다.

니 그때는 7년이고 이때는 5겁이기 때문이며, 다섯째는 남자와 여인의 구별이 있으니 관음觀音과 대세지大勢至가 그때는 전륜왕의 몸을 지었고 이때는 신하의 딸이 되었기 때문이다.(彼寶藏佛時。發心發願。……曾作輪王之身。此時作臣之女故。)"라고 하였다.

16 이것 : 지금 『無量壽經』에서 보리심을 일으키고 수기를 받는 것을 가리킨다.
17 『悲華經』 권2(T3, 174c).
18 『無量壽經』 권상(T12, 269c).
19 『無量壽經』 권상(T12, 269c).

만약 이때 보리심을 일으킨 것이 저 왕 이전의 일이라면, 다시 (왕으로 태어나) 세간의 즐거운 과보를 구하는 일은 없었어야 한다. 또한 먼저 보리심을 일으켰지만 나중에 잊어버린 것이라고 해서도 안 된다. 한 번 출세간의 증발심證發心[20]을 얻고 나면 비록 여러 차례 태어나더라도 잃어버리지 않기 때문이다.

答。先酬後問。此時發心。在無諍念輪王後。准[1]悲華經。無諍念王。先求人天富樂果報。後因寶海梵志勸導。乃發道心求淨土願。故知。彼王發心在前。此經後說。法藏比丘。於其佛所。發斯弘誓。建此願已。一向專志。莊嚴妙土。所修佛國。恢廓廣大。超勝獨妙。建立常然。無衰無變。又云。如是大願。誠諦不虛。超出世間。深樂寂滅。若此發心。在彼王前。不應更求世間樂果。又不應言先發後忘。一得出世證發心已。雖多生不失故。

1) ㉮ '淮'는 '准'인 것 같다.

앞의 질문에 답하면 다음과 같다.
법장비구가 이 부처님의 처소에서 보리심을 일으킨 것에 두 가지가 있다. 첫째는 아직 사십팔원을 일으키지 않았을 때 먼저 세간의 유루有漏인 발심發心을 일으킨 것이다. 둘째는 5겁 동안 사유한 이후[21]에 다시 출세간의 무루無漏인 발심을 일으킨 것이다. 경에서 설한 글의 모양에 준하면 뜻

[20] 증발심證發心 : 발심을 그 내용에 따라 몇 가지로 나눈 것 중 하나. 발심의 종류는 출처에 따라 다르다. 증발심은 법성을 증득하여 진심眞心을 일으키는 것이다. 의적의 해석을 따르면 "출세간의 무루인 발심"을 가리키고 또『起信論』에서 설한 세 가지 발심 중 하나인 증발심을 가리키는 것일 수도 있다.
[21] 『無量壽經』권상(T12, 267c)에서 "법장비구가 세자재왕불을 만나 보리심을 일으키고 그 부처님께서는 210억에 달하는 불국토의 모습을 모두 보여 주었다. 법장비구는 이를 보고 더욱 뛰어난 서원을 일으키고 5겁 동안 사유하면서 불국토를 청정하게 장엄하는 행을 받아들이고 취하였다. 그렇게 한 뒤에 법장비구는 세자재왕불의 처소에 가서 48가지 서원을 말하였다."라고 한 것을 참조할 것.

은 이와 같아야 한다. 예전의 법사도 또한 이와 같이 판별하였다.

答前問者。法藏比丘。於此佛所。發心有二。一者未起四十八願。先發世間有漏發心。二者五劫思惟以後。更發出世無漏發心。淮¹⁾經文相。義應如此。古師。亦作如是判也。

---
1) 영 '淮'는 '准'인 것 같다.

『기신론』에서 말하였다.

起信論云。

발심을 간략히 설하면 세 가지가 있다. 첫째는 신성취발심信成就發心이고, 둘째는 해행발심解行發心이며, 셋째는 증발심이다.

略說發心有三種。一者信成就發心。二者解行發心。三者證發心。

신성취발심이라는 것은 어떤 사람에 의거하고, 어떤 행을 닦아, 믿음을 성취하여 발심할 수 있는 것인가?
이른바 부정취不定聚 중생에 의거한다. (여래장 내부에 있는) 훈습의 힘과 (과거로부터 닦은) 선근善根의 힘이 있기 때문에, 업의 과보를 믿고 열 가지 선(十善)²²을 일으키며, 생사의 고통을 싫어하고 무상보리無上善

---
22 열 가지 선(十善) : 선도에 태어나는 원인이 되는 열 가지 업을 가리키는 말. 곧 불살생不殺生·불투도不偸盜·불사음不邪淫·불망어不妄語·불양설不兩舌·불악구不惡口·불기어不綺語·불탐不貪·부진不瞋·불사견不邪見 등을 가리킨다. 앞의 세 가지는 신업身業에 속하고, 다음의 네 가지는 구업口業에 속하며, 마지막 세 가지는 의업意業에 속하여 보통 신삼身三·구사口四·의삼意三이라 한다.

提를 구하고자 하며, 여러 부처님을 만나서 친히 받들어 공양하고 신심信心을 수행한다. 1만 겁을 지나서 신심이 성취된다. 모든 부처님과 보살이 가르쳐서 발심하게 하거나, 혹은 대비大悲에 의하여 스스로 발심하거나, 혹은 정법正法이 소멸하려고 하기 때문에 법을 보호하려는 인연으로 스스로 발심한다. 이와 같이 신심이 성취되어 발심한 사람은 정정취正定聚에 들어가 끝내 물러나지 않으니, 이를 여래의 종자에 머물러 정인正因과 상응한다고 한다.

信成就發心者。依何等[1])行。得信成就。堪能發心。所謂依不定聚衆生。有薰習善根力故。信業果報。能起十善。厭生死[2]) 欲求無上正等[3])菩提。値[4])諸佛。親承供養。修行信心。逕[5])一萬起[6])信心成就故。諸佛菩薩教令發心。或以大悲故。能自發心。或因正法[7])滅。以護法因緣。能因發心。如是信心成就得發心者。入正定聚。畢竟不退。名住如來種中正因相應。

1) ㉠『起信論』에 따르면 '等' 뒤에 '人修何等行'이 누락되었다. 2) ㉠『起信論』에 따르면 '死' 뒤에 '苦'가 누락되었다. 3) ㉠『起信論』에 따르면 '正等'은 연자이다. 4) ㉠『起信論』에 따르면 '値' 앞에 '得'이 누락되었다. 5) ㉠『起信論』에 따르면 '逕'는 '經'이다. 6) ㉠『起信論』에 따르면 '起'는 '劫'이다. 7) ㉠『起信論』에 따르면 '法' 뒤에 '欲'이 누락되었다.

만약 어떤 중생이 선근이 아주 적고 매우 오랜 옛날부터 번뇌는 매우 두터우면, 비록 부처님을 만나고 또한 공양하더라도, 인간과 하늘의 종자를 일으키거나 혹은 이승二乘의 종자를 일으킨다. 설령 대승을 구하는 사람이 있더라도, 근기가 결정되지 않았으니 어떤 때는 나아가고 어떤 때는 물러나며, 혹은 여러 부처님께 공양함이 있으면 아직 1만 겁을 지나지 않았어도 중도에 연緣을 만나 또한 발심하는 경우가 있다. 이른바 부처님의 색상色相을 보고 그 마음을 일으키고 혹은 여러 스님에게 공양함에 의하여 그 마음을 일으키며, 혹은 이승인의 가르침에 의하여 마음을 일으키고 혹은 다른 사람에게 배워 마음을 일으킨다. 이와 같은 발심은 모두 결정되지 않은 것이니 나쁜 인연을 만나면 혹은 물러나 이승의 지위에 떨어지기도 한다.

若有衆生。善根微少。久遠也¹⁾來。煩惱深厚。雖値於佛。亦得供養。起²⁾人天遠也³⁾來煩惱深厚。雖値於佛。亦得供養。然起人天種子。或起二乘種子。設有求大乘者。根則不定。若進若退。或有供養諸佛。未經一萬劫。於中遇緣。亦有發心。所謂見佛色相。而發其心。或因供養僧而發其心。或因二乘之人敎令發心。或學他發心。如是等發心。悉皆不定。遇惡因緣。或便退失墮二乘地。

1) ㉠『起信論』에 따르면 '也'는 '已'이다.   2) ㉠ 저본에 따르면 '起' 앞에 '然'이 누락되었다.   3) ㉠『起信論』에 따르면 '來煩惱深厚雖値於佛亦得供養起人天遠也'는 연자이다.

이 신성취발심은 간략히 말하면 세 가지가 있다.²³ 첫째는 직심直心이니 바로 진여법을 생각하기 때문이고, 둘째는 심심深心이니 일체의 모든 선행을 갖추어서 즐겨 행하기 때문이며, 셋째는 대비심이니 모든 중생의 고통을 제거하려고 하기 때문이다.²⁴

此信成就發心。略說有三。直¹⁾心正念眞如法故。二者深心樂集一切諸善行故。三者大悲²⁾拔一切衆生苦故。

1) ㉠『起信論』에 따르면 '直' 앞에 '一者'가 누락되었다.   2) ㉠『起信論』에 따르면 '悲' 뒤에 '心欲'이 누락되었다.

---

23 이 부분은『起信論』에서 "다음에 신성취발심이란 어떤 마음을 일으키는 것인가? 간략히 설하면 세 가지가 있다. 어떤 것이 세 가지인가?"라고 한 것을 취의요약한 것이다.
24 뒤에 생략된 글이 있는데 본서에서는 표기하지 않았다.

또 네 가지 방편을 닦는다.[25]

첫째는 행의 근본이 되는 방편(行根本方便)이다. 모든 법은 자성自性이 생겨남이 없음을 관찰하고 망견妄見을 여의어 생사에 머물지 않으며, 모든 법은 인과 연이 화합하여 일어나 업과業果를 잃지 않음을 관찰하고 대비를 일으켜 온갖 복덕을 닦아 중생을 섭수하고 교화하여 열반에 머물지 않는 것을 말하니, 법성法性이 머무는 것이 없음에 수순하기 때문이다.

둘째는 악을 그치게 하는 방편(能止方便)이다. (아직 짓지 않은 악은) 부끄러워하고 (이미 지은 악은) 허물을 참회하여 모든 악법을 그치고 증장하지 않게 하는 것을 말하니, 법성이 모든 허물을 여의는 것에 수순하기 때문이다.

셋째는 선근을 일으켜 증장시키는 방편(發起善根增長方便)이다. 삼보에 부지런히 공양하고 예배하고 모든 부처님을 찬탄하며 따라서 기뻐하고 모든 부처님께 권청勸請하며, 삼보를 애경愛敬하는 두터운 마음 때문에 믿음이 증장하여 무상의 도를 구하는 데 뜻을 두며, 또 불佛·법法·승僧의 힘에 의해 보호받기 때문에 업장業障을 녹이고 선근이 퇴전하지 않는 것을 말하니, 법성이 어리석음의 장애를 여의는 것에 수순하기 때문이다.

넷째는 평등하게 제도하려는 큰 서원의 방편(大願平等方便)이다. 미래세가 다하도록 모든 중생을 교화하고 제도하여 남겨진 이가 없이 모두 궁극적인 경지인 무여열반無餘涅槃[26]을 이루게 하려는 서원을 일으키는

---

25 이 부분은 『起信論』에서 "간략히 방편을 설하면 네 가지가 있으니 어떤 것이 네 가지인가?"라고 한 것을 취의요약한 것이다.
26 무여열반無餘涅槃 : 무여의열반無餘依涅槃이라고도 한다. 일체의 번뇌를 끊고 의지처인 신체마저 모두 소멸한 것을 일컫는 말이다. 상대어는 유여열반有餘涅槃으로 일체의 번뇌를 끊었으나 아직 신체를 유지하고 있는 상태에 있는 것을 말한다.

것을 말하니, 법성이 단절되지 않는 것에 수순하기 때문이다. 법성은 광대하여 모든 중생에 두루하니 평등하여 둘이 없고 이쪽과 저쪽을 생각하지 않으며, 끝내 적멸하기 때문이다.

又修四種方便。一行根[1]方便。謂觀一切法自性無生。離於妄見。不住生死。觀一切法因緣和合。業果不失。地[2]於大悲。修諸福德。攝化衆生。不住涅槃。以隨順法性無住故。二[3]止方便。謂愧慚[4]悔過。能[5]一切惡法。不令增長。以隨順法性。離諸過故。三發起善根增長方便。謂懃心[6]供養禮拜三寶。讚嘆隨喜。勸請諸佛。以愛敬三寶深[7]心故。住[8]得增長。乃能志求無上之道。又因佛法僧力所護故。能消業障。善根不退。以隨順法性。離痴障故。四大願平等方便。所謂發願盡於未來。化度一切衆生。使無有餘。皆令究竟無餘涅槃。以隨順法性。無斷施[9]故。法性廣大。遍一切衆生。平等無二。不念此[10]究竟寂滅故。

1) ㉻『起信論』에 따르면 '根' 뒤에 '本'이 누락되었다. 2) ㉻『起信論』에 따르면 '地'는 '起'이다. 3) ㉻『起信論』에 따르면 '二' 뒤에 '能'이 누락되었다. 4) 『起信論』에 따르면 '愧慚'은 '慚愧'이다. 5) ㉻『起信論』에 따르면 '能' 뒤에 '止'가 누락되었다. 6) ㉻『起信論』에 따르면 '懃心'은 '勤'이다. 7) ㉻『起信論』에 따르면 '深'은 '淳厚'이다. 8) 『起信論』에 따르면 '住'는 '信'이다. 9) ㉻『起信論』에 따르면 '施'는 '絶'이다. 10) ㉻『起信論』에 따르면 '此' 앞에 '彼'가 누락되었다.

보살은 이 마음을 일으키기 때문에 조금이나마 법신을 보고, 법신을 보기 때문에 그 서원의 힘에 따라서 여덟 가지 모습을 나타내어 중생을 이익 되게 한다. 이른바 도솔천兜率天으로부터 물러나고 모태母胎에 들어가며, 모태에 머물고 모태에서 나오며, 출가하고 불도를 이루며, 법륜을 굴리고 열반에 드는 것이다. 그러나 이 보살은 아직 법신이라 하지 않으니 그 과거의 한량없는 때로부터 지은 유루有漏의 업이 아직 끊어지지 않았고 그 태어나는 것에 따라서 미세한 고통과 상응하기 때문이다. (그러나) 또한 업에 의해 계박되지는 않으니 큰 서원에 의하여 자재한 힘을 가졌기 때문이다. 예컨대 수다라修多羅(Ⓢ sūtra, 경)에서 "혹은 악취惡趣에 물러나 떨어짐이 있다."[27]라고 한 것은 실제로 물러나는 것은 아니고, 다만 초학보살初學菩薩로서 아직 정위正位에 들어가지 못하였으나, 게으름을 피우는 이들을 두려워하게 하여, 그들로 하여금 용맹스럽게 정진하게 하기 위한 것이다. 또 이 보살은 한 번 보리심을 일으킨 후에는 겁약한 마음을 멀리 여의어 끝내 이승二乘의 지위에 떨어지는 것을 두려워하지 않는다. 만약 한량없고 끝없는 아승기겁 동안 행하기 어려운 행을 부지런히 행해야 열반을 얻는다는 말을 들어도 겁내어 좌절하지 않으니 일체법이 본래부터 스스로 열반임을 믿어 알기 때문이다.

菩提[1])發是心故。則得少分見出[2])法身。以見法身故。隨其願力。能現八相。[3]) 利益衆生。所謂提都[4])率天退。入胎。[5]) 出家。成佛。轉法輪。入於涅槃。然是菩薩。未名法身。以其過去無量世來有漏之業。未能決斷。隨其所生。與[6]) 苦相應。亦非業繫。以有大願內[7])在力故。如修多羅中。或說有退墮惡趣者。非其實退。但爲初學菩薩。未入正位。而懈怠者。恐怖[8])勇猛故。又是菩薩。一發心後。遠離怯弱。畢竟不畏墮二乘地。若聞無量無邊阿僧祇劫懃[9])苦難行。乃得涅槃。二[10])不怯弱。以信[11])一切[12])從本以[13])來自涅槃故。

---

27 원효가 『起信論疏』 권하(T44, 220b)에서 "'수다라' 이하는 세 번째로 권교를 회통한 것이다. 『菩薩瓔珞本業經』 권상(T24, 1014c)에서 '칠주七住 이전은 퇴분退分이므로 만약 선지식을 만나지 못한다면 1겁 내지 10겁에 보리심에서 물러나게 된다. 정목천자淨目天子와 법재왕자法才王子와 사리불舍利弗 등이 제7주에 들어가려고 하다가 그 사이에 악지식의 인연을 만났기 때문에 물러나 범부의 불선不善인 악에 들어간 것과 같다.'라고 하고 자세히 설한 것과 같다. 지금 이 뜻을 풀이하여 단지 권어權語(방편의 언어)일 뿐 실제로 퇴전함이 아니라고 한 것이다.(如脩多羅以下。第三會通權敎。如本業經云。七住以前爲退分。若不値善知識者。若一劫乃至十劫。退菩提心。如淨目天子。法才王子。舍利弗等。欲入第七住。其間値惡知識因緣故。退入凡夫不善惡中。乃至廣說。今釋此意。但是權語。非實退也。)"라고 한 것을 참조할 것.

1) ㉥『起信論』에 따르면 '提'는 '薩'이다. 2) ㉥『起信論』에 따르면 '出'은 '於'이다.
3) ㉥『起信論』에 따르면 '相'은 '種'이다. 4) ㉥『起信論』에 따르면 '提都'는 '從兜'이
다. 5) ㉥『起信論』에 따르면 '胎' 뒤에 '住胎出胎'가 누락되었다. 6) ㉥『起信論』에
따르면 '與' 뒤에 '微'가 누락되었다. 7) ㉥『起信論』에 따르면 '內'는 '自'이다. 8) ㉥
『起信論』에 따르면 '怖' 뒤에 '令彼'가 누락되었다. 9) ㉥『起信論』에 따르면 '勸'은
'勤'이다. 10) ㉥『起信論』에 따르면 '二'는 '亦'이다. 11) ㉥『起信論』에 따르면 '信'
뒤에 '知'가 누락되었다. 12) ㉥『起信論』에 따르면 '切' 뒤에 '法'이 누락되었다. 13)
㉥『起信論』에 따르면 '以'는 '已'이다.

해행발심이라는 것은 더욱 수승해지는 것임을 알아야 한다. 이 보살이 처음 바른 믿음을 일으킨 때부터 제1아승기겁을 막 채우려고 하는 때이기 때문에 진여법 가운데 깊은 이해가 앞에 나타나고 닦은 행이 상相을 여의기 때문이다. 법성의 체는 간탐慳貪(인색하고 욕심이 많음)이 없음을 알기 때문에 그에 수순하여 단바라밀檀波羅蜜(보시바라밀)을 수행하고, 【중략】 법성은 체가 명明이어서 무명無明을 여읜 줄 알기 때문에 그에 수순하여 반야바라밀般若波羅蜜을 수행한다.

解行發心者。當知轉勝。以是菩薩。提¹⁾初正信已來。於第²⁾阿僧祇劫。將欲滿故。於眞如法中。深解現前。所修雜³⁾相。以知法性體無惱⁴⁾貪故。隨順修行植⁵⁾波羅蜜。廣說乃至。以知法性體明離無明故。隨順修行般若波羅蜜。

1) ㉥『起信論』에 따르면 '提'는 '從'이다. 2) ㉥『起信論』에 따르면 '第' 뒤에 '一'이
누락되었다. 3) ㉥『起信論』에 따르면 '雜'은 '離'이다. 4) ㉥『起信論』에 따르면 '惱'
는 '慳'이다. 5) ㉥『起信論』에 따르면 '植'은 '檀'이다.

증발심이라는 것은 정심지淨心地(제1 환희지歡喜地)²⁸에서 보살구경지菩

---

28 정심지淨心地(제1 환희지歡喜地) : 보살 십지十地 중 초지. 처음으로 진여평등眞如平等의 성성聖性을 증득하고, 이공二空의 이치를 모두 증득하며, 자리이타自利利他의 행을 성취하여 마음에 환희가 생겨나기 때문에 환희지라고 한다.

薩究竟地(제10 법운지法雲地)²⁹까지이다. (이 지위에서) 어떤 경계를 증득하는가? 이른바 진여眞如이다. 전식轉識에 의하여 경계라고 말하지만 이 증득은 경계가 있지 않다.

오직 진여지眞如智만 있을 뿐이니 이를 법신法身이라 한다. 이 보살은 한 생각에 시방세계에 남김없이 이르러, 모든 부처님께 공양하여 법륜을 굴릴 것을 청할 수 있으니, 오직 중생을 깨치게 인도하여 이익 되게 하기 위한 것이지 문자에 의지하는 것은 아니다. 혹은 지위(계위)를 초월하여 빨리 정각을 이루는 것을 보이니 이는 겁약한 중생을 위해서이고, 혹은 나는 한량없는 아승기겁을 지나서 불도를 이룬다고 설하니 이는 게으르고 교만한 중생을 위해서이다. 이와 같은 무수한 방편으로 불가사의함을 보이지만, 진실로 보살은 종성種姓의 근根이 같고 발심이 같으며, 증득한 것도 또한 같고 (법성이 평등하여) 초과超過하는 법도 없으니, 일체 보살은 모두 3아승기겁을 거치기 때문이다. 단지 중생의 세계가 같지 않음에 따라, 보는 것과 듣는 것에 근根과 욕欲과 성性에 따라 차이가 있다. 그러므로 행하는 것을 보이는 것에도 차별이 있는 것이다.【중략】

또 이 보살은 공덕이 원만하게 이루어져서 색구경처色究竟處에서 모든 세간 중 가장 높고 큰 몸을 보인다. 이는 한 생각에 상응하는 지혜로써 무명이 단번에 없어지는 것을 일체종지一切種智라고 하는데 저절로 불가사의한 작용이 있어 시방에 나투어 중생을 이익 되게 하는 것을 말한다.³⁰

---

29 보살구경지菩薩究竟地(제10 법운지法雲地) : 보살 십지 중 최고의 지위인 제10지. 대법의 지혜라는 구름이 온갖 덕의 물을 품어 허공처럼 광대무변한 모든 번뇌를 덮고 법신을 충만하게 하는 지위이다.
30 『起信論』(T32, 580b).

證發心者。提[1]淨心地。乃至菩薩究竟地。說[2]何坎[3]界。所謂眞如。以依轉識。說爲坎[4]界。而此說[5]者。無有坎[6]界。唯有[7]眞如故。[8] 名爲法身。是菩薩。於一念頃。能至十方無餘世界。供養諸佛。請轉法輪。唯爲開[9]利益衆生。不依文字。或示超地。速成正覺。爲[10]怯弱衆生故。或說我於無量阿僧祇劫。當成佛道。以爲懈怠[11]衆生故。能示如是無數方便不可思議。而實菩薩種姓根等。發心則。[12] 所證二[13]等。無有超過之法。一[14]切菩薩。皆迳。[15] 悲華經說。觀世音菩薩發願言。乃至寶藏如來。卽授記云。無量壽佛。般涅槃已。第二恒河沙等阿僧祇劫後分。初夜分中。正法滅盡。後夜分中。土轉名一切珍寶所成就世界。所有種種莊嚴無量無邊。安樂世界所不及也。汝於後夜。坐金剛座。於一念中。成阿耨多羅三藐三菩提。號遍出一切光明功德山王如來。[16] 又云。問。若法藏比丘。爾時已發證發心者。何故。論云。法積比丘。功德力薄。不能得見上妙國土。是故。阿彌陀國。不如華積世界。答。國土勝劣。其義不定。後望上位故見。是故。不如華積世界。爾時。始登初地位故。又先爲說二百十億土。此時未登初地位。[17] 三僧祇劫故。但隨衆生。世界不同。所見所聞。根欲性異。故示所行。亦有差別。又是菩薩。已[18]德成滿。於色究竟處。亦[19]一切世間最高大身。謂以一念相應惠。[20] 無明頓盡。名一切種智。自然而有不思議業。能現十方。利益衆生。

---

1) ㉼『起信論』에 따르면 '提'는 '從'이다. 2) ㉼『起信論』에 따르면 '說'은 '證'이다. 3) ㉼『起信論』에 따르면 '坎'은 '境'이다. 4) ㉼『起信論』에 따르면 '坎'은 '境'이다. 5) ㉼『起信論』에 따르면 '說'은 '證'이다. 6) ㉼『起信論』에 따르면 '坎'은 '境'이다. 7) ㉼『起信論』에 따르면 '有'는 연자이다. 8) ㉼『起信論』에 따르면 '故'는 '智'이다. 9) ㉼『起信論』에 따르면 '開' 뒤에 '導'가 누락되었다. 10) ㉼『起信論』에 따르면 '爲' 앞에 '以'가 누락되었다. 11) ㉼『起信論』에 따르면 '怠'는 '慢'이다. 12) ㉼『起信論』에 따르면 '則' 뒤에 '等'이 누락되었다. 13) ㉼『起信論』에 따르면 '二'는 '亦'이다. 14) ㉼『起信論』에 따르면 '一' 앞에 '以'가 누락되었다. 15) ㉼『起信論』에 따르면 '迳'는 '經'이다. 16) '悲華經說……遍出一切光明功德山王如來'는 착간인 것 같다. 뒷부분에 동일한 문장이 나온다. 17) '又云問若法藏比丘……又先爲說二百十億土此時未登初地位'는 착간인 것 같다. 뒷부분에 동일한 문장이 나온다. 18) ㉼『起信論』에 따르면 '已'는 '功'이다. 19) 『起信論』에 따르면 '亦'은 '示'이다. 20) ㉼『起信論』에 따르면 '惠'는 '慧'이다.

이것은 세 가지 발심[31]을 간략히 설한 것이다. 지금 이치에 의거하면 보장불 때 발심한 것은 신성취발심이고 세요왕불의 처소에서 발심한 것은 뒤의 두 가지 발심(해행발심과 증발심)인데, (해행발심은) 5겁 동안 사유하기 이전의 발심이고, (증발심은) 5겁 동안 사유한 이후의 발심이다. 그러므로 뒤에서 게송으로 말하기를 "제가 세간을 넘어서는 서원을 세웠으니 반드시 위없는 도를 이루겠습니다. 이 소원이 원만하게 이루어지지 않는다면 맹세코 정각正覺을 이루지 않겠습니다."[32]라고 하였다.

是謂略說三種發心。今以理准。[1)] 寶藏佛時所發心者。是信發心。於世饒王佛所發。後二種發心。五劫思惟以前發心。五劫思惟以後發心。故後頌言。我建超世願。必至無上道。斯願不滿足。誓不成等[2)]覺。

1) ㉮ '淮'는 '准'인 것 같다. 2) ㉮『無量壽經』유포본에 따르면 '等'은 '正'이다.

【문】 법장비구가 그때 이미 증발심을 일으켰다면 무엇 때문에『대지도론』에서 "법적비구는 (부처님께서 비록 시방세계로 인도하여 청정한 국토를 관찰하게 했지만) 공덕의 힘이 적어서 최상의 미묘한 국토를 볼 수 없었으니 아미타불의 국토는 화적세계만 못하다."[33]라고 하였는가?

【답】 국토의 수승함과 하열함은 그 뜻이 일정하지 않다. 그것은 (법장비구가 성취한 것보다) 높은 계위에서 본 것과 대조하였기 때문에 '화적세계만 못하다.'라고 하였으니, (법장비구는) 그때 비로소 초지初地의 계위에 올랐기 때문이다. 또한 먼저 210억 불국토를 설하였는데[34] 이때는 아

---

31 원효는『起信論疏』권하(T44, 219b)에서 "신성취발심은 십신十信 · 십주十住이고 해행발심은 십행十行과 십회향十廻向이며 증발심은 초지에서 제10지까지이다."라고 하였다.
32 『無量壽經』권상(T12, 269b).
33 『大智度論』권10(T25, 134b).
34 『無量壽經』권상(T12, 267c)에서 "이에 세자재왕불은 바로 그를 위하여 210억의 모든 부처님의 찰토에 거주하는 하늘과 사람의 선악과 국토의 거친 것과 미묘한 것을 자세

직 초지의 계위에 오르지 않았기 때문이다.[35][36] 【『안양집』 권8 · 권5 · 권2, 『안양초』 권1 · 권7, 『대경초』 권2, 『동종요』 권1】

問。若法藏比丘。爾時已發證發心者。何故。論云。法積比丘。功德力薄。不能得見上妙國土。是故。阿彌陀國。不如華積世界。答。國土勝劣。其義不定。彼望上位所見。是故。不如華積世界。爾時。始登初地位故。又先爲說二百一十億土。此時未登初地位因故。【安養集八 · 五 · 二, 安養抄一 · 七, 大經鈔二, 東宗要一】

경

사람의 영웅이고 사자와 같은 분이시여!
신령스러운 덕이 한량없습니다.
공훈은 광대하고
지혜는 깊고 미묘합니다.
밝게 빛나는 위엄스러운 모습으로
대천세계를 흔드는 음성을 펼칩니다.

人雄師子。神德無量。
功勳廣大。智慧深妙。

하게 설하고 그가 마음속으로 소원한 것에 응하여 그 모습을 모두 나타내 주었다."라고 한 것을 말한다. 5겁 동안 사유하기 이전의 일이다.

35 법장비구가 세자재왕불에 의해 210억 불국토를 관찰하고 나서 5겁 동안 사유하였는데, 이 사유를 하기 전은 해행발심이어서 십행과 십회향의 지위이고 이 사유를 마치고 나서는 증발심이어서 십지의 지위이다. 그러므로 210억 불국토를 관찰할 때 법장비구의 지위는 십행과 십회향이었다는 말이다.

36 기의 "보리심을 일으킨 연緣을 밝히는 가운데……초지의 계위에 오르지 않았기 때문이다."에 해당하는 부분을 『韓國佛教全書』에서는 한 단락으로 묶었는데 역자가 주석에 의거하여 경을 추가로 발췌하고 문단을 나누었다.

光明威相。震動大千。

기 선을 쌓는 힘을 "공"이라 하고, 악을 파괴하는 작용을 "훈"이라 한다.【『대경초』 권2】

積善之力。名之爲功。破惡之用。稱以爲勳。【大經鈔二】

경
원하옵건대 제가 부처가 되어
성스러운 법왕法王과 같아지고
생사의 세계를 헤매는 중생을 건네주어
해탈하지 않은 이 없게 하소서.

願我作佛。齊聖法王。
過度生死。靡不解脫。

보시하여 아까워하는 마음을 조절하고
계를 수지하고 인욕忍辱을 행하고 정진하며
이와 같은 삼매와 지혜를 으뜸으로 삼겠습니다.

布施調意。戒忍精進。
如是三昧。智慧爲上。

저는 부처가 되어
이 서원을 두루 행할 것을 맹세합니다.
두려움에 떠는 모든 중생이

지대한 안락함을 얻게 하겠습니다.

吾誓得佛。普行此願。
一切恐懼。爲作大安。

가령 백천억만에 달하는
부처님이 계시고
한량없는 위대한 성인이
갠지스강의 모래알처럼 많아서
이러한 모든 부처님께
모든 것을 공양한다고 해도
불도를 얻기 위하여
견고하고 바르게 행하며 물러나지 않는 것만 못합니다.

假使有佛。百千億萬。
無量大聖。數如恒沙。
供養一切。斯等諸佛。
不如求道。堅正不却。

비유컨대 갠지스강의 모래알처럼 많은
모든 부처님의 세계에
다시 헤아릴 수 없고
셀 수 없는 국토에
광명을 쏘아 모두 비추어
이러한 모든 국토에 두루 퍼집니다.
이와 같이 정진하시니

위대한 힘을 헤아리기 어렵습니다.

譬如恒沙。諸佛世界。
復不可計。無數刹土。
光明悉照。遍此諸國。
如是精進。威神難量。

제가 부처가 되면
가장 뛰어난 국토를 이룰 것이니
중생은 기묘하고
도량은 더할 나위 없이 빼어나며
니원泥洹[37]처럼 즐거운 나라가 되어
견줄 만한 것이 없을 것입니다.
저는 불쌍히 여기는 마음으로
일체중생을 제도하고 해탈하게 할 것입니다.
시방세계에서 왕생한 중생들
마음이 기쁘고 청정할 것이니,
저의 국토에 도달하면
즐겁고 평안할 것입니다.

令我作佛。國土第一。
其衆奇妙。道場超絶。
國如泥洹。而無等雙。

---

37 니원泥洹 : ⑤ nirvāṇa의 음역어. 열반涅槃이라고도 음역하고 멸도滅度 · 적멸寂滅 · 원적圓寂 등으로 의역한다. 번뇌의 불꽃을 모두 태워 없애고 깨달음을 완성한 경지를 가리키는 말이다.

我當哀愍。度脫一切。

十方來生。心悅淸淨。

已到我國。快樂安穩。

기 정토를 구하는 것 가운데, (앞의) 두 게송[38]은 나머지 다른 부처님의 국토를 제시하고 (다음의) 세 게송은 자신의 국토가 뛰어날 것을 서원하였다.

불신을 구하는 것[39]에서는 나머지 다른 부처님과 동등해질 것을 서원하고, 국토를 구하는 것에서는 나머지 다른 국토보다 뛰어날 것을 서원한 것은 불신에서는 진실한 덕(實德)에 의거했기 때문이고, 나머지 다른 국토와 동등할 것을 구하는 것에서는 교화의 대상의 근기에 의거했기 때문에 나머지 다른 국토보다 뛰어날 것을 구한 것이다. 이것은 서로 의지하는 뜻이 있으니 이치를 나타내면 (두 가지는) 동등하다.【『안양집』 권5·『안양초』 권1】

求淨土中。二頌擧多佛國。三頌願自土勝。求身中願齊餘佛。求土中願勝餘土者。身中約實德故。求齊餘土中。據化宜故。求勝餘土。此綺牙。[1] 願[2] 理則齊也。【安養集五·安養抄一】

1) ㉠『安養抄』에 따르면 '綺牙'는 '倚互義'이다. 2) ㉠『安養抄』에 따르면 '願'은 '顯'이다.

경 부처님께서 아난에게 말씀하셨다.

"법장비구가 이 게송을 설하고 나서 부처님께 말씀드렸다.

'그렇습니다, 세존이시여. 저는 무상정각을 얻으려는 마음을 일으켰습니

---

38 "비유컨대……헤아리기 어렵습니다."라고 한 부분을 가리킨다.
39 "원하옵건대 제가 부처가 되어……."를 가리킨다.

다. 원하옵건대 부처님께서 저를 위하여 경법을 자세히 설해 주십시오. 저는 수행하여 부처님의 국토의 청정하게 장엄한 한량없는 미묘한 국토를 받아들이고 취할 것입니다. 저로 하여금 세상에서 빨리 정각을 이루고 모든 생사와 고통의 뿌리를 뽑아 없애게 해 주십시오.'"

부처님께서 아난에게 말씀하셨다.

"그때 세자재왕불께서 법장비구에게 말씀하셨다.

'네가 수행해야 할 것이나 장엄해야 할 부처님의 국토는 네가 스스로 알게 될 것이다.'

법장비구가 부처님께 말씀드렸다.

'이 뜻은 크고 깊어서 제가 알 수 있는 경계가 아닙니다. 원하옵건대 세존이시여, 모든 부처님·여래의 정토를 얻기 위한 행을 자세하게 설해 주십시오. 저는 이 말씀을 듣고 말씀하신 대로 수행하여 서원한 것을 원만하게 이루겠습니다.'

그때 세자재왕불이 그가 고상하고 현명하며 서원을 세운 뜻이 깊고 넓은 것을 알고 바로 법장비구를 위해 경을 설하여 말씀하셨다.

'비유컨대 큰 바다를 어떤 사람이 되(升)로 덜어 내기를 무수한 겁이 지나도록 하면 밑바닥에 이르러 그 미묘한 보배를 얻을 수 있는 것처럼, 어떤 사람이 지극한 마음으로 부지런히 도를 구하기를 그치지 않으면 반드시 과果를 얻을 것이니, 어떤 서원인들 성취하지 못하겠는가.'"

佛告阿難。法藏比丘。說此頌已。而白佛言。唯然世尊。我發無上正覺之心。願佛爲我。廣宣經法。我當修行。攝取佛國淸淨莊嚴無量妙土。令我於世。速成正覺。拔諸生死勤苦之本。佛語阿難。時世饒王佛。告法藏比丘。汝所修行莊嚴佛土。汝自當知。比丘白佛。斯義弘深。非我境界。唯願世尊。廣爲敷演。諸佛如來淨土之行。我聞此已。當如說修行。成滿所願。爾時世自在王佛。知其高明。志願深廣。卽爲法藏比丘。而說經言。譬如大海。一人

升量。經歷劫數。尚可窮底。得其妙寶。人有至心。精進求道不止。會當剋
果。何願不得。

기 비유에 의해 설하였는데 뜻은 다음과 같다. 생사의 바다에 묘각妙
覺의 보배가 있다. 어떤 사람이 보리심을 일으키고 뜻을 내어 서원한 것
을 그릇으로 삼아 그 근원을 다하고자 한다면, 비록 번뇌가 깊고 넓으며
겁의 수가 길고 멀지라도 지극한 마음으로 정진하면서 도를 구하고 도중
에 그치지 않으면 그 뜻한 바의 서원을 모두 성취할 수 있으니, 어떤 서원
인들 이루지 못하겠는가.【『대경초』 권2】

喩說意者。生死海中。妙覺寶在。有人發心。志願爲器。欲盡其原。雖煩惱
深廣。劫數長遠。若能至心。精進求道。中不止息。其所志願。皆應得遂。有
何願事。而不能得。【大經鈔二】

경 이에 세자재왕불은 바로 그를 위하여 210억의 모든 부처님의 찰토에
거주하는 하늘과 사람의 선악과 국토의 거친 것과 미묘한 것을 자세하게 설
하고 그가 마음속으로 소원한 것에 응하여 그 모습을 모두 나타내 주었다.

於是。世自在王佛。即爲廣說二百一十億諸佛刹土。天人之善惡。國土之麤
妙。應其心願。悉現與之。

기 "210억의 모든 부처님의 찰토"라는 것은 그 근기에 응하여 모든
국토를 자세하게 설한 것이다. 이것은 바로 수용토受用土[40]와 변화토變化

---

40 수용토受用土 : 수용신이 의지하여 머무는 국토. 두 가지가 있다. 첫째는 자수용토自
受用土이다. 자수용신自受用身이 의지하여 머무는 정토를 가리킨다. 부처님께서 3무
수겁 동안 수행한 것에 의해 얻는 것이니 부처님의 대원경지大圓鏡智에 상응하는 정

土[41]와 정토와 예토를 통틀어서 설한 것이다. 예토에 하늘과 사람의 구별이 있고 정토에 거친 것과 미묘한 것의 차이가 있다. 거친 것은 곧 변화토이고 미묘한 것은 곧 수용토이다.【중략】 이때 법장은 비록 아직 초지에 오르지 못했지만 부처님의 힘에 의해 또한 잠시 볼 수 있었다.【중략】 그러나 이 눈은 자신의 힘에 의해 얻은 것이 아니고 부처님의 가피의 힘에 의한 것이었다.【『대경초』 권2】

二百一十億諸佛刹土者。應其器量。廣說諸刹。此卽通說受用變化及淨穢土。以穢土中。有天人別。淨土之中。有麤妙異。麤卽變化。妙卽受用。【中略】此時法藏。雖未登初地。然由佛力。亦得暫見。【中略】然此眼。非自力得。由佛加力。【大經鈔二】

경 그때 그 비구는 부처님께서 설한 것을 듣고 청정하게 장엄한 국토를 모두 보고 나서 더욱더 위없는 수승한 서원을 일으켰다.

時彼比丘。聞佛所說。嚴淨國土。皆悉覩見。超發無上殊勝之願。

기 "더욱더 위없는 수승한 서원을 일으켰다."라는 것은 바로 서원을 일으킨 것이다. 이때 이미 해행발심을 마쳤으니 세간에 다시 그보다 뛰어난 것이 없었다. 이로 인해 바로 증발심위에 들어갈 수 있었다. 그러므로

식淨識을 체로 삼는다. 둘째는 타수용토他受用土이다. 타수용신他受用身이 의지하여 머무는 정토를 가리킨다. 부처님께서 큰 자비의 힘으로 십지보살에게 응하여 적절한 양태의 정토와 불신佛身으로 변화하여 나타냄으로써 법락法樂을 향유할 수 있도록 하는 것이다. 타수용토는 이것을 증상연으로 하여 여러 보살이 식에 나타난 상을 감토하여 상相이 생겨나는 것이니, 곧 여러 보살의 식을 체로 삼는다.

41 변화토變化土 : 변화신變化身이 의지하여 머무는 정토. 지전地前의 보살, 이승, 범부 등을 교화하기 위해 변화하여 나타낸 정토이다.

"더욱더 위없는 수승한 서원을 일으켰다."라고 하였다.【『대경초』권2】

超發無上殊勝之願者。正發願也。此時旣在解[1]發心終。於世間中。更無有上。因此。便能得入證位。故云超發無上殊勝願。【大經鈔二】

1) ㉠ '解' 뒤에 '行'이 누락된 것 같다.

경 5겁 동안 사유하면서 불국토를 장엄하는 청정한 행을 받아들이고 취하였다.
아난이 부처님께 말씀드렸다.
"그 불국토는 수명이 얼마나 됩니까?"
부처님께서 말씀하셨다.
"그 부처님의 수명은 42겁이다. 그때 법장비구는 210억의 모든 부처님의 미묘한 국토를 장엄하는 청정한 행을 받아들이고 취하였다. 이와 같이 닦고 나서 그 부처님의 처소를 방문하여 머리를 숙여 발에 예배드리고 부처님의 주위를 세 번 돌고 합장하고 멈추어서 부처님께 말씀드렸다. '세존이시여, 저는 이미 불국토를 장엄하기 위한 청정한 행을 받아들이고 취하였습니다.'"

具足五劫思惟。攝取莊嚴佛國淸淨之行。阿難白佛。彼佛國土。壽量幾何。佛言。其佛壽命。四十二劫。時法藏比丘。攝取二百一十億諸佛妙土淸淨之行。如是修已。詣彼佛所。稽首禮足。遶佛三匝。合掌而住。白佛言。世尊。我已攝取莊嚴佛土淸淨之行。

기 경에서 "5겁 동안 사유하면서 (불국토를 장엄하는 청정한 행을) 받아들이고 취하였다.……그 부처님의 수명은 42겁이다."라고 한 것에 대해 서술하여 말한다. 이것은 바로 그 서원을 성취할 것을 사유한 것이다.
경에서 "그때 법장비구는……저는 이미 불국토를 장엄하기 위한 청정한 행을 받아들이고 취하였습니다."라고 한 것에 대해 서술하여 말한다. 이 이하는 네 번째로 사유한 대로 부처님을 대면하여 서원을 말한 것이다.【『대경초』 권2】

經具足五劫思惟攝取至其佛壽命四十二劫。述曰。此卽思惟成就其願。又云¹⁾經。時法藏比丘至我已攝取莊嚴佛土淸淨之行。述曰。此下。第四如所思惟。對佛宣願【大經鈔二】

1) ㉠ 편찬 체재의 일관성을 고려할 때 '又云'은 삭제해야 한다. 이것은 앞에 의적의 글을 싣고 이어서 또 의적의 글을 인용하였음을 나타낸 것이기 때문이다.

[기] 무릇 부처님께서 세상에 출현하는 것은 수명이 위로는 8만 세를 넘지 않고 아래로는 100세보다 덜하지 않은 때인데 (법장비구는) 어떻게 5겁 동안 사유할 수 있었던 것일까? 이러한 의문을 해결하기 위해서 다음에 (아난이) 질문하고 (부처님께서) 답하였다.

부처님께서 세간에 출현하는 것은 수명이 오직 8만 세일 때라는 것은 바로 가다연니자迦多衍尼子⁴²가 설하였으니,⁴³ 석자釋子(불제자)에게 통용되는 도리는 아니다. 그러므로 대승에서는 8만 세에 한정하지 않았다. 이로 말미암아 저 부처님의 수명을 42겁이라고 하였다.

[문] 정토라면 그럴 수 있지만 예토는 어찌 그러한 것인가, 예토에서 주겁住劫에 수명이 증가하고 감소하는 것은 단계별로 결정되어 있는데⁴⁴ 어찌 42겁에 이를 수 있는 것인가?

---

42 가다연니자迦多衍尼子 : ⓢ Kātyāyanī-putra. 줄여서 가연迦延 · 가전연迦旃延이라고도 한다. 유부有部의 창시자로 생몰 연대는 정확하지 않다. B.C. 50~A.D. 10년 설, B.C. 150~50년 설 등이 있다. 저술로 『發智論』이 있다.
43 유부의 논서인 『俱舍論』 권12(T29, 64a)에서 부처님께서는 수명이 8만 세에서부터 100세로 감소하는 사이에 출현하신다고 하였다.
44 주 45에서 『俱舍論』의 설을 인용한 것을 참조할 것.

답 "주겁은 20중겁이다."⁴⁵ 등이라고 한 것은 일반적인 도리에 의거한 것이니 부처님이 계시지 않을 때의 설이다. 부처님께서 세상에 출현하는 것에 의거하면 부처님의 본원本願⁴⁶에 각각 차별이 있기 때문에 세상에 머무는 기간도 길고 짧음이 있어서 또한 그에 대해 설한 것도 같지 않다. 예컨대 누지불樓至佛⁴⁷은 현겁의 절반에 해당하는 기간 동안 머물고 그 나머지 부처님도 길고 짧음이 일정하지 않다.⁴⁸【『대경초』 권2】

凡出世佛。上¹⁾不減百歲。云何得經五劫思惟。爲決此疑。故次問答。所言佛出唯八萬時者。此是迦多衍尼所說。非是釋子通方之論故。大乘中不限八萬。由此故說其佛壽命四十二劫。淨土可爾。穢土云何。其穢土中。住劫

---

45 주겁住劫이란 우주가 생성되고 소멸되는 시기를 넷으로 분류한 것 중 하나이다. 『俱舍論』 권12(T29, 62c)에서 "괴겁壞劫은 지옥에 유정이 다시는 태어나지 않는 때부터 기세간器世間이 모두 소멸할 때까지의 기간이다. 성겁成劫은 바람이 불면서 지옥에 처음으로 유정이 태어나기까지의 기간이다. 주겁은 바람이 불면서 기세간을 조작하고 유정이 그곳에 머물게 되는 기간이다. 인간의 수명이 무량세無量歲에서부터 점차 감소하여 10세에 이르는데 이를 제1중겁이라고 한다. 다음에 10세에서부터 증가하여 8만 세에 이르고 8만 세에서 감소하여 10세에 이르면 이를 제2중겁이라고 한다. 이후 17번의 중겁도 동일한 형태로 이루어진다. 다음에 마지막으로 10세부터 증가하여 8만 세에 이르는데 이를 제20중겁이라고 한다. 공겁空劫은 증가하고 감소하는 일은 없어도 그 시간의 길이는 주겁과 같다."라고 하였다.
46 본원本願 : ⓢ pūrva-praṇidhāna. 인위因位에서 세운 서원. 갖추어서 본홍서원本弘誓願이라고 하고 본서本誓·숙원宿願 등이라고도 한다. 불보살이 과거세에 성불하기 이전에 중생을 제도하기 위해 일으킨 서원을 가리킨다. 인위에서 서원을 일으키고 현재 그 과를 얻기에 이르렀기 때문에 과위果位에 상대하는 뜻에서 본원이라고 한다. 또 '본'은 근본이라는 뜻도 있다. 보살의 마음은 광대하고 서원도 또한 한량없지만 오직 이 서원을 근본으로 삼기 때문에 본원이라고도 한다.
47 누지불樓至佛 : 현재현겁現在賢劫에 출현하는 천 분의 부처님 가운데 최후에 출현하는 부처님의 명호. '누지'는 ⓢ Rudita의 음역어이다.
48 『彌勒上生經宗要』(H1, 549b)에서 "『賢劫經』에서 '구류진불에서 999분의 부처님까지는 모두 앞의 반 겁에 출현하고 마지막 부처님인 누지불은 홀로 반 겁을 사용한다…….'고 하였다."라고 하였는데, 『賢劫經』(T14, 45c)에서 현겁에 출현하는 천 분의 부처님을 나열하기는 하였지만 세상에 머무는 기간과 관련된 내용은 나오지 않는다.

增減。位分決定。云何得至四十二劫。所言住劫二十等者。此據常途。無佛時說。若佛出世。由佛本願。各差別故。住世久近。亦說不同。如樓至佛。住賢劫半。其餘諸佛。久近不定【大經鈔二】

1) ㉮『大經鈔』에 따르면 '上' 뒤에 '不過八萬下'가 누락되었다.

경 (법장)비구가 부처님께 말씀드렸다.
"듣고 살펴 주십시오. 제가 서원한 것을 그대로 자세히 말씀드리겠습니다."

比丘白佛。唯垂聽察。如我所願。當具說之。

기 서원을 일으키는 것은 희구하는 것을 뜻으로 삼는다. 아직 얻지 못한 것을 마음으로 맹세하며 희구하기 때문이다.

서원의 체는 무엇인가? 택법擇法(법을 간택하는 것)을 자성으로 삼으니 열 가지 도度(바라밀)[49] 중 뒤의 다섯 가지 도度(바라밀)를 근본지根本智[50]와 후득지後得智[51]라고 설했기 때문이다.[52] 어떤 사람은 주장하기를 "욕구·승해勝解·믿음을 자성으로 삼는다."라고 하였으니 서원은 이 세 가지를 자성으로 삼기 때문이다.[53]『대경초』권3】

---

49 열 가지 도度(바라밀) : 제1 보시바라밀, 제2 지계바라밀, 제3 인욕바라밀, 제4 정진바라밀, 제5 선정바라밀, 제6 반야바라밀, 제7 방편선교바라밀, 제8 서원바라밀, 제9 역바라밀力波羅蜜, 제10 지혜바라밀이다.
50 근본지根本智 : 무분별지無分別智라고도 한다. 주관과 객관의 차별상을 여읜 진실한 지혜. 마음에 의존하지 않고, 마음 밖의 경계를 대상으로 삼지도 않으며, 마음과 경계를 하나로 알아 모두 진여에 합치하므로 경계와 지혜 사이에 차이가 없다.
51 후득지後得智 : 근본지에서 인발引發하는 지혜. 의타기성依他起性이 허깨비와 같은 것임을 통달하는 지혜로, 능분별能分別과 소분별所分別의 작용이 있다. 이와 달리 근본지는 능분별도 없고 소분별도 없다.
52 주 53에서『成唯識論』과『攝大乘論釋』을 인용한 것을 참조할 것.
53 이상 서원의 체와 관련된 논의는『成唯識論』권9(T31, 51b)에서 열 가지 바라밀의 자성을 논한 글과 내용과 문장이 일치한다. 본문에 대한 이해를 돕기 위해 전문을 번역

發願以希求爲義。於未所得中。要心希求故。又云。¹⁾ 願體是何。擇法爲性。
十度中後五度說。是根本後得智故。有義。以欲勝解及信爲性。願以此三爲
自性故。【大經鈔三】

1) ㉠ 편집 체재의 일관성을 고려할 때 '又云'은 삭제되어야 한다.

기 지금 여기에서 설한 것은 정토의 서원 가운데 일에 따라서 서원을 일으킨 것이다. 서원은 한량없지만 교화의 대상의 근기에 따라 48가지를 설하였다. 구역의 두 경본[54]은 오직 24가지를 설하였다.[55] 비록 동일한 책

하면 다음과 같다. "열 가지 바라밀의 자성은 다음과 같다. 보시바라밀은 탐욕이 없는 것과 그것에서 일어나는 세 가지 업(신업·구업·의업)을 자성으로 삼는다. 지계바라밀은 보살계를 수지하고 배울 때의 세 가지 업을 자성으로 삼는다. 인욕바라밀은 분노하지 않음·정진·심혜審慧(살펴서 판단함)와 그것에서 일어나는 세 가지 업을 자성으로 삼는다. 정진바라밀은 부지런함과 그것에서 일어나는 세 가지 업을 자성으로 삼는다. 선정바라밀은 다만 삼마지三摩地(삼매)를 자성으로 삼는다. 나머지 다섯 가지는 모두 택법을 자성으로 삼는다. 이것은 근본지와 후득지라고 설하기 때문이다. 어떤 사람은 이렇게 주장하였다. '제8 서원바라밀은 욕구·승해·믿음을 자성으로 삼으니 서원은 이 세 가지를 자성으로 삼기 때문이다.'" 바로 앞의 『成唯識論』의 글에서 '근본지와 후득지라고 설하기 때문이다.'라고 한 것은 『攝大乘論釋』 권7(T31, 425c)에서 "제6 반야바라밀은 근본지이고 제7 방편선교바라밀과 제8 서원바라밀과 제9 역바라밀과 제10 지혜바라밀은 후득지이다."라고 한 것을 가리킨다.

54 구역의 두 경본 : 백연본과 지겸본을 가리킨다. 백연본은 백연白延이 한역한 『無量壽經平等覺經』을 가리키는데 이 번역본은 전해지지 않는다. 그런데 현재 전해지는 지루가참支婁迦讖이 한역한 『無量清淨平等覺經』 4권(T12, No.365)의 내용이 여러 주석서에서 백연본이라고 하여 서술한 내용과 거의 일치한다. 이하 백연본을 참조할 필요가 있을 때에는 이것을 인용한다. 지겸본은 삼국시대 오나라의 지겸支謙이 한역한 『阿彌陀三耶三佛薩樓佛檀過度人道經』 2권(T12, No.362)을 가리키는데 이는 구마라집鳩摩羅什이 한역한 『阿彌陀經』(T12, No.366 : 『小阿彌陀經』이라고도 함)과 구별하기 위해 『大阿彌陀經』이라고 부르기도 한다.

55 이미 서술한 것처럼 현재 전해지는 강승개본은 전해지지 않는 축법호본과 거의 같고, 현재 전해지는 지루가참본(『無量清淨平等覺經』)은 전해지지 않는 백연본과 거의 같다. 이를 염두에 두고 강승개본의 48가지 서원과 나머지 두 구역본[백연본(=지루가참본)과 지겸본]의 24가지 서원을 경흥의 글을 통해 비교 검토하면 다음과 같다. 경흥은 『無量壽經連義述文贊』 권중(H2, 47a)에서 "백연본은 이 경(법호본)에서 (제18원을 빼) 앞의 24가지 서원을 선택하고, (법호본의 제23원과 제24원을 합쳐 제22원으로 삼아 모두

을 번역하였지만 전역자의 의도에 따라 지금 서원의 숫자가 갖추어진 것과 빠진 것이 있어 동일하지 않다. 24가지나 48가지나 낱낱이 모두 보리를 구하려는 서원과 다른 사람을 이롭게 하고 즐겁게 하려는 서원에 통한다.[56] 만약 상相에 따라서 구하면 차별이 없지 않으니 글을 살펴보면 알 수 있을 것이다.

어떤 사람은 이렇게 해석하였다. "이 서원은 서로 따르는 것에 의거하면 세 가지로 묶을 수 있다. 첫째는 정토를 섭수하려는 서원이고 둘째는 법신을 섭수하려는 서원이며 셋째는 중생을 섭수하려는 서원이다. 제12·제13·제17은 법신을 섭수하는 것이고, 제31·제32는 정토를 섭수하는 것이며, 나머지 43가지는 중생을 섭수하는 것이다."[57]

이것은 또한 대체로 나타난 상을 좇아서 설한 것이다. 자세하게 논하면 낱낱이 세 가지를 갖추고 있다. 예를 들어 첫 번째 서원에서 "만약 제가 부처가 되었을 때"라고 한 것은 법신을 섭수하는 것이고 "국토에"라고 한 것은 국토를 섭수하는 것이며 "지옥 등이 없게 할 것이다."라고 한 것은 중생을 섭수하는 것이다.

今此所說。淨土願中。隨事發願。願欲無量。隨所化宜。說四十八。舊兩本中。唯卄四。雖是同本。而傳譯意致。今願數具闕不同。二十四。四十八。

23원을 만든 후) 여기에 제23 보발원寶鉢願을 더하여 24가지 서원을 이루었다. 지겸도 또한 48가지 서원 중 25가지 서원을 초출하고, (법호본의 제23원과 제24원을 합해 제13원으로 삼고, 제5원·제6원·제7원을 합해 제22원으로 삼으며, 제2원은 생략하고), 여기에 다시 (제14) 보발원과 (제17) 그 부처님(아미타불)이 천안통天眼通·천이통天耳通·신경통神境通 등의 삼통三通을 갖출 것이라는 서원과 제18 지변원智辨願을 더하여 24가지 서원을 이루었기 때문이다."라고 하였다.

56 『成唯識論』권9(T31, 51b)에서 "원바라밀에 두 가지가 있다. 보리를 구하는 서원이고 다른 사람을 이롭게 하고 즐겁게 하려는 서원이다.(願有二種。謂求菩提願。利樂他願。)"라고 한 것을 참조할 것.

57 정영사 혜원이 『無量壽經義疏』권상(T37, 103b)에서 제시한 것이다.

一一。皆通等¹⁾菩提願利樂他願。若隨相求。非無差別。尋文可知。有釋。此願相從爲三。一攝淨土願。二攝法身願。三攝衆生願。謂第十二十三十七。是攝法身。第三十一第三十二。是攝淨土。餘四十三。是攝衆生。此亦多從顯相而說。若委細論。一一具三。如初願中。設我得佛。是攝法身。國言攝土。無地獄等。是攝衆生。

---

1) ㉭『成唯識論』에 따르면 '等'은 '求'이다.

정토를 섭수하려는 서원으로 말미암아 국토를 장엄하는 17가지 공덕을 얻고 법신을 섭수하려는 서원으로 말미암아 불신을 장엄하는 여덟 가지 공덕을 얻으며 중생을 섭수하려는 서원으로 말미암아 보살을 장엄하는 네 가지 공덕을 얻는다.[58]

48가지 서원을 원인으로 하여 29가지 공덕으로 장엄할 수 있는데, 혹은 여러 가지 서원이 합해져서 한 가지 공덕을 얻고 혹은 한 가지 서원으로 여러 가지 공덕을 얻으니, 원인과 결과가 감하여 일어남에 적고 많음이 일정하지 않다는 것을 알아야 한다. 그러므로 서원과 공덕은 그 수가 동일하지 않다. 상응하는 것에 따라 배속해야 한다.

由攝淨土願。得國土莊嚴十七功德。由攝法身願。得佛身莊嚴八種功德。由攝衆生願。得菩薩莊嚴四種功德。應知。四十八願爲因。得二十九功德莊嚴。或多願合。得一功德。或以一願。得多功德。因果感起。少多不定。是故。願德其數不等。隨所相應。應當配屬。

---

58 17가지 공덕~가지 공덕 : 상권 주 330을 참조할 것.

1 영국무악취원令國無惡趣願

경 만약 제가 부처가 되었을 때 그 국토에 지옥·아귀·축생이 있다면 정각正覺을 취하지 않겠습니다.

設我得佛。國有地獄餓鬼畜生者。不取正覺。

기 첫째는 영국무악취원(악취가 없는 국토를 이룰 것을 서원함)이다. 이치상 진실로 정토에는 다섯 가지 취(五趣)[59]가 모두 없다. 『무량수경』에서 "(정토에 왕생하면) 단박에 다섯 가지 악취(五惡趣)를 끊으니 악취가 저절로 닫힌다."[60]라고 하였고 『왕생론』에서 "(그 세계의 모습을 관찰하니) 삼계三界의 도道를 넘어선다."[61]라고 하였기 때문이다. 그러나 하늘과 사람의 두 가지 취趣는 다른 국토로 인하여 이름이 있는 것이다. 지옥 등의 세 가지 이름[62]은 체가 악한 것이어서 모두 끊어진다. (여기에서는) 한결같이 없는 것에 의거하기 때문에 오직 세 가지 이름만 말하였다.[63] 『무구칭경無垢稱經』(『유마경』)에서 "여덟 가지 재난(八難)[64]을 제거하는 법을 설하는 것이

---

[59] 다섯 가지 취(五趣) : 지옥·아귀·축생·인간·하늘의 다섯 세계. 보통 앞의 셋을 묶어서 세 가지 악취(三惡趣)라고 하지만, 본 경에서는 정토를 대상으로 할 때에는 사람과 하늘도 역시 악취이기 때문에 이를 합하여 다섯 가지 악취(五惡趣)라고 한다.
[60] 『無量壽經』 권하(T12, 274b).
[61] 『往生論』(T26, 230c).
[62] 세 가지 이름 : 세 가지 악취인 지옥·축생·아귀를 가리킨다.
[63] 경의 본문에서 "지옥·아귀·축생"의 세 가지만 말한 것을 가리킨다.
[64] 여덟 가지 재난(八難) : 성도聖道의 성취를 장애하는 여덟 가지 재난을 가리킨다. 첫째는 지옥地獄에 태어나는 것이고 둘째는 아귀餓鬼로 태어나는 것이며 셋째는 축생畜生으로 태어나는 것이고 넷째는 맹인·귀머거리·벙어리 등으로 태어나는 것이며(비록 부처님이 계시는 곳에 태어난다고 해도 감각기관이 온전하지 않아 부처님을 친견하거나 불법을 들을 수 없기 때문임), 다섯째는 세속적인 것에 대한 지혜가 밝고 총명한 것이며(오직 외도의 경전을 배울 뿐 출세간出世間의 정법正法인 불법은 믿지 않기 때문임), 여섯째는 부처님이 세상에 출현하기 이전이나 부처님께서 열반에 드신 이후의 세상에 태

보살의 정토이다. 보살이 성불할 때 국토에 세 가지 악취를 비롯한 여덟 가지 재난이 없어진다."[65]라고 하였다.

> 第一令國無惡趣願。理實淨土五趣俱無。經說。橫截五惡趣。惡趣自然閉。論云。勝過三界道故。然天人兩趣。因餘方而有名。地獄等三名。體惡而俱絶。依一向無故。唯說三言。[1] 無垢稱之。[2] 說除八難。是菩薩淨土。成[3]佛時。國土無[4]三。[5]
>
> 1) ㉯ '言'은 '名'인 것 같다. 2) ㉯ '之'는 '云'인 것 같다. 3) ㉯『維摩經』에 따르면 '成' 앞에 '菩薩'이 누락되었다. 4) ㉯『維摩經』에 따르면 '無' 뒤에 '有'가 누락되었다.
> 5) ㉯『維摩經』에 따르면 '三' 뒤에 '惡八難'이 누락되었다.

"정각을 취하지 않겠습니다."라는 것은 (정각을) 이루지 않을 것을 맹세하고 약속한 것이다.[66] 구역본에서는 모두 (정각을) 이룰 것을 맹세하고 약속한 것을 갖추고 있다. 그러므로 그곳에서 말하기를 "이 소원을 이루면 성불할 것이고 이 소원을 이루지 못하면 끝내 성불하지 않겠습니다."[67]라고 하였다.

어나서 부처님을 친견할 수 없는 것이며, 일곱째는 북구로주北俱盧洲에 태어나서 부처님을 친견할 수 없는 것이며, 여덟째는 무상천無想天에 태어나서 부처님을 친견할 수 없는 것이다.
65 『維摩經』권상(T14, 538b).
66 경흥이『無量壽經連義述文贊』권중(H2, 51a)에서 소원한 것이 이루어지지 않으면 정각을 성취하지 않을 것을 맹세한 부분을 반서反誓라고 명명하고, 정각을 이루기 위해 노력할 것을 맹세한 부분을 순서順誓라고 한 것을 참조하여 풀이하였다.
67 지겸의『阿彌陀三耶三佛薩樓佛檀過度人道經』권상(T12, 301a)에서 "첫 번째 서원은 다음과 같다. 제가 부처가 되었을 때 저의 국토에는 니리(지옥)·금수·벽려(아귀)와 날아다니고 꿈틀거리는 무리가 없을 것입니다. 이 서원을 이루면 성불할 것이고 이 서원을 이루지 못하면 끝내 성불하지 않겠습니다.(第一願。使某作佛時。令我國中。無有泥犁。禽獸。薜荔。蜎飛蠕動之類。得是願。乃作佛。不得是願。終不作佛。)"라고 한 것을 참조할 것. 지루가참(백연)의『無量淸淨平等覺經』권1(T12, 281a)도 역시 동일한 구조로 되어 있다. 이 두 글에서 전자는 순서順誓이고 후자는 반서反誓이다.

不取正覺者。無[1]誓及要。舊本具有順誓及要。故彼之[2] 得是願乃作佛。不得是願。終不作佛。

---
1) 옝 '無'는 '反'인 것 같다.   2) 옝 '之'는 '云'인 것 같다.

2 명종부불갱악취원命終復不更惡趣願

경 만약 제가 부처가 되었을 때 국토에 거주하는 사람과 하늘이 수명을 마친 후 다시 세 가지 악도에 떨어지는 일이 있다면 정각을 취하지 않겠습니다.

設我得佛。國中人天。壽終之後。復更三惡道者。不取正覺。

기 두 번째는 명종부불갱악취원(수명을 마친 후 다시 악취에 떨어지는 일이 없게 할 것을 서원함)이다. 그 국토에 태어나는 이가 만약 수명을 마치고 타방 세계에 태어난다고 해도 다시 세 가지 악취에 태어나지 않게 하는 것이다.

第二命終復不更惡趣願。生彼國者。設命終生他方。不復更生三惡趣也。

이 두 가지 서원으로 말미암아 (17가지 불국토와 관련된 공덕으로 장엄한 것 가운데 첫 번째인) 청정한 것의 공덕을 성취한다.

由此二願。得淸淨功德也。

3 신개금색원身皆金色願

경 만약 제가 부처가 되었을 때 국토에 거주하는 사람과 하늘이 모두 진금색眞金色을 얻지 못한다면 정각을 취하지 않겠습니다.

設我得佛。國中人天。不悉眞金色者。不取正覺。

[기] 세 번째는 신개금색원(모두 금색의 몸을 얻게 할 것을 서원함)이다.

第三身皆金色願。

[4] 영형무호추원令形無好醜願

[경] 만약 제가 부처가 되었을 때 국토에 거주하는 사람과 하늘이 형색形色이 동일하지 않고 아름다운 이와 못생긴 이가 있다면 정각을 취하지 않겠습니다.

設我得佛。國中人天。形色不同。有好醜者。不取正覺。

[기] 네 번째는 영형무호추원(형색이 동일하여 아름다운 이와 못생긴 이의 차이가 없게 할 것을 서원함)이다.

第四令形無好醜願。

(17가지 불국토와 관련된 공덕으로 장엄한 것 가운데 열여섯 번째인) 대의문의 공덕을 성취한 것 가운데 여인과 근根이 결여된 이가 없음을 성취하는 것이다.[68]

---

[68] 『往生論』(T26, 232a)에서 대의문공덕성취를 설명하면서, "여인과 근을 결여한 사람과 이승인二乘人이 없는 것"이라고 하였는데, 이 중 앞의 두 가지와 관련된 것이라고 말한 것이다.

得大義門功德中。無女人及根缺也。

5 영원식숙명원令遠識宿命願

경 만약 제가 부처가 되었을 때 국토에 거주하는 사람과 하늘이 숙명宿命을 알지 못하여 아래로 백천억 나유타那由他[69] 제겁諸劫에 달하는 일을 알지 못하게 된다면 정각을 취하지 않겠습니다.

設我得佛。國中人天。不識宿命。下至不知百千億那由他諸劫事者。不取正覺。

기 다섯 번째는 영원식숙명원(아주 먼 과거에 이르기까지 숙명을 알게 할 것을 서원함)이다. 『무량청정평등각경』의 (다섯 번째 서원에서) "자신이 지내 온 10억 겁 동안의 숙명을 스스로 유추할 수 있을 것입니다."[70]라고 하였는데 이는 대겁大劫에 의하여 설한 것이라고 해야 한다.

第五令遠識宿命願。淸淨覺經云。自推所從來十億劫宿命。應是就大劫說。

6 영천안철시원令天眼徹視願

경 만약 제가 부처가 되었을 때 국토에 거주하는 사람과 하늘이 천안天眼[71]을 얻지 못하여 아래로 백천억 나유타에 달하는 여러 부처님의 국토를

---

69 나유타那由他 : ⓢ nayuta의 음역어. 나유다那由多·나유타那由陀 등이라고도 한다. 인도에서 통용되던 수량의 명칭. 구체적인 수량은 일정한 설이 없고, 백만·천억 등으로 다양하게 제시된다.
70 『無量淸淨平等覺經』(T12, 281a).
71 천안天眼 : 눈을 그 능력에 따라 다섯 가지로 나눈 것 중 하나. 색계色界의 천인天人이 선정을 닦음으로써 얻은 눈. 곧 원근遠近·전후前後·내외內外·주야晝夜·상하上下를

보지 못하게 된다면 정각을 취하지 않겠습니다.

設我得佛。國中人天。不得天眼。下至不見百千億那由他諸佛國者。不取正覺。

기 여섯 번째는 영천안철시원(천안을 얻어 모든 것을 꿰뚫어 볼 수 있게 할 것을 서원함)이다.

第六令天眼徹視願。

7 영천이통청원令天耳洞聽願

경 만약 제가 부처가 되었을 때 국토에 거주하는 사람과 하늘이 천이天耳를 얻지 못하여 아래로 백천억 나유타에 달하는 여러 부처님께서 설한 것을 듣고 모두 수지하지 못하게 된다면 정각을 취하지 않겠습니다.

設我得佛。國中人天。不得天耳。下至聞百千億那由他諸佛所說。不悉受持者。不取正覺。

기 일곱 번째는 영천이통청원(천이를 얻어 모든 것을 꿰뚫어 들을 수 있게 할 것을 서원함)이다.

第七令天耳洞聽願。

막론하고 모두 볼 수 있는 눈을 가리킨다.

8 명감타심원明鑒他心願

경 만약 제가 부처가 되었을 때 국토에 거주하는 사람과 하늘이 다른 사람의 마음을 꿰뚫어 보는 지혜를 얻지 못하여 아래로 백천억 나유타에 달하는 여러 부처님의 국토에 거주하는 중생이 마음속으로 생각하는 것(心念)을 알지 못하게 된다면 정각을 취하지 않겠습니다.

設我得佛。國中人天。不得見他心智。下至不知百千億那由他諸佛國中衆生心念者。不取正覺。

기 여덟 번째는 명감타심원(다른 사람의 마음을 꿰뚫어 볼 수 있게 할 것을 서원함)이다.

第八明鑒他心願。

9 영신족신속원令神足迅速願

경 만약 제가 부처가 되었을 때 국토에 거주하는 사람과 하늘이 신족神足[72]을 얻지 못하여 한순간에 아래로 백천억 나유타에 달하는 여러 부처님의 국토를 넘어서 지나갈 수 없게 된다면 정각을 취하지 않겠습니다.

設我得佛。國中人天。不得神足。於一念頃。下至不能超過百千億那由他諸佛國者。不取正覺。

---

72 신족神足 : 인간의 능력을 넘어선 여섯 가지 자유롭고 장애가 없는 힘 중 하나. 신족통神足通·신통身通 등이라고도 한다. 자유자재하게 어떤 장애도 없이 마음대로 오고 가고 몸의 형태를 다양하게 변형시킬 수 있는 능력이다.

기 아홉 번째는 영신족신속원(신족을 얻어서 빠르게 갈 수 있게 할 것을 서원함)이다. 신통身通에 의거하여 설한 것이다.

第九令神足迅速願。就行[1]通說。
1) ㉮ '行'은 '身'인 것 같다.

10 영불기루염원令不起漏染願

경 만약 제가 부처가 되었을 때 국토에 거주하는 사람과 하늘이 상념想念을 일으켜 몸을 탐하고 계탁한다면 정각을 취하지 않겠습니다.

設我得佛。國中人天。若起想念。貪計身者。不取正覺。

기 열 번째는 영불기루염원(누염漏染을 일으키지 않게 할 것을 서원함)이다. 이것은 누염이 일어나지 않는 것이고 누진통漏盡通을 얻는 것은 아니다. 이것(누진통)은 반드시 수행을 통해 얻는 것이고 태어나면서부터 얻는 것과 통하지 않기 때문이다. 이전의 다섯 가지 신통[73]은 모두 태어나면서부터 얻는 것과 수행에 의해 얻는 것에 통한다. 여기에서 설한 것은 대체로 태어나면서부터 얻는 것이니 그 국토에 태어나기만 하면 모두 얻을 수 있는 것을 설하였기 때문이다.

第十令不起漏染願。此是漏染不起。非是漏盡通。此必從修而得。不通生所

---

[73] 다섯 가지 신통 : 다섯 번째 서원인 숙명통(과거세의 일을 모두 알 수 있는 능력)과 여섯 번째 서원인 천안통(일반인의 눈으로는 볼 수 없는 것을 보는 능력)과 일곱 번째 서원인 천이통(일반인의 귀로는 들을 수 없는 것을 듣는 능력)과 여덟 번째 서원인 견타심지통見他心智通(다른 사람의 마음을 분명하게 아는 능력)과 아홉 번째 서원인 신족통을 가리킨다.

得故。前五通者。皆通生得及修所得。此中所說。多是生得。說生彼國。皆
能得故。

11 영주정취원令住定聚願

경 만약 제가 부처가 되었을 때 국토에 거주하는 사람과 하늘이 정취定
聚(정정취正定聚)에 머물러 반드시 멸도滅度를 성취하지 못한다면 정각을 취하
지 않겠습니다.

設我得佛。國中人天。不住定聚。必至滅度者。不取正覺。

기 열한 번째는 영주정취원(정취定聚에 머물게 할 것을 서원함)이다. 『무량청
정평등각경』에서 "(나의 국토에 머무는) 사람들이 지止(정定)에 머물러 모
두 반니원般泥洹[74]하도록 하겠습니다."[75]라고 한 것과 그 뜻이 같다. 『비화
경』에서 "모두 아뇩보리阿耨菩提[76]에서 물러나지 않는다."[77]라고 하였는데
이 글은 특별히 대승의 정취를 설한 것이니, 그것을 인용하여 이것(『무량수
경』)도 또한 그러하다고 논할 수는 없다. 그 경(『비화경』)은 성문중聲聞衆이
있음을 설하지 않았고, 이 경(『무량수경』)은 성문중을 설했기 때문이다. 보
리심을 일으킬 때 차이가 있기 때문에 국토에도 순수한 것과 뒤섞인 것이

---

74 반니원般泥洹 : ⓢ parinirvāṇa의 음역어. 반열반般涅槃이라고도 한다. 열반에 드는 것,
또는 완전한 열반. '반般'은 pari의 음역어로 '완전하다'는 뜻이다. 그러므로 반열반은
'열반'의 의역어인 적寂에 원圓을 붙여 원적圓寂이라고 의역한다.
75 『無量淸淨平等覺經』(T12, 281b).
76 아뇩보리阿耨菩提 : ⓢ anuttara-samyak-saṃbodhi의 줄인 음역어. 갖추어서 아뇩다
라삼먁삼보리阿耨多羅三藐三菩提라고 한다. 최상의 완전한 깨달음이라는 뜻으로 부
처님께서 증득하신 깨달음을 지칭하는 말이다. 의역어는 무상정등정각無上正等正覺
이다.
77 『悲華經』 권3(T3, 183c).

있어서 일정할 수 없다. 『비화경』에서 "저의 세계에는 성문승과 벽지불승이 있지 않고, 모든 대중은 순수하게 보살들로서 (숫자가) 한량없고 끝이 없어서 모든 것을 아는 지혜(一切智)를 갖춘 이를 제외하고는 헤아릴 수 있는 이가 없게 할 것입니다."[78]라고 하였는데 이것은 순수한 정토에 의거하여 서원을 일으킨 것이다.

> 第十一令住定聚願。清淨覺經云。人民住止。盡般泥洹。其意同也。悲華經云。皆得不退於阿耨菩提。此文偏說大乘定聚。不可引彼。論此亦爾。彼經不說有聲聞衆。此經說聲聞衆故。發心時別。土有純雜。不可一。又云。[1] 悲華經云。今[2] 我世界。無有聲聞辟支佛乘。所有大衆。純諸菩薩。無量無邊。無能數者。除一切智。此依純土。而發願也。

1) ㉠ 편집 체재의 일관성을 고려할 때 '又云'은 삭제되어야 한다. 2) ㉠ 『悲華經』에 따르면 '今'은 '令'이다.

이상의 아홉 가지 서원은 또한 (17가지 불국토와 관련된 공덕으로 장엄한 것 중 열여섯 번째인) 대의문의 공덕의 원인이니, 이것으로 말미암아 기혐譏嫌을 여의기 때문이다. 또한 『비화경』에서 "원하옵건대 저의 세계에는 여인과 그러한 이름도 있지 않고 일체중생이 평등하고 동일하게 화생化生[79]하도록 하소서."[80]라고 하였다.

---

78 『悲華經』 권3(T3, 184b).
79 화생化生 : 본래 없었던 것이 홀연히 생겨나는 것. 극락에 왕생할 때 태생胎生과 화생의 두 가지 양상이 있다. 부처님의 지력智力을 믿는 사람은 구품九品의 행업行業에 따라 각각 연꽃 속에 태어나며 신상身相의 광명을 일시에 구족하므로 화생이라고 한다. 이와 달리 부처님의 타력他力을 의심하여 자력自力으로 염불念佛하는 사람은 변두리(邊地)의 궁전에 태어나거나 혹은 연꽃 속에 태어나지만 꽃이 피지 않은 상태로 지내며 500세 동안 삼보三寶를 보고 들을 수 없는 것을 태생이라고 한다. 이는 태생하는 사람이 모태 안에 갇혀서 해와 달을 볼 수 없는 것과 같기 때문에 붙여진 이름이다.
80 『悲華經』 권3(T3, 183c).

上來九願。亦是大義門功德因。由此能離譏嫌故。又悲華經云。願我世界。無有女人及其名字。一切衆生。等一化生。

12 득승광명원得勝光明願

경 만약 제가 부처가 되었을 때 광명이 한량이 있어 아래로 백천억 나유타에 달하는 여러 부처님의 국토를 비추지 않게 된다면 정각을 취하지 않겠습니다.

設我得佛。光明有能限量。下至不照百千億那由他諸佛國者。不取正覺。

기 열두 번째는 득승광명원(뛰어난 광명을 얻을 것을 서원함)이다. 『무량청정평등각경』에서는 (열세 번째 서원에서) "저의 광명이 해와 달과 여러 부처님의 광명보다 백억만 배나 뛰어나서 헤아릴 수 없는 천하의 그윽하고 어두운 곳을 비추어 모두 항상 두루 밝게 하고, 여러 하늘과 사람과 꿈틀거리며 기어 다니는 부류가 저의 광명을 보면 자애로운 마음으로 선을 지어 저의 국토에 태어나지 않는 이가 없게 할 것입니다."[81]라고 하였다. 보는 사람에 따라 크고 작음이 같지 않다. 이 서원은 (17가지 불국토와 관련된 공덕으로 장엄한 것 중 열 번째인) 광명의 공덕을 얻는 것이다.

第十二得勝光明願。淸淨覺經云。令我光明。勝於日月諸佛之明百億萬倍。照無數天下窈冥之處。皆常大明。諸天人民蠕動之類。見我光明。莫不慈心作善來生我國者。[1] 隨人所見。大小不等。[2] 此願能得光明功德。

---
1) ㉮『無量淸淨平等覺經』에 따르면 '者'는 연자이다. 2) '隨人所見大小不等'은 착

---
81 『無量淸淨平等覺經』(T12, 281b).

간인 것 같지만 일단 번역하였다.

13 득수구주원得壽久住願

경 만약 제가 부처가 되었을 때 저의 수명이 한량이 있어 아래로 천백억 나유타 겁에 이르게 된다면 정각을 취하지 않겠습니다.

設我得佛。壽命有能限量。下至百千億那由他劫者。不取正覺。

기 열세 번째는 득수구주원(장수하면서 오랫동안 머물 것을 서원함)이다. 이 서원은 (17가지 불국토와 관련된 공덕으로 장엄하는 것 중 열두 번째인) 주인의 공덕을 얻는 것이다. 『왕생론』에서 "법왕法王이 되어 잘 머물며 지키시네."[82]라고 한 것은 오랜 시간 동안 교화하기 때문이다.

第十三得壽久住願。此願得主功德。法王善住持者。長時化故。

14 섭다권속원攝多眷屬願

경 만약 제가 부처가 되었을 때 국토에 거주하는 성문聲聞을 그 숫자를 헤아릴 수 있어서, 삼천대천세계三千大千世界[83]에 이르기까지의 성문과 연각

---

82 『往生論』(T26, 231a).
83 삼천대천세계三千大千世界 : 부처님의 교화가 미치는 영역과 관련된 용어. 수미세계須彌世界를 1천 개 합친 것을 소천세계小千世界, 소천세계를 1천 개 합친 것을 중천세계中千世界, 중천세계를 1천 개 합친 것을 대천세계大千世界라고 한다. 여기에서 소천세계는 1천 개를 한 번 합쳐서 성립된 것이므로 일천세계一千世界라고도 하고, 중천세계는 1천 개를 두 번 합쳐서 성립된 것이므로 이천세계二千世界라고도 하며, 대천세계는 1천 개를 세 번 합쳐서 성립된 것이므로 삼천세계라고도 한다.

이 백천 겁 동안 모두 함께 헤아려서 그 숫자를 알 수 있게 된다면 정각을 취하지 않겠습니다.

> 設我得佛。國中聲聞。有能計量。乃至三千大千世界聲聞緣覺。於百千劫。悉共計挍。知其數者。不取正覺。

기 열네 번째는 섭다권속원(많은 권속을 섭수할 것을 서원함)이다.

> 第十四攝多眷屬願。

15 권속장수원眷屬長壽願

경 만약 제가 부처가 되었을 때 국토에 거주하는 사람과 하늘이 수명에 한량이 없게 하되 그 본원本願에 의해 수명의 길고 짧음을 자유자재하게 운용하는 경우는 제외할 것입니다. 만약 이와 같이 되지 않는다면 정각을 취하지 않겠습니다.

> 設我得佛。國中人天。壽命無能限量。除其本願脩短自在。若不爾者。不取正覺。

기 열다섯 번째는 권속장수원(권속이 장수하게 할 것을 서원함)이다. "그 본원에 의해 수명의 길고 짧음을 자유자재하게 운용하는 경우는 제외할 것인데"라는 것은 다른 사람을 교화하기 위해 이곳의 생을 버리고 다른 곳에 태어나는 것이다. 그 국토는 비록 분단생멸分段生滅[84]을 여의었지만 자

---

84 분단생멸分段生滅 : 분단생사分段生死와 같은 말. 계내界內(삼계의 안)에서 윤회하는

신이 세운 본원에 의거하여 중생을 이롭게 하기 위해서 자유자재하게 생멸하는 것이다.

> 第十五眷屬長壽願。除其本願修短自在者。謂爲化他。捨此生彼。彼土雖離分段生滅。依已[1]本願。爲利生故。自在滅。[2]
>
> 1) ㉠ '已'는 '己'인 것 같다. 2) ㉠ 저본에 따르면 '滅' 앞에 '生'이 누락되었다.

『석정토군의론釋淨土群疑論』에서 "수명이 지극히 길다.【중략】 비록 범부가 될지라도 도리어 변역생사變易生死[85]에 들어가 끝내 성불하여 죽음의 고통이 없다. 그 목숨을 버리고 예토에 태어나서 고통 받는 중생을 구원할 것을 서원했으니 비록 죽더라도 그것으로 인한 고통은 없다. 즐거운 마음으로 보신報身을 버릴 것을 서원하여 자비를 닦았기 때문이다."[86]라고 한 것과 같다.

> 如群疑論云。命極長遠。【乃至】縱令凡夫。還入變易。究竟成佛。無死苦。捨彼命。願生穢土。救苦衆生。雖死非苦也。以攝[1]樂。願捨報。修慈悲故。
>
> 1) ㉠『釋淨土群疑論』에 따르면 '攝'은 '心忻'이다.

16 권속무불선원眷屬無不善願

경 만약 제가 부처가 되었을 때 국토에 거주하는 사람과 하늘이 착하지

범부의 생사를 가리키는 말로, 자신이 지은 업인業因에 따라 몸집의 크고 작음, 수명의 길고 짧음 등에 있어서 한정이 있는 형태의 신체로 생사하는 것을 말한다.
85 변역생사變易生死: 아라한·벽지불·대력보살大力菩薩 등과 같은 성자가 삼계三界를 생사윤회하는 몸인 분단생사하는 몸을 벗어나서, 삼계 밖에서 미묘한 작용이 헤아리기 어려운 몸을 받아 이러한 신체로 생사하는 것을 말한다.
86 『釋淨土群疑論』 권6(T47, 64c).

않은 이름을 듣게 된다면 정각을 취하지 않겠습니다.

設我得佛。國中人天。乃至聞有不善名者。不取正覺。

기 열여섯 번째는 권속무불선원(권속이 착하지 않음이 없게 할 것을 서원함)이다. 『무량청정평등각경』(열여섯 번째 서원)에서 "(나라 안의) 사람들이 모두 악한 마음을 가진 이가 없게 할 것입니다."[87]라고 하였다.

第十六眷屬不[1]善願。淸淨覺經云。人民皆使。莫有惡心。

1) ㉠ 제16원의 내용과 서원의 명칭을 시설하는 데 있어서의 일관성을 고려할 때, '不' 앞에 '無'가 들어가야 한다.

이 세 가지 서원(제14원·제15원·제16원)은 (17가지 불국토와 관련된 공덕으로 장엄한 것 중 열세 번째인) 권속의 공덕을 얻는 것이다.

此三願。得眷屬功德。

17 제불동찬명자원諸佛同讚名字願

경 만약 제가 부처가 되었을 때 시방세계의 한량없는 여러 부처님께서 모두 저의 명호를 찬탄하여 일컫지 않는다면 정각을 취하지 않겠습니다.

設我得佛。十方世界無量諸佛。不悉諮嗟稱我名者。不取正覺。

---

87 『無量淸淨平等覺經』 권1(T12, 281b).

기 열일곱 번째는 제불동찬명자원(모든 부처님께서 나의 이름을 찬탄하게 할 것을 서원함)이다. 이 서원은 (17가지 불국토와 관련된 공덕으로 장엄한 것 중 열한 번째인) 미묘한 음성의 공덕을 얻는 것이다.

第十七諸佛同讚名字願。此願。得妙聲功德。

18 섭취지심욕생원攝取至心欲生願

경 만약 제가 부처가 되었을 때 시방세계의 중생이 지극한 마음으로 믿고 좋아하면서 저의 국토에 태어나고자 하여 열 번에 이르기까지 칭념稱念하였는데도 저의 국토에 태어나지 못하는 중생이 있다면 정각을 취하지 않겠습니다. 오직 다섯 가지 역죄(五逆罪)[88]를 짓고 정법을 비방한 이는 제외할 것입니다.

設我得佛。十方衆生。至心信樂。欲生我國。乃至十念。若不生者。不取正覺。唯除五逆誹謗正法。

기 열여덟 번째는 섭취지심욕생원(지극한 마음으로 왕생하고자 하는 중생을 섭수할 것을 서원함)이다. 『관무량수경』에서 하품하생을 설하는 가운데 "어떤 중생은 불선업을 지으니 다섯 가지 역죄와 열 가지 악(十惡)[89]을 지으면서

---

[88] 다섯 가지 역죄(五逆罪) : 이치를 지극히 거스르는 다섯 가지 죄. 오중죄五重罪라고도 한다. 소승에서는 어머니를 죽이는 것, 아버지를 죽이는 것, 아라한을 죽이는 것, 화합된 승가를 무너뜨리는 것, 악심惡心으로 부처님의 몸에서 피가 나게 하는 것을 가리키고, 대승에서는 삼보의 물건을 훼손하는 것, 성문·연각·대승법을 훼방하는 것, 출가인의 수행을 방해하는 것, 소승의 다섯 가지 역죄 중 하나를 범하는 것, 업보가 없다고 주장하는 것을 가리킨다.

[89] 열 가지 악(十惡) : 세 가지 악취에 떨어지는 원인이 되는 열 가지 악. 살생·투도偸

모든 불선을 갖춘다. 이와 같이 어리석은 사람은 악업 때문에 악도에 떨어져 여러 겁이 지나도록 끝없는 고통을 받는다. 이와 같이 어리석은 사람이 목숨을 마치려고 할 즈음【중략】열 번의 생각이 모두 갖추어지도록 나무아미타불을 칭념하면 부처님의 명호를 칭념했기 때문에【중략】바로 극락세계에 왕생할 수 있다."[90]라고 하였다.

第十八攝取至心欲生願。觀經下品下生中云。或有衆生。作不善業。五逆十惡。具諸不善。如此愚人。以惡業故。應墮惡道。經歷多劫。受苦無窮。如此愚人。臨命終時。【乃至】具足十念。稱南無阿彌陀佛。稱佛名故。【乃至】卽得往生極樂世界。

盜·사음邪淫·망어妄語·양설兩舌·악구惡口·기어綺語·탐욕·진에瞋恚·사견邪見을 가리킨다.

90 『觀無量壽經』(T12, 346a). 의미를 분명하게 이해하기 위해 생략된 문장을 모두 집어넣어 번역하면 다음과 같다. "하품하생이란 다음과 같다. 어떤 중생은 불선업不善業을 지으니, 다섯 가지 역죄와 열 가지 악을 지으면서 모든 불선을 갖춘다. 이와 같이 어리석은 사람은 악업 때문에 악도에 떨어져 여러 겁 동안 한량없는 고통을 받는다. 이와 같은 어리석은 사람이 죽음이 임박했을 때 선지식을 만난다. (선지식은) 여러 형태로 위로하고 그를 위해 미묘한 법문을 설하며 염불念佛을 하도록 가르친다. (그런데) 그 사람은 고통이 심하여 염불할 겨를이 없다. (그래서) 선지식이 말하기를 '그대가 만약 그 부처님을 생각하는 것이 가능하지 않다면 「무량수불께 귀명합니다.」라고 (하면서 무량수불의 명호를) 불러라.'라고 한다. 이와 같이 지극한 마음으로 소리를 내어 끊어지지 않게 하면서 열 번의 칭념이 모두 갖추어지도록 '나무아미타불'을 부르면 부처님의 명호를 칭념했기 때문에 생각마다 80억 겁 동안 생사에 헤매는 무거운 죄업을 없애고 목숨을 마칠 때 마치 태양과 같은 황금의 연꽃이 그 사람 앞에 머무는 것을 보고 순식간에 바로 극락세계에 왕생한다. 연꽃 속에서 12대겁을 채우고 나면 연꽃이 비로소 피어나는데 꽃이 피어날 때 관세음보살과 대세지보살은 대비의 음성으로 곧 그를 위해 실상과 죄업을 소멸하는 법을 자세히 설해 준다. 그는 이를 듣고 기쁨에 넘쳐 바로 보리심을 낸다. 이것을 하품하생하는 것이라 한다.(下品下生者。或有衆生。作不善業。五逆十惡。……彼人苦逼。不遑念佛。善友告言。汝若不能念彼佛者。應稱歸命無量壽佛。如是至心。令聲不絶。具足十念。稱南無阿彌陀佛。稱佛名故。……時見金蓮花。猶如日輪。住其人前。如一念頃。卽得往生極樂世界。於蓮花中。滿十二大劫。蓮花方開。當花敷時。觀世音。大勢至。以大悲音聲。卽爲其人。廣說實相。除滅罪法。聞已歡喜。應時卽發菩提之心。是名下品下生者。)"

이들 글에 준하면 열 번 칭념하는 동안 오로지 부처님의 명호를 칭념하는 것을 "열 번 칭념(十念)"이라고 한 것이다. 여기에서 "칭념"이라고 한 것은 나무아미타불을 칭념하는 것이다. 이 여섯 글자를 외우는 동안을 한 번 칭념(一念)이라고 한다. 한 마음으로 도道를 관찰하는 것과 같으니 오직 한 번 생겨나고 소멸하는 시간을 말하는 것은 아니다. 한 종류의 대상에 대해 일을 성취하는 것(事究竟)을 한 번 칭념(一念)이라고 하니 찰나刹那[91]라는 수량의 크기에 의해 한정할 수 있는 것이 아니다.[92]

准此等文。經十念頃。專稱佛名。爲十念也。此言念者。謂稱南無阿彌陀佛。經此六字頃。名一念。如一心見道。非唯一生滅。於一類境。事究竟名一念。非限刹那數量多少也。

問 이와 같다면 무엇 때문에 『미륵문경彌勒問經』[93]에서 다음과 같이 말

---

91 찰나刹那 : ⓢ kṣaṇa의 음역어. 가장 작은 시간의 단위. 순간, 곧 매우 짧은 시간을 가리킨다. 한 생각이 일어나는 시간으로 의역어는 염경念頃·수유須臾 등이다. 『仁王般若經』권상(T8, 826a)에서 "90찰나를 1념이라고 한다. 1념 가운데 1찰나는 900번 생겨나고 소멸함을 거친다.(九十刹那爲一念。一念中一刹那。經九百生滅)"라고 하였다.

92 담란曇鸞의 『往生論註』 권상(T40, 834c)에서 "101번 생겨나고 소멸하는 것을 1찰나라고 한다. 60찰나를 1념이라고 한다. (그런데) 여기에서 '칭념'이라고 한 것은 이러한 시절을 취하는 것은 아니다. 단지 아미타불에 대해서 총상이든 별상이든 억념하고 관찰하는 연을 따라서 마음에 다른 생각이 없고 그렇게 열 번의 칭념이 서로 이어지는 것을 열 번의 칭념이라고 한다. 단지 명호를 칭하는 것도 또한 이와 같다.(百一生滅。名一刹那。六十刹那。名爲一念。此中云念者。不取此時節也。但言憶念阿彌陀佛若總相若別相。隨所觀緣。心無他想。十念相續。名爲十念。但稱名號。亦復如是)"라고 한 것과 맥락적으로 일치하는 것 같다.

93 『미륵문경彌勒問經』: 『發覺淨心經』과 『大寶積經』 권92 「發勝志樂會」의 이역본이라고 알려져 있다. 현재 전해지지 않고 또 현존하는 경록에서는 이 경의 이름이 보이지 않는다. 다만 『無量壽經』에서 설한 "십념"을 해석하는 글에서 종종 그 인용문을 볼 수 있다. 예를 들어 원효의 『兩卷無量壽經宗要』(T37, 129a)에서는 『彌勒發問經』이라는 이름으로, 도세道世의 『法苑珠林』 권15(T53, 398c)에도 역시 같은 이름으로, 회감의 『釋淨土群疑論』 권5(T47, 61a)에서는 『彌勒所問經』이라는 이름으로, 현일의 『無量壽

하였는가?

問。若爾。何故。彌勒問經云。

　(미륵이 여쭈었다.)

"부처님께서 말씀하신 것처럼 아미타불을 생각하면 공덕과 이익이 있습니다. 만약 열 가지 생각을 서로 이어 가면서 끊임없이 부처님을 생각한다면 바로 왕생할 수 있습니다. 어떻게 생각해야 하는 것입니까?"

부처님께서 말씀하셨다.

"범부의 생각이 아닌 것이고, 착하지 않은 생각이 아닌 것이며, 번뇌가 뒤섞인 생각이 아닌 것이다. 이와 같은 생각을 갖추면 바로 안양국토에 왕생할 수 있다. 무릇 열 가지 생각이 있으니 어떤 것들이 열 가지 생각인가?

첫째는 일체중생에 대해 항상 자애로운 마음을 내어 그들의 행을 훼손하지 않는 것이니 그 행을 훼손하면 끝내 왕생할 수 없다.

둘째는 일체중생에 대해 깊이 슬퍼하는 마음을 일으켜 해치려는 마음을 제거하는 것이고, 셋째는 법을 호지하려는 마음을 내어 그것을 위해 신명身命을 아끼지 않으며 일체법을 비방하지 않는 것이며, 넷째는

經記』권상(H2, 241b)에서도 역시 같은 이름으로 이 경을 인용하였다. 이들 글에서 일부 구절과 글자는 다른 것도 있지만 전체적으로 동일한 내용의 십념을 수록하고 있다. 『彌勒問經』의 십념이 수록된 가장 이른 시기의 글은 지엄智儼(602~668)의 『孔目章』 권4 「六念章」(T45, 582c)이다. 여기에서는 『彌勒問經』을 직접 인용하지는 않았지만, 같은 책(T45, 577a)에서 "『彌勒所問經』에 따르면 십념에 의해 왕생한다."라고 하였기 때문에 『彌勒所問經』의 인용문임을 알 수 있다. 에타니 류카이(惠谷隆戒)는 의적이 지엄의 『孔目章』에 나오는 글을 인용한 것이라고 하여, 지엄→의상→의적으로 이어지는 계승 관계를 추정하였다. 그러나 원효·도세 등이 인용한 글도 지엄의 글과 다르지 않기 때문에 이러한 추정은 단지 추정에 지나지 않는다. 『大寶積經』(T11, 528b)에서는 "십념"을 "열 가지 마음(十種心)"이라고 하였는데 문장은 다르지만 내용은 동일하다.

인욕忍辱 가운데 결정심決定心[94]을 내는 것이다.

다섯째는 깊이 믿는 마음으로 청정함을 지켜 이양에 물들지 않는 것이고, 여섯째는 일체종지심一切種智心을 일으켜 날마다 항상 생각하면서 잊어버리지 않는 것이며, 일곱째는 일체중생에 대해 존중하는 마음을 일으키고 나에게 속하는 것이라는 마음을 제거하며 겸손하게 자신을 낮추어 말하는 것이고, 여덟째는 세상의 담화에 맛이 들어 집착하는 마음을 내지 않는 것이며, 아홉째는 각의覺意[95]를 가까이하여 온갖 선근의 인연을 깊이 일으키고 어수선하며 산란한 마음을 멀리 여의는 것이고, 열째는 정념正念(바른 집중)으로 부처님을 관찰하여 모든 상념을 제거하는 것이다.

如佛所說。念阿彌陀佛功德利益。若能十念相續。不斷念佛者。卽得往生。當云何念。佛言。非凡夫念。非不善念。非雜結使念。具如是念。卽得往生安養國土。凡有十念。何等爲十。一者於一切衆生。常生慈心。不毁其行。若毁其行。終不往生。二者於一切衆生。深起悲心。除殘害意。三者發護法心。不惜身命。於一切法。不生誹謗。四者於忍辱中。生決定心。五者深心淸淨。不染利養。六者發一切種智心。日日常念。無有廢忘。七者於一切衆生。起尊重心。除我所意。謙下言說。八者於世談話。不生味著心。九者近於覺意。深起種種善根因緣。遠離憒閙散亂之心。十者正念觀佛。除去諸想。

이렇게 열 가지 생각은 그 일이 매우 어려운 것인데 어떻게 고통으로 핍박받아 부처님을 생각할 겨를도 없는 상황에서 이와 같은 열 가지 생각을 모두 갖추어서 일으킬 수 있겠는가?

---

94 결정심決定心 : 결단코 떠나지 않고 실행하려는 마음을 일으키는 것을 말한다.
95 각의覺意 : 일곱 가지 각지(七覺支)를 가리키는 것 같다.

如此十念。其事甚難。云何苦逼不遑念佛。而能具起如此十念。

📖 이것은 전일한 마음으로 부처님의 명호를 칭념할 때 저절로 이와 같은 열 가지 생각을 모두 갖출 수 있는 것이고 반드시 낱낱이 개별적으로 자애로움 등을 연緣해야 하는 것은 아님을 말한 것이다.

答曰。此說。專心稱佛名時。自然具足如是十念。非必一一別緣慈等。

📖 또한 저 자애로움 등을 헤아려서 열 가지가 되는 것이 아니라고 한다면 어떻게 개별적으로 연하지 않고도 열 가지를 갖출 수 있다는 말인가?
📖 계를 받으려고 삼귀의三歸依를 칭념할 때 비록 별도로 살생을 여읠 것 등의 일을 연하지 않았더라도 살생을 여의는 것 등의 계를 갖출 수 있는 것처럼 여기에서 말하는 도리도 또한 그러하다는 것을 알아야 한다.

亦非數彼慈等爲十。云何不別緣。而能具足十。如欲受戒。稱三歸時。雖不別緣。離殺等事。而能具得離殺等戒。當知。此中道理亦爾。

또한 "열 가지 생각을 모두 갖출 수 있도록 나무아미타불을 칭념한다."라는 것은 자애로움 등의 열 가지 생각을 모두 갖출 수 있도록 나무불을 칭념하는 것을 말하는 것일 수도 있다.
이와 같이 할 수 있다면 칭념한 것에 따라서 적게 칭념하였든 많이 칭념하였든 모두 왕생할 수 있다.
또한 이 열 가지 생각은 비록 범부가 일으킬 수 있는 것이기는 하지만 범부의 일이 아니기 때문에 "범부의 생각이 아닌 것"이라고 하였다. 전일한 마음으로 부처님을 칭념하여 다른 생각이 일어날 틈이 없기 때문에

"착하지 않은 생각이 아닌 것이며 번뇌가 뒤섞인 생각이 아닌 것"이라고 하였다.

이와 같이 서로 이어 가면서 열 번 칭념하는 동안 낱낱의 생각 가운데 저절로 자애로움 등의 열 가지 생각을 모두 갖출 수 있다. 이 생각은 수직적으로 그 시간을 논하면 열 번의 생각을 지나는 것이고 수평적으로 그 사상事象을 논하면 자애로움 등을 갖추는 것임을 알아야 한다.

범부의 생각이 아니라고 말하여 뛰어난 지위(上地)를 높이 추앙하고 스스로 벗어나는 것에 대해 왕생의 인을 닦는 이로 하여금 아득한 언덕이라는 생각을 내게 할 수는 없다. 그러므로 『관무량수경』에서 하품하생下品下生에 의지하여 열 번의 생각을 설하였다.[96]

又可具足十念稱南無阿彌陀佛者。謂能具足慈等十念。稱南無佛。若能如是。隨所稱念。若少稱若多稱。皆得往生。又此十念。雖凡所起。非凡夫事故云。非凡夫念。專心稱佛。非餘念間故。非不善不雜結使念。如是相續。經十念頃。一一念中。自然具足慈等十念。當知。此念竪論其時。經於十念。橫論其事。則具慈等。不可以凡[1)]夫念言。高推上地。於自免脫。令修因者。生懸岸想。以觀經中。依下品[2)]生。說十念故。

1) ㉭ 성경聖冏의 『釋淨土二藏義』, 양충良忠의 『往生要集義記』, 회음懷音의 『諸家念佛集』 등에서 동일한 의적의 글을 인용하였는데 이것에 따르면 '凡' 앞에 '非'가 누락되었다. 단, 양원良源의 『九品往生義』에는 '非'가 없다. 전후 문맥상 '非'가 들어가는 것이 타당한 것 같다. 2) ㉭ 『觀無量壽經』에 따르면 '品' 뒤에 '下'가 누락되었다.

---

96 『觀無量壽經』(T12, 346a)에서 "하품하생이란 다음과 같다. 어떤 중생이 착하지 않은 업인 다섯 가지 역죄와 열 가지 악을 지어서 온갖 착하지 않은 일을 모두 저질렀다. 그가 목숨을 마칠 때 선지식을 만남으로써 선지식이 악인을 위해 미묘한 법을 설하여 부처님을 생각하게 하고 만약 생각하는 것이 가능하지 않다면 무량수불을 소리 내어 부르게 한다. 그가 이와 같이 지극한 마음으로 소리를 내어 아미타불을 부르며 끊어지지 않게 하여 열 번의 생각을 모두 갖추면 그것으로 인해 생각마다 80억 겁 생사의 죄를 제거하고 목숨을 마친 후 바로 왕생할 수 있다."라고 한 것을 참조할 것.

19 섭취수덕욕생원攝取修德欲生願

경 만약 제가 부처가 되었을 때, 시방세계의 중생이 보리심을 일으켜 모든 공덕을 닦고 지극한 마음으로 서원을 일으켜 저의 국토에 태어나고자 하였는데도 수명을 마칠 때 가령 제가 대중을 거느리고 그 사람 앞에 나타나 맞이할 수 없다면 정각을 취하지 않겠습니다.

設我得佛。十方衆生。發菩提心。修諸功德。至心發願。欲生我國。臨壽終時。假令不與大衆圍遶。現其人前者。不取正覺。

기 열아홉 번째는 섭취수덕욕생원(덕을 닦아 왕생하고자 하는 사람을 받아들이고 취할 것을 서원함)이다. 앞의 것(제18원)은 고통에 의해 핍박받아 부처님을 생각할 겨를이 없기 때문에 오직 전일하게 열 번 칭념하면 왕생할 수 있다. 여기에서는 곧 편안한 상태여서 다른 선을 겸할 수 있기 때문에 덕을 갖추어서 닦아야 비로소 왕생할 수 있는 것이다.

第十九攝取修德欲生願。前者苦迫不遑念佛故。唯專稱十念得生。此卽容預。可兼餘善。故具修德。方得往生。

20 섭취문명욕생원攝取聞名欲生願

경 만약 제가 부처가 되었을 때 시방세계의 중생이 저의 명호를 듣고 저의 국토를 늘 염두에 두어 여러 덕의 근본을 심고 지극한 마음으로 회향하여 저의 국토에 태어나고자 하였는데 그 과果를 성취하지 못한다면 정각을 취하지 않겠습니다.

設我得佛。十方衆生。聞我名號。係念我國。植諸德本。至心迴向。欲生我
國。不果遂者。不取正覺。

기 스무 번째는 섭취문명욕생원(명호를 듣고 왕생하고자 하는 이를 받아들이고 취할 것을 서원함)이다. 『무량청정평등각경』에서 "타방세계의 사람이 이전 세상에서 악을 지었으나 나의 이름을 듣고 바르게 도를 지어서 나의 국토에 왕생하고자 하면 수명을 마치고 모두 다시 세 가지 악도에 떨어지지 않고 바로 나의 국토에 왕생하여 원하는 것을 이루게 할 것이다."[97]라고 하였다.

第二十攝取聞名欲生願。淸淨覺經云。他方人民。前世爲惡。聞我名字。及
正爲道。欲生我國。壽終皆令不更三惡。卽生我國。在心所願。

21 영구제상원令具諸相願

경 만약 제가 부처가 되었을 때 국토에 거주하는 사람과 하늘이 모두 서른두 가지 대인상大人相[98]을 원만하게 갖추지 못한다면 정각을 취하지 않겠습니다.

設我得佛。國中人天。不悉成滿三十二大人相者。不取正覺。

기 스물한 번째는 영구제상원(여러 가지 뛰어난 상相을 갖추게 할 것을 서원함)이다.

---

97 『無量淸淨平等覺經』 권1(T12, 281c).
98 서른두 가지 대인상大人相 : 부처님과 전륜성왕이 갖추고 있는 32가지의 뛰어난 모습과 미묘한 형상을 가리킨다. 발바닥이 평평한 것, 발바닥에 수레바퀴가 찍혀 있는 것, 손가락이 긴 것, 손과 발이 부드러운 것 등이다.

第二十一令具諸相願。

22 영지보처원令至補處願

경 만약 제가 부처가 되었을 때 타방세계의 불국토에 머무는 모든 보살대중이 저의 국토에 와서 태어나면 끝내 반드시 일생보처一生補處[99]의 지위에 이르게 하겠습니다. 다만 그 본원本願이 자유자재하게 교화하는 것이어서, 중생을 위하여 큰 서원의 갑옷을 입고 덕의 근본을 쌓아 일체중생을 제도하여 해탈하게 하고, 모든 불국토를 두루 다니며 보살행을 닦아 시방세계의 모든 부처님·여래를 공양하며, 또한 갠지스강의 모래알처럼 한량없는 중생을 교화하여 위없는 바르고 참된 도리를 성취하게 하고자 하여, 일반적인 모든 계위의 수행을 넘어서 자신이 지금 서 있는 바로 그곳에서 보현보살의 덕을 닦으려 하는 이들은 제외할 것입니다. 만약 이와 같은 일이 이루어지지 않는다면 정각을 취하지 않겠습니다.

設我得佛。他方佛土。諸菩薩衆。來生我國。究竟必至一生補處。除其本願。自在所化。爲衆生故。被弘誓鎧。積累德本。度脫一切。遊諸佛國。修菩薩行。供養十方諸佛如來。開化恒沙無量衆生。使立無上正眞之道。超出常倫諸地之行。現前修習普賢之德。若不爾者。不取正覺。

기 스물두 번째는 영지보처원(보처補處의 지위에 도달하게 할 것을 서원함)이다. "끝내 반드시 일생보처의 지위에 이르게 하겠습니다."라고 한 것은 그 국토에 왕생하면 다시 여러 생을 겪지 않고 일생보처의 지위에 이르게 하

---

[99] 일생보처一生補處 : Ⓢⓢⓘ eka-jāti-pratibaddha. 한 번만 이 세간에 태어나면 성불할 것이 예정된 지위에 있는 보살을 가리키는 말이다. 보처補處·일생소계一生所繫(아직 한 번의 생에 계박되어 있는 것) 등이라고도 한다.

는 것이다.

만약 화신化身의 양상에 의거하면 도솔천에 올라가기 이전의 몸을 "일생보처"라고 한다. 최후의 몸(最後身)을 제외하고는 저 도솔천에서의 한 번의 생이 남아 있기 때문이다. 최후의 몸은 바로 성불하기 때문에 일생이라고 하지 않는다. 또한 도솔천에서의 몸을 "보처"라고 하니 뒤에 인도人道에서의 한 번의 생이 남아 있기 때문이다. 나머지 한 번의 생에서 부처님의 자리를 잇기 때문에 일생보처라고 하고, 그러므로 일생보처보살이라고 한다.

만약 실제 수행에 의거하면, 어떤 사람은 "칠지七地의 마지막을 일생보처라고 하니 변역생사變易生死라는 일생이 남아 있기 때문이다."라고 하고, 어떤 사람은 "십지의 주분住分을 일생보처라고 하니 만분滿分이라는 한 번의 생이 남아 있기 때문이다."[100]라고 하였다. 모두 증거로 삼을 만한 글이 있으니 견주어 보면 알 수 있을 것이다.

"본원이 (중생을 구제하는 것에 있는 이는) 제외한다." 등이라고 한 것은 수행이 비록 이미 원만하게 이루어졌지만 기꺼이 유학有學의 지위(學地)[101]에 남아 있는 것이다.

第二十二令至補處願。究竟必至一生補處者。謂生彼土。更不經歷多生。令至一生補處也。若就化相。昇兜率前身。名一生補處。除最後身。餘彼兜率一生在故。以最後身。即成佛故。不名一生。即1)兜率身。名補處。後人中一生在故。餘一生中。補於佛處故。名一生補處故。名一生補處菩薩。若約實

---

100 길장의 『法華玄論』(T34, 443c)에서 "십지의 각 계위마다 입분入分·주분住分·만분滿分의 삼생三生이 있어서 모두 30생이 있다. 일생一生이라는 것은 십지의 주분이니 만분이라는 한 번의 생이 남아 있기 때문이다."라고 한 것을 참조할 것.
101 유학有學의 지위(學地) : 소승이든 대승이든 더 이상 배울 것이 없는 최상의 지위에 도달한 지위를 무학無學이라고 하고 아직 그 경지에 도달하지 못하고 수행하는 과정에 있는 이를 유학有學이라고 한다.

行。或七地終。名一生補處。餘有及²⁾易一生在故。或第十地住分。名一生補處。餘有出³⁾分一生在故。皆有文證。等之可知。除本願等者。謂行雖已滿。樂在學地也。

1) ㉕ '卽'은 '又'인 것 같다. 2) ㉕ '及'은 '變'인 것 같다. 3) ㉕ '出'은 '滿'인 것 같다.

23 영봉변시제불원令奉遍侍諸佛願

경 만약 제가 부처가 되었을 때 국토에 거주하는 보살이 부처님의 신력神力을 받아 여러 부처님을 공양하되, 밥 한 끼 먹을 시간 동안 셀 수 없고 헤아릴 수 없는 나유타의 여러 부처님의 국토에 두루 이르지 못한다면 정각을 취하지 않겠습니다.

設我得佛。國中菩薩。承佛神力。供養諸佛。一食之頃。不能遍至無數無量那由他諸佛國者。不取正覺。

기 스물세 번째는 영봉변시제불원(여러 부처님을 받들어 두루 모실 수 있게 할 것을 서원함)이다. 『무량청정평등각경』에서 "여러 부처님께 두루 공양한 뒤에 해가 중천에 뜨기 전에 바로 저의 국토로 돌아오게 하겠습니다."¹⁰² 라고 한 것도 또한 (『무량수경』에서) "밥 한 끼 먹을 시간 동안"이라고 한 것과 같다. 여기(『무량수경』)에서는 이 세계에 의거하여 밥을 먹는 시간이라고 한 것이고 저 국토를 기준으로 한 것은 아니다.

第二十三令奉遍侍諸佛願。淸淨覺經云。供養諸佛。悉遍已後。日未中卽¹⁾還我國。亦是一食之頃也。此就此間曰。及食²⁾時。非彼國也。

---

102 『無量淸淨平等覺經』 권1(T12, 281c).

1) ㉠『無量淸淨平等覺經』에 따르면 '卽'은 '則'이다. 2) ㉠ '及貧'은 '飯食'인 것 같다.

24 소구공양구여의원所求供養具如意願

경 만약 제가 부처가 되면 국토에 머무는 보살이 모든 부처님 앞에 그들이 공양하고자 하는 덕의 근본인 공양구[103]를 나타내 보일 수 있게 할 것입니다. 만약 뜻대로 하지 못하는 일이 있다면 정각을 취하지 않겠습니다.

設我得佛。國中菩薩。在諸佛前。現其德本。諸所欲求。供養之具。若不如意者。不取正覺。

기 스물네 번째는 소구공양구여의원(공양하고자 하는 공양구를 뜻대로 얻을 수 있게 할 것을 서원함)이다. 『무량청정평등각경』에서 "저의 국토에 머무는 모든 보살이 밥을 먹으려고 할 때, 일곱 가지 보배로 만들어진 발우에 저절로 온갖 맛있는 음식이 앞에 생겨나고, 음식을 먹고 나면 발우가 저절로 사라지게 하겠습니다."[104]라고 하였다.

第二十四所求供養具如意願。淸淨覺經云。我國諸菩薩。欲飯時。七寶鉢中。生自然百味飮食在前。食已鉢能[1]自然去。

1) ㉠『無量淸淨平等覺經』에 따르면 '能'은 '皆'이다.

---

103 현일이『無量壽經記』 권상(H2, 242a)에서 "'그들이 공양하고자 하는 덕의 근본인 공양구를 나타내 보일 수 있게 할 것입니다.'라고 한 것은 그들이 공양하고자 하는 예배 드릴 때 사용하는 향香 등의 공양구를 '덕의 근본'이라 하니 온갖 공덕이 공양으로 말미암아 일어나기 때문에 '덕의 근본'이라 하였다."라고 한 것에 의거하여 풀이하였다.
104 『無量淸淨平等覺經』 권1(T12, 281c).

25 설일체지여불원說一切智如佛願

경 만약 제가 부처가 되었을 때 국토에 거주하는 보살이 모든 것을 아는 지혜(一切智)의 경계를 연설할 수 없다면 정각을 취하지 않겠습니다.

設我得佛。國中菩薩。不能演說一切智者。不取正覺。

기 스물다섯 번째는 설일체지여불원(모든 것을 아는 지혜의 경계를 부처님처럼 설할 수 있게 할 것을 서원함)이다. 『무량청정평등각경』에서 "저의 나라의 여러 보살이 경을 설하고 도를 행함이 부처님과 같지 않다면 저는 부처가 되지 않겠습니다."[105]라고 하였다.

第二十五說一切智如佛願。淸淨覺經云。我國諸菩薩。說經行道。不如佛者。我不作佛。

26 영득견고신원令得堅固身願

경 만약 제가 부처가 되었을 때 국토에 거주하는 보살이 금강金剛[106]처럼 견고하고 나라연那羅延[107]처럼 강한 힘을 지닌 몸을 얻지 못한다면 정각을 취하지 않겠습니다.

---

105 『無量淸淨平等覺經』 권1(T12, 281c).
106 금강金剛 : ⓢ vajra의 의역어. 박일라박일라縛日羅·벌절라伐折羅 등으로 음역한다. 금속 가운데 가장 단단한 것이라는 뜻이다.
107 나라연那羅延 : ⓢ Nārāyaṇa의 음역어. 의역어는 승력勝力이다. 강력한 힘을 가진 것으로 전해지는 인도의 옛 신이다.

設我得佛。國中菩薩。不得金剛那羅延身者。不取正覺。

경 스물여섯 번째는 영득견고신원(견고한 몸을 얻게 할 것을 서원함)이다. "금강"은 그 신체의 굳건함을 취한 것이고 "나라연"은 그 힘의 굳건함을 취한 것이다. 그 국토의 보살이 신체와 힘이 굳건하여 파괴할 수 없게 하는 것이다.

第二十六令得堅固身願。金剛取其體堅。那羅延取其力固。彼土菩薩。體力堅固。不可破壞。

앞의 아홉 가지 서원[108]은 모든 바라는 것을 (17가지 불국토와 관련된 공덕으로 장엄한 것 중 열일곱 번째인) 만족시킬 수 있는 공덕을 얻는 것이니 중생이 취하려는 모든 즐거움을 만족시킬 수 있기 때문이다.

上來九願。能得一切所求滿足功德。以衆生所取樂一切。能滿足故。

27 영물엄정원令物嚴淨願

경 만약 제가 부처가 된다면 국토에 거주하는 사람과 하늘 및 일체 만물은 장엄하고 청정하며 찬란하게 빛나며 형색이 뛰어나고 지극히 미묘할 것이고 그 숫자를 헤아릴 수 없게 될 것입니다. 그러한 여러 중생과 천안통을 얻은 이에 이르기까지 그들이 명료하게 그 이름과 수량을 말할 수 있다면 정각을 취하지 않겠습니다.

---

[108] 앞의 아홉 가지 서원 : 제18원에서부터 제26원까지의 서원을 가리킨다.

設我得佛。國中人天。一切萬物。嚴淨光麗。形色殊特。窮微極妙。無能稱量。其諸衆生。乃至逮得天眼。有能明了辯其名數者。不取正覺。

기 스물일곱 번째는 영물엄정원(만물을 장엄하고 청정하게 할 것을 서원함)이다.

이 서원은 네 가지 공덕을 얻게 하는 것이니, (17가지 불국토와 관련된 공덕으로 장엄한 것 가운데 두 번째인) 양量의 공덕과 (네 번째인) 형상의 공덕과 (다섯 번째인) 온갖 일의 공덕과 (일곱 번째인) 촉의 공덕의 네 가지 공덕을 섭수하는 것이다.

第二十七令物嚴淨願。此願能得四種功德。謂量形種種事觸四功德攝。今云是[1])受用功德之攝所以知者大彌陀云飯食自然願成就云飲食盈滿故或亦所求滿足功德之所攝也。[2])

1) ㉠『大經鈔』에 따르면 '是' 앞에 '或'이 누락되었다. 2) ㉠ '今云……或亦所求滿足功德之所攝也'는『大經鈔』(J14, 105b)의 전후 문맥을 고려할 때 의적의 견해가 아닌 것 같다.

28 도량고승원道場高勝願

경 만약 제가 부처가 되었을 때 국토에 거주하는 보살과 공덕이 적은 이에 이르기까지 그 도량수道場樹가 한량없는 빛과 형색을 지녔고 높이가 400만 리나 되는 것을 알아보지 못한다면 정각을 취하지 않겠습니다.

設我得佛。國中菩薩。乃至少功德者。不能知見其道場樹。無量光色。高四百萬里者。不取正覺。

기 스물여덟 번째는 도량고승원(도량수가 높고 빼어나게 할 것을 서원함)이다.

第二十八道場高勝願。

이것은 (17가지 불국토와 관련된 공덕으로 장엄한 것 가운데 여덟 번째인 장엄의 공덕을 성취한 것에 속하는) 세 가지 장엄 가운데 대지의 공덕[109]을 얻게 하는 것이다. 가장 뛰어나기 때문에 별도로 설하였다.

此能得三種莊嚴中地功德。以最勝故別說。

문 앞에서 "도량수의 높이는 400만 리"라고 하였다. 『관무량수경』에서 "부처님의 신장은 60만억 나유타 항하사 유순"[110]이라고 하였는데, 어떻게 이러한 부처님의 신장으로 이러한 도량수 아래에 앉아 있을 수 있는 것인가?

問。前道樹高四百萬里。觀經云。佛身高六十萬億那由他恒河沙由旬。如何身高。而樹下耶。

답 부처님의 일은 생각에 의해 알기 어려우니 세속의 정으로는 헤아릴 수 없다. 그렇지만 일단 그 상相을 추구하면 다음과 같다.
"유순由旬[111]"과 "리里"는 처소에 따라 일정하지 않다. 이곳의 1겁을 저

---

109 대지의 공덕 : 『往生論』에서 17가지 불국토와 관련된 공덕으로 장엄한 것 중 여덟 번째인 장엄의 공덕을 성취하는 것을 다시 셋으로 나눈 것 중 하나. 나머지는 물의 공덕과 허공의 공덕이다.
110 『觀無量壽經』(T12, 343b).
111 유순由旬 : ⓢ yojana의 음역어. 화합和合·한량限量·역驛 등으로 의역한다. 인도에서 거리를 계산할 때 사용하던 단위. 소에 멍에를 메어 하루 정도 갈 수 있는 거리 혹

곳에서는 하루라고 하는 것처럼 "리" 등도 그 뜻이 또한 그러함을 알아야 한다. 『관무량수경』의 "유순"은 이곳에 의거한 것이니 초업보살初業菩薩[112]이 관觀을 익히도록 하기 위하여 저 부처님의 수량을 설했기 때문이다. 이곳에서의 수량에 의거하지 않는다면 어떻게 부처님의 몸의 크기를 알 수 있겠는가? 여기에서 "리"라고 한 것은 저곳에 의거하여 설한 것이다. 이 경에서 관觀(보는 것)을 설한 것은 초업보살을 위한 것이 아니기 때문에 단지 저곳의 수량에 의거하여 설하였다. 이와 같지 않다면 어떻게 정수리의 광명이 시방의 갠지스강의 모래알처럼 많은 세계를 합한 것과 같은 부처님의 몸의 크기로[113] 1만 유순의 나무 아래 앉아 있을 수 있겠는가?[114]

만약 견고하게 집착하여 "'400만 리'는 이곳에서의 리에 의거한 것이다."라고 한다면, 또한 "상호에서 뿜는 광명이 1심尋(여덟 자)이다."[115]라고 한 것도 이곳에서의 심에 의거한 것이라고 해야 하는데 이는 곧 경에서

은 왕이 하루 동안 군대를 이끌고 행군할 수 있는 거리를 가리킨다. 또 구체적인 길이는 출처마다 다르다. 『大毘婆沙論』・『俱舍論』 등에서는 8,640m라고 하였다.

112 초업보살初業菩薩 : 처음 업을 일으킨 보살이라는 뜻. 진제眞諦 역 『起信論』의 상사각相似覺을 설명하는 부분(T32, 576b)에서 "이승의 관지와 초발의보살 등의 경우는(如二乘觀智初發意菩薩等)"이라고 하고, 실차난타實叉難陀 역 『起信論』의 상사각을 설명하는 부분(T32, 585a)에서는 "이승인과 초업보살의 경우는(如二乘人及初業菩薩)"이라고 하였다. 이것에 따르면 초발의보살과 초업보살은 동일한 것으로 보인다. 원효는 『起信論疏』(T44, 210a)에서 "초발의보살은 십해十解(십주) 이상의 삼현보살을 통틀어서 일컫는 말인데 이 가운데 최초인 초발심주初發心住(십주의 제1)가 나머지를 모두 포괄하기 때문에 초발의보살이라고 하였다."라고 하였고, 지욱智旭은 『起信論裂網疏』(T44, 433b)에서 "초업보살은 삼현십성 중 초발심주(십주의 제1) 이상의 보살을 가리킨다."라고 하였다. 다만 초발의보살을 십신의 지위에 있는 보살을 가리키는 경우도 있어서 그 지위를 확정할 수는 없다.

113 『悲華經』 권3(T3, 185b)에서 "무량수불의 몸의 광명이 시방의 갠지스강의 모래알처럼 많은 부처님의 세계를 두루 비춘다."라고 한 것과 관련된 것으로 보인다.

114 『悲華經』 권3(T3, 184b)에서 "무량수불의 국토에 있는 보리수는 1만 유순이다."라고 한 것과 관련된 것으로 보인다.

115 『往生論』(T26, 231a).

설한 정수리의 광명의 크기[116]에 어긋난다. 그러므로 가능하지 않다. 글에 따라 한정시켜 결정해야 한다.

答。[1] 佛事難思。不可以世情測。然以一途。求其相者。由旬與里。隨方不定。如說此方一劫。當彼一日一夜。當知里等。其義亦爾。[2] 觀經由旬。仍依此方。爲初業習觀。說彼佛量故。若不依此方量數。如何知佛身大小。此中里者。依彼方說。此經說觀。非爲初業故。直依彼數量而說。若不爾者。如何頂光如合十方恒沙世界之佛身量。而得宿坐一萬由旬之樹下也。若固執云四百萬里。依此方里。亦應相好光一尋者。依此間尋。便違經說頂光之量。是故不可。隨文局定。

1) ㉮ '問前道樹……答'은 역자가 추가로 발췌한 것이다. 『安養抄』(T84, 170a)에서 "雙觀經疏云寂法師問前道樹高四百萬里觀經云佛身高六十萬億那由他恒河沙由旬如何身高而樹下耶答佛事難思不可以世情測然……"이라고 하였기 때문이다. 2) ㉮ '如說此方……亦爾'는 『安養抄』에 따라 역자가 저본의 '乃至'를 바꾼 것이다.

(제28원을) 대지의 공덕에 포섭된다고 했지만 지금 "알아보는 것"을 서원의 체로 삼기 때문에 또한 (17가지 불국토와 관련된 공덕으로 장엄한 것 중 열일곱 번째인) 구하는 것을 모두 만족시키는 것의 공덕에 포섭된다고 할 수도 있다.

地功德攝。今謂知見爲願體故。猶是所求滿足攝也。

---

116 『觀無量壽經』(T12, 343b)에서 "원광圓光(정광頂光)이 백억 삼천대천세계와 같다."라고 하였다.

29 수법령득변혜원受法令得辯慧願

경 만약 제가 부처가 되었을 때 국토에 거주하는 보살이 경법經法(불경의 가르침)을 받아서 읽고 소리 내어 읽고 기억하여 지니며 베풀어 설하였으나 자유자재하게 설법할 수 있는 지혜(辯才智慧)를 얻지 못한다면 정각을 취하지 않겠습니다.

設我得佛。國中菩薩。若受讀經法。諷誦持說。而不得辯才智慧者。不取正覺。

기 스물아홉 번째는 수법령득변혜원(경법을 받아서 자유자재하게 설법할 수 있는 지혜를 얻게 할 것을 서원함)이다.

第二十九受法令得辨[1]慧願。

1) ㉭『無量壽經』에 따르면 '辨'은 '辯'인 것 같다.

30 혜변령무한량원慧辨令無限量願

경 만약 제가 부처가 된다면 국토에 거주하는 보살이 자유자재하게 설법할 수 있는 지혜(智慧辯才)를 갖추게 할 것인데, 만약 설법이 크기를 한정할 수 있다면 정각을 취하지 않겠습니다.

設我得佛。國中菩薩。智慧辯才。若可限量者。不取正覺。

기 서른 번째는 혜변령무한량원(자유자재하게 설법할 수 있는 지혜가 크기를 한정할 수 없게 할 것을 서원함)이다.

第三十慧辯令無限量願。

이 두 가지 서원은 (17가지 불국토와 관련된 공덕으로 장엄한 것 중 열네 번째인) 수용의 공덕이니 불법의 맛을 즐겨 누릴 수 있게 하기 때문이다.

此二願得受用功德。能令愛樂佛法味故。

31 국토광색철조원國土光色徹照願

경 만약 제가 부처가 된다면 국토가 청정하여 시방세계의 모든 헤아릴 수 없고 셀 수 없는 불가사의한 여러 부처님의 세계를 마치 밝은 거울에 그 얼굴을 비추어 보는 것처럼 모두 비추어 볼 수 있게 할 것입니다. 만약 이와 같이 되지 않는다면 정각을 취하지 않겠습니다.

設我得佛。國土清淨。皆悉照見十方一切無量無數不可思議諸佛世界。猶如明鏡。覩其面像。若不爾者。不取正覺。

기 서른한 번째는 국토광색철조원(국토에 광채가 흘러 모든 것을 꿰뚫어 비추게 할 것을 서원함)이니 (17가지 불국토와 관련된 공덕으로 장엄한 것 중 여섯 번째인) 묘색의 공덕을 얻는 것이다.

第三十一國土光色復[1]照願。得妙色功德。

---
1) ㈜ 저본에 따르면 '復'는 '徹'이다.

32 국토엄식기묘원國土嚴飾奇妙願

경 만약 제가 부처가 된다면 땅 위에서부터 허공에 이르기까지 궁전·누각·연못·꽃과 나무 등을 비롯하여 국토에 있는 일체 만물은 모두 헤아릴 수 없는 다양한 보배와 백천 가지의 향을 함께 합한 것으로 만들어져서, 기묘하게 장엄한 모습이 모든 사람이나 하늘을 넘어서며, 그 향기가 시방세계에 두루 퍼져 보살로서 그 향기를 맡은 이는 모두 불도佛道를 성취하기 위한 행을 닦게 될 것입니다. 만약 이와 같이 되지 않는다면 정각을 취하지 않겠습니다.

> 設我得佛。自地已上。至于虛空。宮殿樓觀。池流華樹。國中所有一切萬物。皆以無量雜寶百千種香。而共合成。嚴飾奇妙。超諸人天。其香普薰十方世界。菩薩聞者。皆修佛行。若不如是者。不取正覺。

기 서른두 번째는 국토엄식기묘원(국토를 기묘하게 장엄할 것을 서원함)이다. 이 서원은 (17가지 불국토와 관련된 공덕으로 장엄한 것 가운데 여덟 번째인 장엄의 공덕을 성취한 것에 속하는) 세 가지 장엄의 공덕을 얻는 것이니, 대지를 장엄하는 공덕과 물을 장엄하는 공덕과 허공을 장엄하는 공덕이다. 우雨의 공덕, 성性의 공덕, 어떤 재난도 없는 것의 공덕[117]을 겸한다.

앞의 여러 서원을 통틀어서 이들 여러 서원을 얻으니, 자비慈悲라는 선에 상응하기 때문이고, 모두 번뇌에 의해 해침을 당하지 않게 하기 때문이다.

---

117 세 가지 공덕은 차례대로 『往生論』에서 설한 17가지 불국토와 관련된 공덕으로 장엄한 것 중 아홉 번째, 세 번째, 열다섯 번째에 해당한다.

第三十二國土嚴飾奇妙願。此願得三種莊嚴功德。謂地水空。竝雨功德性功德無諸難功德。通上諸願。得此等諸願。能是慈悲善相應故。皆能令得無惱害故。

앞에서 32가지 서원으로 국토를 장엄하는 17가지 공덕을 얻는 것을 설한 것을 마쳤다.

上三十二願。得國土莊嚴十七功德竟。

33 광명섭익원光明攝益願

경 만약 제가 부처가 된다면 시방세계의 헤아릴 수 없는 불가사의한 여러 부처님의 세계에 거주하는 중생의 부류로서 나의 광명을 받아 그 몸에 접촉한 이는 몸과 마음이 유연해져서 사람과 하늘을 넘어설 것입니다. 만약 이와 같이 되지 않는다면 저는 정각을 취하지 않겠습니다.

設我得佛。十方無量不可思議諸佛世界衆生之類。蒙我光明。觸其身者。身心柔軟。超過人天。若不爾者。不取正覺。

기 서른세 번째는 광명섭익원(광명에 의해 중생을 섭수하여 이익을 얻게 할 것을 서원함)이다. 이 서원은 (여덟 가지) 부처님과 관련된 공덕으로 장엄한 것 가운데 (두 번째인) 신업의 공덕을 얻는 것이다.

第三十三光明攝益願。此願得莊嚴佛功德中身業功德。

34 음성섭익원音聲攝益願

경 만약 제가 부처가 되었을 때 시방세계의 헤아릴 수 없고 불가사의한 여러 부처님의 세계에 거주하는 중생의 부류가 저의 명호를 듣고 보살의 무생법인無生法忍[118]과 여러 가지 심오한 총지總持[119]를 얻지 못한다면 정각을 취하지 않겠습니다.

設我得佛。十方無量不可思議諸佛世界衆生之類。聞我名字。不得菩薩無生法忍諸深總持者。不取正覺。

기 서른네 번째는 음성섭익원(음성에 의해 섭수하여 이익을 얻게 할 것을 서원함)이다.

第三十四音聲攝益願。

35 영리예형원令離穢形願

경 만약 제가 부처가 되었을 때 시방세계의 헤아릴 수 없고 불가사의한 여러 부처님의 세계에 여인이 있어 저의 명호를 듣고 기뻐하고 믿고 좋아하면서 보리심을 일으키고, 여인의 몸을 싫어하였는데 목숨을 마친 후에 다시 여인의 형상으로 왕생한다면 정각을 취하지 않겠습니다.

---

118 무생법인無生法忍 : 일체법이 공하여 그 자체 고유한 성질을 갖지 않고, 생멸변화를 넘어서 있음을 깨달아 그 진리에 편안하게 머물며 마음이 흔들리지 않는 것.
119 총지總持 : ⓢ dhāraṇī의 의역어. 능지能持·능차能遮 등으로도 의역하고 다라니陀羅尼라고 음역한다. 한량없는 불법佛法을 빠짐없이 모두 기억하여 잊어버리지 않는 염혜력念慧力을 가리킨다.

設我得佛。十方無量。不可思議諸佛世界。其有女人。聞我名字。歡喜信樂。
發菩提心。厭惡女身。壽終之後。復爲女像者。不取正覺。

기 서른다섯 번째는 영리예형원(더러운 형체를 여의게 할 것을 서원함)이다.

第三十五令離穢形願。

36 영립범행원令立梵行願

경 만약 제가 부처가 된다면 시방세계의 헤아릴 수 없는 불가사의한 여러 부처님의 세계에 거주하는 여러 보살 대중이 저의 명호를 듣고 수명이 다한 후에 항상 법행梵行(청정한 행)을 닦아 불도를 이룰 것입니다. 만약 이와 같이 되지 않는다면 정각을 취하지 않겠습니다.

設我得佛。十方無量不可思議諸佛世界諸菩薩衆。聞我名字。壽終之後。常
修梵行。至成佛道。若不爾者。不取正覺。

기 서른여섯 번째는 영립범행원(범행을 세우도록 할 것을 서원함)이다.

第三十六令立梵行願。

37 영성존덕원令成尊德願

경 만약 제가 부처가 된다면, 시방세계의 헤아릴 수 없는 불가사의한 여러 부처님의 세계에 거주하는 여러 하늘과 사람이 저의 명호를 듣고 온몸을 땅에 던져(五體投地) 머리를 조아려 예배를 드리며 환희심을 내고 믿음을 일으켜 즐거워하며 보살행을 닦아, 모든 하늘과 세상 사람이 (그들을) 지극히 공경하지 않음이 없게 될 것입니다. 만약 이와 같이 되지 않는다면 정각을 취하지 않겠습니다.

設我得佛。十方無量不可思議諸佛世界諸天人民。聞我名字。五體投地。稽首作禮。歡喜信樂。修菩薩行。諸天世人。莫不致敬。若不爾者。不取正覺。

기 서른일곱 번째는 영성존덕원(존경받을 수 있는 덕을 이루게 할 것을 서원함)이다.

第三十七令成尊德願。

38 의복자연원衣服自然願

경 만약 제가 부처가 된다면, 국토에 거주하는 사람과 하늘이 의복을 얻고자 하면 생각에 따라 바로 이르러 부처님께서 찬탄하신 것과 같은 법에 상응하는 미묘한 의복이 저절로 몸에 입혀지게 될 것입니다. 만약 마름질하고 꿰매며 표백하고 물들이며 세탁해야 하는 일이 있다면 정각을 취하지 않겠습니다.

設我得佛。國中人天。欲得衣服。隨念即至。如佛所讚。應法妙服。自然在身。若有裁縫擣染浣濯者。不取正覺。

기 서른여덟 번째는 의복자연원(의복을 저절로 얻게 할 것을 서원함)이다.

第三十八衣服自然願。

39 수락무염원受樂無染願

경 만약 제가 부처가 되었을 때 국토에 거주하는 사람과 하늘이 누리는 쾌락이 누진비구漏盡比丘[120]와 같지 않다면 정각을 취하지 않겠습니다.

設我得佛。國中人天。所受快樂。不如漏盡比丘者。不取正覺。

기 서른아홉 번째는 수락무염원(염오가 없는 쾌락을 누리게 할 것을 서원함)이다.

第三十九受樂無染願。

40 수의득견시방국토원隨意得見十方國土願

경 만약 제가 부처가 된다면, 국토에 거주하는 보살이 뜻에 따라 시방세계의 헤아릴 수 없는 장엄하고 청정한 부처님의 국토를 보려고 하면 그때마다 원하는 대로 보배 나무 가운데 모두 비추어져서 마치 밝은 거울에 그 얼굴을 비추어 보는 것과 같게 될 것입니다. 만약 이와 같이 되지 않는다면 정각을 취하지 않겠습니다.

設我得佛。國中菩薩。隨意欲見十方無量嚴淨佛土。應時如願。於寶樹中。皆悉照見。猶如明鏡。覩其面像。若不爾者。不取正覺。

---

120 누진비구漏盡比丘 : 번뇌를 모두 끊어 다시 후생後生을 받지 않는 경지에 도달한 아라한阿羅漢을 일컫는 말. 누진아라한漏盡阿羅漢이라고도 한다.

기 마흔 번째는 수의득견시방국토원(뜻에 따라 시방세계의 국토를 볼 수 있게 할 것을 서원함)이다.

第四十隨意得見十方國土願。

이 일곱 가지 서원[121]은 상응하는 것에 따라 총괄적으로 나머지 일곱 가지 공덕[122]을 얻는 것이다.

此七願。隨應總得餘七功德。

41 문명령득단엄보원 聞名令得端嚴報願

경 만약 제가 부처가 되었을 때 다른 국토의 여러 보살 대중이 저의 명호를 듣고 부처가 되기에 이르기까지 모든 근에 결함이 있거나 볼품이 없는 부분이 있어 온전한 모습을 갖추지 못하는 일이 있다면 정각을 취하지 않겠습니다.

設我得佛。他方國土諸菩薩衆。聞我名字。至于得佛。諸根缺陋。不具足者。不取正覺。

---

121 일곱 가지 서원 : 제34원에서부터 제40원까지를 가리킨다.
122 나머지 일곱 가지 공덕 : 『往生論』에서 설한 여덟 가지 부처님과 관련된 공덕으로 장엄한 것 중 이미 설한 신업(몸)을 장엄한 것을 제외한 나머지를 말한다. 여덟 가지는 다음과 같다. 첫째는 좌대를 장엄한 것이고 둘째는 몸을 장엄한 것이며, 셋째는 입을 장엄한 것이고 넷째는 마음을 장엄한 것이며, 다섯째는 대중을 장엄한 것이고 여섯째는 상수上首를 장엄한 것이며, 일곱째는 주인을 장엄한 것이고 여덟째는 헛되이 짓지 않고 보듬어 지키는 것(住持)을 장엄한 것이다.

기 마흔한 번째는 문명령득단엄보원(명호를 들은 이가 단정하게 장엄하는 과보를 얻을 수 있게 할 것을 서원함)이다.

第四十一聞名令得端嚴報願。

42 문명령득청정해탈삼매원聞名令得淸淨解脫三昧願

경 만약 제가 부처가 된다면 다른 국토의 여러 보살 대중이 저의 명호를 듣고 모두 청정해탈삼매淸淨解脫三昧[123]를 얻어서 이 삼매에 머물러 한 번 뜻을 일으키는 짧은 시간 동안 헤아릴 수 없는 불가사의한 여러 부처님·세존을 공양하면서도 정의定意[124]를 잃지 않을 것입니다. 만약 이와 같이 되지 않는다면 정각을 취하지 않겠습니다.

設我得佛。他方國土諸菩薩衆。聞我名字。皆悉逮得淸淨解脫三昧。住是三昧。一發意頃。供養無量不可思議諸佛世尊。而不失定意。若不爾者。不取正覺。

기 마흔두 번째는 문명령득청정해탈삼매원(명호를 들은 이가 청정해탈삼매를 얻을 수 있게 할 것을 서원함)이다.

---

123 청정해탈삼매淸淨解脫三昧 : 현일의 『無量壽經記』 권상(H2, 242b)에서 "'청정해탈삼매'라는 것은 여덟 가지 해탈(八解脫) 중 세 번째 해탈을 청정해탈이라 한다. 색色을 반연하여 해탈하는 것 가운데 가장 뛰어난 것이기 때문에 별도로 이것을 설한 것이다. 또한 이렇게 해석할 수도 있다. 모든 삼매는 속박에서 벗어난 것이기 때문에 '청정해탈'이라 한 것이다."라고 한 것을 참조할 것. 여덟 가지 해탈에 대해서는 상권 주 234를 참조할 것.
124 정의定意 : ⓢ samādhi의 의역어. 등지等持·정정定定 등이라고도 하고 음역어는 삼매三昧·삼마지三摩地이다. 마음을 하나의 대상이나 경계에 집중하여 동요함이 없이 안정된 상태를 말한다.

第四十二聞名令得淸淨解脫三昧願。

43 문명령득생존귀가원聞名令得生尊貴家願

경 만약 제가 부처가 된다면 타방세계에 있는 국토의 여러 보살 대중이 저의 명호를 듣고 수명을 마친 후 존귀한 가문에 태어날 것입니다. 만약 이와 같이 되지 않는다면 정각을 취하지 않겠습니다.

設我得佛。他方國土諸菩薩衆。聞我名字。壽終之後。生尊貴家。若不爾者。不取正覺。

기 마흔세 번째는 문명령득생존귀가원(명호를 들은 이가 존귀한 가문에 태어날 수 있게 할 것을 서원함)이다.

第四十三聞名令得生尊貴家願。

44 문명령득구족덕본원聞名令得具足德本願

경 만약 제가 부처가 된다면 다른 국토의 여러 보살 대중이 저의 명호를 듣고 환희심을 내어 발을 구르면서 보살행을 닦고 덕의 근본이 되는 것을 온전히 갖출 것입니다. 만약 이와 같이 되지 않는다면 정각을 취하지 않겠습니다.

設我得佛。他方國土諸菩薩衆。聞我名字。歡喜踊躍。修菩薩行。具足德本。若不爾者。不取正覺。

기 마흔네 번째는 문명령득구족덕본원(명호를 들은 이가 덕의 근본이 되는 것을 온전히 갖출 수 있게 할 것을 서원함)이다.

第四十四聞名令得具足德本願。

45 문명령득보등삼매원聞名令得普等三昧願

경 만약 제가 부처가 된다면 다른 국토의 여러 보살 대중이 저의 명호를 듣고 모두 보등삼매普等三昧[125]를 얻기에 이르고, 이 삼매에 머물러 불도를 이룰 때까지 항상 헤아릴 수 없고 불가사의한 일체의 여러 부처님을 친견할 것입니다. 만약 이와 같이 되지 않는다면 정각을 취하지 않겠습니다.

設我得佛。他方國土諸菩薩衆。聞我名字。皆悉逮得普等三昧。住是三昧。至于成佛。常見無量不可思議一切諸佛。若不爾者。不取正覺。

기 마흔다섯 번째는 문명령득보등삼매원(명호를 들은 이가 보등삼매를 얻을 수 있게 할 것을 서원함)이다.

第四十五聞名令得普等三昧願。

46 수득원문소욕문법원隨得願聞所欲聞法願

경 만약 제가 부처가 된다면 국토에 거주하는 보살은 그 소원에 따라

---

125 보등삼매普等三昧 : 현일의 『無量壽經記』 권상(H2, 242b)에서 "'보등삼매'라는 것은 이 삼매의 힘으로 말미암아 모든 부처님의 세계를 두루 보기 때문에 '보普'라고 하고 평등하게 나타내어 보지 않은 것이 없기 때문에 '등等'이라 하였다."라고 한 것을 참조할 것.

듣고자 하는 법을 저절로 들을 수 있을 것입니다. 만약 이와 같이 되지 않는다면 정각을 취하지 않겠습니다.

設我得佛。國中菩薩。隨其志願。所欲聞法。自然得聞。若不爾者。不取正覺。

기 마흔여섯 번째는 수득원문소욕문법원(원하는 것에 따라 듣고자 하는 법을 들을 수 있게 할 것을 서원함)이다.

第四十六隨得願聞所欲聞法願。

47 문명령득지불퇴전원聞名令得至不退轉願

경 만약 제가 부처가 되었을 때 다른 국토의 여러 보살 대중이 저의 명호를 듣고 바로 불퇴전不退轉의 지위[126]에 이르지 못한다면 정각을 취하지 않겠습니다.

設我得佛。他方國土。諸菩薩衆。聞我名字。不即得至不退轉者。不取正覺。

기 마흔일곱 번째는 문명령득지불퇴전원(명호를 들은 이가 불퇴전의 지위에 이를 수 있게 할 것을 서원함)이다.

第四十七聞名令得至不退轉願。

---

126 불퇴전不退轉의 지위 : 악취惡趣와 이승지二乘地(성문聲聞·연각緣覺의 지위)에 떨어지지 않는 지위. 곧 증득한 보살지菩薩地와 깨달은 법에서 퇴실하지 않고 반드시 성불하기에 이르는 지위를 가리킨다.

48 문명령득지삼법인원 聞名令得至三法忍願

경 만약 제가 부처가 되었을 때 다른 국토의 여러 보살 대중이 저의 명호를 듣고 바로 제1・제2・제3의 법인法忍[127]을 얻지 못하고 여러 불법에 대해서 바로 불퇴전의 지위를 얻지 못한다면 정각을 취하지 않겠습니다.

---

127 제1・제2・제3의 법인法忍 : 각각의 해당 계위에 대해서는 주석자에 따라 이견이 있다. 법위는 『無量壽經義疏』(H2, 12c)에서 "『仁王經』(T8, 836b)에서 설한 다섯 가지 인忍, 곧 복인伏忍(지전地前의 삼현三賢의 계위에 있는 사람이 아직 무루無漏를 얻지 못하여 번뇌를 끊지 못하고, 단지 번뇌를 조복시켜 일어나지 못하게만 할 수 있는 것. 삼현의 계위 중 십주를 하품, 십행을 중품, 십회향을 상품이라 함)・신인信忍(지상地上의 보살이 무루신無漏信을 얻어 수순隨順하여 의심하지 않는 것. 그 가운데 초지를 하품, 제2지를 중품, 제3지를 상품이라 함)・순인順忍(보살이 보리도菩提道에 수순하여 무생無生의 과果를 향해 나아가는 것. 그 가운데 제4지를 하품, 제5지를 중품, 제6지를 상품이라 함)・무생인無生忍(보살이 망혹妄惑을 이미 다하고 제법이 모두 불생不生임을 분명히 아는 것. 그 가운데 제7지를 하품, 제8지를 중품, 제9지를 상품이라 함)・적멸인寂滅忍(모든 미혹을 끊어 없애고 청정하고 무위無爲하며 맑고 적멸한 것. 그 가운데 제10지를 하품이라 하고 불지를 상품이라 함) 가운데 차례대로 처음의 세 가지 인忍을 가리킨다."라고 하였다. 현일은 『無量壽經記』(H2, 242c)에서 법위라는 이름을 적시하여 그 견해를 제시하고, 별다른 비판은 하지 않고 바로 자신의 견해를 제시하여 "지금 여기에서는 이 경의 뒤에서 밝힌 세 가지 인을 말하는 것이니 음향인音響忍・유순인柔順忍・무생인이다."라고 하였다. 곧 『無量壽經』 권상(T12, 271a)에서 서원을 설하고 난 후 "아난아, 그 국토의 사람과 하늘로서 이 나무를 보는 이는 세 가지 법인을 얻으니, 첫째는 음향인이고 둘째는 유순인이며 셋째는 무생법인이다."라고 한 것을 가리킨다. 경흥은 『無量壽經連義述文贊』 권중(H2, 50c)에서 어떤 사람의 견해라고 하여 법위의 견해를 제시하고, "신인은 곧 (보살의 수행 52계위 중 제41~제50에 해당하는 십지十地 중) 초지初地・제2지・제3지에서 얻는 것이고, 순인은 곧 제4지・제5지・제6지에서 얻는 것이다. 어찌 단지 그 부처님의 명호를 듣는 것만으로 이 두 가지 인忍을 얻겠는가. 명호를 듣고 점차로 얻는 것을 말한 것이라고 한다면 또한 응당 오인五忍을 얻는다고 말했어야 하기 때문이다."라고 하여 비판적 견해를 제시하고 바로 이어서 자신의 견해를 제시하기를 "지금 곧 복인의 세 가지 지위(복인의 하품・중품・상품)를 '세 가지 법인'이라 한 것이다. 『瑜伽師地論』 권47(T30, 554b)에서 또한 '승해행지勝解行地(해행주解行住・해행지解行地 등이라고도 한다. 해해에 의지하여 수행하면서 아직 진여眞如를 증득하지 못한 지전의 삼현 보살의 계위를 가리킴)에 하품・중품・상품의 삼인三忍이 있다.'라고 하였기 때문이다."라고 하였다.

設我得佛。他方國土諸菩薩衆。聞我名字。不即得至第一第二第三法忍。於
諸佛法。不能即得不退轉者。不取正覺。

기 마흔여덟 번째는 문명령득지삼법인원(명호를 들은 이가 세 가지 법인을
얻게 할 것을 서원함)이다.

第四十八聞名令得至三法忍願。

이 여덟 가지 서원은 상응하는 것에 따라 총괄적으로 보살을 장엄하는
네 가지 공덕[128]을 얻는 것이다.

此八願。隨應總得莊嚴菩薩四種功德。

이와 같이 서원과 공덕은 원인과 결과로서 서로 짝을 이룬다.

如是願德。因果相配。

비록 성인의 가르침에서 글을 찾을 수 없어도 참된 말이다. 상相을 따
라 구하면 이치가 응당 이와 같다. 이미 논(『왕생론』)에서 판단하지 않았으

---

128 보살을 장엄하는~가지 공덕 : 『往生論』에서 설한 29가지 덕 가운데 네 가지이다. 첫
째, 한 불토佛土에서 몸이 동요되지 않고, 시방에 두루하여 여러 가지로 응화應化하
며, 여실히 수행하여 항상 불사佛事를 짓는 것이다. 둘째, 그 응화신이 일체시一切時
에 앞에 있지도 뒤에 있지도 않고 일심일념一心一念으로 대광명을 방출하여 시방세
계에 두루 미치게 하여 중생을 교화하고 여러 가지의 방편수행으로 중생의 고통을 없
애는 것이다. 셋째, 일체 세계를 남김없이 포섭하여, 제불의 법회에 있는 대중을 남김
없이 비추고 광대무량하게 공양하고 공경하며 제불여래를 찬탄하는 것이다. 넷째, 삼
보三寶가 없는 모든 곳에 삼보공덕의 대해大海를 보듬어 지키고(住持) 장엄하여 두
루 보여 이해하게 하고 여실히 수행하게 하는 것이다.

니 감히 섣불리 확정하지 않는다. 만약 착오가 있다면 지혜로운 이가 이를 바로잡기를 바란다.【『안양집』권5·권9·권2, 『안양초』권5, 『대경초』권3·권4, 『구품의』】

雖聖敎中。無文誠說。隨相而求。理應如是。旣非論判。未敢輒定。設有謬錯。智者正焉。【安養集五·九·二, 安養抄五, 大經鈔三·四, 九品義】

경

제가 세간을 넘어서는 서원을 세웠으니 반드시 위없는 도를 이루겠습니다. 이 서원이 원만하게 이루어지지 않는다면 맹세코 정각을 이루지 않겠습니다.

我建超世願。必至無上道。
斯願不滿足。誓不成正覺。

제가 한량없는 겁 동안 큰 시주施主가 되어
가난으로 고통 받는 이들을 두루 구제하지 못한다면 맹세코 정각을 이루지 않겠습니다.

我於無量劫。不爲大施主。
普濟諸貧苦。誓不成正覺。

제가 불도를 이루면 명성이 시방세계를 넘어설 것인데
끝내 듣지 못한 이가 있다면 맹세코 정각을 이루지 않겠습니다.

我至成佛道。名聲超十方。
究竟靡所聞。誓不成正覺。

기 지전地前의 세간의 지위를 넘어서는 것이기 때문에 "세간을 넘어서는"이라고 하였다. 법장비구가 이 부처님의 처소에서 발심한 것에 두 가지가 있다. 첫째는 아직 마흔여덟 가지 서원을 일으키지 않았을 때 먼저 세간의 유루발심有漏發心을 일으킨 것이다. 둘째는 5겁 동안 사유한 이후에 다시 출세의 무루발심無漏發心을 일으킨 것이다. 5겁 동안 사유한 이후에 증발심을 일으켰기 때문에 뒤에 게송에서 "저는 세간을 넘어서는 서원을 세웠으니"라고 하였다.【『대경초』 권5】

超勝地前世間之位。故名超世。[1] 法藏比丘。於此佛所。發心有二。一者未起四十八願。先發世間有漏發心。二者五劫思惟以後。更發出世無漏發心。又云[2] 五劫思惟以後。發證發心。故後頌曰。我建超世願【大經鈔五】

1) ㉠ '超勝地前世間之位故名超世'는 역자가 추가로 발췌한 것이다. 『大經鈔』에서 "義寂意者超勝地前世間之位故名超世故彼釋云法藏比丘……"라고 하였기 때문이다. 2) ㉠ 편집 체재의 일관성을 고려할 때 '又云'은 삭제되어야 한다.

기 첫째는 서원이 원만하게 이루어지는 과를 희망하였고 둘째는 큰 시주가 되는 과를 희망하였으며 셋째는 명문名聞이 두루 퍼지는 과를 희망하였다.【『대경초』 권5】

一望滿願果。二望大施果。三望名聞果。【大經鈔五】

경 아난아, 그때 저 비구는 그 부처님의 처소에 있던 여러 하늘과 마구니와 법천梵天과 용과 귀신 등의 팔부대중八部大衆[129] 가운데에서 이러한 큰 서

---

129 팔부대중八部大衆 : 불법을 수호하는 여러 신을 가리키는 말. 곧 하늘(天)·용龍·야차夜叉·건달바乾闥婆·아수라阿修羅·가루라迦樓羅·긴나라緊那羅·마후라가摩睺羅伽를 가리킨다. 이들은 모두 부처님의 덕에 감화받고 귀의하여 부처님의 권속이 되어 부처님의 수용토에 머물면서 부처님을 수호하고 불법을 지키는 역할을 한다.

원을 일으켰다. 이러한 서원을 세우고 한결같이 미묘한 국토를 장엄하는 것에 뜻을 두었다. 수행하여 얻으려는 부처님의 국토는 넓고 크며, 닦아서 얻으려는 부처님의 국토는 뛰어나고 홀로 미묘하며, 세워지면 항상 그대로 존재하여 쇠잔하지 않고 변화하지 않는 것이었다.

阿難。時彼比丘。於其佛所。諸天魔梵龍神八部大衆之中。發斯弘誓。建此願已。一向專志。莊嚴妙土。所修佛國。恢廓廣大。所修佛國。超勝獨妙。建立常然。無衰無變。

기 『왕생론』에서 게송으로 말하기를 "끝내 허공과 같아서 광대하고 끝이 없네."[130]라고 한 것과 같기 때문이다.

如論偈云。究竟如虛空。廣大無邊際故。

문 여기에서 설한 "끝이 없네."라는 것은 두 가지 수용토受用土 가운데 어떤 국토에 의거하여 말한 것인가?

問。此所說無邊際者。於二受用中。依何土而說。

답 『불지경론』에서 크기의 원만함을 밝히면서 그것과 관련하여 세 가지 설[131]을 제시하였는데 (이 가운데 마지막 설에서 말하기를) "여실한 뜻

---

130 『往生論』(T26, 230c).
131 세 가지 설 : 『佛地經論』 권1(T26, 293b)에서 설한 것인데 본서에서는 마지막에 해당하는 여실한 뜻만 밝혔다. 앞의 두 가지는 다음과 같다. 첫 번째 설은 "여래의 수용신이 머무는 국토는 교화의 대상인 중생에게 맞추어 적절한 것을 나타낸 것이니 혹은 크기도 하고 혹은 작기도 하여 그 크기가 일정하지 않다. 비록 광대한 모습을 나타낸다고 해도 또한 끝이 있지만 지전地前의 보살의 지혜 등에 나아가서 '끝이 없어서 그

은 다음과 같다. 수용신이 머무는 국토는 간략히 두 가지가 있다. 첫째는 자수용토自受用土이다.【중략】[132] 이와 같은 정토는 한량없기 때문에 모든 부처님은 비록 볼 수는 있지만 또한 그 크기의 끝은 헤아릴 수 없다. 둘째는 타수용토他受用土이다.【중략】[133] 이와 같은 정토는 끝이 있기 때문에 지상의 보살과 모든 여래가 모두 그 크기를 헤아릴 수 있다. 다만 지전의 보살에 의거하여 '헤아릴 수 없다.'라고 하였다."[134]라고 하였다.[135]『습유초』 권상]

答佛地論。辨量圓滿。有其三說。如實義者。受用身土。略有二義。一自受用。【乃至】如是淨土以無量故。諸佛雖見。亦不能測其量邊際。二他受用。【乃至】如是淨土以有邊故。地上菩薩及諸如來皆測其量。但就地前。言不能測。【捨[1]遺抄上】

1) ㉠ 저본에 따르면 '捨'는 '拾'이다.

"뛰어나고"는 지전의 이생異生[136]을 초월하는 지위와 관련된 것이기 때

크기를 헤아릴 수 없다.'라고 하였다."라고 한 것이다. 두 번째 설은 "여래의 수용신이 머무는 국토는 3무수겁(3아승기겁) 동안 닦았던 가없는 선근에 의해 감응한 것으로 법계에 두루한다. 지상地上의 보살과 모든 여래도 또한 그 크기의 끝을 헤아릴 수 없으니 끝이 없기 때문이다. 마치 시작이 없는 때라고 하는 것과 같다."라고 한 것이다.

132 【중략】: 『佛地經論』에서 "모든 여래가 3무수겁 동안 닦았던 가없는 선근에 의해 감한 것으로 법계에 두루하는 것이다. 스스로 큰 법락法樂을 수용하기 위한 것이기 때문에 처음 불도를 증득했을 때부터 미래세가 다하도록 상속하여 변하지 않지만 모든 공덕을 갖춘 대보살이라도 또한 볼 수 없고 단지 들을 수만 있을 뿐이다."라고 하였다.

133 【중략】: 『佛地經論』에서 "모든 여래가 지상의 모든 보살 대중으로 하여금 큰 법락을 수용하고 더 나아가 뛰어난 행을 닦도록 하기 위해서 그것에 맞추어 적합한 것을 나타낸 것이다. 혹은 뛰어나기도 하고 혹은 하열하기도 하며 혹은 크기도 하고 혹은 작기도 하다. 바뀌어서 일정하지 않으니 변화토와 같다."라고 하였다.

134 『佛地經論』 권1(T26, 293b).

135 이상의 ㉲·㉴ 부분은 뒤에서 중복되어 나오는데 뒤의 글이 더 자세하다.

136 이생異生 : [S] pṛthag-jana, bāla-pṛthagjana의 의역어. 이생은 신역이고 구역에서는 범부라고 하였다. 범부가 육도를 윤회하면서 여러 가지 차별적 과보를 받는 것에 의해 붙여진 이름이라는 설, 범부가 변이變異를 일으켜 삿된 견해를 일으키고 악을 짓는

문이고 "홀로 미묘하며"는 이승이 서로 교섭할 수 있는 것이 아니기 때문이다.【중략】 내적으로는 굶주림·추위 등에 의해 쇠잔하는 일이 없고 외적으로는 수재水災·화재火災 등에 의해 변화하는 일이 없다.【『대경초』권5】

超以過地前異生位故. 獨妙以不二乘相交雜故.【中略】於內無有飢冷等衰. 於外無有水火等變.【大經鈔五】

경 불가사의한 조재兆載의 영겁 동안 보살의 한량없는 덕행을 쌓고 심으면서 욕각欲覺·진각瞋覺·해각害覺[137]을 낳지 않고 욕상欲想·진상瞋想·해상害想[138]을 일으키지 않으며 색경色境·성경聲境·향경香境·미경味境·촉경觸境·법경法境[139]에 집착하지 않았다.

於不可思議兆載永劫. 積植菩薩無量德行. 不生欲覺瞋覺害覺. 不起欲想瞋想害想. 不著色聲香味觸法.

것에 의해 붙여진 이름이라는 설 등의 다양한 해석이 있다.
137 욕각欲覺·진각瞋覺·해각害覺 : 셋을 묶어 삼각三覺·삼불선각三不善覺·삼악각三惡覺 등이라고 한다. 범부가 갖고 있는 선정을 장애하는 세 가지의 악각惡覺을 가리킨다. 욕각이란 세간의 탐낼 만한 일에 대해 생각하고 헤아려 욕심을 일으키는 것이고, 진각이란 세간의 싫어하는 일에 대해 생각하고 헤아려 분노심을 일으키는 것이며, 해각이란 증오하고 질투하는 마음으로 다른 사람을 해치려는 생각을 일으키는 것이다.
138 욕상欲想·진상瞋想·해상害想 : 셋을 묶어 삼상三想·삼악상三惡想·삼불선상三不善想 등이라고 한다. 범부가 갖고 있는 세 가지 나쁜 생각을 가리킨다. 욕상이란 탐욕스러운 생각이고, 진상이란 분노하는 생각이며, 해상이란 사람을 해치려는 생각으로 살해상殺害想이라고도 한다.
139 색경色境·성경聲境·향경香境·미경味境·촉경觸境·법경法境 : 육근六根(여섯 가지 감각기관 혹은 인식능력)이 취하는 여섯 가지 대상을 가리키는 말. 묶어서 육경六境이라고 한다. 색경은 안근眼根의 대상이고 성경은 이근耳根의 대상이며, 향경은 비근鼻根의 대상이고 미경은 설근舌根의 대상이며, 촉경은 신근身根의 대상이고 법경은 의근意根의 대상이다.

기 초지에 들어간 후 다시 제2대겁과 제3대겁을 경유하기 때문에 "불가사의한 조재의 영겁 동안"이라고 하였다. "조"와 "재"는 모두 산수算數(셈에 사용하는 숫자)의 명칭이다. 『풍속통風俗通』[140]에서 "1만의 열 배는 억이고 억의 열 배는 조이며 조의 열 배는 경經이고 경의 열 배는 해姟이며 해의 열 배는 보補이고 보의 열 배는 선選이며 선의 열 배는 재이다."라고 하였다. (그러므로) '조'는 곧 60수六十數[141] 가운데 일곱 번째인 알지낙차頞底洛叉이고 '재'는 열두 번째인 나유다那臾多이다.[142] 『법화경』에서 "[중략] (내가 성불한 지 한량없고 가없는) 백천만억 나유타 아승기겁이 되었다."[143]라고 하였고, 뒤의 중송重頌[144]에서 "[중략] (내가 성불한 지는) 한량없는 백천만억 재載 아승기겁이 되었다."[145]라고 하였다. 그러므로 "재"는 "나유타"라는 것을 알 수 있다.【『대경초』 권5】

---

140 『풍속통風俗通』: 중국 후한 말기의 관료이며 학자인 응소應劭가 지은 책.『風俗通義』라고도 한다. 풍속·종교·음악·지리·민속·악기 등 다양한 분야에 대한 설명을 담고 있다.
141 60수六十數: 고대 인도에서 통용되던 수의 단위. 현재 이 가운데 여덟 가지 숫자는 전하지 않고 52가지 숫자만 전해진다.『大毘婆沙論』권177(T27, 891a)에 따르면, 처음 일一(제1)로부터 시작하여, 일의 열 배인 십(제2), 십의 열 배인 백(제3), 백의 열 배인 천(제4), 천의 열 배인 발라벽타鉢羅薜陀(만, 제5), 발라벽타의 열 배인 낙차洛叉(십만, 제6), 낙차의 열 배인 알지낙차(백만, 제7), 알지낙차의 열 배인 구지俱胝(천만, 제8), 구지의 열 배인 말타末陀(제9), 말타의 열 배인 아유다阿庾多(제10), 아유다의 열 배인 대아유다大阿庾多(제11), 대아유다의 열 배인 나유다那庾多(제12), 나유다의 열 배인 대나유다大那庾多(제13) 등이 있다.
142 『風俗通』에서 1만의 열 배를 억이라고 하였고,『大毘婆沙論』에서 1만의 열 배를 낙차라고 하였으니(주 141을 참조할 것), 억과 낙차는 같은 숫자이다. 그러므로 이하의 숫자에서, "조=알지낙차, 경=구지, 해=말타, 보=아유다, 선=대아유다, 재=나유다"라고 하는 것이 가능함을 말하는 것 같다.
143 『法華經』권5(T9, 43b).
144 중송重頌: ⓢ geya의 의역어. 기야祇夜라고 음역한다. 부처님의 교설을 그 형식이나 내용에 따라 12가지로 분류한 것 중 하나. 앞에서 서술한 내용을 거듭해서 게송의 형식으로 다시 설한 부분을 가리킨다.
145 『法華經』권5(T9, 43b).

入初地後。更經第二第三大劫故云。不可思議兆載永劫。兆之與載皆是算數之名也。風俗通云。十萬爲億。十萬[1]爲兆。十兆爲經。十經爲姟。十姟爲補。十補爲選。十選爲載。兆卽當於六十數中第七頻底洛叉。載卽當於第十二那臾多。法華經云。【乃至】百千萬億那臾[2]他阿僧祇劫。後重頌云。【乃至】無量百千萬億載阿僧祇。故知。載當那臾多也。【大經鈔五】。

1) ㉓ 저본에 따르면 '萬'은 '億'이다.   2) ㉓ 『法華經』에 따르면 '臾'는 '由'이다.

경 인忍의 능력[146]을 성취하여 어떤 고통에도 개의치 않았고, 욕심이 적고 만족할 줄 알아 탐욕과 분노와 어리석음을 일으키지 않았으며, 삼매에 들어 항상 고요하며 지혜는 장애가 없었다.

忍力成就。不計衆苦。少欲知足。無染恚癡。三昧常寂。智慧無礙。

기 『대품반야경』에서 "무엇을 욕심이 적은 것이라 하는가? 아뇩보리까지도 오히려 욕심을 내지 않는 것이니 어찌 하물며 다른 것에 욕심을 내겠는가? 이것을 욕심이 적은 것이라고 한다. 무엇을 보살이 만족할 줄 아는 것이라고 하는가? 일체종지一切種智[147]를 얻는 것이니 이를 만족할 줄 아는 것이라 한다."[148]라고 하였다. 이것의 뜻은 다른 경계를 추구하지 않는 것을 '욕심이 적은 것'이라고 하고 자신의 법(自法)에 안주하는 것을 '만족할 줄 아는 것'이라고 하는 것이다. 다른 경계는 곧 색色 등의 대

---

146 인忍의 능력 : 경흥이 『無量壽經連義述文贊』 권중(H2, 52a)에서 "'인忍의 능력'이라는 것은 고통을 편안히 받아들이는 인忍이고 원망과 해침을 참아 내는 인忍이며 법法을 관찰하는 인忍이다. 이러한 인의 능력으로 손상과 해침을 참아 내기 때문에 세 가지 각(三覺)과 세 가지 상(三想)을 여읜다."라고 한 것을 참조할 것. 단, 경흥이 제시한 세 가지 인은 『解深密經』 권4(T16, 705c)에서 설한 것과 같다.
147 일체종지一切種智 : 불지佛智라고도 하며, 오직 부처님만 얻을 수 있는 지혜를 가리킨다.
148 『大品般若經』 권6(T8, 258b).

상[149]에 의해 일어나는 다섯 가지 정욕(五欲)[150]을 일으키고 자신의 법은 곧 현량現量[151]의 지혜를 일으킨다.『대경초』권5

般若經云。云何少欲乃至阿耨菩提尙不欲。何況餘欲。是名少欲。云何菩薩知足。得一切種智。是名知足。此意不求他境名少欲。安住自法名知足。他境卽是色等五欲。自法卽是現量之智。【大經鈔五】

경 공空·무상無相·무원無願인 법에 머물러 짓는 것도 없고 생기하는 것도 없으니 법이 허깨비와 같음을 관찰하였다. 거친 말과 자신을 해치고 남을 해치며 자신과 남을 모두 해치는 것을 모두 여의었고, 착한 말을 닦아 익히고 자신을 이롭게 하고 남을 이롭게 하며 남과 나를 모두 이롭게 하였다.

住空無相無願之法。無作無起。觀法如化。遠離麤言。自害害彼。彼此俱害。修習善語。自利利人。彼我兼利。

기 원인을 "짓는 것도 없고"라고 한 것이고 결과를 "생기하는 것도 없으니"라고 한 것이다. 짓는 것과 생기하는 것이 실체가 없으니 "허깨비와 같음"이라고 하였다.『대경초』권5

因無作者。果無起者。作起無實。故如化也。【大經鈔五】

---

149 색 등의 대상 : 오욕五欲의 대상인 오경五境을 가리키는 말이다.
150 다섯 가지 정욕(五欲) : 색色·성聲·향香·미味·촉觸의 다섯 가지 경계에 물들고 집착하여 일어나는 다섯 가지 정욕情欲. 차례대로 색욕·성욕·향욕·미욕·촉욕이라고 한다.
151 현량現量 : 논리학 용어. 삼량三量의 하나. 언어에 의한 분별적 사유를 거치지 않고 사물의 자상自相을 직접 지각에 의해 아는 것이다. '양量'은 지식의 진위를 판정하는 표준이 되는 것을 뜻한다.

경 나라를 버리고 왕위를 내어놓고 재물과 색色을 끊어 버렸으며 스스로 여섯 가지 바라밀을 행하고 사람들을 가르쳐 행하도록 하였다. 무앙수겁無央數劫 동안 공덕을 쌓아 그 태어나는 곳마다 원하는 대로 한량없는 보장寶藏이 저절로 생겨났다.

수없이 많은 중생을 교화하고 안립安立하여 위없는 바르고 참된 도道에 머물게 하였다. 혹은 장자나, 거사나, 호성豪姓(세력 있는 가문)이나, 존귀한 사람으로 태어나고, 혹은 크샤트리아(刹利)나, 한 나라의 왕이나, 천하를 다스리는 전륜성왕으로 태어나며, 혹은 욕계의 여섯 하늘(六欲天)[152]의 주인[153]으로 태어나거나 혹은 범왕梵王으로 태어나면서 항상 네 가지 물건(四事)[154]으로 모든 부처님께 공양하고 공경하였다. 이와 같은 공덕은 말할 수 없을 정도였다.

입에서 우발라화優鉢羅華[155] 같은 깨끗한 향기가 풍겨 나오고 몸의 여러 털구멍에서는 전단향栴檀香[156]이 풍겨 나오며 그 향기 한량없는 세계에 두루 퍼졌다.

용색容色이 단정하고 상호相好가 뛰어났으며, 그 손에서는 항상 끝없이 다

---

152 욕계의 여섯 하늘(六欲天) : 삼계 중 욕계에 속하는 하늘을 통틀어서 일컫는 말. 곧 사왕천四王天·도리천忉利天·야마천夜摩天·도솔천兜率天·화락천化樂天·타화자재천他化自在天을 가리킨다.
153 욕계의 여섯 하늘(六欲天)의 주인 : 욕계의 여섯 하늘 중 가장 상위에 위치한 타화자재천을 가리킨다. 색계의 주인인 마혜수라천摩醯首羅天과 함께 마왕魔王이 되어 정법을 방해한다.
154 네 가지 물건(四事) : 일상생활에 필요한 네 가지 물건. 의복·음식·와구臥具·의약 혹은 의복·음식·탕약·방사房舍를 가리킨다. 이러한 물건을 공양하는 것을 네 가지 물건으로 공양하는 것(四事供養)이라고 한다.
155 우발라화優鉢羅華 : '우발라'는 ⓢ utpala의 음역어. 수련睡蓮을 가리킨다. 우발라화優鉢羅華라고도 하고 청련화青蓮華·홍련화紅蓮華 등으로 의역한다. 푸른색·붉은색·흰색 등의 다양한 색이 있지만 그중 푸른색이 가장 유명하다.
156 전단향栴檀香 : 전단수旃檀樹로 만든 향. '전단'은 ⓢ candana의 음역어이다. 인도 등의 열대지방에서 서식하는 향나무로 향기가 매우 뛰어나다.

함이 없는 보배와 의복과 음식과 진귀하고 미묘한 꽃과 향기와 비단으로 만든 덮개와 당번幢幡(깃발)의 장엄하는 도구가 흘러나왔는데 이와 같은 일들은 여러 하늘과 사람을 넘어서는 것이었다. 일체법에 있어서 자유자재함을 얻었다.

棄國捐王。絶去財色。自行六波羅蜜。敎人令行。無央數劫。積功累德。隨其生處。在意所欲。無量寶藏。自然發應。敎化安立無數衆生。住於無上正眞之道。或爲長者居士豪姓尊貴。或爲刹利國君轉輪聖帝。或爲六欲天主乃至梵王。常以四事供養恭敬一切諸佛。如是功德。不可稱說。口氣香潔。如優鉢羅華。身諸毛孔。出栴檀香。其香普熏無量世界。容色端正。相好殊妙。其手常出。無盡之寶。衣服飮食。珍妙華香。繪蓋幢幡莊嚴之具。如是等事。超諸天人。於一切法。而得自在。

기 모든 유정에게 (공양구를) 베풀어 삼보에 공양하게 하였다.[157] 『대경초』권5]

施諸有情。供養三寶。【大經鈔五】

기 "이러한 큰 서원을 일으켰다."부터 "쇠잔하지 않고 (변화하지 않는 것이었다.)"까지는 초지의 실천행이니 여기에서 서원의 인과 서원의 과를 성취하였기 때문이다. "불가사의한 (조재의 영겁 동안)"부터 "촉경·법경에 (집착하지 않았다.)"까지는 2지의 실천행이니 계도戒度(계바라밀)를 성취하였기 때문이다. "인忍의 능력을 (성취하여)"부터 "질문을 받들었다."까지는 3지의 실천행이니 인도忍度(인욕바라밀)를 성취하였기 때문이다. "용맹스럽게"부터 "성취하게 하였다."까지는 4지의 실천행이니 진도進度

---

157 "그 손에서는~도구가 흘러나왔는데"라고 한 부분에 대한 해석이다.

(정진바라밀)를 성취하였기 때문이다. "공空······머물러 (짓는 것도 없고)"부터 "모두 이롭게 하였다."까지는 5지의 실천행이니 정도定度(선정바라밀)를 성취하였기 때문이다.

"나라를 버리고"부터 "(가르쳐) 행하도록 하였다."까지는 6지의 실천행이니 혜도慧度(반야바라밀)를 성취하였기 때문이다. "무앙수겁 동안"부터 "저절로 생겨났다."까지는 7지의 실천행이니 방도方度(방편바라밀)를 성취하였기 때문이다. "(수없이 많은 중생을) 교화하고"부터 "말할 수 (없을 정도였다.)"까지는 8지의 실천행이니 원도願度(서원바라밀)를 성취하였기 때문이다. "입에서"부터 "세계에 (두루 퍼졌다.)"까지는 9지의 실천행이니 역도力度(역바라밀)를 성취하였기 때문이다. "용색容色이 (단정하고)"부터 "자유자재함을 (얻었다.)"까지는 10지의 실천행이니 지도智度(지혜바라밀)을 성취하였기 때문이다.[158] 『대경초』 권5」

---

[158] 이상 의적이 본 경을 분과한 내용을 경문과 함께 도표로 나타내면 다음과 같다. 십바라밀 중 제1바라밀은 보시바라밀인데 본 분과에서는 언급되지 않았다.

계위	『無量壽經』 본문	십바라밀
제1지	龍神八部大衆之中. 發斯弘誓. 建此願已. 一向專志. 莊嚴妙土. 所修佛國. 開廓廣大. 超勝獨妙. 建立常然. 無衰無變.	
제2지	於不可思議兆載永劫. 積殖菩薩無量德行. 不生欲覺瞋覺害覺. 不起欲想瞋想害想. 不著色聲香味觸之法.	계바라밀
제3지	忍力成就. 不計衆苦. 少欲知足. 無染恚癡. 三昧常寂. 智慧無礙. 無有虛僞諂曲之心. 和顏軟語. 先意承問.	인욕바라밀
제4지	勇猛精進. 志願無倦. 專求淸白之法. 以惠利群生. 恭敬三寶. 奉事師長. 以大莊嚴具足衆行. 令諸衆生. 功德成就.	정진바라밀
제5지	住空無相無願之法. 無作無起. 觀法如化. 遠離麁言. 自害害彼. 彼此俱害. 修習善語. 自利利人. 彼我兼利.	선정바라밀
제6지	棄國捐王. 絶去財色. 自行六波羅蜜. 敎人令行.	慧波羅蜜 (반야바라밀)
제7지	無央數劫. 積功累德. 隨其生處. 在意所欲. 無量寶藏. 自然發應.	방편바라밀
제8지	敎化安立無數衆生. 住於無上正眞之道. 或爲長者居士. 豪姓尊貴. 或爲刹利國君. 轉輪聖帝. 或爲六欲天主乃至梵王. 常以四事供養恭敬一切諸佛. 如是功德. 不可稱盡.	서원바라밀
제9지	口氣香潔. 如優鉢羅華. 身諸毛孔. 出栴檀香. 其香普熏無量世界.	역바라밀
제10지	容色端正. 相好殊妙. 其手常出無盡之寶. 衣服飮食. 珍妙華香. 諸蓋幢幡莊嚴之具. 如是等事. 超諸人天. 於一切法而得自在.	智波羅蜜 (지혜바라밀)

從發斯弘誓已下至無衰者。爲初地行。於中願因願果成就。從於不下至觸法者。爲二地行。戒度成故。從忍力下至承問者。爲三地行。忍度成故。從勇猛下至成就者。爲四地行。進度成故。從住空下至兼行[1]者。爲五地行。定度成故。從棄國下至令行者。爲六地行。慧度成故。從無央下至發應者。爲七地行。方度成故。從敎化下至稱說者。爲八地行。願度成故。從口氣下至世界者。爲九地行。力度成故。從容色下至自在者。爲十地行。智度成故【大經鈔五】

---

1) ㉓『無量壽經』에 따르면 '行'은 '利'이다.

경 아난이 부처님께 말씀드렸다.

"법장보살은 이미 성불하여 멸도를 취하였습니까, 아직 성불하지 못하였습니까, 지금 나타나 계시는 것입니까?"

부처님께서 아난에게 말씀하셨다.

"법장보살은 이미 성불하여 서방으로 여기에서 10만억 찰토를 지난 곳에 나타나 계시는데 그 부처님의 세계를 안락安樂이라고 한다."

아난이 또 여쭈었다.

"그 부처님께서는 성불한 지 얼마나 되었습니까?"

부처님께서 말씀하셨다.

"성불한 지 10겁이 지났다."

阿難白佛。法藏菩薩。爲已成佛。而取滅度。爲未成佛。爲今現在。佛告阿難。法藏菩薩。今已成佛。現在西方。去此十萬億刹。其佛世界。名曰安樂。阿難又問。其佛成道已來。爲經幾時。佛言。成佛已來。凡歷十劫。

기 "서방으로 여기에서 10만억 찰토를 지난 곳에 나타나 계시는데"라는 것은 머물고 계신 곳을 나타낸 것이고 "성불한 지 10겁이 지났다."라고 한 것은 시간의 길이를 나타낸 것이다.

『무량청정평등각경』에서 "무량청정불께서 성불한 지 18겁이 지났다. 거주하는 국토는 수마제須摩提[159]라고 하는데 바로 서방으로 이 염부리閻浮利에서 천억만 수미산 부처님 국토를 지난 곳에 있다."[160]라고 하였고, 『아미타경』에서는 "아미타불께서는 성불한 지 10소겁이 지났다. 거주하는 국토를 수마제라고 한다. 바로 서방으로 이 염부제 지역을 지나 천억만 수미산 부처님 국토를 지난 곳에 있다."[161]라고 하였다

상고한다. 저 두 경(『무량청정평등각경』과 『아미타경』)은 성불한 시간의 길이는 다르지만 가리키는 장소의 거리는 같다. 어떤 사람은 "(『무량청정평등각경』에서) '팔八'이라고 한 글자는 오식으로 보아야 한다. 나머지 글에서는 모두 대체로 10겁이라고 하였기 때문이다."[162]라고 하였다. 아직 범본을 대조해 보지 못하였기 때문에 감히 섣부르게 확정하지 않는다.[163]

西方去此十萬億利者。顯所在方。成佛已來凡歷十劫者。顯久近也。淸淨覺經云。無量淸淨佛。作佛以來。凡十八劫。所居國土。名須摩提。正在西方。去是閻浮利[1)]地界。千億萬須彌山佛國。阿彌陀經云。阿彌陀佛。作佛以來。凡十小劫。所居國土。名須摩提。[2)] 正在西方。去是閻浮[3)]地界千億萬須彌山佛國。案彼二經。成佛久近則異。指方遐邈則同。或謂八字應誤。余文皆多云十劫故。未勘梵本。不敢輒定。

---

159 수마제須摩提 : [S] sukhāvatī, suhāmatī의 음역어. 갖추어서 수하마제須訶摩提라고도 음역하고, 극락極樂·정토淨土·안양安養 등으로 의역한다. 아미타불이 머물고 계시는 국토를 가리킨다.
160 『無量淸淨平等覺經』 권1(T12, 282c).
161 『阿彌陀經』 권상(T12, 303b).
162 경흥이 『無量壽經連義述文贊』 권중(H2, 53a)에서 "그런데 백연본에서 '부처님이 된 이후 무릇 18겁이 지났다.'라고 한 것은 아마 그 '소小'라는 글자에서 그 중간의 점點을 빠뜨린 것 같다.(而帛延云。作佛以來。凡十八劫者。蓋其小字。闕其中點矣。)"라고 한 것을 참조할 것.
163 현재 전해지는 범본 『無量壽經』에 따르면 10겁이다.

1) ⓔ『無量淸淨平等覺經』에 따르면 '利'은 '利'이다.　2) ⓔ『阿彌陀經』에 따르면 '提'는 '題'이다.　3) ⓔ『阿彌陀經』에 따르면 '浮' 뒤에 '提'가 누락되었다.

(『무량청정평등각경』에서 서방이라는 장소의) 거리를 나타낸 것 가운데 "천억만"이라는 것은 천억이 만에 이르는 것이다. 이것은 하나의 사천하 국토에 의거하여 설한 것이니, 글에서 "수미산 부처님 국토"라고 하였기 때문이다. 이 경(『무량수경』)에서 "10만억"이라고 한 것은 억이 10만에 이르는 것이다. 여기에서 "억"이라는 것은 천만을 억으로 삼은 것이니 바로 구지俱胝[164]라는 수에 해당한다. 구역 경론에서 구지라는 수를 대부분 억이라고 의역하였다. 예를 들면 삼천대천세계를 구역 경전에서는 "백억"이라고 하였고 신역 경전에서는 "백구지"라고 한 것과 같다.[165] 그러므로 여기에서의 억은 바로 구지이고 낙차落叉[166]가 아니라는 것을 알 수 있다. 만약 10만을 억으로 삼았다면 응당 "억억"이라고 해야 할 것이니 어

164　구지俱胝 : Ⓢ koṭi의 음역어. 고대 인도에서 사용되던 수의 단위. 보통 억億이라고 의역하지만 천만千萬·만억萬億·백천百千 등으로 의역하기도 한다. 그 구체적인 수량에 대해서는 다양하게 제시되어 일정하지 않다. 『瑜伽論記』 권1(T42, 330a)에서 "구지라는 것은 『俱舍論』에서 제시한 52수 중 여덟 번째 수를 구지라고 한다. 일·십·백·천·만·낙차·도락차·구지로 가면서 열 배씩 올라가니 낙차는 1억이고 도락차는 10억이며 구지는 백억이다. 서방에 네 가지의 억이 있다. 첫째는 10만을 억으로 하는 것이고, 둘째는 백만을 억으로 하는 것이며, 셋째는 천만을 억으로 하는 것이고, 넷째는 만만을 억으로 하는 것이다. 지금『瑜伽師地論』과『顯揚聖敎論』은 백만을 억으로 삼으니 10억을 구지로 삼는다. 그러므로 '백구지를 한 부처님의 국토로 삼는다'고 하였다."라고 하였다.
165　의적이『菩薩戒本疏』권상(H2, 256b)에서 "'억'이란 구지에 해당하는 수이니, 백구지 국을 삼천계라고 한다. 10백百을 천千이라 하고, 10천千을 만萬이라 하며 10만萬을 낙차落叉(Ⓢ lakṣa)라고 하고 10낙차를 1도락차度洛叉(Ⓢ atilakṣa)라고 하며 10도락차를 1구지라고 한다. 삼천대천三千大千을 백억百億이라 한 것은 단천單千(一千)을 소천小千이라 하고, 소천을 천 개 합친 것을 중천中千이라 하는데 중천은 곧 1도락차에 해당하며, 중천을 천 개 합친 것을 대천大千이라 하는데 대천은 곧 백구지에 해당한다."라고 한 것을 참조할 것.
166　낙차落叉 : Ⓢ lakṣa. 고대 인도에서 사용되던 수의 단위. 10만이라는 설, 억이라는 설 등이 있다.

찌 "10만억"이라고 하였겠는가? 『관음수기경』에서 "억백천"[167]이라고 한 것도 (백천은 10만이고 구지는 억이기 때문에) 또한 10만억이다.

> 顯遠近中。千億萬者 謂千億至萬。此就一四天下國土而說。文云須彌山佛國故。此經云。十萬億者。謂億至十萬。此言億者。應是千萬爲億。卽當俱胝之數。舊經論中。俱胝之數。多翻爲億。如三千大千世界。舊經云百億。新譯云百俱胝。故知此億。卽當俱胝。非落叉也。若千[1]萬爲億。應云億億。云何言十萬億。觀音授記經云。億百千者。亦是十萬億也。
>
> 1) ㉠『大經鈔』등에 따르면 '千'은 '十'이다.

무엇 때문에 이 경(『무량수경』)은 구역본과 같지 않은 것인가?

억이라는 숫자에 대해 (분량을 판정함에) 크고 작음이 같지 않다. 혹은 10만을 1억으로 삼고 혹은 100만을 1억으로 삼으며 혹은 천만을 1억으로 삼는다.

(『무량청정평등각경』과 『아미타경』에서) "천억만"이라고 한 것은 10만을 1억으로 삼는 것에 의거한 것이다. '천억'은 바로 1해姟이고 이 해가 만에 이르면 바로 10나유타이다. (『무량수경』에서) "10만억"이라고 한 것은 천만을 1억으로 삼는 것에 의거한 것이다. 1억은 바로 1경經이고 만억은 바로 1나유타이니 10만억이라는 것은 바로 10나유타이다. 그러한즉 이 섬부주贍部洲를 떠나 안락세계에 이르기까지 10나유타 수미산을 지난다. 하나의 삼천대천세계 가운데 백구지 수미산과 10나유타 수미산이 있으니 바로 10만 삼천계이다.

『칭찬정토불섭수경稱讚淨土佛攝受經』에서 "이 세계에서 백천 구지 나유

---

[167] 『觀世音菩薩授記經』(T12, 353c)에서 "서방으로 이곳에서 억백천 찰토를 지나서 안락세계가 있다."라고 한 것을 가리킨다.

다 부처님 국토를 지난 곳에 (극락이라는 부처님의 세계가 있다.)"[168]라고 한 것에서 '백천 구지'는 구역 경전과 같다. '나유다'라는 말은 구역의 여러 번역본에는 없으니 하나로 회통할 수 없다.【『안양집』 권5·권8, 『안양초』 권1·권5, 『대경초』 권5】

何故此經。與舊本不同者。以億數中。多小不同。或以十萬爲一億。或以百萬爲一億。或以千萬爲一億。所言千億萬者。依十萬爲一億也。千億卽是一姟。此姟至萬。卽是十那由他。言十萬億者。依千萬爲一億也。一億卽是一經。萬億卽是一那由他。十萬億者。卽十那由他。然則去此贍部洲。至安樂界。過十那由他須彌山也。一三千大千界中。有百俱胝須彌山十那由他須彌山。卽是十萬三千界也。稱讚經言。去此世界。過百千俱胝那庾[1]多佛土者。爲[2]千俱胝。與舊經同。那庾[3]多言。舊諸本無。不可一會。【安養集五·八, 安養抄一·五, 大經鈔五】

1) ㉱『大經鈔』에 따르면 '庾'은 '㬍'이고 『稱讚淨土佛攝受經』에 따르면 '庾'은 '庾'이다. 후자를 따랐다. 2) ㉱ 전후 문맥에 따르면 '爲'는 '百'인 것 같다. 3) ㉱『大經鈔』에 따르면 '庾'은 '㬍'이지만 『稱讚淨土佛攝受經』에 따르면 '庾'라고 해야 한다.

경 저 부처님의 국토는 저절로 금·은·유리·산호·호박·차거車磲·마노碼磯라는 일곱 가지 보배가 합쳐져서 땅을 이루었는데 탁 트이고 넓고 커서 끝을 알 수 없다.

其佛國土。自然七寶。金銀琉璃珊瑚琥珀車磲碼磯。合成爲地。恢廓曠蕩。不可限極。

기 경에서 "저 부처님의 국토는 저절로 일곱 가지 보배가……끝을 알

---

168 『稱讚淨土佛攝受經』(T12, 348c).

수 없다."라고 한 것에 대해 서술하여 말한다. 이 이하는 관찰하는 것이니 여기에 세 가지가 있다. 첫째는 저 부처님의 국토를 장엄한 공덕을 관찰하는 것이다. 둘째는 아미타불을 장엄한 공덕을 관찰하는 것이다. 셋째는 저 보살들을 장엄한 공덕을 관찰하는 것이다. 어떻게 저 부처님의 국토를 장엄한 공덕을 관찰하는 것인가? 저 부처님의 국토를 장엄한 공덕을 관찰하는 것은 불가사의한 힘을 성취하기 때문이고 저 마니여의보주摩尼如意寶珠의 성질과 같으면서 서로 비슷하고 서로 대비되는 법[169]이기 때문이다.[170]

經其佛國土自然七寶至不可限極。述曰。此下觀。此中有三。一者觀察彼佛土莊嚴功德。二者觀察阿彌陀佛莊嚴功德。三者觀察彼諸菩薩莊嚴功德。云何觀察彼佛國土莊嚴功德[1]者。成就不可思議力故。如彼摩尼如意寶珠

---

169 저 마니여의보주摩尼如意寶珠의~대비되는 법 : 『往生論註』 권하(T40, 836b)에서 "'저 마니여의보주의 성질과 같으면서 서로 비슷하고 서로 대비되는'이라는 것은 다음과 같다. 저 마니여의보의 성질을 빌려 안락불토의 불가사의한 성질을 나타내었다. 모든 부처님께서 열반에 드실 때 방편의 힘으로 쇄신사리를 남겨 중생을 복되게 하니 중생의 복이 다하면 이 사리는 마니여의보주로 변한다. 이 보주는 대체로 큰 바다에 있어서 대용왕이 이것으로 머리를 장식한다. 전륜성왕이 세상에 출현하면 자비의 방편으로 이 보주를 얻어 염부제에 큰 이익을 줄 수 있다. 필요한 것이 있으면 왕은 청결하게 재계하고 보주를 장대 끝에 매달아 두고 소원을 말한다. 그러면 허공에서 소원대로 모든 물건이 쏟아진다. 저 안락국토도 또한 이와 같으니 안락의 성질이 온갖 것을 성취하게 하기 때문이다. '서로 비슷하고 서로 대비되는'이라는 것은 저 보주는 의복과 음식을 구하면 그 물건을 구하는 이의 뜻에 맞추어서 내려 주지만 구하지 않는 것에 대해서도 그렇게 하지는 않는데 저 국토는 그렇지 않다. 성질이 만족스럽게 성취되었기 때문에 결핍이 없다. 그 성질을 일부만 취하여 비유로 삼았기 때문에 '서로 비슷하고 서로 대비되는'이라고 하였다. 또한 저 보주는 중생이 의복·음식 등을 원하면 모두 줄 수 있지만 중생이 무상도無上道를 얻기를 원하면 이것은 줄 수 없다. 이와 같이 한량없는 차별이 있기 때문에 '서로 비슷하고'라고 하였다.(如彼摩尼如意寶性相似相對者。借彼摩尼如意寶性。示安樂佛土不可思議性也。……彼安樂佛土。亦如是。以安樂性種種成就故。相似相對者。彼寶珠力求衣食者。能雨衣食等物。稱求者意。非是不求。彼佛土則不然。性滿足成就故無所乏少。片取彼性爲喩。故言相似相對。……故言相似)"라고 한 것을 참조할 것.
170 "여기에 세 가지가 있다."부터 여기까지는 『往生論』(T26, 231b)과 그 내용이 같다.

故.[2] 相似相對法故。

1) ㉠『往生論』에 따르면 '德' 뒤에 '彼佛國土莊嚴功德'이 누락되었다. 2) ㉠『往生論』에 따르면 '珠故'는 '性'이다.

지금 이 글 가운데 (부처님의 국토와 관련된 공덕으로 장엄한 것과 관련된) 17가지 공덕이 갖추어져 있다. 그러나 그 차례는『왕생론』과 조금 다르니 법을 관찰한 것을 설한 차례가 다르기 때문이다.

今此文中。具十七功德。然其次第。與論少別。說法觀次第異故。

『왕생론』에서 열거한 17가지 공덕의 차례는 다음과 같다. 첫째는 청정한 것의 공덕을 성취한 것으로 장엄한 것이고, 둘째는 크기의 공덕을 성취한 것으로 장엄한 것이며, 셋째는 성性의 공덕을 성취한 것으로 장엄한 것이며, 넷째는 형상의 공덕을 성취한 것으로 장엄한 것이며, 다섯째는 온갖 일의 공덕을 성취한 것으로 장엄한 것이고, 여섯째는 묘색의 공덕을 성취한 것으로 장엄한 것이며,【중략】열일곱째는 구하는 것을 모두 만족시키는 것의 공덕을 성취한 것으로 장엄한 것이다.[171]

論中所列。十七切[1]德次第者。一莊嚴淸淨功德成就。二莊嚴量功德成就。三莊嚴性功德成就。四莊嚴形相功德成就。五莊嚴種種事功德成就。六莊嚴妙色功德成就。【乃至】十七莊嚴一切所求滿足功德成就。

1) ㉠ 저본에 따르면 '切'은 '功'이다.

이 가운데 첫 번째로 (17가지 공덕 중) 두 번째인 크기의 공덕을 나타

---

171 『往生論』(T26, 231b). 단,『往生論』에서는 앞에 '莊嚴'이 들어가 있지 않다.『往生論註』(T40, 836c)에서 병치한『往生論』에는 들어가 있다.

내 보였다. 이 가운데 두 가지가 있다. 첫째는 체의 성취를 나타낸 것이고 둘째는 크기의 성취를 나타낸 것이다.

此中第一顯示第二量功德。於中有二。顯[1])體成。二顯量成。

1) ㉑ '顯' 앞에 '一'이 누락된 것 같다.

체의 성취라고 한 것은 "저 국토가 저절로 일곱 가지 보배가 합쳐져서 땅을 이룬 것"을 말한다. 『화엄경』에서 "모든 세계해世界海[172]에는 여러 가지 체가 있으니 모두 알아야 한다. 이른바 일체의 보배로 장엄한 체이고 혹은 한 가지 보배로 이루어진 체이며 혹은 금강처럼 견고한 땅으로 이루어진 체이고 혹은 온갖 향으로 이루어진 체이며 혹은 태양처럼 빛나는 주륜珠輪으로 이루어진 체이다."[173]라고 하였다. 이 안락세계는 바로 이 일체의 보배로 장엄한 것이니 금·은 등을 말한다. 『불지경론佛地經論』에서 "이 세계에서 소중하게 여기는 것에 의거하여 우선 일곱 가지 보배를 설한 것이다. 그 실제의 정토는 한량없이 미묘한 보배로 아름답게 꾸미고 장엄하여 세상 사람이 알 수 있는 것이 아니다."[174]라고 하였다. 저 논에서 (일곱 가지 보배를 설한 것 중) 나중의 네 가지는 이름이 여기에서 설한 것과 다르니 "넷째는 모바락게바牟婆洛揭婆[175]이고 다섯째는 알습마게

---

[172] 세계해世界海 : 『華嚴一乘敎義分齊章』 권3(T45, 498b)에서 "세계해에 세 가지가 있다. 첫째는 연화장장엄세계해蓮華藏莊嚴世界海이다. 설법하는 주인과 청법하는 손님이 인드라망처럼 어우러져 있다. 십불十佛 등의 경계이다. 둘째, 삼천대천세계 밖에 십중세계해十重世界海가 있다. 첫째는 세계성世界性이고……열째는 세계상世界相이다. 이것은 만 명 이상의 자식을 둔 전륜왕의 경계이다. 셋째는 무량잡류세계해無量雜類世界海로 온 법계에 두루 존재하며 서로 걸림이 없다. 이 세 가지 세계해는 모두 한 노사나불의 십신十身이 중생을 교화하는 곳이다."라고 하였다.
[173] 『華嚴經』 권3(T9, 411a).
[174] 『佛地經論』 권1(T26, 293a).
[175] 모바락게바牟婆洛揭婆 : [S] musāragalva의 음역어. 자색보紫色寶·감색보紺色寶 등으로 의역한다. 이를 차거車磲라고 하는 경우도 있다.

바알濕摩揭婆[176]이다. 여섯째는 적진주赤眞珠이다. 붉은 벌레에서 나오는 것이기에 적진주라고 한다. 혹은 구슬의 체가 붉어서 적진주라고 한다. 일곱째는 갈계달락가羯雞怛諾迦[177]이다."[178]라고 하였다. 넷째와 다섯째와 일곱째는 의역하지 않았으니 그 이름으로 그 체를 정확히 알 수 없다. 혹은 여기(『무량수경』)에서의 "산호·호박 및 마노"와 상응하는 것일 수도 있다.[179]

言體成者。謂彼自然七寶合成爲地。華嚴經云。諸世界海。有種種體。悉應當知。所謂一切寶莊嚴體。或一寶體。或金剛堅固地體。或衆香體。或日珠

---

176 알슴마게바頞濕摩揭婆 : [S] aśmagarbha의 음역어, 저장杵藏·태장胎藏 등으로 의역한다. 이를 마노瑪瑙·마노碼碯 등이라고 하는 경우도 있다.
177 갈계달락가羯雞怛諾迦 : [S] karketanaka의 음역어. 『解深密經疏』(H1, 143c)에서 "파지가頗胝迦는 황록색보黃綠色寶라고 의역한다. 『佛地經論』(T26, 293a)에서는 '갈계달락가보羯鷄怛諾迦寶'[⑨『佛地經論』에 따르면 '鷄'는 '雞'임]라고 하였고 『大智度論』(T25, 134a)에서는 '천 년이 된 얼음이 변화하여 파리주頗梨珠가 된다.'라고 하였다." 라고 하였다.
178 『佛地經論』 권1(T26, 293a).
179 일곱 가지 보배 가운데 뒤의 네 가지에 대한 의적의 해석은 다른 학자의 해석과 차이가 있는 것 같다.

『無量壽經』의 일곱 가지 보배	金	銀	琉璃	珊瑚	琥珀	硨磲	碼碯
『佛地經論』의 일곱 가지 보배 : 현재 경과 논의 서술 순서만 따랐을 뿐이고 상응을 의미하는 것은 아님.	金	銀	吠琉璃	牟婆洛揭婆	頞濕摩揭婆	赤眞珠	羯雞怛諾迦
의적의 견해				산호=모바락게바	호박=알슴마게바		마노=갈계달락가
규기, 『法華玄贊』 (T34, 685b)						차거=모바락게바	마노=알슴마게바
원측, 『解深密經疏』 (H1, 143c).							○마노=알슴마게바=적색보赤色寶 ○갈계달락가=파리주頗梨珠=파지가頗胝迦

輪體。此安樂界。卽是一切寶者。謂金銀等。佛他論云。就此所重。且就[1]七寶。其實淨土。無量妙寶。綺飾莊嚴。非世所識。彼論後四。名與此別。謂四牟娑[2]洛揭娑。[3] 五曷[4]濕摩揭婆。六赤眞珠。謂赤虫所出。名赤眞珠。或珠體赤。亦[5]名赤眞珠。七羯誰恒[6]諾迦。四五及七不翻。其名未詳其體。或應是此珊瑚虎魄[7]及馬瑙[8]也。

---

1) ㉔『佛地經論』에 따르면 '就'는 '說'이다. 2) ㉔『佛地經論』에 따르면 '娑'는 '婆'이다. 3) ㉔ 저본에 따르면 '娑'는 '婆'이다. 4) ㉔『佛地經論』에 따르면 '曷'은 '遏'이다. 5) ㉔『佛地經論』에 따르면 '亦'은 연자이다. 6) ㉔『佛地經論』에 따르면 '誰恒'은 '雞怛'이다. 7) ㉔『無量壽經』에 따르면 '魄'은 '珀'이다. 8) ㉔『無量壽經』에 따르면 '馬瑙'는 '碼磯'이다.

크기의 성취라고 한 것은 "탁 트이고 넓고 커서 끝을 알 수 없다."라고 한 것을 말한다. "탁 트이고"라는 것은 온갖 산과 언덕에 의해 가려지지 않았기 때문이다. "넓고 커서"라는 것은 충만하여 많은 것을 포용하기 때문이다. "끝을 알 수 없다."라는 것은 팔방과 상하를 벗어나고 세간의 유선나踰繕那[180] 등의 크기와 같은 범위를 벗어났기 때문이다. 그러므로『불지경론』에서 "둘레가 끝이 없어 그 크기를 측정하기 어렵다. 말하자면 동방 등의 범위가 없기 때문에 길이 등의 특징도 측량하기 어렵다."[181]라고 한 것과 그 뜻이 비슷하다.『왕생론』에서 게송으로 말하기를 "끝내 허공처럼 광대하고 끝이 없네."[182]라고 한 것과 같기 때문이다.

言量成者。謂恢廓曠蕩。不可限極。恢廓者。無諸山陵爲障弊[1]故。廣[2]湯者。彌論[3]諸包容多故。不可限極者。八方上下出。過世間踰繕那等量分齊故。

---

180 유선나踰繕那 : ⓢ yojana의 음역어. 유순由旬이라고도 하고, 의역어는 일정一程·역驛 등이다. 인도에서 거리를 재는 데 사용하던 단위. 소가 멍에를 걸고 하루 동안 갈 수 있는 거리 혹은 왕이 하루 동안 행군行軍할 수 있는 거리를 가리킨다.
181 『佛地經論』권1(T26, 293b).
182 『往生論』(T26, 230c).

故佛地論云。周圓無際。其量難量。謂東方爾⁴⁾分齊無故。長短示⁵⁾相。難可測量。其義相似。如論偈云。究竟如虛空。廣大無邊際故。

1) ㉔ '弊'는 '蔽'인 것 같다. 2) ㉔『無量壽經』에 따르면 '廣'은 '曠'이다. 3) ㉔ '論'은 '漫'인 것 같다. 4) ㉔『佛地經論』에 따르면 '爾'는 '等'이다. 5) ㉔『佛地經論』에 따르면 '示'는 '等'이다.

問 여기에서 설한 "끝이 없네."라는 것은 두 가지 수용토 가운데 어느 국토에 의거하여 설한 것인가?

問。此所說無邊際者。於二文¹⁾用中。依何土而說。
1) ㉔ 앞부분에 동일한 글이 나오는데 이것에 의거하면 '文'은 '受'이다.

答 『불지경론』에서 크기의 원만함을 밝히면서 세 가지 설을 제시하였다.

答。佛地論中。弁量圓滿。有其三說。

　어떤 사람은 이렇게 풀이하였다.
　"여래의 수용신이 머무는 국토는 교화할 중생의 근기에 따라 나타낸 것이니, 혹은 크기도 하고 혹은 작기도 하여 그 크기가 일정하지 않다. 비록 광대한 모습을 나타낸다고 해도 또한 끝은 있다. 그런데 지전地前의 보살의 지혜 등에 의거하여 말하기를 '끝이 없어 그 크기를 측정하기 어렵다.'라고 한 것이다."
　어떤 사람은 이렇게 풀이하였다.
　"여래의 수용신이 머무는 국토는 무수겁無數劫 동안 닦은 끝이 없는 선근에 의해 초감한 것으로 법계에 두루한다. 지상의 보살과 모든 여래도 또한 그 크기의 끝을 측정할 수 없으니 끝이 없기 때문이다. 마치 시작이 없는 때와 같다."

여실한 뜻은 다음과 같다.

"수용신이 머무는 국토는 간략히 두 가지가 있다. 첫째는 자수용이다. 모든 여래가 3무수겁 동안 닦은 끝없는 선근에 의해 초감한 것으로 법계에 두루하고 스스로 큰 법락法樂을 수용하기 위한 것이다. 처음 성불했을 때부터 미래가 다할 때까지 빈틈없이 이어진다. 모든 공덕을 갖춘 모든 대보살大菩薩이라도 볼 수 없고 단지 들을 수 있을 뿐이다. 이와 같은 정토는 한량없기 때문에 모든 부처님은 비록 볼 수는 있지만 또한 그 크기의 끝은 헤아릴 수 없다. 둘째는 타수용이다. 모든 여래가 지상地上의 모든 보살 대중으로 하여금 큰 법락을 누리고 뛰어난 행을 더욱 열심히 수행하도록 하기 위하여 근기에 따라 나타낸 것이다. 혹은 뛰어나기도 하고 혹은 하열하기도 하며 혹은 작기도 하고 혹은 크기도 하면서 바뀌어서 일정하지 않으니 마치 변화토와 같다. 이와 같은 정토는 끝이 있기 때문에 지상의 보살과 모든 여래가 모두 그 크기를 헤아릴 수 있다. 다만 지전의 보살에 의거하여 '헤아릴 수 없다.'고 하였다. 이 두 가지의 차별로 말미암아 '둘레가 끝이 없어 그 크기를 헤아리기 어렵다.'고 한 것이다."[183]

有義。如來三又[1]用身土。隨所化生。取[2]宜而現。或大或小。其量無定。雖現廣大。亦有邊際。然就地前菩薩智寸[3]說。言無[4]量[5]難測。有義。如來受用[6]土。無數劫所修。無邊善根所感。周遍法界。地上菩薩及諸如來。亦爾[7]不能測其量邊際。以無[8]故。無[9]始時。如實義者。受用身土。略有二種。一自受用。謂劫[10]如來三無數謂[11]所修。無邊善根所感。周遍法界。爲自受用大法樂故。從初得佛。應[12]未來際。相續無間。如諸功德。諸大菩薩。亦不

---

[183] 『佛地經論』 권1(T26, 293b).

能見。但可得聞。如是淨土。以無量故。諸佛雖見。亦不能測其量邊際。二他受用。謂諸如來。爲令地上諸菩薩衆。受大乘[13]法樂。進修勝行。隨宜而現。或勝或劣身。[14] 或大或小。故[15]不定。如變化土。如是淨土。以有邊故。地上菩薩及諸如來。皆測其量。俱[16]就地前。言不能測。由是二種差別故。言周圓無際其量難測。

---

1) ㉚『佛地經論』에 따르면 '三又'는 '受'이다. 2) ㉚『佛地經論』에 따르면 '取'는 '所'이다. 3) ㉚『佛地經論』에 따르면 '寸'은 '等'이다. 4) ㉚『佛地經論』에 따르면 '無' 뒤에 '際'가 누락되었다. 5) ㉚『佛地經論』에 따르면 '量' 앞에 '其'가 누락되었다. 6) ㉚『佛地經論』에 따르면 '用' 뒤에 '身'이 누락되었다. 7) ㉚『佛地經論』에 따르면 '爾'는 연자이다. 8) ㉚『佛地經論』에 따르면 '無' 뒤에 '邊'이 누락되었다. 9) ㉚『佛地經論』에 따르면 '無' 앞에 '如'가 누락되었다. 10) ㉚『佛地經論』에 따르면 '劫'은 '諸'이다. 11) ㉚『佛地經論』에 따르면 '謂'는 '劫'이다. 12) ㉚『佛地經論』에 따르면 '應'은 '盡'이다. 13) ㉚『佛地經論』에 따르면 '乘'은 연자이다. 14) ㉚『佛地經論』에 따르면 '身'은 연자이다. 15) ㉚『佛地經論』에 따르면 '故'는 '改轉'이다. 16) ㉚『佛地經論』에 따르면 '俱'는 '但'이다.

저 논의 여실한 뜻에 의거하면 이 가운데 또한 두 가지 뜻을 합하여 "탁 트이고 넓고 커서 끝을 알 수 없다."라고 하였고 그 차례대로 두 가지의 차이를 나타냈다는 것을 알아야 한다.

准依彼論如實界有[1]者。應知。此中亦合二義。恢廓廣[2]大。不可量[3]極。如其次第。顯二差。

1) ㉚ 전후 문맥에 따르면 '界有'는 '義'인 것 같다. 2) ㉚『無量壽經』에 따르면 '廣'은 '曠'이다. 3) ㉚『無量壽經』에 따르면 '量'은 '限'이다.

경 모두 서로 섞이고 점점 서로 침투하여 빛이 성대하게 솟아나고 미묘하고 기특하고 아름답다.

悉相雜廁。轉相入間。光赫焜耀。微妙奇麗。

기 경에서 "모두 서로 섞이고……미묘하고 기특하고 아름답다."라고 한 것에 대해 서술하여 말한다. 이것은 바로 두 번째로 (17가지 공덕의) 네 번째인 형상의 공덕을 나타내 보인 것이다. 그 국토 가운데 온갖 보배가 섞이고 청정한 빛으로 서로 비추는 것을 말한다. (『왕생론』의) 게송에서 "청정한 광명이 원만하니 마치 거울과 해와 달과 같네."[184]라고 한 것과 같기 때문이다.

"모두 서로 섞이고"라는 것은 금·은 등의 많은 것이 섞인 것을 말한다. "점점 서로 침투하여"라는 것은 온갖 보배의 광명이 다시 서로 침투하면서 비추어서 꾸미는 것을 말한다. 『관무량수경』에서 "유리색에서 금색 빛이 나오고 파리색에서 붉은색 빛이 나오며【중략】산호·호박과 온갖 보배가 빛을 비추어서 꾸민다."[185]라고 한 것과 같다. "빛이 성대하게 솟아나고 미묘하고 기특하고 아름답다."라는 것은 바로 이것과 관련된 것이다. 『화엄경』에서 "모든 세계에는 여러 가지 형체가 있다. 혹은 모나고 혹은 둥글며, 혹은 모나거나 둥근 것이 아니며, 혹은 소용돌이치는 물과 같기도 하고 혹은 꽃의 형상 같기도 하며, 혹은 온갖 중생의 형상이기도 하다."[186]라고 하였는데 이 안락세계는 『논論』에 의거하면 둥근 형상이어야 한다.[187]

經悉相雜厠至微妙奇麗。述曰。此卽第二顯示第四形相功德。謂彼土中。衆寶間錯。淨光相照。如偈云。淨光明滿足。如鏡日月輪故。悉相雜厠者。謂金銀等衆雜厠。轉相入間者。謂衆寶先[1]更相間入而映餙也。如觀經云。瑠

---

184 『往生論』(T26, 230c).
185 『觀無量壽經』(T12, 342b).
186 『華嚴經』 권3(T9, 410c).
187 바로 앞에서 "(『왕생론』의) 게송에서 '청정한 광명이 원만하니 마치 거울과 해와 달과 같네.'"라고 한 것을 가리키는 것 같다.

璃色中。出金色光。頗梨色中。出紅色光。乃至珊瑚琥珀一切衆寶。以爲映飾。光赫焜耀微妙音²⁾奇麗者。卽諸此也。華嚴經云。諸世界海。有種種形。或方或圓。或非方圓。或如水廻復。³⁾或復如華形。或種種衆生形者。此安樂界。淮⁴⁾論應是圓形相也。

1) ㉠ '先'은 '光'인 것 같다.　2) ㉠ 『無量壽經』에 따르면 '音'은 연자이다.　3) ㉠ 『華嚴經』에 따르면 '廻復'은 '洄澓'이다.　4) ㉠ '淮'는 '準'인 것 같다.

경 청정하게 장엄한 모습이 시방의 모든 세계를 넘어선다. 온갖 보배 가운데 정수精髓이니 그 보배는 마치 제6천¹⁸⁸의 보배와 같다.

淸淨莊嚴。超踰十方一切世界。衆寶中精。其寶猶如第六天寶。

기 【중략】 경에서 "청정하게 장엄한 모습이……제6천의 보배와 같다."라고 한 것에 대해 서술하여 말한다. 이것은 바로 세 번째로 (17가지 공덕 중) 다섯 번째인 온갖 일의 공덕을 나타내 보인 것이다. 온갖 일이란 "온갖 (보배)" 등을 말하니 『왕생론』의 게송에서 "온갖 진귀한 보배의 성질을 갖추고 미묘하게 장엄한 모습을 갖추었다."¹⁸⁹라고 한 것과 같기 때문이다.

【乃至】經淸淨莊嚴至第六天寶。述曰。此卽第三顯示第五種種事功德。種種事。謂衆等。如論偈云。備諸珍寶性。具足莊¹⁾妙莊嚴故。

1) ㉠ 『往生論』에 따르면 '莊'은 연자이다.

---

188 제6천 : 욕계에 속하는 여섯 하늘 중 가장 상위에 해당하는 하늘인 타화자재천他化自在天을 가리킨다. 다른 이가 변화시킨 욕계의 경계를 자유자재로 자신의 즐거움으로 향수하기 때문에 붙여진 이름이다.
189 『往生論』(T26, 230c).

그런데 국토를 장엄하는 것에 또 여러 가지가 있다. 여기에서는 우선 사상事相의 장엄을 설하였으니 『화엄경』에서 "(모든 세계해에는) 세계해 티끌 수 같은 장엄이 있다. 이른바 일체 경계의 갖가지 구름의 장엄이고 일체 세계의 중생의 행업行業의 장엄이며 삼세의 모든 부처님과 보현보살의 원력願力의 장엄이다. 이와 같이 세계해 티끌 수 같은 장엄이 있다."[190]라고 한 것과 같다.

> 然嚴土亦有多種。此中且說事相莊嚴。若華嚴經云。有世界海微塵等莊嚴。可[1]謂一切境界種種雲莊嚴。一切世界衆生行業莊嚴。三世諸佛及普賢菩薩願力莊嚴。有如是等[2]塵數莊嚴。
>
> 1) 옝『華嚴經』에 따르면 '可'는 '所'이다. 2) 옝『華嚴經』에 따르면 '等' 뒤에 '世界海微塵'이 누락되었다.

"그 보배는 마치 제6천의 보배와 같다."라는 것은 우선 세간의 욕계 가운데 뛰어난 것을 제시한 것[191]이고 정토의 보배가 오직 그것과 같을 뿐이라고 하는 것은 아니다. 그러므로 뒤의 글에서 "가령 제6천왕을 무량수불 국토의 보살·성문과 비교하면 빛나는 얼굴과 빛깔은 그에 미치지 못하니 백천만억이고 헤아릴 수 없는 배수倍數입니다."[192]라고 하였다. 정보正報[193]도 도리어 서로 견줄 수 없으니 의보依報[194]도 또한 그러하다는 것을 알아야 한다.

---

190 『華嚴經』 권3(T9, 411a).
191 제6천인 타화자재천이 욕계의 하늘 가운데에는 가장 상위에 있는 하늘이라는 말이다.
192 『無量壽經』 권상(T12, 272a).
193 정보正報 : 아수라·인간 등과 같이 의보依報에 의탁하여 살아가는 중생인 중생세간衆生世間을 가리킨다.
194 의보依報 : 중생의 물리적 환경을 구성하는 것. 곧 산하대지 등과 같이 중생이 의탁하여 살아가는 곳인 국토세간國土世間을 가리킨다.

所定[1]猶如第六天寶者。且擧世間欲界中勝。非淨土寶唯如彼也。故下文云。設第六天王。比無量壽佛國菩薩聲聞。光顔容色。不相及遠。[2] 百千萬億。不可計倍。正報更不相比。當知依果亦然。

1) ㉈『無量壽經』에 따르면 '所定'은 '其寶'이다.　2) ㉈『無量壽經』에 따르면 '遠'은 '逮'이다.

경 또 그 국토는 수미산과 금강철위산金剛鐵圍山[195] 등과 같은 일체의 산이 없고 또한 큰 바다와 작은 바다, 시내·도랑·우물·골짜기도 없는데 부처님의 신통력에 의해 보려고 하면 바로 나타난다. 또한 지옥·아귀·축생과 여러 재난의 세계(趣)가 없고 봄·여름·가을·겨울 등의 네 계절도 없어서 춥지도 않고 덥지도 않으며 항상 조화롭고 쾌적하다.

又其國土。無須彌山及金剛鐵圍一切諸山。亦無大海小海溪渠井谷。佛神力故。欲見則現。亦無地獄餓鬼畜生諸難之趣。亦無四時春秋冬夏。不寒不熱。常和調適。

기 경에서 "또 그 국토는 수미산이 없고……항상 조화롭고 쾌적하다."라고 한 것에 대해 서술하여 말한다. 이것은 바로 네 번째로 (17가지 공덕 중) 첫 번째인 청정한 것의 공덕을 나타내 보인 것이다.

청정한 것이란 삼계를 벗어나는 것을 말한다. 『왕생론』의 게송에서 "저 세계의 모습을 관찰하니 삼계와 세 가지 악도(三界道)를 빼어나게 넘어서네."[196]라고 한 것과 같기 때문이다. '삼계'라는 것은 욕계·색계 등을 말한다. '도'라는 것은 지옥 등의 세 가지 악취를 말한다. 지금 이 글에서는 거

---

195 금강철위산金剛鐵圍山 : Ⓢ Cakravāḍa-parvata. 수미산을 둘러싼 여덟 개의 산 중 가장 밖에 있는 산. 철위산鐵圍山·금강산金剛山 등이라고도 한다.
196 『往生論』(T26, 230c).

친 것에 의하여 우선 "악취가 없다."고 설하였다. 또 별도로 "여러 재난의 세계"를 말하여 북주北洲[197]·무상천無想天[198] 등과 같은 여러 재난의 세계도 가려내었다.

> 經又其國土無須彌山至常和調適。述曰。此即第四顯示第一淸淨功德。言淸淨者。謂出三界。如論偈云。觀彼世界相。勝過三界道故。三界者。謂欲色等。所言道者。謂地獄等三惡趣也。今此文中。就麤且說無惡趣。又別諸難趣言。亦抄北洲無想天等諸難處也。

또 저 국토에는 세 가지 더러움이 없기 때문에 청정한 것이라고 하였다. 첫째는 기세간의 더러움이니 수미산 등이 없기 때문이다. 둘째는 세계(趣)의 더러움이니 지옥 등과 같은 세계가 없기 때문이다. 셋째는 시절의 더러움이니 봄·가을 등의 계절이 없고 변화가 없기 때문이다. 『화엄경』에서 "(모든 세계해에) 세계해 티끌 수의 청정함이 있다. 이른바 보살이 선지식을 친근히 하여 모든 선근 등을 성취하고 모든 중생을 이롭게 하는 것이며 모든 바라밀을 깨끗하고 원만하게 이루는 것이며 모든 수행의 지위에 안주하는 것이다. 이와 같은 세계 티끌 수와 같은 청정함이 있다."[199]

---

197 북주北洲 : 북구로주北俱盧洲라고도 한다. '북'은 Ⓢ uttara의 의역어이고, '구로'는 Ⓢ kuru의 음역어이며, '주'는 Ⓢ dvīpa의 의역어이다. 수미산을 둘러싼 네 개의 주洲 중 북쪽에 위치한 지역을 가리키는 말. 수명이 1천 세이고 중간에 요절하는 일이 없으며 온갖 즐거움이 넘치는 곳이기는 하지만, 이 때문에 불법을 수용할 자세를 지닐 수 없고 부처님께서도 이곳에 출현하지 않아 부처님을 친견하고 법을 듣는 것이 불가능한 곳이기도 하다. 세 가지 악취와 함께 여덟 가지 재난(八難)의 하나이다.
198 무상천無想天 : 색계의 제4선第四禪에 속하는 하늘. 외도의 수행자들이 최고의 열반으로 여기는 곳으로 이곳에 태어나는 중생은 마치 겨울잠을 자는 벌레처럼 염상念想이 없다. 이 때문에 부처님을 친견하고 법을 들을 수 없다. 세 가지 악취와 함께 여덟 가지 재난(八難)의 하나이다.
199 『華嚴經』 권3(T9, 411b).

라고 하였는데, 이것은 청정하게 하는 원인에 대하여 설한 것이다.

又彼土中。無三種穢。故名淸淨。一器穢。無須彌山等故。二趣穢。無地等趣故。三無¹⁾時節穢。無春秋等節及異故。華嚴經云。有世界海塵數淸淨。所謂菩薩親近善知識。成就諸善根末。²⁾ 利一切衆生。滿³⁾一切諸波羅蜜。安住一切住⁴⁾行地。有如是等世界塵數淸淨者。此就能淸淨因說也。

1) ㉠ '無'는 연자인 것 같다. 2) ㉠ 『華嚴經』에 따르면 '末'는 '等'이다. 3) ㉠ 『華嚴經』에 따르면 '滿' 앞에 '淨'이 누락되었다. 4) ㉠ 『華嚴經』에 따르면 '住'는 연자이다.

경 그때 아난이 부처님께 말씀드렸다.

"세존이시여, 그 국토에 수미산이 없다면 그 산을 주처로 삼는 사천왕천四天王天²⁰⁰과 도리천忉利天²⁰¹은 어디에 의지하여 머무는 것입니까?"

부처님께서 아난에게 말씀하셨다.

"제3 염천炎天²⁰²에서부터 색구경천色究竟天²⁰³에 이르기까지의 하늘은 모

---

200 사천왕천四天王天 : 욕계의 여섯 하늘 중 첫 번째에 해당하는 하늘. 사천왕은 사천왕천의 주신主神으로 호국사왕護國四王이라고도 한다. 동방을 수호하는 지국천왕持國天王, 남방을 수호하는 증장천왕增長天王, 서방을 수호하는 광목천왕廣目天王(雜語天王), 북방을 수호하는 다문천왕多聞天王을 가리킨다. 이 사천왕은 우주의 중심인 수미산須彌山(불교의 세계관에 따를 때 우주의 중심에 있는 산) 사방의 중턱에 머물면서 항상 불법을 수호하고 사천하를 보호하며 온갖 악한 귀신이 중생을 해치지 못하게 한다. 지국천왕은 여러 천중天衆과 건달바乾闥婆(Ⓢ gandharva)와 비사사毘舍闍(Ⓢ piśāca)의 두 부의 귀신을 통솔한다. 증장천왕은 여러 천중과 구반다鳩槃茶(Ⓢ kumbhāṇḍa)와 피협다避脇多(Ⓢ preta)의 두 부의 귀신을 통솔한다. 광목천왕은 여러 천중과 용龍과 부단나富單那(Ⓢ pūtana)의 두 부의 귀신을 통솔한다. 다문천왕은 여러 천중과 야차夜叉(Ⓢ yakṣa)·나찰羅刹(Ⓢ rākṣasa)의 두 부의 귀신을 통솔한다.
201 도리천忉利天 : 욕계의 여섯 하늘 중 두 번째 하늘. 삼십삼천三十三天이라고도 한다. 수미산의 정상에 있는 하늘이다. 정상의 사방에 각각 여덟 개의 천성天城이 있고 중앙에는 제석천이 머무는 선견성善見城이 있어서 모두 합하여 33처소가 있기 때문에 삼십삼천이라고 한다.
202 제3 염천炎天 : 욕계의 여섯 하늘 중 세 번째에 해당하는 야마천夜摩天(Ⓢ Yāma)을 일컫는 말이다.

두 무엇에 의지하여 머물겠느냐?"

아난이 부처님께 말씀드렸다.

"행업行業의 과보는 불가사의한 것입니다."

부처님께서 아난에게 말씀하셨다.

"행업의 과보는 불가사의하다. 여러 부처님의 세계도 또한 불가사의하다. 여러 중생은 자신이 쌓은 공덕과 선업의 힘으로 행업의 땅에 머문다. 그러므로 그러한 것일 뿐이다."

아난이 부처님께 말씀드렸다.

"저는 이 법을 의심하지 않습니다. 단지 미래의 중생을 위해 그들의 의혹을 제거하고자 하여 이러한 뜻에 대해 질문한 것입니다."

爾時。阿難。白佛言。世尊。若彼國土。無須彌山。其四天王及忉利天。依何而住。佛語阿難。第三炎天。乃至色究竟天。皆依何住。阿難白佛。行業果報。不可思議。佛語阿難。行業果報。不可思議。諸佛世界。亦不可思議。其諸衆生。功德善力。住行業之地。故能爾耳。阿難白佛。我不疑此法。但爲將來衆生。欲除其疑惑。故問斯義。

기 경에서 "그때 아난이 부처님께 말씀드렸다. 세존이시여……이러한 뜻에 대해 질문한 것입니다."라고 한 것에 대해 서술하여 말한다. 이것은 바로 다섯 번째로 (17가지 공덕 중) 세 번째인 성性의 공덕을 나타내 보인 것이다. 여기에서 '성'이라는 것은 의지하여 머무는 원인이 되는 것이다. 앞에서 "수미산이 없고" 등이라고 한 것은 의지하여 머무는 원인이 아님을 나타낸 것이다. 『왕생론』에서 "정도正道와 대자비와 출세간出世間의

---

203 색구경천色究竟天 : 색계의 열여덟 하늘 중 가장 상위에 있는 하늘이다. 이 하늘은 최상품인 사선四禪을 닦은 이가 태어나는 곳으로 그 과보는 유색계有色界에서 가장 뛰어난 것이다. 색을 지닌 상태로는 마지막 받는 처소이기 때문에 색구경천이라 한다.

선근이 생겨난다."²⁰⁴라고 한 것과 같기 때문이다.【중략】『화엄경』에서 "【중략】 낱낱의 세계해가 의지하여 머무는 대상은 세계 티끌 수와 같다. 이른바 일체의 장엄에 의지하여 머물고 혹은 허공에 의지하여 머물며 혹은 일체의 보배에 의지하여 머물고 혹은 부처님의 광명에 의지하여 머물며 혹은 환술과 같은 업業에 의지하여 머물고 혹은 마하나가摩訶那伽²⁰⁵ 금강역사의 손바닥에 의지하여 머물며 혹은 보현보살의 원력에 의지하여 머문다."²⁰⁶라고 하였다.

經爾時阿難白¹⁾言世尊至故問斯義。述曰。此卽第五顯示第三性功德。此中性者。卽所依住因。上說無須彌等。是顯不所依住因。如偈云。正道大慈悲出世善根生故。【乃至】華嚴經云。【乃至】一一世界海所依住。如世界微²⁾數。所謂依一切莊嚴住。或依虛空正³⁾住。或依一切寶住。或依佛光明住。或依行⁴⁾業住。或依摩訶那伽金剛力出常⁵⁾中住。或依普賢⁶⁾願力住。

1) ㉐『無量壽經』에 따르면 '白' 뒤에 '佛'이 누락되었다. 2) ㉐『華嚴經』에 따르면 '微' 뒤에 '塵'이 누락되었다. 3) ㉐『華嚴經』에 따르면 '正'은 연자이다. 4) ㉐『華嚴經』에 따르면 '行'은 '幻'이다. 5) ㉐『華嚴經』에 따르면 '出常'은 '土掌'이다. 6) ㉐『華嚴經』에 따르면 '賢' 뒤에 '菩薩'이 누락되었다.

이 가운데 다시 허공에 거주하는 여러 하늘을 열거하였는데 응당 이 국토에서는 허공에 의지하여 머문다고 해야 한다. 그런데『관무량수경』에서 "밑에는 금강과 일곱 가지 보배로 이루어진 금당金幢이 유리로 이루어진 대지를 떠받치고 있다."²⁰⁷라고 하였다. 그 경은 화토化土를 설한 것

---

204 『往生論』(T26, 230c).
205 마하나가摩訶那伽 : Ⓢ Mahānāga의 음역어. 의역어는 대룡大龍·대상大象 등이다. 금강역사의 힘이 물에 사는 것 중 힘이 센 용이나 땅에 사는 것 중 힘이 센 코끼리와 같기 때문에 붙여진 이름이다.
206 『華嚴經』 권3(T9, 410a).
207 『觀無量壽經』(T12, 342a).

이기 때문에 서로 어긋나지 않는다. 또 그 경에서는 "유리로 이루어진 대지"라고 하였고 이 경에서는 "일곱 가지 보배가 합쳐져서 (땅이) 이루어졌다."라고 하였다. 그러므로 두 경에서 설하는 것이 다르다는 것을 알 수 있다.

此中更例空居諸天。應言此土依虛空住。然觀經云。下有金剛七寶金幢。擎瑠璃地者。彼說化土。故無相違。又彼經中云。瑠璃地。經中說七寶合。故知。二經所說云異。

『시왕생경十往生經』[208]에서 말하였다.

十往生經云。

이때 산해혜보살山海慧菩薩이 다시 부처님께 말씀드렸다.
"세존이시여, 저 아미타불의 국토는 어떤 미묘한 즐거움이 있기에 모든 중생이 다 그곳에 왕생하기를 원하는 것입니까?"
이때 부처님께서 바로 산해혜에게 말씀하셨다.
"그대는 지금 일어나서 합장하고 몸을 바르게 하며 서쪽으로 얼굴을 마주하여 바른 생각으로 아미타불의 국토를 관찰하면서 아미타불을 뵙기를 원해야 한다."
그때 모든 대중이 산해혜보살이 일어나서 합장하는 것을 보고 또 모

---

[208] 『시왕생경十往生經』: 갖춘 이름은 『十往生阿彌陀佛國經』이다. 『卍續藏』(X1, No.14)에 실려 있다. 단, 『大正藏』(T85, No.2891)에도 동일한 내용의 글이 『山海慧菩薩經』이라는 이름으로 수록되어 있다. 현재 본서에 인용된 글과 문장과 비교하면 후자가 더 일치하기 때문에 후자에 따라 교감하였다. 다만 후자도 그 대본인지는 확정할 수 없기에 전후 문맥상 오식으로 볼 수 없는 것에 대해서는 교감주에서 별도로 역자의 견해를 집어넣었다.

두 일어나서 함께 아미타불을 관찰하였다. 그때 아미타불이 큰 신통력을 나타내고 큰 광명을 내어 산해혜보살의 몸을 비추었다.

그때 산해혜보살은 바로 아미타불의 국토에 존재하는 장엄하고 미묘하고 아름다운 일을 보았다. 모든 세계는 다 일곱 가지 보배로 장엄하였다. 모든 국토에는 일곱 가지 보배로 이루어진 광명이 비추고 일곱 가지 보배로 이루어진 산과 일곱 가지 보배로 이루어진 대지와 일곱 가지 보배로 이루어진 나무와 일곱 가지 보배로 이루어진 꽃과 일곱 가지 보배로 이루어진 탑과 일곱 가지 보배로 이루어진 승방僧坊과 일곱 가지 보배로 이루어진 연못과 여덟 가지 공덕을 갖춘 물과 여섯 가지 맛을 갖춘 음식과 일곱 가지 보배로 이루어진 발우가 있었다. 일천日天과 월천月天은 일곱 가지 보배로 이루어진 꽃을 뿌리고 일곱 가지 보배로 이루어진 옷을 뿌리며 모든 천인은 온갖 음악을 연주하였다. 저 아미타불의 국토는 청정하게 장엄하였고 진금眞金으로 만들어진 그물이 부처님의 국토를 두루 덮었다. 그 세계에 있는 것은 모두 보배 나무로 장엄하였는데 가장 미묘하고 훌륭하였다.[209]

爾時山海惠[1]菩薩。復白佛言。世尊。彼阿彌陀佛國。有何妙[2]樂。一切衆生。皆願生彼。爾時世尊。卽告山海有何妙樂一切衆生願生彼[3]惠。[4] 汝今應當起立。合掌正身。西向[5]正念。觀阿彌陀佛[6]國。願見阿彌陀佛。爾時一切大衆。見山海惠[7]菩薩。起立合掌。亦皆起立。共觀阿彌陀佛。爾時阿彌陀佛。現大神通。放[8]大光明。照山海惠菩薩身。爾時山海惠[9]菩薩。卽見阿彌陀佛國土所有莊嚴妙好之事。一切世界。悉皆七寶莊嚴。所有國土。七寶光照。七寶山。七寶地。七寶樹。七寶華。七寶塔。坊。[10] 七寶池。八功德。[11] 六味食。七寶鉢。日日[12]天。雨七寶華。雨七寶衣。諸坐作[13]人。諸[14]音樂。彼

---

209 『山海慧菩薩經』(T85, 1408a).

阿彌陀佛國土。淸淨莊嚴。眞金一細。¹⁵⁾ 彌覆佛土。其有世界。悉皆寶樹莊嚴。妙好第一。

1) ㉑『山海慧菩薩經』에 따르면 '惠'는 '慧'이다. 2) ㉑『山海慧菩薩經』에 따르면 '妙'는 연자이다. 다른 대본에 의거한 것일 수도 있어서 연자로 보지 않았다. 3) ㉑『山海慧菩薩經』에 따르면 '有何妙樂一切衆生願生彼'는 연자이다. 4) ㉑『山海慧菩薩經』에 따르면 '惠'는 '慧'이다. 5) ㉑『山海慧菩薩經』에 따르면 '向'은 '面'이다. 6) ㉑『山海慧菩薩經』에 따르면 '佛'은 연자이다. 다른 대본에 의거한 것일 수도 있어서 연자로 보지 않았다. 7) ㉑『山海慧菩薩經』에 따르면 '惠'는 '慧'이다. 8) ㉑『山海慧菩薩經』에 따르면 '放'은 연자이다. 다른 대본에 의거한 것일 수도 있어서 연자로 보지 않았다. 9) ㉑『山海慧菩薩經』에 따르면 '惠'는 '慧'이다. 10) ㉑『山海慧菩薩經』에 따르면 '坊' 앞에 '七寶'가 누락되었다. 11) ㉑『山海慧菩薩經』에 따르면 '德' 뒤에 '水'가 누락되었다. 12) ㉑『山海慧菩薩經』에 따르면 '日'은 '月'이다. 13) ㉑『山海慧菩薩經』에 따르면 '坐作'은 '天仙'이다. 14) ㉑『山海慧菩薩經』에 따르면 '諸' 앞에 '作'이 누락되었다. 15) ㉑『山海慧菩薩經』에 따르면 '一細'는 '羅網'이다.

『후출아미타게』에서 "산과 바닷물과 온갖 발원지는 어디에도 없고 단지 물이 흐르는 소리만 있을 뿐이니 경에서 설한 것과 같네."²¹⁰라고 하였다.【『안양집』권5 ·『안양초』권5 ·『대경초』권5】

後出阿彌陀偈云。一切無諸山。海水及諸凉。¹⁾ 但有水²⁾流。音響如說經【安養集五 · 安養抄五 · 大經鈔五】

1) ㉑『後出阿彌陀佛偈』에 따르면 '凉'은 '源'이다. 2) ㉑『後出阿彌陀佛偈』에 따르면 '水' 앞에 '河'가 누락되었다.

경 부처님께서 아난에게 말씀하셨다.

"무량수불의 위대한 힘을 지닌 광명은 가장 존귀하고 뛰어나서 다른 부처님의 광명이 미칠 수 없다.

어떤 경우에는 부처님의 광명이 백 개의 부처님의 세계를 비추기도 하고

---

210 『後出阿彌陀佛偈』(T12, 364b).

어떤 경우에는 부처님의 광명이 천 개의 부처님의 세계를 비추기도 한다. 요점을 취하여 말하면 동방의 갠지스강의 모래알처럼 많은 부처님의 국토를 비추는데 남방·서방·북방 그리고 사유四維(서북·서남·동북·동남)와 상·하에도 이와 같다. 어떤 경우에는 부처님의 광명이 일곱 자를 비추기도 하고 혹은 1유순이나 2유순이나 3유순이나 4유순이나 5유순을 비추기도 하며 이와 같이 점차 배가하여 한 부처님의 찰토를 비추는 것에 이르기도 한다.

그러므로 무량수불을 무량광·불無量光佛·무변광·불無邊光佛·무애광·불無礙光佛·무대광·불無對光佛·염왕광·불炎王光佛·청정광·불淸淨光佛·환희광·불歡喜光佛·지혜광·불智慧光佛·부단광·불不斷光佛·난사광·불難思光佛·무칭광·불無稱光佛·초일월광·불超日月光佛이라고 부른다.

중생이 이 광명을 마주하면 세 가지 번뇌가 소멸되고 몸과 마음이 유연해져서 뛸 듯이 기뻐하며 착한 마음이 생겨난다. 세 가지 악도의 근심과 고통으로 가득한 곳에서 이 광명을 보면 모두 휴식을 얻어 다시 고통을 받는 일이 없고 목숨을 마친 후에는 모두 해탈한다.

무량수불의 광명은 높이 빛나 시방세계의 여러 부처님의 국토를 환히 비추니 그 명성을 듣지 않은 이가 없다. 단지 나만 지금 그 광명을 칭송하는 것이 아니라 일체의 모든 부처님과 성문·연각과 여러 보살 대중이 모두 함께 찬탄하고 칭송하는 것도 다시 이와 같다.

어떤 중생이 그 광명의 위대한 힘과 공덕을 듣고 밤낮으로 칭송하면서 지극한 마음이 끊어지지 않으면 원하는 대로 그 국토에 왕생하고 여러 보살과 성문인 대중이 함께 그 공덕을 찬탄하고 칭찬한다. 그렇게 한 후에 불도를 증득할 때 두루 시방의 여러 부처님과 보살이 그 광명을 찬탄하기를 지금 하는 것과 같이 한다."

부처님께서 말씀하셨다.

"내가 무량수불의 광명의 위대한 힘과 높고 빼어나게 미묘함을 낮과 밤을 가리지 않고 1겁 동안 말한다고 해도 다 말할 수 없다."

佛告阿難。無量壽佛。威神光明。最尊第一。諸佛光明。所不能及。或有佛光照百佛世界。或千佛世界。取要言之。乃照東方恒沙佛刹。南西北方四維上下。亦復如是。或有佛光照于七尺。或照一由旬二三四五由旬。如是轉倍。乃至照於一佛刹土。是故。無量壽佛。號無量光佛。無邊光佛。無礙光佛。無對光佛。炎王光佛。清淨光佛。歡喜光佛。智慧光佛。不斷光佛。難思光佛。無稱光佛。超日月光佛。其有衆生。遇斯光者。三垢消滅。身意柔軟。歡喜踊躍。善心生焉。若在三塗勤苦之處。見此光明。皆得休息。無復苦惱。壽終之後。皆蒙解脫。無量壽佛光明顯赫。照耀十方諸佛國土。莫不聞焉。不但我今稱其光明。一切諸佛聲聞緣覺諸菩薩衆。咸共歎譽。亦復如是。若有衆生。聞其光明。威神功德。日夜稱說。至心不斷。隨意所願。得生其國。爲諸菩薩聲聞大衆。所共歎譽稱其功德。至其然後。得佛道時。普爲十方諸佛菩薩。歎其光明。亦如今也。佛言。我說無量壽佛。光明威神。巍巍殊妙。晝夜一劫。尚未能盡。

기 경에서 "부처님께서 아난에게 말씀하셨다. 무량수불의 위대한 힘을 지닌 광명은……모두 해탈한다."라고 한 것에 대해 서술하여 말한다. 이것은 바로 여섯 번째로 (17가지 공덕 중) 열 번째인 광명의 공덕을 나타내 보인 것이다. 아미타불은 안으로 지혜의 광명이 있고 밖으로는 신체의 능통함이 있어서 세간의 깜깜한 어둠 같은 어리석음을 제거하는 것을 말한다. (『왕생론』의) 게송에서 "밝고 깨끗한 해와 같은 부처님의 지혜는 깜깜한 어둠 같은 세간의 어리석음을 제거하네."[211]라고 한 것과 같다.

글에 네 가지가 있다. 첫째는 광명의 뛰어남을 나타내었고 둘째는 크기를 비교하였으며, 셋째는 광명에 의해 이름을 세웠고 넷째는 장애가 있는 이를 섭수하여 이익을 얻게 하는 것을 밝혔다.

---

[211] 『往生論』(T26, 231a).

經佛告阿難無量壽佛威神光明至皆蒙解脫。述曰。此卽第六顯示第十光明
功德。謂阿彌陀佛。內有惠光。外有身能。除世間痴闇冥也。如偈云。佛惠[1]
明淨日。除世痴[2]闇冥故。文中有四。一顯光勝。二比校量。三依光立名。四
障攝益。

1) ㉿『往生論』에 따르면 '惠'는 '慧'이다. 2) ㉿『往生論』에 따르면 '痴'는 '癡'이다.

"어떤 경우에는 백 개의 부처님의 세계를 비추고 어떤 경우에는 천 개의 부처님의 세계를 비춘다." 등이라고 한 것은 아미타불이 나타내는 몸이 한 가지가 아니기 때문에 몸에서 나오는 광명의 크기도 같지 않은 것이다. 가장 작은 것도 백 개의 국토보다 작지 않으며 큰 것은 끝이 없는 것에 이른다.

> 或照百佛世界。或照千佛世界等者。阿彌陀佛。現身非一故。身光明少大不
> 同。最少不減百國者。大乃至無邊。

🈟 만약 가장 작은 것이 백 개의 국토를 비추는 것이라고 한다면 무엇 때문에 서원을 세우면서 "광명에 한량이 있어 아래로 백천억 나유타에 달하는 여러 부처님의 국토를 비추지 않게 된다면 정각을 취하지 않겠습니다."[212]라고 하였는가?

> 問。若最少照百國者。何故願云。光明有能限量。下至不照百千億那由他諸
> 佛國者。不取正覺。

🈠 그곳에서는 몸에서 밖으로 비추는 것을 설한 것이다. 이 글은 둥근

---

212 『無量壽經』 권상(T12, 268a).

광명이 몸에서 빛나는 것을 설한 것이다. 그러한 것을 아는 이유는 뒤에서 크기를 헤아리면서 다른 부처님의 광명은 "어떤 때는 일곱 자를 비추고 한 부처님의 찰토를 비추기에 이른다."라고 하였기 때문이다. 여기에서 '일곱 자에서 한 부처님의 찰토에 이른다.'라고 한 것은 모두 광명이 몸에서 빛나는 것을 말한 것이지 광명을 밖으로 비추는 것을 말한 것은 아니다. 석가불의 둥근 광명이 1심尋이라고 할 때 이것은 광명이 몸에서 빛나는 것을 말하는 것이지 밖으로 비추는 것을 말하는 것은 아닌 것과 같다. 1심은 일곱 자와 같으니 모두 자체의 몸에 의거한 1심이다. 석가불의 몸의 크기는 장륙丈六이기 때문에 일곱 자를 1심으로 삼는다. 아미타불의 몸의 크기는 크고 작음이 일정하지 않다. 그 몸의 크기에 따라 광명도 또한 1심이기 때문에 『왕생론』에서 "상호相好 광명은 1심尋이네."[213]라고 하였다.

> 答。彼說體外所照。此文說於圓光體照。所以知然。下校量中。餘佛光明。或照七尺。乃至一刹者。此言七尺至一刹者。皆說光體。非光外照。如釋迦佛圓光一尋。此說光體。非外照也。一尋猶是七尺。皆依自身之一尋也。釋迦身量丈六故。以七尺爲一尋。彌陀身量。大小不定。隨其身量。光亦一尋。故論說言相好光一尋。

『관무량수경』에서 "무량수불의 몸은 신장이 60만억 나유타 항하사 유순이고 미간의 백호는 다섯 개의 수미산과 같으며 눈은 네 개의 큰 바닷물과 같으며 둥근 광명은 백억 삼천대천세계와 같다."[214]라고 설한 것은 또한 특정한 기연에 의해 나타낸 상을 설한 것이다. 『아미타경』에서 "정수

---

213 『往生論』(T26, 231a).
214 『觀無量壽經』(T12, 343b).

리에서 나오는 광명의 불꽃은 천만 개의 불국토를 비춘다."²¹⁵라고 한 것은 또한 바로 백억 삼천대천세계이다. 이 경에서 "백 개의 부처님의 국토에서 갠지스강의 모래알처럼 많은 부처님의 국토까지 비춘다."라고 한 것은 모두 타수용신의 광명을 설한 것이다. 십지의 계위에 오른 이와 그 이전의 지위에 있는 이는 보는 것이 다르기 때문에 크기가 일정하지 않다. 모두 크기를 헤아리는 가운데 나머지 부처님의 광명은 작은 것은 "일곱 자"이고 큰 것은 "한 부처님의 찰토를 비추는 것에 이르기도 한다."라고 하였다.

> 觀經所說。無量壽佛身。高六十萬億那由他恒河沙由旬。眉間白豪。如五須彌山。眼如四大海水。圓光如一¹⁾百億三千大千世界。亦說一機所現相也。阿彌陀經云。頂中光明炎。照千萬佛國者。亦卽是百億三千界也。此經云。照百乃至恒河沙利者。皆說他受用身光也。十地上下所見異故。大小不定。皆校量中。余佛光明。小者七尺。大者乃至照一佛利。
>
> 1) ⑲『觀無量壽經』에 따르면 '一'은 연자이다.

두 가지 구역본²¹⁶에서 "작은 것은 일곱 장丈이고 큰 것은 200만 개의 부처님의 국토"²¹⁷라고 하였다. 그러한즉 "한 부처님의 찰토"는 아직 궁극적이지 않은 것을 제시한 것이고 "일곱 자"는 작은 것을 제시하였으니 충분하지 않은 것이다. 본질은 비록 동일하지만 전역자가 다르기 때문에 제시한 것이 같지 않은 것일 뿐이다.

또 구역본에서 "여러 부처님께서 광명을 비추는 것에 멀고 가까움이 있는 것은 무엇 때문인가? 본래 전생의 과거에 불도를 얻기 위해 보살이

---

215 『阿彌陀經』(T12, 302c).
216 『無量淸淨平等覺經』과 『阿彌陀經』(『大阿彌陀經』)을 가리킨다.
217 『無量淸淨平等覺經』(T12, 281c); 『阿彌陀經』(T12, 302b).

되었을 때 서원한 공덕에 각자 크고 작음이 있었고 그렇게 한 뒤에 성불하였을 때 각자 얻은 것이다. 그러므로 광명이 변화하여 같지 않게 되는 것이고 모든 부처님의 위대한 힘은 동등할 뿐이다. 자재하게 뜻하는 대로 하는 것이고 미리 계획하는 것은 아니다. 아미타불의 광명은 가장 커서 어떤 부처님의 광명도 미칠 수 없다."[218]라고 하였다.

해석한다. 광명은 밖으로 나타나는 덕이니 과거의 서원에 따라서 동등하지 않다. 위신은 내면의 덕이니 이전에 수행한 원인에 머물러 모두 동등하다. 어찌 쓸데없이 자취를 헤아리고 근본을 따져 가며 덕에 우열이 있다고 의심하겠는가.

舊兩本中。小者七尺。[1] 大者二百萬佛國。然卽一利擧未窮。七尺擧小者非盡。本雖是同。傳譯者異故。所擧不同耳。又舊本云。所以諸佛光明所照者。[2] 遠近者何。本其[3]前世宿命求道。爲菩薩時。所願功德。各[4]有大小。至其然後。作佛。[5] 各自得之。是故令光明。轉不同等。諸佛威神等[6]耳。目[7]在意所[8]作。爲不預計。阿彌陀佛光明所[9]最大。諸佛光明。皆所不能及也。解云。光明是外德。隨本願而不等。威是是[10]神[11]內德。住前因而皆同。寧客尋跡徵本。疑德優劣者哉。

1) ㉯ 구역본에 따르면 '尺'은 '丈'이다. 2) ㉯ 구역본에 따르면 '者'는 '有'이다. 3) ㉯ 『無量淸淨平等覺經』에 따르면 '其'는 연자이다. 4) ㉯ 구역본에 따르면 '各' 뒤에 '自'가 누락되었다. 5) ㉯ 구역본에 따르면 '佛' 뒤에 '時'가 누락되었다. 6) ㉯ 구역본에 따르면 '等' 앞에 '同'이 누락되었다. 7) ㉯ 구역본에 따르면 '目'은 '自'이다. 8) ㉯ 구역본에 따르면 '所' 뒤에 '欲'이 누락되었다. 9) ㉯ 구역본에 따르면 '所' 뒤에 '照'가 누락되었다. 10) '是是'는 연자인 것 같다. 11) ㉯ '神' 뒤에 '是'가 누락된 것 같다.

덕에 의해 이름을 세운 것 가운데 열두 가지 이름이 있다. 모두 광명의

---

[218] 『無量淸淨平等覺經』(T12, 282b); 『阿彌陀經』(T12, 302c).

공덕에 의해 달리 칭한 것이다. "무량광"이라는 것은 헤아릴 수 없는 광명을 지녔기 때문이고 "무변광"이라는 것은 끝이 없기 때문이며, "무애광"이라는 것은 장애가 없기 때문이고 "무대광"이라는 것은 대적할 만한 것이 없기 때문이며, "염왕광"이라는 것은 광염이 뛰어나기 때문이고 "청택광"이라는 것은 더러움을 여의었기 때문이며, "환희광"이라는 것은 근심을 제거할 수 있기 때문이고 "지혜광"이라는 것은 어리석음을 소멸시킬 수 있기 때문이며, "부단광"이라는 것은 서로 이어져 끊어지지 않기 때문이고 "난사광"이라는 것은 위덕이 생각에 의해 의론하기 어렵기 때문이며, "무칭광"이라는 것은 장애가 없이 칭합하기 때문이고 "초일월광"이라는 것은 세간을 벗어났기 때문이다.

> 依德立名中。有十二名。皆依光明功德之殊稱也。無量光者。無數量故。無邊光者。無邊際故。無碍光者。無障碍故。無對光者。無敵對故。炎王光者。光炎勝故。淸澤光者。離垢穢故。歡喜光者。能除憂戚故。智惠光者。能滅痴闇故。不斷光者。相續不絶故。難思光者。威德難思議故。無稱光者。無碍而稱故。超日月光者。出世間故。

섭수하여 이익을 얻게 하는 것은 글과 같다.

> 攝益如文。

경에서 "무량수불의 광명은 높이 빛나……낮과 밤을 가리지 않고 1겁 동안 말한다고 해도 다 말할 수 없다."라고 한 것에 대해 서술하여 말한다.
　이것은 곧 일곱 번째로 (불국토를 장엄하는 공덕 17가지 중) 열한 번째인 미묘한 음성의 공덕을 나타내 보인 것이다. 미묘한 음성이라는 것은 아름답고 미묘한 음성이 멀리까지 퍼져 모든 곳에서 들리는 것이다. 이것은 명호를 부르는 음성을 말한 것이고 부처님께서 입으로 설법하는 음성을 말하는 것은 아니다. (부처님께서) 입으로 내는 음성이라는 것은 뒤에서 부처님의 공덕을 설하는 가운데 별도로 설하였다.[219] (지금은 『왕생론』의) 게송에서 "청정한 음성(梵聲)은 심오하고 원대한 깨달음을 얻게 하네. 미묘하게 퍼져 시방세계에서 들리네."[220]라고 한 것과 같다. '청정한 음성은 (심오하고 원대한) 깨달음을 얻게 하네.'라는 것은 입으로 설법하는 음성인 것처럼 보이지만 경의 글에 의거하면 그렇지 않다.[221]

經無量壽佛光明顯赫至晝夜一劫尙不能盡。述曰。此卽第七顯示第十一妙聲功德。言妙聲者。謂美妙聲。遠聞諸方。此說名稱之聲。非佛口業設[1]法聲也。口業聲者。下佛功德中。乃別說也。如偈云。梵聲悟深遠。微妙聞十方故。梵聲悟者。似如口業說法之聲。然准經文。卽不然也。

1) ㉱ '設'은 '說'인 것 같다.

또한 앞에서 설한 광명의 공덕은 눈으로 광명을 보아서 얻는 이익을 나타냈고, 여기에서 설한 미묘한 음성의 공덕은 귀로 들어서 이익이 늘어

---

219 '불국토와 관련된 것인가, 부처님의 설법과 관련된 것인가?'라는 논의는 『往生論』에서 이루어지고 있다. 따라서 『往生論註』 권상(T40, 832b)에서 "『往生論』에서 '여래께서 미묘한 음성을 내니 청정한 음성 시방세계에서 들리네.'라고 한 것을 풀이한다. 이 두 구절은 구업을 장엄하는 공덕을 성취한 것이라고 한다.(如來微妙聲。梵響聞十方。此二句。名莊嚴口業功德成就)"라고 한 것을 가리키는 것으로 보인다. 『往生論註』에서는 이것을 부처님의 설법하는 음성이 범천에까지 들리도록 하려는 서원과 관련된 것으로 풀이하였다. 만약 『無量壽經』을 가리키는 것이라면 부처님의 음성과 관련된 것은 본 경(T12, 271a)에서 "그 소리를 듣는 이는 깊은 법인法忍을 얻어 불퇴전에 머물고 불도를 이룰 때까지 이근耳根이 청정하고 두루 듣는 능력을 지녀 고통과 근심에 빠지는 일이 없다."라고 한 것을 찾을 수 있을 것 같다.
220 『往生論』(T26, 231c).
221 『往生論註』 권상(T40, 830a)에서 본 게송에 대해 "안락국토의 명칭이 시방세계에 울려 퍼지는 것"이라고 풀이한 것을 참조할 것.

나는 것을 나타내었다. (앞에서) 설한 것과 같은 12가지 광명에 의거한 이름이 시방세계에 두루 들리니 듣는 이는 모두 뛰어난 이익을 얻는다.

> 又前光明功德。顯眼光利益。此妙聲功德。顯耳聞利益增上。所說十二光名。遍聞十方。聞者皆獲勝利益也。

글 가운데 세 가지가 있다. 첫째는 미묘한 음성이 어느 곳에서든 두루 들리는 것을 나타낸 것이고 둘째는 듣는 이가 심원한 이익을 얻는 것을 나타낸 것이며 셋째는 광명의 뛰어남을 제시하여 그 음성의 미묘함을 나타낸 것이다.

> 文中有三。一顯妙聲遍聞諸方。二顯聞者得深遠益。三擧光勝。顯其聲妙。

"어떤 중생이 그 광명의……듣고" 등이라는 것은 깨달음의 심오함을 나타낸 것이다. '광명을 듣는다'라고 한 것은 광명에 의해 붙여진 명호를 부르는 음성을 듣는 것을 말한다. 앞에서 설한 것과 같은 (아미타불에 대한) 12가지 광명에 의해 붙여진 명호이다. 광명에 의한 명칭을 들음으로 말미암아 서원에 따라 왕생할 수 있고 대중의 찬탄을 받는다. 이는 바로 청정한 음성에 의해 얻는 깨달음의 심오함이다.

"그렇게 한 후에 불도를 증득할 때" 등이라는 것은 깨달음의 원대함을 나타낸 것이다. 광명을 듣고 그 덕을 찬탄함으로 말미암아 불도를 증득하기에 이르며 또한 다른 사람의 찬탄을 받기에 이르니 바로 청정한 음성에 의한 깨달음의 원대함이다. 이 뜻을 나타내기 위해서 『왕생론』의 게송에서 "청정한 음성은 심오하고 원대한 깨달음을 얻게 하네."[222]라고 하였

---

[222] 『往生論』(T26, 231c).

다.[『안양집』 권8, 『안양초』 권5 · 권7]

若有衆生。聞其光明等者。顯悟深也。言聞光者。謂明¹⁾光名聲也。如上所說 十二光名。由聞光故。隨願得生。爲衆所讚。卽是梵聲之悟深也。至其然後。 得佛道時等者。顯悟遠也。由聞光明。讚其德故。至得佛道。亦爲他讚。卽是 梵聲之悟遠也。爲顯此義故。論偈云。梵聲悟深遠【安養集八, 安養抄五 · 七】

1) ㉠ '明'은 '聞'인 것 같다.

경 부처님께서 아난에게 말씀하셨다.
"또 무량수불은 수명이 장구하여 헤아릴 수 없으니 네가 어찌 알겠는가!"

佛語阿難。又無量壽佛。壽命長久。不可稱計。汝寧知乎。

기

문 부처님의 수명이 길어서 헤아릴 수 없다는 것은 얼마만큼의 겁을 지난다는 것인가?

問。佛壽長遠。不可稱計者。爲經何等劫耶。

답 『비화경』에서 말하였다.

答。悲華經說。

관세음보살이 서원을 일으켜 말하였다.²²³

---

223 『悲華經』 권3(T3, 185c)에서 "세존이시여, 저는 이제 다시 중생을 위하여 높고 뛰어난

"제가 만약 자신의 이익[224]을 얻을 수 있다면 다음과 같은 일이 이루어지게 해 주십시오. 전륜성왕(무쟁념왕)께서 제1 갠지스강의 모래알과 같은 아승기겁을 지나서 처음으로 제2 갠지스강의 모래알과 같은 아승기겁에 들어갈 때 이때 세계를 안락安樂이라고 하고 대왕께서 성불하여 명호를 무량수라고 하며, 세계는 장엄하게 하고 중생은 청정하게 해 주십시오. (무량수불께서) 정법의 왕이 되어 한량없는 겁 동안 불사佛事를 짓고 지어야 할 것을 이미 이루고 나면 무여열반無餘涅槃에 들게 해 주십시오. 더 나아가서 정법이 머물 때 제가 그 속에서 보살도를 닦고 바로 이때 불사를 지을 수 있게 해 주십시오. 이 부처님의 정법이 초저녁(初夜)[225]에 소멸하고 나면 바로 새벽녘(後夜)에 아뇩다라삼먁삼보리를 이루게 해 주십시오."

보장여래께서 바로 수기를 주어 말하였다.

"무량수불이 반열반하고 제2 갠지스강의 모래알과 같은 아승기겁 마지막 부분의 초저녁에 정법이 소멸하여 없어지면 그 밤이 지난 새벽녘에 그 국토가 변화하여 일체진보소성취세계一切珍寶所成就世界라고 할 것인데, 여러 가지 장엄이 한량없고 끝이 없어서 안락세계가 미치지 못할 것이다. 그대는 새벽녘에 금강좌에 앉아 한 생각에 아뇩다라삼먁삼보리

서원을 일으킵니다. 세존이시여.(世尊。我今復當爲衆生故。發上勝願。世尊。)"라고 한 부분을 의적이 임의로 축약하여 변경한 것이다. 여기에서 "관세음보살"이라고 한 것은 이 보살의 전생의 몸, 곧 무쟁념왕無諍念王(무량정왕無量淨王)의 첫째 태자를 가리킨다. 무쟁념왕(전륜성왕)은 아미타불의 전생의 몸이고 보장여래寶藏如來는 그 왕의 대신인 보해寶海의 아들 보장寶藏이다. 첫째 태자가 보장여래 앞에서 서원을 세우고 수기를 줄 것을 요청하였고 부처님께서 모든 중생을 구제하려는 마음이 깊은 것을 보고 이름을 관세음보살이라 칭하고 미래세에 성불할 것이라는 수기를 주었다.

224 자신의 이익 :『大智度論』권3(T25, 82a)에서 "모든 선법善法을 행하는 것을 자신의 이익이라 하고, 나머지 비법非法을 자신의 이익이 아닌 것이라 한다."라고 하였다.
225 초저녁(初夜) : 하루를 낮과 밤으로 나눌 때, 밤을 세 때로 나눈 것 중 첫 번째 부분을 가리킨다. 초야는 초저녁으로 오후 8시경을 가리킨다. 두 번째 부분은 중야中夜이니 한밤중으로 12시경을 가리킨다. 세 번째 부분은 후야後夜이니 새벽으로 오전 4시경을 가리킨다.

를 이룰 것이고 그 명호는 변출일체광명공덕산왕여래遍出一切光明功德山王如來라고 할 것이다.[226]

觀世音菩薩發願言。我[1]若能述[2]得已利者。願令轉輪聖王。過第一恒沙等阿僧祇劫已。始入第二恒沙等阿僧祇劫已。[3] 是時世界。名曰安樂。大王成佛。號無量壽。世界莊嚴。衆生清淨。作正法王。於無量劫。作佛事已。所作已辦。[4] 入無餘涅槃。乃至正法住時。我於其中。修菩薩道。卽於是時。能作佛事。是佛正法。於初夜滅。卽[5]後夜。成阿耨多羅三藐三菩提。寶藏如來。卽授記了。[6] 無量壽佛。槃涅槃已。第二恒河沙等阿僧祇劫後分。初夜分中。正法滅盡。夜[7]分中。轉[8]名一切珍寶所成就世界。所有種種莊嚴無量[9]邊。安樂世界所不及也。汝於後夜。坐金剛座。於一念中。成阿耨多羅三藐三菩提。號遍出一切光明功德山王如來。

1) 鋧『悲華經』에 따르면 '我' 뒤에 '今'이 누락되었다. 2) 鋧『悲華經』에 따르면 '述'은 '逮'이다. 3) 鋧『悲華經』에 따르면 '已'는 연자이다. 4) 鋧『悲華經』에 따르면 '辨'은 '辦'이다. 5) 鋧『悲華經』에 따르면 '卽' 뒤에 '其'가 누락되었다. 6) 鋧'寶藏如來 卽授記了'의 앞에 『悲華經』의 내용이 생략되었다. 또 이 글은 의적이 본문을 임의로 축약한 것이다. '了'는 '云'인 것 같다. 7) 鋧『悲華經』에 따르면 '夜' 뒤에 '後'가 누락되었다. 8) 鋧『悲華經』에 따르면 '轉' 앞에 '彼土'가 누락되었다. 9) 鋧『悲華經』에 따르면 '量' 뒤에 '無'가 누락되었다.

이 경의 글을 상고한다. (전륜성왕은) 보장불의 처소에서 수기를 받은 후 제1 갠지스강의 모래알과 같은 겁을 지나 성불하고 성불한 뒤에 제2 갠지스강의 모래알과 같은 겁을 지나서 그 부처님의 법이 소멸하면 관세음보살이 보처불補處佛이 된다. 저 아미타불께서 세상에 머물며 교화하다가 입멸한 뒤에도 법이 머무는데 아울러 제2의 1 갠지스강의 모래알과 같은 겁을 지난다.

226 『悲華經』 권3(T3, 185c).

案此經文。於寶藏佛所。得受記後。過一恒河沙劫。得𠁃[1)·2)]得成爲佛。成佛以後。過第二恒河沙劫。彼佛法滅。觀音補處。彼彌陀佛。住世敎化。滅後法住。並經第二一恒河沙。

1) ㉠ 저본에 따르면 '𠁃'은 '劫'이다. 2) ㉠ '得𠁃'은 연자인 것 같다.

『관세음보살수기경』에서 "아미타불은 수명이 한량이 없는 백천억 겁이지만 끝나는 때가 있다. 미래세 아주 먼 헤아릴 수 없는 겁에 아미타불께서 반열반般涅槃[227]하신 후 정법이 세상에 머물 것인데 (그 기간은) 부처님의 수명과 같다. 세상에 머무실 때나 입멸한 뒤에나 제도하는 중생은 모두 마찬가지이다. 부처님께서 열반에 드신 후 어떤 중생은 부처님을 친견하지 못하기도 하지만 보살들은 염불삼매念佛三昧를 얻어서 항상 아미타불을 친견한다."[228]라고 하였다.

지금 이 경의 글을 생각해 보건대 이미 법이 머무는 기간이 부처님의 수명과 같다고 하였으니 바로 갠지스강의 모래알과 같은 겁의 절반만큼 세상에 머문다는 것을 알 수 있다.[229]【『안양집』 권8】

觀音授記經云 阿彌陀佛壽。[1)] 無量百千億劫。當有終盡。[2)] 當來曠遠。不可計劫。阿彌陀佛。當般涅槃後。正法住世界。[3)] 等佛壽命。在世滅度。[4)] 所度

---

227 반열반般涅槃 : Ⓢ parinirvāṇa의 음역어. 열반에 드는 것. 또는 완전한 열반. '열반'이란 모든 번뇌가 사라진 경지를 일컫는 말. '반般'은 pari의 음사어로, '완전하다'는 뜻이다. 그러므로 열반의 한역어 적寂에 원圓을 붙여 원적圓寂이라고 의역한다. 그런데 pari를 '들어간다'는 뜻으로 보아, 열반의 또 다른 의역어인 멸멸에 입入을 붙여 입멸入滅이라 의역하기도 한다.
228 『觀世音菩薩授記經』(T12, 357a).
229 앞의 『悲華經』 인용문에서 "아미타불은 제2 갠지스강의 모래알과 같은 아승기겁의 처음에 성불하고 열반에 들며 정법이 남아 있다가 그 겁의 마지막에 정법이 소멸한다."라고 하였고, 『觀世音菩薩授記經』에서는 "부처님의 수명은 정법이 머무는 기간과 같다."라고 하였으니, 제2 갠지스강의 모래알과 같은 아승기겁에서 앞의 절반은 부처님이 세상에 계시는 기간이고 뒤의 절반은 정법이 머무는 기간이라는 말이다.

衆生。悉皆同等。佛涅槃後。或有衆生。不見諸[5)]佛者。有諸菩薩。得念佛三昧。常見阿彌陀佛。今案此經文。旣旣[6)]法住等佛命。卽知住世半恒河沙。【安養集八】

1) ㉞『觀世音菩薩授記經』에 따르면 '壽' 뒤에 '命'이 누락되었다.　2) ㉞『觀世音菩薩授記經』에 따르면 '盡'은 '極'이다.　3) ㉞『觀世音菩薩授記經』에 따르면 '界'는 연자이다.　4) ㉞『觀世音菩薩授記經』에 따르면 '度'는 '後'이다.　5) ㉞『觀世音菩薩授記經』에 따르면 '諸'는 연자이다.　6) ㉞ '旣'는 연자인 것 같다.

경 또 그 국토는 일곱 가지 보배로 이루어진 나무들이 온 세계를 가득 채우고 있으니, 금나무·은나무·유리나무·파려나무·산호나무·마노나무·차거나무이다.

혹은 두 가지 보배나 세 가지 보배나 더 나아가서는 일곱 가지 보배가 함께 합하여 이루어졌다. 어떤 금나무는 은잎과 은꽃과 은열매로 이루어졌고, 어떤 은나무는 금잎과 금꽃과 금열매로 이루어졌으며, 어떤 유리나무는 파리를 잎으로 하고 꽃과 열매도 또한 그러하고, 어떤 수정나무는 유리를 잎으로 하고 꽃과 열매도 또한 그러하며……어떤 보배 나무는 차거를 뿌리로 하고 자금을 줄기로 하며 백은을 가지로 하고 유리를 곁가지로 하며 수정을 잎으로 하고 산호를 꽃으로 하며 마노를 열매로 하였다. 이러한 온갖 보배나무가 줄지어 늘어서서 서로 맞닿아 있으니, 줄기와 줄기는 서로 바라보고 가지와 가지는 서로 의지하며, 잎과 잎은 서로 향하고 꽃과 꽃은 서로 수순하며, 열매와 열매는 서로 마주하였는데, 아름다운 색이 눈부시게 빛나는 모습은 바라볼 수 없을 정도이다. 맑은 바람이 때맞추어 일어나면서 다섯 가지 음을 내어 미묘하게 궁음宮音과 상음商音 등이 저절로 서로 응한다.

又其國土。七寶諸樹。周滿世界。金樹。銀樹。琉璃樹。玻瓈樹。珊瑚樹。瑪瑙樹。硨磲樹。或有二寶三寶。乃至七寶。轉共合成。或有金樹。銀葉華果。或有銀樹。金葉華果。或琉璃樹。玻梨爲葉。華果亦然。或水精樹。琉璃爲葉。華果亦然。……或有寶樹。車璖爲本。紫金爲莖。白銀爲枝。琉璃爲條。水精爲葉。珊瑚爲華。碼碯爲實。此諸寶樹。行行相值。莖莖相望。枝枝相準。葉葉相向。華華相順。實實相當。榮色光燿。不可勝視。清風時發。出五音聲。微妙宮商。自然相和。

기 여러 가지 나무 가운데 "금나무……차거나무가 있다."라고 한 것은 하나의 보배로 이루어진 것을 말한다. "혹은" 이하는 여러 가지 보배로 이루어진 것을 나타내었다. 두 가지, 세 가지, 네 가지, 다섯 가지, 여섯 가지, 일곱 가지를 갖추고 있어서 온갖 보배가 합하여 이루어진 것이다. 글 가운데 일단 두 가지, 일곱 가지가 합하여 이루어진 것을 설하고 중간은 생략하고 갖추어서 설하지 않았다.

"줄지어 늘어서서……열매와 열매는 서로 마주하였는데"라고 한 것은 섞여 있지만 어지럽지 않은 것이다. "아름다운 색이 눈부시게 빛나는 모습은 바라볼 수 없을 정도이다."라는 것은 섞여서 이루어진 나무 가운데 빛과 색이 기이하게 일어나는 것이다.

"맑은 바람이 때맞추어 일어나면서 다섯 가지 음을 내어"라는 것은 섞여서 이루어진 나무 가운데 음이 서로 조화를 이루는 것이다. 다섯 가지 음이란 궁宮·상商·각角·치徵·우羽[230]이다. 토土의 음을 궁이라고 하고 금金의 음을 상이라고 하며 목木의 음을 각이라고 하고 화火의 음을 치라고 하며 수水의 음을 우라고 한다. 오행五行에서 다섯 가지 음이 나온다.【『안양집』 권9·『습유초』 권중】

---

[230] 궁宮·상商·각角·치徵·우羽 : 동양 음악의 다섯 가지 기본음. 첫째, 궁음은 탁음濁音으로 흙으로 구운 그릇을 두드리면 나는 소리이다. 둘째, 상음은 청음淸音으로 금속과 금속을 부딪쳤을 때 나는 소리이다. 셋째, 각음은 반청반탁음半淸半濁音으로 나무와 나무를 부딪쳤을 때 나는 소리이다. 넷째, 치음은 타오르는 불에 물을 부었을 때 꺼지면서 나는 소리이다. 다섯째, 우음은 물을 형상화한 소리이다.

雜樹中。金樹乃至車渠樹者。謂一寶成。或有已下。顯雜寶成。具有
二三四五六七衆寶合成。文中且說二七合成。中間存略。不具說也。行行相
値乃至實實相當者。謂雜而不亂。榮色光曜。不可勝觀者。謂雜樹中。光色
異起。淸風時發出五音聲者。謂雜樹中。音聲相和。五音謂宮商角徵羽。土
音爲宮。金之音爲商。木之音名角。火之音爲徵。水之音爲羽。從五行出五
音也。【安養集九·拾遺抄中】

경 또 무량수불은 그 도량수가 높이는 400만 리이고 그 뿌리는 둘레가 50유순이며 가지와 잎은 사방으로 20만 리 뻗어 있다. (도량수는) 온갖 보배가 저절로 합하여 이루어졌고 월광마니月光摩尼[231]·지해윤보持海輪寶[232] 등과 같은 온갖 보배의 왕으로 이것을 장엄하였다.

가지와 가지 사이에 두루 보배 영락瓔珞[233]을 드리웠다. 백천만의 빛깔이 여러 가지 형태로 다양하게 변하면서 한량없는 빛이 비추는데 끝나는 곳이 없다.

진귀하고 기묘한 보배 그물을 펼쳐 그 위를 덮었는데 이러한 일체의 장엄은 중생의 감感을 따라 응하여 나타난 것이다. 미풍이 서서히 일어나 온갖 가지와 잎을 불면 한량없는 미묘한 법의 음성이 흘러나오고 그 소리는 흘러서

---

231 월광마니月光摩尼 : 보배 구슬의 이름. 월정마니月精摩尼라고도 한다. 천수관음千手觀音의 40개의 손 가운데 왼쪽 첫 번째 손에 지니고 있는 기물이다.
232 지해윤보持海輪寶 : 어떤 보배를 가리키는지 알 수 없다. 『華嚴經』 권35(T9, 622c)에서 "비유컨대 큰 바다에 네 가지 보배 구슬이 있어서 이 네 가지 보배가 바닷속의 일체의 온갖 보배를 산출한다. 만약 이 보배가 없으면 바닷속의 온갖 보배는 모두 소멸한다. 그 네 가지는 무엇인가? 첫째는 중보적취이고 둘째는 무진보장이며 셋째는 원리치연이고 넷째는 일체장엄취이다. 이것을 네 가지 보배라고 한다.(譬如大海。有四種寶珠。此四種寶。悉生海中一切衆寶。若無此寶。海中衆寶。悉皆滅失。何等爲四。一名衆寶積聚。二名無盡寶藏。三名遠離熾然。四名一切莊嚴聚。是爲四寶)"라고 한 것을 참조할 것.
233 영락瓔珞 : Ⓢ muktāhāra, keyūra. 구슬·꽃 등을 꿰거나 엮어서 만든 장식물. 길유라吉由羅·지유라枳由羅 등으로 음역한다.

온갖 부처님의 국토에 두루 퍼진다.

그 소리를 듣는 이는 깊은 법인法忍을 얻어 불퇴전에 머물고 불도를 이룰 때까지 이근耳根이 청정하고 두루 듣는 능력을 지녀 고통 받거나 근심하는 일이 없다.

눈으로 색을 보고 귀로 소리를 들으며 코로 냄새를 맡고 혀로 맛을 보며 몸으로 그 빛을 느끼고 마음으로 법法을 연緣하여 일체에서 모두 매우 심오한 법인을 얻고 불퇴전에 머물며 불도를 이룰 때까지 육근이 청정하고 두루 통하여 온갖 고통을 받거나 근심하는 일이 없다.

아난아, 그 국토의 사람과 하늘로서 이 나무를 보는 이는 세 가지 법인을 얻으니, 첫째는 음향인音響忍이고 둘째는 유순인柔順忍이며 셋째는 무생법인無生法忍이다.

이것은 모두 무량수불의 위대한 힘에 의지하기 때문이고 본원의 힘 때문이니 (그 본원은) 원만하게 구족한 서원이고 분명한 서원이며 견고한 서원이고 궁극적인 결과를 이루는 서원이다.

부처님께서 아난에게 말씀하셨다.

"세간의 제왕이 듣는 백천 가지의 음악이 있고 전륜성왕에서부터 제6천(他化自在天)까지의 음악 소리가 있는데 이들은 전전하면서 서로 천억만 배 더 뛰어나다. 그리고 제6천의 만 가지 음악도 무량수불의 국토에 있는 여러 일곱 가지 보배로 이루어진 나무에서 울리는 한 가지 음악 소리보다 못하니 (그것은 제6천의 음악보다) 천억 배나 더 뛰어나다."

又無量壽佛。其道場樹。高四百萬里。其本周圍五十由旬。枝葉四布二十萬里。一切衆寶。自然合成。以月光摩尼。持海輪寶。衆寶之王。而莊嚴之。周匝條間。垂寶瓔珞。百千萬色。種種異變。無量光炎。照燿無極。珍妙寶網。羅覆其上。一切莊嚴。隨應而現。微風徐動。吹諸枝葉。演出無量妙法音聲。其聲流布。遍諸佛國。其聞音者。得深法忍。住不退轉。至成佛道。耳根淸徹。不遭苦患。目覩其色。耳聞其音。鼻知其香。舌甞其味。身觸其光。心以法緣。一切。皆得甚深法忍。住不退轉。至成佛道。六根淸徹。無諸惱患。阿難。若彼國人天。見此樹者。得三法忍。一者音響忍。二者柔順忍。三者無生法忍。此皆無量壽佛威神力故。本願力故。滿足願故。明了願故。堅固願故。究竟願故。佛告阿難。世間帝王。有百千音樂。自轉輪聖王。乃至第六天上伎樂音聲。展轉相勝。千億萬倍。第六天上萬種樂音。不如無量壽國諸七寶樹一種音聲。千億倍也。

기 글에 네 가지가 있다. 첫째는 도량수의 크기와 온갖 보배가 합하여 이루어진 것을 나타내었다. 둘째는 보배 영락을 아래로 드리웠고 빛이 끝이 없음을 나타내었다. 셋째는 보배 그물이 위에 덮였고 음향이 두루 퍼지는 것을 나타내었다. 넷째는 보고 들으며 인연하여 생각하면 모두 뛰어난 이익을 얻는 것을 나타내었다. 이 가운데 또한 네 가지가 있다. 첫째는 듣는 이는 육근이 청정해지는 것이고 둘째는 보는 이는 세 가지 법인을 성취하는 것이며, 셋째는 법인을 얻는 것은 위대한 힘에 의한 것임을 나타내었고 넷째는 육근이 청정해지는 것은 음성의 뛰어난 말씀에 의한 것임을 나타내었다.

文中有四。一顯道場樹量衆寶合成。二顯寶瓔下垂光耀無極。三顯寶網上覆聲響歸遍。四顯見聞緣念皆獲勝利之中。又有四。一聞者六根淸淨。二見者三忍成就。三顯得忍由威願[1]力。四顯淨根由音聲勝言。

---
1) ㉔ '願'은 '神'인 것 같다.

"세 가지 법인"이라는 것은 바로 열 가지 인忍[234] 가운데 처음의 세 가

---
234 열 가지 인忍 : 보살이 무명의 혹을 끊고 제법이 본래 적멸한 것을 깨달을 때 얻는

지 인이다.

"음향인"이라는 것은 「십인품十忍品」에서 "진실한 법을 들으면 놀라지 않고 떨지 않고 두려워하지 않으며 믿고 이해하며 수지하며 좋아하고 즐거운 마음으로 수순하여 들어가며 수습하여 편안히 머무니 이것이 첫 번째인 음향에 수순하는 인이다."[235]라고 한 것이 바로 음향인이다.

"유순인"이라는 것은 바로 저 글에서 "이 보살은 적정함에 수순하여 일체법이 평등함을 관찰하고 바르게 생각하여 모든 법을 어기지 않고 일체의 제법에 수순하여 깊이 들어가며 청정하고 곧은 마음으로 제법을 분별하여 평등관을 닦고 깊이 들어감을 구족하니 이것이 두 번째인 순인이다."[236]라고 하였다.

"무생법인"이라는 것은 또 저 글에서 "이 보살은 법이 생겨나는 것을 보지 않고 법이 소멸하는 것을 보지 않는다. 무엇 때문인가? 생겨나지 않으면 소멸하지 않고 소멸하지 않으면 다함이 없으며 다함이 없으면 번뇌를 여의고 번뇌를 여의면 무너지지 않고 무너지지 않으면 움직이지 않으며 움직이지 않으면 적멸한 곳이고 적멸한 곳이면 욕망을 여의고 욕망을 여의면 행할 것이 없고 행한 것이 없으면 이것이 바로 큰 서원이고 큰 서원이면 장엄에 머무니 이것이 세 번째인 무생법인이다."[237]라고 하였다.

열 가지 안주하는 마음을 가리킨다. 첫째는 음성인音聲忍(음향인音響忍·수순음성인隨順音聲忍)이고 둘째는 순인順忍이며, 셋째는 무생법인無生法忍이고 넷째는 여환인如幻忍(일체법이 허깨비와 같음을 관찰하는 것)이며, 다섯째는 여염인如焰忍(일체법이 열에 의해 발생하는 아지랑이와 같음을 관찰하는 것)이고 여섯째는 여몽인如夢忍(일체법이 꿈에서 보이는 것과 같은 것임을 관찰하는 것)이며, 일곱째는 여향인如響忍(일체법이 메아리와 같은 것임을 관찰하는 것)이고 여덟째는 여전인如電忍(일체법이 번개와 같은 것임을 관찰하는 것)이며, 아홉째는 여화인如化忍(일체법이 변화하여 나타난 존재와 같음을 관찰하는 것)이고 열째는 여허공인如虛空忍(일체법이 허공과 같음을 관찰하는 것)이다.

235 『華嚴經』 권28(T9, 580c).
236 『華嚴經』 권28(T9, 580c).
237 『華嚴經』 권28(T9, 580c).

다시 또 일곱 가지 인忍은 비유에 의해 거듭해서 앞의 세 가지 인忍을 나타낸 것이니 여환인如幻忍·여염인如焰忍·여몽인如夢忍·여향인如響忍·여전인如電忍·여화인如化忍·여허공인如虛空忍을 말한다.

여기에서 간략하게 설하여 오직 처음의 세 가지 인만 말한 것은 이 세 가지 인을 체득하면 (뒤의 일곱 가지 인을) 모두 섭수하기 때문이다.

三忍者。卽十忍中初三忍也。音響忍者。十忍品云。若聞眞實法。不驚不怖不畏。信解受持。受[1]樂順入。修習安住。是爲第一隨順音聲忍。卽是音響忍也。隨[2]順忍者。卽彼文云。此菩薩。隨於寂淨。[3] 觀一切法平等。正念不違諸法。隨順深入一切諸法。淸淨直心。分別諸法。修平等觀。深入具足。爲第二順忍。無生法忍者。又彼文云。此菩薩。不見有生法。[4] 不見有法滅。何以故。若不生則不滅。若不滅則無盡。若無盡則離垢。若離苦[5]則無壞。若無壞則不動。不動則寂滅地。[6] 則[7]離欲。若離欲則無所作。[8] 若無所作[9]行。則是大願。若是大願。側[10]住莊嚴。是爲第三忍[11]生法忍。復七寄譬重顯上三。謂如幻涅槃[12]夢響電住[13]虛空忍也。此中路故。[14] 唯云初三忍。體此三攝盡故。

1) ㉭『華嚴經』에 따르면 '受'는 '愛'이다. 2) ㉭ '隨'는 '柔'인 것 같다. 3) ㉭ 저본 및 『華嚴經』에 따르면 '淨'은 '靜'이다. 4) ㉭『華嚴經』에 따르면 '生法'은 '法生'이다. 5) ㉲ '苦'는 '垢'인 것 같다.(편) ㉭ '('(편)'은『韓國佛敎全書』편찬자가 교감한 것임을 나타낸다. 6) ㉲ '地'는 '寂滅'인 것 같다.(편)『華嚴經』에 따르면 '地'가 맞다. 7) ㉭『華嚴經』에 따르면 '則' 앞에 '寂滅地'가 누락되었다. 8) ㉭『華嚴經』에 따르면 '作'은 '行'이다. 9) ㉭『華嚴經』에 따르면 '作'은 연자이다. 10) ㉲ '側'은 '則'인 것 같다.(편) 11) ㉭『華嚴經』에 따르면 '忍'은 '無'이다. 12) ㉭『華嚴經』에 따르면 '涅槃'은 '焰'이다. 13) ㉭『華嚴經』에 따르면 '住'는 '化'이다. 14) ㉭ '路故'는 '略說'인 것 같다.

또 "음향인"은 바로 (『인왕반야경』의) 다섯 가지 인忍[238] 가운데 두 번째

---

238 다섯 가지 인忍:『仁王般若經』권상(T8, 826b)에서 보살법으로 제시한 다섯 가지 인忍을 말한다. 첫째는 복인伏忍이니 지전지전의 삼현을 가리킨다. 아직 무루無漏를 얻

인 신인信忍이다. (『화엄경』「십인품」에서) 뜻을 풀이하면서 "진실한 법을 들으면 놀라고 떨고 두려워하지 않으며 믿고 이해하며 수지하는 것 등을 음향인이라 한다."[239]라고 하였기 때문이다. 이 인의 계위는 초지·제2지·제3지이다. 또한 지전의 복인伏忍을 섭수할 수도 있다.[240]

> 又音響者。卽是五忍中第二信忍故。釋義云。聞眞實法。不驚怖畏。信解受持等。名音響忍故。此忍位。在初二三地。又可亦攝地前伏忍。

"유순인"이라는 것은 바로 (『인왕반야경』의) 다섯 가지 인 가운데 세 번째인 순인順忍이다. 이 순인의 계위는 제4·제5·제6지이다. "무생법인"이라는 것은 (『인왕반야경』의 다섯 가지 인 가운데) 바로 네 번째 인이다. 계위는 제7·제8·제9지이다. 또한 제10지 가운데 적멸인寂滅忍을 섭수할 수도 있다.[241]

> 柔順忍者。卽是五忍中第三忍也。此忍位。在四五六地。無生法忍。卽是第

지 못하고 번뇌를 끊지 못하였으며 단지 번뇌를 조복시켜 일어나지 않도록 한 상태이다. 십해(십주)는 하품下品, 십행은 중품中品, 십회향은 상품上品이다. 둘째는 신인信忍이니 무루의 믿음을 얻어서 수순하여 의심하지 않는 것이다. 초지初地는 하품, 제2지는 중품, 제3지는 상품이다. 셋째는 순인順忍이니 보리도菩提道에 수순하여 무생無生의 결과를 향해 나아가는 것이다. 제4지는 하품, 제5지는 중품, 제6지는 상품이다. 넷째는 무생인無生忍이니 망혹妄惑이 이미 다하여 모든 법이 모두 생겨남이 없음을 분명히 아는 것이다. 제7지는 하품, 제8지는 중품, 제9지는 상품이다. 다섯째는 적멸인寂滅忍이니 모든 혹을 다 끊어서 청정하고 무위하며 담연하고 적멸한 것이다. 제10지는 하품이고 불佛은 상품이다.

239 『華嚴經』 권28(T9, 580c). 축약한 글이다.
240 지전의 복인伏忍을~수도 있다 : 지전의 삼현위三賢位에 있는 사람이 아직 무루를 얻지 못하여 번뇌를 끊지 못하고 단지 번뇌를 조복시켜 일어나지 못하게 하는 것만 할 수 있는 것을 말한다.
241 제10지 가운데~수도 있다 : 적멸인은 십지와 불지에 해당하기 때문에 이 가운데 십지만 해당한다는 말인 것 같다.

四忍。位在七八九地。又可亦攝第十地中寂滅忍也。

"위대한 힘에 의지하기 때문이고"라는 것은 현재의 위대한 힘에 의한 것을 말한다. "본원의 힘 때문이니"라는 것은 과거에 세운 본원의 힘에 의한 것을 말한다. 본원의 힘 가운데 네 가지 구별이 있다. "원만하게 구족한 서원"이라는 것은 48가지 서원이 빠진 것이 없기 때문이고 "분명한 서원"이라는 것은 어리석음을 여읜 밝은 지혜와 함께 상응하기 때문이며, "견고한 서원"이라는 것은 물러남이 없이 정진하여 성취하기 때문이고 "궁극적인 결과를 이루는 서원"이라는 것은 성대한 유정과 법계가 다할 때까지 행할 것을 기약하기 때문이다.【『안양집』권7·『대경초』권5】

威神力故者。謂由現在威神力也。本願力故者。謂由過去本願力也。本願力中。有四種別。謂滿足願者。四十八願。無闕減故。明具[1]願者。離痴明惠。共相應故。堅固願者。無退精進。所成就故。究竟願者。期盡有情法界隆故。【安養集七·大經鈔五】

1) ㉠ 『無量壽經』에 따르면 '其'는 '了'이다.

앞에서 "도량수가 높이 400만 리"라고 하였고, 『관무량수경』에서 "부처님의 신장은 60만억 나유타 항하사 유순이다."[242]라고 하였는데, 어떻게 이러한 신장으로 이러한 도량수 아래에 앉아 있을 수 있는 것인가?

又云。[1] 同[2]前道場樹。高四百萬里。觀經云。佛身高六十萬億那由他恒河沙由旬。如何身高而樹下耶。

1) ㉠ 편집 체재의 일관성을 고려할 때 '又云'은 삭제되어야 한다. 2) ㉠ 앞에 실린 동일한 글에 의거하면 '同'은 '間'인 것 같다.

---

242 『觀無量壽佛經』(T12, 343b).

답 부처님의 일은 생각에 의해 알기 어려우니 세속의 정으로는 헤아릴 수 없다. 그렇지만 일단 그 상相을 추구하면 다음과 같다.

"유순由旬"과 "리里"는 처소에 따라 일정하지 않다. 이곳의 1겁을 저곳에서는 하루라고 하는 것처럼 "리" 등도 그 뜻이 또한 그러함을 알아야 한다. 『관무량수경』의 "유순"은 이곳에 의거한 것이니 초업보살이 관법觀法을 익히도록 하기 위하여 저 부처님의 양을 설했기 때문이다. 이곳에서의 수량에 의거하지 않는다면 어떻게 부처님의 몸의 크기를 알 수 있겠는가? 이 가운데 "리"라고 한 것은 저곳에 의거하여 설한 것이다. 이 경에서 관법을 설한 것은 초업보살을 위한 것이 아니기 때문에 단지 저곳의 수량에 의거하여 설하였다. 이와 같지 않다면 어떻게 정수리의 광명이 시방의 갠지스강의 모래알처럼 많은 세계를 합한 것과 같은 부처님의 몸의 크기로 1만 유순의 나무 아래에 앉아 있을 수 있겠는가?

만약 견고하게 집착하여 "'400만 리'는 이곳에서의 리에 의거한 것이다."라고 한다면, 또한 "상호에서 뿜는 광명이 1심尋(여덟 자)이다."[243]라고 한 것도 이곳에서의 심에 의거한 것이라고 해야 하는데, 이는 곧 경에서 설한 정수리의 광명의 크기[244]에 어긋난다. 그러므로 가능하지 않다. 글에 따라서 한정시켜 결정해야 한다.[245] 【『안양집』 권7】

答。佛事難思。不可以世情側。¹⁾ 然以一途。求其相者。由旬與里。隨方不定。如說此方一劫。當彼一日一夜。當知里等。其義亦爾。觀經由旬。仍依此方。爲初業習觀。說彼佛量故。若不依此方量數。如何知佛身大小。此中里者。依彼方說。觀非初業。故直依彼數量而說。若不爾者。如何頂光如合十方恒

---

243 『往生論』(T26, 231a).
244 『觀無量壽經』(T12, 343b)에서 "원광圓光(정광頂光)이 백억 삼천대천세계와 같다."라고 하였다.
245 이상 문·답에 해당하는 부분은 앞의 28 도량고승원에 나오는 것과 중복되는 것이다.

河沙世界之佛身量。而得宿坐一萬由旬之樹下也。若固執云。四百萬里。依
此方里。亦應相好光一尋者。依此間尋。便違經說頂光之量。是故不可。隨
文爲²⁾定。【安養集七】

1) 옝 '側'은 '測'인 것 같다.　2) 옝 '爲'는 '局'인 것 같다.

경 또 저절로 온갖 종류의 기악伎樂이 흐른다. 또 그 음악 소리는 법음이 아닌 것이 없어서 청정하고 높이 드날리며 애잔하고 밝으며 미밀微密하고 묘하며 조화롭고 바르니 시방세계의 음성 중 가장 뛰어나다.

亦有自然萬種伎樂。又其樂聲。無非法音。淸揚哀亮。微妙和雅。十方世界
音聲之中。最爲第一。

기 "청淸"이라는 것은 청정한 것이니 듣는 이가 더러운 마음을 일으키지 않기 때문이고, "양揚"이라는 것은 선양하는 것이니 실상법을 선양할 수 있기 때문이며, "애哀"라는 것은 비애이니 듣는 이가 대비심을 일으키기 때문이고, "량亮"이라는 것은 밝은 것이니 지혜의 밝음을 개발할 수 있기 때문이다.
"미微"라는 것은 미밀한 것이니 그 음이 미밀하여 청정한 음성(梵響)과 같기 때문이고, "묘妙"라는 것은 묘하고 선한 것이니 그 음이 묘하고 선하여 방울 소리와 같기 때문이며, "화和"라는 것은 조화로운 것이니 음운이 조화를 이루어 궁음과 상음이 조화를 이루기 때문이고, "아雅"라는 것은 우아하고 바른 것이니 그 음이 우아하고 바른 것이어서 불법에 수순하기 때문이다.【『대경초』 권5】

淸者淸淨。聞者不生濁染心故。揚者宣揚。由能宣揚實相法故。哀者悲哀。
聞者能生大悲心故。亮者明亮。由能開發智慧明故。微者微密。其音微密。

如梵響故。妙者妙善。其音妙善。似鸞聲故。和者調和。音韻尅調。宮商和
故。雅者雅正。其音雅正。順佛法故。【大經鈔五】

경 또한 강당·정사·궁전·누각은 모두 일곱 가지 보배로 장엄되어 있는
데 저절로 변화하여 이루어진 것이다. 또한 진주·명월마니明月摩尼와 온갖 보
배로 휘장을 만들어 그 위를 덮었다.

안과 밖에 왼쪽과 오른쪽에 여러 가지의 목욕을 할 수 있는 연못이 있다.
혹은 10유순이고 혹은 20유순이거나 30유순이고, 백천 유순에 이르는 것도
있다. 길이와 너비, 깊고 얕음은 각 연못이 모두 차별 없이 평등하다. 여덟 가
지 공덕을 지닌 물이 고요하게 가득 채워져 있는데 청정하고 향기롭고 깨
끗하며 맛은 감로와 같다. 황금 연못은 바닥이 백은 모래이고 백은 연못은
바닥이 황금 모래이며, 수정 연못은 바닥이 유리 모래이고 유리 연못은 바
닥이 수정 모래이며, 산호 연못은 바닥이 호박 모래이고 호박 연못은 바닥이
산호 모래이며, 차거 연못은 바닥이 마노 모래이고 마노 연못은 바닥이 차거
모래이며, 백옥 연못은 바닥이 자금 모래이고 자금 연못은 바닥이 백옥 모
래이다. 혹은 두 가지 보배나 세 가지 보배에서부터 일곱 가지 보배가 함께
합하여 이루어졌다.

그 연못 언덕에 전단수가 있는데 꽃과 잎이 드리워져 있고 향기가 두루
퍼진다.

천상의 꽃인 우발라화·발담마화盆曇摩華[246]·구물두화拘物頭華[247]·분타리
화分陀利華[248]가 여러 색과 빛으로 밝게 빛나며 물 위를 두루 덮었다.

---

246 발담마화盆曇摩華 : '발담마'는 ⑤ padma의 음역어. 연꽃의 일종. 의역어는 홍련화紅
蓮華이다.
247 구물두화拘物頭華 : '구물두'는 ⑤ kumuda의 음역어. 연꽃의 일종. 의역어는 백련화
白蓮華이다.
248 분타리화分陀利華 : '분타리'는 ⑤ puṇḍaīka의 음역어. 연꽃의 일종. 의역어는 백련白
蓮인데 구물두화와 구별하기 위해 대백련大白蓮이라고도 한다.

그 모든 보살과 성문 대중이 보배 연못에 들어가서 물에 발을 담그려는 마음을 일으키면 물이 바로 발에 잠기고, 무릎을 담그려고 하면 바로 무릎에 잠기며, 허리를 담그려고 하면 물이 바로 허리에 잠기고, 목을 담그려고 하면 물이 바로 목에 잠기며, 몸을 적시려고 하면 저절로 몸에 적셔지고, 원래 상태로 돌아가려고 하면 물은 바로 본래 상태로 돌아간다. 차가움과 따뜻함이 조화를 이루어 저절로 뜻에 맞으니, 정신을 열고 몸을 기쁘게 하여 마음의 때를 모두 제거하며, 맑고 밝고 정결하니 형체가 없는 것처럼 깨끗하다.

……파도가 한량없이 물결치면서 저절로 미묘한 소리를 내는데, 응해야 할 대상에 따라서 울려 퍼져 들리지 않는 것이 없다. 어떤 이는 부처님의 소리를 듣고 어떤 사람은 법의 소리를 들으며 어떤 이는 승가僧伽의 소리를 듣는다.……청정하고 욕심을 여의며 적멸한 경지에 도달하는 진실한 뜻에 수순하고 삼보三寶에 수순하고 열 가지 힘(十力)과 네 가지 두려움 없음(四無所畏)과 같은 함께하지 않는 법[249]에 수순하며, 신통력·지혜 등의 보살과 성문이 행해야 할 도에 수순하게 된다.

又講堂精舍。宮殿樓觀。皆七寶莊嚴。自然化成。復以眞珠明月摩尼衆寶。以爲交露。覆蓋其上。內外左右。有諸浴池。或十由旬。或二十三十。乃至百千由旬。縱廣深淺。各皆一等。八功德水。湛然盈滿。淸淨香潔。味如甘露。黃金池者。底白銀沙。白銀池者。底黃金沙。水精池者。底琉璃沙。琉璃池者。底水精沙。珊瑚池者。底琥珀沙。琥珀池者。底珊瑚沙。車璖池者。底碼磁沙。瑪瑙池者。底車璖沙。白玉池者。底紫金沙。紫金池者。底白玉沙。或二寶三寶。乃至七寶。轉共合成。其池岸上。有栴檀樹。華葉垂布。香氣普熏。天優鉢羅華。鉢曇摩華。拘物頭華。分陀利華。雜色光茂。彌覆水上。

---

249 함께하지 않는 법 : 부처님·보살만이 갖추고 있고 성문·연각과는 함께하지 않는 법이라는 뜻. 18가지, 140가지, 180가지 등으로 다양하게 제시된다.

彼諸菩薩及聲聞衆。若入寶池。意欲令水沒足。水即沒足。欲令至膝。即至于膝。欲令至腰。水即至腰。欲令至頸。水即至頸。欲令灌身。自然灌身。欲令還復。水輒還復。調和冷煖。自然隨意。開神悅體。蕩除心垢。淸明澄潔。淨若無形。……波揚無量。自然妙聲。隨其所應。莫不聞者。或聞佛聲。或聞法聲。或聞僧聲。……隨順淸淨離欲寂滅眞實之義。隨順三寶力無所畏不共之法。隨順通慧菩薩聲聞所行之道。

기 "또한 강당" 이하는 다음에 (17가지 공덕 중 여덟 번째인 장엄의 공덕을 성취한 것을 다시 셋으로 나눈 것 중 하나인) 물의 공덕을 나타내었다. 강당의 왼쪽과 오른쪽에 일곱 가지 보배로 된 연못이 있고 향기로운 나무에서 향기가 두루 퍼지며 빛나는 꽃이 물 위를 덮은 것을 말한다. 『왕생론』의 게송에서 "천만 가지 보배로 이루어진 꽃이 물이 흐르는 연못을 두루 덮고 미풍에 꽃과 잎이 흔들리며 서로 뒤섞여 어지러이 빛납니다."250라고 한 것과 같다.

글 가운데 여섯 가지가 있다. 첫째는 강당의 장엄을 이룬 것이고 둘째는 왼쪽과 오른쪽에 목욕할 수 있는 연못이 있는 것이며, 셋째는 향기 나는 나무에서 두루 향기가 퍼지는 것이고 넷째는 빛나는 꽃이 물 위를 덮는 것이며, 다섯째는 목욕할 수 있는 연못에 들어가서 얻는 이익이 광대한 것이고 여섯째는 소리를 내어 도를 말한 것이다.

又講堂下。次顯水功德。謂講堂左右。有七寶池。香樹普薰。光華覆流。如論偈云。寶華千萬種。彌覆池流泉。微風動華葉。交錯光亂轉。文中有六。一講堂嚴成。二左右浴池。三香樹普薰。四光華彌覆。五入浴池廣。六揚音語道。

---

250 『往生論』(T26, 231c).

처음에 "강당"이라는 것은 『왕생론』에 따르면 (17가지 공덕 중 여덟 번째인 장엄의 공덕을 성취한 것을 다시 셋으로 나눈 것 중 하나인) 대지의 공덕을 나타낸 것이지만 여기에서는 가까운 것을 따라서 (물의 공덕으로 묶었다.) 물 가운데 "여덟 가지 공덕을 지닌 물"을 설하였는데, 『칭찬정토불섭수경稱讚淨土佛攝受經』에서 "첫째는 맑고 깨끗하고 둘째는 맑고 차가우며, 셋째는 감미롭고 넷째는 가볍고 부드러우며, 다섯째는 윤택하고 여섯째는 편안하고 조화로우며, 일곱째는 마셨을 때 배고픔과 목마름 등의 한량없는 근심이 사라지고 여덟째는 마시고 나면 반드시 모든 근根과 사대四大를 북돋워 기르고 여러 가지 뛰어난 선근善根을 증익하게 하니, 복이 많은 중생이 항상 즐겨 수용한다."251라고 한 것과 같다. 『안양집』 권7]

初講堂者。論出地功德。此中隨近。水中令¹⁾說八功德水。如稱讚淨土經說。一者澄中²⁾淨。二者淸冷。三者甘美。四者輕煖。五者潤淨。³⁾ 六者安和。七者飯⁴⁾時。除飢渴等無量過患。八者飮已定能長養諸根四大。增益種種殊勝善根。多福衆生。常樂受用。【安養集七】

1) ㉠ '令'은 오자인 것 같다. 2) ㉠ 『稱讚淨土佛攝受經』에 따르면 '中'은 연자이다.
3) ㉠ 『稱讚淨土佛攝受經』에 따르면 '淨'은 '澤'이다. 4) ㉠ 『稱讚淨土佛攝受經』에 따르면 '飯'은 '飮'이다.

경 세 가지 악도와 같이 고통과 재난을 받는 곳은 이름조차 없고 단지 저절로 흘러나오는 즐거운 음성만 있다. 그러므로 그 국토를 안락이라 한다.

無有三塗苦難之名。但有自然快樂之音。是故。其國名曰安樂。

기 경에서 "세 가지 악도와 같이 고통과 재난을 받는 곳은 이름조차

---
251 『稱讚淨土佛攝受經』(T12, 348c).

없고……안락이라 한다."라고 한 것에 대해 서술하여 말한다. 이것은 열한 번째로 (17가지 공덕 중) 열다섯 번째인 어떤 재난도 없는 것의 공덕을 나타내 보인 것이다. 그 국토에 세 가지 악취가 없기 때문에 언제나 끊임없이 즐거움을 누리는 것을 말한다.『왕생론』의 게송에서 "영원히 몸과 마음의 괴로움을 여의고 언제나 끊임없이 즐거움을 누리네."[252]라고 한 것과 같다. 전식轉識[253] 가운데 대부분 즐거움을 누리고 고통이나 고통도 아니고 즐거움도 아닌 것은 모두 없다. 그러므로 끊어지지 않음을 보였다.【『안양집』 권5】

經無有三塗苦難之名至名曰安樂。述曰。此卽第十一顯示第十五無諸難功德。謂彼土中。無三惡趣。是故快樂常無間也。如論偈云。永離身心惱。受樂常無間故。轉識中。多分樂。俱無苦捨。故示無間。【安養集五】

경 아난아, 저 부처님의 국토에 왕생하는 모든 이는 이와 같이 청정한 색신과 온갖 미묘한 음성과 신통력과 공덕을 갖춘다.

거주하는 궁전과 의복과 음식과 온갖 미묘한 꽃과 향과 장엄하는 도구는 제6천의 저절로 생겨나는 물건과 같다.

음식을 먹으려고 하면 일곱 가지 보배로 이루어진 발우가 저절로 앞에 나타난다. 금·은·유리·차거·마노·산호·호박·명월·진주로 이루어진 발우가 뜻대로 이르며 온갖 맛난 음식이 저절로 가득 채워진다. 비록 이러한 음식이 있어도 실제로 먹는 것은 아니며 단지 색깔을 보고 향을 맡으며 뜻으로 먹는데 저절로 배가 부르고 몸과 마음이 유연해져 맛에 집착하지 않는다. 음식을 먹고 나면 사라지고 때가 되면 다시 나타난다.

---

252 『往生論』(T26, 231a).
253 전식轉識 : 팔식八識 가운데 앞의 7식. 곧 전오식前五識·의식意識·말나식末那識을 가리킨다.

그 부처님의 국토는 청정하고 안온하며 미묘하고 즐거워 무위니원無爲泥洹의 도에 버금간다.

> 阿難。彼佛國土。諸往生者。具足如是淸淨色身。諸妙音聲。神通功德。所處宮殿。衣服飮食。衆妙華香。莊嚴之具。猶第六天自然之物。若欲食時。七寶盋器。自然在前。金銀琉璃車璖瑪瑙珊瑚琥珀明月眞珠。如是盋。隨意而至。百味飮食。自然盈滿。雖有此食。實無食者。但見色聞香。意以爲食。自然飽足。身心柔軟。無所味著。事已化去。時至復現。彼佛國土。淸淨安穩。微妙快樂。次於無爲泥洹之道。

기 경에서 "아난아, 저 부처님의 국토에⋯⋯무위니원의 도에 버금간다."라고 한 것에 대해 서술하여 말한다. 이것은 열두 번째로 (17가지 공덕 중) 열네 번째인 수용의 공덕을 나타낸 것이다. 그 국토에서 불법을 사랑하고 삼매三昧(Ⓢ samādhi)를 음식으로 삼는 것을 말한다. 『왕생론』의 게송에서 "불법의 맛을 좋아하며 선禪(Ⓢ dhyāna)과 삼매를 음식으로 삼네."254라고 한 것과 같기 때문이다.

> 經阿難彼佛國土至次於無爲泥洹之道。述曰。此卽第十二顯第十四受用功德。謂後1)土中。愛佛法。三昧爲食。如論偈云。愛樂佛法味。禪三昧爲食故。
>
> 1) ㉬ '後'는 '彼'인 것 같다.

글에 네 가지가 있다. 첫째는 형체와 공덕이 뛰어난 것을 나타내었고, 둘째는 생활에 필요한 도구(資具)가 뛰어난 것이며, 셋째는 수용이 뛰어난 것이고, 넷째는 안락이 뛰어난 것이다. 첫째는 수용하는 주체(依)이고, 둘

---

254 『往生論』(T26, 231c).

째는 수용의 인연이 되는 것이며, 셋째는 수용의 체體에 대한 것이고, 넷째는 수용의 과果에 대한 것이다. 글을 보면 모두 알 수 있다.

그런데 수용의 체 가운데 두 가지가 있다. 첫째는 내적으로 수용하는 것이니 법의 맛과 선정의 기쁨이다. 둘째는 외적으로 수용하는 것이니 저절로 향기와 음식 등이 갖추어지는 것이다.『왕생론』에서는 오직 내적으로 수용하는 것만 설하였고[255] 경에서는 단지 외적으로 수용하는 것만 설하였다. 이치에 의거하면 모두 갖추었다고 해야 옳으니 서로 의거하는 뜻이 있을 뿐이다.【『안양집』권8】

文中有四。一顯形德緣。[1] 二資具勝。三受用勝。四安樂勝。初是受用依。第二是受用緣。第三是受用體。第四是受用果。文皆可知。然受用體中。有其二種。一內受用。謂法味禪悅。二外受用。謂自然香飮等。論唯說內。經但說外。理應具可。綺牙頃[2]耳。【安養集八】

1) ㉠ '緣'은 '勝'인 것 같다. 2) ㉠ '綺牙頃'의 세 글자는 오자인 것 같다. 앞의 오자의 형태를 참조할 때 '倚互義'인 것 같다.

경 "그곳의 모든 성문과 보살과 사람과 하늘은 지혜가 뛰어나고 밝으며 신통력에 통달하였으며, 모두 같은 부류여서 형체에 다른 모양을 한 이가 없는데, 단지 다른 세계에 수순하는 것으로 인하여 사람과 하늘의 명칭이 있을 뿐이다. 얼굴과 자태는 단정하여 세간을 넘어선 매우 드문 모습이고 용모와 안색은 미묘하여 하늘의 모습도 아니고 사람의 모습도 아니다. 모두 저절로 텅 비어 사라지지 않는 신체와 다함이 없는 형체를 받는다."

부처님께서 아난에게 말씀하셨다.

"비유하면 가난하고 궁색한 걸인이 제왕의 곁에 있으면 형체와 용모가 어

---

255 바로 앞에서 "『往生論』의 게송에서 '불법의 맛을 좋아하며 선과 삼매를 음식으로 삼네.'라고 한 것과 같기 때문이다."라고 한 것을 참조할 것.

떻게 비슷하다고 할 수 있겠는가?"

아난이 부처님께 말씀드렸다.

"가령 이 사람이 제왕의 곁에 있으면 야위고 천하며 못생기고 더러워서 비유할 것이 없으니, 백천만억이고 헤아릴 수 없는 배수입니다.

그 이유는 다음과 같습니다. 가난하고 궁색한 걸인은 가장 비루하고 신분이 낮고 천하여 옷은 몸을 가리지 못하고 음식은 목숨을 부지할 정도로만 먹어 굶주리고 추위에 시달리며 고통을 받습니다. 따라서 사람의 도리는 거의 사라진 상태입니다.

이는 모두 전생에 죄를 지었기 때문이니, 덕의 근본을 심지 않고 재물을 축적하면서 베풀지 않았으며, 넉넉하게 지녔으면서 더욱 아꼈고 단지 많이 얻고자 탐욕스럽게 구하면서 싫어할 줄을 몰랐으며, 선을 닦으려고 하지 않고 악을 범한 것은 산처럼 쌓일 정도로 많았기 때문입니다.

이와 같이 하여 수명을 마치기에 이르면 재물과 보배는 없어지고 몸을 고통스럽게 하는 것은 모이고 쌓이는데, 이것 때문에 근심과 괴로움에 빠져도 자신에게는 어떤 이익이 없고 한갓 다른 사람의 것이 될 뿐이며, 복이 될 만한 어떤 선도 없고 의지할 만한 어떤 덕도 없습니다.

그러므로 죽어서 악취惡趣에 떨어져 기나긴 고통을 받습니다. 죄의 대가를 치르고 악취에서 벗어나도 신분이 낮고 천한 사람으로 태어나니 매우 어리석고 비루하여 사람의 부류와 같은 모습을 보일 뿐입니다.

세간의 제왕帝王이 사람들 가운데 홀로 존귀한 까닭은 모두 과거세에 쌓은 덕에 의한 것입니다. 자애로운 마음으로 널리 베풀고 어질고 사랑하는 마음으로 두루 구제하며, 믿음을 실천하고 선을 닦으며 어긋나고 다투는 일이 없었습니다. 그러므로 수명이 다할 때 복이 응하여 선도善道에 오릅니다. 위로 하늘에 태어나 복락을 누리고 쌓았던 선을 쓰고 남은 선(慶)으로 지금 사람이 되고 마침 왕가王家에 태어나 저절로 존귀한 신분이 되고 위의와 용모가 단정하여 대중이 공경하고 섬기는 대상이 되며, 미묘한 옷과 진귀한 음식을 마음대로 입고 먹을 수 있습니다. 과거에 쌓은 복이 따르기 때문에 이러한 결과에 도달하는 것입니다."……부처님께서 아난에게 말씀하셨다.……"가령 제6천왕을 무량수불의 국토에 머무는 보살·성문과 비교하면 빛나는 얼굴과 안색은 서로 미치지 못한다. 백천만억이고 헤아릴 수 없는 배수이다."

其諸聲聞菩薩人天。智慧高明。神通洞達。咸同一類。形無異狀。但因順餘方故。有人天之名。顏貌端正。超世希有。容色微妙。非天非人。皆受自然虛無之身無極之體。佛告阿難。譬如世間。貧窮乞人。在帝王邊。形貌容狀。寧可類乎。阿難白佛。假令此人。在帝王邊。羸陋醜惡。無以爲喻。百千萬億。不可計倍。所以然者。貧窮乞人。底極廝下。衣不蔽形。食趣支命。飢寒困苦。人理殆盡。皆坐前世。不植德本。積財不施。富有益慳。但欲唐得。貪求無厭。不肯修善。犯惡山積。如是壽終。財寶消散。苦身聚積。爲之憂惱。於己無益。徒爲他有。無善可怙。無德可恃。是故。死墮惡趣。受此長苦。罪畢得出。生爲下賤。愚鄙廝極。示同人類。所以世間帝王。人中獨尊。皆由宿世積德所致。慈惠博施。仁愛兼濟。履信修善。無所違諍。是以。壽終福應。得昇善道。上生天上。享茲福樂。積善餘慶。今得爲人。適生王家。自然尊貴。儀容端正。衆所敬事。妙衣珍膳。隨心服御。宿福所追。故能致此……佛告阿難。……設第六天王。比無量壽佛國菩薩聲聞。光顏容色。不相及逮。百千萬億。不可計倍。

🔳 경에서 "그곳의 모든 성문과 보살과 사람과 하늘은……백천만억이고 헤아릴 수 없는 배수이다."라고 한 것에 대해 서술하여 말한다. 이것은 바로 열세 번째로 (17가지 공덕 가운데) 열여섯 번째인 대의문大義門(대승)의 공덕을 나타낸 것이다. 그 국토에 혐오스러운 것이 전혀 없는 것을 말한다. (『왕생론』의) 게송에서 "대승의 선근이 도달하는 세계는 평등하여 혐오스러운 것은 이름조차 없으니, 여인이나 근根(감각기관)이 결여된 이나

이승二乘(성문승과 연각승)의 종성을 지닌 이는 왕생하지 않습니다."²⁵⁶라고 한 것과 같기 때문이다.

> 經其諸聲聞菩薩天人¹⁾至百千萬億不可計倍。述曰。此卽第十三顯第十六大義門功德。謂彼土中。無諸譏嫌。如偈云。大乘善根界。等無譏嫌名。女人及根缺。二乘種不生故。
>
> 1) 옘『無量壽經』에 따르면 '天人'은 '人天'이다.

(또 『왕생론』에서 그 앞에 나오는 게송²⁵⁷을 해석하면서) "정토의 과보는 두 가지 혐오스러운 것의 허물을 여의니 첫째는 체이고 둘째는 이름이다. 체에 세 가지가 있다. 첫째는 이승인이고 둘째는 여인이며 셋째는 모든 근을 온전히 갖추지 못한 사람이다. 이 세 가지 과실을 여의기 때문에 체의 혐오스러움을 여의었다고 한다. 이름에도 또한 세 가지가 있다. 단지 세 가지의 체가 없을 뿐만 아니라 더 나아가서 이승과 여인과 모든 근을 온전히 갖추지 못한 사람이라는 세 가지 이름도 들을 수 없기 때문에 이름의 혐오스러움을 여의었다고 한다. '평등하여'라는 것은 평등하여 한 가지 상이기 때문이다."²⁵⁸라고 하였다.

> 淨土果報。離二種譏嫌過。應知一名¹⁾體。二者名。離體名。²⁾體有三種。一者二乘人。二者女人。三者諸根不具人。無此三過失故。名離體譏嫌。名亦三種。非但無³⁾體。乃至不聞二乘女人諸根不具三種名故。名離⁴⁾譏嫌。等

---

256 『往生論』(T26, 231a).
257 『往生論』(T26, 231a)에서 "대승의 선근이 도달하는 세계는 평등하여 혐오스러운 것은 이름조차 없으니, 여인이나 근根(감각기관)이 결여된 이나 이승二乘(성문승과 연각승)의 종성을 지닌 이는 왕생하지 않는다.(大乘善根界。等無譏嫌名。女人及根缺。二乘種不生)"라고 한 것을 말한다.
258 『往生論』(T26, 232a).

者平等一相故。

1) ㉠『往生論』에 따르면 '名'은 '者'이다. 2) ㉠『往生論』에 따르면 '離體名'은 연자이다. 3) ㉠『往生論』에 따르면 '無' 뒤에 '三'이 누락되었다. 4) ㉠ 저본 및 『往生論』에 따르면 '離' 뒤에 '名'이 누락되었다.

問 (『무량수경』의) 글에서는 단지 뒤의 두 가지 혐오스러운 것(여인과 근을 온전히 갖추지 못한 사람)만 없다고 하였으니[259] 이 경은 그 국토에 성문중이 있다고 설하였기 때문이다.[260] 그런데 이 성문은 두 가지가 있다. 첫째는 진실한 성문이고 둘째는 변화한 성문이다. 변화토라면 진실한 성문이 있으니 중배中輩의 세 품의 사람이 태어나 모두 소승의 과보를 증득하기 때문이다. 수용토라면 단지 응화신應化身일 뿐이니 진실한 성문은 없다. 수용토에 여러 가지가 있다. 혹은 순수하게 보살중이 머물고 혹은 응화신의 성문이 있다. 경에서는 뒤의 것에 의거하여 설하였기 때문에 성문이 있는 것이다. 그런데 논(『왕생론』)은 경을 풀이한 것인데 어째서 (성문승이) 없다고 말하는 것인가?

文中但說無後二譏。此經說彼土有聲聞衆故。然此聲聞。有其二種。一實聲聞。二化聲聞。若變化土。有實聲聞。中輩三人生。皆證小果故。若受用土。

---

[259] 『無量壽經』 사십팔원 중 제35원에서 "만약 제가 부처가 되었을 때 시방세계의 헤아릴 수 없고 불가사의한 여러 부처님의 세계에 여인이 있어 저의 명호를 듣고 기뻐하고 믿고 좋아하면서 보리심을 일으키고, 여인의 몸을 싫어하였는데 목숨을 마친 후에 다시 여인의 형상으로 왕생한다면 정각을 취하지 않겠습니다."라고 한 것과 제41원에서 "만약 제가 부처가 되었을 때 다른 국토의 여러 보살 대중이 저의 명호를 듣고 부처가 되기에 이르기까지 모든 근에 결함이 있거나 볼품이 없는 부분이 있어 온전한 모습을 갖추지 못하는 일이 있다면 정각을 취하지 않겠습니다."라고 한 것을 참조할 것.

[260] 『無量壽經』 사십팔원 중 제14원에서 "만약 제가 부처가 되었을 때 국토에 거주하는 성문성聞을 그 숫자를 헤아릴 수 있어서, 삼천대천세계에 이르기까지의 성문과 연각이 백천 겁 동안 모두 함께 헤아려서 그 숫자를 알 수 있게 된다면 정각을 취하지 않겠습니다."라고 한 것을 참조할 것.

但有應化。無實聲聞。然受用有多種。或有純是菩薩衆住。或亦有應化聲
聞。經依後說。故有聲聞。而論說釋經云。云何故言無。

답 이 논은 집의론集義論[261]으로 오로지 한 부의 경의 글만 풀이한 것이
아니다.[262] 혹은 경에서 아미타불의 세계에는 순수하게 보살만이 있다고
설한 것이 있으니, 그것을 증거로 삼아 의지하였기 때문에 이승이 없다고
한 것일 수 있다. 예를 들면 『비화경』 등에서 그곳에는 오직 보살 대중만
있다고 설하였기 때문이다.[263] 『안양집』 권9

答。此論是集義論。非是專釋一部經文。或有經中說。彌陀世純有菩薩。證
依彼故。無二乘。如悲華經等說。彼唯有菩薩衆故。【安養集九】

동일한 형상이고 동일한 부류이기 때문에 혐오스러운 것이 없는 것이
니, 남자와 여자, 사람과 하늘 등의 구별이 없는 것을 말한다.

一形狀一類。故無譏嫌。謂無男女人天等別。

---

261 『大乘百法明門論開宗義記』(T85, 1049a)에서 "그런데 논이 같지 않은 것에 두 가지가 있다. 첫째는 수석론隨釋論이다. 경률론에 따라서 해석하는 것이니, 『大智度論』 등과 같은 것이다. 둘째는 집의론이다. 여러 가지 뜻을 모아서 여러 가지 경을 통틀어서 풀이하는 것이니 『瑜伽師地論』 등과 같은 것이다.(然論不同。有其二種。一隨釋論。隨經律論。而造解釋。如智度等。二集義論。探集諸義。通釋諸經。如瑜伽等)"라고 한 것을 참조할 것.
262 『往生論』이 주석의 대상으로 삼은 경에 대한 이설 가운데, 정토부의 세 경, 곧 『無量壽經』·『觀無量壽經』·『阿彌陀經』의 세 가지를 모두 대상으로 한다는 주장의 근거로 제시되는 글이다.
263 『悲華經』 권3(T3, 184b)에서 아미타불의 전생의 몸인 무쟁념왕이 서원하기를 "저의 세계에는 성문과 벽지불승은 있지 않고 모든 대중은 순수한 보살들로서 그 숫자가 한량없고 끝이 없어서 헤아릴 수 없게 하소서."라고 한 것을 참조할 것.

🈎 사람과 하늘이 비록 구별되는 것은 아니지만 다른 세계로 인하여 있는 것이라면 또한 남자와 여자도 비록 다르지 않지만 다른 세계에 수순하여 또한 있는 것인가?

問。人天雖無別。因余方故有。亦可男女雖無異。順餘方亦有。

🈭 여인은 반드시 예기穢器이니 다섯 가지 장애[264]가 있기 때문에 그곳에는 있지 않다. 사람과 하늘이 서로 뛰어남이 있는 것은 다른 세계로 인한 것이다. 그것은 모두 다른 세계에 수순하여 있는 것이다. 여기에 두 가지 뜻이 있다. 첫째는 본업本業을 따르는 것이다. 왕생한 이가 혹은 인도人道의 업을 빌려서 태어나고 혹은 천도天道의 업을 빌려서 태어나니, 비록 그곳에 태어날 때 다른 모양은 없지만 본래의 업에 수순하기 때문에 사람과 하늘의 이름이 있는 것이다. 둘째는 거처로 인한 것이다. 그 국토에서 혹은 대지에 의지하여 거주하고 혹은 허공에 거주하니, 비록 그 과보는 다른 모양이 없지만 그 머무는 곳에 따라 사람과 하늘의 이름이 있는 것이다. 구역본에서 "그 국토에는 수미산이 있지 않고 해와 달과 별, 제1 사천왕, 제2 도리천이 모두 허공에 있다."[265]라고 하였다.

答。女必爲穢器。五碍故彼無。人天更互勝因餘。彼竝有因順餘方。有其二義。一隨本業。謂往生者。或有資人業生。或有資天業生。雖生彼時無異狀。因順本業。有人天名。二因居處。謂彼土中。或有依地居。或有在空居。雖

---

264 다섯 가지 장애 : 『大智度論』 권2(T25, 72b)에서 "여인에게 다섯 가지 장애가 있다. 첫째는 전륜성왕이 될 수 없는 것이고, 둘째는 석천왕釋天王(帝釋天)이 될 수 없는 것이며, 셋째는 마천왕魔天王이 될 수 없는 것이고, 넷째는 범천왕梵天王이 될 수 없는 것이며, 다섯째는 부처님이 될 수 없는 것이다."라고 하였다.
265 『無量淸淨平等覺經』(T12, 283a); 『阿彌陀經』(T12, 303b).

彼果報。無異狀。隨其所在處。有人天名故。舊本云。其國中無有須彌山。其日月星辰。第一四天王。第二忉利天。皆在虛空中。

두 번째는 근을 결여한 이가 없기 때문에 혐오스러운 것이 없다. "얼굴과 자태는 단정하여 세간을 넘어선 매우 드문 모습" 등이라고 한 것을 말한다. "하늘의 모습도 아니고 사람의 모습도 아니다."라는 것은 예토에서 보이는 사람과 하늘의 과보와 같지 않은 것이다.

"모두 저절로 텅 비어 사라지지 않는 신체와 다함이 없는 형체를 받는다."라는 것은 모태에서 생육되는 것이 아니기 때문이다. "저절로"라는 것은 음식에 의해 길러지는 것이 아니기 때문이고 "텅 비어 사라지지 않는"이라는 것은 늙고 죽음에 의해 사라지는 것이 아니기 때문이며, "다함이 없는"이라는 것은 비록 생각마다 소멸할지라도 다하는 일은 없기 때문이고 또 바로 이 몸으로 성불하기에 이르기 때문이다.【『안양집』권9·권5, 『안양초』권5, 『대경초』권5】

二無根缺陋故無譏嫌。謂顔貌端正。超世希有等。非天非人者。不同穢土人天報也。皆受自然虛無之身無極之體者。非胎藏所生育故。自然非飮食所長養故。虛無非老死所殞沒故。無極雖有念念滅哉。[1) 無斯盡終故。又卽此身。至成佛故。【安養集九·五, 安養抄五, 大經鈔五】

1) ㉠ '哉'는 '壞'인 것 같다.

"사람의 도리는 거의 사라진 상태입니다."라는 것은 비록 사람의 과보를 받았지만 사람의 업은 다 끝나 버렸기 때문이다. "거의 사라진 상태"라는 것은 끝까지 다한 것과 같다.【중략】 "(사람의 부류와) 같은 모습을 보일 뿐입니다." 등이라는 것은 밖으로 나타난 모습은 사람의 부류와 같지만 내적인 실체는 인도에 속한 것으로 인정할 만한 것이 없다는 것이다.

"보입니다(示)"는 보이는 것(視)이다. "복락을 누리고"라는 것은 이러한 복락을 받는 것이다. 어떤 사람은 말하기를 "누리고(響)는 향享이라고 해야 한다. 향享이란 마주하는 것이고 받아들이는 것이다."라고 하였다. 또한 상고한다. 『자서字書』에 따르면 "향響"의 뜻도 또한 이 복락에 속하니 뜻에 있어서 또한 어긋나는 것이 없다.[266]

> 人理殆盡者。雖在人報。人業垂盡故。殆盡者猶垂盡也。【中略】示同等者。謂視外相。同於人類。內實無有人道可錄。示者視也。享兹等者謂[1]響兹福樂者。謂受此福樂。或云。響當作享。享者當也受也。又案。字書響訓。亦屬此福樂。義亦無爽。【大經鈔五】

1) ㉠『大經鈔』에 따르면 '享兹等者謂'는 잘못 추출한 것이다.

경 또한 온갖 보배 연꽃이 세계를 두루 채웠고 낱낱의 보배 꽃은 백천억의 잎을 가졌다. 그 꽃에서 나는 광명은 한량없는 온갖 빛깔을 띠었으니, 청색 꽃에서는 청색 광명이 빛나고 백색 꽃에서는 백색 광명이 빛나며, 현색玄色·황색·주색朱色·자색의 꽃도 광명이 색깔에 따라서 또한 그렇게 빛난다. 밝게 비추고 환하게 드러내며 해와 달처럼 밝게 빛난다. 낱낱의 꽃에서 36백천억의 광명이 쏟아져 나온다.

> 又衆寶蓮華。周滿世界。一一寶華。百千億葉。其華光明。無量種色。青色青光。白色白光。玄黃朱紫。光色亦然。暐曄煥爛。明曜日月。一一華中。出三十六百千億光。

---

266 의적의 주석에 따르면 그가 대본으로 삼은 『無量壽經』에서는 '享'을 '響'이라고 한 것으로 보인다. 그러나 현재 전해지는 것 가운데 '響'이라고 한 판본은 찾을 수 없다.

기 "위暐"는 음이 우于와 비匪의 반절이고 "엽曄"은 음이 위爲와 첩輒의 반절이며 "환煥"은 음이 호乎와 환奐의 반절이고 "난爛"은 음이 력力과 차且의 반절이다. "위엽暐曄"이라는 것은 매우 성대한 것이고 "환란煥爛"이라는 것은 밝게 나타내는 것이다. 『미륵상생경소彌勒上生經疏』에서 "병연炳然이라는 것은 환란의 다른 이름이다."[267]라고 하였다.【『대경초』권5·『습유초』권하】

暐音于匪反。曄音爲輒反。煥音乎奐反。爛音力且反。暐曄者嚴盛也。煥爛者炳著也。上生疏云。炳然者。煥爛之異名也。【大經鈔五·拾遺抄下】

경 부처님께서 아난에게 말씀하셨다.
"어떤 중생이 그 국토에 왕생하면 모두 정정취正定聚에 머문다. 그 이유는 무엇인가? 그 부처님의 국토에는 사정취邪定聚와 부정취不定聚가 전혀 없기 때문이다."

佛告阿難。其有衆生。生彼國者。皆悉住於正定之聚。所以者何。彼佛國中。無諸邪聚及不定聚。

기 "그 국토에 왕생하면 모두 정정취에 머문다."라는 것은 지위의 구분을 나타낸 것이다. 그 국토에 태어나면 상응하는 것에 따라 삼승 가운데 모두 정정취에 머물고 다른 두 가지 취는 없는 것을 말한다. 그 이유는 무엇인가? 뒤의 풀이에서 앞의 뜻을 이루도록 할 것이다.

---

267 『三彌勒經疏』(T38, 315b). 본서에 실린 세 가지 주석서 중 『彌勒上生經料簡記』에 나온다. 『彌勒上生經疏』는 본 주석서의 다른 이름이다.

生彼國者皆悉住於正定聚者。顯位分也。謂生彼者。隨其所應。於三乘中。皆住正定。無餘二聚。所以者何。下釋成上義也。

여기에서 세 가지 취의 뜻을 밝혀야 한다. 『대비바사론』「정온定蘊」'일행 납식一行納息'에서 간략히 두 가지 논서에 의해 세 가지 취를 건립하였다.

此中應辨三聚之義。婆沙。定蘊一行細[1]息中。略依二論。建立三聚。

1) ㉠『大毘婆沙論』에 따르면 '細'는 '納'이다.

만약 『집이문족론集異門足論』에 의거하면 다음과 같다.
사성정취邪性定聚는 다섯 가지 무간업(五無間業)[268]을 지은 사람이고 정성정취正性定聚는 유학법有學法과 무학법無學法[269]을 성취한 사람이며 부정취는 오직 다른 유루법有漏法과 무위법無爲法을 성취한 사람이다. 이것을 세 가지 취의 자성이라고 한다.[270]
계界와 취聚와 생生[271]이라는 것은 다음과 같다. 사성정취는 한 가지

---

[268] 다섯 가지 무간업(五無間業): '무간업'이란 이숙과異熟果가 결정되고 더 이상 다른 법이 개입할 틈이 없는 업, 죽음 이후 조금의 시간적 간격도 없이 바로 지옥에 떨어지도록 하는 업, 조금의 빈틈도 없이 고통을 받는 지옥에 떨어지도록 하는 업 등의 다양한 뜻이 있다. 다섯 가지란 어머니를 죽이는 것, 아버지를 죽이는 것, 아라한을 죽이는 것, 화합된 승가를 무너뜨리는 것, 악심惡心으로 부처님의 몸에서 피가 나게 하는 것이다.
[269] 유학법有學法과 무학법無學法: 유학법이란 수학해야 할 것이 남아 있는 경지의 법이라는 뜻이고 무학법은 더 이상 수학해야 할 것이 있지 않은 경지의 법이라는 뜻이다. 소승 수행자의 계위를 여덟 가지로 나눈 사향사과四向四果 중 앞의 일곱 단계, 곧 사향삼과의 성자를 유학이라 하고 아라한과阿羅漢果를 증득한 성자를 무학이라고 한다. 대승에서는 보살수행 계위의 제10지의 마지막에서 얻는 불과를 무학이라 하고 그 이전의 계위를 유학이라고 한다.
[270] "사성정취는"에서부터 여기까지는 그 내용이 『集異門足論』 권4(T26 381a)와 일치한다.
[271] 생生: 중생을 태어나는 방식에 의해 분류한 것으로 난생卵生·태생胎生·습생濕生·화생化生의 넷으로 분류한다. 난생이란 닭·공작 등과 같이 알에서 태어나는 것이고

계의 일부이고 한 가지 취의 일부이며 한 가지 생의 일부이니 욕계이고 인취이며 태생胎生이다. 정성정취는 세 가지 계의 일부이고 두 가지 취의 일부이며 두 가지 생의 일부이니, 천취와 인취이며 태생과 화생化生이다. 부정취는 세 가지 계의 일부이고 세 가지 취의 전부이니 지옥·방생傍生[272]·아귀이고 두 가지 취의 일부이니 인취와 천취이며, 두 가지 생의 전부이니 난생卵生과 습생濕生이고 두 가지 생의 일부이니 나머지 두 가지 생(태생과 화생)이다.[273]

어떤 사람은 말하였다. "사성정취는 세 가지 생의 일부이고 화생은 제외한다. 정성정취는 네 가지 생의 일부이고 부정취도 또한 그러하다."

처處라는 것에 대해 어떤 사람은 말하였다. "사성정취는 세 가지 처의 일부이고 정성정취는 다섯 가지 처의 전부이며 24가지 처의 일부이다. 부정취는 다섯 가지 처의 전부이고 24가지 처의 일부이다." 여시설如是說[274]은 다음과 같다. "제행諸行은 40처가 있는데 부정취는 11처 전부이고 24처의 일부이다."

비유자譬喩者[275]는 무간지옥에서부터 유정천有頂天[276]에 이르기까지

태생이란 사람·코끼리 등과 같이 모태에서 태어나는 것이다. 습생이란 모기·나방 등과 같이 거름이나 부패한 고기 등의 습기가 있는 곳에서 나오는 것이고, 화생이란 하늘·지옥·중유中有의 유정 등과 같이 의탁한 것이 없이 홀연히 존재하는 것이다.

272 방생傍生 : 축생을 가리키는 말. 짐승부터 곤충에 이르기까지 모든 동물을 통틀어서 일컫는 말이다.
273 "계界와 취聚와 생生이라는 것"에서부터 여기까지는 『大毘婆沙論』의 글을 내용에 의거하여 정리한 것이다.
274 여시설如是說 : 비바사사毘婆沙師의 일반적 견해라는 뜻이다.
275 비유자譬喩者 : ⓢ dṛṣṭāntika의 의역어. 비유부譬喩部의 논사를 일컫는 말. 비유사譬喩師라고도 한다. 비유부는 유부有部에서 갈라져 나온 유력한 학파 중 하나이다. 4세기경 성립된 경량부經量部의 모태가 된 학파라는 설이 유력하다. 비유사는 그 본사本師인 구마라다鳩摩邏多와 계승자를 가리킨다.
276 유정천有頂天 : 색계의 가장 위에 있는 하늘인 색구경천色究竟天을 가리키기도 하고, 무색계의 가장 위에 있는 하늘인 비상비비상처천非想非非想處天을 가리키기도 한다. 여기에서는 삼계와 삼취의 관계를 서술한 것으로 보아 후자의 의미로 쓰인 것

모두 세 가지 취가 있다고 설한다. 그들은 반열반법般涅槃法[277]을 정성정취라고 하고 불반열반법不般涅槃法[278]을 사성정취라고 하며 결정되지 않은 이를 부정취라고 한다고 설한다.

謂若依於集異門論。[1] 邪性定聚。謂成就五無間業。正性定聚。謂成就學無學法。不定聚。謂成[2]就餘有漏法及無爲法。[3] 是名三聚自性。界聚生者。邪性定聚。一界二[4]趣一生少分。謂欲界人趣胎生。正性定聚。三界二趣二生少分。謂天人趣胎生化生。不定聚。三界小[5]分。三趣全謂地獄傍生餓鬼。二趣少分謂人天趣。二生全謂卵生濕生。二生少分謂餘二生。有說。邪性定聚。三生少分除化生。正性定聚。四生少分。不定聚亦爾。處者。有說。邪性定聚。三處少分。正性定聚。五處全二十四處少分。不定聚。五處全二十四處少分。如是諸[6]說者。諸行有四十處。不定聚。十一處令[7] 二十四處少分。譬喩者說。從無間地獄。乃至有頂。皆[8]三聚。彼說。致[9]涅槃[10]名正性定聚。不改[11]涅槃法。名邪性定聚。不決定者。名不定聚。

1) ㉑『大毘婆沙論』에 따르면 '謂若依於集異門論'은 전후 맥락에 의해 의적이 집어넣은 글이다. 내용이 선명하게 드러나게 하기 위해 그대로 두고 해석에 반영하였다. 2) ㉑『大毘婆沙論』에 따르면 '成' 앞에 '唯'가 누락되었다. 3) ㉑『大毘婆沙論』에 따르면 '法'은 연자이다. 단, 있어도 무방하다. 4) ㉑『大毘婆沙論』의 내용에 따르면 '二'는 '一'이어야 한다. 5) ㉑『大毘婆沙論』에 따르면 '小'는 '少'이다. 6) ㉑『大毘婆沙論』에 따르면 '諸'는 연자이다. 7) ㉑『大毘婆沙論』에 따르면 '令'은 '全'이다. 8) ㉑『大毘婆沙論』에 따르면 '皆' 뒤에 '有'가 누락되었다. 9) ㉑『大毘婆沙論』에 따르면 '致'는 '般'이다. 10) ㉑『大毘婆沙論』에 따르면 '般' 뒤에 '法'이 누락되었다. 11) ㉑『大毘婆沙論』에 따르면 '改'는 '般'이다.

평가하여 말한다. 앞에서 설한 것과 같은 것이 뛰어나다. 이것은 『집이문족론』에 의해 설한 것이다.

같다.
277 반열반법般涅槃法 : 반열반할 수 있는 종성을 가진 사람을 가리킨다.
278 불반열반법不般涅槃法 : 반열반할 수 있는 종성을 갖지 못한 사람을 가리킨다.

許¹⁾曰。如前說者好。此依集異門說。

1) ㉔『大毘婆沙論』에 따르면 '許'는 '評'이다.

만약『시설족론施設足論』에 의거하여 설하면 다음과 같다.

사성정취는 오무간업을 말하니 그것의 인과 그것의 과와 그것의 등류等流[279]와 그것의 이숙異熟[280]과 그 법을 성취한 보특가라補特伽羅[281]를 가리킨다. 정성정취는 유학법과 무학법을 말하니, 그것의 인과 그것의 과와 그것의 등류와 그 법을 성취한 보특가라를 가리킨다. 부정취는 나머지 법을 말하니 그것의 인과 그것의 과와 그것의 등류와 그 법을 성취한 보특가라를 가리킨다. 이를 세 가지 취의 자성이라 한다.

계라는 것은 앞에서 설한 것과 같다.

취와 생은 다음과 같다. 사성정취는 두 가지 취와 두 가지 생의 일부이니, 지옥과 인간이고 태생과 화생이다. 정성정취도 또한 두 가지 취의 일부이니 인취와 천취이고 네 가지 생의 일부이다. 부정취는 두 가지 취 전부이니 방생과 아귀이고 세 가지 취의 일부이니 지옥과 인간과 하늘이며 네 가지 생의 일부이다.[282] 처의 분별은 상응하는 대로 알아야 한다.[283]

279 등류等流 : Ⓢ niṣyanda의 의역어. '등等'은 같다는 뜻이고 '류流'는 흘러온 부류의 뜻이다.『俱舍論』권21(T29, 109c)에서 "부끄러움이 없는 것과 인색한 것과 마음이 들뜨는 것은 탐욕의 등류이다."라고 한 것과 같다. 원인이 결과와 비슷하기 때문에 '등'이라 하고 결과가 원인의 부류이기 때문에 '류'라고 한다. 곧 선인이 선과를 낳고 악인이 악과를 낳는 것과 같은 것이다.
280 이숙異熟 : Ⓢ vipāka의 의역어. 구역에서는 과보果報라고 한다. 과거의 선악에 의해 과보를 얻는 것을 총괄적으로 일컫는 말. 결과의 성질이 원인과 달리 성숙되기 때문에 이숙이라고 한다. 곧 이숙이란 원인은 선이나 악이지만, 그 과는 선도 아니고 악도 아닌 무기無記의 성질을 지니는 것을 말한다. 예를 들면 선악의 행위가 원인이 되어 인간·축생 등과 같은 다른 결과를 내는 경우 이를 이숙이라 한다.
281 보특가라補特伽羅 : Ⓢ pudgala의 음역어. 의역어는 삭취취數取趣이다. 유정有情 또는 중생의 아我를 말한다. 중생은 번뇌와 업의 인연으로 자주 육취六趣를 왕래하므로 삭취취라고 한다.
282 "취와 생은"에서부터 여기까지는『大毘婆沙論』의 글을 그 내용에 의해 정리한 것

若依施設論說。邪性定聚。謂五無間業。若彼國[1]彼果[2]等流彼異熟及成就彼法補特伽羅。正性之[3]聚。謂學無學法。若彼因彼果彼等流及成就彼法補特伽羅。不定聚。謂是名三聚[4] 諸餘法。若彼因彼果彼等流彼異熟及成就彼補特伽羅。自[5]性。界[6]如前說。趣生者。邪性定聚。二趣二生少分。謂地獄人胎生化生。正性定聚。亦二趣少分。謂人天趣。四處[7]少分。不定聚。二趣全。謂傍生餓鬼。三趣少分。謂地獄人天。四生少分。處所分別。如應當知。

1) ㉠『大毘婆沙論』에 따르면 '國'은 '因'이다. 2) ㉠『大毘婆沙論』에 따르면 '果' 뒤에 '彼'가 누락되었다. 3) ㉠『大毘婆沙論』에 따르면 '之'는 '定'이다. 4) ㉠『大毘婆沙論』에 따르면 '是名三聚'는 연자이다. 5) ㉠『大毘婆沙論』에 따르면 '自' 앞에 '是名三聚'가 누락되었다. 6) ㉠『大毘婆沙論』에 따르면 '界' 뒤에 '者'가 누락되었다. 7) ㉠『大毘婆沙論』에 따르면 '處'는 '生'이다.

앞에서 밝힌 것은 소승에 의거하여 설한 것이다.

上來所辨。依小乘說。

대승에 의거하면 다음과 같다.

依大乘者。

『십지경론』 가운데 제9지에서 설하였다.

十地論中第九地說。

이다.
283 『大毘婆沙論』 권186(T27, 930b).

중생의 세 가지 취의 행行의 조림稠林[284]이 차별되어 다섯 가지가 있다.

첫째는 유열반법有涅槃法(반열반법)과 무열반법無涅槃法(불반열반법)으로 삼승 가운데 한결같이 결정된 사람의 차별이다. 경에서 "이 보살은 중생의 세 가지 취, 정정상正定相과 사정상邪定相과 이 두 가지를 떠난 부정상不定相을 여실히 안다."[285]라고 한 것과 같기 때문이다.

둘째는 선행과 악행의 인의 차별이다. 경에서 "바른 견해를 지닌 정정상과 삿된 견해를 지닌 사정상과 이 둘을 떠난 부정상이다."[286]라고 한 것과 같기 때문이다.

셋째는 악도와 선도의 인의 차별이다. 경에서 "다섯 가지 역죄를 지은 사정상과 오근五根[287]을 닦은 정정상과 이 둘을 떠난 부정상이다."[288]라고 한 것과 같기 때문이다.

넷째는 외도와 성문의 인의 차별이다. 경에서 "여덟 가지 삿됨(八邪)[289]을 지닌 사정상과 정위正位에 있는 정정상과 다시 짓지 않기 때문에 이 두 가지를 여의는 부정상이다."[290]라고 한 것과 같기 때문이다.

다섯째는 보살의 차별을 나타낸 것이다. 경에서 "질투와 인색함의 악행을 짓지 않는 사정상과 위없는 성스러운 도를 수행하는 정정상과 이

---

284 조림稠林 : Ⓢ gahana의 의역어. 번뇌의 다른 이름. 나무가 빽빽하게 늘어선 숲이라는 뜻으로, 중생의 온갖 번뇌가 뒤엉켜서 무성한 것을 비유한 것이다. 미謎라고도 한다.
285 『十地經論』(T26, 189a).
286 『十地經論』(T26, 189a).
287 오근五根 : 오무루근五無漏根이라고도 한다. 항복시켜야 할 번뇌에 대해서 성도聖道를 이끌어 내는 데 증상하는 작용을 가지고 있기 때문에 '근'이라고 한다. 신근信根·정진근精進根·염근念根·정근定根·혜근慧根을 가리킨다.
288 『十地經論』(T26, 189a).
289 여덟 가지 삿됨(八邪) : 여덟 가지 바른 도리에 의해 대치되어야 할 삿된 행위. 곧 사어邪語·사업邪業·사념邪念·사정진邪精進·사정邪定·사사유邪思惟·사명邪命·사견邪見을 가리킨다.
290 『十地經論』(T26, 189a).

두 가지를 떠난 부정상이다. 모두 여실히 안다."²⁹¹라고 한 것과 같기 때문이다. 교화할 수 있는 중생을 내버려 두는 것을 "질투"라고 하고 다른 사람에게 재물을 베푸는 것을 즐거워하지 않는 것을 "인색함"이라고 하니, 과오로 다른 사람의 고통을 일으키는 악행을 짓지 않는다. 보살의 바라밀은 사정상의 보살과 서로 위배된다.²⁹²

衆生三聚行相於¹⁾差別有五種。一有涅槃法。無異²⁾法。三乘中一何³⁾定差別。如性⁴⁾是菩薩。如實知衆生三聚。正定相。邪定相。離此二不定相故。二善行惡行因差別。如經正見不⁵⁾定相。邪見定相。離此二不定相故。三惡道善道因差別。如經五逆邪定相。五根正定相。離此二不定相故。四外道聲聞因差別。如經八邪邪定相。正位正定相。更不作故。離此二不定相故。菩⁶⁾薩差別示現。如經妬懷⁷⁾惡行不轉邪定相。修行無上聖道正定相。離此二不定相。皆如實知故。捨可化衆生名始。⁸⁾ 不喜行⁹⁾施他財名悟。¹⁰⁾ 過結¹¹⁾生他苦惡行不轉。菩薩波羅蜜。相違邪定解解。¹²⁾

1) ㉮『十地經論』에 따르면 '相於'는 '稠林'이다. 2) ㉯『十地經論』에 따르면 '異'는 '涅槃'이다. 3) ㉯『十地經論』에 따르면 '何'는 '向'이다. 4) ㉯『十地經論』에 따르면 '性'은 '經'이다. 5) ㉯『十地經論』에 따르면 '不'은 '正'이다. 6) ㉯『十地經論』에 따르면 '菩' 앞에 '五'가 누락되었다. 7) ㉯『十地經論』에 따르면 '懷'는 '悋'이다. 8) ㉯『十地經論』에 따르면 '始'는 '妬'이다. 9) ㉯『十地經論』에 따르면 '行'은 연자이다. 10) ㉯『十地經論』에 따르면 '悟'는 '悋'이다. 11) ㉯『十地經論』에 따르면 '結'은 '能'이다. 12) ㉯『十地經論』에 따르면 '解解'는 '菩薩'이다.

앞에서 설한 다섯 가지의 세 가지 취에서 처음 하나는 처음에 본성에 의해 세 가지 취를 설하였고 다시 네 가지는 방편에 의해 세 가지 취를 설하였다.²⁹³

291 『十地經論』(T26, 189a).
292 『十地經論』(T26, 189a).
293 『十地經論』에서 설한 세 가지 취를 해석한 것이다.

소승 가운데 살바다종薩婆多宗²⁹⁴은 오직 방편의 세 가지 취를 설하였고 비유자는 오직 본성의 세 가지 취를 설하였다.

지금 대승에서는 두 가지를 갖추어서 설한다. 그러므로 『유가사지론』에서 종성이 다섯 가지인 것²⁹⁵에 의거하여 이것을 두 가지로 총괄하였다. 곧 세 가지 취 가운데 각각 두 가지가 있으니 본성과 방편을 말한다고 하였다.²⁹⁶

본성의 세 가지 취라는 것은 몸에 열반성涅槃性이 있는 것을 정정상이라 하고 열반법이 없는 것을 사정이라고 하며 비록 열반성이 있더라도 삼승 가운데 결정되지 않았으면 부정상이라 하는 것을 말한다. 비유자가 설한 것이 이 뜻과 같다.

上來所說。五種三聚中。初中¹⁾初一初本性三聚說。復約四方便三聚說。以小乘中薩婆多宗。唯說方便三聚。譬喻者。說²⁾本性三聚。今大乘中。具說二種。故瑜伽中。據性五種。以括之爲二。謂三聚中。各有二種。謂本性及

---

294 살바다종薩婆多宗 : ⓈSarvāsti-vādin. 설일체유부설一切有部·유부有部라고도 한다. 소승 20부파의 하나. 근본상좌부根本上座部에서 분파하였으며 삼세의 일체법이 모두 실유實有라고 주장한 것에서 유래한 이름이다.
295 다섯 가지 종성이란 법상종에서 중생을 근기에 따라 다섯 가지로 분류한 것을 말한다. 첫째는 보살정성菩薩定性이니 보살도를 닦아 불과佛果를 증득할 것이 결정된 중생이고, 둘째는 성문정성聲聞定性이니 성문도를 닦아 아라한과阿羅漢果를 이룰 것이 결정된 중생이며, 셋째는 독각정성獨覺定性(연각정성緣覺定性)이니 독각도를 닦아 벽지불과辟支佛果를 이룰 것이 결정된 중생이다. 넷째는 부정성不定性이니 보살정성·성문정성·독각정성 등의 세 가지 성품 중 어느 하나를 결정적으로 갖지 않고, 그중 하나 혹은 둘이나 셋을 지닌 것을 일컫는 말이다. 다섯째는 무성유정無性有情이니 삼승의 무루지無漏智의 종성이 전혀 없어서 궁극적으로 인간과 하늘에 태어나는 것 이상의 과보를 얻을 수 없는 중생이다.
296 『瑜伽師地論』 권35(T30, 478c)에서 종성을 본성주종성本性住種性(줄여서 성종성性種性이라고 함)과 습소성종성習所成種性(줄여서 습종성習種性이라고 함)으로 나눈 것과 같은 책 권64(T30, 656b)에서 세 가지 취를 각각 정성正性과 방편方便으로 나눈 것을 가리키는 것 같다.

方便。言本性三聚者。謂若身中。有涅槃性。名爲正定。無涅槃法。名爲邪
定。雖有涅槃性。而於三乘中。不決定者。名爲不定。譬喻所說。同此義也。

1) ㉠ 전후 문맥에 의거할 때 '初中'은 연자인 것 같다. 2) ㉠ 저본에 따르면 '說' 앞에 '唯'가 누락되었다.

방편의 세 가지 취라고 한 것은 이 가운데 네 가지 상대가 있다.

言方便三聚者。此中有四對。

첫째는 해탈분解脫分[297]의 선근에 섭수되는 세간에 대해 바른 견해를 일으키는 것을 정정正定이라 하고, 삿된 견해를 일으키고 정법을 벗어나는 것을 사정邪定이라 하며, 이 두 가지를 떠난 것을 부정不定이라 한다.

이 문에 의거하여 설하면 다섯 가지 역죄를 지었으나 삿된 견해를 일으키지 않으면 부정취이고 사정이 아니다. 해탈분의 선근에 비록 세 가지 품이 있지만 모두 정정이라고 할 수 있으니 습기가 물러나지 않기 때문이다. 그러므로 『대승아비달마잡집론』에서 "하품과 중품의 순해탈분順解脫分에서 순결택분順決擇分[298]까지는 물러날 수 있는 뜻이 있다. 이것은 오직

---

297 해탈분解脫分 : 순해탈분順解脫分이라고도 한다. 결정코 해탈하는 종자를 심기 때문에 이렇게 부른다. 칠방편七方便(성문승이 견도見道에 들어가기 전에 거치는 준비 의미의 일곱 가지 수행 단계를 가리키는 말) 중 뒤의 세 가지 계위이니, 차례대로 오정심五停心→별상념처別相念處→총상념처總相念處이다. 오정심이란 부정관不淨觀·자비관慈悲觀·연기관緣起觀·계분별관界分別觀(無我觀)·수식관數息觀을 닦는 것이고, 별상념처란 몸(身)과 감각(受)과 마음(心)과 법을 차례대로 생각하면서 닦는 관법이며, 총상념처란 별상념처의 네 가지 대상을 함께 생각하며 닦는 관법이다.
298 순결택분順決擇分 : 칠방편 중 앞의 네 가지 계위이니 차례대로 난煖→정頂→인忍→세제일법世第一法이다. 이 지위의 마지막에서 무루의 결택지決擇智가 인출되기 때문에 이렇게 부른다. 첫째 난위煖位(煗位)는 명득정明得定을 닦으면서 인식대상의 본질에 대해 심구尋求·사찰思察하여 그것의 이름(名)·대상(義, 소전所詮인 대상)·자성自性(법체의 자상自相)·차별差別(무상無常·고苦 등의 차별) 등이 공한 것을 관찰한다. 둘째 정위頂位는 명증정明增定을 닦으면서 한층 진전된 관지觀智를 닦는다. 심

현행現行이 물러나는 것이지 습기習氣가 물러나는 것은 아니다. 이미 열반에 의지하여 먼저 선근을 일으킨 사람은 다시 새롭게 일어나지 않기 때문이다. 이 하품의 순해탈분의 선근에 의거하여 박가범이 말하기를 '세간에 대해 증상품增上品의 바른 견해를 갖추고 있으면 비록 천 번을 태어나더라도 악취에 떨어지지 않네.'라고 하였다."²⁹⁹라고 하였다.

一起解脫分善根所攝世間正見。名爲正定。若起邪見。在正法外。名爲邪定。離此二種。名爲不定。若依此門說。造五逆。不起邪見。名不定聚。非邪定也。解脫分善。雖有三品。皆得名正定。習氣無退故。故對法云。從下中品順解脫分。¹⁾ 有可退義。此唯退現行。非退習氣。已依涅槃。先起善根者。不復親²⁾起故。依此下品順解脫分善根。薄伽梵說。若有具世間。增上品正見。雖經歷千經。³⁾而不墮惡趣。

1) ㉢『大乘阿毗達磨雜集論』에 따르면 '分' 뒤에 '順決擇分'이 누락되었다. 2) ㉢『大乘阿毗達磨雜集論』에 따르면 '親'은 '新'이다. 3) ㉢『大乘阿毗達磨雜集論』에 따르면 '經'은 '生'이다.

둘째는 결택분決擇分의 선근에 섭수되는 신근 등의 다섯 가지 근(五根)을 일으키는 것을 정정이라 하고, 다섯 가지 역죄를 지어서 결정코 무간도에 떨어지는 것을 사정이라고 하며, 이 두 가지를 떠난 것을 부정이라

구·사찰하는 단계의 끝이기 때문에 '정위'라고 한다. 셋째 인위忍位는 인순정印順定을 닦고 하품의 여실지如實智를 일으켜서 인식대상이 비실재임을 결정적으로 인가하고 인식의 주체도 비실재임을 수순하여 즐겁게 인가한다. 이전의 것을 인가하고 이후의 것에 수순하기 때문에 '인순정'이라 한다. 인식대상도 인식주체도 공임을 인정하기 때문에 '인위'라고 한다. 넷째 세제일법위世第一法位는 무간정無間定을 닦으면서 상품의 여실지를 일으켜서, 인식되는 대상과 인식주체가 모두 공한 도리를 확정적으로 인지한다. 상품의 인위에서 인식주체가 공한 것만 인가한 것에 비해 이 단계에서는 두 가지 공을 모두 인가한다. 여기에서 다음 찰나에 반드시 견도에 들어가기 때문에 '무간정'이라 한다.
299 『大乘阿毗達磨雜集論』권13(T31, 754a).

한다.

　이 문의 글에서는 설령 삿된 견해를 일으켜도 무간죄를 짓지 않으면 부정이고 사정이 아니다. 살바다종의 논사가 설한 사정이 이것과 같다. 이것도 또한 세 가지 품의 결택분의 선근이 모두 정정이다. 그러므로『열반경』에서 "갠지스강의 일곱 명의 사람 가운데 연품軟品(하품)을 얻은 이후의 사람을 세 번째로 물에서 나와서 머무는 것이라고 한다."[300]라고 하였다.

　셋째는 이미 성위聖位인 여덟 가지 바른 도(八正道)를 일으키는 것을 정정이라 하고, 외도의 여덟 가지 삿된 견해를 일으키는 것을 사정이라고 하며, 이 두 가지를 떠난 것을 부정이라 한다. 살바다종의 논사가 설한 정정이 이것과 동일하다.

　넷째는 계위에 의거하면 이미 현수위賢首位[301]에 들어가 습종성習種姓[302]에 머무는 것을 정정이라 하고, 아직 십신十信[303]과 십해十解[304]를 일으키지는 않았지만 악행을 짓지 않은 것을 사정이라 하며, 이 두 가지를 떠난 것을 부정이라 한다.『기신론』에서 신성취발심信成就發心을 설하면서

---

300 『涅槃經』권36(T12, 574c)에서 갠지스강에 살고 있는 일곱 부류의 물고기를 일곱 부류의 사람에 비유한 것을 취의요약한 것이다. 일곱 부류의 물고기는 "첫째는 무거워서 항상 잠겨 있는 큰 고기이고, 둘째는 잠깐 나왔다가 무거워서 도로 잠기는 큰 고기이며, 셋째는 광명을 좋아하여 나와서 바로 머무는 저미어坻彌魚이고, 넷째는 나와서 먹이를 찾으려고 사방을 살펴보는 상어이며, 다섯째는 먹이를 발견하여 따라가는 상어이며, 여섯째는 먹이를 얻고는 다시 머무는 상어이며, 일곱째는 물과 육지를 모두 다니는 거북이다."라고 하였다.
301 현수위賢首位 : 보살수행 52계위 중 제1~제10 곧 십신十信의 계위를 일컫는 말이다.
302 습종성習種姓 : 『菩薩瓔珞本業經』권상「賢聖學觀品」(T24, 1012b25)에서 보살이 인因에서 과果에 이르는 수행의 계위를 여섯 가지 종성으로 분류한 것 중 첫 번째에 해당하는 것. 공관空觀을 수습하고 견혹見惑과 사혹思惑을 무너뜨리는 계위이다.
303 십신十信 : 보살이 수행해야 할 52계위 중 최초의 열 가지 계위를 가리키는 말. 십신 이후란 곧 그다음 계위인 십주十住의 초주인 초발심주初發心住 이상을 가리킨다.
304 십해十解 : 보살수행의 52계위 중 제11위~제20위에 해당하는 계위. 십주十住라고도 한다.

"이와 같이 신심을 성취하여 발심한 사람은 정정취에 들어가 끝내 물러나지 않으니 여래종如來種(佛種性)에 머물러 정인正因에 상응한다고 한다."[305]라고 한 것과 같다. 자세한 것은 그곳에서 설한 것과 같다.

『불성론』과 『보성론』에서 세 가지 사람에 의해 세 가지 취를 자세하게 설하였지만[306] 글이 번잡할까 하여 자세하게 갖추어서 설하지 않는다.

> 二起決擇分善根所攝信等五根。名爲正定。若造五逆。定墮無間。名爲邪定。離此二種。名爲不定。於此門文中。設起邪見。不造無間。名爲不定。非邪定也。薩婆多師邪定同此。此亦一[1)]三品決擇分善根。皆名正定。故涅槃。恒河七人。得輤已去。名爲第三出已住也。三已起聖位八正道者。名爲正定。若起外道八邪見者。名爲邪定。離此二種。名爲不定。薩婆多師正定同此。四就位已入賢首。住習種姓。名爲正定。未起十信十解。不轉惡行。名爲邪定。離此二種。名爲不定。如起信論。信發心。如是信心成就。得發心者。入正定聚。畢竟不退。名住如來種姓[2)]中正因相應。疾[3)]說如前。佛性寶性二論之中。依三種人。廣說三聚。恐文繁廣不具述。

1) ⑳ '一'은 연자인 것 같다. 2) ⑳ 『起信論』에 따르면 '姓'은 연자이다. 3) ⑳ '疾'은 '廣'인 것 같다.

지금 이 글 가운데 '그 국토에 왕생하면 모두 정정취에 머물고 사정취와 (부정취는) 전혀 없다.'[307]라고 한 것은 처음의 두 가지에 의해 설한 것이다. 악취와 삼승의 해탈선근이 그 정토에 왕생할 수 있기 때문이다. 뒤의 세 가지에 의거하면 부정취가 없다고 말할 수 없다. 그 국토에 왕생하

---

305 『起信論』(T32, 580b).
306 『佛性論』 권2(T31, 797c); 『寶性論』 권3(T31, 829a).
307 바로 앞의 경의 글, 곧 "어떤 중생이 그 국토에 왕생하면 모두 정정취正定聚에 머문다. 그 이유는 무엇인가? 그 부처님의 국토에는 사정취邪定聚와 부정취不定聚가 전혀 없기 때문이다."라고 한 것을 요약한 것이다.

는 사람이 반드시 모두 순결택 등의 여러 선법을 일으키는 것은 아니기 때문이다.『안양집』권9】

今此文中。生彼國者皆住正定無諸邪聚者。於五種中。依初二說。惡趣三乘解脫善。方得往生彼淨土故。依後三。卽不得說無不定聚。生彼國者。未必皆起順決擇等諸善法故。【安養集九】

问『유가사지론』권79에서 말하였다.

問。瑜伽論七十九云。

问 설한 것처럼 다섯 가지 무량은 유정계가 무량한 것 등이다.[308] 저 일체 세계는 평등평등平等平等하다고 해야 하는 것인가, 차별이 있다고 해야 하는 것인가?

답 차별이 있다고 말해야 한다. 그것에 두 가지가 있다. 첫째는 청정한 것이고 둘째는 청정하지 않은 것이다. 청정한 세계에서는 나락가那落迦[309]·방생·아귀를 얻을 수 없고 또한 욕계와 색계와 무색계도 얻을 수 없으며 또한 고수苦受도 얻을 수 없다. 오직 보살승만 거기에 머문다. 그러므로 말하기를 청정한 세계라고 한다. 이미 제3지[310]에 들어간 보살은

---

308 『瑜伽師地論』권46(T30, 548a)에서 "첫째는 유정계가 무량한 것이고 둘째는 세계가 무량한 것이며, 셋째는 법계가 무량한 것이고 넷째는 조복시켜야 할 세계가 무량한 것이며, 다섯째는 조복의 방편의 세계가 무량한 것이다."라고 하였다.

309 나락가那落迦 : ⓢ naraka의 음역어. 불락不樂·가염可厭·고구苦具·지옥地獄 등으로 의역한다. 윤회의 여섯 길 중 가장 하위에 속하는 것. 온갖 형태의 고통을 받는 것으로 묘사되는 곳이다.

310 제3지 : 보살 십지의 제3지는 발광지發光地이지만 원효의 『無量壽經宗要』에 따르면 『瑜伽師地論』 인용문에서의 제3지는 제1지인 환희지歡喜地를 가리킨다. 원효는 『無量壽經宗要』(T37, 126b)에서 본문과 동일한 『瑜伽師地論』의 글을 인용하고 해석하기

서원에 의해 얻은 자재한 힘으로 그곳에 태어나고, 이생異生(범부)과 이생이 아닌 성문·독각 또 이생인 보살[311]은 그곳에 태어날 수 없다.

를 "여기에서 '제3지'는 환희지이다. 일곱 가지 문을 세운 보살지菩薩地에 나아가면 제3 정승의락지淨勝意樂地에 해당하기 때문이다. 십삼주十三住를 섭수하여 일곱 가지 보살지를 세운 것이니 그 『論』에서 자세하게 설한 것과 같기 때문이다."라고 하였다. '일곱 가지 문의 보살지'란 첫째는 종성지種姓地로 불도佛道의 원인인 종성을 성취하여 무너지지 않는 것이다. 둘째는 승해행지勝解行地로 방편행을 닦아 출세도出世道에 대해 행해行解를 얻는 것이다. 셋째는 정승의락지로 지극한 환희에 머무는 것이다. 넷째는 행정행지行正行地로 증상계增上戒·증상심增上心·증상혜增上慧에 머물고 가행加行이 있고 공용功用이 있으며 무상無相에 머무는 것이다. 다섯째는 결정지決定地로 가행도 없고 공용도 없으며 무상에 머무는 것이다. 여섯째는 결정행지決定行地로 무애해無礙解에 머무는 것이다. 일곱째는 도구경지到究竟地로 최상의 계위에 도달한 보살과 여래가 머무는 것이다. 제1 종성지는 십신 이전에 해당하고 제2 승해행지는 십신·십주(십해)·십행·십회향에 해당하며, 제3 정승의락지는 초지(환희지)에 해당하고 제4 행정행지는 제2지에서 제7지에 해당하며, 제5 결정지는 제8지에 해당하고 제6 결정행지는 제9지에 해당하며 제7 도구경지는 제10지에 해당한다. '십삼주'란 보살이 인에서 과에 이르기까지의 수행 계위를 열세 가지로 분류한 것이다. 『瑜伽師地論』 권47(T30, 552c)에서 보살의 십이주十二住와 여래주如來住를 합하여 열세 가지 주住를 설하였다. 곧 첫째는 종성주種性住이고 둘째는 승해행주勝解行住이며, 셋째는 극환희주極歡喜住이고 넷째는 증상계주增上戒住이며, 다섯째는 증상심주增上心住이고 여섯째는 각분상응증상혜주覺分相應增上慧住이며, 일곱째는 제체상응증상혜주諸諦相應增上慧住이고 여덟째는 연기유전지식상응증상혜주緣起流轉止息相應增上慧住이며, 아홉째는 유가행유공용무상주有加行有功用無相住이고 열째는 무가행무공용무상주無加行無功用無相住이며, 열한째는 무애해주無礙解住이고 열두째는 최상성만보살주最上成滿菩薩住이며, 열셋째는 여래주如來住이다. 『瑜伽師地論』 권49(T30, 565a)에서 앞에서 설한 십삼주를 칠지七地로 섭수한 것과 바로 앞에서 보살수행 50위를 칠지에 섭수한 것을 함께 도표로 나타내면 다음과 같다.

십삼주	제1 종성주	제2 승해행주	제3 극환희주	제4 증상계주	제5 증상심주	제6 각분상응증상혜주	제7 제체상응증상혜주	제8 연기유전지식상응증상혜주	제9 유가행유공용무상주	제10 무가행무공용무상주	제11 무애해주	제12 최상성만보살주	제13 여래주
칠지	제1 종성지	제2 승해행지	제3 정승의락지	제4 행정행지					제5 결정지	제6 결정행지	제7 도구경지		
50위	십신 이전	십신, 십주, 십행, 십회향	초지	제2~제7지					제8지	제9지	제10지		

[311] 이생인 보살 : 범부인 보살, 곧 지전地前의 보살을 가리킨다.

問。如說五種無量。論¹⁾有情界無量等。彼一切世界。當言平等平等。爲有差別。答。當言有差別。彼有二種。一者淸淨。二者不淸淨。於淸淨世界中。無那落迦傍生餓鬼可得。亦無欲界色界無色界。亦無苦受可得。純菩薩僧。於中止住。是故說名淸淨世界。已入第三地菩薩。由願自在力故。於彼受生。無有異生及非異生聲聞獨覺。若異生菩薩。得生於彼。

1) 옘『瑜伽師地論』에 따르면 '論'은 '謂'이다.

  문 이생인 보살과 이생이 아닌 성문·독각은 그곳에 태어날 수 없다면 무슨 인연으로 보살을 위한 가르침(菩薩敎)에서 이와 같이 설하여 "만약 보살 등이 그것을 원하여 마음에 두면 이와 같이 일체가 모두 왕생할 수 있다."라고 한 것인가?
  답 게으른 종류의 아직 선근을 쌓지 못한, 교화해야 할 중생을 교화하기 위하여 은밀한 뜻에서 이와 같은 설을 지었다. 그 이유는 무엇인가? 그가 이와 같이 권유하고 독려하였을 때 바로 게으름을 버리고 선법 가운데 가행加行을 부지런히 닦아서 이로부터 점점 발전하여 그곳에 왕생할 수 있고 법성法性을 얻을 수 있게 되기 때문이다. 이것을 이 가운데 은밀한 뜻이라고 하는 것을 알아야 한다.³¹²

問。若無異生菩薩及非異生聲聞獨覺。得生彼者。何因緣故。菩薩數¹⁾中。如²⁾是說。若菩薩等。意願於彼。如是一切。皆當往生。答。爲化懈怠種類。未集善根。所化衆生故。密意作如是說。所以者何。彼由如是蒙勸勵時。使³⁾捨懈怠。於善法中。勤⁴⁾修加行。從此漸漸。堪於彼生。當得法性。應知是名此中密意。

1) 옘『瑜伽師地論』에 따르면 '數'는 '敎'이다. 2) 옘『瑜伽師地論』에 따르면 '如' 앞

---

312 『瑜伽師地論』 권79(T30, 736c).

에 '作'이 누락되었다. 3) ㉡『瑜伽師地論』에 따르면 '使'는 '便'이다. 4) ㉡『瑜伽師地論』에 따르면 '懃'은 '勤'이다.

또『섭대승론』에서 말하였다. "별시의취別時意趣[313]라는 것은 만약 다보여래의 명호를 외우면 바로 무상정등보리無上正等菩提를 이미 결정코 얻는다고 설하는 것과 같은 것을 말하고 또 오직 서원을 일으키는 것으로 말미암아 바로 극락세계에 왕생할 수 있다고 설하는 것과 같은 것을 말한다."[314]

又攝論云。別時意趣。謂如說言。若誦多寶如來名者。便於無上正等菩提。已得決定。又如說言。由唯發願。便得生極樂世界。

이들 글로 말미암아 별도의 변화정토變化淨土로서 이승과 이생이 왕생하는 곳은 없다는 것을 알 수 있다. "왕생할 수 있다."라고 하는 것은 별시의이니 바로 왕생하는 것을 말하는 것은 아니다.

由此等文。故知無別變化淨土二乘異生之所生處。言得生者。別時意。非卽生也。

답 인용한 두 글은 모두 수용토受用土를 설한 것이다. 경에서 "오직 서원을 일으키는 것으로 말미암아 왕생한다."라고 한 것[315]은 모두 저 수용

---

313 별시의취別時意趣 : 사의취四意趣의 하나. 사의취는 부처님의 교법을 문자 그대로가 아니라 그 뜻에 의해 파악하되 그 뜻을 네 가지 측면에서 분류한 것을 말한다. 별시의취는 부처님의 가르침 가운데 지금 당장 이익을 얻는 것이 아니고 먼 훗날에 이익을 얻는 것인데도 중생을 교화하기 위하여 방편으로 지금 당장 이익을 얻는 것처럼 설한 것을 말한다.
314 『攝大乘論本』 권중(T31, 141a).
315 『攝大乘論』에서 사례로서 제시한 것이 경에 의거한 것이라는 전제하에 그 대상 경을 가리키는 말인 것 같다.

토에 대해 말한 것이니 진실로 별시의이다.

그런데 경(『관무량수경』)에서 설한 삼배구품三輩九品[316]은 오직 서원뿐만이 아니라 행위도 상응한다. 또한 태어나는 국토는 수용토가 아니고 변화토이다. 그러므로 삼배의 왕생은 별시의가 아니다. 그런데 미타정토는 오직 순수하게 보살만 왕생하는 곳이 있으니 수용토이다. 또한 이승과 이생이 섞여서 왕생하는 곳이 있으니 변화토이다. 『논』에서 "이승 등이 없다."[317]라고 한 것은 수용토를 설한 것이다. 변화토에는 이승 등이 없지 않으니 삼배구품이 모두 왕생할 수 있기 때문이다.

> 答。所引二文。皆說受用土。經說唯由發願生。悉望彼受用土。實是別時意。然經所說三輩九品。非唯是願。亦行相應。又所生土。非是受用。是變化土。故三輩生。非別時意。然彌陀土。有唯純是菩薩所生。名受用土。有亦二乘異生雜生。名變化土。論云。無二乘等。受用土說。變化土中。非無二乘等。三輩九品。皆得生故。

『대지도론』 가운데 「정토품」에서 말하기를 "[문] 다른 부처님은 삼승의 교화가 있는데 어찌 홀로 하열한 것인가?[318] [답] 부처님께서 다섯 가지 혼탁함에 물든 악한 세상에 출현하여 하나의 도를 나누어서 삼승으로 삼았다. [문] 이와 같다면 아미타불과 아촉불阿閦佛[319] 등은 다섯 가지 혼탁함에

---

316 삼배구품三輩九品 : 삼배는 『無量壽經』에서 극락에 왕생하려는 중생을 근기와 수행에 따라 상배·중배·하배의 셋으로 분류한 것이고, 구품은 『觀無量壽經』에서 상배를 다시 상품상생·상품중생·상품하생의 셋으로 나누고, 중배를 다시 중품상생·중품중생·중품하생의 셋으로 나누며, 하배를 다시 하품상생·하품중생·하품하생의 셋으로 나누어 모두 아홉 등급으로 분류한 것이다.
317 『往生論』(T26, 231a)에서 "여인과 근근이 결여된 이와 이승의 종성은 왕생할 수 없다."라고 한 것을 가리키는 것 같다.
318 바로 앞에서 "극락정토에는 이승은 이름도 없다."라고 한 말에 대한 논란이다.
319 아촉불阿閦佛 : [S] Akṣobhya-buddha. '아촉'은 [S] Akṣobhya의 음역어로 부동不動이

물든 악한 세상에 출현하지 않았는데 무엇 때문에 다시 삼승이 있는 것인가? 답 모든 부처님은 처음 발심했을 때 모든 부처님이 삼승으로 중생을 제도하는 것을 보고 스스로 발원하여 말하기를 나도 또한 삼승으로 중생을 제도할 것이라고 한다."320라고 하였다.

이러한 글로 말미암아 미타정토는 순수한 것도 있고 섞인 것도 있어서 두 가지 국토의 차별이 있음을 알 수 있다. 비록 두 가지 등급은 있어도 처소는 다르지 않으니 동일한 처소가 보는 사람에 따라 다르게 나타나는 것이기 때문이다.

智度論中淨土品云。問曰。餘佛有三乘敎化。豈獨劣耶。答。佛出五濁惡世。於一乘¹⁾道。分爲三乘。問。若爾。阿彌陀佛阿閦佛等。不於五濁世。²⁾何以復有三乘。答。諸佛初發心時。見請佛以三乘度衆生。自發願言。我亦當以三乘度衆生。由此等文。故知。彌陀淨土。有純有雜。二土差別。雖有二階。處所無別。於一處中。隨見異故。

1) ㉠『大智度論』에 따르면 '乘'은 연자이다.   2) ㉠『大智度論』에 따르면 '世' 뒤에 '生'이 누락되었다.

또 『왕생론』에서 "곧 저 부처님을 뵙고 아직 정심淨心을 증득하지 못한 보살도 끝내는 평등법신平等法身을 얻는다."321라고 하였다. 그러므로 지전의 보살도 또한 저 국토에 왕생할 수 있음을 알 수 있다. 만약 변화토가 없다면 (『왕생론』에서) 아직 정심을 증득하지 못한 보살도 (정토에 왕생할 수 있다고 하였는데 그렇다고 해서) 어찌 수용정토에 왕생할 수 있겠는가? (그러므로 그들이 태어나는 변화토가 있어야 한다.) 이 경은 직접

라 의역한다. 묘희세계妙喜世界의 부처님이다.
320 『大智度論』 권93(T25, 712a).
321 『往生論』(T26, 232a).

적으로 수용정토를 나타내고 겸하여 변화정토를 나타내었다. 초업보살인 사람을 인도하고 섭수하여 저 국토에 왕생하게 하기 때문이다.

又往生論云。卽見彼[1]未證淨心菩薩。畢竟得證[2]平等法身。故知地前菩薩。亦得生彼土。若變[3]化土者。未證淨心菩薩。何得生於受用淨土。此經正顯受用淨土。兼爲顯變化淨土。引攝初業人之生彼土故。

1) ㉠『往生論』에 따르면 '彼' 뒤에 '佛'이 누락되었다. 2) ㉠『往生論』에 따르면 '證'은 연자이다. 3) ㉠『安養抄』에 따르면 '變' 앞에 '無'가 누락되었다.

또 "부처님의 네 가지 지혜를 의심하는 이는 그 국토에 태생한다."[322]라고 하였으니 저 변화토에 대해서 설한 글이라는 것을 알아야 한다.

又云。疑佛四智者。生彼受胎生。當知。就彼變化土說文。

㉣ 이 네 부의 경[323]에서 설한 정토는 동일한 정토인가, 차별이 있는가?

---

322 『無量壽經』 권하(T12, 278a)에서 "어떤 중생은 의심하는 마음으로 여러 가지 공덕을 닦고 그 국토에 왕생하기를 원한다. 곧 불지佛智와 부사의지不思議智와 불가칭지不可稱智와 대승광지大乘廣智와 무등무륜최상승지無等無倫最上勝智를 분명하게 알지 못하기 때문에 이러한 여러 지혜를 의심하여 믿지 않지만, 오히려 죄와 복의 인과는 믿기 때문에 선의 근본을 닦고 그 국토에 왕생하기를 원하는 것이다. 이러한 모든 중생은 그 (국토의 변두리에 있는) 궁전에 태어나 500세 동안 살면서 영원히 부처님을 친견하지 못하고, 경법經法을 듣지 못하며, 보살과 성문 등의 성자 대중도 보지 못한다. 그러므로 그 국토에서 이것을 태생이라 한다."라고 하였는데, 학자에 따라서 해석이 크게 둘로 나뉜다. 첫째는 불지를 종합적인 것, 부사의지 등의 네 가지를 개별적인 것이라고 보는 것이다. 이 경우 "불지인 부사의지와 불가칭지" 등으로 풀이해야 한다. 둘째는 불지와 부사의지 등을 모두 개별적인 것으로 보는 것이다. 이 경우 현재 번역한 것과 같이 풀이해야 한다. 지금은 "네 가지 지혜를 의심하는 것"이라고 하였으니, 이 글만으로는 총괄적인 것과 개별적인 것으로 파악한 것으로 보인다. 그런데 뒤에 나오는 해당 경문經文에 대한 의적의 해석에 따르면 이를 "다섯 가지 지혜"라고 하여 모두 개별적인 것으로 파악하고 있다. 따라서 어느 것이 타당한지는 확정할 수 없다. 혹은 '四'는 '五'의 오자일 수도 있다.

답 논에 준하고 경에 따르면 동일한 종류가 아니다. 그 이유는 무엇인가? 아미타정토는 여러 품이 있기 때문이니 시기에 따라 설한 것에 차별이 있다.

又云。¹⁾ 問。此四部經所說淨土。爲是一淨土。爲是有差別。答。准論驗經。非一種也。所以者何。阿彌陀淨土。有多品故。隨時所說。有差別也。

1) ㉥ '又云'은 의적의 말임을 나타내는 것 같다. 그렇다면 편집 체재의 일관성을 고려할 때 '又云'은 삭제되어야 한다.

글을 상고한다. 『관무량수경』과 『고음성다라니경鼓音聲陀羅尼經』에서 설한 국토의 상을 추구하면 변화정토이니 구품인九品人[324]이 모두 왕생할 수 있다고 설하였고[325] 부모와 마왕魔王 등이 있다고 설하였기 때문이다.[326] 『소아미타경』에서 설한 정토의 상은 수용토를 설한 것이다. 그러므로 그곳에는 오직 아비발치阿毘跋致[327]의 보살들만 있다고 하였고, 그러므로 또 여러 보처보살補處菩薩[328]이 있다고 설하였다.[329] 그러므로 변화정토가 아니니

323 네 부의 경 : 뒤의 주석에 따르면 『兩卷無量壽經』・『觀無量壽經』・『鼓音聲陀羅尼經』・『小阿彌陀經』이다.
324 구품인九品人 : 상배上輩에 상품상생・상품중생・상품하생의 셋이 있고, 중배中輩에 중품상생・중품중생・중품하생의 셋이 있으며, 하배下輩에 하품상생・하품중생・하품상생의 셋이 있어서 모두 구품이 된다.
325 『觀無量壽經』(T12, 344c)에서 구품왕생을 설한 것을 참조할 것.
326 『鼓音聲陀羅尼經』(T12, 352b)에서 "아미타불의 아버지는 이름이 월상月上 전륜성왕이고 그 어머니는 이름이 수승묘원殊勝妙顔이며 아들은 이름이 명월月明이다.……마왕은 이름이 무승無勝이다."라고 한 것을 참조할 것.
327 아비발치阿毘跋致 : ⓢ avinivartanīya의 음역어. 아비발치阿鞞跋致라고도 한다. 보살지菩薩地에서 세 가지 악도와 이승지二乘地로 물러나지 않는 지위를 가리킨다. 의역어는 불퇴不退・필정必定 등이다.
328 보처보살補處菩薩 : '보처'는 갖추어서 일생보처一生補處(ⓢ eka-jāti-pratibaddha)라고 한다. 한 번만 태어나면 성불할 것이 예정된 지위, 곧 최후로 윤회하는 지위에 있는 보살을 가리킨다.
329 『小阿彌陀經』(T12, 347b)에서 "극락정토에 왕생하는 중생은 모두 아비발치(불퇴전)이

그곳의 성문 등은 변화인이고 진실한 사람은 아니라는 것을 알 수 있다.

> 案文。而求觀經及陀羅尼經所說土相。是化淨土。說九品人皆得生故。說有父母摩[1]王等故。小阿彌陀所說土相。是受用說。故彼唯有阿毗跋致諸菩薩。故又說多有補處菩薩。故知。非是變化淨土。彼聲聞等。是化非實人。
>
> 1) ㉕ '摩'는 '魔'인 것 같다.

지금 여기에서 설하고 있는 『양권무량수경』에서는 수용토를 나타내었고 『왕생론』은 이 경의 17가지 장엄에 의거한 것이다. 오직 이 경에만 17가지가 갖추어져 있고 다른 경은 그렇지 않기 때문이다. 그런데 아울러 또한 변화정토를 나타내었으니 불지佛智 등을 의심하는 사람은 그곳에 태생한다고 설하였기 때문이다.[330]

또 다른 번역본에서 아라한의 반열반般涅槃이 있다고 설하였으니 또한 변화토가 있다는 것을 알 수 있다. 예를 들면 저 『과도인도경過度人道經』(『대아미타경』)에서 "아일다보살이 바로 일어나 앞에서 무릎을 꿇고 손을 모으고 부처님께 물었다. '아미타불의 국토에 머무는 모든 아라한들은 반니원하여 떠나는 이가 꽤 있습니까, 없습니까? 이것에 대해 듣고자 합니다.'【중략】부처님께서 말씀하셨다. '아미타불의 국토에 머무는 모든 아라한 가운데 비록 반니원하여 가는 이가 있다고 해도 그것은 큰 바다에서 한 방울의 물을 덜어 낸 것과 같을 뿐이어서 그곳에 있는 아라한들이 줄어든다고 해도 줄어든 것을 알 수 없다.'"[331]라고 하고, 또 말하기를 "부처

다. 그 가운데 대부분이 일생보처여서 그 수가 매우 많으니 숫자로 헤아려 알 수 없으며 다만 한량없고 끝없는 아승기겁으로 설할 수 있을 뿐이다.(極樂國土衆生生者。皆是阿轉跋。其中多有一生補處。其數甚多。非是算數所能知之。但可以無量無邊阿僧祇劫說。)"라고 한 것을 참조할 것.

330 『無量壽經』 권하(T12, 278a).
331 『阿彌陀經』(T12, 307c).

님께서 아난에게 말씀하셨다. '아미타불이 모든 보살과 아라한을 위해 경을 설하고 나면 모든 하늘과 사람 가운데 아직 도를 증득하지 못한 이는 도를 얻고, 아직 수다원과須陀洹果[332]를 얻지 못한 이는 수다원과를 얻는다.[중략] 아미타불은 문득 그들이 과거에 도를 구하면서 마음속에 기꺼이 원했던 것에 따라서, 대승이든 소승이든 뜻에 따라 그들을 위하여 경을 설하여 전수해 주고 바로 빨리 깨달음을 얻게 한다.'"[333]라고 하고 자세하게 설한 것과 같다. 그러므로 "또한 어떤 경우에는 변화토를 설하기도 한다."라고 한다.【『안양집』 권6·『안양초』 권1】

今此所說。兩卷經中。顯受用土。論依此經十七種莊嚴故。唯此經中。具十七等。非餘經故。然兼亦顯變化淨土。說疑佛智等。生彼受胎故。又別本中。說有羅漢般涅槃。故知亦有變化土。如彼過度人道經云。阿逸多菩薩。即起前長跪及牟[1)]問佛言。阿彌陀佛國中。諸阿羅漢。寧頗有般泥洹云[2)]者無。願欲聞之。乃至佛言。阿彌陀佛國。諸阿羅漢中。雖有般泥洹云[3)]者。如大海減一滴水土。[4)] 不能[5)]在諸阿羅漢爲減知少也。又云。佛語阿難。阿彌陀佛。爲諸菩薩阿羅漢。說經要。[6)] 諸天人民中。有未得道者。即得道。未得須陀洹者。即得須陀洹。乃至阿彌陀佛。輒隨其宿命[7)]求道心所喜[8)]願。大小隨意。爲說經受[9)]與之。即令疾得[10)]開解。乃至廣說。故云亦有說變土。【安養集六·安養抄一】

---

1) ㉯『阿彌陀經』에 따르면 '及牟'는 '又手'이다. 2) ㉯『阿彌陀經』에 따르면 '云'은 '去'이다. 3) ㉯『阿彌陀經』에 따르면 '云'은 '去'이다. 4) ㉯『阿彌陀經』에 따르면 '土'는 '爾'이다. 5) ㉯『阿彌陀經』에 따르면 '能' 뒤에 '令'이 누락되었다. 6) ㉯『阿

---

332 수다원과須陀洹果 : '수다원'은 Ⓢ srota의 음사어. 성문의 수행 계위를 여덟 단계로 분류한 사향사과四向四果 중 첫 번째 과과에 해당하는 것. 의역어는 예류預流이다. 이 계위에 도달한 성자는 아직 번뇌를 모두 끊지는 못했기 때문에 가장 오래 걸리는 경우에는 인계人界와 천계天界를 왕복하면서 일곱 차례 태어나야 비로소 열반에 들어갈 수 있는데 이를 극칠반유極七返라고 한다.
333 『阿彌陀經』(T12, 307c).

彌陀經』에 따르면 '要'는 '竟'이다. 7) ㉲『阿彌陀經』에 따르면 '命' 뒤에 '時'가 누락되었다. 8) ㉲『阿彌陀經』에 따르면 '喜'는 '熹'이다. 9) ㉲『阿彌陀經』에 따르면 '受'는 '授'이다. 10) ㉲『阿彌陀經』에 따르면 '得'은 뒤의 '解' 뒤에 넣어야 한다.

경 시방세계에 계시는 갠지스강의 모래알처럼 많은 부처님·여래께서 모두 함께 무량수불의 위대한 힘과 공덕의 불가사의를 칭찬하신다.

어떤 중생이라도 그 명호를 듣고 신심을 일으키고 기뻐하며 한 생각에 이르기까지 지극한 마음으로 회향하여 그 국토에 왕생하기를 서원하면 바로 왕생하여 불퇴전의 지위에 머무는데, 오직 다섯 가지 역죄를 지은 이와 정법을 비방한 이는 제외한다.

十方恒沙諸佛如來。皆共讚歎無量壽佛威神功德不可思議。諸有衆生。聞其名號。信心歡喜。乃至一念。至心迴向。願生彼國。即得往生。住不退轉。唯除五逆誹謗正法。

기 세 번째는 지극한 마음으로 서원하면 쉽게 왕생하는 것이다. 글에서【중략】 "한 생각(一念)"이라고 한 것은 일의 완성을 "한 생각"으로 삼은 것이니 오직 생겨나고 소멸하는 찰나刹那와 같은 것만은 아니다. 말하자면 부처님의 명호를 듣고 기뻐하며 회향하여 왕생하기를 서원하며 이 일이 성취되는 것을 "한 생각"으로 삼는 것이다.【『대경초』권6】

第三至願易往。文中【乃至】言一念者。以事究竟爲一念。非唯生滅刹那等。謂聞佛名。歡喜迴向願生。此事得成。以爲一念。【大經鈔六】

문 『관무량수경』에서는 다섯 가지 역죄를 제외하지 않았는데[334] 무엇

---

334 『觀無量壽經』(T12, 346a)에서 하품하생을 설하면서 다섯 가지 역죄를 지은 중생도 포

때문에 이 경에서는 다섯 가지 역죄를 제외하였는가?

답 다섯 가지 역죄를 짓는 것에 두 가지가 있다. 첫째는 다섯 가지 역죄에 해당하는 일을 하였지만 믿음을 무너뜨리지 않아 정법을 비방하지 않은 것이다. 둘째는 다섯 가지 역죄에 해당하는 일을 하고 또 믿음을 무너뜨려서 정법을 비방한 것이다.

후자는 가행加行(신업과 어업)과 의요意樂(의업)가 모두 무너졌고 전자는 가행은 무너졌지만 의요는 무너지지 않은 것이다. 두 가지가 모두 무너졌으면 업이 전변할 수 없지만 의요가 무너지지 않았으면 업이 오히려 전변할 수 있다.

『관무량수경』에서는 믿음을 무너뜨리지 않은 이에 의해 설하였다. 그러므로 그곳에서는 (다섯 가지 역죄를 지은 이도 왕생할 수 있다고 하였지만) 법을 비방하는 이도 (왕생할 수 있다고는) 말하지 않았다. 이 경은 두 가지를 모두 무너뜨린 이에 의해 설하였다. 그러므로 "정법을 비방한 이는 (제외한다.)"라고 하였다.

또 업을 짓는 것 가운데 만약 분위分位[335]가 결정되고 이숙異熟(과보의 내용)은 결정되지 않은 경우와 두 가지가 모두 결정되지 않은 경우라면 변화할 수 있다. 만약 이숙이 결정되고 분위는 결정되지 않은 경우라면 비록 변화할 수는 없어도 무거운 것을 변화시켜 가벼운 것을 받을 수는 있다. 만약 두 가지가 모두 결정된 경우라면 이것은 변화할 수 없다. 그러므로 앞의 세 가지 업은 참회하면 바로 전변할 수 있다. 네 번째 업은 어떤 부처님이라도 어떻게 할 수 없는 것이다. 그러므로 이것을 제외하였다.[336]

함시킨 것을 말한다.
335 분위分位 : 사물이 생멸변화하는 시간과 자리에 대해 임시로 세운 법을 나타내기 위한 말. 예를 들어 물결은 물이 고동치는 분위를 나타내기 위해 임시로 세운 법이다. 여기에서는 업과 관련하여 과보를 받는 시기를 가리키는데, 순현법수업順現法受業·순차생수업順次生受業·순후차수업順後次受業의 셋으로 나뉜다.
336 서술된 내용을 도표로 나타내면 다음과 같다.

또 다섯 가지 고사업故思業[337] 가운데 두 가지는 변화할 수 없는 것이고 세 가지는 바로 변화할 수 있는 것이다.[338]

그러므로 두 경에서 제외한 것과 제외하지 않은 것의 차별이 있다.[『안양집』 권10]

問。觀經不除逆。何故此經除逆。答。造五逆者。有其二種。一造逆事。而不壞於信。不誹謗正法。二造逆事。亦壞於信。誹謗正法。後者加行意樂俱壞。前者行壞意樂不壞。二俱壞者。業不可轉。意不壞者。業猶可轉。觀經就信不壞者說。故彼不言謗法。此經就二俱壞者說。故云。誹謗正法。又造業中。若分位定異熟不定。及俱不定。此卽可轉。若異熟定。分位不定。雖不得轉。而轉重輕受。若二俱定。此不可轉。故前三業。悔卽可轉。第四業者。諸佛拱手。故此除也。又於五種故思業中。二不可轉。三卽可轉。是故二經除不

	분위	이숙	변화 가능성
첫 번째 업	결정	결정되지 않음	변화 가능
두 번째 업	결정되지 않음	결정되지 않음	변화 가능
세 번째 업	결정되지 않음	결정	제한된 변화 가능
네 번째 업	결정	결정	변화 불가능

337 다섯 가지 고사업故思業 : '고사업'은 ⓢ saṃcetanīya-karma의 의역어로 고사조업故思造業이라고도 한다. 곧 고의에 의해 일어난 언어적 행위와 신체적 행위를 가리킨다. '다섯 가지'란 『大乘阿毗達磨雜集論』 권7(T31, 727c)에 따르면 "첫째는 즐겨 하고자 하는 마음에 의거한 것이 아니고, 다른 사람의 가르침에 의해 고의적인 생각으로 짓는 업이다. 둘째는 즐겨 하고자 하는 마음에 의거한 것이 아니고, 다른 사람의 권유에 의해 고의적인 생각으로 짓는 업이다. 셋째는 행위의 득실을 알지 못하고 집착이 없이 욕망에 따라 고의적인 생각으로 짓는 업이다. 넷째는 탐욕·분노 등의 모든 불선근不善根이 그 마음을 덮어 맹렬하게 집착하면서 고의적인 생각으로 짓는 업이다. 다섯째는 전도에 의한 분별에 의거하여 고통을 즐거움이라고 여기는 삿된 법을 좋아하면서 미래세에 좋아할 만한 이숙異熟을 추구하고자 하여 고의적인 생각으로 짓는 업이다. 앞의 세 가지는 반드시 이숙과異熟果를 초래하는 것은 아니기 때문에 부증장업不增長業·부정업不定業 등이라 하고, 뒤의 두 가지는 반드시 이숙과를 초래하기 때문에 증장업增長業·정업定業 등이라 한다."라고 하였다.

338 다섯 가지 고사업의 변화와 변화하지 않음에 대한 설명은 주 337을 참조할 것.

除別.【安養集十】

경 부처님께서 아난에게 말씀하셨다.
"시방세계의 모든 하늘과 사람으로서 지극한 마음으로 그 국토에 왕생할 것을 서원하는 이는 무릇 삼배三輩(세 가지 부류)가 있다."

佛告阿難。十方世界。諸天人民。其有至心。願生彼國。凡有三輩。

기 경에서 "부처님께서 아난에게 말씀하셨다. 시방세계의……무릇 삼배가 있다."라고 한 것에 대해 서술하여 말한다. 이 이하는 두 번째로 개별적으로 삼배를 열었다. 여기에서 먼저 열어 보이고 나중에 해석하였는데 이것은 바로 열어 보인 것이다. "지극한 마음으로 왕생할 것을 서원하는 이"라고 한 것은 행업行業에 뛰어남과 하열함이 있어서 계위가 나뉘니 품류가 하나가 아니기 때문에 삼배가 있다.

經佛告阿難十方世界乃至凡有三輩。述曰。此下第二別開三輩。於中先開後釋。此卽開也。謂至心願生者。行業復¹⁾劣位分。品非一等。故有三輩也。

1) ㉠ 전후 문맥상 '復'는 '勝'인 것 같다.

이 가운데 먼저 삼배의 상을 밝혀야 하는데 간략히 세 가지 문이 있다. 첫째는 삼배의 계위가 나뉘는 것을 정하고 둘째는 구품九品의 상을 나타내며 셋째는 태생을 수용하는 것이 어느 품에 해당하는지를 나타낸다.³³⁹

---

339 셋째에 해당하는 부분은 본서의 뒷부분에서 "다음은 태생胎生을 받아 그곳에 왕생하는 이가 어느 품에 해당하는지를 밝힌다……."라고 한 부분을 가리키는 것 같다.

此中先應辨三輩相。略有三門。一定三輩位分。二與[1] 九品相。三顯受用胎生在何品中。

1) ㉕ '與'는 '顯'인 것 같다.

처음에 계위를 정하는 것은 다음과 같다.

여기에서 상배는 계위에 의거하면 십해十解 이상의 계위이고 또 행위에 의거하면 십신十信의 중간 계위를 성취한 이를 취한다. 비록 신성취위信成就位(십신의 마지막 마음)에는 들어가지 못했더라도 그 가운데 또한 결정적인 믿음이 있어서 불지佛智 등에 대해 의심을 일으키지 않기 때문이다.[340] 바로 네란자라강(熙連河)[341]의 모래알과 같은 부처님의 처소에서 보리심을 일으켜서 대승법을 듣고 비방하지 않을 수 있는 사람이다.[342]

---

340 『無量壽經』 권하(T12, 278a). 주 322를 참조할 것.
341 네란자라강(熙連河) : '희련熙連'은 ⓢ Nairañjanā, ⓟ Nerañjarā의 음역어. 니련尼連이라고도 하고 불락착不樂著이라고 의역한다. 갠지스강의 지류로 중인도 마가다국 가야성 동쪽 지역에 위치하였다.
342 『涅槃經』 권6(T12, 398c)에서 "① 어떤 중생이 네란자라강의 모래알과 같은 부처님의 처소에서 보리심을 일으키면 이 악한 세상에서 이와 같은 경전을 수지하고 비방하지 않는다. ② 어떤 중생이 하나의 갠지스강에 있는 모래알과 같은 부처님의 처소에서 보리심을 일으키면 이 악한 세상에서 이 법을 비방하지 않고 이 경을 좋아하지만 남을 위해 자세하게 설하지는 못한다. ③ 어떤 중생이 두 개의 갠지스강에 있는 모래알과 같은 부처님의 처소에서 보리심을 일으키면 이 악한 세상에서 이 법을 비방하지 않고 바로 이해하며 믿고 좋아하며 수지하고 외우지만 남을 위해 설하지는 못한다. ④ 어떤 중생이 세 개의 갠지스강에 있는 모래알과 같은 부처님의 처소에서 보리심을 일으키면 이 악한 세상에서 이 법을 비방하지 않고 수지하고 외우고 서사書寫하기도 하고 남을 위해 설하지만 깊은 이치를 이해하지는 못한다. ⑤ 어떤 중생이 네 개의 갠지스강의 모래알과 같은 부처님의 처소에서 보리심을 일으키면 이 악한 세상에서 이 법을 비방하지 않고 수지하고 외우며 서사하고 남을 위해 16분의 1의 이치를 설하지만 구족하지는 못한다. ⑥ 어떤 중생이 다섯 개의 갠지스강의 모래알과 같은 부처님의 처소에서 보리심을 일으키면 이 악한 세상에서 이 법을 비방하지 않고 수지하며 외우고 서사하며 다른 이를 위해 16분의 8의 이치를 설한다. ⑦ 어떤 중생이 여섯 개의 갠지스강의 모래알과 같은 부처님의 처소에서 보리심을 일으키면 이 악한 세상에서 이 법을 비방하지 않고 수지하고 외우며 서사하기도 하고 남을 위해 16분의 12의 이치를 설한다. ⑧ 어떤 중생이 일곱 개의 갠지스강의 모래알과 같은 부처님의 처소

중배인이라는 것은 바로 십신의 계위에서 아직 믿음을 성취하지 못한 것이다. 아직 네란자라강의 (모래알과 같은 부처님의 처소에서 보리심을 일으키는 것을) 이루지 못한 그 이전의 사람이다.

하배인이라는 것은 십신의 지위 가운데 최초로 보리심을 일으킨 것이다. 비록 보리심을 일으켰으나 아직 보시 등의 공덕을 행할 수 없고 열 번의 생각을 염불하거나 한 번의 생각을 염불하는 것까지는 성취한 것이다.

구역본에서 뒤의 두 부류의 사람은 모두 의심하는 마음이 있다.[343] 그러므로 그들은 아직 네란자라강의 (모래알과 같은 부처님의 처소에서 보리심을 일으키는 것을) 원만하게 이루지 못하였고 믿음이 결정되지 않았다는 것을 알 수 있다.

오직 경의 글에 의거하였으니 계위를 나눈 것이 조잡할 뿐이다. 논에서 옳고 그름을 판정하지 않았으니 감히 선불리 결정하지 않는다.

初定位者。此中上輩。約位在於十解已上。約行亦取十信位中位成就者。雖未得入信成就位。而於其中。亦有定信。於佛智等。不疑惑故。卽是於熈[1]連河佛[2]前[3]所。發菩提心等。[4] 聞大乘法。能不謗故。中輩人者。卽十信中。信未[5]成就。未滿熈[6]連已前人也。下輩人者。十信位中。最初發心。雖得發菩提心。而未能施等功德。能成就十念念佛。乃至一念。以舊本中。後二輩

에서 보리심을 일으키면 이 악한 세상에서 이 법을 비방하지 않고 수지하고 외우며 서사하고 남을 위해 16분의 14의 이치를 설한다. ⑨ 어떤 중생이 여덟 개의 갠지스강의 모래알과 같은 부처님의 처소에서 보리심을 일으키면 이 악한 세상에서 이 법을 비방하지 않고 수지하고 외우며 서사하고 남도 서사하게 하며, 남도 수지하고 외우고 통달하게 할 것이며, 남을 위해 온전한 이치를 설한다."라고 한 것을 참조할 것.

343 『無量淸淨平等覺經』(T12, 292a)과 『阿彌陀經』(T12, 310a)의 중배를 설한 부분에서 "마음에 의심이 일어나(心中狐疑)"라고 한 것을 참조할 것. 또 『無量淸淨平等覺經』(T12, 292c)의 하배를 설한 부분에서 "마음에 의심이 일어나(心意狐疑)"라고 하고 『阿彌陀經』(T12, 310c)의 하배를 설한 부분에서 "마음에 의심이 일어나(意用狐疑)"라고 한 것을 참조할 것.

人。皆有疑心。故知彼是未滿凞[7]連。信不決定。唯依經文。位分粗爾。論無決判。不敢輒定。

1) ㉂『涅槃經』에 따르면 '凞'는 '熙'이다. 2) ㉂『涅槃經』에 따르면 '佛' 앞에 '沙等諸'가 누락되었다. 3) ㉂『涅槃經』에 따르면 '前'은 연자이다. 4) ㉂『涅槃經』에 따르면 '等'은 연자이다. 5) ㉂ '末'은 '未'인 것 같다. 6) ㉂『涅槃經』에 따르면 '凞'는 '熙'이다. 7) ㉂ '凞'는 '熙'인 것 같다.

상품의 세 부류는 계위의 구분이 어떻게 되는가?

어떤 사람은 말하였다. "제4지 이후를 상상품이라고 한다. 그곳에 왕생하면 바로 무생법인을 얻기 때문이다.[344] 초지·제2지·제3지는 상중품이라 한다. 그 국토에 왕생하고 1소겁을 지나면 무생인을 얻는다.[345] 그 국토에서의 날의 길이에 따르면 신인信忍에서 무생인까지 오직 1소겁을 지나지만 만약 이곳에서의 시간에 의거하면 실로 무량겁을 지나야 (무생인을 얻는다.) 종성해행種性解行[346]을 상하품이라고 한다. 그 국토에 왕생하고 3소겁을 지나서 백법명문百法明門[347]을 얻고 환희지(초지)에 머문다.[348] 또한 그 국토에서의 겁의 길이에 따르면 종성에서 초지까지 오직 3소겁을 지나지만 이곳에서의 시간에 의거하면 또한 무량겁을 지난다."[349]

신인에서 무생인까지 제2아승기겁을 지나고 종성해행에서 초지(환희지)까지 또한 제1아승기겁을 지난다. 무엇 때문에 상중품은 오직 1소겁만 지

---

344 『觀無量壽經』(T12, 345a).
345 『觀無量壽經』(T12, 345a).
346 종성해행種性解行 : 해해에 의해 수행하면서 아직 진여를 증득하지 못한 수행자. 곧 삼현위三賢位(십주·십행·십회향)의 보살을 가리킨다. 다섯 가지 인忍에 배대하면 최초의 복인伏忍에 해당한다.
347 백법명문百法明門 : 보살이 초지인 환희지에서 얻는 지혜 법문. '백법百法'이란 무수하게 많은 수를 나타낸 것이고, '명明'이란 어떤 것에 밝게 통달한 것이며, '문門'이란 법문을 나타낸다. 무수하게 많은 법을 밝게 통달한 지혜의 문이라는 뜻이다.
348 『觀無量壽經』(T12, 345b).
349 혜원이『無量壽經義疏』권하(T37, 107b)에서 제시한 견해이다.

나면 (무생인을) 얻는다고 하는 것인가? 만약 그곳에서의 겁의 크기에 의거한 것이라면 (『관무량수경』의) 하품상생 가운데 "10소겁만큼"이라고 한 것³⁵⁰도 또한 앞의 사례처럼 그러해야 한다. 이와 같다면 예토에서는 십신을 이루는 데 오직 1만 겁을 지나야 하는데 어떻게 그곳에 왕생하겠는가? 아무리 늦어도 그곳의 10소겁은 이곳의 무량대겁에 해당하니 60대겁을 지난다고 설해야 할 것이다. 그러므로 이 설은 이치상 타당하지 않은 것 같다.

又云,¹⁾ 上品三位分何。有云。四地已去。名上上品。生彼卽得無生忍故。初二三地。名上中品。生彼國已。經一小生²⁾劫。得無生忍。生³⁾彼國日長。從於信忍。至無生忍。唯經所⁴⁾劫。若約此方時。實經無量劫。種性解行。名上下品。生彼國已。過三小劫。得百法明門。住歡喜地。亦彼國劫長。從於種姓。至得初地。唯住⁵⁾三小劫。若約此方時。亦經無量劫。從信忍至無生忍。經於第二阿僧祇。從種姓至初地。亦經第一阿僧祇劫。何故。上中品。唯經一小劫等。約彼劫量。下品⁶⁾生中十小劫等。例亦應然。若爾穢土。經十信。唯經萬劫。如何生彼。其大稽遲。彼十小劫。當此無量大劫。設說經六十大劫者。是故。此說理恐不然。

1) ㉠ 편찬 체재의 일관성을 고려할 때 '又云'은 삭제되어야 한다. 2) ㉠『無量壽經義疏』에 따르면 '生'은 연자이다. 3) ㉠『無量壽經義疏』에 따르면 '生'은 연자이다. 4) ㉠『無量壽經義疏』에 따르면 '所'는 '一小'이다. 5) ㉠『無量壽經義疏』에 따르면 '住'는 '經'인 것 같다. 6) ㉠ '品' 뒤에 '上'이 누락된 것 같다.

어떤 사람은 말하였다. "상품상생은 십회향이다. '그곳에 왕생하면 바로 무생인을 얻는다.'라는 것은 초지 가운데 무생인을 말한다. 초지의 계

---

350 『觀無量壽經』(T12, 345c)에서 하품상생을 설하면서 "10겁을 지나면 백법명문을 갖추어 초지에 들어갈 수 있다."라고 한 것을 참조할 것.

위에서 비로소 대승의 정성이생正性離生[351]에 들어간다. 그러므로 또한 각각 무생인을 얻는다. 상품중생은 십해와 십행이다. '1소겁을 지나면 무생인을 얻는다.'라는 것은 지전의 3아승기 가운데 제3겁을 지나서 초지에 들어가는 것을 말한다. 상품하생은 십신의 지위이다. '3소겁을 지나서 백법명문을 얻는다.'라는 것은 지전의 3아승기를 지나서 초지 가운데 백법명문을 얻는 것을 말한다."

1소겁과 3소겁의 차이는 그럴 수 있지만 10소겁은 앞에서와 같이 또한 문제가 있다. 이 세계에서의 겁에 의거하면 1소겁과 3소겁 등은 매우 짧고 그 국토에서의 겁에 의거하면 10소겁은 매우 길기 때문이다.

> 有上品上生。在十廻向。生彼卽得無生忍者。謂初地中無生忍也。初地位中。始入大乘正性離生。是故。亦各得無生忍。上品中生。在十解行。經一小劫得無生者。謂於地前三祇中。經第三劫。入初地也。上品下生。在十信位。經三小劫得百法明門者。謂經地前三阿僧祇。得初地中百法明門。一三小劫。差降可爾。十小劫等。同前亦難。若約此方劫。一三等太短。若熟[1]彼土劫。十六[2]亦所大長故。
>
> 1) ㉠ '熟'은 '約'인 것 같다. 2) ㉠ '六'은 연자인 것 같다.

여기에서 거듭해서 뜻을 해석하였지만 또한 아직 나타내지 못한 뜻이 있다.

> 此復釋義。亦未顯有義。

---

351 정성이생正性離生 : [S] samyaktvaniyāma. 견도見道를 가리킨다. 견도에 들어가면 무루지가 발생하여 이생범부異生凡夫의 생을 여의게 하므로 이생離生이라고 한다.

상배上輩의 세 품은 모두 믿음이 성숙된 지위이다. 초업보살은 그 근기와 행업에 따라 세 품으로 나뉜다.

다른 경에 따르면 다섯 개의 갠지스강의 모래알처럼 많은 시간 이전에 여섯 품의 사람이 있다.

첫째, 네란자라강의 모래알과 같은 부처님의 처소에서 보리심을 일으켜 악한 세상에서 이 경을 수지하고 비방을 일으키지 않을 수 있는 사람이다. 둘째, 한 개의 갠지스강의 모래알과 같은 부처님의 처소에서 보리심을 일으켜 이 법을 비방하지 않을 수 있지만 다른 사람을 위해 분별하여 자세히 설할 수는 없는 사람이다. 셋째, 두 개의 갠지스강의 모래알과 같은 부처님의 처소에서 보리심을 일으켜 비방하지 않고 바르게 이해하고 믿고 좋아하며 수지하고 독송할 수 있지만 또한 다시 다른 사람을 위해 자세히 설할 수는 없는 사람이다.

넷째, 세 개의 갠지스강의 모래알과 같은 부처님의 처소에서 보리심을 일으켜 이 법을 비방하지 않고 수지하고 독송하며 경전을 서사書寫하고 다른 사람을 위해 설할 수는 있지만 아직 깊은 뜻을 이해하지는 못한 사람이다. 다섯째, 네 개의 갠지스강의 모래알과 같은 부처님의 처소에서 보리심을 일으켜 이 법을 비방하지 않고 수지하고 독송하며 경전을 서사하고 다른 사람을 위해 자세하게 설할 수는 있지만 16분의 1의 뜻만 설할 수 있으니 비록 다시 연설한다고 해도 또한 구족하지는 못하는 사람이다. 여섯째, 다섯 개의 갠지스강의 모래알과 같은 부처님의 처소에서 보리심을 일으켜 이 법을 비방하지 않고 수지하고 독송하며 경전을 서사하고 다른 사람을 위해 널리 설할 수는 있지만 16분의 8의 뜻만 설할 수 있는 사람이다.[352]

---

[352] 『涅槃經』 권6(T12, 398c). 주 342에서 해당처를 번역한 것을 참조할 것. ①~⑨ 가운데 ①~⑥이 여기에 해당한다.

上輩三品生¹⁾者。皆熟信位。初業菩薩。隨彼根行。分爲三品。依異經。五恒已前。有六品人。一於㶚²⁾連河沙³⁾佛所。發菩提心。能於惡世。受持是經。不生誹謗。二於一恒河沙⁴⁾佛所。發菩提心。不謗受示。⁵⁾不能爲人分別廣說。三於二恒河沙⁶⁾佛所。發菩提心。乃能不誹謗。正解信樂。受持讀誦。亦復不能爲人廣說。四於三恒河沙⁷⁾佛所。發心。乃能不謗。受持讀誦。書寫經卷。爲他說。未解深義。五於四恒河沙⁸⁾佛所。發菩提心。乃能不謗。受持讀誦。書寫經卷。爲他廣說。十六分中一分之義。雖復演說。亦不具足。六於五恒河沙⁹⁾佛所。發菩提心。乃能不謗。受持讀誦。書寫經卷。廣爲人說。十六分中八分之義。

---

1) ㉯ '生'은 연자인 것 같다. 2) ㉯『涅槃經』에 따르면 '㶚'는 '熙'이다. 3) ㉯『涅槃經』에 따르면 '沙' 뒤에 '等'이 누락되었다. 4) ㉯『涅槃經』에 따르면 '沙' 뒤에 '等'이 누락되었다. 5) ㉯『涅槃經』에 따르면 '受示'는 '是法'이다. 6) ㉯『涅槃經』에 따르면 '沙' 뒤에 '等'이 누락되었다. 7) ㉯『涅槃經』에 따르면 '沙' 뒤에 '等'이 누락되었다. 8) ㉯『涅槃經』에 따르면 '沙' 뒤에 '等'이 누락되었다. 9) ㉯『涅槃經』에 따르면 '沙' 뒤에 '等'이 누락되었다.

여러 학자들이 대부분 판별하기를 "앞의 다섯 가지[353]는 십신의 지위이고 여섯 번째[354]는 십해 이상의 지위이며 나머지 여섯 개와 일곱 개와 여덟 개의 갠지스강과 같은 경우[355]는 지상地上의 지위에 속한다."라고 하였다.

지금 여기에서 상배의 세 품의 사람은 네란자라강부터 다섯 개의 갠지스강에 이르는 것[356]이니, 그 가운데 들어 있는 여섯 부류의 사람이 세 품

353『涅槃經』권6(T12, 398c). 주 342에서『涅槃經』을 번역한 것을 참조할 것. 아홉 부류 중 ①에서 ⑤까지가 여기에 해당한다.
354『涅槃經』권6(T12, 398c). 주 342에서『涅槃經』을 번역한 것을 참조할 것. 아홉 부류 중 ⑥이 여기에 해당한다.
355『涅槃經』권6(T12, 398c). 주 342에서『涅槃經』을 번역한 것을 참조할 것. 아홉 부류 중 ⑦, ⑧, ⑨가 여기에 해당한다.
356『涅槃經』권6(T12, 398c). 주 342에서『涅槃經』을 번역한 것을 참조할 것. 아홉 부류

에 섭수된다.

상상품(상품상생) 가운데 세 가지 마음[357]을 일으키고【중략】대승을 독송하며 여섯 가지 생각[358]을 수행한다.[359] 그러므로 저 제5와 제6에 섭수되는 것[360]을 알 수 있다.

상중품(상품중생) 가운데 반드시 방등경전(대승경전)을 수지하고 독송하지는 않더라도【중략】인과를 깊이 믿고 대승을 비방하지 않고 단지 위없는 도를 얻으려는 마음을 일으킨다.[361] 그러므로 저 제3과 제4에 섭수되는 것[362]을 알 수 있다.

諸師多判。前五在於十信位中。第六在於十解以上。自餘六七八恒其住。[1]
判[2] 屬地上。今此上輩之三品人。從熙[3] 連河。至於五恒。其中六人。攝及三品。上上品中。發三種心。乃至讀誦大乘。修行六念。故知攝彼第五第六。上中品中。不必受持讀誦方等。乃至深信因果。不謗大乘。但發無上道心。故知攝彼第一[4] 節[5] 二。[6]

중 ①에서 ⑥까지가 여기에 해당한다.
357 세 가지 마음 : 『觀無量壽經』(T12, 344c)에서 상품상생을 설하면서 세 가지 마음을 일으킨다고 하고 "첫째는 지극히 정성스러운 마음이고 둘째는 깊은 마음이며 셋째는 회향하여 서원을 일으키는 마음이다.(一者至誠心。二者深心。三者迴向發願心。)"라고 하였다.
358 여섯 가지 생각 : 『觀無量壽經』(T12, 344c)에서 상품상생을 설하면서 "여섯 가지 생각을 닦는다.(修行六念)"라고 하고 구체적인 설명은 하지 않았다. 선도善導의 『觀無量壽佛經疏』 권4(T37, 273c)에서 "염불念佛(부처님을 생각함)·염법念法(법을 생각함)·염승念僧(승가를 생각함)·염계念戒(계를 생각함)·염사念捨(염시念施라고도 함. 보시를 생각함)·염천念天(하늘을 생각함)"이라고 하였다.
359 『觀無量壽經』(T12, 344c).
360 『涅槃經』 권6(T12, 398c). 주 342에서 『涅槃經』을 번역한 것을 참조할 것. 아홉 부류 중 ⑤와 ⑥을 가리킨다.
361 『觀無量壽經』(T12, 345a).
362 『涅槃經』 권6(T12, 398c). 주 342에서 『涅槃經』을 번역한 것을 참조할 것. 아홉 부류 중 ③과 ④를 가리킨다. 상품상생을 ①~⑥에 배대한 의적의 주석에 따라 원문을 교감하였다.

1) ⓥ '其住'는 '河'인 것 같다. 2) ⓥ '判'은 '乃'인 것 같다. 3) ⓥ '溵'는 '熈'인 것 같다. 4) ⓥ '一'은 '三'인 것 같다. 5) ⓥ '節'은 '第'인 것 같다. 6) ⓥ '二'는 '四'인 것 같다.

    십주 이상은 이미 그 지위에서 물러나는 것에서 벗어나서 시방세계의 국토에서 분수에 따라 성불한다. 이곳에 있으면서 행行에 있어서 퇴전하는 것을 두려워하지 않는다. 그러므로 기필코 정토에 왕생할 것을 추구하지는 않는다.

    저 『관무량수경』에서 열여섯 가지 관법(十六觀)[363]을 설하여[364] 욕구와 근기가 초업보살이어서 퇴전해야 할 이를 그 국토에 왕생하여 퇴전하지 않게 하였다. 십주 가운데 앞의 여섯 가지 마음[365]은 비록 퇴전하여 이승 등의 지위에 떨어지지는 않더라도 아직 열 가지 불퇴전[366]을 얻지는 못하

---

363 열여섯 가지 관법(十六觀) : 『觀無量壽經』에서 염불 수행자가 극락에 왕생하는 원인으로 아미타불의 몸과 정토와 관련된 열여섯 관법을 제시한 것. 첫째는 일상관日想觀이고 둘째는 수상관水想觀이며, 셋째는 지상관地想觀이고 넷째는 보수관寶樹觀이며, 다섯째는 보지관寶池觀이고 여섯째는 보루관寶樓觀이며, 일곱째는 화좌관華座觀이고 여덟째는 상관像觀(불보살상관佛菩薩像觀)이며, 아홉째는 진신관眞身觀이고 열째는 관세음관觀世音觀이며, 열한째는 대세지관大勢至觀이고 열두째는 보관普觀(보왕생관普往生觀)이며, 열셋째는 잡상관雜想觀이고 열넷째는 상배관上輩觀이며, 열다섯째는 중배관中輩觀이고 열여섯째는 하배관下輩觀이다.
364 『觀無量壽經』(T12, 341c).
365 앞의 여섯 가지 마음 : 보살수행 계위인 십주十住 중 앞의 여섯 가지, 곧 제1 초발심주, 제2 치지주治地住, 제3 수행주修行住, 제4 생귀주生貴住, 제5 방편구족주方便具足住, 제6 정심주正心住를 가리킨다.
366 열 가지 불퇴전 : 『法華經論』 권상(T26, 2b)에서 "첫째는 들은 법에 머무는 것에서 물러나지 않는 것이고, 둘째는 즐겨 설하는 것에서 물러나지 않는 것이며, 셋째는 불퇴전법륜을 설하는 것에서 물러나지 않는 것이고, 넷째는 선지식에게 의지하는 것에서 물러나지 않는 것이며, 다섯째는 일체의 의심을 끊는 것에서 물러나지 않는 것이고, 여섯째는 어떤 일이든 법을 설하고 그 법에 들어가는 것에서 물러나지 않는 것이며, 일곱째는 모든 것을 아는 지혜의 여실한 경계에 들어가는 것에서 물러나지 않는 것이고, 여덟째는 아공我空·법공法空에 의거하는 것에서 물러나지 않는 것이며, 아홉째는 여실한 경계에 들어가는 것에서 물러나지 않는 것이고, 열째는 지어야 할 것을 짓는 것에서 물러나지 않는 것이다.

였다. 그러므로 또한 그 국토에 왕생하기를 구하는 마음을 지니고 있으니 무생인을 빨리 실현하게 하려고 한 것이다.

> 十住以上。旣勉¹⁾位退。於十方國。隨分成佛。不懼在此。於行退轉。是故不必求生淨土。由彼觀經。說十六觀。欲根初業。應退轉者。令生彼國。不退轉故。然十住中。前之六心。雖不退墮二乘等地。而未能得十不退轉。是故亦有求生彼國。欲令無生歡²⁾ 速得現前故。
>
> 1) ㉠ '勉'은 '免'인 것 같다.   2) ㉠ '歡'은 '忍'인 것 같다.

곧 상배 중 상품생(상품상생)은 십주 중 앞의 여섯 가지 주住[367]에 해당하는 사람이다. "그곳에 왕생하면 바로 무생인을 얻는다."[368]라는 것은 제7주[369]의 무생인을 말한다. 제7주에서는 제7지[370]에서 닦아야 할 법문을 대부분 습득한다. 그러므로 이 주에서는 또한 상사무생법인相似無生法忍을 얻는다. 그러므로 『화엄경』의 제6주(正心住)를 설한 부분에서 열 가지 법을 배우는 것을 설하면서 "일체법이 상이 없으며【중략】텅 비어 있음을 배운다. 무엇 때문인가? 불퇴전의 무생법인을 얻게 하려고 하기 때문이다."[371]라고 하였는데, 이는 제6주에서 열 가지 법을 배우는 것은 제7주인 불퇴전의 무생인을 얻게 하려는 것임을 말한 것이다.

> 卽上輩中上品生者。是十住中前六住人。生彼卽得無生忍者。謂卽七住

---

[367] 앞의 여섯 가지 주住 : 주 365를 참조할 것.
[368] 『觀無量壽經』(T12, 345a).
[369] 제7주 : 십주의 일곱 번째인 불퇴주不退住를 가리킨다. 공과 유가 둘이 아님을 통찰하여 견고하고 참된 이해를 증득하는 지위이다.
[370] 제7지 : 십지 중 일곱 번째인 원행지遠行地를 가리킨다. 무루無漏와 간격이 없고 무상無相을 사유하며 해탈과 삼매를 깊이 수행하여 청정하고 막힘이 없으며 장애가 없는 지위이다.
[371] 『華嚴經』 권8(T9, 445c).

無生忍也。由第七住多分習彼第七地所修法門。是故。此住亦得相似無生法忍故。華嚴經第六住中。學十法云。學一切法無相乃至無虛。何以故。欲令得不退轉無生法忍故。謂在六住。學十種法。欲令第七住不退轉無生忍。

상배 중 중품생(상품중생)에서 "7일이 지나 아뇩보리를 얻고 불퇴전을 얻는다."[372]라는 것은 십신의 계위이고 두 개의 갠지스강의 모래알과 같은 부처님의 처소에서 보리심을 일으킨 사람[373]이다. 그 국토에 왕생하여 십주의 초주(初發心住)에 들어가서 위불퇴位不退[374]를 얻는다. 그 국토에서의 7일은 여기에서의 7겁이다. "1소겁을 지나면 무생인을 얻는다."[375]라는 것은 정진하고 수행하여 제7지에 들어가는 것을 말한다.

中[1]中品生。經七日已。於阿耨菩提。得不退轉者。得在十信已。經二恒三[2] 佛者。由彼國生。入十住初。得位不退。彼土七日。當此七劫。經一小劫。得無生忍者。謂受進修。入第七位。[3]

1) ㉯ '中' 앞에 '上'이 누락된 것 같다. 2) ㉯ '三'은 '沙'인 것 같다. 3) ㉯ '位'는 '地'인 것 같다.

상배의 하생(상품하생) 가운데 "3소겁을 지나면 백법명문을 얻고 환희지에 머문다."[376]라는 것은 십신의 계위이고 네란자라강의 모래알 같은 부

---

372 『觀無量壽經』(T12, 345a).
373 『涅槃經』권6(T12, 398c). 주 342에서 『涅槃經』을 번역한 것을 참조할 것. 아홉 부류 중 ③을 가리킨다.
374 위불퇴位不退 : 불퇴지를 셋으로 나눈 것 중 하나. 이미 수행하여 얻은 지위에서 물러나지 않는 것을 가리킨다. 나머지 두 가지는 첫째는 행불퇴行不退이니 닦은 행법行法에서 물러나지 않는 것이고, 둘째는 염불퇴念不退이니 정념正念에서 물러나지 않는 것이다. 세 가지 불퇴와 보살수행 계위의 관계는 여러 학파가 달리 해석한다.
375 『觀無量壽經』(T12, 345a).

처님의 처소에서 보리심을 일으킨 사람이거나 한 개의 갠지스강의 모래 알과 같은 부처님의 처소에서 보리심을 일으킨 사람이다. 그 정토에 왕생하여 다시 정진하여 수행하기 때문에 처음으로 주住의 계위에 들어가서 백법명문을 얻는다. 초주에서 많이 익히는 것은 (바로 나중에 도달할) 초지(환희지)에서 행하는 법이다. 그러므로 이 주에서 (또한) 백법명문을 얻는다. 『보살영락본업경菩薩瓔珞本業經』에서 또한 이 설을 지어서 "십주의 계위에서 백법명문을 얻으니 신심信心 등의 열 가지 법[377]에 낱낱이 각각 열 가지를 갖추고 있기 때문이다."[378]라고 하였다. '환희지에 머문다.'라고 한 것은 환희지에서 행하는 법에 머무는 것이다. 바로 이렇게 하는 가운데 (결국) 환희지를 증득하게 되는 것이다. 이것은 바로 원인 가운데 결과에 해당하는 이름을 설한 것이다.

> 上下生中。經三小劫。得百法門。住歡喜地者。謂在十信已。經凞[1]連。或一恒佛。生彼淨土。更進修故。初入住位中。得百法明門。初住多習。初地行法。是故此住得百法門。本業經中。亦作是說。十住位中。得百法[2]門。謂信等十法。一一各十故。言住歡喜地者。謂得住於歡喜地行。卽此中證歡喜地。是卽因中說果名也。
>
> 1) ㉠ '凞'는 '熙'인 것 같다. 2) ㉠ 『菩薩瓔珞本業經』에 따르면 '法' 뒤에 '明'이 누락되었다.

상배의 세 품의 부류는 이러할 뿐이다. 논리에 따라 글을 서술하였으

---

376 『觀無量壽經』(T12, 345b).
377 열 가지 법 : 십신을 가리킨다. 첫째는 신심信心이고 둘째는 염심念心이며, 셋째는 정진심精進心이고 넷째는 정심定心이며, 다섯째는 혜심慧心이고 여섯째는 계심戒心이며, 일곱째는 회향심이고 여덟째는 호법심護法心이며, 아홉째는 사심捨心이고 열째는 원심願心이다.
378 『菩薩瓔珞本業經』 권상(T24, 1011c).

나 아직 이것만이 옳다고 확정하는 입장을 견지하는 것은 아니다.【『안양집』 권4·『안양초』 권2】

上輩三品。位類爾受。[1] 論文未取專定。【安養集四·安養抄二】

1) ㉠ '受'는 '耳'인 것 같다.

이 중배中輩의 세 품에 대해 지위를 판별하면 어떠한가?
앞의 세 가지 과果[379]를 중품상생中品上生이라 하니 (『관무량수경』에서) "그 국토에 왕생하면 바로 아라한과를 얻는다."[380]라고 하였기 때문이다. 순결택분을 중품중생이라 하니 (『관무량수경』에서) "그 국토에 왕생하면 법을 듣고 예류과預流果(수다원과)를 얻는다."[381]라고 하였기 때문이다. 해탈분을 중품하생이라고 하니 (『관무량수경』에서) "그 국토에 왕생하면 1소겁을 지나서 비로소 응공과應供果(아라한과)를 얻는다."[382]라고 하였기 때문이다.

又云。[1] 此中輩三。判位云何。謂前三果。名中上生。生彼卽得阿羅漢故。順決擇分。名中中生。生彼聞法。得預流故。解脫分。名中下生。生彼。經小[2]劫。方得應果[3]故。

1) ㉠ 편찬 체재의 일관성을 고려할 때 '又云'은 삭제되어야 한다. 2) ㉠ '小' 앞에 '一'이 누락된 것 같다. 3) ㉠ '果'는 '供'인 것 같다.

---

379 앞의 세 가지 과果 : 성문이 얻는 네 가지 과 중 앞의 세 가지를 가리킨다. 성문의 네 가지 과는 차례대로 수다원과須陀洹果·사다함과斯陀含果·아나함과阿那含果·아라한과阿羅漢果이고, 의역어는 차례대로 예류과預流果·일래과一來果·불환과不還果·무학과無學果(應供果)이다.
380 『觀無量壽經』(T12, 345b).
381 『觀無量壽經』(T12, 345b).
382 『觀無量壽經』(T12, 345c).

이 하배下輩의 세 품은 다음과 같다.

혹은 과거에 비록 보리심을 일으켰지만 아직 네란자라강의 모래알과 같은 부처님의 처소를 채우지 못하고, 중간에 보리심에서 물러나서 모든 악업을 짓는 것이니, 지은 악업의 경중에 따라 셋으로 나뉜다.

釋云.[1] 此下三品。或有昔時。雖發菩提心。而未能滿熙連河。中間退心。作諸惡業。隨所作惡輕重分三。

1) ㉠ 편찬 체재의 일관성을 고려할 때 '釋云'은 삭제되어야 한다.

問 이 사람은 다시 물러나 모든 악업을 짓기 때문에 상·하·중간으로 계위를 나누어 분별하지 말아야 한다. (그런데) 네란자라강의 모래알과 같은 부처님의 처소에서 (보리심을 일으키는 것을) 원만하게 이루지 못했지만 (중간에 보리심에서) 물러나지 않았으며 (이 상태로) 악업을 짓는다면 어느 품에 섭수되는가?

答 이 세 가지 상[383]은 하품(하배)에 들어간다. 지금 비록 물러나지는 않더라도 계위는 동일하기 때문이고 생각 없이 대승을 비방하는 일이 있기 때문이다. 그러나 그곳에 왕생하였을 때 반드시 10소겁을 지나야 (환희지를 얻는 것은) 아니니 이 사람은 중죄에 해당하는 악업은 짓지 않았기 때문이다.【『안양집』 권4】

此人更退。作諸惡故。不應分別位分上下間。未滿熙連。不退作惡。在何品攝。答。此三相。從入下品中。今雖不退。位分同故。客有起謗大乘故。然生彼時。未必逕於十小劫等。此人不作重惡業故。【安養集四】

[383] 세 가지 상 : 네란자라강의 모래알과 같은 부처님의 처소에서 보리심을 이루는 것을 원만하게 이루지 못한 것, 중간에 보리심에서 물러나지 않은 것, 악업을 짓는 것의 세 가지를 가리키는 것 같다.

어떤 사람은 말하기를, "(『무량수경』의) 삼배는 바로 (『관무량수경』의) 구품이다. 이 삼배를 열어서 구품을 이루기 때문이다."라고 하였다. 지금 두 경을 견주어 보면 뜻이 바로 그러한 것은 아니다. 그 이유는 무엇인가? 글의 뜻에 어긋나기 때문이다.

이것(『무량수경』) 가운데 상배와 하배가 저것(『관무량수경』)의 상배와 하배 각각의 세 품의 사람을 섭수한다면 뜻은 또한 그러할 수 있지만 이것의 중배가 저것의 중배의 세 품을 섭수하는 것이라면 이치에 의거할 때 반드시 그렇지 않다.

이 경에서는 "중배는 보리심을 일으키고 그 국토에 왕생할 때 바로 불퇴전에 머문다."[384]라고 하였고, 저 경에서는 중배의 세 품에 대해 보리심을 일으키는 것을 말하지 않고 "그 국토에 태어날 때 오직 소승의 과를 증득한다."[385]라고 하였다. 여기에서 이미 보리심을 일으키고 그곳에 왕생하여 소승의 과를 증득한 것이라고 어찌 말할 수 있겠는가? 대심大心(보리심)에 머물러 물러나지 않으면서 도리어 소승의 과를 증득한다면 이러한 이치는 없기 때문이다.

或云。三輩卽是九品。開此三輩。成九品故。今准兩經。義卽不然。所以者何。違文義故。此中上[1]輩。攝彼上下各三品人。義且[2]可爾。以此中輩。攝彼中三。理定不然。此經說。中輩。發菩提心。生彼國時。使[3]住不退轉。彼經。中輩三。不云發菩提心。生彼國時。唯證小果。此以已發心。生彼證小。寧得可說。住不退大心。還證小果。無是理故。

1) ㉠ 성경聖冏의 『釋淨土二藏義』(J12, 338a)에 동일한 글이 인용되어 있는데 이 글에 따르면 '上' 뒤에 '下'가 누락되었다. 2) ㉠ 『釋淨土二藏義』에 따르면 '且'은 '且'이다. 3) ㉠ 『釋淨土二藏義』에 따르면 '使'는 '便'이다.

---

384 『無量壽經』 권하(T12, 272b).
385 『觀無量壽經』(T12, 345b)에서 중품상생·중품중생·중품하생을 설한 것을 참조할 것.

지금 (경에 설해져) 있는 것은 그 뜻이 어떠한가?

이 가운데 먼저 저 경의 구품을 서술하고 그렇게 한 후에 이 경의 삼배에 서로 섭수시킨다. 더 나아가서 이 경의 삼배는 직접적으로 구품 중 상배의 세 품을 섭수하고 아울러 저 경의 하배의 세 품을 섭수한다. (저 경의) 중배의 세 품은 한결같이 섭수하지 않으니 닦는 행업이 대승과 소승으로 차이가 있기 때문이다.

이 경의 상배는 (저 경의) 구품 중 처음의 두 품(상품상생·상품중생)을 전부 섭수하고 제3품(상품하생)의 일부를 섭수한다. 한 개의 갠지스강과 같은 부처님의 처소에서 보리심을 일으키고 이미 대승경전을 좋아하기 때문에 불지佛智 등에 대해 의심을 일으키지 않는다. (그런데) 이 경의 하배는 의혹을 일으키는 경우가 있기 때문이다.

이 경의 중배는 (저 경의) 구품의 제3품(상품하생)의 일부를 섭수한다. 네란자라강의 모래알과 같은 부처님의 처소에서 보리심을 일으키고 비록 비방하지는 않더라도 아직 좋아할 수는 없고 부처님의 지혜를 의심하는 마음이 있기 때문이다.

이 경의 하배는 (저 경의) 구품 중 하품의 세 가지 생을 섭수한다.

그런데 이 경에서는 오직 "보리심을 일으키고 악을 짓지 않는 것"[386]만 설하였고, 저 경에서는 "일찍이 보리심을 일으켰지만 퇴전한 것"[387]이라고 하였다. 비록 물러나고 물러나지 않음의 차이가 있지만 그 지위는 동일하기 때문에 서로 섭수될 수 있다.【『안양집』 권4】

---

386 『無量壽經』 권하(T12, 272c).
387 『觀無量壽經』(T12, 345c)에서는 "하배의 세 품은 그곳에 왕생하여 법을 듣고 보리심을 일으킨다."라고 하여 그 내용이 다르다. 다만 왕생하여 보리심을 일으킨다는 것은, 설령 그 전에 보리심을 일으킨 적이 있다고 해도 이미 퇴전한 것을 전제로 할 때 가능한 것이기 때문에 이렇게 서술한 것으로 보인다.

今所存者。其義云何。法¹⁾中先叙彼經九品。然後與此三輩相攝。乃至此中三輩。正攝九品中上輩三品。兼亦攝彼下輩三品。中輩三品。一向不攝。所修行業。大小異故。此²⁾上輩。攝九品中初二品全第三品一分。謂一恒發心。旣能愛樂大乘典故。於佛智等。不生疑惑。此經中下輩。有生疑惑故。此經中輩。攝九品第三品一分。謂熙連發心。雖不誹謗。未能愛樂。於佛智等。容有疑故。此經下輩。攝九品中下品三生。然此經中。唯說發心。不作惡者。彼經中說。曾發而退轉者。雖退不退異。而其位分同。故得相攝也。【安養集四】

---

1) ㉠ '法'은 '此'인 것 같다. 2) ㉠ '此' 뒤에 '經'이 누락된 것 같다.

중품하생 가운데【중략】 연꽃이 펼쳐지는 것의 더딤과 빠름이라는 것은 다음과 같다.

(『관무량수경』에서) "왕생하여 7일이 지나면 관세음觀世音[388]과 대세지大勢至[389]를 만난다."[390]라고 한 것은 글 가운데 생략된 것이 있다.[391] 연꽃이 펼쳐지는 것에 의거하여 말하자면 이치상 또한 이러한 일이 있어야 하니 중중품(중품중생)과 더딤과 빠름이 동일하다.

---

388 관세음觀世音 : 대세지보살과 함께 아미타불의 협시보살이다. 두 보살과 아미타불을 합쳐 미타삼존彌陀三尊이라 한다. 세상의 모든 음성을 살펴서 구원한다는 뜻에서 관세음이라고 한다. 관자재觀自在·광세음光世音 등이라고도 한다.
389 대세지大勢至 : 관세음보살과 함께 아미타불의 협시보살이다. 득대세得大勢라고도 한다. 이 보살이 움직일 때 시방세계의 모든 대지가 진동하기 때문에 대세지라고 한다.
390 『觀無量壽經』(T12, 345c).
391 『觀無量壽經』(T12, 345a)에서 "상품하생은 연꽃에 앉으면 연꽃이 오므려지고 그 상태로 왕생하고 하루를 지나면 연꽃이 펼쳐지고 부처님을 친견한다. 중품상생은 왕생하면 바로 연꽃이 펼쳐지고 바람 소리 등이 사제四諦를 설하는 것을 듣는다. 중품중생은 연꽃에 앉으면 연꽃이 오므려지고 그 상태로 왕생하고 7일이 지나면 연꽃이 펼쳐지고 부처님을 친견한다."라고 하고, 중품하생에서는 연꽃과 관련된 말이 나오지 않는 것을 가리킨다.

(연꽃이 펼쳐지는) 시간은 비록 동일하지만 친견하는 것은 다르다. 말하자면 그 사람(중품중생)은 부처님을 친견하지만 이 사람(중품하생)은 보살을 친견한다.³⁹² 『정토론』에서 『십주비바사론』을 인용하여 "어떤 사람이 선근을 심었어도 의심하면 꽃이 펼쳐지지 않고 믿는 마음이 청정하면 꽃이 펼쳐지고 바로 부처님을 친견하네."³⁹³라고 하였다.【『안양집』권4·『안양초』권4】

中品下生中。乃至華開遲速者。生逕¹⁾七日。遇觀世音及大勢至。文中略故。天²⁾華開言。理現³⁾應有之。與中中品。遲速同者。逕時雖同。所見異故。謂彼見佛。此見菩薩。淨土論中。引十住毘婆沙云。若人種善根。疑則華不開。信心淸心⁴⁾者。華開則見佛。【安養集四·安養抄四】

1) ㈜『觀無量壽經』에 따르면 '逕'는 '經'이다. 2) ㈜ '天'은 '約'인 것 같다. 3) ㈜ '現'은 '亦'인 것 같다. 4) ㈜ 『十住毘婆沙論』에 따르면 '心'은 '淨'이다.

경 부처님께서 아난에게 말씀하셨다.……

"상배인 사람은 다음과 같다. 집(세속)을 버리고 욕망을 버리고 사문이 되어 보리심을 일으키고 한결같이 오로지 무량수불만 생각하면서 온갖 공덕을 닦으며 그 국토에 왕생할 것을 서원한다. 이들 중생은 죽음이 임박하였을 때 무량수불께서 여러 대중과 함께 그 사람 앞에 나타나서 즉시 그 부처님을 따라 그 국토에 왕생한다. 문득 일곱 가지 보배로 이루어진 꽃 속에서 저절로 화생化生³⁹⁴하여 불퇴전의 지위에 머물고 지혜롭고 용맹스러우며 신통

---

392 주 391을 참조할 것.
393 『十住毘婆沙論』권5(T26, 43b);『淨土論』(T47, 95b).
394 화생化生 : 극락에 왕생하는 사람은 그 탄생의 양태에 따라 태생胎生과 화생으로 나눌 수 있다. 부처님의 지력智力을 믿는 사람은 구품의 행업行業에 따라 각각 연꽃 속에 태어나며, 신상身相의 광명을 일시에 구족하므로 화생이라고 한다. 이에 상대하여 태생은 부처님의 타력他力을 의심하여 자력으로 염불하는 이가 변두리의 궁전에 태

력이 자유자재함을 얻는다. 그러므로 아난아, 어떤 중생이 지금 세상에서 무량수불을 친견하고자 한다면 반드시 위없는 보리심을 일으키고 공덕을 닦으면서 그 국토에 왕생할 것을 서원해야 한다."

佛告阿難。……其上輩者。捨家棄欲。而作沙門。發菩提心。一向專念無量壽佛。修諸功德。願生彼國。此等衆生。臨壽終時。無量壽佛。與諸大衆。現其人前。卽隨彼佛。往生其國。便於七寶華中。自然化生。住不退轉。智慧勇猛。神通自在。是故。阿難。其有衆生。欲於今世。見無量壽佛。應發無上菩提之心。修行功德。願生彼國。

기 경에서 "상배인 사람은 다음과 같다.……그 국토에 왕생할 것을 서원해야 한다."라고 한 것에 대해 서술하여 말한다. 이 이하는 개별적으로 삼배를 풀이하였는데 이것은 바로 상배이다.〔중략〕 인因을 닦는 가운데 다섯 가지가 있는 것을 나타내었다.

첫째, "집을 버리고 욕망을 버리고"라는 것은 악을 일으키는 인연을 떠나는 것이다. 둘째, "사문이 되어"라는 것은 해야 할 법문을 짓는 것이다. 셋째, "보리심을 일으키고"라는 것은 뛰어난 과를 얻으려는 뜻을 세우는 것이다. 넷째, "한결같이 오로지 무량수불만 생각하면서"라는 것은 정려靜慮(禪慮)의 경계를 지키며 다른 것을 반연하지 않게 하는 것이다. 다섯째, "온갖 공덕을 닦으며 그 국토에 왕생하기를 서원한다."라는 것은 능력에 따라 인因을 심고 회향하여 왕생할 것을 서원하는 것이다. '공덕을 닦는 것'은 구역 경전에서는 "여섯 가지 바라밀을 설한 경을 받들어 행한다. 사문이 되어 경계經戒를 훼손하지 않고 자애로운 마음으로 정진하며 분노

어나거나, 연꽃 속에 태어나지만 꽃이 피지 않은 상태로 머물러 500세 동안 삼보三寶를 보고 들을 수 없는 것을 가리킨다. 이는 태생하는 사람이 모태 안에 갇혀서 해와 달을 볼 수 없는 것과 같기 때문에 태생이라고 한다.

하지 않고 여인과 교섭하지 않으며 재계를 청정히 지켜 마음에 탐착하거나 연모하는 것이 없다."³⁹⁵라고 하였다.³⁹⁶

經其上輩者至願生彼國。述曰。此下別釋三輩。此卽上輩。乃至修因中有五種。一捨家棄欲者。謂離起惡緣。二行¹⁾沙門者。謂作應法門。三發菩提心者。謂立志勝果。四一向專念無量壽佛者。謂守禪慮機²⁾境界。不離³⁾他緣。五修諸功德願生彼國者。謂隨力殖因。廻願往生。修諸功德者。舊本云。奉行六波羅蜜行。⁴⁾作沙門。不虧經戒。慈心精進。不當瞋怒。不當與女人交通。上⁵⁾齋戒清淨。心無所貪。⁶⁾

1) ㉢ '行'은 '作'인 것 같다. 2) ㉢ '機'는 연자인 것 같다. 3) ㉢ '離'는 '令'인 것 같다.
4) ㉢ 『阿彌陀經』에 따르면 '行'은 '經者'이다. 5) ㉢ 『阿彌陀經』에 따르면 '上'은 연자이다. 6) ㉢ 『阿彌陀經』에 따르면 '貪' 뒤에 '慕'가 누락되었다.

경 부처님께서 아난에게 말씀하셨다.

"중배인 사람은 다음과 같다. 시방세계의 여러 하늘과 사람이 지극한 마음으로 그 국토에 태어나기를 원하면서, 비록 사문이 되어 크게 공덕을 닦는 일은 행할 수 없을지라도, 위없는 보리심을 일으키고 한결같이 오로지 무량수불을 생각하면서 많거나 적게 선을 닦는다. 재계齋戒를 받들어 지니고 탑과 불상을 건립하고 사문에게 공양하며 비단 휘장을 걸고 등불을 켜며 꽃을 뿌리고 향을 태우며, 이것을 회향하여 그 국토에 왕생하기를 서원한다. 그 사람은 임종할 때 무량수불이 그 몸을 변화하여 나타난다. 광명과 상호

---

395 『阿彌陀經』(T12, 309c);『無量淸淨平等覺經』(T12, 291c).
396 혜원은 『無量壽經義疏』 권하(T37, 107c)에서 "첫째는 집을 버리고 출가하는 것이고 둘째는 보리심을 일으키는 것이며, 셋째는 한결같이 오로지 무량수불만 생각하는 것이고 넷째는 온갖 덕을 닦는 것이며, 다섯째는 이전에 닦은 온갖 선으로 그 국토에 왕생하기를 서원하는 것이다."라고 하여 다르게 분과하였다. 의적이 혜원의 영향을 받았다고 하는 일반적인 설과 어긋나기 때문에 밝혀 보았다.

가 모두 진불眞佛과 같은 모습으로 여러 대중과 함께 그 사람 앞에 나타난다. 바로 화불化佛을 따라 그 국토에 왕생하여 불퇴전의 지위에 머문다. 공덕과 지혜는 상배인 사람의 다음에 해당한다."

> 佛語阿難。其中輩者。十方世界。諸天人民。其有至心。願生彼國。雖不能行作沙門大修功德。當發無上菩提之心。一向專念無量壽佛。多少修善。奉持齋戒。起立塔像。飯食沙門。懸繒然燈。散華燒香。以此迴向 願生彼國。其人臨終。無量壽佛。化現其身。光明相好。具如眞佛。與諸大衆。現其人前。即隨化佛。往生其國。住不退轉。功德智慧。次如上輩者也。

기 【중략】 경에서 "부처님께서 아난에게 말씀하셨다. 중배인 사람은……상배인 사람의 다음에 해당한다."라고 한 것에 대해 서술하여 말한다. 이것은 바로 두 번째로 중배의 왕생을 나타낸 것이다.【중략】 인因을 닦는 가운데 앞의 상배와 대조하면 두 가지를 결여하였고 두 가지를 갖추었으며 한 가지는 분수를 따랐다.

> 乃至經佛語阿難其中輩者至次如上輩也。述曰。此卽義¹⁾二顯中輩生。乃至修因中。望前上輩。闕二具二。於一隨分。
>
> 1) ㉠ '義'는 '第'인 것 같다.

'두 가지를 결여하였다'는 것은 집과 욕망을 버리는 것과 사문이 되는 것이다.³⁹⁷ 비록 다시 집에 있으면서 오욕五欲을 누리지만 또한 왕생할 수 있는 인을 닦은 것이 있기 때문에 집에 있기만 하는 사람과는 같지 않다.

중배가 '두 가지를 갖추었다'는 것은 보리심을 일으키는 것과 오직 그

---

397 상배의 다섯 가지 인因 가운데 제1과 제2에 해당하는 것이 없다는 말이다.

부처님만 생각하는 것이다.[398] 이것은 반드시 지니고 있어야 할 선이니 보리심을 일으키지 않으면 예토를 떠날 수 없기 때문이고 오직 그 부처님만 생각하지 않으면 그 국토에 왕생할 수 없기 때문이다.

'한 가지는 분수를 따랐다'는 것은 공덕을 닦는 가운데 많거나 적은 것을 따르는 것이니 아직 반드시 모두 갖추어야 하는 것은 아니다.[399] 재계를 받들어 지니고 더 나아가서 꽃을 뿌리고 향을 태우는 것, 이와 같은 여러 가지 선의 원인이 되는 것 가운데 그 능력에 따라 많거나 적게 닦는 것이다.

言闕二者。謂捨家欲。行作沙門。雖復在家。受五欲。亦有修因往生故。然不如家在。中輩具二者。謂發菩提心及專念彼佛。此必應有善。不發菩提心。不能離穢土故。若不專念彼佛。不能生彼土故。一隨分者。修功德中。隨其多少。未必具也。謂奉持齋戒。乃至散花燒香。於如此等。諸善因中。隨其力能。多少修也。

경 부처님께서 아난에게 말씀하셨다.

"하배인 사람은 다음과 같다. 시방세계의 여러 하늘과 사람이 지극한 마음으로 그 국토에 왕생하고자 하여 가령 온갖 공덕을 지을 수는 없더라도 위없는 보리심을 일으켜 한결같이 뜻을 기울여 열 번의 생각에 이르기까지 무량수불을 칭념하고 그 국토에 왕생하기를 원한다. 만약 심오한 법을 듣고 기뻐하고 믿고 즐거워하며 의혹을 일으키지 않고 한 생각이라도 그 부처님을 칭념하며 지극히 정성스러운 마음으로 그 국토에 왕생하기를 원한다

---

[398] 상배의 다섯 가지 인 가운데 제3과 제4를 갖추었다는 말이다.
[399] 상배의 다섯 가지 인 가운데 제5는 온갖 공덕을 갖추는 것인데, 중배에서는 많고 적음이라고 하여 모두 갖추는 것을 설하지는 않고 그 일부만 갖추는 것을 설하였다는 말이다.

면 이 사람은 죽음이 임박하였을 때 꿈에 그 부처님을 친견하고 또한 왕생한다. 공덕과 지혜는 중배인 사람의 다음에 해당한다."

> 佛告阿難。其下輩者。十方世界。諸天人民。其有至心。欲生彼國。假使不能作諸功德。當發無上菩提之心。一向專意。乃至十念。念無量壽佛。願生其國。若聞深法。歡喜信樂。不生疑惑。乃至一念。念於彼佛。以至誠心。願生其國。此人臨終。夢見彼佛。亦得往生。功德智慧。次如中輩者也。

기 【중략】 경에서 "부처님께서 아난에게 말씀하셨다. 하배인 사람은……중배인 사람의 다음에 해당한다."라고 한 것에 대해 서술하여 말한다. 이것은 세 번째로 하배의 왕생을 나타낸 것이다. 이 가운데 또한 세 가지가 있다. 왕생의 원인 가운데 세 가지를 결여하였고 한 가지를 갖추었으며 한 가지는 분수를 따랐다.

'세 가지를 결여하였다'는 것은 집을 버리는 것과 사문이 되는 것과 온갖 공덕을 닦는 것이다.[400] '한 가지를 갖추었다'는 것은 보리심을 일으킨 것이다.[401] '한 가지는 분수를 따랐다'는 것은 부처님을 생각하는 가운데 열 번의 생각에 이르기까지 하며 또는 심오한 법을 듣고 믿고 기뻐하며 의심하지 않으며 한 생각이라도 그 부처님을 생각하는 것이다.[402]

> 乃至經佛語阿難其下輩者至次如中輩者也。述曰。此則第三顯下輩生。於中亦三。往生因中。闕三具一。於一隨分。闕三者。謂棄家沙門。修諸功德。具一者。謂菩提心。一隨分者。謂念佛中。乃至十念。或聞深法。信喜不疑。

---

[400] 상배의 다섯 가지 인 가운데 제1과 제2와 제5에 해당하는 것이 없다는 말이다.
[401] 상배의 다섯 가지 인 가운데 제3을 갖추었다는 말이다.
[402] 상배의 다섯 가지 인 가운데 제4는 한결같이 무량수불을 생각하는 것인데, 여기에서는 열 번이나 한 번까지로 능력에 맞추어 설하였다는 말이다.

乃至一念。念於彼佛。

또 구역 경전에 의거하면 공덕을 닦는 가운데 또한 분수에 따르는 것이 있다. 그러므로 그 글에서 "그 세 번째 부류(하배)는 아미타불의 국토에 왕생하기를 원하면서도 나누어 보시를 하지 않고 또 향을 피우거나 꽃을 뿌리거나 등불을 켜며 온갖 색으로 장엄한 휘장을 드리우거나 불사佛寺를 짓고 탑을 세우거나 사문에게 음식을 공양하는 일도 하지 못한다. 그러나 애욕을 끊고 탐착하고 연모하는 일이 없으며 경을 얻어 신속히 자애로운 마음으로 정진하고 분노하지 않고 재계를 청정히 지킨다. 이와 같은 법을 행하는 이가 한마음으로 생각하면서 아미타불의 국토에 왕생하고자 하여 밤낮으로 열흘 동안 끊어지지 않으면 수명이 다할 때 바로 아미타불의 국토에 왕생한다."[403]라고 하였다.[404]

若依舊本。修功德中。亦有隨分。故彼文云。其三輩者。願往生阿彌陀國。[1] 懸雜繒幡。[2] 作與[3]起塔。飯食沙門。當斷愛欲心。[4] 無所貪著。[5] 得經藏[6]慈心精進。不當瞋怒。齋戒淸淨。如是法。[7] 當一心念。欲生阿彌陀佛國。晝夜十日。不斷絶者。命[8]終卽往生阿彌陀佛國。

1) ⓔ『阿彌陀經』에 따르면 '國' 뒤에 '若無所用分檀布施亦不能燒香散華然燈'이 누락되었다. 2) 『阿彌陀經』에 따르면 '幡'은 '綵'이다. 3) ⓔ『阿彌陀經』에 따르면 '與'는 '佛寺'이다. 4) ⓔ『阿彌陀經』에 따르면 '心'은 연자이다. 5) ⓔ『阿彌陀經』에 따르면 '著'은 '慕'이다. 6) ⓔ『阿彌陀經』에 따르면 '藏'은 '疾'이다. 7) ⓔ『阿彌陀經』에 따르면 '法' 뒤에 '者'가 누락되었다. 8) ⓔ『阿彌陀經』에 따르면 '命' 앞에 '壽'가 누락되었다.

---

403 두 가지 구역 경전 중 『阿彌陀經』(T12, 310c)과 문장이 일치한다.
404 『無量壽經』에 따르면 하배는 상배의 다섯 가지 인 가운데 제5인 온갖 공덕을 닦는 것을 결여하였다고 할 수 있는데, 이역본인 『阿彌陀經』과 『無量淸淨平等覺經』에서는 재계를 청정히 하는 것 등과 같은 공덕을 닦는 것을 설하였기 때문에 전적인 것은 아니지만 분수에 따르는 것의 관점에서 공덕을 닦는 것을 설하였다고 할 수 있다는 말인 것 같다.

"사문에게 음식을 공양하는 일"은 이상의 두 본이 같지 않다. 『무량청정평등각경』에서 "보시를 하지 않고 향을 피우거나 꽃을 뿌리거나 등불을 켜며 채색된 휘장을 드리우거나 불사佛寺를 짓고 탑을 세우거나 사문에게 음식을 공양하는 일은 하지 못한다. 그러나 애욕을 끊는다."[405]라고 하였는데 이하는 앞의 글과 동일하다.

飯食沙門。以上二本不同。淸淨覺經云。若無所用分檀布施。亦不能燒香華散[1]燃燈懸縮綜[2]作與[3]起塔。飯[4]食沙門者。當斷愛欲。已下同前文。

1) ㉭『無量淸淨平等覺經』에 따르면 '華散'은 '散華'이다. 2) ㉭『無量淸淨平等覺經』에 따르면 '縮綜'은 '繒綵'이다. 3) ㉭『無量淸淨平等覺經』에 따르면 '與'는 '佛寺'이다. 4) ㉭『無量淸淨平等覺經』에 따르면 '飯'은 '飮'이다.

두 구역 경전에서 모두 "밤낮으로 열흘 동안"[406]이라고 하였고, 지금 이 경에서는 오직 "열 번의 생각"이라고 하였다. 글과 뜻이 다르니 조화롭게 회통시킬 수 없다. 또 저 경에서는 "까지(乃至)"라고 하지 않았고 이 경에서는 "까지(乃至)"라는 말이 있으니 바로 저 경에서는 긴 시간에 의해 설하였고 이 경에서는 훨씬 적은 시간을 들었음을 알 수 있다. 어째서 긴 시간을 설한 것인가 하는 문제는 이미 저절로 드러난다.

舊二本皆云。晝夜十日。今此經中。唯云十念。文義卽別。不可和會。又彼經中不云乃至。此經則有乃至之言。卽知。彼依多時而說。此中超擧少時。何說多則旣自顯。

또 저 두 구역 경전에서 말하였다.

---

405 『無量淸淨平等覺經』(T12, 292b).
406 『阿彌陀經』(T12, 310c);『無量淸淨平等覺經』(T12, 292c).

又彼兩本。

부처님께서 아일보살 등과 모든 하늘과 제왕과 사람들에게 말씀하셨다. "내가 너희들에게 모두 말한다. 아미타불의 국토에 왕생하고자 하는 이는 비록 크게 정진하거나 선정을 닦거나 경계를 수지하지는 못하더라도 더욱 중요한 것은 바로 선을 지어야 하는 것이다. 첫째는 살생을 하지 않는 것이고 둘째는 도둑질을 하지 않는 것이며, 셋째는 다른 사람의 부인과 간음하지 않는 것이고 넷째는 기만하지 않는 것이며, 다섯째는 술을 마시지 않는 것이고 여섯째는 이간질하는 말을 하지 않는 것이며, 일곱째는 추악한 말을 하지 않는 것이고 여덟째는 거짓말을 하지 않는 것이며, 아홉째는 질투하지 않는 것이고 열째는 탐욕을 내지 않고 인색한 마음이 없으며 분노하지 않고 어리석지 않으며 자신의 욕구에 따르지 않고, 중간에 후회하는 마음을 내지 않고 의심하여 주저하지 않으며, 효순하고 지극히 정성스럽고 곧고 진실해야 하며 부처님의 심오한 말씀을 믿고 받아들여야 하며 착한 일을 하면 후세에 그 복을 얻는다는 것을 믿어야 한다. 이와 같이 받들어 지니고 그 법을 훼손하지 않으면 서원한 것에 따라 아미타불의 국토에 왕생할 수 있다. 열흘 밤낮 동안 (그 국토에 왕생하려는 생각이) 끊어지지 않게 하면 내가 그들을 모두 불쌍하게 여겨 모두 아미타불의 국토에 왕생하게 할 것이다."[407]

佛告阿逸菩薩等。諸天帝王人民。我皆語若[1]曹。諸欲往生阿彌陀佛國者。雖不能大精進禪定持經戒者。大要當作善。一者不得殺生。二者不得盜竊。三者不得婬[2]姦[3]他婦女。四者不得調欺。五者不得飲酒。六者不得兩舌。

---

[407] 『阿彌陀經』(T12, 311a) ; 『無量淸淨平等覺經』(T12, 293a). 단, 본문은 『阿彌陀經』과 근접하기 때문에 이것에 의해 교감하였다.

七者不得惡口。八者不得妄言。九者不得嫉妬。十者不得貪慾。[4] 不得心中有所慳惜。不得瞋怒。不得愚癡。不得隨心嗜欲。不得心中悔。不得孤[5]疑。當作孝順。當作至誠忠信。當信受佛經語深。當[6]作善。後世得其福。奉持如是。法[7]不虧失者。在心所願。可得往生阿彌陀佛國。十日十夜。不斷絶。義[8]皆慈愍之。悉令生阿彌陀國。

---

1) ㉯『阿彌陀經』에 따르면 '若'은 '汝'이다. 단, 『無量淸淨平等覺經』에서는 '若'이라고 하였다. 뜻은 같다. 2) ㉯『阿彌陀經』에 따르면 '婬' 뒤에 '泆'이 누락되었다. 3) ㉯『阿彌陀經』에 따르면 '姦' 뒤에 '通'이 누락되었다. 4) ㉯『阿彌陀經』에 따르면 '慾'은 '饕'이다. 5) ㉯『阿彌陀經』에 따르면 '孤'는 '狐'이다. 6) ㉯『阿彌陀經』에 따르면 '當' 뒤에 '信'이 누락되었다. 7) ㉯『阿彌陀經』에 따르면 '法' 앞에 '其'가 누락되었다. 8) ㉯『阿彌陀經』에 따르면 '義'는 '我'이다.

이 경의 글에서 '열 가지 선을 갖추어야[중략] 왕생할 수 있다.'라고 하였으니 오직 헛되이 그 국토에 왕생할 것을 서원하기만 해서는 안 된다.[『안양집』 권3]

唯此經文。要具十善。乃至得往生。非唯空願生彼國也。【安養集三】

㉵ 부처님께서 와서 맞이하는 것 등을 보는 것은 어느 때에 있는 일인가? 아직 죽지 않았을 때인가, 이미 죽었을 때인가?

問。見佛來迎等。在何位[1]耶。[2] 爲未死時。爲已死耶。[3]

---

1) ㉯『釋淨土群疑論探要記』 권9(J6, 376c)에 따르면 '位'는 '時'이다. 2) ㉯『釋淨土群疑論探要記』 권9(J6, 376c)에 따르면 '耶'는 '哉'이다. 3) ㉯『釋淨土群疑論探要記』 권9(J6, 376c)에 따르면 '耶'는 '哉'이다.

㉴ 이는 임종하려고 할 때이고 아직 죽지 않았을 때이다. 수명이 다하는 단계는 세 가지가 있다. 첫째는 명료한 마음이니 선·악·무기無

記⁴⁰⁸의 마음이 모두 일어난다. 둘째는 자체自體에 대한 애착⁴⁰⁹이니 오직 유부무기有覆無記⁴¹⁰의 마음만 일어난다. 셋째는 최후의 명료하지 않은 마음이니 오직 이숙무기異熟無記⁴¹¹만 있을 뿐이다. 이 가운데 부처님께서 와서 맞이하는 것 등의 일을 보는 것은 바로 첫 번째인 명료한 마음의 단계이다.

혹은 이미 죽어서 중유中有⁴¹²가 일어날 때 욕계와 색계의 업을 굴려서 그곳에 왕생하는 경우도 있으니 중유를 받아야 그곳에 왕생하기 때문이다. 『관무량수경』에서 "스스로 그 몸이 금강대金剛臺를 타고 부처님의 뒤를 쫓아서 손가락을 튕기는 것처럼 짧은 시간에 그 국토에 왕생하는 것을 본다."⁴¹³라고 한 것과 같다. 금강대를 타고 그곳에 왕생하는 것이라고 하였으니 중유가 아니라면 어떻게 이런 일이 일어나겠는가? 중유는 빨리 갈 수 있기 때문에 저곳과 이곳이 비록 10만억 찰토나 떨어져 있지만 손가락을 튕기는 것처럼 짧은 시간에 그곳에 도달할 수 있다.【『안양집』 권4·『대경초』 권6】

---

408 무기無記 : 삼성三性(善·不善·無記)의 하나. 선이라고도 악이라고도 할 수 없는 중성적인 성격의 유루법을 가리킨다. 선에는 좋은 과보가 악에는 나쁜 과보가 따르나, 무기에는 선악의 구별이 없으므로 무기는 과보를 초래하지 않는다.

409 자체自體에 대한 애착 : 일생 동안 의탁하였던 자신의 몸에 대한 애착. 욕계에서 죽어서 욕계에 태어나는 이는 임종하려고 할 때 욕계에 대한 애착에 상응하는 마음으로 결생상속結生相續한다.

410 유부무기有覆無記 : 무기를 성도聖道의 장애 유무에 따라 둘로 나눈 것 중 하나. 유부무기는 마음을 덮어 성도를 방해하는 것으로, 색계와 무색계의 번뇌나 욕계의 신견身見·변견邊見 등의 번뇌를 가리킨다. 무부무기無覆無記는 마음을 덮어 성도를 방해하는 일이 없는 무기로, 다시 이숙무기異熟無記·위의무기威儀無記·공교무기工巧無記·변화무기變化無記의 넷으로 나눈다.

411 이숙무기異熟無記 : 선과 악의 업에 의해 훈습된 업의 종자(業種子=異熟習氣)를 증상연增上緣으로 하여 초래된 과보를 가리킨다. 과보무기果報無記라고도 한다.

412 중유中有 : Ⓢantarāꠓbhava의 의역어. 한 번의 윤회 과정을 존재의 양태에 따라 넷으로 나눈 것 중 하나. 죽음과 재탄생 사이의 존재, 곧 사유死有와 생유生有 사이의 존재를 일컫는 말이다.

413 『觀無量壽經』(T12, 344c).

答。此在¹⁾將終未²⁾已死時。命終位有三種。一明了心通起善惡無記之心。二自體愛唯起有覆無記之心。三者最後不明了心唯有異熟無記心也。此中見佛來迎等事。卽在第一明了心位。或是已死。趣³⁾中有時。轉欲色業。往生彼者。應受中有。住⁴⁾彼處故。如觀經了。⁵⁾自見其身。乘金剛臺。隨從佛後。如彈指頃。往生彼國。乘臺彼往者。非中有。是何以。中有行疾於通故。彼此雖隔十萬億。⁶⁾如彈指頃。能至⁷⁾彼也。【安養集四·大經鈔六】

1) ㉯『釋淨土群疑論探要記』권9(J6, 376c)에 따르면 '在'는 연자이다. 2) ㉯『釋淨土群疑論探要記』권9(J6, 376c)에 따르면 '未'는 연자이다. 3) ㉯『釋淨土群疑論探要記』권9(J6, 376c)에 따르면 '趣'는 '起'이다. 4) ㉯『釋淨土群疑論探要記』권9(J6, 376c)에 따르면 '住'는 '往'이다. 5) ㉯『釋淨土群疑論探要記』권9(J6, 376c)에 따르면 '了'는 '云'이다. 6) ㉯『釋淨土群疑論探要記』권9(J6, 377a)에 따르면 '億' 뒤에 '刹'이 누락되었다. 7) ㉯『釋淨土群疑論探要記』권9(J6, 377a)에 따르면 '至'는 '生'이다.

㉮ 일체의 모든 부처님께서는 삼신三身이 평등하여 자비와 지혜가 치우침이 없으니 (이 가운데) 한 부처님을 좇아서 칭념해도 왕생할 수 있어야 할 것인데 무엇 때문에 한쪽으로 치우쳐서 서방만을 찬탄하고 오직 아미타불만 생각해야 하는 것인가? 여기에는 어떤 뜻이 있는 것인가?

問。一切諸佛。三身平等。悲智無偏。隨稱一佛。亦應得生。何故偏歎西方。專念阿彌陀佛。有何等義。

㉯ 모든 부처님이 증득한 것은 평등하여 둘이 없으니 진실로 질문한 것과 같다. 만약 서원과 수행에 의해 와서 거두는 것으로 말하자면 인연의 차별이 없지 않다. 그런데 미타세존은 본래 깊고 무거운 서원을 일으켜 광명의 명호로 시방을 섭수하여 교화하겠다고 하였으니, 단지 깊은 믿음으로 마음을 기울여 염불을 추구하면서 위로는 죽을 때까지 아래로는 열 번의 칭념까지 한다면, 부처님의 서원의 힘으로 쉽게 왕생할 수 있다.

그러므로 경에서 한쪽으로 치우쳐서 그곳을 향하도록 권한 것이다. 다른 부처님을 칭념한다고 하여 장애를 제거하고 죄를 소멸시킬 수 없는 것은 아니다. 만약 앞에서 설한 것처럼 오로지 부처님만 생각하는 것이 서로 이어지면서 반드시 수명이 다할 때까지 한다면 열 명이면 열 명이 모두 왕생하고 백 명이면 백 명이 모두 왕생하니, 밖을 반연하는 일이 없이 오직 바른 생각만 얻기 때문이고 부처님의 본래의 서원과 상응하기 때문이며, 부처님의 말씀에 수순하고 가르침에 어긋나지 않기 때문이다. 만약 앞에서 설한 것과 반대로 한다면 가령 백 명이 행한다고 할 때 한두 명도 왕생하기 힘들 것이니[414] 부처님의 가르침에 어긋나고 오로지 부처님 한 분만 생각하지 않기 때문이다. 자세한 것은 『왕생예찬게』에서 수행의 방법을 갖추어서 밝힌 것[415]과 같다.【『안양집』 권1】

答。諸佛所復。[1] 平等無二。實如所問。若以願行東以[2] 非無因緣差別。然彌陀世尊。本發深重誓願。以光明各[3]號。攝化十方。但使深信專心求念。上盡一形。下至十念。以佛願力。易得往生。是故。經中偏勸向彼。非是稱念[4]佛。不能除障滅罪。應知。若能如上。專念相續。必命爲期者。十卽十生。百卽百生。以無外緣。唯得正念故。與佛本願相應故。隨順佛語不違敎。若反上者。力[5]設百千[6]時。希得一二。以遠佛敎。不專一故。廣如往生禮讚中。具明修行方耶。[7]【安養集一】

1) ㉠ 저본과 『往生禮讚偈』에 따르면 '復'은 '證'이다. 2) ㉠ 『往生禮讚偈』에 따르면 '東以'는 '來收'이다. 3) ㉠ 『往生禮讚偈』에 따르면 '各'은 '名'이다. 4) ㉠ 『往生禮讚偈』에 따르면 '念' 뒤에 '餘'가 누락되었다. 5) ㉠ '力'은 '假'인 것 같다. 6) ㉠ 『往生禮讚偈』에 따르면 '千'은 연자이다. 7) ㉠ '耶'는 '法'인 것 같다.

---

414 『往生禮讚偈』에서는 바로 이어서 "천 명이 행할 때 드물게 세 명이나 다섯 명이 왕생한다."라고 하였다.
415 『往生禮讚偈』(T47, 439b). 문장이 꼭 일치하지 않는 부분도 있지만 내용은 동일하다.

무량수경술의기 복원본 하권
| 無量壽經述義記 卷下【復元*】|

신라 의적 지음
新羅 義寂 撰

---

* ㉭ 저본에 따르면 '元' 뒤에 '本'이 누락되었다. 또한 '復元本'은 괄호 처리하지 않고 '記' 뒤에 두어야 한다.

경

법을 듣고 잊어버리지 않으며
이치를 보고 공경하며 크게 기뻐하면
바로 나의 착하고 친근한 벗이니
그러므로 보리심을 일으켜야 하네.

聞法能不忘。見敬得大慶。
則我善親友。是故當發意。

기 "법을 듣고 잊어버리지 않으며"라는 것은 듣고 생각하기 때문에 잊지 않는 것이다. "이치를 보고 공경하며 크게 기뻐하면"이라는 것은 사택思擇(잘 사유하여 바른 도리를 간택하는 것)할 때 그 깊은 취지를 알아서 공경하고 존중하며 그 풍요한 맛을 얻어 크게 기뻐하는 것이다. 이와 같이 할 수 있으면 부처님과 뜻을 같이하는 것이니 그러므로 "바로 나의 착하고 친근한 벗이니"라고 하였다.【『대경초』권6】

聞法能不忘者。聞而能思。故不忘也。見敬得大慶者。於思擇時。見其深趣而敬重。得其滋味而大慶。若能如此則與佛同志。故云。則我親善友也。【大經鈔六】

경

설령 온 세계가 화염에 휩싸일지라도
기필코 헤쳐 나가 법을 듣고
반드시 불도佛道를 이루어
생사의 물결 속에 떠도는 이를 널리 구제해야 하네.

設滿世界火。必過要聞法。
會當成佛道。廣度生死流。

기 법을 듣고 극심한 어려움을 돌아보지 않고 반드시 과果를 증득하여 두루 제도하는 것이다.【『대경초』 권6】

聞法不顧甚難。必證果而廣濟也。【大經鈔六】

경 부처님께서 아난에게 말씀하셨다.

"그 국토의 보살은 모두 끝내 일생보처一生補處의 경지에 도달한다. 그 본원이 중생을 위해 큰 서원의 공덕으로 스스로를 장엄하고 일체중생을 두루 제도하여 해탈하게 하려는 뜻을 지닌 이는 제외한다. 아난아, 그 국토에 머무는 모든 성문중은 몸에서 나오는 광명이 1심尋[1]이다. 보살의 광명은 100유순을 비춘다. 두 보살이 있어서 가장 존귀하고 훌륭하다. 위대한 힘을 지닌 광명이 삼천대천세계를 두루 비춘다."

아난이 부처님께 말씀드렸다.

"그 두 보살은 이름이 무엇입니까?"

부처님께서 말씀하셨다.

"첫째는 관세음이고 둘째는 대세지이다. 이 두 보살은 이 국토에서 보살행을 닦고 목숨을 마친 후 변화하여 그 부처님의 국토에 태어났다."

佛告阿難。彼國菩薩。皆當究竟一生補處。除其本願。爲衆生故。以弘誓功德。而自莊嚴。普欲度脫一切衆生。阿難。彼國中。諸聲聞衆。身光一尋。菩薩光明。照百由旬。有二菩薩。最尊第一。威神光明。普照三千大千世界。

---

1 1심尋 : '심尋'은 길이의 단위로 여덟 자(尺)에 해당한다.

阿難白佛。彼二菩薩。其號云何。佛言。一名觀世音。二名大勢至。是二菩薩。於此國土。修菩薩行。命終轉化。生彼佛國。

기 어째서 "모든 성문중은 몸에서 나오는 광명이 1심이다."라고 한 것인가? 그 몸의 크기에 따른 것이니 한 면마다 1심이다. "보살의 광명은 100유순을 비춘다."라는 것은 또한 자기의 몸에 의거하면 한 면마다 1심이다. 그 유순을 제시하여 심의 크기를 나타내었다. 혹은 이것은 광명이 몸에서 밖으로 비추는 크기를 나타낸 것일 수도 있다. 만약 그 광명이 몸에서 빛나는 것이라면 또한 1심이다.『왕생론』에서 "상호의 광명은 1심이다."[2]라고 하였기 때문이다.

"두 보살의 광명이 삼천대천세계를 두루 비춘다."라는 것은 혹은 광명이 몸에서 빛나는 것이고 혹은 광명이 몸 밖으로 비추는 것이어서 두 가지 뜻이 모두 성립된다.

『무량청정평등각경』에서 "그 두 보살은 정수리의 광명이 각각 타방세계 천 개 수미산의 부처님의 국토를 비추어 항상 두루 밝혀 준다. 그 여러 보살들은 정수리의 광명이 각각 천억만 리를 비춘다. 여러 아라한은 정수리의 광명이 각각 7장丈[3]을 비춘다."[4]라고 하였고,『관무량수경』에서 "관음보살은 신장이 80만억 나유타 유순이고 몸은 자금색이며 목 뒤에 둥근 광명이 있는데 면마다 각각 백천 유순이다."[5]라고 하였다. 대세지보살의 몸의 크기는 관세음보살과 같다. (같은 경에서) "둥근 광명은 한 면이 각각 125유순이고 250유순을 비춘다. 온몸에서 광명이 나와 시방세계의 국토를 비춘다."[6]라고 하였다. 이것에 의거하면 교화할 대상의 근기에 따라

---

2 『往生論』(T26, 231a).
3 7장丈 : '장'은 길이의 단위로 열 자에 해당한다. 그러므로 7장은 70자이다.
4 『無量淸淨平等覺經』(T12, 290a).
5 『觀無量壽經』(T12, 343c).

서 몸의 크기가 일정하지 않고 광명의 크기도 한 가지 사례로 한정할 수 없다.【『안양집』 권9·『안양초』 권7·『대경초』 권6】

云何諸聲聞衆身光一尋者。隨彼身量。面各一尋。菩薩光明。照百由旬者。亦是自身。各一尋。擧其由旬。顯尋量也。或此顯示體外照量。若其光體。亦是一尋。論云。佛[1]光一尋故。二菩薩光。普照三千大千世界者。或卽光體。或光外照。二義俱得。淸淨覺經云。其兩菩薩。頂中光明。各照他方千須彌山佛國。常大明。其諸菩薩。頂中光明。各照千億萬里。諸阿羅漢。頂中光明。各照七丈。觀經云。觀音菩薩。身長八十萬億那由他由旬。身紫金色。頂[2]有圓光。面各百千由旬。勢至菩薩。身量大小。如觀音。圓光面百[3]卄五由旬。照二百五十由旬。擧身光明。照十方國者。隨所化機。身量不定。光明大小。不可一例。【安養集九·安養抄七·大經鈔六】

---

1) ㉠『往生論』에 따르면 '佛'은 '相好'이다. 2) ㉠『觀無量壽經』에 따르면 '頂'은 '項'이다. 3) ㉠『觀無量壽經』에 따르면 '百' 앞에 '面'이 누락되었다.

보리심을 일으킨 인연은 『비화경』과 『관세음수기경』에서 자세히 설한 것[7]과 같으니 그것에 의해 알아야 한다.【『대경초』 권6】

發心因緣。如悲華經。觀世音授記經。廣說應知。【大經鈔六】

경 (정토의 보살들은) 십오하베 선禪[8]과 정定[9]과 온갖 신통과 명明[10]과

---

6 『觀無量壽經』(T12, 344a).
7 관세음보살은 『悲華經』 권3(T3, 185c)과 앞에서 서술한 『悲華經』 본문을 참조할 것. 대세지보살은 『悲華經』 권3(T3, 186b)을 참조할 것. 대세지와 관세음을 함께 서술한 것은 『觀世音菩薩授記經』(T12, 356a)을 참조할 것.
8 선禪 : 『無量壽經連義述文贊』(H2, 63b)에 따르면 사선四禪이다. 사선은 색계의 사선천四禪天에 태어나는 원인이 되는 네 가지 선을 일컫는 말. 사정려四靜慮라고도 한다. 어

혜慧[11]를 얻고 뜻을 일곱 가지 각(七覺)에 두고 마음을 다하여 불법을 닦는다. 육안肉眼[12]을 얻어 맑게 꿰뚫어 분명하게 알지 못하는 것이 없고, 천안天眼을 얻어 모든 것에 통달하여 그 미치는 범위가 한량없고 끝이 없으며, 법안法眼을 얻어 관찰하여 온갖 도를 궁극의 경지까지 통달하고, 혜안慧眼을 얻어 참된 것을 보고 피안에 도달하며, 불안佛眼을 얻어 모든 것을 완전히 갖추고 법성法性을 깨닫는다.

느 것이든 고요함과 헤아림, 지止와 관觀이 균일한 상태를 유지하기 때문에 색계의 선정에 대해서만 '정려'라는 이름을 붙인다.

9 정정定 : 『無量壽經連義述文贊』(H2, 63b)에 따르면 사공정四空定이다. 사공정은 무색계의 네 가지 하늘에 태어나는 원인이 되는 네 가지 정定을 일컫는 말로 사무색정四無色定이라고도 한다. 공무변처·식무변처·무소유처·비상비비상처 등의 네 가지 정이다. 어느 것이든 색의 개념이 배제된 선정이기 때문에 무색정이라 한다.

10 명明 : 『無量壽經連義述文贊』(H2, 63b)에 따르면 삼명三明이다. 삼명은 육신통六神通 중 천안통天眼通·숙명통宿命通·누진지통漏盡智通을 별도로 묶은 것이다. 천안통은 업보에 의해 윤회전생하는 중생의 미래를 두루 꿰뚫어 아는 능력을 말한다. 숙명통은 자신과 중생의 과거세를 모두 꿰뚫어 아는 능력을 말한다. 누진지통이란 사제四諦의 이치를 진실 그대로 증득하고 모든 속박에서 완전히 벗어나며 모든 번뇌를 소멸한 지혜를 말한다.

11 혜慧 : 『無量壽經連義述文贊』(H2, 63b)에 따르면 삼혜三慧이다. 문혜聞慧·사혜思慧·수혜修慧를 가리킨다. 여기에서 '혜'란 간택簡擇하는 작용, 즉 사리事理를 잘 판단하는 지혜를 가리킨다. 삼혜 자체는 유루有漏의 세속지世俗智이지만 이것이 근본이 되어 궁극적인 무루無漏의 지혜를 낳는다. 초기 불교의 논서에서 삼혜는 말(名 : ⓢ nāma)의 의미(義 : ⓢ artha)를 어느 정도 깊이 이해하고 있는가에 따라 구분된다. 문혜는 항상 '말'에 의지하여 그 뜻을 추구함으로써 생겨난 지혜이고, 사혜는 때로는 '말'에 의지하고 때로는 말에 의지하지 않고 그 '의미'를 이해하여 생겨난 지혜이다. 이 단계에서는 말의 의미를 깊이 이해하기는 하지만, 아직 말에 구애되지 않고 자재하게 그 의미를 인식하는 것은 아니다. 수혜는 '말'에 의지하지 않고 오로지 궁극적 '의미'만을 인식대상으로 하여 성취된 지혜이다.

12 육안肉眼 : 다섯 가지 눈 중 하나. 다섯 가지는 첫째는 육안(육체적인 눈)이고, 둘째는 천안天眼(색계色界의 천인天人이 선정을 닦음으로써 얻은 눈. 원근·전후·내외·주야·상하를 막론하고 모두 볼 수 있는 눈)이며, 셋째는 혜안慧眼(이승인二乘人의 눈으로 제법평등諸法平等과 성공性空을 분명히 아는 지혜의 눈)이고, 넷째는 법안法眼(보살이 일체중생을 구제하기 위해 일체의 법문法門을 비추어 보는 눈)이며, 다섯째는 불안佛眼(앞의 네 가지 눈의 작용을 갖춘 부처님의 눈. 보고 알지 못하는 것이 조금도 없는 눈)이다.

得深禪定。諸通明慧。遊志七覺。修心佛法。肉眼淸徹。靡不分了。天眼通達。無量無限。法眼觀察。究竟諸道。慧眼見眞。能度彼岸。佛眼具足。覺了法性。

기 유사한 사례와 수행하여 일어남의 관점에 따라 같지 않음이 있기 때문이다.¹³

유사한 사례의 관점에서 논하면 지금 경에서 서술한 것처럼 나열할 수 있다. 법안의 경계는 앞의 두 가지 눈(육안과 천안)과 함께 모두 세속과 관련된 것이기 때문이다.¹⁴ 수행하여 일어남의 관점에서 논하면 법안은 네 번째에 해당한다. 말하자면 먼저 진여를 통달하고 나중에 남을 인도하기 때문이다. 저 천태종에서 "십주에 공(空)에 들어가고 십행에서 가(假)로 나온다."¹⁵라고 한 것과 같다. 그러므로 『대지도론』 권40에서 "보살마하살이 처음 보리심을 일으켰을 때 육안으로 세계의 중생이 온갖 고통을 받는 것을 보고 불쌍히 여기는 마음을 내어 혜안을 구하여 이들을 제도한다. 혜안을 얻고 나서 중생의 마음의 모양이 여러 가지여서 같지 않은 것을 보고 어떻게 중생으로 하여금 진실한 법을 얻게 할 것인지를 생각하기 때문에 법안을 구하여 중생을 인도한다."¹⁶라고 하였다.【중략】

類例修起。有不同故。若類例者。可如今經。法眼之境。與前二眼。同是俗

---

13 『大經鈔』에 따르면 이 글은 "다섯 가지 눈은 일반적으로 육안→천안→혜안→법안→불안의 순서로 서술하는데, 현재 이 경의 본문에서는 혜안과 법안의 순서를 바꾸어서 서술한 이유가 무엇인가?"라는 물음에 대한 답변을 서술한 것이다.
14 세속을 대상경계로 삼는다는 점에서 육안과 천안과 법안은 서로 동일한 측면이 있기 때문에 같은 사례에 속한다. 따라서 이런 관점에서는 통상적 순서를 벗어나 법안을 혜안보다 앞에 두어도 무방하다는 말이다.
15 『天台八敎大意』(T46, 771c).
16 『大智度論』 권40(T25, 349a).

故. 若論修起. 法眼第四. 謂先達眞. 後導他故. 如彼台宗. 十住入空. 十行出假. 故大論四十云. 菩薩摩訶薩. 初發心時. 以肉眼見世界衆生. 受諸苦患. 心生慈悲[1]故. 求慧眼以救濟之. 得是慧眼已. 見衆生心相. 種種不同. 云何令衆生得是實法. 故求法眼. 引導衆生.【中略】

---

1) ㉘『大智度論』에 따르면 '悲'는 '愍'이다.

우선 교화의 모습에 의거하면 상相을 지니고 성불하였으니 육안이 있다고 설한다.[17] 실로 불과에는 오직 청정하게 닦아 얻은 천안만 있다. 오히려 과보로서 얻은 천안도 없으니 어찌 하물며 그 육안이 있겠는가?

(問) 이와 같다면 부처님의 진실한 덕은 다섯 가지 눈을 갖추지 않은 것인가?

(答) 뜻에 의거하여 말하면 육안이 있으니 내색內色을 아는 것에 장애가 있기 때문이다.[18] 또한 진실한 것에 의거하면 오직 네 가지 눈(천안·법안·혜안·불안)만 있다고 할 수 있다. 교화의 측면을 아우르면 다섯 가지 눈을 갖추었다.【『대경초』 권6】

且就化相. 有相成佛. 說有肉眼. 實佛果. 唯有淸淨修得天眼. 尙無報得天眼. 何況有其肉眼. 若爾佛實德. 不具五眼耶. 義說有肉眼. 知障內色故. 亦可約實. 唯四眼. 竝化方. 具五眼【大經鈔六】

---

[17] 『大經鈔』에 따르면 이 글은 "네 가지 눈도 모두 불안에 들어간다고 하였는데, 그렇다면 부처님께서는 육안을 버렸는데 어떻게 육안을 불안이라고 할 수 있는가?"라는 질문에 대한 답변을 서술한 것이다.

[18] 『大智度論』 권33(T25, 305c)에서 "육안은 가까운 것은 보지만 먼 것은 보지 못하며, 앞은 보지만 뒤를 보지 못하며, 외색은 보지만 내색은 보지 못하며, 낮에는 보지만 밤에는 보지 못하며, 위는 보지만 아래는 보지 못한다. 이러한 장애가 있기 때문에 천안을 구한다.(肉眼. 見近不見遠. 見前不見後. 見外不見內. 見晝不見夜. 見上不見下. 以此礙故. 求天眼.)"라고 하였다.

경 삼계가 공하여 있는 것이 없음을 평등하게 관찰하고 불법을 구하는 데 뜻을 두며 온갖 변재를 갖추어 중생이 지닌 번뇌의 근심을 제거한다.

等觀三界。空無所有。志求佛法。具諸辯才。除滅衆生。煩惱之患。

기 바로 여덟 가지 변재와 아홉 가지 변재를 갖추는 것이다.

여덟 가지 변재라는 것은 다음과 같다. (첫째는) 떨거나 무기력하지 않은 변재이니 대중에게서 느끼는 위압감에 대한 두려움을 멀리 여의었기 때문이다. (둘째는) 미혹되어 어지럽혀지지 않는 변재이니 견고하게 머물고 명료하며 겁약하지 않기 때문이다. (셋째는) 두려움이 없는 변재이니 보살은 대중 가운데 사자왕처럼 머물러 두려움이 없기 때문이다. (넷째는) 교만하지 않은 변재이니 번뇌를 떠났기 때문이다. (다섯째는) 이치를 구족한 변재이니 이치가 법상에 계합하지 않는 것을 설하지 않기 때문이다. (여섯째는) 글자(味 : 文文·자字 등과 같은 말)를 구족한 변재이니 논서를 잘 이해하고 문자를 잘 알기 때문이다. (일곱째는) 서툴거나 더듬거리지 않는 변재이니 여러 겁 동안 교묘한 방편의 언어를 쌓아 왔기 때문이다. (여덟째는) 시기와 부분에 적합한 변재이다. 세 시기에 잘 수순하는 것이니 말하자면 추운 때, 더운 때, 장마철에 설하는 것이 어긋나고 어지럽혀지는 일이 없는 것이다. 또한 세 부분에 수순하는 것이니 처음과 중간과 나중에 설하는 것이 서로 뒤섞이는 일이 없다. 이로 말미암아 말이 시기와 부분에 상응한다. 이 여덟 가지를 청정한 변재라고 한다.[19]

아홉 가지 변재라는 것은 (첫째는) 집착이 없는 변재이고 (둘째는) 다함이 없는 변재이며, (셋째는) 상속하는 변재이고 (넷째는) 끊어지지 않는 변재이며, (다섯째는) 겁약하지 않은 변재이고 (여섯째는) 놀라고 두

---

19 이상 여덟 가지 변재는 『大般若經』 권567(T7, 928b)을 참조할 것.

려워하지 않는 변재이며, (일곱째는) 어떤 것도 함께하는 것이 없는 변재이고 (여덟째는) 끝이 없는 변재이며, (아홉째는) 일체의 하늘과 사람이 좋아하고 존중하는 변재이다. 이 아홉 가지를 무애변이라고 한다. 『최승천왕반야경』에서 설한 것[20]과 같다.【대경초】 권6】

則能具足八九種辯。言八辯者。謂不嘶喝辯。遠離大衆威德畏故。不迷亂辯。堅住明了不怯弱故。不怖畏辯。菩薩處衆。如師子王。無恐懼故。不憍慢辯。離煩惱故。義具足辯。不說無義契法相故。味具足辯。善解書論。知文字故。不拙涉[1]辯。多劫積集巧便語故。應時分辯。善順三時。謂熱雨寒說無差亂。亦順三分。謂初中後說不交雜。由斯故。說辯應時分。此八名爲淸淨辯也。言九辯者。謂爲[2]著辯。無盡辯。相續辯。不斷辯。不怯弱辯。不驚怖辯。不共餘辯。無邊際辯。一切天人所愛重辯。此九名爲無碍辯也。如最勝天王般若經說。【大經鈔六】

1) ㉠ '涉'은 '澁'인 것 같다. 2) ㉠『大般若經』에 따르면 '爲'는 '無'이다.

경 부처님께서 미륵보살과 여러 하늘과 사람 등에게 말씀하셨다.

"무량수국의 성문과 보살이 갖춘 공덕과 지혜는 이루 다 말할 수 없다. 또한 그 국토가 미묘하고 안락하며 청정함이 이와 같다. 어찌 힘을 다해 선을 행하며 도리에 의해 저절로 그렇게 되는 것을 생각하지 않는 것인가! 이치가 현저하니 (왕생하면) 뛰어남과 하열함의 차별이 없고 통달한 경지를 얻어 지

---

20 『大般若經』 권567(T7, 928b)과 『勝天王般若波羅蜜經』 권1(T8, 693a)을 참조할 것. 『大般若經』 제6회 「最勝天王分」은 『勝天王般若波羅蜜經』의 신역본이다. 또한 본문에 나오는 『最勝天王般若經』은 『大般若經』 제6회의 별생경別生經, 곧 이것을 8권으로 새롭게 편찬한 것인데 현재 전해지지 않는다. 현재 의적의 글을 앞의 두 경과 대조해 볼 때 의적이 참조한 것은 신역본이라는 것을 확인할 수 있다. 『大般若經』은 660~663년에 번역되었기 때문에 의적이 본서를 찬술한 연대도 이것보다는 후대라는 것을 추정할 수 있다.

혜가 끝이 없다. 마땅히 각각 부지런히 정진하고 노력하면서 스스로 이것을 구해야 한다. (그렇게 하면) 반드시 (버려야 할 것을) 벗어나고 끊어서 안양국에 왕생한다. 단박에 다섯 가지 악취를 끊으니 악취가 저절로 닫히고 다함이 없는 도를 얻는다. 쉽게 왕생할 수 있으나 왕생하는 사람이 없구나! 그 국토는 어기고 거스르지 않지만 (스스로 지은 업이) 저절로 (왕생의 길을) 끌어당기어 가지 못하게 막는다. 어찌 세속의 일을 버리고 부지런히 실천하면서 도덕을 추구하지 않는 것인가? 지극히 긴 삶을 얻어 수명의 즐거움이 다하지 않을 수 있을 것이다.

> 佛告彌勒菩薩諸天人等。無量壽國。聲聞菩薩。功德智慧。不可稱說。又其國土。微妙安樂。淸淨若此。何不力爲善。念道之自然。著於無上下。洞達無邊際。宜各勤精進。努力自求之。必得超絶去。往生安養國。橫截五惡趣。惡趣自然閉。昇道無窮極。易往而無人。其國不逆違。自然之所牽。何不棄世事。勤行求道德。可獲極長生。壽樂無有極。

기 경에서 "어찌 힘을 다해 선을 행하며……수명의 즐거움이 다하지 않을 수 있을 것이다."라고 한 것에 대해 서술하여 말한다. 이 이하는 닦아서 회향할 것을 권한 것이다. 『왕생론』에서 "어떤 것이 보살이 교묘한 방편으로 회향하는 것인가? 예배 등을 닦아서 쌓은 일체의 공덕과 선근으로 자신이 (아미타불께서) 주지住持하는 즐거움을 얻을 것을 추구하지 않고, 일체중생의 고통을 제거하고자 하여, 일체중생을 받아들이고 취하여 함께 저 안락불국에 태어나려는 서원을 세우니, 이것을 보살이 교묘한 방편으로 회향하는 것을 성취하는 것이라고 한다. 보살은 이와 같이 회향을 성취하는 것을 잘 알아서 세 가지 보리의 문과 서로 어긋나는 법을 멀리 여읜다. 어떤 것을 세 가지라 하는가? 첫째는 지혜의 문에 의거하여 자신의 즐거움을 추구하지 않고 자신에게 탐착하는 아심我心을 멀리 여의기 때문이다. 둘째는 자비의 문에 의거하여 일체중생의 고통을 제거하고 중생을 안락하게 하지 않으려는 마음을 멀리 여의기 때문이다. 셋째는 방편문에 의거하여 일체중생을 불쌍히 여기고 자신을 공양하고 공경하기를 바라는 마음을 멀리 여의기 때문이다. 보살은 이와 같이 보리의 문을 멀리 여의는 법을 멀리 여의어서 세 가지 보리의 문에 수순하는 법을 원만하게 갖춘다. 어떤 것이 세 가지인가? 첫째는 물들지 않음이라는 청정한 마음이니 자신을 위해 온갖 즐거움을 추구하지 않기 때문이다. 둘째는 편안함이라는 청정한 마음이니 일체중생의 고통을 제거하기 때문이다. 셋째는 즐거움이라는 청정한 마음이니 일체중생으로 하여금 대보리를 얻게 하고 중생을 받아들이고 취하여 저 국토에 왕생하게 하기 때문이다."[21]라고 하였다.

지금 이 글에서 먼저 회향을 권하여 예토를 버리고 정토를 취하게 하였고, 나중에는 어긋나는 것을 나타내어 수순하여 회향할 수 있게 하였다. 이 가운데 열여덟 구절이 있는데 두 구절씩 짝을 이룬다.[22]

經何不力爲善至壽樂無有極。述云。此下勸修廻向。論云。何者菩薩巧方便廻向。禮拜等所集一切功德善根。不求自身住持之樂。欲拔一切衆生苦故。作願攝取一切衆生。共同生彼安樂佛國。是名菩薩巧方便廻向成就。如[1]是善知廻向成就。遠離三種菩提門[2]違法。何等三種。一依智惠[3]門。不求樂。[4] 遠離我心貪著自身故。二依慈悲門。拔一切衆生苦。遠離無安衆生心故。三依方便門。憐愍一切衆生。遠離供養恭敬自身心故。菩薩遠離如是三菩提門遠離法。得三種隨順菩提門法漸且[5]故。何等三種。一無染淸淨心。以不爲自身求諸樂故。二安淸淨心。以拔一切衆生苦故。三樂淸淨心。以合[6]一

---

21 『往生論』(T26, 232c).
22 열여덟 구절이란 "어찌 힘을 다해 선을 행하며……수명의 즐거움이 다하지 않을 수 있을 것이다.(何不力爲善。……壽樂無有極。)"라고 한 것을 가리킨다.

切衆生。得大菩提故。以攝取衆生。生彼國故。今此文中。先勸廻向。令棄
穢取除。⁷⁾ 後顯違得順廻向。中有十八句。二二爲對。

1) ㉯『往生論』에 따르면 '如' 앞에 '菩薩'이 누락되었다. 2) ㉯『往生論』에 따르면 '門' 뒤에 '相'이 누락되었다. 3) ㉯『往生論』에 따르면 '惠'는 '慧'이다. 4) ㉯『往生論』에 따르면 '樂' 앞에 '自'가 누락되었다. 5) ㉯『往生論』에 따르면 '漸且'는 '滿足'이다. 6) ㉯『往生論』에 따르면 '合'은 '令'이다. 7) ㉯ '除'는 '淸'인 것 같다.

"어찌 힘을 다해 선을 행하며 도리에 의해 저절로 그렇게 되는 것을 생각하지 않는 것인가!"라는 것은 어떤 것이든 힘을 다하여 선을 짓고 그 도리에 의해 저절로 그렇게 되는 것을 생각하는 것이다. 선업에 의해 즐거움의 과보를 얻는 것은 도리가 저절로 그러한 것이지 별도로 주관하는 이가 있어서 그렇게 만드는 것은 아니다. 이것은 인과의 법이도리法爾道理[23]가 외도가 계탁하는 저절로 그러한 것(自然)과는 같지 않음을 나타낸 것이니 그들은 원인이 없이 저절로 있다고 설하기 때문이다.

또 "도리에 의해 저절로 그렇게 되는 것을 생각한다."라는 것은 그 국토가 도리에 의해 저절로 그러한 것을 생각하는 것을 말하는 것이라고 볼 수도 있다. 그러므로 뒤의 글에서 "그 부처님의 국토는 의도적으로 조작하지 않아도 저절로 모두 온갖 선을 쌓게 되며 털끝만큼의 악도 없다."[24]라고 하였다.

"이치가 현저하니 (왕생하면) 뛰어남과 하열함의 차별이 없고 통달한 경지를 얻어 지혜가 끝이 없다."라는 것은 저절로 그러한 도리는 그 이치가 현저하니 뛰어남과 하열함의 차별이 없고 통달한 경지를 얻어 지혜가 끝이 없는 것이다.

---

23 법이도리法爾道理 : 법계 혹은 법성의 이치. 곧 예를 들면 연기법, 인과의 이치 등과 같이 부처님께서 세상에 출현하거나 출현하지 않거나 그와 무관하게 본래부터 존재하는 도리를 가리킨다.
24 『無量壽經』 권하(T12, 277c).

何不力爲善。念道之自然者。謂何等勤力作善。念其道之自然。爲善得樂道之自然。非有別主使之然也。此顯因果法爾道理。非如外道所計自然。彼說無因自然有故。又可念道之自然者。謂念彼國爲道自然。故下文云。彼佛國土。爲¹⁾自然。皆積衆善。無毛髮之惡。著於無上下。洞達無邊際者。謂自然道。其理顯著。無有上下。得之洞達。無有邊際。

1) ㉠『無量壽經』에 따르면 '爲' 앞에 '無'가 누락되었다.

"마땅히 각각 부지런히 정진하고 노력하면서 스스로 이것을 구해야 한다."라는 것은 도를 구하는 것은 자신에게 있는 것이고 남에게 있지 않은 것을 말한다. 다섯 가지 선을 수지하면 반드시 다섯 가지 악을 넘어서고 다섯 가지 통(五痛)과 다섯 가지 소(五燒)²⁵를 끊고 몸이 안락하고 마음이 길러지는 국토에 왕생할 수 있다.

"단박에 다섯 가지 악취를 끊으니 (악취가) 저절로 닫힌다."라는 것은 만약 예토에 의거하면 아래의 세 가지 취는 악도이고 인취人趣는 선도이다. 지금은 정토를 조망하였으니 다섯 가지 취趣를 모두 악도라고 한 것이다. 일단 왕생하면 다섯 가지 악도가 단박에 사라지기 때문에 '단박에 끊는다'고 한 것이니 왕생하여 이것을 떠나게 되는 것은 아니다. 악취에 태어나는 것을 떠나는 것은 악도가 저절로 닫히는 것이다. 그러므로 "악

25 "다섯 가지 악惡과 다섯 가지 통痛과 다섯 가지 소燒"는 『無量壽經』 권하(T12, 275c)에서 열반에 도달하기 위해 버려야 할 것을 설한 부분에 나오는 내용이다. 다섯 가지 악, 다섯 가지 통, 다섯 가지 소의 성격에 대한 해석은 주석자에 따라 차이가 있다. 혜원은 『無量壽經義疏』 권하(T37, 114a)에서 "다섯 가지 계에 의해 방호하는 것이니, 살생과 도둑질과 음란한 행위와 거짓말과 음주가 다섯 가지 악이다. 이 다섯 가지 악을 지어 현세에서 왕법에 의해 죄가 다스려져 몸이 액난을 만나는 것을 다섯 가지 통이라고 한다. 이 다섯 가지 악에 의해 미래세에 세 가지 악도에서 과보를 받는 것을 다섯 가지 소라고 한다.(五戒所防。殺。盜。邪婬。妄語。飮酒。是其五惡。造此五惡。於現世中。王法治罪。身遭厄難。名爲五痛。以此五惡。於未來世。三途受報。說爲五燒。)"라고 하였고, 경흥도 『無量壽經連義述文贊』 권하(H2, 70a)에서 다양한 주장과 비판적 견해를 제시하고 나서 자신의 견해를 제시하였는데 그 내용은 혜원과 같다.

취가 저절로 닫히고 다함이 없는 도를 얻는다."라고 하였다.

열 번 생각하면서 뜻을 오로지 그것에만 두면 반드시 왕생할 수 있기 때문에 "쉽게 왕생할 수 있으냐"라고 하였다. 백천 명 가운데 한 명도 없기 때문에 "왕생하는 사람이 없구나!"라고 하였다.

"그 국토는 어기고 거스르지 않지만 (스스로 지은 업이) 저절로 (왕생의 길을) 끌어당기어 가지 못하게 막는다."라는 것은 그 국토는 어기고 거스르면서 사람들로 하여금 왕생하지 못하게 하지 않는데 다만 저절로 업이 끌어당기어 왕생하지 못하게 하는 것을 말한다.

"어찌……않는 것인가?" 이하는 거듭해서 세속의 일을 버리고 회향하여 도를 구할 것을 권한 것이다. 글과 같으니 알 수 있을 것이다.【『안양집』 권4·『대경초』 권6】

宜各勤精進。努力自求之者。求道在己。不在於進。[1] 持於五善。則能必得超五惡。絶五痛五燒。往生安身養神之國。橫截五趣。自然閉者。若就穢土。下三爲惡人爲善。今對淨土。五皆名惡。一得往五道頓去。故橫截。往生不斯去。去惡生者。惡自然杜故。言惡趣自然閉昇道無窮極。十念專志。必得往生。故易往也。百千人中。而無其一。故無人也。其國不逆違自然之所牽者。非其國逆違。令人不往。但自然業牽。不得往取。何不已下。重勸棄事廻向求道。如文可知【安養集四·大經鈔六】

1) ㉠ '進'은 '他'인 것 같다.

경 그런데 세상 사람들은 경박하고 저속하여 함께 급하지 않은 일을 다툰다. 이 혹독한 악과 극렬한 고통 속에서 애써 몸을 움직이고 힘써 일하여 자신을 구제한다. 존귀한 사람이나 비천한 사람이나 가리지 않고 가난한 사람이나 부유한 사람이나 가리지 않고 젊은이와 늙은이, 남자와 여인을 위하여 함께 재물을 얻으려고 애쓰며 고통에 허덕인다.[26] 재물이 있는 사람이나 없는 사람이나 똑같이 그러하여²⁷ 근심하는 마음은 똑같다. 두려워하고 방황하며 근심하고 괴로워하며 지나간 일에 대한 생각이 쌓이고 앞으로 일어날 일에 대한 생각이 쌓여 간다. 욕심을 위해 바쁘게 돌아다니면서 편안한 때가 없다.

> 然世人薄俗。共諍不急之事。於此劇惡極苦之中。勤身營務。以自給濟。無尊無卑。無貧無富。少長男女。共憂錢財。有無同然。憂思適等。屏營愁苦。累念積慮。為心走使。無有安時。

기 "두려워하고 방황하며"라는 것은 한가하지 않은 모양이다. 이미 지나간 것에 대한 생각이 쌓이고 아직 일어나지 않은 것에 대한 생각이 쌓여 가는 것이다.『대경초』권6)

> 屏營者。不遑之貌。累念於既往。積慮於未至。【大經鈔六】

경 존귀하고 세력이 있는 부유한 사람도 또한 이러한 근심이 있다. 근심과 두려움이 만 갈래로 일어나고 고통에 시달림이 이와 같다. 온갖 종류의 떨리는 두려움(寒)과 타오르는 고통(熱)에 묶여 고통과 함께 지낸다.

---

26 이 부분은 경흥이『無量壽經連義述文贊』권하(H2, 67a)에서 "존귀한 사람이나 비천한 사람이나 가리지 않고'라는 것은 구하는 사람이다. '젊은이와 늙은이, 남자와 여인을 위하여'라는 것은 위하려는 사람이다. 곧 다른 사람을 위해 구하는 것이다.(無尊卑貧富者。能求之人。少長男女者。所為之人。即為他故求也。)"라고 한 것을 참조하여 풀이하였다.

27 이 부분은 경흥이『無量壽經連義述文贊』권하(H2, 67a)에서 "재물이 있는 사람은 잃을 것을 두려워하고 재물이 없는 사람은 얻고자 하니, 근심하는 것에 차이가 없기 때문에 '재물이 있는 사람이나 없는 사람이나 똑같이 그러하여'라고 하였다.(有者恐失。無者欲得。憂之無異云。有無同然。)"라고 한 것을 참조하여 풀이하였다.

尊貴豪富。亦有斯患。憂懼萬端。勤苦若此。結衆寒熱。與痛共居。

기 근심과 두려움 때문에 혹은 두려움이 마음을 얼어붙게 하고 혹은 불타는 마음이 몸을 타오르게 하니 그 큰 고통에서 벗어날 수 없다. 얼어붙는 추위와 불타는 더위에 의해서 추위에 떨게 하고 더위로 고통 받게 할 수 있는 것이 아니고 칼날에 의해서 고통스럽게 절단할 수 있는 것이 아니다. 오직 근심만이 고통에 시달리게 한다.【『대경초』권6】

以憂怖故。或戰慄而令寒心。或焚灼而令熱身。不能離於其痛苦也。非氷災而能寒熱。非刀刃[1]而能痛切者。唯憂苦也。【大經鈔六】

1) ㉠ '刧'은 '刃'인 것 같다.

경 세간의 사람들은 부자·형제·부부·가족(家室)의 친가 친척과 외가 친척이 서로 공경하고 사랑하며 서로 미워하거나 질투하지 않으며, 가지고 있는 것과 가지고 있지 않은 것을 서로 주고받아 통하게 하고 탐욕을 내거나 아까워하지 않으며, 말씨와 얼굴빛을 늘 온화하게 하여 서로 어기거나 어그러지는 일이 없이 지내야 한다.

世間人民。父子兄弟夫婦。家室中外親屬。當相敬愛。無相憎嫉。有無相通。無得貪惜。言色常和。莫相違戾。

기 "부부"는 또한 "가족(家室)"의 뜻이 있다.【중략】아버지의 친족을 내內라고 하고 어머니의 친족을 외外라고 한다.【중략】자기가 지닌 것으로 상대방이 없는 것을 통하게 하여 도와야 하는데 재물을 얻는 것에 탐욕을 내고 재물을 아까워하여 도리어 야인野人이 된다.【『대경초』권6】

夫婦亦是家室義也。【中略】父族爲內。母族名外。【中略】以已[1]所有。通濟彼無。得財貪惜。反成野人。【大經鈔六】

---

1) ㉥ 저본에 따르면 '已'는 '己'이다.

경 어느 때는 마음이 달라 쟁론이 일어나고 분노가 생겨난다. 현재 세상에서는 한스러운 마음이 미미하여 서로 미워하고 질투하지만 후세에는 점점 심해져 큰 원수가 되기에 이른다. 그 이유는 무엇인가? 세간의 일은 거듭해서 서로 괴롭히고 해를 입혔을 경우, 비록 즉시 그것에 상응하여 급박하게 서로 파괴하는 일은 없더라도, 독기를 품고 분노의 기운을 쌓으면서 분노를 정신에 맺으며, 저절로 반드시(剋) 기록되어(識) 서로 떨어지지 않으니, 모두 다음 생에 상대방과 함께 태어나 다시 서로 보복한다.

或時心諍。有所恚怒。今世恨意。微相憎嫉。後世轉劇。至成大怨。所以者何。世間之事。更相患害。雖不即時。應急相破。然含毒畜怒。結憤精神。自然剋識。不得相離。皆當對生。更相報復。

기 『오계본행경五戒本行經』[28]에서 "간장은 혼魂이고 폐장은 백魄이며

---

28 『오계본행경五戒本行經』: 『제위파리경提謂波利經』・『제위경提謂經』 등이라고도 한다. 부처님께서 재가신자인 제위提謂와 파리波利를 위하여 인도와 천도에 태어나는 원인이 되는 행위인 오계五戒와 십선十善의 가르침을 설한 것을 그 주된 내용으로 한다. 독립된 형태의 경전으로 전해지는 것은 없고 『佛本行經』・『普曜經』 등에 관련 내용의 일부가 전해진다. 독립된 경전으로 본래 1권본이 있었고 후에 담정曇靖이 본 내용에 오행五行 등을 집어넣어 2권본으로 찬술한 것으로 전해지는데 두 책 모두 전해지지 않는다. 다만 근래에 돈황본이 발견되었는데 학자들의 연구 성과에 의거하면 유교의 오행설을 바탕으로 중국 전통문화 속에 나타나는 개념인 오방五方・오제五帝・오악五嶽・오장五臟・오상五常을 포함시키고 더 나아가 이들을 불교의 오계와 연계시켰다. 이 밖에 삼귀오계를 중심으로 수계의 의궤를 밝히고 수계 이후 행해야 할 의식, 인도와 천도에 태어나기 위한 원인이 되는 행위 등을 설하였다. 허우광신(候廣信), 「『제위파리경』에 미친 유가사상의 영향-오행설을 중심으로」(금강학술총서30, 『불교와 전통문화사상』, 여래, 2017)를

비장은 의意와 사思이고 신장은 지志와 지智이며 심장은 신神으로 중앙에 머문다."라고 하였다. 그러한즉 심장의 신神을 정신精神이라 한다. 제8 장식藏識[29]을 정신이라고 하니 그 성질이 정밀하고 미세하고 신해神解가 있기 때문이다. 훈습한 것이 그곳에 머물기 때문에 "분노를 맺으며"라고 하였다. 분노를 맺을 때 미세하기 때문에 식과 함께하지만 무기無記이다. 상대방과 함께 태어날 때 (업의 과보가) 현저하게 드러나서 허공이나 바다에 들어간다고 해도 (그 과보에서) 벗어나기 어려우니 삼가지 않을 수 있겠는가?【중략】

五戒本行經云。肝臟魂。肺藏[1])魄。脾藏[2])意與思。腎藏[3])志與智。心藏[4])神居中央。然則心藏[5])神名精神也。第八藏識。名爲精神。其性精微。有神解故。熏習在彼。故云結憤。結憤時微故。同識而無記。對生時著。入空海而難脫。可不愼乎。【乃至】

1) ㉠ '藏'은 '臟'인 것 같다. 2) ㉠ '藏'은 '臟'인 것 같다. 3) ㉠ '藏'은 '臟'인 것 같다.
4) ㉠ '藏'은 '臟'인 것 같다. 5) ㉠ '藏'은 '臟'인 것 같다.

"저절로 반드시 기록되어 서로 떨어지지 않으니."라는 것은 분노를 맺은 이가 원한을 서로 여의지 못하는 것이다. "극尅"이라는 것은 반드시 획득하는 것이고 "지識"라는 것은 기록하는 것이다. 업이 신식神識에서 끝내 없어지지 않는 것은 빚이 있으면 계약서가 있어서 끝내 버리고 여의지 못하는 것과 같다.

참조할 것.
29 제8 장식藏識 : '장식'은 ⑤ ālaya의 의역어. 음역어는 아뢰야阿賴耶이다. 구역에서는 무몰식無沒識이라 의역하고 신역에서는 장식이라 의역하였다. 팔식八識 혹은 구식九識의 하나. 제법의 근본이 되기 때문에 본식本識이라고도 하고, 제법을 집지執持하여 심성心性을 잃지 않게 하기 때문에 무몰식이라 하며, 모든 식의 작용에서 가장 강력한 것이기 때문에 식주識主라고도 하고, 우주 만물의 근본으로 만물을 함장하여 존속해서 잃지 않게 하기 때문에 장식이라고 한다.

自然剋識不得相離者。謂結憤已者。怨不相離。剋者剋獲。識者記識。業在神識。終不敗亡。如債有券。終不捨離。

그러므로 (『오분율』에서 말하였다.)

故。

유리왕이 석가 종족을 패망시키려고 하였다. 그때 목건련이 듣고서 세존에게 말씀드렸다.
"부처님께서 제가 신통변화에 의해 쇠바구니를 만들어 저 큰 성을 담아서 저들을 구하는 것을 허락해 주십시오."
부처님께서 목련에게 말씀하셨다.
"네가 비록 신통력이 있다고 해도 어찌 이렇게 결정된 과보의 인연을 바꿀 수 있겠는가?"

流離[1]王。欲敗釋種。時目連聞。白世尊言。願佛聽我。化作鐵籠。籠彼大城。佛告目連。汝雖有神力。何能改此定報因緣。

1) ㉠『五分律』에 따르면 '流離'는 '琉璃'이다.

부처님께서 이러한 뜻으로 바로 게송을 설하여 말하였다.

佛以此義。即說偈言。

흑업黑業과 백업白業[30]은

---

30 흑업黑業과 백업白業 : 흑업은 성질이 악한 업이고 백업은 성질이 선한 업이다. 흑업

끝내 썩어 없어지지 않네.
비록 오랜 세월이 흘러도 언젠가 이르고
또 바로 눈앞에서 받기도 하네.

夫業若黑白。終不有腐敗。
雖久要當至。還在現前受。

허공에 숨어도 안 되고 바다에 숨어도 안 되며
산속의 돌 틈 사이에 들어가도 안 되니
과거의 업에 의해 받는 재앙을 면할 수 있는 곳은
어디에도 있지 않네.

非空非海中。非入山石間。
莫能於是處。得免宿命殃。

과보가 상응하여 이끌려 오는 것은 가까운 곳,
먼 곳, 매우 깊은 곳을 가리지 않네.
저절로 그 가운데 나아가니
처소에 따라서 정해지지 않은 것이 없네.[31][『대경초』 권6]

應報[1]之所事。[2] 無遠近[3]幽深。
自然趣其中。隨處無不定。【大經鈔六】

---

1) ㉯『五分律』에 따르면 '應報'는 '報應'이다. 2) ㉯『五分律』에 따르면 '事'는 '牽'이

에 의해 초래되는 것을 악보惡報라고 하고 백업에 의해 초래되는 것을 선보善報라고 한다.
31 이상 유리왕과 목건련의 일은 『五分律』 권21(T22, 141b)을 참조할 것.

다. 3) ㉢ 『五分律』에 따르면 '遠近'은 '近遠'이다.

경 인간은 세간의 애욕 속에 존재하며 홀로 태어나 홀로 죽고 홀로 가고 홀로 온다. 행한 것에 따라 고통과 즐거움의 땅에 이른다. 자신이 스스로 이것을 감당하고 대신해 줄 사람은 아무도 없다. 선업과 악업이 변화하여[32] 재앙과 복덕의 과보를 받아 달리 태어난다. 과거의 행위에 따라서 과보가 미리 엄연히 기다리고 있는데 홀로 나아가 들어가야 한다. 멀리 떨어진 낯선 곳에 이르니 만날 수 있는 사람이 없다. 선업과 악업이 저절로 그렇게 하는 것이니 자신이 지은 행위에 따라서 태어나는 것이다.

人在世間愛欲之中。獨生獨死。獨去獨來。當行至趣苦樂之地。身自當之。無有代者。善惡變化。殃福異處。宿豫嚴待。當獨趣入。遠到他所。莫能見者。善惡自然。追行所生。

기 "홀로 태어나 홀로 죽고"라는 것은 동일한 취趣와 동일한 계界에 의해서 설한 것이다. "홀로 가고 홀로 온다."라는 것은 다른 취와 다른 계에 의해서 설한 것이다.【중략】 선을 행하면 즐거운 과보를 기약하지 않아도 즐거운 과보가 저절로 이것에 응하여 따라온다. 악을 지으면 고통스러운 과보를 기약하지 않아도 고통스러운 과보가 저절로 이것에 응하여 따라온다.【『대경초』 권6】

---

32 "변화"라는 것은 이숙異熟을 달리 표현한 것으로 보인다. 이숙이란 다르게 익는 것을 나타내는 말로, 선악의 행위가 원인이 되어서 그것과 성격이 다른 과보를 낳는 것, 곧 선악의 인이 고락苦樂의 과를 낳는 것을 가리킨다. 길장이 『無量壽經義疏』(T37, 123c)에서 "'선악변화'란 악인惡因은 고苦를 얻고 선인善因은 낙樂을 얻어 그 과보가 앞에서 지은 것과 성격을 달리하는 것을 말한다.(善惡變化者。惡因得苦。善因得樂。其報易前也。)"라고 한 것을 참조할 것.

獨生獨死者。就一趣一界說。獨去獨來者。就異趣異界說。【中略】作善不期樂果。樂果自然應之。作惡不期苦報。苦報自然應之。【大經鈔六】

경 그윽하고 아득하게 오랜 세월 동안 이별한다. 가는 길이 같지 않아 만날 날을 기약할 수 없다. 매우 어렵고 지극히 어려우니 다시 서로 만날 수 있겠는가!

窈窈冥冥。別離久長。道路不同。會見無期。甚難甚難。復得相値。

기 선도에 태어난 사람은 그 온 곳을 알지 못하기 때문에 "그윽하고"라고 하였고 악취에 떨어진 사람은 그 이른 곳을 알지 못하기 때문에 "아득하게"라고 하였다.【『대경초』 권6】

生善道者。莫知識其所從來。故窈窈也。墮惡趣者。不識其所至去。故冥冥也。【大經鈔六】

경 어째서 온갖 세속의 일을 버리지 않는 것인가? 각각 강건한 시기에 이르렀을 때 힘을 다하여 선을 부지런히 닦고 정진하여 세간에서 벗어나려는 서원을 세우면 왕생하여 매우 오랫동안 살 수 있다. 어째서 도를 구하지 않는 것인가? 어째서 마냥 기다리고 있는 것인가? 어떤 즐거움을 구하려는 것인가?

何不棄衆事。各曼強健時。努力勤修善。精進願度世。可得極長生。如何不求道。安所須待。欲何樂哉。

기 "만(曼)"이라는 것은 도달하는 것(及)이다. 뜻을 말하자면 "각각 강건한 시기에 이르렀을 때 힘을 다하여 선을 닦는 것이다."라는 것이다. 『범망경서』에서 "각각 (이 계법을) 듣고 강건할 때 힘을 다하여 선을 닦아야 한다. 어째서 도를 구하지 않는 것인가? 어째서 늙을 날만 기다리는 것인가? 어떤 즐거움을 구하려는 것인가?"[33]라고 한 것과 같다. 늙는다는 것은 세 가지 맛을 잃는 것이니, 출가와 경을 외우는 것과 좌선이다. 그러므로 시기를 놓쳐서는 안 된다.[『대경초』 권6]

> 曼者及也。意云。各及健時。努力修善。如梵網序云。各聞強健時。努力勤修善。如何不求道。安可須待老。欲何樂乎。老者失三種味。謂出家誦經坐禪。故不可失時也。【大經鈔六】

경 이와 같이 세상 사람들은 선을 지으면 선을 얻고 도를 행하면 도를 얻는 것을 믿지 않는다. 사람이 죽으면 다시 태어나고 은혜를 베풀면 복을 얻는 것을 믿지 않는다. 선악의 일을 도무지 믿지 않고 이것을 "그렇지 않다."고 말하며 끝내 이러한 일을 인정하지 않는다. 단지 이러한 생각으로 말미암아 살아가기 때문에 또 자신의 견해에 집착한다.[34]

> 如是世人。不信作善得善爲道得道。不信人死更生惠施得福。善惡之事。都不信之。謂之不然。終無有是。但坐此故。且自見之。

---

[33] 『梵網經心地品菩薩戒義疏發隱』(X38, 153c).
[34] 경흥은 『無量壽經連義述文贊』 권하(H2, 67c)에서 "'좌坐'라는 것은 말미암는 것이다. 믿지 않음으로 말미암아 오로지 자신의 견해에 집착하니 바로 그것으로 인한 과실이다.(坐者由也。由不信故。專執自見。即其失也。)"라고 하였고, 길장은 『無量壽經義疏』 (T37, 123c)에서 "믿지 않음으로 말미암아 악을 지어도 후회하지 않는다. '또 스스로 이것을 본다.'라는 것은 임종할 때 상이 나타나고 그때 비로소 아는 것이다.(由其不信。造惡不悔。且自見之者。臨終相現。爾時方知也。)"라고 하여 달리 해석하였는데, 역자의 풀이는 전자에 의거한 것이다.

기 "선"은 세간에 의거한 것이고 "도"는 출세간에 의거한 것이다. 세간이든 출세간이든 인과를 믿지 않기 때문이다. "사람이 죽으면" 등이라는 것은, 사람이 죽으면 다시 태어난다는 것을 믿지 않는 것은 후세의 인과를 믿지 않는 것이고 은혜를 베풀면 복을 얻는다는 것을 믿지 않는 것은 현세의 인과를 믿지 않는 것이다.【『대경초』 권6】

善約世間。道約出世。於世出世。不信因果故。人死等者。不信人死更生者。不信後世因果。不信惠施得福者。不信現世因果。【大經鈔六】

경 다시 서로 우러러 따르며 앞사람과 뒷사람이 똑같은 생각을 지닌다.[35] 전전하면서 서로 이어받아 아버지의 가르침을 남김없이 받아들인다.[36] 선조인 할아버지는 본래 선을 행하지 않고 도덕을 알지 못하며, 신근身根이 우둔하고 신神은 어두우며, 마음은 막히고 의근意根은 닫혔으며, 생사의 세계(趣)와 선악의 도를 스스로 알지 못하였고, 그것을 말해 주는 사람도 없었으며, 길흉화복을 다투어 각각 이러한 행위를 지으면서 어느 누구도 그 행위를 이상하게 여기지 않았다.[37]

---

35 혜원의 『無量壽經義疏』 권하(T37, 112b)에 따르면, 이것은 "타인의 생각을 본받아 익히는 것(效習他人)"이다.
36 혜원의 『無量壽經義疏』 권하(T37, 112b)에 따르면, 이것은 "자식이 무지하여 아버지의 잘못된 말씀을 받아들이는 것(明子無知受父邪言)"이다.
37 혜원의 『無量壽經義疏』 권하(T37, 112b)에 따르면, 이것은 "아버지의 어리석음이 자식의 무지를 이루는 것을 제시한 것(擧父癡頑. 成子無知)"이다. 혜원은 또한 이 부분을 네 구절로 나누었다. 첫째, "할아버지는 본래 선을 행하지 않고"라는 것은 그 행위가 없음을 밝힌 것이다. 둘째, "도덕을 알지 못하며"라는 것은 그 이해가 없음을 나타낸 것이다. 셋째, "신근이 우둔하고 신은 어두우며, 마음은 막히고 의근은 닫혔으며, 생사의 세계와 선악의 도를 스스로 알지 못하였고, 그것을 말해 주는 사람도 없었으며"라는 것은 거듭해서 이해가 없음을 밝혔다. 앞의 구절에서 이해가 없음은 출세간의 도를 알지 못하는 것이고, 이 구절에서 이해가 없음은 세간의 선악의 인과를 알지 못하는 것이다. "생사의 세계를 스스로 알지 못하는 것"은 과를 알지 못하는 것이고, "선악

更相瞻視。先後同然。轉相承受。父餘教令。先人祖父。素不爲善。不識道德。身愚神闇。心塞意閉。死生之趣。善惡之道。自不能見。無有語者。吉凶禍福。競各作之。無一怪也。

기 다섯 가지 정情(五情)[38]이 모두 아둔한 것을 "신근이 우둔하고"라고 하였고, 여섯 가지 식(六識)이 모두 몽매한 것을 "신神은 어두우며"라고 하였으며, 그렇게 하지 않을 것을 생각하지 않는 것을 "마음은 막히고"라고 하였고 자기 자신이 고칠 것을 생각하지 않는 것을 "의근은 닫혔으며"라고 하였다.{중략} "길흉"은 원인이고 "화복"은 과보이다. 상대하는 것이기 때문에 함께 제시하였다. 아직 반드시 그 길상함과 복덕을 모두 갖춘 것은 아니다.{『대경초』권6}

五情皆頑爲身愚。六識悉昧爲神闇。不慮未然爲心塞。不察己更爲意閉。【中略】吉凶是因。禍福爲報。以相對故雙擧。未必具作其吉福也。【大經鈔六】

경 생사의 변함없는 도리가 전전하면서 서로 이어진다. 혹은 아버지가 아들의 죽음을 슬퍼하여 울고 혹은 아들이 아버지의 죽음을 슬퍼하여 울며, 형제와 부부도 번갈아 가며[39] 서로의 죽음을 슬퍼하여 울지만, 선취에 오르

의 도를 스스로 알지 못하고"는 인을 알지 못하는 것이다. 이러한 인과를 스스로 알지 못하는데 이것과 관련된 말을 해 주는 이도 없기 때문에 영원히 이해하지 못한다. 넷째, "길흉화복을 다투어 각각 이러한 행위를 지으면서 어느 누구도 그 행위를 이상하게 여기지 않았다."라는 것은 거듭해서 행위가 없음을 밝힌 것이다. 앞의 구절에서의 행위가 없는 것은 선을 짓지 않는 것을 나타낸 것이고, 이 구절에서의 짓지 않음은 그 악을 짓는 것을 밝힌 것이다. 자신이 악을 짓고 다른 사람이 말해 주는 일도 없으니 영원히 여의지 못한다.

38 다섯 가지 정情(五情) : 안근·이근·비근·설근·신근의 다섯 가지 감각기관(五根)을 가리킨다.
39 형이 아우의 죽음을 슬퍼하고 아우가 형의 죽음을 슬퍼하는 것, 남편이 아내의 죽음을

고 악취에 떨어지며 서로 어긋난다. 이것이 영원하지 않은 것의 본질이니 모두 지나가 버려 영원히 보존할 수 없다. 이러한 도리를 가르쳐서 깨우쳐 주려고 해도 이것을 믿는 사람은 드물다. 그러므로 생사의 세계를 떠다니며 쉬는 날이 있지 않다.

이와 같은 사람은 미혹에 빠져 생각 없이 덤벼들며 경법經法을 믿지 않는다. 앞날을 생각하는 마음이 없고 전부 자신이 원하는 대로 하려고 한다. 애욕에 미혹되어 도덕을 통달하지 못한다. 분노에 미혹되고 매몰되어 재물과 여색女色을 얻으려고 이리처럼 탐낸다. 이것으로 말미암아 도를 얻지 못하고 다시 악취의 고통을 받으며 생사가 끝나는 일이 없다. 슬프구나, 매우 불쌍히 여길 만한 일이다!

> 生死常道。轉相嗣立。或父哭子。或子哭父。兄弟夫婦。更相哭泣。顚倒上下。無常根本。皆當過去。不可常保。敎語開導。信之者少。是以生死流轉。無有休止。如此之人。瞢冥抵突。不信經法。心無遠慮。各欲快意。癡惑於愛欲。不達於道德。迷沒於瞋怒。貪狼於財色。坐之不得道。當更惡趣苦。生死無窮已。哀哉。甚可傷。

기 "생각 없이 덤벼들며(抵突)"라는 것은 당돌한 것이다. 분명하게 알지 못하여 하는 일마다 어긋나고 범하는 것이니 마치 어린아이가 밤길을 다니고 미친개가 마구 달리며 하지 않는 일이 없는 것과 같은 것이다.[중략] "앞날을 생각하는 마음이 없고"라는 것은 후환을 생각하지 않는 것이다. "전부 자신이 원하는 대로 하려고 한다."라는 것은 단지 현세만 보는 것이다. "이리"는 기질상 탐욕이 많기 때문에 탐욕이 많은 것을 "이리"라고 하였다. 여우는 기질상 의심이 많으니 이러한 사람을 여우처럼 의심이

슬퍼하고 아내가 남편의 죽음을 슬퍼하는 것을 말한다.

많다고 하는 것과 같다.【『대경초』 권6】

抵突者。唐突。謂無所了知。觸事違犯。如小兒夜行。狂犬妄走。無所不作也。【中略】心無遠慮者。謂不慮後患。各各欲快意者。謂但見現世。狼性多貪。故多貪故。[1] 謂之狼。如狐性疑。謂之狐疑。【大經鈔六】

1) ㉯ 저본에 따르면 '故'는 '者'이다.

경 어떤 때는 가족인 부자·형제·부부 가운데 어떤 사람은 죽고 어떤 사람은 살아남아서 번갈아 가며 서로 슬퍼하고, 은애하고 사모하여 근심스러운 생각에 묶이고 마음은 비통함에 사무쳐 번갈아 가면서 서로 연모한다. 날이 가고 해가 다해도 벗어나지 못한다.

도덕을 가르쳐도 마음이 밝게 열리지 않고 은애하는 것과 좋아하는 것을 생각하고 정욕을 여의지 않는다. 혼미하고 사리에 어둡고 닫히고 막혀서 어리석음의 미혹에 덮인다. 깊이 생각하고 깊이 헤아리며 마음을 스스로 바르게 다잡아서 오로지 정밀하게 도를 행하고 세속의 일을 끊어 내는 일을 이루지 못한다. 배회하다가 마지막 날을 맞이한다. 주어진 수명이 마침내 다해도 도를 얻지 못하지만 어떻게 할 수 있는 것이 없다.

或時室家。父子兄弟夫婦。一死一生。更相哀愍。恩愛思慕。憂念結縛。心意痛著。迭相顧戀。窮日卒歲。無有解已。教語道德。心不開明。思想恩好。不離情欲。惛曚閉塞。愚惑所覆。不能深思熟計。心自端正。專精行道。決斷世事。便旋至竟。年壽終盡。不能得道。無可奈何。

기 『자서字書』에서 "편선便旋은 배회徘徊와 같다."라고 하였다. 수행을 한다고 배회하는 동안 이미 주어진 수명이 다하는 날에 도달한다. 또한 "편선"이라는 것은 『수행본기경』에서 늙음의 특성을 설명하면서 "눈이 어둡고 귀가 들리지 않아서 돌아서면 바로 잊어버린다."[40]라고 하였으니, 바로 잠깐 동안에 영원할 수 없는 시간이 다하는 날에 도달하는 것이다.【『대경초』 권6】

字書云。便旋猶徘徊也。修之徘徊之間。已至竟於大期。又便旋者。本起經中。說老相云。目冥耳聲。[1] 便旋卽忘。卽是須臾之間。至無常期竟也。【大經鈔六】

1) ㉘ 저본과 『修行本起經』에 따르면 '聲'은 '聾'이다.

경 우르르 몰려다니며 어리석고 혼탁하게 행동하며 모두 애욕을 탐한다. 도에 미혹된 이는 많고 도를 깨달은 이는 적다. 세상은 바쁘게 돌아가고 의지할 만한 사람이 없다. 높은 사람이나 낮은 사람이나, 윗사람이나 아랫사람이나, 가난한 사람이나 부유한 사람이나, 귀한 사람이나 천한 사람이나 고통에 시달리며 바쁘게 살아간다.

總猥憒擾。皆貪愛欲。惑道者衆。悟之者寡。世間怱怱。無可憁賴。尊卑上下。貧富貴賤。勤苦忽務。

기 "우르르 몰려다니며"라는 것은 그 일삼지 말아야 할 것을 일삼으니 이것을 "우르르 몰려다니며"라고 한다. 세속의 일에 어리석고 혼탁하게 간여하는 것은 도를 닦는 사람이 할 일이 아닌데 좇아서 이들과 섞이니 말하자면 좇아서 뒤섞이는 것이다.【『대경초』 권6】

言總猥者。非其事而事之。謂之總猥。謂憒擾俗事。非道人所爲。而從雜之。

---

40 『修行本起經』 권하(T3, 466b).

謂總猥也.【大經鈔六】

경 부처님께서 미륵보살과 여러 하늘과 사람 등에게 말씀하셨다.

"나는 이제 너희들에게 세간의 일을 말하였다. 사람들은 이러한 일에 의해 그곳에 머물러 도를 얻지 못한다. 잘 생각하여 온갖 악을 멀리 여의고 그 선을 택하여 부지런히 행하도록 하라. 애욕과 영화는 영원히 지킬 수 없는 것이고 모두 결국에는 떠나가고 마는 것이니 즐거워할 만한 것이 아니다. 부처님께서 세상에 계실 때 부지런히 정진해야 한다. 지극한 마음으로 안락국토에 태어나기를 서원하는 사람은 지혜에 의해 밝게 통달하고 공덕의 수승함을 얻을 수 있다. 욕심을 따라 경계經戒(경의 교리와 계율)를 어기고 등지면서 (선을 행하는 일에) 남보다 뒤처지는 일이 없도록 하라."

佛告彌勒菩薩諸天人等. 我今語汝世間之事. 人用是故. 坐不得道. 當熟思計. 遠離衆惡. 擇其善者. 勤而行之. 愛欲榮華. 不可常保. 皆當別離. 無可樂者. 曼佛在世. 當勤精進. 其有至心. 願生安樂國者. 可得智慧明達. 功德殊勝. 勿得隨心所欲. 虧負經戒. 在人後也.

기 ["그곳에 머물러 도를 얻지 못한다.(坐不得道)"라는 것은] 세간에 머물러 도를 얻지 못하는 것이다. "좌坐"라는 것은 머무는 것(止)이다.【『대경초』권6】

止世間而不得道. 坐者止也.【大經鈔六】

경 미륵보살이 무릎을 꿇어 예배하고 말씀드렸다.

"부처님께서는 위대한 힘을 지니셨고 존귀하고 엄중하셔서 말씀하신 내용이 즐겁고 훌륭합니다. 부처님의 말씀을 듣고 마음에 사무치게 이것을 생각하였습니다. 세상 사람들은 진실로 그러합니다. 부처님께서 말씀하신 그대로입니다."

彌勒菩薩。長跪白言。佛威神尊重。所說快善。聽佛經語。貫心思之。世人
實爾。如佛所言。

기 "마음에 사무치게"라는 것은 마음에 받아들이는 것이다.『대경초』권6〕

貫心者。入心也。【大經鈔六】

경 지금 저희들이 제도되어 해탈할 수 있는 은혜를 입는 이유는 모두 부처님께서 전생에 불도를 구할 때 겸손하게 양보하고 고통을 감수하신 것에 의해 이루어진 것입니다.

今我衆等。所以蒙得度脫。皆佛前世求道之時。謙苦所致。

기 "겸謙"은 겸손하게 양보하는 것이고 "고苦"는 고통을 감수하는 것이다. 부처님께서 과거세에 도를 구할 때 모든 이익 되고 즐거운 일은 중생에게 겸손하게 양보하고 모든 고통스럽고 어려운 일은 스스로 고통을 감수하였다. 우리들이 해탈할 수 있는 은혜를 입는 것은 이렇게 겸손하게 양보하고 고통을 감수하신 것에 의해 이루어진 것이다.〖『대경초』권6〕

謙謂謙讓。苦謂勤苦。佛昔求道之時。諸利樂事。謙於衆生。諸苦難事。於
自勤苦。我等蒙得解脫。由此謙讓勤苦所致。【大經鈔六】

경 미륵이여, 마땅히 알아야 한다. 그대는 무수겁無數劫부터 지금까지 보살행을 닦으면서 중생을 제도하고자 하였고 그 세월이 이미 오래되었다. 그대를 좇아 도를 얻어 열반에 이른 중생은 그 수를 헤아릴 수 없을 정도로 많다. 그대와 시방의 여러 하늘과 사람과 일체의 네 부류의 대중(四衆)[41]이 영겁永劫 동안 다섯 가지 도(五道)[42]를 전전하면서 근심하고 두려워하고 고통에 시달려 온 것은 이루 다 말할 수 없다.

> 彌勒當知。汝從無數劫來。修菩薩行。欲度衆生。其已久遠。從汝得道。至于泥洹。不可稱數。汝及十方諸天人民一切四衆。永劫已來。展轉五道。憂畏勤苦。不可具言。

기 중생이 병들면 보살도 또한 병에 걸린다.[43] 『대경초』 권6]

> 衆生病。菩薩亦病也。【大經鈔六】

경 그대는 지금 또한 스스로 태어나고 죽으며 늙는 것에 의한 내적인 고통(病苦)[44]과 외적인 고통(痛苦)[45]을 싫어해야 한다. (이 몸은) 더러운 액체가

---

41 네 부류의 대중(四衆) : 문맥에 따라 그 내용에 차이가 있다. 불교 교단을 구성하는 비구·비구니 등의 출가 제자와 우바새·우바이 등의 재가 신자를 합하여 일컫는 말로 쓰이는 경우가 많다.
42 다섯 가지 도(五道) : 윤회의 세계를 다섯 가지 범주로 분류한 것. 지옥·축생·아귀·인도·천도를 가리킨다.
43 이 글은 『大經鈔』에서 "중생이 생사를 유전하면서 고통을 받는 것은 그럴 수 있지만 미륵보살이 그런 고통을 받는 것은 어째서인가?"라는 질문을 제시하고, 그에 대한 답변에서 의적의 글을 인용한 것이다. 곧 미륵보살이 고통 받는 것의 취지를 이것으로 설명한 것이다. 이는 『維摩經』 권하 「文殊師利問疾品」(T14, 544b)에서 "보살은 이와 같아서 모든 중생을 자식처럼 사랑하니, 중생이 병들면 보살도 병들고 중생의 병이 나으면 보살도 또한 낫는다.(菩薩如是。於諸衆生。愛之若子。衆生病。則菩薩病。衆生病愈。菩薩亦愈。"라고 한 것과 내용이 같다.
44 내적인 고통(病苦) : 혜원은 『無量壽經義疏』 권하(T37, 113c)에서 "생·노·병·사는 내

흘러나와 청정하지 않으니 즐거워할 만한 것이 없다. 스스로 결단하여 몸을 단정하게 하고 바르게 행하며 더욱더 온갖 선을 지어야 한다. 자신을 닦아 몸을 깨끗하게 하고 마음의 때를 씻어 없애며 말과 행실은 곧고 진실하여 겉과 속이 상응하게 해야 한다. 사람이 자신을 제도하고 나면, 전전하면서 서로 구제하여, 깨끗하고 총명한 마음으로 서원을 일으키고 선의 근본을 쌓도록 해야 한다.

汝今亦可自厭生死老病痛苦。惡露不淨。無可樂者。宜自決斷。端身正行。益作諸善。修己潔體。洗除心垢。言行忠信。表裏相應。人能自度。轉相拯濟。精明求願。積累善本。

기 살생 등의 허물을 떠나기 때문에 몸이 단정해지고 행위가 바르게 된다. 세 가지 선을 닦기 때문에 아울러 온갖 선을 짓는다. "자신을 닦아" 등이라는 것은 탐욕이 없음 등을 닦기 때문에 "자신을 닦아 몸을 깨끗하게 하고"라고 하였고, 탐욕 등의 허물을 떠나기 때문에 "마음의 때를 씻어 없애며"라고 하였다. "말과 행실" 등이라는 것은 허망하고 속이는 것 등을 떠났기 때문에 "말과 행실은 곧고 진실하여"라고 하였고, 진실한 말 등을 닦기 때문에 "겉과 속이 상응하게 해야 한다."라고 하였다. "충忠"이라는 것은 곧은 것이고 "신信"이라는 것은 진실한 것이다. 『대경초』 권6)

離殺等過故。身端而行正也。修三善故。兼作諸善。修己等者。習無貪等故。

고내고苦內苦이고, 통고痛苦는 외고外苦이다.(生老病死。是其內苦。言痛苦者。是其外苦。)"라고 하였고, 길장은 『法華義疏』 권5(T34, 523b)에서 "외적인 고통이란 추위, 더위, 매를 맞는 것, 꾸짖음을 당하는 것 등이고, 내적인 고통이란 사대가 고르게 조절되지 못하여 각 대마다 101가지 병에 걸려 (모두 404가지 병에 걸리는 것이다.)(外苦者。謂寒熱打罵。內苦者。謂四大不調。百一病惱也。)"라고 하였다.
45 외적인 고통(痛苦) : 주 44를 참조할 것.

修己而潔體。離貪等過故。洗除心垢。言行等者。離虛誑等故 言行忠信。修實語等故。表裏相應。忠者直也。信者誠也。【大經鈔六】

경 비록 한 세상 동안 고통에 시달려도 순식간에 다음 생에 무량수불의 국토에 태어나 쾌락이 다함이 없고, 길이 도덕과 계합하여 밝은 본성을 얻고 영원히 생사의 근본을 제거하며, 다시는 탐욕·분노·어리석음의 고통에 시달리지 않고, 수명은 1겁이든 100겁이든 천만억 겁이든 얻고자 하면 자유자재하게 뜻대로 모두 얻을 수 있다. 의도하지 않아도 저절로 이루어지니 열반의 도에 버금간다.

雖一世勤苦苦。須臾之間。後生無量壽佛國。快樂無極。長與道德合明。永拔生死根本。無復貪恚愚癡苦惱之患。欲壽一劫百劫千萬億劫。自在隨意。皆可得之。無爲自然。次於泥洹之道。

기 이치를 얻고 정신을 통달하는 것을 "도"라고 하고 얻어서 잃지 않는 것을 "덕"이라고 하며 미혹을 돌이켜서 본성으로 돌아가기 때문에 "계합하여 밝은 본성을 얻고"라고 하였다.『대경초』권6】

得理通神謂也¹⁾道。所得不失謂之德。反迷歸性故合明也。【大經鈔六】

1) ㉺『大經鈔』에 따르면 '也'는 '之'이다.

경 너희들은 각각 정진하여 마음으로 서원한 것을 추구하고 의혹을 일으키고 중도에 후회하여 스스로 허물이 되는 일을 지음으로써 극락정토의 변두리(邊地)에 있는 일곱 가지 보배로 이루어진 궁전에 태어나 500세 동안 온갖 불행을 받지 않도록 해야 한다.

汝等。宜各精進。求心所願。無得疑惑中悔。自爲過咎。生彼邊地。七寶宮殿。五百歲中。受諸厄也。

기 저 변두리에 있어서 부처님을 가까이 뵐 수 없으니 담담[46]이 말하기를 "정토의 언저리에 있기 때문에 '변두리'라고 한다."라고 한 것과 같다.【『대경초』 권7】

在彼邊地。不近佛所。如湛云。淨土側故名邊地。【大經鈔七】

경 부처님께서 미륵에게 말씀하셨다.

"그대들이 이 세상에서 마음을 단정히 하고 뜻을 바르게 하여 온갖 악을 짓지 않는다면 이는 매우 지극한 덕이니 시방세계에서 가장 뛰어나 견줄 것이 없다. 그 이유는 무엇인가? 여러 부처님의 국토에 거주하는 하늘과 사람의 부류는 저절로 선을 행하고 크게 악을 행하지 않으니 쉽게 교화할 수 있기 때문이다."[47]

---

46 담담 : 보통 당나라 때 천태종 스님 담연湛然(711~782)을 가리키는데 의적의 생존 시기를 고려할 때 담연의 글을 인용할 수는 없다. 따라서 누구인지 확정하기 어렵다.
47 "여러 부처님의 국토에……교화할 수 있기 때문이다."라고 한 부분은 문맥이 모호하여 해명이 필요한 것 같다. 혜원은 『無量壽經義疏』 권하(T37, 114a)에서 "'여러 부처님의 국토에 거주하는 하늘과 사람의 부류는 저절로 선을 행하고 크게 악을 행하지 않으니 쉽게 교화할 수 있기 때문이다.'라는 것은 쉬운 것을 들어 어려움을 나타낸 것이다. 이것을 이루는 것이 뛰어나다는 것이다.(諸佛國土。自然作善。不大爲惡。易可開化。舉易顯難。成此爲勝。)"라고 하였고, 길장은 『無量壽經義疏』(T37, 124a)에서 "'가장 뛰어나 견줄 만한 것이 없다.'라는 것은 희유한 것을 이루는 것을 찬탄한 것이다. 다른 국토에서는 대부분 뛰어난 인연이 있고 또한 다시 선행의 과보가 강렬하고 수승하여 선을 행하는 것이 쉽지만 이 국토에서는 이 두 가지 인연이 없어서 선을 닦는 것이 어려운 일이기 때문에 희유한 것이라고 한다.(最無倫匹者。成其希有之歎也。明他土中。多有勝緣。又復善報強勝。作善爲易。此土。無此二緣。修善即難。故名希有也。)"라고 하였다. 두 가지 해석의 대의는 사바세계를 제외한 다른 국토는 선을 행할 수 있는 조건이 뛰어나기 때문에 선을 행하는 것이 쉽지만, 사바세계는 선을 행하는 것이 어려운 조건이기 때문에 이런 조건 속에

佛告彌勒。汝等。能於此世。端心正意。不作衆惡。甚爲至德。十方世界。最無倫匹。所以者何。諸佛國土天人之類。自然作善。不大爲惡。易可開化。

기 보리에 나아가는 것을 "마음을 단정히 하고"라고 하였고 다른 일을 추구하지 않는 것을 "뜻을 바르게 하여"라고 하였다.『대경초』권7]

其趣菩提名端心。不求餘事名正意。【大經鈔七】

경 지금 내가 이 세간에서 부처가 되었는데 (중생은) 다섯 가지 악, 다섯 가지 통(五痛), 다섯 가지 소(五燒) 속에 지내며 매우 극심한 고통에 시달리고 있으니 중생들을 교화하여 다섯 가지 악을 버리게 하고 다섯 가지 통을 떠나게 하며 다섯 가지 소를 여의게 할 것이다.

今我於此世間作佛。處於五惡五痛五燒之中。爲最劇苦。敎化群生。令捨五惡。令去五痛。令離五燒。

기 ("다섯 가지 악"이라는 것은) 두 가지 뜻이 있다. 한 가지 뜻은 정영淨影[48]이 설한 것[49]『오계본행경』에 의거하였다.]과 같다. 한 가지 뜻은 말하기를 "신업의 세 가지 악[50]을 처음의 셋으로 삼고 구업의 네 가지 악[51]을

서 선을 행하는 것이 더욱 훌륭한 일임을 밝힌 것이라고 풀이한 점에서는 일치한다.
48 정영淨影 : 수나라 때 지론종 남도파 스님 혜원慧遠(523~592)을 가리킨다. 여산廬山 혜원과 구별하기 위하여 그가 머물던 절인 정영사淨影寺에 의거하여 정영이라고 부른다.
49 『無量壽經義疏』권하(T37, 114a)에서 "다섯 가지 계에 의해 방호해야 할 것으로, 살생·도둑질·삿된 형태의 음행·거짓말·음주를 다섯 가지 악이라고 한다."라고 하였다. 이 내용과 할주에서 『五戒本行經』에 의거하였다고 한 것을 참조할 때 본문의 "影"은 정영이라고 할 수 있다. 『五戒本行經』에 대해서는 주 28을 참조할 것.
50 신업의 세 가지 악 : 살생·도둑질·음란한 행위를 가리킨다.
51 구업의 네 가지 악 : 양설兩舌·악구惡口·망어妄語·기어綺語를 가리킨다.

합하여 네 번째로 삼으며 의업의 세 가지 악[52]을 합하여 다섯 번째로 삼는다.【중략】이 다섯 가지 가운데 단지 저 근본업도根本業道[53]를 섭수할 뿐만 아니라 또한 권속인 가행加行과 후기後起의 모든 불선법不善法도 취한다."[54]라고 하였다.

"통"은 화보華報[55]이고 "소"는 정과正果(직접적인 과보)이다.[56] 『대경초』권7】

---

52 의업의 세 가지 악 : 탐욕·분노·삿된 견해를 가리킨다.
53 근본업도根本業道 : 뒤에 나오는 가행加行과 후기後起를 합한 세 가지는 하나의 업이 이루어지는 과정을 세 단계로 나눈 것이다. 곧 어떤 일을 이루기 위한 준비적 행위를 가행이라 하고, 그러한 행위를 완성하는 찰나에 발생하는 표업表業과 무표업無表業을 근본업도라고 하며, 그 뒤에 다시 나머지 뒷일을 하는 것을 후기라고 한다. 예컨대 양을 살해하는 업을 지을 때, 양에게 가해하는 행위를 가행이라 하고, 양이 죽는 그 순간의 표업과 무표업을 근본업도라고 하며, 양을 죽이고 난 뒤에 칼을 씻는 행위 등을 후기라고 한다.
54 현재 자료로는 누구의 주장인지 확인할 수 없다. 다만 경흥의 『無量壽經連義述文贊』 권하(H2, 70a)에서 "어떤 사람은 말하기를 '다섯 가지 악은 원인이고 통통痛·소통燒는 결과이다. 다섯 가지 악은 곧 다섯 가지 계(五戒)에 의해 방호해야 하는 것이다. 몸에 의해 짓는 세 가지 그릇된 행위인 살생·도둑질·음란한 행위 등이 차례대로 세 가지가 되고, 입으로 짓는 네 가지 그릇된 행위인 양설兩舌(이간질)·악구惡口(추악한 말)·망어妄語(거짓말)·기어綺語(꾸미는 말)를 (합하여) 네 번째가 되며, 음주飮酒가 다섯 번째가 된다. 이러한 다섯 가지 원인에 대한 되갚음으로 오통五痛을 받는다.……'라고 하였다.(有說. 五惡爲因. 痛燒爲果. 五惡【'五惡'은 역자 교감】即五戒所防. 身三非爲三. 口四非【'非'는 역자 교감】爲第四. 飮酒爲第五. 酬此五因. 即受五痛)"라고 하여 유사한 주장을 소개하였다. 또한 경흥은 이 주장에 대하여 "이것은 아마도 옳지 않은 것 같다. '다섯 가지 악이 곧 다섯 가지 계에 의해 방호해야 할 것'이라고 한 것이 (옳다면 다섯 가지 계 중) 불망어계不妄語戒는 오직 망어만을 방호하는 것인데, 어찌 '입으로 짓는 네 가지 그릇된 행위를 네 번째 악이다.'라고 한 것을 바른 이치에 상응하는 것이라고 할 수 있겠는가?(此恐不然. 若言五惡. 即五戒所防者. 不妄戒戒. 唯防妄語. 如何. 口四爲第四惡. 應正理耶.)"라고 하여 비판하였다. "유사한 주장"이라고 한 것은 다섯 번째 악에 대해 각각 의업의 세 가지 악과 음주라고 하여 차이를 보이기 때문이다.
55 화보華報 : 열매를 맺기 직전에 피는 꽃과 같은 형태의 과보. 곧 어떤 업의 과보를 받기 전에 받는 또 다른 형태의 과보를 일컫는 말이다. 예컨대 불살생不殺生의 계율을 준수함으로써 장수長壽하는 것은 화보이고 열반의 과를 얻는 것은 정과이다. 또한 남의 음식을 빼앗아 굶주리게 하는 업을 지음으로써 늘 굶주리는 아귀로 태어나는 것은 화보이고 지옥에 태어나는 것은 정과이다. 화보는 현세와 다음 생에 두루 적용된다. 『菩薩本生鬘論』권4(T3, 344a)·『雜藏經』(T17, 557c) 등을 참조할 것.
56 경흥이 『無量壽經連義述文贊』(H2, 70b)에서 "살생·도둑질·음란한 행위·망어·음주

存二義。一義如影。[1] 一義云。身業三惡。以爲初三。口業四惡。合爲第四。意業三惡。合第五。【乃至】此五中。非但攝彼根本業道。亦取眷屬加行後起諸不善法。又云。[2] 痛爲華報。燒爲正果。【大經鈔七】

1) ㉓『大經鈔』에 따르면 할주인 '依五戒本行經'이 누락되었다. 전후 문맥을 확인하기 위해 반드시 필요한 것이다.   2) ㉓ 편찬 체재의 일관성을 고려할 때 '又云'은 삭제되어야 한다.

경 그 뜻을 항복시켜 다섯 가지 선(五善)[57]을 수지하고 그에 따른 복덕을 얻으며 세간에서 벗어나 장수하고 열반의 도를 얻게 할 것이다.

降化其意。令持五善。獲其福德。度世長壽。泥洹之道。

기 (업에 의해) 얻은 과 가운데 장수하는 것을 화보라고 하고 열반을 얻는 것을 정과라고 한다.『대경초』권7)

所得果中。長壽爲華報。涅槃爲正果。【大經鈔七】

경 부처님께서 말씀하셨다.
"그 첫 번째 악은 다음과 같다. 여러 하늘과 사람과 땅에서 기어 다니는 미물의 부류는 온갖 악을 행하려고 하며 어느 것이든 그렇게 하지 않는 것이 없다. 강자는 약자를 굴복시키고, 지위를 바꾸어 서로 살해하며, 잔인하게

는 다섯 가지 악이고, 다섯 가지 통은 화보華報이니 현세에서 왕법王法에 의해 감옥에 갇히고 몸은 액난을 만나는 것을 다섯 가지 통이라 하며, 세 가지 악도에서 받는 과보를 다섯 가지 소라고 한다."라고 한 것을 참조할 것.

57 다섯 가지 선(五善): 다섯 가지 악과 반대되는 것. 예를 들어『五戒本行經』의 다섯 가지 계와 반대되는 것을 다섯 가지 악이라고 했을 경우는 살생하지 않는 것, 도둑질하지 않는 것, 삿된 형태의 음행을 하지 않는 것, 거짓말을 하지 않는 것, 음주를 하지 않는 것을 가리킨다.

해치고 살육하고, 교대로 서로 잡아먹고 잡아먹히기도 한다. 선을 닦을 줄 모르고, 악하고 어긋나며 도리를 지키지 않으니, 나중에 재앙과 벌을 받아 저절로 향하여 나아간다. 신명神明(신령)이 기록하여 죄를 범한 이를 사면하지 않는다. 그러므로 가난하고 궁색한 사람, 신분이 낮고 천한 사람, 걸식하는 사람, 부모가 없는 사람, 자녀가 없는 사람, 귀머거리, 소경, 벙어리, 어리석은 사람, 포악한 사람이 있고, 왜소한 사람과 미친 사람과 남보다 못한 사람의 부류가 있기에 이른다. 또 존귀한 사람과 세력이 있는 부유한 사람과 재주가 뛰어난 사람과 현명한 사람이 있는데, 모두 과거세에 자애로운 마음을 지니고 효도하면서 선을 닦고 덕을 쌓아서 이룬 것이다."

> 佛言。其一惡者。諸天人民蠕動之類。欲爲衆惡。莫不皆然。強者伏弱。轉相剋賊。殘害殺戮。迭相呑噬。不知修善。惡逆無道。後受殃罰。自然趣向。神明記識。犯者不赦。故有貧窮下賤。乞匄孤獨。聾盲瘖啞。愚癡弊惡。至有尫狂不逮之屬。又有尊貴豪富。高才明達。皆由宿世慈孝。修善積德所致。

기 "지위를 바꾸어 서로 살해하며"라는 것은 아랫사람이 윗사람을 침범하는 것이다. "잔인하게 해치고 살육하고"라는 것은 윗사람이 아랫사람에게 형벌을 가하는 것이다. "교대로 서로 잡아먹고 잡아먹히기도 한다."라는 것은 신분이 같은 사람들이 서로 공격하는 것이다.[『대경초』 권7]

지은 선과 악은 단지 식識 안에만 훈습되는 것이 아니라 천신天神이 외부에서 기록한다. 두 곳에 기록되어 있으니 어찌 사면될 수 있겠는가?[중략] ["남보다 못한 사람(不逮)"이라는 것은)] 어떤 일이든 남보다 뒤떨어지는 것이다.[『대경초』 권7]

> 轉相剋賊者。以下侵上也。殘害殺戮者。以上刑下也。迭相呑噬者。等倫

相伐也。【大經鈔七】所作善惡。非但自識內熏。天神外記。在二處。安有赦乎。【中略】觸事在人後。【大經鈔七】

경 세상에는 영원히 변하지 않는 도리와 왕법과 감옥이 있지만 두려워하고 삼가려 하지 않는다. 악을 짓고 죄의 길에 들어가서 그 재앙과 벌을 받는데 벗어날 것을 갈망하여도 벗어나기 어렵다. 세간에는 이렇게 눈앞에 명백하게 보이는 일이 있다.

世有常道王法牢獄。不肯畏愼。爲惡入罪。受其殃罰。求望解脫。難得免出。世間有此目前見事。

기 "세상에는 영원히 변하지 않는 도리와" 이하는 그 통痛의 모양을 밝힌 것이다.

『오계본행경』에서 "3천 가지의 죄는 살아서는 다섯 가지 형벌에 속하고 죽어서는 다섯 가지 관리에 속한다. '다섯 가지 형벌'이라는 것은 첫째는 의빈형劓臏刑(코와 정강이를 베는 것)이다. 정법正法은 50가지이고 그에 속하는 것은 500가지이며 목형木刑이다. 둘째는 묵형墨刑(먹줄로 죄명을 써넣는 것)이다. 정법은 100가지이고 그에 속하는 것은 1천 가지이며 화형火刑이다. 셋째는 할형割刑이니 사람의 손발을 자르는 것이다. 정법은 100가지이고 그에 속하는 것은 1천 가지이며 금형金刑이다. 넷째는 대벽형大辟刑(사형)이다. 정법은 20가지이고 그에 속하는 것은 200가지이며 수형水刑이다. 다섯째는 궁형宮刑(생식기를 도려내는 것)이다. 정법은 30가지이고 그에 속하는 것은 300가지 죄이며 토형土刑이다. 합하여 3천 가지가 된다. 3천 가지의 죄는 모두 다섯 가지 형벌에 속한다. 다섯 가지 형벌은 다섯 가지의 관리에 속한다. 다섯 가지 관리가 나누어 다스리면서 다섯 가지 형벌을 담당한다."라고 하였다.

상고한다.

'살아서는 다섯 가지 형벌에 속하고'라는 것은 바로 여기에서 설한 "다섯 가지 통"이고, '죽어서는 다섯 부류의 관리에 속한다.'라는 것은 바로 "다섯 가지 소"이다. 다섯 가지 형벌로 위범을 다스리는 것을 "왕법"이라고 하였다.

첫 번째 악을 범한 사람은 바로 목형을 받으니 (정법 50가지와 그에 속하는 500가지를 합하니) 바로 550가지의 죄이다. 그러므로 "악을 짓고 죄의 길에 들어가서 그 재앙과 벌을 받는데"라고 하였다.【『대경초』권7】

世有常道下。辯其痛相。五戒經云。三千之罪。生屬五刑。死屬五官。五刑者。一者劓臏刑。正法五十其屬五百。是木刑也。二者墨刑。正法百其屬千。是火刑也。三者割刑。去人枝幹。正法百其屬千。是金刑也。四者大辟刑。正法二十其屬二百。是水刑也。五者宮刑。正法三十其屬三百。是本土刑也。合于三千。三千之罪。皆屬五刑。五刑屬五官。五官分治。屬於五刑。案生屬五刑者。卽是此中所說五痛。死屬五官者。卽是五燒。以五刑治犯者。名爲王法。犯初惡者。卽受木刑。卽五百五十罪。故云。爲惡入罪。受其殃討。1)【大經鈔七】

1) ㉑『無量壽經』과『大經鈔』에 따르면 '討'는 '罰'이다.

【경】 수명을 마치고 후세에 이르면 더욱 고통이 깊어지고 더욱 힘들어진다. 그 어둡고 그윽한 곳으로 들어가 현세의 몸을 바꾸어 새로운 몸을 받아 태어난다. 비유컨대 왕법에 의해 매우 고통스러운 극형을 받는 것과 같다. 그러므로 저절로 세 가지 악도에 태어나 한량없는 고통을 받는다. 그 몸을 바꾸어58 형체를 고치고 도道(생사윤회의 세계)를 바꾸어 태어나는데 받는 수명

58 예컨대 지옥도의 중생의 몸에서 아귀도의 중생의 몸으로 형태를 바꾸는 것을 말한다.

은 혹은 길고 혹은 짧다. 혼신정식魂神精識[59]이 저절로 여기에 나아간다. 홀로 마주하고 향해 가지만 서로 좇아 함께 태어나고 다시 서로 보복하는 일이 끊어지지 않는다. 재앙을 부르는 악업이 아직 다하지 않으면 서로 헤어질 수도 없다. 그 속에서 전전하면서 빠져나올 기약이 있지 않으니 벗어나기 어렵고 고통은 말로 표현할 수 없다. 이 세상에는 저절로 이러한 도리가 있다. 비록 바로 그때 갑자기 상응하여 선도善道와 악도惡道에 이르지는 않을지라도 반드시 이러한 과보에 귀착한다.

> 壽終後世。尤深尤劇。入其幽冥。轉生受身。譬如王法。痛苦極刑。故有自然三塗無量苦惱。轉貿其身。改形易道。所受壽命。或長或短。魂神精識。自然趣之。當獨値向。相從共生。更相報復。無有絶已。殃惡未盡。不得相離。展轉其中。無有出期。難得解脫。痛不可言。天地之間。自然有是。雖不即時卒暴。應至善惡之道。會當歸之。

기 "더욱(尤)"이라는 것은 심한 것이다. 현세에 왕법에 의해 받는 통痛에 견주어 보면 후세에 지옥에서 겪는 소燒는 더욱 극심하니 장구한 시간 동안 온갖 고통스러운 도구에 의해 크게 시달리기 때문이다.【중략】 위법하면 그에 따라 죄를 받는 것이 얼핏 보면 서로 비슷하기 때문에 끌어서 비유로 삼았다. 가상嘉祥이 말하기를 "왕법에 의해 죄를 다스릴 때 먼저 형틀에 씌우고 시장으로 데리고 가서 죽이는 것처럼, 먼저 현세의 과보를 받고 나중에 지옥에 들어가기 때문이다."[60]라고 하였다.【중략】

『대루탄경大樓炭經』에서 "겁초에 천지가 처음 이루어지고 세간의 사람들은 탐욕스러운 마음이 점차 증가하였다. 대지의 비옥함이 이미 사라지

---

59 혼신정식魂神精識 : 혼신과 정식은 체는 동일하고 이름만 다를 뿐이다. 곧 윤회의 주체를 가리키는 말이다.
60 『無量壽經義疏』(T37, 124b).

고 멥쌀이 또 생겨나자[61] 비로소 경쟁하는 마음이 생겨나고 다시 해치며 빼앗으려고 하였다. 강자와 약자가 서로 침범하니 바로 왕법을 세워 마을(州郡)의 영장令長으로 하여금 서로 금지하고 단속하게 하였다. 그때 교만하고 제멋대로 행하며 부채를 돌려주지 않는 이는 축생의 몸으로 변하였고, 인색하고 탐욕스러우며 어리석고 질투심이 강하여 어진 마음과 의리가 없는 이는 아귀의 몸으로 변하였으며, 살생하고 도둑질하며 음탕하여 절제가 없으며 이간질하는 말을 하고 악독한 말을 하며 거짓말을 하고 쓸데없는 말을 하고 질투하며 분노하고 어리석으며 삿된 견해에 빠진 이는 철위산 사이의 열여덟 가지 지옥(十八地獄)[62]에 떨어져서 죄를 살펴서 그 죄에 해당하는 벌을 받았다.【중략】열여덟 가지 지옥의 밖에 다시 아비지옥阿鼻地獄[63]이 있는데【중략】다섯 가지 역죄를 지은 이는 이 지옥에 들어간다."[64]라고 하였다.【중략】

악업을 행하면 고통의 과보를 즐겨 얻으려고 하지 않아도 고통의 과보

---

61 이전에 여러 가지 맛난 음식이 생겨났다가 사라지고 마지막으로 파라波羅가 생겨났다 사라졌으며, 그다음에 멥쌀이 생겨났는데 이것도 나중에는 저절로 생겨나지 않아서 각자 씨앗을 심어 경작하였고 이렇게 해서 멥쌀이 생겨났다는 말이다.

62 열여덟 가지 지옥(十八地獄) : 첫째는 니리泥犁지옥이고 둘째는 도산刀山지옥이며, 셋째는 비사沸沙지옥이고 넷째는 비뇨沸尿지옥이며, 다섯째는 흑이黑耳지옥이고 여섯째는 화차火車지옥이며, 일곱째는 확탕鑊湯지옥이고 여덟째는 철상鐵牀지옥이며, 아홉째는 개산山蓋山지옥이고 열째는 한빙寒氷지옥이며, 열한째는 박피剝皮지옥이고 열두째는 축생畜生지옥이며, 열셋째는 도병刀兵지옥이고 열넷째는 철마鐵磨지옥이며, 열다섯째는 수水지옥이고 열여섯째는 철책鐵笧지옥이며, 열일곱째는 저충蛆蟲지옥이고 열여덟째는 양동洋銅지옥이다.

63 아비지옥阿鼻地獄 : '아비'는 ⓢ Avīci의 음역어로 무간無間이라 의역한다. 팔열지옥八熱地獄의 여덟 번째 지옥이다. 남섬부주의 지하로 2만 유순 내려간 곳에 있다. 이 지옥의 중생은 한순간도 쉴 틈 없이 고통을 받기 때문에 붙여진 이름이다. 다섯 가지 역죄를 지으면 이곳에 태어나기 때문에 다섯 가지 역죄를 다섯 가지 무간죄無間罪라고도 한다.

64 『大樓炭經』 권6 「天地成品」(T1, 305b)에 나오는 내용을 지극히 짧게 요약한 것으로 보인다. 다만 "그때 교만하고 제멋대로 행하며" 이후는 『大樓炭經』에 나오지 않는 내용이다.

가 저절로 응하며, 선업을 행하면 비록 즐거움의 과보를 원하지 않아도 즐거움의 과보가 저절로 응한다. 그 이치는 그림자와 메아리와 같다. 그런데 이 경에서 여러 차례에 걸쳐서 "저절로 그러한 것(自然)"이라고 한 것은 인과가 결정코 저절로 그렇게 흘러가는 것을 나타내기 위한 것이다.[『대경초』 권7]

尤者甚也。比其現世王法痛。後世獄燒。甚爲深謝。[1] 以時劫長。苦具重故。【中略】隨犯受罪。一往相似。故引爲喩。嘉祥云。如似王治法[2]罪。先枷械詣市殺之。先現報後入地獄故。【中略】樓炭經云。劫初之時。天地始成。世間人民。貪心漸增。地肥旣滅。糖[3]米復生。始有諍競之心。更相暴奪。强弱相凌。便立王法。洲[4]郡令長。使相禁檢。其有憍慢觝突。負責[5]不還者。變成畜生身。慳貪痴妬。不仁義者。變作餓鬼身。殺生偸盜婬泆無度兩舌惡罵妄言綺語嫉妬瞋恚愚嫉邪見者。至鐵圍山間十八地獄中。考而治之。【乃至】十八地獄外。更有阿鼻地獄。【乃至】造五逆人。入此獄中。【中略】作惡雖不樂欲苦果。自[6]應。修善雖不希望。[7] 果[8]自應。義同影響。然此經多言自然者。爲顯因果先[9]定法爾。【大經鈔七】

1) 図『大經鈔』에 따르면 '謝'는 '劇'이다. 2) 図『無量壽經義疏』와『大經鈔』에 따르면 '治法'은 '法治'이다. 3) 図『大經鈔』에 따르면 '糖'은 '糠'이고『大樓炭經』에 따르면 '粳'이다. 4) 図 '洲'는 '州'인 것 같다. 5) 図 '責'은 '債'인 것 같다. 6) 図『大經鈔』에 따르면 '自' 앞에 '苦果'가 누락되었다. 7) 図『大經鈔』에 따르면 '望' 뒤에 '樂果'가 누락되었다. 8) 図『大經鈔』에 따르면 '果' 앞에 '苦'가 누락되었다. 9) 図 저본과『大經鈔』에 따르면 '先'은 '决'이다.

경 그 두 번째 악은 다음과 같다.

세간의 사람들은 부자이든 형제이든 가족이든 부부이든 전혀 의리를 지키지 않고 법도에 수순하지 않는다. 사치하고 음탕하며 교만하고 방종하며 각각 자신이 좋아하는 대로 하려고 한다.

其二惡者。世間人民。父子兄弟。室家夫婦。都無義理。不順法度。奢婬憍縱。各欲快意。

기 (두 번째 악은) 겁탈하고 도둑질하는 것을 밝히는 것을 근본으로 삼고 아울러 악을 제시하여 도둑질의 허물을 이루는 것을 밝혔다.【『대경초』권7】

宗辯[1] 劫盜。兼擧惡以成盜過。【大經鈔七】
1) ㉘ 『大經鈔』에 따르면 '辯'은 '辨'이다.

경 마음이 가는 대로 멋대로 행동하며 서로 속인다. 마음과 말이 각각 다르며 말과 생각에 진실이 없다. 아첨하고 정직하지 않으며 교묘한 말로 비위를 맞춘다. 현명한 이를 질투하고 착한 사람을 비방하여 원망스럽고 억울한 처지에 빠뜨린다. 임금(主上)은 사리를 판별하지 못하고 신하를 임용하고 신하는 자유자재하게 온갖 형태로 기교를 부리며 거짓을 만들어 낸다.……어떤 때는 가족(室家), 서로 알고 지내는 사람(知識), 마을 사람(鄕黨), 시장 사람(市里), 어리석은 사람, 야인野人이 함께 일을 하지만 서로 이익을 좇고 해치면서 분노하여 원한을 맺는다. 녁녁하게 지녔어도 아까워하여 베풀어 주려 하지 않는다. 보배를 좋아하고 귀중한 것을 탐하여 마음은 고달프고 몸은 고통스럽다.

이와 같이 지내면서 죽음의 순간에 이르지만 믿고 의지할 것은 아무것도 없다. 홀로 왔다가 홀로 갈 뿐 어느 누구 하나 따르는 이가 없다. 선악의 원인과 화복禍福의 과보가 명근命根(제8식)이 태어나는 곳을 따를 뿐이다. 혹은 즐거운 곳에 머물고 혹은 고통스러운 곳에 들어간다. 그러한 후에야 비로소 후회하지만 바로 그때 다시 무엇을 할 수 있겠는가!

세간의 사람들은 마음이 어리석고 지혜가 적다. 착한 것을 보면 미워하고 비방하면서 사모하여 따르려는 생각은 하지 않는다. 단지 악을 행하려고 하며 망령되게 비법非法을 짓는다. 항상 도둑과 같은 마음을 품어서 다른 사람의 이익을 자신이 얻을 것을 희망한다. (소유한 것이) 흩어져 다 없어지면 다시 구하려고 찾아 나선다. 삿된 마음이어서 바르지 않으니 다른 사람의 낯빛을 살피며 두려워한다. 미리 앞날을 생각하지 않다가 일이 일어나면 비로소 후회한다.

> 任心自恣。更相欺惑。心口各異。言念無實。佞諂不忠。巧言諛媚。嫉賢謗善。陷入怨枉。主上不明。任用臣下。臣下自在。機僞多端。⋯⋯或時。室家知識。鄕黨市里。愚民野人。轉共從事。更相利害。忿成怨結。富有慳惜。不肯施與。愛寶貪重。心勞身苦。如是至竟。無所恃怙。獨來獨去。無一隨者。善惡禍福。追命所生。或在樂處。或入苦毒。然後乃悔。當復何及。世間人民。心愚少智。見善憎謗。不思慕及。但欲爲惡。妄作非法。常懷盜心。悕望他利。消散糜盡。而復求索。邪心不正。懼人有色。不豫思計。事至乃悔。

기 "원망스럽고 억울한 처지"라는 것은 침범하는 것이다.【중략】"기교를 부리며 거짓을 만들어 낸다(機僞)."라는 것은 '기교(機)'는 환술의 미혹(幻惑)을 말하고 '거짓'은 없는 것을 거짓으로 만들어 내는 것이다. 망령되게 진실이 아닌 것을 만들어 내고 온갖 형태로 환술의 미혹을 지어 낸다.【『대경초』권7】

"어리석은 사람"이라는 것은 완고하여 지식이 없으니 개와 비슷한 것이다. "야인"이라는 것은 흉포하여 어질지 않으니 성품이 들개와 같다. 세속의 전적에서 "선진先進은 예법과 음악이 야인野人이다."[65]라고 한 것과

---

65 『論語』에서 "선진은 예악禮樂이 야인이라고 할 수 있고 후진은 예악이 군자라고 할 수 있지만, 만약 이를 사용한다면 나는 선진을 좇을 것이다."라고 한 것을 인용한 것이다.

는 같지 않다.⁶⁶⁾【중략】("함께 일을 하지만 서로 이익을 좇고 해치면서"라는 것은) 여럿이 모여 계탁하고 일을 함께 하면서 수순하면 서로 이익을 추구하고 어긋나면 서로 해치는 것이다.【중략】

악을 지을 때는 마을 사람들과 전전하면서 함께 하지만 과보를 받을 때에는 어느 누구 하나 따르는 이가 없다. 이러한즉 업을 타고 과보를 받는 것은 어떤 사람도 서로 대신해 줄 수 없다.【중략】 선악의 원인과 화복의 과보가 모두 명근(제8식)이 태어나는 곳을 따라가는 것을 말한다.【중략】 먼 훗날 일어날 일을 생각하지 않기 때문에 근심이 가까이에 있다.【『대경초』 권7】

怨枉者。侵犯也。【中略】機僞者。機謂幻惑。僞謂虛詐也。妄構不實。幻惑多端【大經鈔七】愚民者。謂頑嚚無識。類同狗畜。野人者。凶暴不仁。性比野狂。¹⁾ 不同信²⁾典。先進禮樂。爲野人也。【中略】合計共事。順則相利。違則相害。【中略】作惡時響³⁾黨轉共。受果時無一隨者。此則乘業受報。無人相代。【中略】謂善惡因及禍福果。皆追命根所生處也。【中略】無遠慮故。有近憂也。【大經鈔七】

1) ㉭『大經鈔』에 따르면 '狂'은 '犴'이다. 2) ㉭ '信'은 '俗'인 것 같다. 3) ㉭ '響'은 '鄕'인 것 같다.

경 그 세 번째 악은 다음과 같다.

其三惡者。

---

66 『論語』에서 '선진'은 옛 선비라는 뜻이고 '후진'은 지금의 선비라는 뜻이다. 이 글에서 야인이란 소박한 사람을 가리키는 것으로 의적이 앞에서 들개와 같다고 한 야인과는 그 성격이 다르다는 것을 말한 것이다.

기 (세 번째 악은) 음탕함을 밝히는 것을 근본으로 삼고 아울러 다른 악을 제시하여 음탕함의 허물을 이루는 것을 밝혔다.『대경초』권7

宗辯[1] 婬妷。兼擧餘惡。以成婬過。【大經鈔七】

1) ㉘『大經鈔』에 따르면 '辯'은 '辨'이다.

경 세간의 사람들은 서로 인연을 짓고 의지하여 살아가면서 함께 이 세상에 머문다. 그곳에 머무는 햇수와 수명은 얼마 되지 않는다. 위로는 현명한 이, 장자長者, 존귀한 이, 세력이 있는 부유한 이가 있고, 아래로는 가난하고 궁색한 이, 신분이 낮고 천한 이, 몸이 약하고 하열한 이, 어리석은 이가 있다.

이 가운데 착하지 않은 사람이 있어 항상 삿되고 악한 마음을 품는다. 단지 음란하고 즐기는 것만 생각하여 번뇌가 마음속에 가득 차고, 애욕으로 교란되어 앉으나 서나 편안하지 않다. 탐욕스러운 마음으로 재물을 지키고 아끼면서 단지 당돌하게 얻고자 한다. 아름다운 여인을 곁눈질하고 삿된 자태를 드러내고 밖으로 방일하게 행동한다. 자신의 아내를 싫어하고 미워한다. 사사로이 망령되게 출입하고 집안의 재물을 탕진하고 비법非法을 일삼는다.

서로 얽히고 무리 지어 모여서 군대(師)를 일으켜 서로 정벌한다. 공격하고 협박하면서 살육하고 강제로 빼앗으며 도리에 어긋나는 일을 한다. 악한 마음으로 밖의 것을 탐하여 스스로 업을 닦지 않는다. 도둑질로 얻고자 하고 욕망에 얽매여 일을 이룬다. 공포를 극대화하고 협박하여 얻은 것으로 자신의 아내와 자식을 먹여 살린다. 자기 멋대로 마음이 끌리는 대로 온 힘을 다하여 즐거움을 누린다. 혹은 친족에 대해서도 존귀한 이나 비천한 이를 가리지 않고 그렇게 하니, 가족의 외가와 친가의 친척들이 모두 근심하고 고통스러워한다. 또한 다시 왕법에 의해 공포된 금지령도 두려워하지 않는다.

이와 같은 악은 사람과 귀신에게 알려지고 해와 달이 밝게 비추어 보며 신명神明이 기록한다. 그러므로 저절로 세 가지 악도에 태어나 한량없는 고통을 받는다. 그 속을 전전하면서 오랜 세월이 흘러도 빠져나올 기약이 없으니, 벗어나기 어렵고 고통은 말로 표현할 수 없다.

世間人民。相因寄生。共居天地之間。處年壽命。無能幾何。上有賢明長者尊貴豪富。下有貧窮廝賤尩劣愚夫。中有不善之人。常懷邪惡。但念婬妷。煩滿胸中。愛欲交亂。坐起不安。貪意守惜。但欲唐得。盱睞細色。邪態外逸。自妻厭憎。私妄入出。費損家財。事爲非法。交結聚會。興師相伐。攻劫殺戮。強奪不道。惡心在外。不自修業。盜竊趣得。欲繫成事。恐熱迫憎。歸給妻子。恣心快意。極身作樂。或於親屬。不避尊卑。家室中外。患而苦之。亦復不畏王法禁令。如是之惡。著於人鬼。日月照見。神明記識。故有自然三塗無量苦惱。展轉其中。世世累劫。無有出期。難得解脫。痛不可言。

기 "위로는 현명한 이, 장자" 등이라는 것은 인간의 질서가 같지 않은 것을 밝힌 것이다. 덕과 지위가 모두 존귀하면 상륜上倫이고, 덕과 지위가 모두 천하면 하륜下倫이며, 지위는 있지만 덕이 없으면 중륜中倫이다. 음일婬妷의 허물을 일으키는 것은 바로 중륜에 해당한다. 상륜은 욕망을 지니고 있어도 절제하여 그칠 수 있고, 하륜은 욕망이 있어도 좇을 것이 없으며, 중륜은 욕망을 지니고 있으나 절제하여 그치지 못한다. 그러므로 그 마음을 멋대로 내버려 두어 짓지 않는 것이 없다. 그러므로 글 가운데 이것에 의거하여 허물을 나타내었다.[중략]

외적으로 보는 것을 "면盱"이라고 하고 마음속으로 보는 것을 "내睞"라고 한다.[중략] 스스로 업을 닦지 않고 오직 남을 공포스럽게 하고 핍박하여 처자를 먹여 살리는 것을 말한다. 위력으로 서로 핍박하니 "협박하여"라고 하였다.[중략] 드러내 놓고 한 일은 사람에게 알려지고 숨어서 한 일은 귀신에게 알려진다. 그러므로 세속의 전적에서 "드러내 놓고 하는 나쁜 일은 사람이 알아서 처벌하고 보이지 않게 하는 나쁜 일은 귀신이 알아서 처벌한다."[67]라고 하였다. "해와 달이 밝게 비추어 보며 신명이 기록한다."라고 한 것은 (나의 행위를 아는 것이) 한 가지가 아니기 때문에 정情을 방일하게 할 수 없다는 것이다.『대경초』권7】

上有賢明長者。等正辯人倫不同。德位俱尊爲上倫。德位俱賤爲下倫。有位無德爲中倫。起婬妖過。正在中倫。以上倫有欲具而能節止。下倫有怖[1]欲而無所從。中倫有具而無節止。故放其心無所不作。是故文中。據此顯過。【中略】外視曰眄。內視曰睞。【中略】謂不自修業。唯恐逼他。以給妻子。以威力相逼。謂迫憎。【中略】謂顯中作者著於人。隱中作者著於鬼。故俗典云。爲不善於顯明之中。人得而誅之。爲不善於幽闇之中。鬼得而誅之。日月照見。神明記識者。非一故。不可逸情也。【大經鈔七】

1) ㉠ '怖'는 '布'인 것 같다.

경 그 네 번째 악은 다음과 같다.

其四惡者。

기 입으로 짓는 네 가지 악업[68]을 밝히는 것을 근본으로 하고 다른 악도 제시하여 구업의 허물을 이루었다.『대경초』권7】

宗辯[1]口四。兼擧餘惡。以成口過。【大經鈔七】

1) ㉠ 『大經鈔』에 따르면 '辯'은 '辨'이다.

---

67 『莊子』「雜篇」에 나오는 말이다.
68 입으로 짓는 네 가지 악업 : 망어妄語·양설兩舌·악구惡口·기어綺語를 가리킨다.

경 세간의 사람들은 선을 닦으려는 생각은 하지 않고 전전하며 서로 가르쳐서 함께 온갖 악을 짓는다. 이간질하는 말과 추악한 말과 거짓말과 꾸미는 말을 일삼는다.……높고 귀하다고 여기면서 자만하고 자신이 도道를 지니고 있다고 말하며, 멋대로 위세를 부리면서 다른 사람을 침범하고 업신여긴다. 그러면서도 스스로 알지 못하여 악을 행하고도 부끄러움이 없다.

世間人民。不念修善。轉相教令。共爲衆惡。兩舌惡口。妄言綺語。……尊貴自大。謂己有道。橫行威勢。侵易於人。不能自知。爲惡無恥。

기 "침범하고 업신여긴다."라는 것은 다른 사람을 침범하고 경멸하는 악을 말한다.【『대경초』 권7】

侵易謂犯輕他惡也。【大經鈔七】

경 그 다섯 번째 악은 다음과 같다. 세간의 사람들은 배회하고 게으름을 피우면서 선을 짓거나 몸을 다스리며 업을 닦으려고 하지 않는다.……마음을 멋대로 풀어헤쳐 방탕하고 방일하게 살아가며 아둔하고 제멋대로 날뛰며 아무 생각 없이 행동한다.

其五惡者。世間人民。徙倚懈惰。不肯作善。治身修業。……肆心蕩逸。魯扈抵突。

기 "노로魯扈"라는 것은 미련하고 어리석은 것이니 아는 것이 없는 것을 말하고, "호扈"라는 것은 자기 마음대로 날뛰는 것이니 자기 멋대로 행동하면서 자신을 훌륭하다고 여기는 것이며, "저돌抵突"이라는 것은 앞에서 해석한 것과 같다.【『대경초』 권7】

魯者魯鈍。謂無所識知也。扈跋者⁽¹⁾后。謂縱恣自大也。牴⁽²⁾突者。如前釋【大經鈔七】

1) ㉄『大經鈔』에 따르면 '跋者'는 '者跋'이다. 2) ㉄『無量壽經』에 따르면 '牴'는 '抵'이다.

경 천명天命(大命)이 다하려고 할 때 지나간 일에 대한 후회와 미래에 대한 두려움이 교차한다. 일찍이 선을 닦지 않고 마지막에 이르러서야 비로소 후회한다. 뒤늦게 후회한들 장차 무슨 소용이 있겠는가! 이 세상에 다섯 가지 도道(윤회의 세계)가 분명하게 존재하니 광대하고 심원하며 거대하고 아득하다. 선·악에 대해 과보가 상응하니 재앙과 복이 서로 뒤를 이어받는다. 몸소 이것을 감당해야 하고 누구도 대신해 줄 사람이 없다. 도리(數)가 저절로 그러한 것이다. 그 행한 것에 상응하여 재앙과 허물이 명근命根을 따르니 벗어나거나 버릴 수 없다.

선인善人은 선을 행하여 즐거움에서 즐거움으로 들어가고 지혜로움(明)에서 지혜로움으로 들어간다. 악인惡人은 악을 행하여 고통스러움에서 고통스러움으로 들어가고 어리석음(冥)에서 어리석음으로 들어간다. 이러한 이치를 누가 능히 알 수 있겠는가! 오직 부처님만 알 수 있을 뿐이다.

가르침을 열어 보여도 믿고 행하는 사람은 적다. 생사윤회가 그칠 날이 없고 악도는 끊어질 날이 없다. 이와 같이 세상 사람들의 행은 갖추어서 진술하기 어렵다. 그러므로 저절로 세 가지 악도에 태어나 한량없는 고통을 받으며 그 속을 전전하면서 오랜 세월이 흘러도 빠져나올 기약이 없으니 벗어나기 어렵고 고통은 말로 표현할 수 없다.

大命將終。悔懼交至。不豫修善。臨窮方悔。悔之於後。將何及乎。天地之間。五道分明。恢廓窈窕。浩浩茫茫。善惡報應。禍福相承。身自當之。無誰代者。數之自然。應其所行。殃咎追命。無得縱捨。善人行善。從樂入樂。從明入明。惡人行惡。從苦入苦。從冥入冥。誰能知者。獨佛知耳。敎語開示。信用者少。生死不休。惡道不絶。如是世人。難可具盡。故有自然三塗無量苦惱。展轉其中。世世累劫。無有出期。難得解脫。痛不可言。

기 죽고 사는 것을 "천명"이라 하고 궁벽하고 영달하는 것을 "소명小命"이라고 한다.【중략】 이 세상에 다섯 가지 도道에 태어나고 죽는 것은 원인과 과보가 분명하지만 공간적으로 시방세계를 관찰하면 넓고 넓어서 그 끝을 알 수 없고 시간적으로 삼세를 바라보면 그윽하고 아득하여 그 실마리를 찾기 어렵다.【중략】

"즐거움에서 즐거움으로 들어가고"라는 것은 선이 이숙異熟하여 서로 이어서 태어나는 것이고 "지혜로움에서 지혜로움으로 들어간다."라는 것은 선이 등류等流하여 간격 없이 일어나는 것이다.【중략】 "고통스러움"과 "어리석음"은 악의 두 가지 과에 짝하는 것이다.【중략】 이와 같이 원인과 결과는 이치가 그윽하고 깊으니 96가지 방술[69]은 모두 그 실마리를 잃어버렸고 오직 우리 세존만이 홀로 그 근원을 아신다.【『대경초』 권7】

死生爲大命。窮逼[1]爲小命。【中略】天地之間。五道生死。因果分明。橫觀十方。恢廓而浩。不得其邊際。堅望三世。窈窕而茫茫。難尋其端底。【中略】從樂入樂者。謂善異熟。相繼而生。從明入明者。謂善等流。無間而起。【中略】苦之與冥。配惡二果。【中略】如是因果。理趣幽邃。九十六術。皆迷其端。唯我世尊。獨知其原。【大經鈔七】

1) ㉮『西方要決科註』에 따르면 '逼'은 '通'이다.

---

69 96가지 방술 : 외도外道를 통틀어서 일컫는 말. 외도란 내도內道와 상대하는 말로 불교를 중심으로 할 때 외도란 불교 이외의 모든 사상을 가리킨다.

경 그 후 오랜 시간이 흘러서 (세상에 태어나면) 함께 원한이 맺힌 마음을 지으니, 작고 미미한 것에서 일어나 마침내 큰 악을 이루고,[70] 모두 재물과 여색에 탐욕스럽게 집착함으로 말미암아 은혜를 베풀지 못하며,[71] 어리석음과 욕망에 의해 다그침을 받아 마음에서 일어나는 대로 생각하고 번뇌에 결박되어 벗어나지 못하며,[72] 자신에게 후하고 이익을 얻기 위해 싸우면서 반성하고 마음에 새기는 일이 없으며,[73] 부귀와 영화가 때맞추어 찾아오면 즐거운 마음으로 누리면서 인욕忍辱을 행하지 못한다.[74]

至其久後。共作怨結。從小微起。遂成大惡。皆由貪著財色。不能施惠。癡欲所迫。隨心思想。煩惱結縛。無有解已。厚己諍利。無所省錄。富貴榮華。當時快意。不能忍辱。

기 "반성하고 마음에 새기는 일이 없으며"라는 것은 악한 일을 성찰하는 일이 없고 선법 가운데 섭수하여 마음에 새기는 일이 없는 것이다.【『대경초』 권7】

無所省錄者。謂於惡事。無所省察。於善法中。無所攝錄。【大經鈔七】

경 몸은 이로 인해 고통에 시달리고 오랜 시간이 지난 후에는 더욱 고통에 시달린다. 천도天道가 시행되어 저절로 지은 업의 과보가 드러나, 벼리와 그물이 펼쳐져 강한 업과 약한 업에 따라 상응하는 과보를 받는다. 그때 중

---

70 혜원의 『無量壽經義疏』 권하(T37, 114c)에 따르면 살생악殺生惡을 설명한 것이다.
71 혜원의 『無量壽經義疏』 권하(T37, 114c)에 따르면 겁도악劫盜惡을 설명한 것이다.
72 혜원의 『無量壽經義疏』 권하(T37, 114c)에 따르면 사음악邪婬惡을 설명한 것이다.
73 혜원의 『無量壽經義疏』 권하(T37, 114c)에 따르면 망어악妄語惡을 설명한 것이다.
74 혜원의 『無量壽經義疏』 권하(T37, 114c)에 따르면 음주악飲酒惡을 설명한 것이다.

생은 외롭고 황망하게 그 속으로 들어간다. 옛날이나 지금이나 언제나 이러한 일이 반복되어 왔다. 애통하구나. 마음 아파할 만한 일이다.

> 身坐勞苦。久後大劇。天道施張。自然紀擧。綱紀羅網。上下相應。焭焭忪忪。當入其中。古今有是。痛哉可傷。

기 인업引業[75]은 그 과보를 초래하는 주인이니 "벼리"와 같고 만업滿業은 그 고락을 변별하게 하는 것이니 "그물"과 같다. 원인의 강약에 따라 과보에 우열이 있다. 그러므로 "강한 업과 약한 업에 따라 상응하는 과보를 받는다."라고 하였다.『대경초』 권7

> 引業招其報主。如綱紀也。滿業辯其苦樂。猶羅網也。隨因强弱。報有優劣。故云上下相應。【大經鈔七】

경 너희들은 여기에서 널리 덕의 근본을 심어서 은혜를 베풀고 불도에서 금하는 것을 범하지 말아야 한다. 인욕하고 정진하고 마음을 전일하게 하고 지혜를 개발하며, 이렇게 전전하면서 서로 교화하여 덕을 짓고 선을 세워야 한다. 마음을 바르게 하고 뜻을 바르게 하며, 재계齋戒를 청정하게 지켜야 한다. 이렇게 하루 동안 행하면 무량수국에서 100년 동안 선을 행하는 것보다 뛰어나다. 그 이유는 무엇인가? 그 부처님의 국토는 의도적으로 조작하지 않아도 저절로 모두 온갖 선을 쌓아서 털끝만큼의 악도 없기 때문이다.

---

75 인업引業 : 과보를 초래하는 업을 두 가지로 분류한 것 중 하나. 견인업牽引業이라고도 한다. 미래세에 지옥·아귀·축생 등의 육도에 태어나는 과보를 결정하는 강력한 업을 가리킨다. 상대어는 만업滿業으로 육근六根, 힘의 강약, 수명의 길고 짧음, 빈부, 귀천 등의 개별적인 과보를 결정하는 업을 가리킨다.

汝等於是。廣植德本。布恩施惠。勿犯道禁。忍辱精進。一心智慧。轉相敎化。爲德立善。正心正意。齋戒淸淨。一日一夜。勝在無量壽國爲善百歲。所以者何。彼佛國土。無爲自然。皆積衆善。無毛髮之惡。

기 "마음을 바르게 하고" 등이라는 것은 보리로 회향하는 것을 "마음을 바르게 하고"라고 하고, 온갖 존재로 태어나기를 바라지 않는 것을 "뜻을 바르게 하며"라고 한다.『대경초』권7]

正心等者。能廻向菩提爲正心。不希願諸有爲正意。【大經鈔七】

경 여기에서 열흘 낮과 열흘 밤 동안 선을 닦으면 다른 세계의 여러 부처님의 국토에서 천 년 동안 선을 행하는 것보다 뛰어나다.

그 이유는 무엇인가? 다른 세계의 부처님의 국토는 선을 행하는 이가 많고 악을 행하는 이는 적으며, 복덕이 저절로 이루어져 악을 지을 만한 상황이 일어나지 않는다. 다만 이 세상은 악을 짓는 일이 많고 복덕이 저절로 이루어지는 일이 없다. 고통스럽게 욕망을 추구하고 전전하면서 서로 속이며, 마음은 수고롭게 움직이고 몸은 고달프게 돌아다니며 고통을 마시고 독을 먹는다. 이와 같이 바쁘게 힘쓰느라 편안하게 쉬어 본 적이 없기 때문이다.

於此修善十日十夜。勝於他方諸佛國土爲善千歲。所以者何。他方佛國。爲善者多。爲惡者少。福德自然。無造惡之地。唯此間多惡。無有自然。勤苦求欲。轉相欺紿。心勞形困。飮苦食毒。如是忽務。未嘗寧息。

기 "마음은 수고롭게 움직이고 몸은 고달프게 돌아다니며"라는 것은 마음이 여섯 가지 대상경계(六塵)[76]를 반연하기 때문에 "수고롭게 움직이고"라고 하였고, 몸이 사방四方으로 치달아 가기 때문에 "고달프게 돌아다니며"라고 하였다. "고통을 마시고 독을 먹는다."라는 것은 여덟 가지 고통(八苦)⁷⁷의 물을 마시고 나서 다시 세 가지 독(三毒)⁷⁸의 물을 먹는 것이다.【『대경초』권7】

> 心勞形困者。謂心攀緣於六塵故勞。形馳走於四方故困。飮苦食毒者。謂既飮八苦水。復食三毒味。【大經鈔七】

경 이에 아난이 일어나서 옷매무새를 가다듬고 몸을 바르게 하고 서쪽을 향하여 공경하는 마음으로 합장하고 오체투지五體投地⁷⁹하여 무량수불께 예배드리고 말씀드렸다.

"세존이시여, 원하옵건대 저 부처님의 안락국토(極樂淨土)와 보살·성문의 대중을 보여 주소서."

이 말을 설하고 나자 바로 그때 무량수불께서 큰 광명을 내어 일체의 모든 부처님 세계를 두루 비추었다. 금강위산金剛圍山⁸⁰과 수미산왕須彌山王을 비롯한 크고 작은 모든 산과 존재하는 모든 것이 모두 똑같이 한 가지 색을

---

76 여섯 가지 대상경계(六塵) : 여섯 가지 근根(안근·이근·비근·설근·신근·의근)이 취하는 외부 대상을 그 성격에 따라 여섯 가지로 분류한 것. 육경六境이라고도 한다. 안근의 대상인 색경色境, 이근의 대상인 성경聲境, 비근의 대상인 향경香境, 설근의 대상인 미경味境, 신근의 대상인 촉경觸境, 의근의 대상인 법경法境을 가리킨다.
77 여덟 가지 고통(八苦) : 태어나는 것, 늙는 것, 병드는 것, 죽는 것, 사랑하는 사람과 헤어지는 것, 원수와 만나는 것, 구하는 것을 얻지 못하는 것, 오온五蘊(무상한 몸 자체)에 묶인 것 등을 가리킨다.
78 세 가지 독(三毒) : 탐욕·분노·어리석음의 세 가지 번뇌를 가리키는 말이다.
79 오체투지五體投地 : 최상의 공경을 나타내는 인사법. 오체를 모두 땅에 던져서 예배드리는 것. '오체'란 두 손, 두 무릎, 정수리 등이다. 오른 무릎을 땅에 대고, 다음에 왼 무릎을 땅에 대며, 두 팔꿈치를 땅에 대고, 두 손바닥을 펼쳐서 뒤집어서 이마 위로 올리며, 그 뒤에 정수리를 땅에 대는 것이다.
80 금강위산金剛圍山 : Ⓢ Cakravāḍa-parvata. 수미산을 둘러싼 여덟 개의 산 중 가장 밖에 있는 산. 금강철위산·철위산鐵圍山·금강산金剛山 등이라고도 한다.

띠었다. 비유컨대 마치 겁수劫水[81]가 세계를 가득 채우면 그 속에 만물이 침몰하여 나타나지 않고 물이 깊고 넓게 가득 차서 오직 큰물만 보이는 것처럼 그 부처님의 광명도 또한 다시 이와 같아서 성문·보살 등이 내는 일체의 광명이 모두 숨어 버리고 오직 부처님의 광명만 보였다.

> 於是。阿難起。整衣服。正身西面。恭敬合掌。五體投地。禮無量壽佛白言。世尊。願見彼佛安樂國土及諸菩薩聲聞之衆。說是語已。卽時。無量壽佛。放大光明。普照一切諸佛世界。金剛圍山。須彌山王。大小諸山。一切所有。皆同一色。譬如劫水。彌滿世界。其中萬物。沈沒不現。滉漾浩汗。唯見大水。彼佛光明。亦復如是。聲聞菩薩。一切光明。皆悉隱蔽。唯見佛光。

기 이상은 아미타불의 몸과 국토의 인과를 자세하게 설한 것이다. 대중이 모두 듣고 뛰어난 지혜를 지닌 상류上流는 비록 모두 믿고 이해하였지만 하열한 지혜를 지닌 하배下輩는 아직 결정하지 못하였다. 또 귀로 듣는 것은 눈으로 보는 것만 못하다. 그러므로 이 이하에서는 아미타불의 위대한 힘을 더하여 이들 대중으로 하여금 눈으로 그 국토의 일을 보고 앞에서 들었던 것이 결정코 허망하지 않음을 믿게 하였다. 또 저 나라의 청정하게 장엄한 정토를 보게 하여 각각 부지런히 왕생의 업을 닦으려는 마음을 일으키게 하려고 하였다. 또 태생과 화생의 두 가지 왕생을 보게 하여 유예하는 마음을 버리고 결정코 원인을 닦도록 하였다.【중략】"황滉"은 황潢이라고 해야 하니 황潢은 모여서 고인 물이고, "양瀁"은 끝이 없는 것이니 그 물이 매우 넓어 끝을 볼 수 없는 것을 말한다. 또 "황양潢瀁"

---

81 겁수劫水 : 괴겁壞劫의 마지막에 일어나는 세 가지 큰 재앙(大三災 : 劫火·劫水·劫風)의 하나. 괴겁은 20개의 소겁小劫으로 나뉘는데, 이 중에서 마지막 소겁, 곧 세계가 멸망할 때 일어나는 큰물에 의한 재앙을 말한다. 혹은 이러한 재앙의 시기에 생겨나는 큰물을 가리킨다.

이라는 것은 지나치게 넓어서 그 끝이 보이지 않는 것이고 "호한浩汗"이라는 것은 가득 차서 분별할 수 없는 것이다.【『대경초』권7】

上來廣說彌陀佛身土因果。衆皆得聞。勝智上流。雖皆信解。劣慧下輩。未能決定。又耳聞者。不如眼見。是故此下。加阿彌陀威神之力。令此大衆。皆得眼見彼國之事。信上所聞。決定不虛。又欲令見彼國嚴淨土。各各勤修往生之業。又欲令見胎化二生。捨猶預心。決定修因。【中略】滉當作潢。潢積水也。瀁無崖際也。謂其水廣積。崖際不可見也。又潢瀁者。廣蕩不見其際。浩汗者。慢慢[1]不可分別。【大經鈔七】

1) ㉘『大經鈔』에 따르면 '慢慢'은 '漫漫'이다.

경 그때 아난이 바로 무량수불을 보았더니 위덕이 높고 뛰어나서 수미산왕이 모든 세계의 위에 높이 솟은 것과 같았다. 상호의 광명이 밝게 비추지 않는 곳이 없었다. 이 법회에 모인 사부대중이 동시에 모두 보았고 저 국토의 대중이 이 국토를 보는 것도 또한 다시 이와 같았다.

그때 부처님께서 아난과 자씨보살에게 말씀하셨다.

"너희는 저 국토를 보아라. 땅 위에서부터 정거천淨居天[82]에 이르기까지 그 속에 존재하는 미묘하게 장엄하고 청정한 모습의 저절로 생겨난 사물을 모두 보지 않았느냐?"

아난이 대답하였다.

"그렇습니다. 이미 보았습니다."

"너희들은 다시 무량수불의 큰 음성이 일체 세계에 베풀어져 중생을 교화

---

82 정거천淨居天 : 색계의 제4선에 속하는 아홉 하늘 중 상위에 해당하는 다섯 하늘을 일컫는 말. 곧 무번천無煩天·무열천無熱天·선견천善見天·선현천善現天·색구경천色究竟天으로 보통 오정거천五淨居天이라고 한다. 성문 사과四果 중 제3 아나함과阿那含果(不還果)를 증득한 성자가 태어나는 곳이다.

하는 것을 듣지 않았느냐?"

아난이 대답하였다.

"그렇습니다. 이미 들었습니다."

"그 나라의 사람들은 백천 유순의 일곱 가지 보배로 이루어진 궁전(七寶宮殿)을 타고 어떤 장애도 없이 시방세계에 두루 이르러 여러 부처님께 공양하는데, 너희들은 또한 보지 않았느냐?"

대답하였다.

"이미 보았습니다."

"그 국토의 사람으로 태생에 의해 왕생하는 이도 있는데 너희들은 보지 않았느냐?"

대답하였다.

"이미 보았습니다."

"그곳에 태생하는 사람이 거주하는 궁전은 혹은 100유순이고 혹은 500유순이다. 각각 그 속에서 살면서 온갖 쾌락을 누리는데 도리천처럼 또한 그 모든 것이 저절로 이루어진다."

爾時。阿難。卽見無量壽佛。威德巍巍。如須彌山王。高出一切諸世界上。相好光明。靡不照耀。此會四衆。一時悉見。彼見此土。亦復如是。爾時。佛告阿難及慈氏菩薩。汝見彼國。從地已上。至淨居天。其中所有。微妙嚴淨。自然之物。爲悉見不。阿難對曰。唯然已見。汝寧復聞。無量壽佛大音。宣布一切世界。化衆生不。阿難對曰。唯然已聞。彼國人民。乘百千由句七寶宮殿。無所障礙。遍至十方。供養諸佛。汝復見不。對曰已見。彼國人民。有胎生者。汝復見不。對曰已見。其胎生者。所處宮殿。或百由句。或五百由句。各於其中。受諸快樂。如忉利天上。亦皆自然。

기 경에서 "그때 아난이 바로 무량수불을 보았더니……모든 것이 저절로 이루어진다."라고 한 것에 대해 서술하여 말한다. 이 이하는 다섯 번째로 본 것을 살펴서 결정한 것이다. 글에 세 단락이 있다. 첫째는 본 것을 살펴서 결정하였고[83] 둘째는 화생과 태생의 구별을 밝혔으며[84] 셋째는 여러 세계에서 왕생하는 것을 나타내었다.[85]

經爾時阿難。卽見無量壽佛。至亦皆自然。述曰。此下第五審定所見。文有三段。一審定所見。二辯化胎生別。三顯諸方往生。

처음에 네 가지 문답이 있는데 첫 번째 문답으로 그 본 것을 결정하였다. 세상의 모든 중생이 그 국토에서 대지에 거주하는 이도 있고 허공에 거주하는 이도 있으며, 허공에 거주하는 이 가운데에는 사천왕에서 정거천까지의 중생이 있다. 이것은 곧 다른 세계에 수순하여 인간과 하늘의 차별을 시설한 것이다. 그러나 그 과보는 진실로 수승함과 하열함이 없다. 또한 인간과 하늘이 서로 교섭하고 두 부류가 서로 만날 수 있으니 이 땅에서 상배와 하배가 서로 격별한 것과 같지 않다.

初中有四問答。初[1]一問答。定其所見。天地諸物。於彼國中。有地居者。有空居者。空居之中。有四王天乃至淨居。此則因順余方。施設人天之差別也。然其果報。寶[2]無勝劣。又人天交接。兩得相見。非如此土上下有相隔。

1) ㉠ '初'는 '第'인 것 같다. 2) ㉠ 『安養抄』에 따르면 '寶'는 '實'이다.

---

83 "그때 아난이 곧 무량수불을 보았더니……그 모든 것이 저절로 이루어진다."라고 한 부분을 가리킨다.
84 뒤에 나오는 경의 글에서 "그때 자씨보살이 부처님께 말씀드렸다.……그러므로 모든 부처님의 위없는 지혜를 분명하게 믿어야 한다."라고 한 부분을 가리킨다.
85 뒤에 나오는 경의 글에서 "미륵보살이 부처님께 여쭈었다.……간략하게 이것을 설하였을 뿐이다."라고 한 부분을 가리킨다.

頣『무량청정평등각경』에서 "제1 사천왕의 모든 하늘과 사람과 제2 도리천의 모든 하늘과 사람, 제3천의 모든 하늘과 사람, 제4천의 모든 하늘과 사람과 위로 제16천의 모든 하늘과 사람에 이르기까지, 위로 36천의 모든 하늘과 사람에 이르기까지, 모두 하늘의 온갖 저절로 생겨난 물건인 여러 가지 색깔의 꽃과 여러 가지 향과 여러 가지 비단과 여러 가지 겁파육劫波育[86] 옷과 모직 옷과 여러 가지 기악과 이것들보다 더 좋은 것을 각각 가지고 내려와 예배를 드리고 무량청정불과 보살과 아라한에게 공양하였다."[87]라고 하였다.

이 글에 준하면 위와 아래에 욕계와 색계의 여러 하늘이 모두 있는데 어느 것들을 36천이라고 하는 것인가?

淸淨覺經云。第一四天王諸天人。第二忉利天上諸天人。第三天上諸天人。第四天上諸天人。上至第十六天上諸天人。上諸天人上[1]至三十六天上諸天人。皆持天上萬種自然之物。百種雜色。[2] 繒[3]綵。劫[4]彼[5]育疊衣。萬種伎樂。轉位[6]好相勝。衆答[7]持來下。作禮供養無量淸淨佛及菩薩阿羅漢。准此文者。皆有上下欲他諸天。何等名爲三十六天。

1) 옘『無量淸淨平等覺經』에 따르면 '諸天人上'은 연자이다. 2) 옘『無量淸淨平等覺經』에 따르면 '色' 뒤에 '華'가 누락되었다. 3) 옘『無量淸淨平等覺經』에 따르면 '繒' 앞에 '百種雜香百種雜'이 누락되었다. 4) 옘『無量淸淨平等覺經』에 따르면 '劫' 앞에 '百種'이 누락되었다. 5) 옘『無量淸淨平等覺經』에 따르면 '彼'는 '波'이다. 6) 옘『無量淸淨平等覺經』에 따르면 '位'는 '倍'이다. 7) 옘『無量淸淨平等覺經』에 따르면 '衆答'은 '各'이다.

---

86 겁파육劫波育 : ⓢ karpāsa의 음역어. 겁파라劫婆羅·겁패劫貝 등으로도 음역하고 의역어는 시분수時分樹이다. 원산지는 동아시아이고 인도·중국 등에서도 재배되는 일년생 초목. 목화나무의 일종으로 부드러운 솜털 같은 꽃이 피는데, 이 꽃으로 만든 실을 겁파육루劫波育縷(劫貝縷)라고 하고 이 실로 만든 천을 백전白氈이라고 하며 이 천으로 만든 옷을 겁파육의劫波育衣라고 한다.
87 『無量淸淨平等覺經』 권2(T12, 287c).

㊅『대루탄경』에 준하면 욕계의 하늘에 여섯 가지가 있고 색계의 하늘에 스물두 가지가 있으며 무색계에 네 부류의 보살이 있어서 위와 아래를 모두 합하여 서른두 가지가 되는데,[88] 어떻게 서른여섯 가지가 되는지 알 수 없다.

『대아미타경』에서 "바로 그 국토에서 제1 사천왕에서부터 위로 32천에 이르기까지 (모든 하늘과 사람이 하늘에 있는 여러 가지 저절로 나는 물건을 가지고……공양하였다.)"[89]라고 하였다. 이 글은 바로 『대루탄경』과 그 숫자가 일치한다.[90] 만약 무색계를 범부와 성인으로 각각 나누면 서른여섯이라고 할 수도 있다. 글에 별도의 사례가 없으니 섣불리 결정하지 말아야 할 것이다.

准[1)]樓炭[2)]經。欲天有六。色界天有二十二。無色有四菩薩。合上下有三十二。未知如何爲三十六。阿彌陀經云。卽彼國中。從第四[3)]天。上至

---

[88] 『大樓炭經』 권4(T1, 299a)에 따르면 욕계에는 사천왕에서부터 마천魔天까지의 여섯 하늘이 있고 색천에는 범가이천梵加夷天에서부터 아가니타천阿迦尼吒天까지의 열여덟 하늘이 있으며 무색천에는 허공지천虛空智天에서부터 무사상역유사상천無思想亦有思想天의 네 하늘이 있으니, 모두 합하면 스물여덟 하늘이기 때문에 의적이 서술한 것과 일치하지 않는다. 경흥도 『無量壽經連義述文贊』 권하(H2, 74a)에서 이와 관련된 주제를 다루었는데 32천의 사례로서 "華嚴經"을 인용하고 있다. 곧 "華嚴經"에 따르면 32천이 있으니, 욕계에 여섯 하늘이 있고 색계의 초선初禪에 다섯 가지 하늘이 있으며, 그 위의 세 가지 선禪(제2선·제3선·제4선)에 각각 네 가지 하늘이 있고, 정거천에 또한 다섯 가지 하늘이 있으며 무색계에 네 가지 하늘이 있는 것을 말하니, 무상천은 설하지 않았기 때문이다."라고 하였는데 본 내용은 『華嚴經』 권12(T9, 477b1)에서 "四天王. 三十三天. 夜摩天. 兜率陀天. 化樂天. 他化自在天. (욕계의 여섯 하늘) / 梵天. 梵身天. 梵輔天. 梵眷屬天. 大梵天. (초선의 다섯 하늘) / 光天. 少光天. 無量光天. 光音天. (제2선의 네 하늘) / 淨天. 少淨天. 無量淨天. 遍淨天. (제3선의 네 하늘) / 密身天. 少密身天. 無量密身天. 密果天. (제4선의 네 하늘) / 不煩天. 不熱天. 善現天. 善見天. 色究竟天. (오정거천)"이라고 한 것과 내용이 일치한다. 그러므로 "樓炭經"은 "華嚴經"의 오식일 수도 있다.
[89] 『阿彌陀經』(T12, 307b).
[90] 주 88에서 밝힌 것처럼 『大樓炭經』은 『華嚴經』의 오식일 수도 있다.

三十二天。此文。卽與樓炭⁴⁾經。其數當也。若無色界。凡聖各分。亦可得云
三十六也。文無別列。不應輒定。

1) ㉠ '准'는 '准'인 것 같다. 2) ㉠ '樓炭'은 '華嚴'인 것 같다. 3) ㉠ 『阿彌陀經』에 따르면 '四' 앞에 '一'이 누락되었다. 4) ㉠ '樓炭'는 '華嚴'인 것 같다.

問 그 국토에 이미 36천이 있는데 어째서 여기에서는 오직 위로 정거천까지만 보여 주었는가?

答 무색계의 하늘은 미세하여 거친 색이 없기 때문에 비록 부처님의 광명을 받더라도 대부분 보이지 않는다.[91] 또한 정거천이라는 말이 역시 무색계의 네 하늘[92]을 섭수하는 것일 수도 있으니 이곳은 청정한 업을 닦은 이가 거주하는 곳이기 때문이다.

問。彼土旣有三十六天。云何此中。唯見上至淨居天耶。答。無色天。細無
麤色故。雖蒙佛光。多分不見。又可淨居天言。亦攝無色四天。是淨業者所
居處故。

問 저 국토의 정거천에도 또한 정성불환定性不還[93]이 왕생하는가?

---

91 정거천은 색계에서 가장 상위에 해당하는 하늘이다. 그것을 넘어서면 무색계의 하늘이 존재하는데 이 하늘은 색이 없어서 보이지 않기 때문에 『無量壽經』에서는 정거천까지만 언급했다는 말이다.
92 무색계의 네 하늘 : 무색계는 윤회의 세계를 셋으로 나눈 것(三界 : 欲界·色界·無色界) 중 하나로 무색천無色天·무색행천無色行天이라고도 한다. 오온五蘊 중에서는 색온色蘊 이외의 수온·상온·행온·식온의 네 가지 온만으로 구성되는 세계이고, 십팔계十八界 중에서는 의계意界와 의식계意識界와 법계法界의 세 가지 계만으로 구성되는 세계이다. 여기에는 실제로 색법이 없으므로 공간 또한 없어서 상·하 등의 차이는 없지만 과보의 차이에 따라 네 단계로 나누고 공간이 있는 것과 같이 처處라는 이름을 붙인다. 무색계에 속하는 네 하늘은 공무변처空無邊處·식무변처識無邊處·무소유처無所有處·비상비비상처非想非非想處이다.
93 정성불환定性不還 : 정성성문定性聲聞(성문과를 얻을 것이 결정된 사람)으로서 성문 사과四果 중 제3 아나함과阿那含果(불환과)를 얻은 성자를 가리키는 말. 정성나함定性那

답 (일반적으로) 오정거천五淨居天에는 마음을 회향하는 사람이 없다는 것[94]에 의거하면 그렇다고 해도 또한 잘못이 없다. (그러나) 또한 예토의 정거천에도 오히려 마음을 회향하는 사람이 없다고 할 수 없는데 어찌 하물며 정토임에랴! 『불공견삭경不空羂索經』에서 "그 하늘을 교화하여 보리심을 일으키게 하였다."[95]라고 하였기 때문이고 또 『보살영락경』 등에서 "그 여러 하늘에게 보살의 수기를 주었다."[96]라고 하였기 때문이다.

問。彼土淨天。爲亦定性不還生耶。答。依五瓔珞經[1]淨居。無廻無趣[2]者。許亦無失。又穢土淨居。尙不可言無廻心者。何況淨土。以不空羂索經。敎化彼天。合[3]發心故。又[4]等。授彼諸天。菩薩記故。

1) ㉯『梵網古迹抄』에 따르면 '瓔珞經'은 착간이다. 2) ㉯『梵網古迹抄』에 따르면 '無趣'는 '心'이다. 또한 저본에 따르면 '無'는 연자이다. 3) ㉯『梵網古迹抄』에 따르면 '合'은 '令'이다. 4) ㉯『梵網古迹抄』에 따르면 앞의 '瓔珞經'은 '又' 뒤에 들어가야 한다.

문 만약 이와 같다면[97] 무엇 때문에 『성유식론』에서 "그런데 오정거천에는 회향하여 나아가는 이가 없다. 경[98]에서 거기에서는 대심大心(大菩提

숨이라고도 한다. 불환과를 얻은 성자는 정거천에 태어나고 그곳에서 입멸하면 바로 열반에 든다.
94 바로 이어서 나오는 『成唯識論』의 글과 관련된 논의를 참조할 것.
95 사나굴다闍那崛多 역 『不空羂索經』(T20, 399a, 587년 번역), 현장玄奘 역 『不空羂索神呪心經』(T20, 402b, 659년 번역), 보리류지菩提流志 역 『不空羂索呪心經』(T20, 406b, 693년 번역) 등에서 모두 관세음보살이 자신이 불공견삭주不空羂索呪에 의해 정거천을 비롯한 수많은 천자를 교화하여 발심하게 하였음을 설한 글이 나온다. 의적이 이 중 어느 것을 참조하였는지는 확정할 수 없다. 이상에서 번역 연대를 상세히 밝힌 것은 아직까지 논의 중에 있는 의적의 『無量壽經述義記』의 찬술 연대 추정과 관련하여 주요 근거가 될 수 있기 때문이다.
96 『菩薩瓔珞經』 권13(T16, 116b)에서 부처님께서 정거천자에게 현겁 가운데 700명의 부처님을 지나면 성불할 수 있다고 한 것을 그 증거가 되는 문장으로 삼을 수 있다.
97 "정거천에 회향하는 이가 있다."라는 말을 가리킨다.
98 본 논에 대한 주석에 따르면 이는 『大般若經』을 가리킨다. 정확한 출처와 내용은 주 99를 참조할 것.

心)을 일으킨다고 설하지 않았기 때문이다."⁹⁹라고 한 것인가?¹⁰⁰

답 이 글(『성유식론』)에서 회향을 논한 것은 『대반야경』의 글을 풀이한 것이고 그 하늘에는 마음을 회향하는 이가 전혀 없다고 말하는 것은 아니다.¹⁰¹

『대반야경』의 해당 글에서 "이(정거천) 이하의 여러 하늘들은 모두 반야바라밀다를 설한 경전이 있는 곳에 와서 예배를 드리고 공양하는데, 보리심을 일으킨 이로서 (왔다가) 돌아간다."¹⁰²라고 하고 오직 오정거천 이후는 보리심을 일으킨 것을 말하지 않았다.¹⁰³ 그러므로 주석한 사

---

99 『成唯識論』권7(T31, 40b)에서 "문 이것은 어떤 세계 이후에 제8식의 무루를 이끌어 내는가? 답 혹은 색계에서부터이고 혹은 욕계 이후이다. 범부로서 불과를 증득하는 이는 색계 이후에 무루를 이끌어 낸다. 그는 반드시 정거천의 대자재천궁에 태어나 살면서 보리를 증득하기 때문이다. 이승으로 대보리에 나아가는 이는 반드시 욕계 이후 무루를 이끌어 낸다. 회향하여 나아가 몸을 머무는 것은 오직 욕계뿐이기 때문이다. 그는 반드시 대자재천궁에 머물면서 비로소 성불할 수 있지만 본래의 서원의 힘에 의해 머무는 생신生身은 욕계이기 때문이다. 다음과 같은 견해가 있다. 색계에서도 역시 성문으로서 대승으로 회향하여 나아가 서원의 힘에 의해 몸을 머무는 이가 있다. 이미 성스러운 가르침과 바른 이치에 모두 위배되지 않는다. 따라서 성문의 제8 무루식은 색계의 마음 이후에도 역시 나타날 수 있다. 그러나 오정거천에는 대보리에 회향하여 나아가는 이가 없다. 경에서 거기에서는 대보리심을 일으킨다고 설하지 않았기 때문이다.(此何界後. 引生無漏. 或從色界. 或欲界後. 謂諸異生. 求佛果者. 定色界後. 引生無漏. 彼必生在淨居天上大自在宮. 得菩提故. 二乘迴趣大菩提者. 定欲界後. 引生無漏. 迴趣留身. 唯欲界故. 彼雖必往大自在宮. 方得成佛. 而本願力. 所留生身. 是欲界故. 有義. 色界亦有聲聞迴趣大乘願留身者. 既與敎理. 俱不相違. 是故聲聞第八無漏. 色界心後. 亦得現前. 然五淨居. 無迴趣者. 經不說彼發大心故.)"라고 하였다.
100 바로 앞에서 "회향하지 않는 정성불환이 정거천에 왕생할 수 있다."라고 한 것은 "정거천에는 회향하는 이가 없다."라고 하는 『成唯識論』의 설과 모순된다는 것을 지적한 것으로 보인다.
101 "문 저 국토의 정거천에도 또한"에서부터 여기까지는 『梵網古迹抄』(D15, 112a)에서 의적의 『觀無量壽經疏』에 나오는 글이라고 하여 인용한 글과 내용이 거의 동일하다. 따라서 이것에 의거하여 교감하였다. 현재 『無量壽經』에 대한 주석인지, 『觀無量壽經』에 대한 주석인지 확정할 만한 자료가 없기 때문에 삽입·제외 여부에 대한 교감은 하지 않고 그대로 두었다.
102 『大般若經』권126(T5, 693a). 취의요약한 것이다.
103 『大般若經』권126(T5, 693a)에서 "선남자와 선여인이 반야바라밀다를 서사書寫하고

람[104]이 그 말을 풀이하여 말하기를 "색계를 여의려고 하기 때문이다. (성문의) 제8식의 무루는 모든 곳에 두루 나타난다."[105]라고 하였다.[106]

그러므로 오정거천에 마음을 회향하는 이가 없다고 한 것은 『대반야경』에서 그 하늘에서는 보리심을 일으키는 것을 설하지 않은 것[107]을 따랐기 때문이다.

若爾何故。成唯識云。然五淨居。變[1)]廻心[2)]者。經不說彼發菩提[3)]心故。此文廻釋般若經文。非謂彼天先[4)]無廻心者。以大般若多處文云。下諸天等。皆來般若波羅蜜多經卷處中。禮拜供養。發心而去。唯五淨居。不言發心。是故註主。釋彼言云。離色界故。第八無濁[5)]。皆客現在。然五淨居無廻心者。由般若經不說彼天發菩提故。

1) 옘『成唯識論』에 따르면 '變'은 '無'이다. 『梵網古迹抄』도 동일하다. 2) 옘『成唯識論』에 따르면 '心'은 '趣'이다. 『梵網古迹抄』도 동일하다. 3) 옘『成唯識論』에 따르면 '菩提'는 '大'이다. 『梵網古迹抄』도 동일하다. 4) 옘『梵網古迹抄』에 따르면 '先'은 연자이다. 5) 옘 '濁'은 '漏'인 것 같다.

『대반야경』에서 그곳에서 보리심을 일으키는 것을 설하지 않은 것은 보살장의 초기에 해당하는 경전이고 『법화경』을 설하기 이전이어서 아직 이미 정위正位에 들어간 성문이 대보리심大菩提心을 일으키는 것에 대해

공양하면, 삼천대천세계에 있는 사천왕에서부터 타화자재천에 이르기까지의 이미 보리심을 일으킨 이들이 항상 이곳으로 와서 반야바라밀다에 예배하고 공양하고 합장하고 돌아간다. 범중천에서부터 무량광천까지의 이미 보리심을 일으킨 이들도 그렇게 한다. 정거천도 그렇게 한다."라고 하여, 정거천에 대해서는 '보리심을 일으킨 이'라고 말하지 않은 것을 가리킨다. 『成唯識論述記』 권7(T43, 499a)을 참조할 것.
104 주석한 사람 : 『成唯識論』의 저자인 호법護法 등의 논사를 가리키는 말로 보인다.
105 『成唯識論』 권7(T31, 40b). 주 99를 참조할 것.
106 이상 답변은 『成唯識論』은 『大般若經』에서 설한 것에 의거하여 그것을 풀이하였기 때문에 "오정거천에는 회향하는 이가 없다."라고 한 것일 뿐이고, 그 논서 자체가 이것을 하나의 결정적 사실로 주장하고 있는 것은 아니라는 말인 것 같다.
107 『大般若經』 권126(T5, 693a).

서는 설하지 않았기 때문이다.[108] 그러므로 그 경에서 "너희들 여러 하늘은 보리심을 일으켜야 한다."[109]라고 하였다. 만약 (단지) 성문의 지위에 들어갔다면 대심大心(보리심)을 일으킬 수 있다. 그러므로 그 경에서 "너희들 여러 하늘들은 보리심을 일으켜야 한다. 만약 성문의 정성이생正性離生[110]에 들어가면 결국 대보리심을 일으킬 수 없다. 생사의 흐름에서 이미 한계에 이르러 격별한 상태[111]이기 때문이다."[112]라고 하였다.

般若不說彼發者。菩薩以初分經。在法華前。未說已入正位聲聞。發大心故。故彼經云。汝等諸天。應當發心。若入聲聞。發大心故。故彼經云。汝等諸天。應當發心。若入聲聞正性離生。終不能發大菩提心。於生死流。已經界[1]故。

1) ⓨ『大般若經』에 따르면 '經界'는 '作限隔'이다.

---

108 『大般若經』 권77(T5, 432a)에서 "교시가여, 너희들 여러 하늘들이 아직 무상보리심을 일으키지 못했다면 지금 모두 일으켜야 한다. 교시가여, 만약 성문과 독각의 정성이생에 들어간 이라면 다시 아뇩다라삼먁삼보리심을 일으킬 수 없다.(憍尸迦。汝諸天等。未發無上菩提心者。今皆應發。憍尸迦。若入聲聞獨覺正性離生者。不能復發阿耨多羅三藐三菩提心。)"라고 하였다. 이 밖에 여러 곳에 나오는 말이다. 또한 『大品般若經』 권7(T8, 273b)에서 "천자들이여, 지금 아직 아뇩다라삼먁삼보리심을 일으키지 않은 이는 보리심을 일으켜야 한다. 천자들이여, 만약 성문의 정위에 들어가면 이 사람은 아뇩다라삼먁삼보리심을 일으킬 수 없다.(諸天子。今未發阿耨多羅三藐三菩提心者。應當發心。諸天子。若入聲聞正位。是人不能發阿耨多羅三藐三菩提心。)"라고 하였다. 반야부 경전에서는 아직 정성성문의 회향에 대해 설하지 않았고 정성성문의 회향은 『法華經』에 이르러서 비로소 설해지는 것이기 때문이라고 해석하였다.
109 『大般若經』 권77(T5, 432a).
110 정성이생正性離生 : Ⓢ samyaktvaniyāma의 의역어. '이생'은 이생범부異生凡夫의 생을 여의는 것을 말한다. 견도위에서 무루지無漏智를 일으키고 번뇌를 끊어서 반드시 이생異生을 여의는 것을 말한다.
111 다시 생사의 세계로 돌아오지 않기 때문에 다시 보리심을 일으킬 일도 없다는 말인 것 같다.
112 『大般若經』 권77(T5, 432a).

(여기에서) 오정거천은 모두 이것(성문의 정성이생)에 해당하기 때문에 보리심을 일으키고 오는 것을 설하지 않은 것이다. 그 이하의 여러 하늘 가운데에 아직 성문의 정위에 들어가지 않고 오는 이가 있기 때문에 보리심을 일으키고 온다고 설한 것이다. (그렇다고 해서) 그 이하의 하늘에는 대부분 부정성不定性이 있다고 말하는 것은 아니다. 비록 이미 특정 지위에 머물렀어도 (아직 무여열반에 들어가지 않았다면) 보리심을 일으킬 수 있다. 정거천에는 오직 취적성趣寂性(무여열반에 들어간 성문)만 있다. 그러므로 보리심을 일으키고 회향하여 나아갈 수 없는 것이다.

이와 같지 않다면 어떤 도리로 동일하게 정성불환인 가운데 오정거천에 태어나는 것은 오직 취적성뿐이고 그 아래의 생반生般 등은 그렇지 않은 것인가?

> 五淨居天純是。不說發心而來。下諸天中。有來未入位。是故說言發心而來。非謂下大有不定者。雖已坐而能發心。淨居唯有趣寂。是故不能發心廻趣。若不爾者。何道理同是上生[1]不還之中。生五淨居。唯是趣寂。下生般等則不爾耶。

1) ㉠ '上生'은 '定性'인 것 같다.

그러므로 이렇게 말해야 한다. 『반야경』 등의 아직 삼승을 회합하지 않은 경에 의거하면, 이미 바로 정성이생에 들어간 모든 이가 마음을 회향하고 보리심으로 나아가는 것을 말하지 않았다. 보살은 오직 오정거천에는 태어나지 않는 사람이다. 『법화경』 등의 이미 삼승을 회합한 가르침에 의거하면 취적성까지도 모두 마음을 회향할 수 있다. 『해심밀경』 등의 요의了義(완전하고 궁극적인 이치)를 분별한 가르침에 의거하면 취적종성趣寂種姓(취적성)은 설령 아직 특정 지위에 머물지 않았다고 해도 대보리심을 일으킬 수 없고 부정종성不定種姓은 이미 과를 얻었어도 모두 마음을 회향하여 보살승을 향해 나아갈 수 있다.

> 是故應言。依般若等。未會乘經。一切已正入性離生。不言廻心趣向。菩薩
> 非唯生於五淨居者。依法華等。已會乘敎。乃至趣寂。皆能廻心。若依深密
> 等分別了義敎。趣寂種姓。設未入坐。不能發大菩提心。不定種姓。誤已得
> 果。皆能廻心趣向菩薩。

이러한 이치에 의거하여 경의 글을 회통하여 해석한다. 저 정토에서 정거천 등은 단지 다른 세계에 수순하는 것으로 인하여 위와 아래에 다른 이름이 부여된 것일 뿐이고 업력業力·종성의 차이로 말미암아 그러한 것은 아니다. 그러므로 모두 대승행을 닦을 수 있다.【『안양집』 권5·『안양초』 권7】

> 諸依此理。會釋經文。非引彼文。論無廻心。且心剩論。還釋本男。[1] 彼淨土
> 中。淨居天等。但因順餘方。有下上異名。非由業力種姓異。是歟[2] 故一切
> 能修大行。【安養集五·安養抄七】

---
1) ㉭ '非引彼文論無廻心且心剩論還釋本男'은 오식이 있는 것 같다. 2) ㉭ 『安養抄』에 따르면 '歟'는 연자이다.

다음은 태생胎生을 받아 그곳에 왕생하는 이가 어느 품에 해당하는지를 밝힌다. 구역의 두 경전에 의거하면 모두 중품(중배)과 하품(하배)에 해당한다고 설하였다.[113] 모두 하나의 갠지스강에 있는 모래알처럼 많은 부처님의 처소에서 보리심을 일으키는 것을 채우지 못하였기 때문에 대승

---
113 『無量淸淨平等覺經』(T12, 292a)과 『阿彌陀經』(T12, 310a)의 중배를 설한 부분에서 "마음에 의심이 일어나(心中狐疑)"라고 한 것을 참조할 것. 또 『無量淸淨平等覺經』(T12, 292c)의 하배를 설한 부분에서 "마음에 의심이 일어나(心意狐疑)"라고 하고 『阿彌陀經』(T12, 310c)의 하배를 설한 부분에서 "마음에 의심이 일어나(意用狐疑)"라고 한 것을 참조할 것. 이것에 의거하면 중품과 하품은 곧 중배와 하배를 가리킨다.

을 수용하지만 의심을 일으키고, 비록 의심하는 마음을 내지만 비방하지는 않는다. 의심하는 마음을 가지고 공덕을 닦기 때문에 비록 그 국토에 태어나도 변두리에 머물면서 500년 동안 부처님을 친견하고 법을 듣고 수행할 수 없다. 마치 태내에 머물러 보고 듣는 것이 없는 것과 같기 때문에 태생을 받는다고 하였다.

次明生彼受胎生者。在何品中。依舊兩本。皆說在於中下品中。以皆未滿一恒沙故。宮[1]於大乘。有起疑惑。雖赴疑惑。然不誹謗。帶疑惑心。修功德故。雖生彼國。而在邊地。於五百歲。不能見佛聞法修行。如在胎中。無所見聞。是故。說名受胎生也。

1) ㉠ '宮'은 '容'인 것 같다.

㉑ 『관무량수경』에서 설한 하배의 삼생은 태생이 아닌가?

㉓ 아니다. 그들은 모두 부처님과 가까운 곳에 왕생하여 연꽃 속에 머물고 변두리의 궁전에는 태어나지 않기 때문이다. 불지佛智 등에 대해 의심하는 마음을 일으키지 않았기 때문에 부처님과 가까운 곳에 태어나지만 일찍이 무거운 악업을 지었기 때문에 오랫동안 연꽃 속에 머물면서 피어나지 못한다.

태생을 받는다는 것은 부처님의 지혜를 의심하였기 때문에 부처님으로부터 멀리 떨어진 곳에 머물지만 일찍이 온갖 무거운 악업을 짓지는 않았으니 그러므로 오랫동안 연꽃 속에 머문다고는 설하지 않았다.[114]『안양집』

---

114 『安養抄』(T84, 164b)에서 "九品往生義云。① 問曰。引彼經文。受胎生者。…… ② 然寂法師壽經疏云。觀經所說。下輩三生。非是胎生。彼皆近生佛前花中。非生邊地宮殿中。於佛智等。不生疑故。近在佛邊。而由曾作重惡業故。久在花中。不能開故。受胎生者。疑佛智故。去佛遠在。而曾不作諸惡業。是故不說久在花中。③ 今詳此解。似不盡理。此經下輩。若非胎生。爲何生攝。…… 此彼亦同。故引彼經。終無違矣。【文】"라고 하였다. 이는 『安養抄』에서 양원의 『九品往生義』(J15, 32b)에 수록된 글을 인용한 것

【권7・『안양초』 권4】

問。觀經所說。下輩三生。爲是胎生不。答。非也。彼皆近生佛前華中。非生邊地宮殿中故。於佛智等。不生疑故。近在佛邊。而由曾作重惡業故。久在華中。不能開化。受胎生者。疑佛智故。去佛遠在。而曾不作諸重惡業。是故。不說久在華中。今詳此解。似不盡理。此經下輩。若非胎生。爲何生攝。若言化生。亦不應理。何者。彼經說化生者。智慧勝故。七寶花中。自然化生。跌跏而坐。須臾之頃。身相光明。智慧功德。如諸菩薩。具足成就。此經下輩。旣不如是。故知不應彼化生攝。若非化生。豈卵濕生耶。若許便有大過失故。若離四生者。卽有無因過。故知雖在佛前花中。經劫不見佛法僧。故依喩應名受胎生者。然非父母和合生故。亦名化生。此義亦得。以之言之。宮殿蓮花。二文雖別。九品生攝。莫生不盡。其間共[1]樂。此彼亦同。故引彼經。終[2]無違矣[3]文。[4]・[5]【安養集七・安養抄四】

1) ㉑『極樂淨土九品往生義』에 따르면 '共'은 '苦'이다. 2) ㉑『極樂淨土九品往生義』에 따르면 '終'은 '爲證'이다. 3) ㉑『極樂淨土九品往生義』에 따르면 '矣'는 연자이다. 4) ㉑『安養抄』에 따르면 '文'은 세주의 형식으로 처리해야 한다. 이는『極樂淨土九品往生義』의 인용문이 끝나는 부분임을 나타낸 것이다. 5) ㉑ '今詳此解……無違'는 잘못 추출된 것이다. 이는 앞에 나오는 의적의 글에 대한 양원의 해석에 해당하는 부분이기 때문이다.

기 세 번째 문답으로 그 본 것을 결정하였으니 궁전에 화생하는 것이다.[115] 네 번째 문답으로 그 본 것을 결정하였으니 궁전에 태생하는 것이

이고 에타니는 『安養抄』에서 "然寂法師壽經疏云"이라고 한 것 이하를 『述義記』라고 하여 발췌하였다. 그런데 「九品往生義」의 글은 ① 자신의 논지를 전개하다가 ② 의적의 글을 인용하고 ③ 의적의 글에 대해 해석하는 구조로 되어 있다. 그러므로 ②에 해당하는 부분만 『述義記』의 내용이라 할 수 있고 그 이하의 108글자는 그에 대한 양원의 해석이다. 그러므로 이는 복원본에서 삭제해야 한다.

115 앞의 『無量壽經』 본문에서 "'그렇습니다. 이미 들었습니다.' '그 나라의 사람들은 백천 유순의 일곱 가지 보배로 이루어진 궁전(七寶宮殿)을 타고 어떤 장애도 없이 시방세

다.[116] 모두 글과 같으니 이해할 수 있을 것이다.[『안양집』 권7]

第三問答。定其所見。化生宮殿。第四問答。定其所見。胎生宮殿。皆如文解。[1]【安養集七】

1) ㉭ 저본에 따르면 '第三問答……皆如文解'는 바로 뒤에 이어지는 경의 글 뒤에 놓여 있다. 주석의 내용에 의거하여 역자가 위치를 앞으로 옮겼다.

경 그때 자씨보살이 부처님께 말씀드렸다.

"세존이시여, 어떤 인因과 어떤 연緣으로 그 국토에 왕생하는 사람이 태생하기도 하고 화생하기도 하는 것입니까?"

부처님께서 자씨보살에게 말씀하셨다.

"어떤 중생은 의심하는 마음으로 여러 가지 공덕을 닦고 그 국토에 왕생하기를 원한다. 곧 불지佛智와 부사의지不思議智와 불가칭지不可稱智와 대승광지大乘廣智와 무등무륜최상승지無等無倫最上勝智를 분명히 알지 못하기 때문에 이러한 여러 지혜를 의심하여 믿지 않지만, 오히려 죄와 복의 인과는 믿기 때문에 선의 근본을 닦고 그 국토에 왕생하기를 원하는 것이다. 이러한 모든 중생은 그 (국토의 변두리에 있는) 궁전에 태어나 500세 동안 살면서 영원히 부처님을 친견하지 못하고, 경법經法을 듣지 못하며, 보살과 성문 등의 성자 대중도 보지 못한다. 그러므로 그 국토에서 이것을 태생이라 한다. 어떤 중생이 불지에서 무등무륜최상승지에 이르기까지 부처님의 지혜를 분명히 믿고 온갖 공덕을 지으며 믿는 마음을 갖고 회향하면, 이 중생은

---

116 앞의 『無量壽經』 본문에서 "'그 국토의 사람으로 태생에 의해 왕생하는 이도 있는데 너희들은 보지 않았느냐?' 대답하였다. '이미 보았습니다.' '그곳에 태생하는 사람이 거주하는 궁전은 혹은 100유순이고 혹은 500유순이다. 각각 그 속에서 살면서 온갖 쾌락을 누리는데 도리천처럼 또한 그 모든 것이 저절로 이루어진다.'"라고 한 것을 가리킨다.

계에 두루 이르러 여러 부처님께 공양하는데, 너희들은 또한 보지 않았느냐?' 대답하였다. '이미 보았습니다.'"라고 한 것을 가리킨다.

일곱 가지 보배로 이루어진 꽃 속에 저절로 화생하여 결가부좌를 하고 앉는데, 순식간에 신체의 모습과 광명과 지혜와 공덕을 여러 보살처럼 구족하여 성취한다."

爾時。慈氏菩薩。白佛言。世尊。何因何緣。彼國人民。胎生化生。佛告慈氏。若有衆生。以疑惑心。修諸功德。願生彼國。不了佛智。不思議智。不可稱智。大乘廣智。無等無倫最上勝智。於此諸智。疑惑不信。然猶信罪福。修習善本。願生其國。此諸衆生。生彼宮殿。壽五百歲。常不見佛不聞經法。不見菩薩聲聞聖衆。是故。於彼國土。謂之胎生。若有衆生。明信佛智。乃至勝智。作諸功德。信心迴向。此諸衆生。於七寶華中。自然化生。跏趺而坐。須臾之頃。身相光明。智慧功德。如諸菩薩。具足成就。

기 "그때 자씨보살이 부처님께 말씀드렸다.……여러 보살처럼 구족하여 성취한다."라고 한 것에 대해 서술하여 말한다. 이 이하는 두 번째로 보살이 그곳에 왕생하는 것에 대해 두 가지 과를 나타내었다. 처음 가운데 먼저 묻고 나중에 답하였다. 그 답의 뜻은 부처님의 다섯 가지 지혜에 대해 의심을 일으키는 이는 태생을 받고 또 다섯 가지 지혜를 결정코 믿는 이는 화생을 받는다는 것이다.

다섯 가지 지혜라는 것은 어떤 지혜들인가?「보살지」'보리품'에서 "두 가지 번뇌를 끊고 두 가지 지혜를 얻는 것을 보리라고 한다."[117]라고 하였고, 두 가지 지혜에 차이가 있는 것 가운데 분별하여 다섯 가지가 있는데 "첫째는 번뇌장煩惱障[118]을 끊기 때문에 결국 일체의 번뇌를 떠나서 속

---

117 『瑜伽師地論』권38(T30, 498c).
118 번뇌장煩惱障 : 아집我執(人我見)으로 말미암아 발생하는 장애. 탐욕·분노·어리석음 등의 여러 번뇌에 의해 업業을 일으키고 생生을 윤택하게 함으로써 중생의 몸과 마음을 괴롭히고 삼계를 생사윤회하게 하여 열반涅槃의 과果를 얻는 것을 장애하는

박되지 않는 지혜이다. 둘째는 소지장所知障[119]을 끊기 때문에 일체의 알아야 할 것에 대해서 걸림이 없고 장애가 없는 지혜이다."[120]라고 하였고, 나중의 세 가지라는 것은 "다시 다른 문이 있다. 청정한 지혜와 모든 것을 아는 지혜(一切智)와 막힘이 없는 지혜이다. 모든 번뇌와 모든 습기를 결국 끊었기 때문에 청정한 지혜라고 한다. 모든 계와 모든 일과 모든 품과 모든 시時에 대해 지혜가 어떤 장애도 없이 일어나는 것을 모든 것을 아는 지혜라고 한다. 잠시 작의할 때 모든 것에 두루 어떤 장애도 없이 빨리 일어나고 여러 차례의 작의와 사유로 말미암지 않고 한 번의 작의에 의지하여 두루 알기 때문에 막힘이 없는 지혜라고 한다."[121]라고 하였다.

> 爾時慈氏菩薩白佛言至如諸菩薩具足成就。述曰。此下第二菩薩生若[1]彼顯二果。若[2]初中先問後答云。中意者。於佛五智。生疑惑者。爲受胎生。若於五智。決定信者。爲受化生。言五智者。謂何智等。菩薩地中。菩提分品云。二斷二智。是名菩提。二者[3]異中。分別有五。一煩惱障[4]故。畢竟離垢一切煩惱。不順[5]縛者。[6] 所[7]障斷故。於一切所[8]故無碍無障智。其後三者。後[9]有異門。謂淸淨智。[10] 無滯智。一切煩惱。並諸習氣。畢竟斷故。名淸淨智。於一切界。一切事。品[11] 一切持。[12] 智無碍[13]轉。名一切智。暫作意時。遍於一切無碍[14]速度。[15] 不由數數作意思惟。依一作意。遍了知故。名無[16]知。[17]

1) ㉐ '若'은 '於'인 것 같다. 2) ㉐ '若'은 연자인 것 같다. 3) ㉐ '者'는 '智'인 것 같다. 4) ㉐ 『瑜伽師地論』에 따르면 '障' 뒤에 '斷'이 누락되었다. 5) ㉐ 『瑜伽師地論』에 따르면 '順'은 '隨'이다. 6) ㉐ 『瑜伽師地論』에 따르면 '者'는 '智'이다. 7) ㉐ 『瑜伽師地

것이다.
119 소지장所知障 : 법집法執(法我見)으로 말미암아 발생하는 장애. 탐욕·분노·어리석음 등의 여러 번뇌에 의해 미혹됨으로써 보리의 묘지妙智를 장애하여 제법의 사상事相과 실성實性을 알지 못하게 하는 것이다.
120 『瑜伽師地論』 권38(T30, 498c).
121 『瑜伽師地論』 권38(T30, 498c).

論』에 따르면 '所' 앞에 '二'가 누락되었고 뒤에 '知'가 누락되었다. 8) ㉯『瑜伽師地論』에 따르면 '所' 뒤에 '知'가 누락되었다. 9) ㉯『瑜伽師地論』에 따르면 '後'는 '復'이다. 10) ㉯『瑜伽師地論』에 따르면 '智' 뒤에 '一切智'가 누락되었다. 11) ㉯『瑜伽師地論』에 따르면 '品' 앞에 '一切'가 누락되었다. 12) ㉯『瑜伽師地論』에 따르면 '持'는 '時'이다. 13) ㉯『瑜伽師地論』에 따르면 '碍'는 '礙'이다. 14) ㉯『瑜伽師地論』에 따르면 '碍'는 '礙'이다. 15) ㉯『瑜伽師地論』에 따르면 '度'는 '疾'이다. 16) ㉯『瑜伽師地論』에 따르면 '無' 뒤에 '滯'가 누락되었다. 17) ㉯『瑜伽師地論』에 따르면 '知'는 '智'이다.

여기(『무량수경』)에서 말한 것은 어떤 지혜를 알지 못한다고 한 것인가?

("불지"라는 것은) 바로 첫 번째인 필경畢竟에 모든 번뇌를 떠나서 속박되지 않는 지혜를 말한다. 이 지혜는 범부가 번뇌를 끊을 수 없기 때문에 생사의 세계에 속박되어 있는 것과 다르다. 오직 부처님만이 깨달아 영원히 끊어서 다할 수 있기 때문에 불지佛智라고 한다. 이러한 지혜가 어떤 공능이 있는 것인지 분명하게 알지 못하는 것을 "불지를 분명하게 알지 못한다."라고 한다. 여기에서 "분명하게 알지 못한다."라는 말은 또한 뒤의 네 가지에 통한다.

"부사의지"라는 것은 바로 두 번째인 일체의 알아야 할 것에 대해서 걸림이 없고 장애가 없는 지혜이다. 이 지혜는 소승이 비록 번뇌장을 끊을 수 있기 때문에 지혜는 있지만 걸림이 있고 장애가 있기 때문에 부사의가 아닌 것과는 다르다. 부처님은 영원히 소지장을 끊기 때문에 지혜에 걸림과 장애가 없기 때문에 부사의라고 한다.

"불가칭지"라는 것은 바로 세 번째인 청정한 지혜이다. (이 지혜는) 첫 번째 겁(初劫)의 보살과 다른 것이다. 첫 번째 겁의 보살은 모든 번뇌를 전부 아직 깊이 끊은 것은 아니기 때문에 청정하다고 하지 않는다. 청정하지 않기 때문에 불가칭이 아니다. 부처님은 끊을 수 있기 때문에 청정지라고 한다. 청정지는 지혜가 청정하기 때문에 불가칭이라고 한다.

"대승광지"라는 것은 바로 네 번째인 모든 것을 아는 지혜를 말한다.

이 지혜는 두 번째 겁(二劫)의 보살과 다르다. 두 번째 겁의 보살은 아직 공용이 없어도 저절로 항상 일어나는 지혜를 얻지 못하였기 때문에 모든 계界 등에 장애가 일어나지 않을 수 없다. 그러므로 일체를 아는 지혜라는 이름을 얻지 못한다. 일체를 아는 지혜라는 이름을 얻지 못하기 때문에 대승광지가 아니다. 부처님에게는 장애가 없으니 이 일체를 아는 지혜를 대승광지라고 한다.

다섯 번째로 "무등무륜최상승지"라는 것은 바로 다섯 번째인 막힘이 없는 지혜를 말한다. 이 지혜는 세 번째 겁(三劫)의 보살과 다른 것이다. 세 번째 겁의 보살은 미세한 두 가지 장애가 아직 다하지 않은 것이 있기 때문에 잠시 작의하는 것으로 모든 것을 두루 분명하게 알 수 없다. 그러므로 막힘이 없는 지혜라는 이름을 얻을 수 없다. 막힘이 없는 지혜라는 이름을 얻지 못하기 때문에 무등무륜최상승지가 아니다. 부처님만이 두루 분명히 알아 막힘이 없는 지혜를 얻었다. 그러므로 무등무륜최상승지라고 한다.

此中所言。不了何智。謂卽第一畢竟離垢一切煩惱不隨縛智。此智異凡□支[1]不能斷煩惱故。縛在生死。唯佛能覺。永斷盡故。名爲佛智。不能了知。何有此智。名不了佛智。此不了言。亦通下四。不思議智者。謂卽第二於一切所知無礙無障智。此智異小乘雖能斷煩惱障故智有。有礙礙障[2]障故。非不思議。佛能永斷所知障故。智無礙障故。名不思議。不可稱智者。謂卽第三淸淨智。異於初劫菩薩。初劫菩薩。於諸煩惱。全未斷深。不名淸淨。不淸淨故。非不可稱。佛能斷故。名淸淨智。淸淨智。智淸淨故。名不可稱。大[3]廣智者。謂卽第四一切智。此智異於二劫菩薩。二劫菩薩。未得無用功[4]雍[5]運道於[6]故。一切界等。不能無障轉。是故。不得名一切智。不名一切智故。非大乘廣智。佛能無礙。是一切智。名大乘廣智。第五無等無倫最上勝智者。謂卽第五無滯智。此智異於三劫菩薩。三劫菩薩。微細二障。猶未盡故。不能暫作意。遍於一切了。是故不得名無滯智。不名無滯智故。非無等無倫最上勝智。智[7]佛能遍了。無滯智。是故得名無等無倫最上勝智。

1) ㉠ '口支'는 '夫'인 것 같다. 2) ㉠ '碍障'은 '有'인 것 같다. 3) ㉠『無量壽經』에 따르면 '大' 뒤에 '乘'이 누락되었다. 4) ㉠ '用功'은 '功用'인 것 같다. 5) ㉠ '雍'은 '任'인 것 같다. 6) ㉠ '道於'는 '轉智'인 것 같다. 7) ㉠ '智'는 '唯'인 것 같다.

먼저 지혜가 없는 일이 일어나고 나서 분명히 알지 못하는 일이 일어나기 때문에 이러한 여러 가지 지혜를 의심하고, 믿지는 않지만 일체의 인과를 폐기하게 하지는 않는다. 그러므로 오히려 죄와 복의 인과는 믿고 선의 근본을 닦는다. 선의 근본을 닦으면서 의혹하는 마음이 간간이 뒤섞여서 일어나기 때문에 닦은 선으로 하여금 청정함을 얻지 못하게 한다. 그러므로 그 국토에 왕생할 때 저 변두리에 살면서 부처님의 처소 가까이에서 부처님을 뵙고 법을 듣는 일을 자유자재하게 할 수 없다. 마치 태장胎藏에 있어서 보고 듣는 것이 없는 것과 같다. 그러므로 후세에 태생을 받는다고 하였다. 화생을 받는 것은 이것을 따라 알 수 있다. 글의 뜻이 이와 같으니 다시 번거롭게 설명하지 않는다.【『안양집』 권7】

無智爲先。起不了故。於此諸智。疑惑不信。狀非令撥一切因果。是故猶信福罪。[1] 修習善本。修習善本。以疑惑心間雜起故。令所修善。不得淸淨。是故生往生彼國之時。在彼邊地。不近佛所。於其見佛聞法之事。不得自在。如在胎藏。無所見聞。是故。名後受胎生也。受化生者。變此可知。文意如是。不復碎粉。[2]【安養集七】

1) ㉠『無量壽經』에 따르면 '福罪'는 '罪福'이다. 2) ㉠ '碎粉'은 '繁說'인 것 같다.

🔑 "이 중생은 일곱 가지 보배로 이루어진 꽃 속에 저절로 화생하여"라는 것은 좌대의 공덕을 나타낸 것이다. 곧 존경할 만한 분이신 무량대보왕無量大寶王이 번뇌에 의해 흔들리지 않는 깊은 지혜를 이루고 앉아 계

신 미묘하고 청정한 화대를 말한다. (『왕생론』에서) 게송으로 말하기를 "무량대보왕께서 미묘하고 청정한 화대에 앉아 계시네."[122]라고 한 것과 같기 때문이다. '무량대보왕'은 불세존이다. 희유하여 만나기 어려우며 자재함을 얻었기 때문이다. 또 '화대'를 '보왕'이라고 한 것일 수도 있으니 마니주왕으로 덮어서 꾸몄기 때문이다.

'청정한 화대'라는 것은 저 무량대보왕께서 앉아 계신 화대이다. 이러한 화대에는 두 가지가 있다. 첫째는 변화에 의해 만든 형상으로 나타난 외부의 자리이고, 둘째는 진실한 덕에 의해 생겨난 내면에 있는 자리이다.

변화에 의해 만든 형상으로 나타난 외부의 자리라는 것은 『관무량수경』에서 (정토왕생을 위한 십육관법十六觀法을 설한 것 중) 제7관(화좌관華座觀)에서 설하기를 "(연꽃 낱낱의 잎은) 백 가지 보배 빛깔이고 연꽃은 8만 4천 장의 잎으로 이루어져 있다.【중략】(곳곳에서 마음대로 변화하면서) 널리 불사佛事를 베푼다."[123]【지금 경의 글과 같다. 그러므로 구체적인 내용은 생략한다.】라고 하였다. 이것은 화신이 앉는 좌대의 형상을 설한 것이다. 수용신의 좌대는 광대하고 한량이 없다. 십지의 계위를 따라서 나타나니 그 크기가 일정하지 않다.

진실한 덕에 의해 생겨난 내면에 있는 자리라는 것은 두 가지 공[124]의 본성과 진여와 법계를 말하니 모든 공덕의 의지처이기 때문이다.【『안양집』 권3·『안양초』】

此諸衆生。於七寶華中。自然化生者。[1)] 座功德者。謂可尊敬。無量寶王。不

---

122 『往生論』(T26, 231a).
123 『觀無量壽經』(T12, 342c).
124 두 가지 공 : 인공人空과 법공法空을 가리킨다. 인공은 아공我空이라고도 하며 오온으로 구성된 자아의 실체성을 부정하는 것이다. 법공이란 자아를 구성하는 요소인 오온 자체도 부정하는 것이다.

動染深惠。妙淨華臺。如偈云。無量大寶王。微妙淨華臺故。大寶王。謂佛世尊。希有難遇。得自在故。又卽²⁾華臺。名爲寶王。摩尼珠王爲映飾故。淨華臺者。謂彼寶王所坐花。³⁾ 如是花臺。有其二種。一者化相所現外座。二者實德所⁴⁾內座。化相所現外座者。如觀經中第七觀說。百寶色。華有八萬四千葉。乃至彌陀二佛作事。⁵⁾【金⁶⁾同經。仍略之】此說化身所坐座相。受用身座。廣大無量。隨十地見。其量不定。實德所依內座者。謂二空性。眞如法界。一切功德所依處故【安養集三·安養抄】

1) ㉲ 저본에 따르면 '此諸衆生於七寶華中自然化生'은 경의 글이다. 앞의 경의 글과 중복되기 때문에 역자가 뒤에 '者'를 붙여서 인용문으로 처리하였다. 2) ㉲ '卽'은 '可'인 것 같다. 3) ㉲ '花' 뒤에 '臺'가 누락된 것 같다. 4) ㉲ 뒤의 글에 따르면 '所' 뒤에 '依'가 누락되었다. 5) ㉲ 『觀無量壽經』에 따르면 '彌陀二佛作事'는 '施作佛事'인 것 같다. 6) ㉲ '金'은 '今'인 것 같다.

경 또한 자씨보살이여, 타방세계의 불국토에 있는 여러 대보살도 보리심을 일으켜 무량수불을 친견하여 공경하고 공양하며, 여러 보살과 성문 대중에게도 그렇게 하고자 한다면, 그 보살은 목숨을 마친 후 무량수국에 태어나 일곱 가지 보배로 이루어진 꽃 속에서 저절로 화생한다. 미륵이여, 그곳에 화생하는 이는 지혜가 뛰어나기 때문이니 그곳에 태생하는 이는 모두 지혜가 없다는 것을 알아야 한다.

그곳에서 500세 동안 살면서 항상 부처님을 보지 못하고 경법을 듣지 못하며 보살과 성문 대중도 보지 못한다. 이로 말미암아 부처님께 공양할 수도 없고 보살의 법식法式¹²⁵을 알지 못하여 공덕을 수습하지도 못한다. 이 사람

---

125 보살의 법식法式 : 『大經鈔』(J14, 237a)에서 "'보살의 법식'이라는 것은 위로 보리를 구하고 아래로 중생을 교화하는 것을 (보살이) 법식이라고 한다. 이것을 알지 못하기 때문에 육바라밀을 행하지 못한다. 그러므로 '공덕을 수습하지도 못한다.'라고 하였다.(菩薩法式者. 上來下化. 謂之法式. 不知之故. 不行六度. 故云不得修習功德)"라고 하였다. 또 『註維摩詰經』 권5(T38, 371a)에서 『維摩經』 본문의 "일체 보살의 법식(一切菩薩法式)"을 해석하는 가운데 "구마라집이 말하였다. 신통변화의 모든 위의를 말한

은 과거세에 지혜가 없어서 (불지佛智 등에 대해) 의심을 일으키고 그 의심에 집착함으로써 이러한 결과를 받은 것임을 알아야 한다.

부처님께서 미륵에게 말씀하셨다.

"비유컨대 전륜성왕에게 별도로 일곱 가지 보배로 이루어진 궁전의 방이 있어 온갖 장엄구로 장엄하고 휘장을 드리운 평상을 설치하고 온갖 비단 깃발을 걸어 놓았다. 여러 소왕자小王子가 왕에게 죄를 지어서 바로 그 궁전의 방에 집어넣고 금으로 만든 쇠사슬로 묶어 놓고 음식과 옷과 평상과 침구와 꽃과 향기와 기악을 공급하기를 전륜성왕처럼 하여 모자란 것이 없게 한다면 어떻게 생각하느냐? 이 여러 왕자는 그곳에 머무는 것을 즐거워하지 않겠느냐?"

미륵이 대답하였다.

"아닙니다. 단지 온갖 방편으로 여러 가지 큰 힘을 구하여 스스로 벗어나려고 할 것입니다."

부처님께서 미륵에게 말씀하셨다.

"이곳의 모든 중생도 또한 이와 같다. 불지를 의심하였기 때문에 그 궁전에 태어나서 형벌도 없고 한 생각도 악한 일과 관련되는 일이 없이 지내며, 단지 500세 동안 삼보三寶를 보지 못하고 공양하며 온갖 선의 근본을 닦는 일을 하지 못할 뿐인데도 이를 고통스럽게 여겨서 비록 다른 즐거움이 있을지라도 오히려 그곳에 사는 것을 즐거워하지 않는다.……미륵이여, 마땅히 알라. 보살로서 의혹을 일으키는 이는 큰 이익을 잃어버린다. 그러므로 모든 부처님의 위없는 지혜를 분명하게 믿어야 한다."

復次慈氏。他方佛國。諸大菩薩。發心。欲見無量壽佛恭敬供養。及諸菩薩

다.(什曰。謂神通變化諸威儀也。)"라고 하고,『維摩經略疏』권6(T38, 652b)에서 "방편과 진실의 법식이고 또한 수행의 궤의이다.(是權實法式。又是修行軌儀。)"라고 하였다.

聲聞之衆。彼菩薩等。命終。得生無量壽國。於七寶華中。自然化生。彌勒。當知。彼化生者。智慧勝故。其胎生者。皆無智慧。於五百歲中。常不見佛。不聞經法。不見菩薩諸聲聞衆。無由供養於佛。不知菩薩法式。不得修習功德。當知。此人。宿世之時。無有智慧。疑惑。所致。佛告彌勒。譬如轉輪聖王。別有七寶宮室。種種莊嚴。張設床帳。懸諸繒幡。若有諸小王子。得罪於王。輒內彼宮中。繫以金鎖。供給飲食衣服床褥華香伎樂。如轉輪王。無所乏少。於意云何。此諸王子。寧樂彼處不。對曰。不也。但種種方便。求諸大力。欲自免出。佛告彌勒。此諸衆生。亦復如是。以疑惑佛智故。生彼宮殿。無有刑罰。乃至一念惡事。但於五百歲中。不見三寶。不得供養修諸善本。以此爲苦。雖有餘樂。猶不樂彼處。……彌勒。當知。其有菩薩。生疑惑者。爲失大利。是故。應當明信諸佛無上智慧。

기 경에서 "또한 자씨보살이여……부처님의 위없는 지혜를 분명하게 믿어야 한다."라고 한 것에 대해 서술하여 말한다. 여기에서는 두 가지 왕생이 구별되는 것을 밝혔다. 여기에 두 가지가 있다. 처음에는 두 가지 왕생의 과보에 수승함과 하열함이 있음을 밝혔고 나중에는 태생에 나아가서 공통된 어려움을 밝혔다. 처음은 경의 글과 같다. 나중에 공통된 어려움이라는 것은 이 가운데 의심이 있는 것이니 (부처님의) 지혜를 의심하는 사람이라면 태생을 받는다.

經復次慈氏至無上智惠。[1] 述曰。此卽顯示二生別。此中有。[2] 初顯二生果有勝劣。後就胎生。人道伏[3]難。初則如文。後通難者。此中有疑。若疑智人。受於胎生。

---
1) ㉯『無量壽經』에 따르면 '惠'는 '慧'이다. 2) ㉯ '有' 뒤에 '二'가 누락된 것 같다.
3) ㉯ '人道伏'은 '顯示通'인 것 같다.

문 변두리에 있는 사람은 그 국토에서 살면서 싫어할 만하고 안락하지 않은 일이 있으면 그곳을 싫어하여 떠나서 뛰어난 곳을 찾으려고 하는가?

답 만약 싫어하여 떠나서 뛰어난 곳을 찾으려고 한다면 그곳은 극락국토가 아니어야 할 것이다. 만약 싫어하여 떠나서 뛰어난 곳을 찾으려고 하지 않는다면 항상 그곳에 머물면서 부처님의 처소에 나아가지 않을 것이다. 이와 같은 문제가 있기 때문에 이 가운데 비유에 의탁하여 풀이해서 이러한 뜻을 이루었다. 그곳은 다시 어떤 싫어할 만한 일도 없으니 즐거움이 저 부처님의 처소와 동일하여 국왕의 자식이 거처하는 궁전과 같다. 그러므로 안락계라고 하지 않을 수 없다. 다만 부처님을 뵙고 법을 들을 수는 없으니 이러한 부분을 공유하기 위하여 참회하고 자책하며 싫어하면서 부처님의 처소에 나아갈 것을 추구하는 것이다. 뜻이 이와 같으니 경문의 풀이는 알 수 있을 것이다.

在邊地者。在彼支[1]中。爲有可厭不安樂事。厭離彼求勝處耶。答。有[2]厭離求勝處者。彼處應非極樂國土。若不厭離求勝處者。恒在中不進佛所。有如是故。此中寄喩釋通令意[3] 彼處更無余可厭事。快樂同彼佛所。如國王子所處宮殿。是故非不名安樂界。但不能得見佛聞法。此爲共故。悔責厭求進佛所。義意如此。釋文可知。

1) ㉲ '支'는 '土'인 것 같다. 2) ㉲ '有'는 '若'인 것 같다. 3) ㉲ '通令意'는 '成此義'인 것 같다.

문 그 국토의 변두리에 왕생하는 것은 의심의 과보인가, 선을 닦은 것의 과보인가?

답 바로 선을 닦은 것의 과보이고 의심의 과보는 아니다. 단지 의심이 사이에 섞임으로 말미암아 얻은 과로 하여금 순수하고 청정하지 못하게 만든 것이다.

> 問。生彼邊。爲是疑心果。爲是修善果。答。正是修善果。非疑心果。但由疑心所間雜故。令所得果。不得純淨。

[문] 이와 같다면 이 과보는 응당 잡업과雜業果이니 흑백의 이숙異熟과 같은 것인가?

[답] 닦은 선이 의심을 동반하기 때문에 잡업과라고 한다면 이 뜻도 또한 성립된다. 그러나 의심과 선이 모두 섞여서 감득한 과를 잡업과라고 한 것은 아니다. 만약 그렇다면 이것은 『대아비달마잡집론』에서 "가행加行과 의요意樂에 선과 악이 섞여 있기 때문에 잡업과라고 한다."[126]라고 한 것과 같다. 이 경우는 그렇지 않으니 의심을 가행과 의요로 삼아서 그 업을 닦는 것이 아니기 때문이다. 단지 의심이 앞뒤로 사이에 섞여 있을 뿐이다.[127]【『안양집』권7】

> 問。若爾此果。應是雜業果。如黑白異熟。答。若所修善。滯[1]疑心故。名雜業果。此義亦得。狀[2]非疑善令[3]雜感果名雜業果。如對於。[4] 加行意樂。善惡雜故。名雜業果。此則不爾。非用疑心爲加行意。[5] 修彼業故。但不能疑前後間雜耳。[6]【安養集七】

---

1) ㉠『大經鈔』에 따르면 '滯'는 '帶'이다. 2) ㉠『大經鈔』에 따르면 '狀'은 '然'이다. 3) ㉠『大經鈔』에 따르면 '令'은 '合'이다. 4) ㉠『大經鈔』에 따르면 '於'는 '法論'이다. 5) ㉠『大經鈔』에 따르면 '意' 뒤에 '樂'이 누락되었다. 6) ㉠ 저본에서 '復次慈氏……前後間雜耳'는 '如是不復碎粉' 뒤에 있었으나 경의 내용에 따라 역자가 이곳으로 옮겼다.

---

126 『大乘阿毗達磨雜集論』권8(T31, 731a).
127 "[문] 그 국토의 변두리에 왕생하는 것은"에서부터 여기까지는 『大經鈔』(J14, 238a)에도 나오는 글이어서 원문을 이것에 의해 교감하였다.

경 이 중생이 자신이 과거에 지은 죄를 알아 깊이 스스로 후회하고 책망하면서 그곳에서 떠날 것을 추구하면, 바로 뜻대로 되어 무량수불의 처소로 가서 공경하고 공양하며, 또한 한량없고 헤아릴 수 없는 여러 다른 부처님의 처소에도 두루 도달하여 온갖 공덕을 닦는다.

若此衆生。識其本罪。深自悔責。求離彼處。即得如意。往詣無量壽佛所。恭敬供養。亦得遍至無量無數諸餘佛所。修諸功德。

기 "후회하고 책망하면서"라고 한 것은 다음과 같다. 여기에서는 마음을 성찰하는 것을 "후회하고"라고 한 것일 뿐이고 부정지법不定地法[128]의 악작惡作(후회)에 포함되는 것은 아니니, 그것(부정지법의 악작)은 반드시 근심(憂), 고통(苦), 근심도 아니고 고통도 아닌 것(捨) 중 한 가지에 상응하는 것이기 때문이다. 그 국토에 수용되는 것은 산위散位[129]에서는 얻어지지 않으니 일어난 것에 따라 수용되기 때문이다. 근심도 아니고 고통도 아닌 것(捨)도 오히려 일어나지 않거늘 하물며 고통과 근심이 일어나겠는가!【『대경초』권7】

言悔責者。此省察心。名爲悔耳。非不定地中。惡作所收。彼必憂苦捨。隨一相應故。彼[1)]國土。容受之中散位得。起處中受故。捨尙不起。況苦憂也。【大經鈔七】

1) ㉠『大經鈔』에 따르면 '彼' 앞에 '非'가 누락되었다.

---

128 부정지법不定地法 : 유식종에서 일체법을 오위백법五位百法으로 분류한 것 중 하나. '부정'이란 선심善心과 함께 생기할 수도 있고 염오심染汚心과 함께 생겨날 수도 있어서 그 성질이 일정하지 않기 때문에 붙여진 이름이다. 악작惡作(후회)·수면睡眠(수면·만취 상태 등)·심尋(거친 관찰)·사伺(미세한 관찰)의 네 가지 심소가 여기에 해당한다.
129 산위散位 : 산란한 마음의 영역. 상대어는 정위定位이다.

경 미륵보살이 부처님께 여쭈었다.

"세존이시여, 이 세계에는 몇 명의 불퇴전지_{不退轉地}의 보살이 있어서 그 부처님의 국토에 왕생하는 것입니까?"

부처님께서 미륵에게 말씀하셨다.

"이 세계에는 67억에 달하는 불퇴전지의 보살이 있어서 그 국토에 왕생한다. 낱낱의 보살은 이미 일찍이 헤아릴 수 없는 모든 부처님을 공양하였고 (공덕과 지혜는) 미륵 다음이다. 여러 소행보살_{小行菩薩}과 작은 공덕을 수습한 이는 헤아릴 수 없이 많은데 모두 왕생한다."……

부처님께서 미륵에게 말씀하셨다.

"단지 이 열네 개의 불국토에 머무는 여러 보살들만 왕생하는 것이 아니라 시방세계의 한량없는 불국토에서 왕생하는 이도 또한 다시 이와 같이 매우 많아서 헤아릴 수 없을 정도이다. 내가 단지 시방세계의 여러 부처님의 명호와 보살과 비구로서 그 국토에 왕생하는 이들을 설하기를 밤낮으로 쉬지 않고 1겁 동안 한다고 해도 끝을 낼 수 없을 정도이다. 나는 이제 그대를 위해 간략하게 이것을 설하였을 뿐이다."

彌勒菩薩。白佛言。世尊。於此世界。有幾所不退菩薩。生彼佛國。佛告彌勒。於此世界。有六十七億不退菩薩。往生彼國。一一菩薩。已曾供養無數諸佛。次如彌勒者也。諸小行菩薩。及修習少功德者。不可稱計。皆當往生。……佛語彌勒。不但此十四佛國中。諸菩薩等。當往生也。十方世界無量佛國。其往生者。亦復如是。甚多無數。我但說十方諸佛名號及菩薩比丘生彼國者。晝夜一劫。尚未能竟。我今爲汝。略說之耳。

기 경에서 "미륵보살이 부처님께 여쭈었다.……나는 이제 그대를 위해 간략하게 이것을 설하였을 뿐이다."라고 한 것에 대해 서술하여 말한다. 이것은 바로 여러 세계에서 왕생하는 것을 나타내 보인 것이

다.[130]

이 가운데 먼저 이 세계에서 왕생하는 것을 밝혔다.

"67억에 달하는 불퇴전지의 보살"이라는 것은 이 세계를 싫어하고 떠나고자 하여 왕생하는 것이다. 아직 반드시 삼배구품에 들어가지는 않지만 헤아릴 수 없이 많다.

"소행보살과 작은 공덕을 수습한 이"라는 것은 그곳에 태어나고자 하여 뛰어난 행을 부지런히 행하기 때문이니 바로 삼배구품생이다. "소행보살"은 이미 십신에 들어갔고[131] 네란자라강의 (모래알과 같은 부처님의 처소에서 보리심을 일으킨 것) 이상이니 상배생이다. "작은 공덕을 수습한 이"는 아직 원만하지 않아 네란자라강의 (모래알과 같은 부처님의 처소에서 보리심을 일으킨 것) 이하이니 중배와 하배이다. 나머지 세계에서 왕생하는 것은 글과 같으니 그것에 따라 알아야 할 것이다.【『안양집』권4】

經彌勒菩薩白佛言至我今爲汝略說之。述曰。此卽顯示諸方往生。於中光[1]明此方往生。六十[2]億不退菩薩者。此是厭響故往。未必入於三輩九品。不可稱計。小行菩薩及修小功德者。爲欲生彼。進勝行故。正是三輩九品生也。小行菩薩。已入十信。熙[3]連以上。在上輩生。修小功德者未滿。熙連以下。在中下輩。余方往生。如文應知【安養集四】

---

130 458쪽 상단에서 "이 이하는 다섯 번째로 본 것을 살펴서 결정한 것이다. 글에 세 단락이 있다. 첫째는 본 것을 살펴서 결정하였고, 둘째는 화생과 태생의 구별을 밝혔으며, 셋째는 여러 세계에서 왕생하는 것을 나타내었다."라고 한 것과 주 85를 참조할 것.

131 『釋淨土群疑論』권1(T47, 31b19)에서 "彼地前諸小行菩薩等"이라고 하여 지전地前의 보살이라 하였다. 또한 『無量壽經義記』(T85, 248c22)에서는 "諸小行菩薩者。諸言不一。此小行菩薩。是住下三十心人。"이라고 하여 『梵網經』에서 설한 사십심, 곧 십발취十發趣·십장양十長養·십금강十金剛·십지十地 등에서 앞의 삼십심이라고 하였다. 삼십심은 차례대로 십해(십신)·십행·십회향에 배대되기 때문에 지전의 보살을 가리키는 것으로 본 점에서 『釋淨土群疑論』과 견해가 같다.

1) ㉠ '光'은 '先'인 것 같다. 2) ㉢ 『無量壽經』에 따르면 '十' 뒤에 '七'이 누락되었다.
3) ㉢ '凞'는 '熙'인 것 같다.

3) 유통분流通分

경 미래세에 경도經道가 소멸하여 없어질 것이다. 나는 자비에 의해 중생을 불쌍히 여겨 특별히 이 경만을 남겨 두어 100년 동안 더 머물러 있게 할 것이다. 어떤 중생이 이 경을 만난다면 소원하는 대로 모두 열반의 세계로 건너갈 수 있을 것이다.

當來之世。經道滅盡。我以慈悲哀愍。特留此經。止住百歲。其有衆生。值
斯經者。隨意所願。皆可得度。

기 넷째로 이 경을 들으면 소원하는 것을 모두 얻을 수 있다고 하고 더 나아가서 말세의 마지막 100년 동안 남겨 둘 것이라고 하였다. 경에서 "미래세에 경도가 소멸하여 없어질 것이다.[중략] 소원하는 대로 모두 열반의 세계로 건너갈 수 있을 것이다."라고 한 것과 같기 때문이다.

이 글에 준하면 다른 경이 모두 사라지고 마지막 100년 동안 아직 인因을 닦아 왕생하는 사람이 있을 수 있다. 만약 그렇지 않다면 이 말은 헛된 것이다. 하물며 지금의 시대는 경법이 온전히 존재하니 가르침에 의지하여 수행하면 왕생할 수 있다는 것을 의심할 것이 없다. 진실로 범부가 자세히 알지 못하고 하는 말을 듣고서 결정적인 곳에서 의심을 내어 위대한 성인께서 멀리서 보고 계시는 안락세계에 왕생하려는 마음을 일으키지 못하고 망설인다. 이렇게 가르침을 주어도 듣기만 하고 좇지 않으니 어찌해야 할 것인가?[『안양집』 권10]

四聞此經。隨願皆得。乃至末[1]後留百歲故。如經當來之世。經道滅盡。乃至隨喜意滅盡。[2] 乃至隨意所願。皆可得度故。准此文者。余經皆滅。後百歲中。猶有修因往生人也。若不爾者。此言虛沒。況今之時。經法具存。依教修行。往生無疑。句聽凡人不審之言。於決定處。心[3]生。猶豫大聖遙鑒安。此稟誨。聞而不從。當奈之何。【安養集十】

---

1) ㉠ '末'는 '末'인 것 같다. 2) ㉠ '乃至隨喜意滅盡'은 연자인 것 같다. 3) ㉠ '心'은 '疑'인 것 같다.

『무량수경술의기』 복원본 하권 마침

無量壽經述義記。復元本。卷下。終。

찾아보기

가다연니자迦多衍尼子 / 210
가상嘉祥 / 439
가행加行 / 363
각의覺意 / 235
간탐慳貪 / 197
갈계달락가羯雞怛諾迦 / 284
강량야사畺良耶舍 / 47
강승개康僧鎧 / 40
강위强威 / 62
거가居家 / 54
거사居士 / 54
건달박健達縛 / 130
겁탁劫濁 / 80
겁파육劫波育 / 459
견도見道 / 123
견탁見濁 / 80
결가부좌結跏趺坐 / 87
결정심決定心 / 235
경주經主 / 85
경흥憬興 / 57
경희慶喜 / 178
계계와 취聚와 생生 / 340
계율의戒律儀 / 146
계장戒藏 / 136
고귀경공高貴卿公 / 40
공삼마지空三摩地 / 150
관세음觀世音 / 382
광명섭익원光明攝益願 / 253

괴장愧藏 / 136, 137
구나발타라求那跋陀羅 / 45
구물두화拘物頭華 / 324
구생俱生 / 172
91겁 / 62
96가지 방술 / 450
구업의 네 가지 악 / 433
구역의 두 경본 / 213
구이裘夷 / 65
구지俱胝 / 278
구품인九品人 / 359
국토광색철조원國土光色徹照願 / 251
국토를 구하는 것 / 205
국토를 장엄하는 17가지 공덕 / 253
국토엄식기묘원國土嚴飾奇妙願 / 252
궁宮·상商·각角·치徵·우羽 / 314
궁형宮刑 / 437
권속무불선원眷屬無不善願 / 229
권속장수원眷屬長壽願 / 228
극락極樂 / 177
근본업도根本業道 / 434
근본정根本定 / 124
근본지根本智 / 212
금강金剛 / 244
금강위산金剛圍山 / 454
금류金流 / 79
금륜왕金輪王 / 104
금시조金翅鳥 / 62
금형金刑 / 437
기근饑饉의 재난이 일어나는 중겁中劫 / 81

찾아보기 • 487

길상吉祥 / 92

나라달那羅達 / 54
나라연那羅延 / 244
나락가那落迦 / 352
나운羅云 / 51
나유타那由他 / 220
나집羅什 / 42
낙차落叉 / 278
난다難陀 / 67
내적인 고통(病苦) / 429
네 가지 공정(四空定) / 77
네 가지 두려움이 없음(四無所畏) / 118
네 가지 무량(四無量) / 77
네 가지 물건(四事) / 273
네 가지 방편 / 194
네 가지 변재(四辯) / 118
네 가지 선정(四禪定) / 77
네 가지 진리(四諦) / 119
네란자라강(熙連河) / 366
네 부류의 대중(四衆) / 429
『논어論語』 / 443
누이긍라樓夷亘羅 / 187
누지불樓至佛 / 211
누진비구漏盡比丘 / 257
누진통漏盡通 / 223
니원泥洹 / 204

다문多聞 / 138
다섯 가지 개(五蓋) / 91
다섯 가지 고사업故思業 / 364
다섯 가지 근(五根) / 122
다섯 가지 눈 / 403
다섯 가지 능력(五力) / 122
다섯 가지 도(五道) / 91, 429
다섯 가지 명호 / 164
다섯 가지 무간업(五無間業) / 340
다섯 가지 법 / 164
다섯 가지 선(五善) / 435
다섯 가지 소(五燒) / 411, 433
다섯 가지 신통(五通) / 73, 223
다섯 가지 악 / 174, 433
다섯 가지 역죄(五逆罪) / 231
다섯 가지 온(五蘊) / 175
다섯 가지 음(五陰) / 91
다섯 가지 인忍 / 319
다섯 가지 장애 / 336
다섯 가지 정情(五情) / 423
다섯 가지 정욕(五欲) / 272
다섯 가지 종성 / 347
다섯 가지 취(五趣) / 91
다섯 가지 통(五痛) / 411, 433
다섯 가지 형벌 / 437
다섯 가지 혼탁함(五濁) / 79, 82
다섯 번째 부분의 수명(第五分壽) / 84
단바라밀檀波羅蜜 / 197
담란曇鸞 / 39
담무덕曇無德 / 52
대벽형大辟刑 / 437
대비심大悲心 / 193

대세지大勢至 / 382
대승광지大乘廣智 / 358, 470
대인법大人法 / 116
대중부大衆部 / 62
대지를 장엄하는 공덕 / 252
대호大號 / 51
덕의 근본인 공양구 / 243
도리천忉利天 / 294
도사導師 / 54
도솔천兜率天 / 58
도혜道惠 / 43
동사행同事行 / 129
두 가지 공 / 476
두다杜多 / 129
득수구주원得壽久住願 / 227
득승광명원得勝光明願 / 226
등각等覺 / 55
등류等流 / 343

리里 / 247

마하나가摩訶那伽 / 296
마하남摩訶男 / 52
마하납摩訶納 / 53
만업滿業 / 452
많이 듣고 방편을 잘 운용함의 불가진(多聞善方便不可盡) / 141
명明 / 402

명감타심원明鑒他心願 / 222
명근命根 / 442
명종부불갱악취원命終復不更惡趣願 / 218
명탁命濁 / 83
명행命行 / 84
모든 근원 / 153
모든 부처님의 자재함을 얻어 중생을 교화하고 행해야 할 것을 성취하는 모습을 나타내 보임의 불가진(得一切佛自在示現教化衆生所行成就不可盡) / 141
모바락게바牟婆洛揭婆 / 283
목형木刑 / 437
무개대비無蓋大悲 / 170
무극無極 / 93
무기無記 / 392
무등무륜최상승지無等無倫最上勝智 / 358, 470
무루발심無漏發心 / 266
무색계의 네 하늘 / 461
무생법인無生法忍 / 316, 318
무앙수겁無央數劫 / 183
무여열반無餘涅槃 / 194
무외의 그물 / 148
무쟁념無諍念 / 188
묵형墨刑 / 437
문명령득구족덕본원聞名令得具足德本願 / 260
문명령득단엄보원聞名令得端嚴報願 / 258
문명령득보등삼매원聞名令得普等三昧願 / 261
문명령득생존귀가원聞名令得生尊貴家願 / 260
문명령득지불퇴전원聞名令得至不退轉願 / 262

문명령득지삼법인원聞名令得至三法忍願 / 263
문명령득청정해탈삼매원聞名令得淸淨解脫三昧願 / 259
문장聞藏 / 136, 138
물을 장엄하는 공덕 / 252
미경味境 / 269
『미륵문경彌勒問經』 / 233
미륵보살彌勒菩薩 / 53

바라문婆羅門 / 59
바부婆敷 / 52
바제婆提 / 52
바파婆頗 / 52
반니원般泥洹 / 224
반야바라밀般若波羅蜜 / 197
반열반般涅槃 / 132, 312
발담마화盆曇摩華 / 324
발제跋提 / 52
발타바라颰陀婆羅 / 54
밥 한 끼 먹을 시간 / 242
방方 / 40
방생傍生 / 341
백법명문百法明門 / 368
백연白延 / 40
백정왕白淨王 / 66
번뇌장煩惱障 / 471
번뇌탁煩惱濁 / 80
범부의 생각이 아닌 것 / 236
범천梵天 / 62
법法 / 172

법경法境 / 269
법무애변法無礙辯 / 119
법상의 다문 / 139
법신法身 / 173, 198
법에 맞지 않은 탐욕 / 80
법운지法雲地 / 119
법장法藏 / 185, 188
법적法積 / 186
법호法護 / 42
변길遍吉보살 / 55
변역생사變易生死 / 229
변장辯藏 / 136, 143
별시의취別時意趣 / 355
병사왕瓶沙王 / 70
보등삼매普等三昧 / 261
보살구경지菩薩究竟地(제10 법운지法雲地) / 197
보살을 장엄하는 네 가지 공덕 / 264
보살의 무생법인無生法忍 / 254
보운寶雲 / 43
보장불寶藏佛 / 188
보적寶積 / 54
『보창록寶唱錄』 / 44
보처보살補處菩薩 / 359
보특가라補特伽羅 / 343
보해범지寶海梵志 / 189
복전福田 / 126
본성주종성本性住種性 / 347
본원本願 / 211
부사의지不思議智 / 358, 470
부정취不定聚 / 339
부처님의 몸의 크기 / 248
분단생멸分段生滅 / 228
분위分衛 / 126

490 • 복원본 무량수경술의기

분위分位 / 363
분타리화分陀利華 / 324
불가설불가설不可說不可說 / 142
불가칭지不可稱智 / 358, 470
『불공견삭경不空羂索經』 / 462
불신을 구하는 것 / 205
불종성佛種性 / 156
불지佛智 / 358, 470
불타발라佛陀跋羅 / 44
불퇴전不退轉의 지위 / 262
불평등한 탐욕 / 80
불화엄삼매佛華嚴三昧 / 153
비유자譬喩者 / 341
빈건賓乾 / 89

사라수娑羅樹 / 76
사무애변辭無礙辯 / 119
사바娑婆 / 178
400만 리 / 247
사부四部의 병사(四部兵) / 102
42겁 / 209
48가지 서원 / 214
사자안師子安 / 100
사자후師子吼 / 117
사정취邪定聚 / 339
사천왕천四天王天 / 294
사택思擇 / 399
산위散位 / 482
산해혜보살山海慧菩薩 / 297
살바다종薩婆多宗 / 347
삼귀의三歸依 / 236

삼배구품三輩九品 / 356
삼전三轉 / 120
삼천대천세계三千大千世界 / 227
상수上首 / 52
상응박相應縛 / 125
색경色境 / 269
색구경천色究竟天 / 294
서른두 가지 대인상大人相 / 239
서른두 가지 대장부상大丈夫相 / 165
선禪 / 402
선각善覺 / 65
선근을 일으켜 증장시키는 방편(發起善根增長方便) / 194
선수善守 / 54
선진先進 / 443
설일체지여불원說一切智如佛願 / 244
섬부주贍部州 / 59
섭다권속원攝多眷屬願 / 227
섭취문명욕생원攝取聞名欲生願 / 238
섭취수덕욕생원攝取修德欲生願 / 238
섭취지심욕생원攝取至心欲生願 / 231
성경聲境 / 269
성득星得 / 54
성性의 공덕 / 252
세 가지 악취(三惡趣) / 155
세 가지 지혜(三明) / 119
세계해世界海 / 283
세안 / 165
세영 / 166
세요왕 / 187
세요왕불世饒王佛 / 185
세웅 / 165
세자재왕世自在王 / 187
세존 / 165

소燒 / 174
소구공양구여의원所求供養具如意願 / 243
소마궁장消魔宮場 / 99
소연박所緣縛 / 124
소제少帝 / 40
소지장所知障 / 472
소행보살小行菩薩 / 483
『송제록宋齊錄』 / 43
수다원과須陀洹果 / 361
수득원문소욕문법원隨得聞所欲聞法願 / 261
수락무염원受樂無染願 / 257
『수록隋錄』 / 44
수마제須摩提 / 277
수면隨眠 / 124
수미산須彌山 / 68
수법령득변혜원受法令得辯慧願 / 250
수사만가修舍慢加 / 89
수선다불須扇多佛 / 113
수용토受用土 / 267
수의득견시방국토원隨意得見十方國土願 / 257
수천水天 / 54
수탁壽濁 / 80
수형水刑 / 437
순결택분順決擇分 / 348
습소성종성習所成種性 / 347
습종성習種姓 / 350
승가리僧伽梨 / 73
『승우록僧祐錄』 / 47
승해勝解 / 124
시장施藏 / 136
식識 / 436
신개금색원身皆金色願 / 218

신성취발심성취발심信成就發心 / 191
신성취위信成就位 / 366
신업의 세 가지 악 / 433
신장信藏 / 136
신족神足 / 222
신통神通 / 172
신통력神通力 / 51
실달태자悉達太子 / 70
심심深心 / 193
십신十信 / 350
십지의 주분住分 / 241
십해十解 / 350

아난阿難 / 51
아뇩보리阿耨菩提 / 224
아라한과阿羅漢果 / 52
아비발치阿毘跋致 / 359
아비지옥阿鼻地獄 / 440
아습비阿濕卑 / 52
아일다阿逸多 / 178
아축불阿閦佛 / 356
악惡 / 174
악을 그치게 하는 방편(能止方便) / 194
안반安般 / 76
안세고安世高 / 39
안양安養 / 178
안제安帝 / 44
알비頞鞞 / 53
알습마게바曷濕摩揭婆 / 283
야인野人 / 443
『양권무량수경』 / 39

양量의 공덕 / 246
어떤 재난도 없는 것의 공덕 / 252
억億 / 107
언설자성言說自性 / 150
여덟 가지 고통(八苦) / 454
여덟 가지 상(八相) / 78
여덟 가지 재난(八難) / 216
여든 가지 수형호隨形好 / 165
여섯 가지 대상경계(六塵) / 453
여섯 가지 식(六識) / 423
여섯 가지 신통(六通) / 119
여섯 번째 하늘(六天) / 108
여인의 몸 / 254
여인의 형상 / 254
연기의 다문 / 139
연등燃燈 / 184
열 가지 도度(바라밀) / 212
열 가지 불가진不可盡 / 141
열 가지 불퇴전 / 374
열 가지 선(十善) / 191
열 가지 악(十惡) / 231
열 가지 인忍 / 317
열 가지 장藏 / 135
열 번 칭념(十念) / 233
열 번의 생각 / 390
열네 가지 확정하기 어려운 문제에 대한 질문(十四難) / 115
열두 가지 문(十二門) / 77
열여덟 가지 지옥(十八地獄) / 440
열여섯 가지 관법(十六觀) / 374
염장念藏 / 141
영국무악취원令國無惡趣願 / 216
영득견고신원令得堅固身願 / 244
영락瓔珞 / 69, 315

영리예형원令離穢形願 / 254
영립범행원令立梵行願 / 255
영물엄정원令物嚴淨願 / 245
영봉변시제불원令奉遍侍諸佛願 / 242
영불기루염원令不起漏染願 / 223
영서화靈瑞華 / 170
영성존덕원令成尊德願 / 255
영신족신속원令神足迅速願 / 222
영원식숙명원令遠識宿命願 / 220
영주정취원令住定聚願 / 224
영지보처원令至補處願 / 240
영천안철시원令天眼徹視願 / 220
영천이통청원令天耳洞聽願 / 221
영형무호추원令形無好醜願 / 219
5겁 / 209
『오계본행경』 / 433, 437
오근五根 / 345
오체투지五體投地 / 454
온갖 일의 공덕 / 246
옷(震越) / 72
외적인 고통(痛苦) / 429
요본제了本際 / 51
요설무애변樂說無礙辯 / 119
요의了義 / 466
욕각欲覺 / 269
욕계의 여섯 하늘(六欲天) / 273
욕상欲想 / 269
우바새優婆塞 / 42
우발라화優盋羅華 / 273
우雨의 공덕 / 252
우타優陀 / 67
원길수元吉樹 / 96
월광마니月光摩尼 / 315
월지국月支國 / 41

위불퇴位不退 / 376
유루발심有漏發心 / 266
유루有漏의 업 / 195
유부무기有覆無記 / 393
유부有部 / 62
유선나踰繕那 / 285
유순由旬 / 247
유순인柔順忍 / 316, 318
유정천有頂天 / 341
유정탁有情濁 / 80
유학법有學法과 무학법無學法 / 340
유학有學의 지위(學地) / 241
60수六十數 / 270
육안肉眼 / 403
음성섭익원音聲攝益願 / 254
음향인音響忍 / 316, 318
의무애변義無礙辯 / 119
의보依報 / 291
의복자연원衣服自然願 / 256
의빈형劓臏刑 / 437
의업의 세 가지 악 / 434
의요意樂 / 363
이구광離垢光 / 89
이생異生 / 268
이생인 보살 / 353
이숙異熟 / 343
이숙무기異熟無記 / 393
20중겁 / 211
24가지 서원 / 214
29가지 공덕 / 176, 215
이언자성離言自性 / 150
인다라망因陀羅網 / 148
인업引業 / 452
인忍의 능력 / 271

인현仁賢 / 51
일곱 가지 각(七覺) / 64
일곱 가지 각의(七覺意) / 123
일곱 가지 보배 / 104
일생보처一生補處 / 240
일체종지一切種智 / 271

자건子建 / 46
『자서字書』 / 338, 425
자수용토自受用土 / 268
자씨보살慈氏菩薩 / 53
자체自體에 대한 애착 / 393
『장방록長房錄』 / 40
재법齋法 / 80
전纏 / 123
전단향栴檀香 / 273
전식轉識 / 198, 328
정定 / 402
정거천淨居天 / 456
정과正果 / 434
정광錠光 / 185
정광여래錠光如來 / 183
정념장正念藏 / 136
정보正報 / 291
정사正士 / 53
정성불환定性不還 / 461
정성이생正性離生 / 370, 465
정수리의 광명의 크기 / 249
정신精神 / 416
정심지淨心地(제1 환희지歡喜地) / 197
정어正語 / 51

정영淨影 / 433
정원正願 / 51
정의定意 / 75, 259
정정취正定聚 / 177, 339
정토를 구하는 것 / 205
제1·제2·제3의 법인法忍 / 263
제3아승기겁第三阿僧祇劫 / 184
제3 염천炎天 / 294
제3지 / 352
제6천 / 290
제8식 / 464
제8 장식藏識 / 416
제불동찬명자원諸佛同讚名字願 / 230
제석천帝釋天 / 62
조달調達 / 67
조림稠林 / 345
조식曹植 / 46
조재兆載 / 185
종성해행種性解行 / 368
중송重頌 / 270
중유中有 / 393
증발심證發心 / 190, 191
지겸支謙 / 42
지루가참支婁迦讖 / 41
지장持藏 / 136, 142
지해윤보持海輪寶 / 315
직심直心 / 193
진각瞋覺 / 269
진상瞋想 / 269
진신眞身 / 173
진여眞如 / 198
진여지眞如智 / 198
진월震越 / 72
진토眞土 / 173

집의론集義論 / 335

찰나刹那 / 233
찰제리刹帝利 / 59
찰토刹土 / 79
참장慚藏 / 136, 137
천신天神 / 436
천안天眼 / 220
천존 / 166
철위산鐵圍山 / 69
청백부淸白部 / 101
청정해탈삼매淸淨解脫三昧 / 259
초업보살初業菩薩 / 248
초저녁(初夜) / 310
초학보살初學菩薩 / 196
촉경觸境 / 269
촉의 공덕 / 246
총지總持 / 152, 254
최후의 몸(最後身) / 241
축법력竺法力 / 43
취적성趣寂性 / 466

타수용토他受用土 / 268
택법擇法 / 212
토형土刑 / 437
통痛 / 174

팔부대중八部大衆 / 266
평등하게 제도하려는 큰 서원의 방편(大願平等方便) / 194
『풍속통風俗通』 / 270
피안彼岸 / 55

하품하생下品下生 / 237
한 번 칭념(一念) / 233
할형割刑 / 437
함께하지 않는 법 / 325
해姟 / 107
해각害覺 / 269
해상害想 / 269
해탈解脫 / 123
해탈분解脫分 / 348

해행발심解行發心 / 191
행의 근본이 되는 방편(行根本方便) / 194
향경香境 / 269
허공을 장엄하는 공덕 / 252
현겁賢劫 / 53
현량現量 / 272
현수위賢首位 / 350
현장玄奘 / 48
형상의 공덕 / 246
혜慧 / 403
혜변령무한량원慧辨令無限量願 / 250
혜원慧遠 / 56
혜장慧藏 / 136, 141
혼신정식魂神精識 / 439
화보華報 / 434
화생化生 / 225
화적세계華積世界 / 186
화형火刑 / 437
후득지後得智 / 212
흑명부黑冥部 / 101

한글본 **한국불교전서**

조·선·출·간·본

조선1 작법귀감
백파 긍선 | 김두재 옮김 | 신국판 | 336쪽 | 18,000원

조선2 정토보서
백암 성총 | 김종진 옮김 | 4X6판 | 224쪽 | 12,000원

조선3 백암정토찬
백암 성총 | 김종진 옮김 | 4X6판 | 156쪽 | 9,000원

조선4 일본표해록
풍계 현정 | 김상현 옮김 | 4X6판 | 180쪽 | 10,000원

조선5 기암집
기암 법견 | 이상현 옮김 | 신국판 | 320쪽 | 18,000원

조선6 운봉선사심성론
운봉 대지 | 이종수 옮김 | 4X6판 | 200쪽 | 12,000원

조선7 추파집·추파수간
추파 홍유 | 하혜정 옮김 | 신국판 | 340쪽 | 20,000원

조선8 침굉집
침굉 현변 | 이상현 옮김 | 신국판 | 300쪽 | 17,000원

조선9 염불보권문
명연 | 정우영·김종진 옮김 | 신국판 | 224쪽 | 13,000원

조선10 천지명양수륙재의범음산보집
해동사문 지환 | 김두재 옮김 | 신국판 | 636쪽 | 28,000원

조선11 삼봉집
화악 지탁 | 김재희 옮김 | 신국판 | 260쪽 | 15,000원

조선12 선문수경
백파 긍선 | 신규탁 옮김 | 신국판 | 180쪽 | 12,000원

조선13 선문사변만어
초의 의순 | 김영욱 옮김 | 4X6판 | 192쪽 | 11,000원

조선14 부휴당대사집
부휴 선수 | 이상현 옮김 | 신국판 | 376쪽 | 22,000원

조선15 무경집
무경 자수 | 김재희 옮김 | 신국판 | 516쪽 | 26,000원

조선16 무경실중어록
무경 자수 | 성재헌 옮김 | 신국판 | 340쪽 | 20,000원

조선17 불조진심선격초
무경 자수 | 성재헌 옮김 | 신국판 | 168쪽 | 11,000원

조선18 선학입문
김대현 | 성재헌 옮김 | 신국판 | 240쪽 | 14,000원

조선19 사명당대사집
사명 유정 | 이상현 옮김 | 신국판 | 508쪽 | 26,000원

조선20 송운대사분충서난록
신유한 엮음 | 이상현 옮김 | 신국판 | 324쪽 | 20,000원

조선21 의룡집
의룡 체훈 | 김석군 옮김 | 신국판 | 296쪽 | 17,000원

조선22 응운공여대사유망록
응운 공여 | 이대형 옮김 | 신국판 | 350쪽 | 20,000원

조선23 사경지험기
백암 성총 | 성재헌 옮김 | 신국판 | 248쪽 | 15,000원

조선24 무용당유고
무용 수연 | 이상현 옮김 | 신국판 | 292쪽 | 17,000원

조선25 설담집
설담 자우 | 윤찬호 옮김 | 신국판 | 200쪽 | 13,000원

조선26 동사열전
범해 각안 | 김두재 옮김 | 신국판 | 652쪽 | 30,000원

조선27 청허당집
청허 휴정 | 이상현 옮김 | 신국판 | 964쪽 | 47,000원

조선28 대각등계집
백곡 처능 | 임재완 옮김 | 신국판 | 408쪽 | 23,000원

조선29 반야바라밀다심경략소연주기회편
석실 명안 엮음 | 강찬국 옮김 | 신국판 | 296쪽 | 17,000원

조선30 허정집
허정 법종 | 성재헌 옮김 | 신국판 | 488쪽 | 25,000원

조선31 호은집
호은 유기 | 김종진 옮김 | 신국판 | 264쪽 | 16,000원

조선32 월성집
월성 비은 | 이대형 옮김 | 4X6판 | 172쪽 | 11,000원

조선33 아암유집
아암 혜장 | 김두재 옮김 | 신국판 | 208쪽 | 13,000원

조선34 경허집
경허 성우 | 이상하 옮김 | 신국판 | 572쪽 | 28,000원

조선35 송계대선사문집 · 상월대사시집
송계 나식 · 상월 새봉 | 김종진 · 박재금 옮김 | 신국판 | 440쪽 | 24,000원

조선36 선문오종강요 · 환성시집
환성 지안 | 성재헌 옮김 | 신국판 | 296쪽 | 17,000원

조선37 역산집
영허 선영 | 공근식 옮김 | 신국판 | 368쪽 | 22,000원

조선38 함허당득통화상어록
득통 기화 | 박해당 옮김 | 신국판 | 300쪽 | 18,000원

조선39 가산고
월하 계오 | 성재헌 옮김 | 신국판 | 446쪽 | 24,000원

조선40 선원제전집도서과평
설암 추붕 | 이정희 옮김 | 신국판 | 338쪽 | 20,000원

조선41 함홍당집
함홍 치능 | 성재헌 옮김 | 신국판 | 348쪽 | 21,000원

조선42 백암집
백암 성총 | 유호선 옮김 | 신국판 | 544쪽 | 27,000원

조선43 동계집
동계 경일 | 김승호 옮김 | 신국판 | 380쪽 | 22,000원

조선44 용암당유고 · 괄허집
용암 체조 · 괄허 취여 | 김종진 옮김 | 신국판 | 404쪽 | 23,000원

조선45 운곡집 · 허백집
운곡 충휘 · 허백 명조 | 김재희 · 김두재 옮김 | 신국판 | 514쪽 | 26,000원

조선46 용담집 · 극암집
용담 조관 · 극암 사성 | 성재헌 · 이대형 옮김 | 신국판 | 520쪽 | 26,000원

조선47 경암집
경암 응윤 | 김재희 옮김 | 신국판 | 300쪽 | 18,000원

조선48 석문상의초 외
벽암 각성 외 | 김두재 옮김 | 신국판 | 338쪽 | 20,000원

조선49 월파집 · 해붕집
월파 태율 · 해붕 전령 | 이상현 · 김두재 옮김 | 신국판 | 562쪽 | 28,000원

조선50 몽암대사문집
몽암 기영 | 이상현 옮김 | 신국판 | 348쪽 | 21,000원

조선51 징월대사시집
징월 정훈 | 김재희 옮김 | 신국판 | 272쪽 | 16,000원

조선52 통록촬요
엮은이 미상 | 성재헌 옮김 | 신국판 | 508쪽 | 26,000원

조선53 충허대사유집
충허 지책 | 성재헌 옮김 | 신국판 | 296쪽 | 18,000원

조선54 백열록
금명 보정 | 김종진 옮김 | 신국판 | 364쪽 | 22,000원

조선55 조계고승전
금명 보정 | 김용태 · 김호귀 옮김 | 신국판 | 384쪽 | 22,000원

조선56 범해선사시집
범해 각안 | 김재희 옮김 | 신국판 | 402쪽 | 23,000원

조선57 범해선사문집
범해 각안 | 김재희 옮김 | 신국판 | 208쪽 | 13,000원

조선58 연담대사임하록
연담 유일 | 하혜정 옮김 | 신국판 | 772쪽 | 34,000원

신 · 라 · 출 · 간 · 본

신라1 인왕경소
원측 | 백진순 옮김 | 신국판 | 800쪽 | 35,000원

신라 2 범망경술기
승장 | 한명숙 옮김 | 신국판 | 620쪽 | 28,000원

신라 3 대승기신론내의약탐기
태현 | 박인석 옮김 | 신국판 | 248쪽 | 15,000원

신라 4 해심밀경소 제1 서품
원측 | 백진순 옮김 | 신국판 | 448쪽 | 24,000원

신라 5 해심밀경소 제2 승의제상품
원측 | 백진순 옮김 | 신국판 | 508쪽 | 26,000원

신라 6 해심밀경소 제3 심의식상품 제4 일체법상품
원측 | 백진순 옮김 | 신국판 | 332쪽 | 20,000원

신라 12 무량수경연의술문찬
경흥 | 한명숙 옮김 | 신국판 | 800쪽 | 35,000원

신라 13 범망경보살계본사기 상권
원효 | 한명숙 옮김 | 신국판 | 272쪽 | 17,000원

신라 14 화엄일승성불묘의
견등 | 김천학 옮김 | 신국판 | 264쪽 | 15,000원

신라 15 범망경고적기
태현 | 한명숙 옮김 | 신국판 | 612쪽 | 28,000원

신라 16 금강삼매경론
원효 | 김호귀 옮김 | 신국판 | 666쪽 | 32,000원

신라 17 대승기신론소기회본
원효 | 은정희 옮김 | 신국판 | 536쪽 | 27,000원

신라 18 미륵상생경종요 외
원효 | 성재헌 외 옮김 | 신국판 | 420쪽 | 22,000원

신라 19 대혜도경종요 외
원효 | 성재헌 외 옮김 | 신국판 | 256쪽 | 15,000원

신라 20 열반종요
원효 | 이평래 옮김 | 신국판 | 272쪽 | 16,000원

신라 21 이장의
원효 | 안성두 옮김 | 신국판 | 256쪽 | 15,000원

신라 22 본업경소 하권 외
원효 | 최원섭·이정희 옮김 | 신국판 | 368쪽 | 22,000원

신라 23 중변분별론소 제3권 외
원효 | 박인성 외 옮김 | 신국판 | 288쪽 | 17,000원

신라 24 지범요기조람집
원효·진원 | 한명숙 옮김 | 신국판 | 310쪽 | 19,000원

신라 25 집일 금광명경소
원효 | 한명숙 옮김 | 신국판 | 636쪽 | 31,000원

고·려·출·간·본

고려 1 일승법계도원통기
균여 | 최연식 옮김 | 신국판 | 216쪽 | 12,000원

고려 2 원감국사집
충지 | 이상현 옮김 | 신국판 | 480쪽 | 25,000원

고려 3 자비도량참법집해
조구 | 성재헌 옮김 | 신국판 | 696쪽 | 30,000원

고려 4 천태사교의
제관 | 최기표 옮김 | 4X6판 | 168쪽 | 10,000원

고려 5 대각국사집
의천 | 이상현 옮김 | 신국판 | 752쪽 | 32,000원

고려 6 법계도기총수록
저자 미상 | 해주 옮김 | 신국판 | 628쪽 | 30,000원

고려 7 보제존자삼종가
고봉 법장 | 하혜정 옮김 | 4X6판 | 216쪽 | 12,000원

고려 8 석가여래행적송·천태말학운묵화상경책
운묵 무기 | 김성옥·박인석 옮김 | 신국판 | 424쪽 | 24,000원

고려 9 법화영험전
요원 | 오지연 옮김 | 신국판 | 264쪽 | 17,000원

고려 10 남명천화상송증도가사실
□련 | 성재헌 옮김 | 신국판 | 418쪽 | 23,000원

고려 11 백운화상어록
백운 경한 | 조영미 옮김 | 신국판 | 348쪽 | 21,000원

※ 한글본 한국불교전서는 계속 출간됩니다.

의적義寂
(생몰연대 미상, 7세기경)

의적에 대한 독립된 전기는 전해지지 않는다. 따라서 생몰연대 및 자세한 행적에 대해서는 알 수 없다. 법상종 소속이었다가 의상義相(625~702)을 만나서 화엄종으로 전환했다는 기존의 관점에 따르면 그 활동 시기는 690년으로 추정할 수 있다. 의적이 의상을 만난 것은 사실이지만 그것은 대등한 차원에서의 만남이고 학자적 입장을 교환하는 데 그쳤고, 신라를 대표하는 법상종 학자로서 지속적으로 법상종을 연구하였다는 관점에 따르면 그 활동 시기는 664년 이전으로 소급될 수 있다. 의적의 저술로 알려진 것은 현재 총 20여 종이다. 그 목록에 의거할 때 『반야경』·『법화경』·『열반경』 및 정토계 경전과 유식계 논서가 중심이 되고 화엄계의 경향은 희박하다. 이는 의적에게 법상종 학자의 지위를 부여하는 근거로 작용할 수 있다. 또 의적이 이렇게 여러 경에 두루 관심을 보인 것은 당시 신라불교에서 불교의 여러 분야를 두루 학습하던 경향성과 무관하지 않다. 현재 의적의 저술 가운데 온전한 형태로 전해지는 것은 『菩薩戒本疏』·『法華經集驗記』·『法華經論述記』의 세 권이고, 『무량수경술의기』는 여러 문헌에서 인용된 것을 묶은 복원본의 형태로 전해진다.

옮긴이 한명숙

고려대학교 철학과를 졸업하고 동대학원에서 「길장吉藏의 삼론사상연구三論思想硏究 : 무득無得의 전오방식轉悟方式을 중심으로」라는 논문으로 박사학위를 받았다. 현재 동국대학교 불교학술원 조교수로 재직 중이다. 논문으로 「길장吉藏의 관법觀法이 갖는 수행론적 의미에 대한 고찰」·「의적의 『무량수경술의기』와 경흥의 『무량수경연의술문찬』 찬술의 선후문제에 대한 연구 (1), (2)」·「元曉 『金光明經疏』 輯逸의 현황과 그에 대한 비판적 검토 (1), (2)」·「淨土敎의 종지는 불교의 근본사상과 공존이 가능한 것인가?」 등이 있고, 역주서로 『유심안락도』·『무량수경연의술문찬』·『법구경』 등이 있으며, 공저로 『인물로 보는 한국의 불교사상』·『자료와 해설 한국의 철학사상』·『동서철학 심신관계론의 가치론적 조명』·『동서철학 심신수양론』·『동서철학 심신가치론과 현대사회』 등이 있다.

증의
은정희(전 서울교대 교수)